Louis Bachelier de St Rom[..]
Chanoine de Reims

CONCLAVI DE' PONTEFICI ROMANI.

Quali si sono potuti trouare fin à questo giorno.

De' quali si vede la Tauola nel foglio seguente.

M DC LXVII.

A CHI LEGGE.

IMENTO e confusione della più fina prudenza, sono i Conclaui: poiche in essi la Sapienza Diuina confonde à sommo stupore l'humana; mentre vi si tocca con mano, che le negotiationi più secrete, dissimulate, & accorte, nelle quali l'anima d'un Politico impiega tutti gl' occhi ch'ella possiede, ad vn tratto per opra arcana del Cielo

TAVOLA

De' Conclavi delli Pontefici, che sono qui raccolti insieme.

Il Conclave di

Clemente	V.	eletto nel 1305.	foglio 1.
Vrbano	VI.	1378.	7.
Nicolò	V.	1447.	29.
Calisto	II.	1455.	39.
Pio	II.	1459.	45.
Paolo	II.	1464.	59.
Sisto	IV.	1471.	63.
Innocenzo	VIII.	1484.	65.
Alessandro	VI.	1492.	73.
Pio	III.	1503.	77.
Giulio	II.	1503.	85.
Leone	X.	1513.	95.
Adriano	VI.	1522.	103.
Clemente	VII.	1523.	109.
Paolo	III.	1534.	117.
Giulio	III.	1550.	123.
Marcello	II.	1555.	135.

Paolo

TAVOLA

Paolo	IV.	1555.	145.
Pio	IV.	1559.	157.
Pio	V.	1566.	165.
Gregorio	XIII.	1572.	187.
Sisto	V.	1585.	193.
Vrbano	VII.	1590.	213.
Gregorio	XIV.	1590.	225.
Innocenzo	IX.	1591.	281.
Clemente	VIII.	1592.	291.
Leone	XI.	1605.	305.
Paolo	V.	1605.	347.
Gregorio	XV.	1621.	373.
Vrbano	VIII.	1623.	397.
Innocenzo	X.	1644.	453.
Alessandro	VII.	1655.	527.

Quello di *Clemente IX.* eletto nel 1667. non si è potuto produrre cogli altri in questo istesso tempo, poi che aspettiamo di haverlo in buona forma. Mà si porrà cura a cio che segua quanto prima per l'intera sodisfattione de'Lettori.

CONCLAVE
FATTO PER LA SEDE VACANTE
di BENEDETTO Papa XI.

NEL QVALE FV CREATO PONTEfice il Cardinale Beltrando Gottone di Bordeos, detto
CLEMENTE V.

N questo Conclaue di PAPA Clemente Quinto, furno quasi li medesimi Cardinali all'elettione del Papa, che si trouorno in quello antecedente di Papa Benedetto undecimo, perche egli non visse eccetto che dieci mesi in circa, morendo in Perugia, onde essendo fresca la memoria delle cose di Papa Bonifacio Ottauo, che precedette nella Sedia per anni otto, e più, e risuegliati gl'animi de' Cardinali, che gagliardamente faceuano le pratiche, afinche si creasse un Pastore degno del santissimo nome, e Gregge di Giesù Christo, non mancauano però fra questi di quei, che con disegni humani non cercassero per varie vie, di salire à quell'istessa suprema autorità, ò vero di ponerui chi loro tornaua bene, e di sodisfattione; ma il fine riuscì diuerso da gl'altrui pensieri, uscendo il Pontefice fuor del sacro Collegio de' Cardinali, perche fù eletto un Prelato inferiore, che fu il Vescouo Bordegalense.

 Per cominciar dunque a narrare come andasse il negotio dirò con breuità, qualmente morto Papa Benedetto undecimo santamente, & andato alla celeste Patria, s'adunò insieme il sacro Collegio de' Cardinali in Perugia, per crear il Prencipe della Chiesa; e conoscendo li Popoli la per-

A   dita

dita grande, che fu di Papa Benedetto, e ricordandosi de' rumori, e guai occorsi al tempo di Bonifacio VIII. con pianti, e lamenti, supplicarono i Cardinali, che s'attendesse all' opra di creare un Pastore idoneo, e buono, con protestarsi, che non vi si perdesse tempo trattandosi del bene di tutto il Mondo: finalmente quando fu tempo di dare opera à creare il Papa, e che era più necessario, se n' andauano li Cardinali in dispute & in gridamenti in cambio di risoluere con saldo giuditio, quello alcui effetto erano raddunati, quindi nacque, che tutti si partirno per le stanze loro, essendo discordantissimi di parere, e parendo fusse difficile, ad accordarsi Ma il Cardinale Matteo cognominato Rosso degl' Vrsini che studiaua, proueder a se, & alla sua stirpe con affanno, pensaua, se poteua far elegger Papa uno dè suoi nipoti, che haueua Cardinale nel sacro Collegio, ouero sè stesso; dall' altra banda, i pensieri degl'altri Cardinali erano intenti alla propria esaltatione, e s'andauano inuestigando scopertamente.

Era nel Collegio il Cardinal di Toledo, che, per non essere Italiano, poteua sperar poco per la sua persona, & il Cardinal Niccolò Da Prato, frate di san Domenico per esser creatura di Papa Benedetto, e Cardinal di poco tempo, patiua di grad' inuidia, che rendeua minor l'autorità sua, si ridussero li Cardinali al giorno determinato nel luogo, eletto à tal' effetto dentro l'habitatione Papale. Quiui in vece di propolare ciascuno l'intimo del suo cuore, ò quello che giudicaua a proposito, subito si mostrorno fra di loro più tosto nemici, che amici, & odiosi che affettionati, affaticandosi tutti per interessi proprij & ancora molti cercauano tirare in lungo una cosa di tanta importanza, laonde si stette un pezzo gridando con parole brutte, non volendo veruno compiacer all'altro; Continuando in questa discordia i Cardinali, vsciti da quella secreta habitatione, partirono per luoghi diuersi chi là, e chi quà, secondo che ciascuno fuori delle muraglie della città s'haueua trouato l'habitatione per goder di quell' aria dilettueole, e purgata dandosi à solazzi, e passatempi.

Fra tanto Giacomo Cardinal Colonna, il quale doppo la persecutione verso di se, e della Casa sua, era stato ascoso-
to

to nel Perugino per un pezzo intero che Sciarra, e Stefano suoi nepoti, e molti suoi amici erano entrati in Roma, chiamò Pietro Cardinal suo nipote che parimente bandito si tratteneua fugitiuo in Padoua. Si compiacque Pietro di questa nuoua, e confidato nelle persuasioni di Giacomo, postosi in viaggio, in breue se ne corse à Perugia. Questi due stando insieme, zio, e nipote, Cardinali di gran seguito, si consigliorno cautamente l'uno con l'altro, impiegando ogni diligenza per arriuare a' loro disegni : e perche il Collegio de' Cardinali tiraua in lungo l'elettione del Papa, & in oltre era fra di loro contesa strauagante, quanto mai si fusse veduto, per la gloria, & ambitione, che gli dominaua se ne staua un tanto negotio abbandonato. Il Cardinal Pietro, persona assai prudente & accorta, veduta la faccenda ridotta à questi termini, e sapendo, che Filippo Rè di Francia era stato in discordia con Papa Bonifacio Ottauo, & amicissimo di sua Casa, lo ragguagliò per lettere della deliberatione presa da' signori Cardinali poco meno, che confermata con scrittura, di tenere in lungo l'elettione, pregando sua Maestà di pigliar cura interamente di tanta impresa, promettendoli appresso sopra la sua fede di far in questa elettione quanto fusse di sua sodisfattione, senza mai partirsi dall'ordine suo. Il Re pensando al caso, & all'interesse proprio, succedendo un' elettione contraria al suo gusto, ringratiò il Cardinale per lettere credentiali, per un suo, che mandò con oro, e con presenti, promettendoli cose grandi, eshortandolo à negotiare diligentemente con gl'altri, acciò si venisse a capo del suo desiderio, e che non si restasse mai, finche non fusse compita una faccenda cosi importante, e di tanta consequenza, che premeua non meno ad esso Re, che à qual si fusse altro interessato, & era per mostrarlo con altri effetti, bisognando, come si sarebbe conosciuto. Il Cardinale Pietro per tanto, mosso dalle speranze dello splendido Re, pieno d'allegrezza, con tutto l'animo si pose a corrompere quelli, che conosceua desiderosi d'oro, e di moneta, pasturandoli insieme con le promesse confermate per lettere, e sentite dalla bocca propria del Messo

A 2   Reggio,

Reggio,& il Cardinale Napoleone & anco il Cardinal Matteo, parimente appoggiati in se stessi, praticorno, acciò l'uno ò l'altro fusse eletto Pontefice, vsando ogni diligenza, con tutte le forze loro, non curando punto, di conciliarsi l'odio, o la beneuolenza degl'altri Cardinali, purche non gli paresse di mancare a loro stessi. Andando tanto turbolente questa elettione, fino alli Prencipi secolari, vollero intrometterui le mani: Et però Carlo Re di Napoli ritiratosi in quella Città; (se bene per la recuperatione di Sicilia, e per le cose sue non trouaua luogo) bramaua di poter gratificare gl'amici. Gl' altri prencipali Baroni di Roma con varij Rè del mondo, s'adoprauano altrisì à fine che non si facesse il Papa, credendosi, che in tanta diuersità potessero hauer luogo, i voti de lontani, e forastieri. Da questa dunque fortuna sbattuta la naue di Pietro, (laquale si ridusse sempre à Porto di salute con le anime fedeli,) si trouò per due mesi, e giorni otto senza gouerno, finche il buon Popolo Perugino, tenendosi offeso grauemente, che per questo trattato santissimo, si fusse in tanta discordia, contro l'honestà della Cattolica fede, & essendoli venuto in fastidio sì lunga pratica fece, & operò in guisa, che congregò in uno coloro, che trauagliauano la prefata naue. Li Cardinali, all'instanza del Popolo, si partirno dalli nominati luoghi, e si ridussero al luogo destinato per l'elettione: ma non rimettendo punto li Cardinali delle proprie passioni, li Perugini posero al Conclaue & al luogo deputato la Guardia delli soldati: e perseuerando più che mai li Cardinali nella propria pertinacia, il Popolo prefato deuoto di Christo, non potendo soffrir piu tanta tardanza, si voltò all'orationi, procurando che per la Città se ne facessero incessantemente alla diuina Maestà, perche seguisse la desiderata elettione. Di più usarono questo altro rimedio, che vietorno alli Cardinali l'uso di più viuande, riducendo il lor mangiare ad un modo moderato, e minacciandogli, che se in pochi giorni non si spediuano, di non permettergli che il semplice pane, e vino. E di tanto si lasciorno intendere, i Perugini liberamente afinche si sbrigassero una volta, e ponessero termine alle contese, facendo

CLEMENTE V.

un Papa, & un Pastore, conforme alli bisogni. Li Cardinali pensando meglio alle cose loro, cominciorno à negotiare, e trouando la difficoltà di prima, volendo, i Collonnesi crear Papa un Cardinale a modo loro, e la Parte auersa, risoluta del contrario: onde toccando palpabilmente l'uni, e gl'altri l'ostinata, & reciproca pertinacia; & impauriti delle minaccie de' Perugini, e certi di potere ottener l'elettione per la loro fartione, si applicarono ad eleggere un forastiere. Conosciuta questa deliberatione da Pietro Cardinale Colonna, e da Giacomo pur Cardinale della medema Casa, e suo Zio deposti già dal Cardinalato da Papa Bonifatio VIII, e desiderosi a compiacere il Rè di Francia, non lasciorno perdere l'occasione, che la consierauano d'importanza, per hauer prouato, quanto importasse la disgratia del Papa. Sapendo dunque che il Vescouo Bordegalense in Gascogna era caro, & amico à Filippo Rè di Francia, essendogli fino dalla sua giouentù stato familiare, parlorno con gl'amici, e cercorno destrissimamente di persuadergli la sua elettione, e creatione, persistendo gl'Auersarij di piu tosto creare un estraneo incognito, che un altro da loro, non confidente: e cresciuto per questo il rumore maggiormente conchiato a posta nè conuenendo in uno della lor fattione gli proposero, che si eleggesse un Vescouo della Prouincia di Guascogna, e venendo alla nominatione del sogetto, fu proposto il Vescouo Burdegalense; & con uniuersal consenso di tutti li Cardinali fu acclamato per Papa l'anno 1305. Certissima cosa è, che non s'accorsero gl'altri Cardinali, che tale elettione fusse per pura inuentione de' Colonnesi, che il negotio non saria passato così facilmente.

    Subito assunto Clemente al Papato il Cardinal Pietro, & il suo Zio, o auuisarono al Rè di Francia; & al Vescouo, il quale inteso il negotio della sua elettione, & addimandato del nome, che si voleua porre, Clemente rispose, senza mutarsi il nome riceuuto nel Battesimo; e così fu publicato alla solita finestra al Popolo dal Reuerendissimo Cardinal Giacomo in tal guisa ad alta voce. *Papam habemus Clementem Episcopum Burdegalensem; nomen eius est Clemens Quintus.*

    Dopo

Dopò la publicatione del sommo Pontefice, il sacro Collegio de' Cardinali mādò Legati à posta a S. Santità per notificarli tutto il sucesso, e parimente per intender minutamente quello, che si haueße à fare per la sua venuta à Roma, à quali Legati la Santità sua rispose, instrutta così dal Rè di Francia; Che era bene honesto, che le pecore seguitassero il Pastore, e non conuenire ad esso che mancandoli il Gregge, in cambio di bastone pastorale, doueße pigliar soldati in sua compagnia, e però ingiongeua à Cardinali, che andassero à lui senza tardare, lasciando in disparte, il dire, che la santa Sede non si debbe ponere altroue, che in Roma, e che fusse troppo graue spesa, e maggior fastidio, che tanta moltitudine di gente si partisse dall'Italia. Riferita da' Legati l'imbasciata risoluta dal Pontefice, fecero li Cardinali à gara, à chi puotè piu presto comparire alla Città di Pittauia, nella Prouincia d'Aquitania.

Doppo questo, in un subito il Cardinale Pietro Colonna se ne volò caualcando alla sacra Maestà del Rè di Francia, acciò per il mezzo suo potesse hauere qualche parte di gratia presso sua Sātità, asserendo, non essersi per altro tenuta in lungo la prattica dell'elettione del Pōtefice, che per non far cosa contro la sua volontà, e che non piacesse a sua Maestà.

Fù opinione di molti, che il Cardinal Pietro Colonna, come intrinsechißimo del Rè di Francia, prima che si conducesse a termine l'elettione di Clemente, operasse con sua Maestà segretamēte, per hauer di nuouo promissione che sua Santità in ogni euento, & occasione gl'hauerebbe sempre mostrato amoreuolezza. Questo è tutto quello che ho possuto intendere, e posso dire intorno all'elettione di Papa Clemente Quinto, laquale condotta à perfettione, si conobbe in tutti uniuersalmente una tristezza grandissima, se beno con tutto ciò piacque per la paura, che tuttauia s'haueua di qualche gran rumore, quale in verità saria interuenuto tra essi Cardinali con paura ancora di qualche scisma, quale la Maestà di Dio per sempre leui dal suo sacro Collegio.

{ Vacò la Chiesa Anni due,
{ Mesi tre, e giorni 17.

CONCLAVE

Nel quale fu creato Papa VRBANO VI.

EFVNCTO Gregorio Vndecimo erant tunc in Romana Curia præsentes sexdecim. S.R. E. Cardinales, Collegium Constituentes; videlicet Petrus Portuensis Episcopus vulgariter dictus Lemouicensis, Guilelmus tituli sancti Stephani in monte Cælio Presbiter dictus de Agrifolio, Bertrandus sanctæ Ceciliæ dictus Gladatensis Ordinis Minorum, Robertus duodecim Apostolorum dictus Gebenensis, Hugo sanctorum Quatuor Coronatorum dictus de Britannia, Guido sanctæ Crucis in Hierusalem dictus Rictacensis, Petrus sancti Laurentij in Lucina dictus Viuariensis, Franciscus sanctæ Sabinæ dictus Cardinalis sancti Petri, Simon sanctorum Ioannis, & Pauli dictus Mediolanensis. Gherardus sancti Clementis dictus Montis majoris, Ioannes de Vrsinis, Petrus sancti Eustachij, Guilelmus sancti Angeli, Petrus sanctæ Mariæ in Cosmedin dictus de Luna, alij item. S.E.R. Cardinales, videlicet dominus Albanensis, dominus Tusculanus, sancti Vitalis, & sanctæ Mariæ in Porticu, erant in Auenione; Dominus verò Ioannes sancti Marcelli Cardinalis Ambianensis, de quo supra Legatus erat Apostolicæ Sedis in Tuscia, omnes erant numero 23; quorum quatuor tantùm erant Italici, dominus videlicet Florentinus, dominus Mediolanensis, dominus sancti Petri, & dominus de Vrsinis.

Conuocatis igitur ad se per iam dictos Cardinales præsetes in Vrbe, senatore Vrbis, videlicet Guidone de Prohinis, milite Vltramontano, cæterisque almo Vrbis Officialibus eis præstiterunt solemne juramentum in forma iuris, de obseruanseruanda Decretale. Vbi periculum, & custodiendo fideliter Burgo sancti Petri & Palatium, ubi futurum erat Conclaue ab omni violentia, & oppositione præstando; quod quidem juramentum multis etiam adjectis oblationibus gratissimè subiecerunt.

 Dum autem supradicti Cardinales adessent in Ecclesia sanctæ Mariæ Nouæ, ubi domini Gregorij Papæ corpus traditum extiterat Ecclesiasticæ sepulturæ, ut moris est ipsis quadam die sic ibidem congregatis Officiales præfati, tam nomine suo, quàm aliorum Ciuium & Populi Romani, non minus humiliter, quàm deuotè, ante dictis Cardinalibus supplicauerunt, ut aliquem idoneum & sufficientem Virum eligere dignarentur in Papa, qui esset Natione Italicus, asserentes non modo hoc utile, sed prope necessaria fore Romanæ Vrbi, Ecclesiæ, totique Populo Christiano, postulationes eorum fundantes causis & Romanibus infrascriptis; Inprimis itaque allegauerunt, & dixerunt, quod ipsa Romana sedes, quæ Apostolica est, & esse dicitur; imò fere Italia tota propter longissimam summorum Pontificum absentiam ab ipsa vrbe, in qua diuina, ac immutabili, ordinatione Apostolica sedes fuerat stabilita, multipliciter collapsa, & depressa fuerat & ædificia in quibus sanctæ Romanæ Ecclesiæ Cardinales intitulati, in eadem urbe & urbibus adjacentibus à longissimis temporibus erant diruta, neglecta & collapsa, & tam in spiritualibus, quàm in temporalibus enormiter, & quasi inseparabiliter ad exinanitionem deducta in perniciosum exemplum, non modo omnium Ecclesiarum, & Ecclesiasticarum personarum; sed in scandalum etiam omnium Christianorum, urbem deuotionis, aut peregrinationis causa visitantium, quorum oculis neglectus iste sacrarum rerum notoriè subiectus erat; adjicientes quod nulla erat reaptationis, aut reformationis aptior via, quàm quod Summus Pontifex, quem Deus in Sede Romana collocauerat, & Cardinales pariter in Vrbe residerint, quemadmodum ... es retro Romani Pontifices, & Cardinales ibi ... que ad tempora Clementis Papæ Qui... citrà, usque ad
hoc

hoc tempora Romani Pontifices, & etiam Cardinales in Vrbe Romana, uel saltem in Italia prope Romam residentiam facere non curauerant; sed potius se à propria sede sequestrauerant; quæ separatio ex eo potissimè prouenerat; quod dictorum temporum Romani Pontifices non fuerant Italici; sed Gallici, uel Vltramontani; Vnde potiùs patriæ, & nationis solùm rationem habuerunt, non loci, ad quem prouecti fuerunt, & diuina dispositione vocati; Insuper addiderunt, toti Mundo fore notorium, quod occasione prædictorum defectuum, Ciuitates, Oppida, Castra, Villæ, Terræ, Prouinciæ, Romanæ Ecclesiæ patrimonium per dicta tempora fuerant guerris, dissensionibus, partialitatibus innumerabilibus suppositæ, uexatæ, & lacessitæ, & per tyrannos, & malos officiales, & maximè Gallos, & Vltramontanos miserabiliter subiugatæ, & oppressæ, in tantum, quod S. R. Ecclesia ex ipsis Ciuitatibus, oppidis, & terris ualdè modicam, imò nullam utilitatem fuerat dictis temporibus consecuta; quinimo pecunias, & thesauros omnes, quos aliunde eadem Ecclesia etiam cum magnis oneribus, & grauaminibus omnium Ecclesiarum Mundi acquisiuerat, & congregauerat, consumpserat, & quotidie consumebat pro ipsarum Ciuitatum & terrarum defensione, adeo quod eadem Ecclesia quoad temporalia fuerat, erat & est, maximè nouissimis istis temporibus, quasi ad nihilum notoriè & manifestè redacta, exhausta, & in magno contemptu ubique posita; non videbatur propterea honestum uel tolerabile, quod per tot annorum curricula Romana sedes sine pastore, & sponsi sui præsentia, & relatio destituta remaneret, & alibi in ualde remotis partibus contra Dei præcetum per tot annorum discursum tot Romanos Pontifices, ea relicta, & neglecta, elegissent habitare; Dixerunt etiam, uerum, clarum, & notorium fore cuilibet intuenti, quod ex continua Romanorum Pontificum residentia in Vrbe Romana, uel saltem in Italia sequerentur multa Romanæ Ecclesiæ toti Italiæ, & Christianitati Deo dante profutura, recuperatio videlicet Terrarum, & Dotis Ecclesiæ Romanæ, (quæ omnia propter rationes jam dictas, contra

Ecclesiam se rebellarunt) nec non pax , & tranquillitas, ac pacificus status Romanæ Ciuitatis, & etiam totius Italiæ, quæ non minima pars erat , & est totius Christianitatis, & quod prædictis rationibus motus Vrbanus Papa Quintus Italiam Visitauit.

Et licèt post aliquos annos rediens Auenionem , & quam incontinenti decesserit , intendebat tamen , ut affirmabatur à quibusdam de sua mente informatis , quod si nuper vixisset , proculdubio ad Italiam rediisset; Gregorius quoque undecimus, qui contra voluntatem , & magnas Parentum instantias, Patris, fratrum, nepotum, consanguineorum , affinium , & amicorum suorum omnium ac etiam multorum Regum & Principum Cardinalium , & suorum familiarium sedes proprias dimittendo uenire uoluit ad Vrbem Romam , & uenit cum magnis laboribus , & expensis, atque periculis, in sede propria moraturus, qui etiam asserebat , quod tempore, quo erat Cardinalis , displicuerat sibi reditus Domini Vrbani de Italia , seu recessus; & hoc ipsum Vrbano prædixisse pluries affirmabat , propterea magnis præcibus supplicabant, quatenus his , attentis rationibus Italicum Pontificem pro hac vice eligerent , qui his periculis sua præsentia valeret , & posset, prout oportunum erat tantis necessitatibus prouidere.

His rationibus auditis Reuerendissimi D. Cardinales paucis uerbis in hunc ferè modum responderunt; quo nobis exposuerunt, & supplicauerunt Preces pro parte uestra nobis porrectæ , attentè audiuimus, & intelleximus. Disposuimus enim nulla habita exceptione Nationis & personæ Ecclesiæ Dei prouidere de Pastore utili, & ideo prout Deus inspirabit & conscientiæ nostræ uidebitur, & non aliter.

His peractis , & ordinata per Dominos Cardinales tam Palatij sancti Petri , quàm Burghi eumdem fida custodia , deputatisque etiam custodibus Conclauis, ut est moris, ut sit cum omni libertate , omni impressione, & violentia cessante, electio summi Pontificis canonicè celebretur.

Cardinales ante ingressum Conclauis simul in certo loco aliquando congregati inter se colloquium habuerunt super

VRBANO VI.

per persona futuri summi Pontificis, tractantes, & colloquentes, qui tamen non potuerunt concordare. Quoniam Cardinales Gallici inter se erant discordes, Lemouicenses ex una, & reliqui Gallici ex alia, nec ad eligendum de Collegio Italicum disponi uidebatur, & Italici numero etiam quatuor, videlicet Sancti Petri, Mediolanensis, Florentinus, & de Vrsinis, non habebant potestatem, quia minor pars erat, eligere tamen Italicum uoluissent, & in Gallum non libenter consentiebant.

Patefacta ergo discordia inter Lemouicenses, & Cardinales alios Gallicos, reliqui Galli, qui non erant Lemouicenses, concordarunt cum Cardinalibus Italicis de habendo potius Italicum, quàm unum Lemouicensem, dicentes apertè quod totus mundus admodum erat attediatus de Lemouicensibus qui tanto tempore Papatum possederant, quasi hæreditarium; Lemouicenses verò Cardinales intelligentes tam Cardinales Italicos, quàm reliquos sibi aduersari, deliberauerunt, & inter se concluserunt quod ubi non possent habere sufficientem numerum Cardinalium ad faciendum Papam unum de ipsis, uel saltem. Dominum Viuariensem eorum sequacem; eligerent potius Italicum; sed extra Collegium & nominabant unum Archiepiscopum Barensem, qui Vrbanus sextus postea dictus est, & ratio, quare in istum Archiepiscopum uota sua dirigebant, potissimum erat, quia sperabant Cardinales Italicos in istum Italicum potius, quàm in alium Gallum debere consentire, credebant itaque quod alij Cardinales Vltramontani in hunc concurrerent, quoniam Archiepiscopus Barensis erat homo valdè scientificus, practicus, doctus, & instructus in stylo Curiæ, & Cancellariæ, & ab antiquo familiaris socius & Cappellanus familiaris & Domesticus Cardinalis Pampilonensis Vicecacellarij, qui & ipse erat natione Lemouicensis, & dum Gregorius ueniffet ad Italiam ipsum Dominum Barensem Archiepiscopum tanquam beneuolum & de quo Dominus Cardinalis Pampilonensis, plurimum confidebat posuit ad regendum Cancellariam loco ipsius Pampilonensis Cancellarij, tum etiam quia ipsi Cardinale habebant, & reputabant

ipsum

ipsum Dominum Barensem tanquam unum Vltramontanum, & ipsorum moribus conformem, ex eo quod multo tempore fuerat cum D. D. Cardinalibus Vltramontanis conuersatus in Auenione ; tum etiam quia Dom. Barensis erat de Regno Siciliæ, & Ciuitate Neapolitana oriundus, cuius Regni, & Ciuitatis erat Domina Serenissima Ioanna, quæ fuerat, & est. S. R. Ecclesiæ deuotissima, & ipsis Cardinalibus ualde grata & accepta. Etiam ante ingressum Conclauis erat quasi patefacta hæc Cardinalium Lemouicensium, uoluntas & dispositio, itaut diceretur à multis, quod Dominus Archiepiscopus Barensis esset futurus Papa imò & aliqui ex ipsis D. D. Cardinalibus, ut ferebatur, se sibi uerbis placidis commendarunt sperantes eum in summum Pontificem assumi debere.

Adueniente autem tempore intrandi Conclaue omnes Cardinales, qui erant numero 17. ut prædiximus, intrauerunt Conclaue die uidelicet septima Aprilis anni Domini 1132. qua die hora satis tarda iam clauso Conclaui, & bene custodito Cardinales, de Agrifolio, & Pictacensis accesserunt ad Dominum Cardinalem Sancti Petri, & ipsi aperuerunt quod de Domino barensi tractauerant, & concordauerant, persuadentes ei ut in personam D.D. Barensis, consentiret, quorum petitioni Domini Sancti Petri respondendo statim annuit, & consensit, eadem uerba Domini Pictauensis dicti D. Cardinalis Mediolanensis qui similiter respondendo. d. D. Cardinali de Agrifolio, computarunt eos, qui consentiebant in Dominum Barensem, & inuenerunt duas Partes Collegij in ipsum consentire & presentium Cardinalium.

Die uerò sequenti |Octaua uidelicet Aprilis omnium impressione cessante scilicet Conclaui bene custodito, & munito Cardinales conuenerunt in Capella Conclauis, & audita prius Missa de Spiritu Sancto ut est moris, cœperunt de electionis negocio inter se tractare, Cardinales uerò prædicti de Agrifolio, & Pictauiensis cœperunt tractare sigillatim unum quemque utrum possent ex D. D. Cardinalibus habere uota, & uoces, quo sufficerent ad eligendum prædictum

ctum Dominum Barenſem & tandem repetierunt voces & vota D. D. Cardinalium in numero ſufficienti concurrentium; unde immediatè de Agrifolio omnibus alijs Cardinalibus, qui ſtabant ab Agricofolio, ibidem exiſtens dixit hæc uerba; Sedeamus ſtatim, quia pro certo credo, quod incontinenti eligemus, & habebimus Papam; Cardinalis ueró de Vrſinis, qui ad Papatum, ut credebatur, aſpirabat, uidens vita Dominorum directa, & concurrentia ad eligendum in Papam, Dominum Barenſem, conabatur ipſum negotium electionis Dominus Barenſis diuertere, & differre, &, ut creditur, impedire; unde hæc, vel ſimilia uerba protulit. Domini mei, differamus iſtam electionem in aliud tempus; vt poſſimus deludere iſtos de Populo Romano, qui volunt habere Papam Ciuem Romanum, & vocemus ad nos unum fratrem minorem, eique imponamus Cappam, & Mitram Papales, & fingamus nos eum elegiſſe in Papam, & ſic recedamus de loco iſto, & poſtmodum alium alibi eligemus; Erant enim aliqui de Populo in Platea ante Palatium foris, nullam tamen violentiam vel comminationem facientes, ſed incautè clamantes, *Romano louolemo*, & expectantes potius publicata electione Romani Pontificis currere ad domum electi ſpoliare in ſignum gaudij, quàm volentes, aut valentes aliquam impreſſionem facere ſicut in veritate poſtmodum, alio quam Romano Pontifice electo, non fecerunt, cui Cardinales Lemouicenſes, & alij ſequaces reſponderunt, & dixerunt Dominum de Vrſinis, certe hoc non faciemus; quia nolumus facere Populum Idolatram, nec decipere, & damnare animas noſtras, imo certè intendimus de præſenti eligere, & eligimus verum Papam, & de clamoribus, & verbis iſtorum de Populo non curamus. Videns autem Dominus de Vrſinis quod alij Cardinales jam ſederant ad dictam electionem celebrandam volens idem Dominus de Vrſinis ſimiliter diuertere, & impedire quod Dominus Archiepiſcopus Barenſis non eligeretur, perſuaſit. D. D. alijs Cardinalibus, quod eligerent Dominum Sancti Petri Romanum, cui fuit reſponſum per Dominum Cardinalem Lemouicenſem quod licet Dominus Sancti Petri foret homo bonus, & ſanctus, duo tamen

tamen obstant ; primo quia Romanus erat, ne forte diceretur Papa factus ad clamorem Populi. 2°. Obstat quia Cardinalis Sancti Petri erat nimis debilis, & infirmus, nec posset sufficere ad onera Papatus, & adiecit hæc verba vertendo se ad Dominum Florentinum vos verò Domine Florentine estis de Florentia, quæ est terra inimica Romæ, & ideo non eligemus vos, Dominus autem Cardinalis Mediolanensis est de terra Barnabonis, qui semper fuit contra Ecclesiam; Dominus Cardinalis de Vrsinis similiter est Romanus partialis, & nimis juuenis pro Papatu, ideo, eorum aliquem non eligemus in Papam ? His dictis Cardinalis ipse Lemouicensis præsentibus, & audientibus omnibus dictis alijs Cardinalibus & coram eis ibidem omnibus existentibus in Papam, & Romanum Pontificem elegit Dominum Bartolomeum Archiepiscopum Barensem, utendo verbis istis in effectu. Ego purè, & liberè eligo, & assumo in Papam Dominum Bartolomeum Barensem Archiepiscopum ; illicóque sine aliquo temporis interuallo, cæteri omnes Cardinales in numero sufficienti, facientes, & constituentes multò majorem partem duarum partium ipsorum Cardinalium in Conclaui existentium purè, & liberè eundem Barensem Archiepiscopum similiter in Romanum Pontificem elegerunt, Cardinalis Florentinus videns quod duæ partes, & plures Dominum Archiepiscopum Barensem elegerunt, accessit ad eundem Archiepiscopum, & purè, & liberè eundem elegit ; & electio fuit sic celebrata.

 Conclaue adhuc bene, & ex omni parte clauso, & firmato existente, creato Domino Archiepiscopo Barensi in Papam, Cardinales inter se fuerunt sequuti, An expediret dictam electionem statim Populo publicare, & tandem concluserunt quod publicatio hujusmodi differetur, donec transiisset tépus prandendi, & donec ipsi pransi fuissent : causa dilationis huiusmodi hæc fuit, quia tunc Dominus electus non erat in Palatio, etsi dicta publicatio facta fuisset, ante quam electus ipse venisset ad Palatium, & ad ipsos Cardinales, dubitari poterat quod aliqua sinistra in via eidem electo possent occurrere eo quod ipse electus non erat Romanus, & Romani
libenter

libenter habuissent natione Romanum; Alia etiam fuit causa, quia ex quo ipsi Cardinales jam elegerant, intendebant ante publicationem prædictam aliqua vasa argentea & quædam alia bona, quæ tunc habebant in Conclaui, facere ad Domos eorum, uel alio reportare, quod non credebant tunc facere posse, si incontinenti illam electionem publicarent; Vndè pro majori securitate ipsius Barensis electi, &, ne aliquis posset suspicari, vel præsumere, ipsum esse electum; Domini Cardinales miserunt pro nonnullis prælatis Italicis qui moram trahebant Romæ, ut ad eos venirent pro nonnullis arduis Romanæ Ecclesiæ negotijs, inter quos fuit Barensis Electus, Patriarcha Constantinopolitanus; Episcopus Vlixbonensis; Episcopus Nucerinus, Abbas Cassinensis, Abbas sancti Laurentij, extra muros Vrbis, qui omnes, prout vocati extiterint, accesserunt ad Palatium, non tamen Conclaue intrauerunt; sed seorsum ab ipsis Cardinalibus pransi fuerant, & similiter ipsi Cardinales intra Conclaue pransi sunt; sumpto autem prandio, ad majorem expressionem liberæ voluntatis, & liberi consensus eorum, & ad majorem etiam cautelam im prædictum Barensem Archiepiscopum iterum purè, liberè, & concorditer, ac unanimiter omni prorsus impressione cessante, & Conclaui adhuc bene custodito remanente, consenserunt, & eum Papam elegerunt.

Præmissis sic gestis, & consumatis tunc cæpit exire, & dici apud aliquos de Romano Populo, sicut verum erat, quod Papa erat factus: sed ignorabant quis esset, vel de qua Natione, & propterea ipsi de Populo clamare cæperunt, & petere, quod hoc eis indicaretur, & diceretur & tunc per Dominum Marsiliensem Laurentem Camerarij, & Conclaui custodem principalem dictum fuit ipsi Populo, quod iret ad Sanctum Petrum & tunc hoc diceretur, & publicaretur; his verbis dictis, quidam de Populo intelligentes vel malè percipientes intellexerunt quod irent ad Hospitium Domini Sancti Petri, credentes quia erat Romanus; & Romanum habere desiderabant, ipsum Dominum Sancti Petri esse creatum Papam: Quare ad hospitium Domini Sancti Petri

Petri uenerunt, & bona quædam Mobilia, quæ ibi erant, asportarunt, quidam verò de Populo ſtabant ante Palatium, & clamabant. Papam Romanum habemus, & licèt verba hujuſmodi ſic ab aliquibus de Populo jactarentur; quia tamen electio jam facta non publicabatur; ſuſpicati ſunt aliqui, quod Populus per moram illam illuderetur. Eo maximè quia quædam pars Conclauis fuit aperta, cauſa aſportandi vaſa argentea, & alia bona D. D. cardinalium, ideo quidam de Populo hoc percipientes unam Portam conclauis aperuerunt ad finem, ut cardinales non exirent, niſi facta, & publicata electione. Cardinales Vltramontani videntes Populum intraſſe in conclaue & timentes valde quia Romanum non elegerant, induxerunt Dominum Sancti Petri, ut contentaretur indui tanquam Papam ad placandum Populum, ſicque eſt inductus ut Papa, & Populus tunc ei tanquam Papæ, credentes eum eſſe Papam, reuerentiam exhibuerunt.

Dum hæc ſic per tumultum agerentur, omnes cardinales, excepto Dom. cardinali Sancti Petri de Palatio receſſerunt, & ad eorum hoſpitia ſecurè reuerſi ſunt, Domino Barenſi electo in Papam, in Palatio in quadam ſecreta camera remanente, poſt receſſum cardinalium de Palatio, facto aliquo temporis interuallo, Dominus Sancti Petri ad huc in Palatio exiſtens, hæc verba protulit in effectu ego non ſum Papa, nec volo eſſe Antipapa: ſed melior me eſt in Papam D. Archiepiſcopus Barenſis; quidam verò de cardinalibus timentes, quod Populus irritaretur contra eos propriè fictionem, quam fecerunt de Domino Sancti Petri, Domos proprias dereliquerunt. Hi fuerunt cardinales Lemouicenſes, de Agrifolio, Pictauienſis de Brittania, Viuarienſis, & de Verrucho, quidam verò extra Vrbem ad aliqua caſtra munita ſe contulerunt. Hi fuerunt cardinales Gebennenſes, qui acceſſit Zagarolum, cardinalis de Viſinis qui acceſſit Vicouarium, cardinalis Sancti Angeli, qui acceſſit ad quoddam caſtrum Montis Sancti Pauli. cæteri verò cardinales tam Vltramontani, quàm citramontani remanſerunt Romæ in Domibus proprijs, & ſine aliqua læſione vel violentia, etiam fuerunt Cardinales Florentinus, Montis Majoris Mediolanenſis,

VRBANO VI.

laneum, Glaudateum, & de Luna.

Eadem verò die 15 videlicet Aprilis de sero, Cardinales qui Castrum Sancti Angeli intrauerant, & alij quidam ex eis, qui ex Vrbe discesserant, miserunt ad Dominum Archiepiscopum Barensem electum in summum Pontificem Nuncios, & scripserunt, quod pro eo, quod non erat Romanus, ne ei aliquid sinistri posset occurrere, benefaceret pro securitate personæ suæ, & statu uniuersalis Ecclesiæ, exire de dicto Palatio, & se in aliquo tuto recipere; qua requisitione audita prædictus electus consuluit Dom. Sancti Petri Cardinalem adhuc in eodem Palatio existentem, qui ei respondit, quod ipse erat verus Papa, & securè manere ibi poterat, sicque tota nocte sequenti in Palatio remansit, in crastinum autem de consilio, & voluntate Domini Cardinalis Sancti Petri fuit electio Dom. Barensis intimata Officialibus Vrbis, qui de electione huiusmodi remanserunt, & fuerunt valdè cōtenti, & voluerunt accedere, & accesserunt ad Dominum electum ad exhibendum ei reuerentiam exhiberi solitam summis Pontificibus, qui noluit sibi talem reuerentiam fieri per dictos Officiales, nec per alium quempiam, dicendo inter cætera, quod pro nunc nolebat nominari, nisi Archiepiscopus Barensis.

Eadem die de mane illi Domini quinque Cardinales, qui remanserant in domibus suis videlicet, Florentinus, Montismajoris, Mediolanensis, Glaudatensis, & de Luna, accesserunt ad Palatium ad dictum electum congratulandum de sua concordi electione, & humiliter supplicando, quatenus dignaretur, & vellet acceptare; insuper persuaserunt, quod mitteretur pro alijs sex Cardinalibus qui erant in Castro Sancti Angeli, requirendo, quod conuenirent omnes simul; & electus electioni de se factæ probaret consensum, & demum intronizzaretur ut est moris, ipse verò electus volens in sua conscientia esse securus, interrogauit omnes Cardinales, & vnumquemque de per se, utrum reuera ipse sincerè, purè, liberè, & canonicè per omnes cardinales in conclaui fuisset electus in Papam, qui responderunt quod pro certo ita purè, liberè, sincerè, & canonicè fuerat electus in Papam sicut ali-

C quis

quis canonicè eligi potuisset, persuadentes, quod nullo modo recusaret, vel differret electioni de se factæ consentire propter periculum longæ vacationis Papatus ; quod posset occurrere pro eo, quod dicti Cardinales cum magna difficultate iterato possent congregari ; Cardinales verò, qui erant in Castro Sancti Angeli per publicum instrumentum dederunt plenam & liberam potestatem illis quinque Cardinalibus, qui erant cum electo in Palatio Sancti Petri circa intronizationem ipsius electi, omnia faciendi, quæ ipsimet personaliter facere possent.

Cùm autem ad notitiam Senatoris, & aliorum Officialium Vrbis peruenisset tenor hujus Cedulæ, accesserunt ad dictum Castrum, & humiliter supplicarunt, quatenus exire inde vellent, & conjungere se aliis Cardinalibus, qui erant in Palatio quoniam in nullo habebant dubitare quia erant in loco libero, tuto, & securo, & licèt ipsi non elegissent Papam Romanum, de electione tamen Domini Barensis, Romanus Populus remanserat contentus, pacificus, & quietus; qui Cardinales, auditis istis verbis, de dicto Castro exierunt; & ad Palatium iuerunt, ubi illos quinque Cardinales & Dominum Sancti Petri inuenerunt, qui omnes in Capella conuenientes iterum & ad cautelam predictum Dom. Barensem in Papam elegerunt, vel ut electus esset consenserunt purè, liberè, concorditer, & unanimiter; quo facto, statim per Dominum de Agrifolio Dominus electus ad Cardinales introductus extitit, qui ab eis tanquam in Romanum Pontificem electus, fuit receptus atque inter eos protinus concedit.

Quibus sic confidentibus, Cardinalis Florentinus nomine cæterorum Cardinalium ad electum orationem habuit; proponens illud Apostoli Pauli, Talis decebat ut esset vobis Pontifex impollutus videlicet; prosecutus cum narratione rei gestæ, & negotio electionis de ipso celebratæ, requisiuitque ipsum electum ut consentiret electioni de se factæ; qua requisitione facta, ipse electus verba illa assumpsit diuinæ Scripturæ ; *Timor, fremor venerunt super me, & contexerunt me tenebræ* ; Et cum prosecutus fuisset ad finem, ut

vide-

VRBANO VI.

videbatur, volens se excusare in sarcina tanti oneris, vel saltem velle tempus ad deliberandum Cardinalis Florentinus, & alij Cardinales tunc dixerunt quod prosecutionem autoritatis per eum propositæ pro tunc omitteret, quia non erat de more cum alium ipse haberet facere eis sermonem. Cumque iterato requisiuerunt quod eis responderet, & electioni de se factæ in nomine Domini consentiret; ipse vero electus ipsorum præcibus, & instantijs diutius tandem cum timore, & tremore animi dictæ electioni humiliter consensit.

Præstito consensu per ipsum electum, & cantato prius *Te Deum Laudamus*, statim ipsum intronizarunt, petieruntque ab eo quo nomine vocari vellet, qui respondit quod vocari volebat. Vrbanus sextus, continuoque ei Papalem reuerentiam exhibuerunt; & tunc Cardinalis de Verrucho ad quandam fenestram accessit, & dixit, alta voce his, qui aderant *Annuncio vobis gaudium magnum, quia Papam habemus, qui vocatur Vrbanus sextus.*

Eadem die tres ex dictis Cardinalibus, videlicet de Agrifolio, Lemouicensis, & Pictauiensis recesserunt ad partem, in dicto Palatio cum præfato Domino Papa in loco Studij, & inter cætera dixerunt eidem quod fuerunt ipsi tres, causa suæ promotionis, & supplicauerunt pro executione testamenti Domini Gregorij undecimi, & quod fratres suos, & de gente sua haberet commendatos, & præcipuè dignaretur præstare certum subsidium pro redemptione Domini Roggerij fratris ipsius Domini Gregorij in Anglia captiui, & quod in prima Creatione Cardinalium quam faceret, dignaretur assumere unum eorum consanguineorum, quem Dominus Gregorius facere intendebat, filium scilicet Domini Hugonis de Rupe militis nepotem dicti Gregorij. Petierunt etiam ut dignaretur in suum Cubicularium retinere Dominum Ioannem de Baro eorum consanguineum, qui etiam fuerat Cubicularius præfati Gregorij; quibus omnibus Dominus Vrbanus benignissimè respondit, & in suum Cubicularium D. Ioannem prædictum retinuit.

Die vero Sabbati, quæ fuit decima Aprilis; Dominus Vrbanus associatus ab omnibus dictis Cardinalibus, &

Dominus de Vrsinis, qui de Castro vicouari reuersus fuerat alijs Cardinalibus tunc ab Vrbe absentibus descendit ad Ecclesiam Sancti Petri, ubi in Cathedra Papali (quæ in capite est ante majus Altare,) sedens præsentibus Cardinalibus, & toto Populo recepit reuerentiam à Canonicis Sancti Petri, & tunc cum Iubilo cantatum est, Te Deum Laudamus, deinde audiuit Missam submissa voce in dicto Altari, qua finita dedit Papalem benedictionem & una cum Cardinalibus prædictis numero XIII. rediit ad Palatium, & juxta morem Romanorum Pontificum orationem, seu sermonem Cardinalibus fecit, qui sermone finito, petierunt ab eo plenariam Indulgentiam omnium suorum peccatorum, & dispensationem superquibuscunque irregularitatibus, quas ipsi quacunque occasione, vel causa forsitan incurrissent, quod etiam Papa libenter concessit, & subsequenter quilibet eorum confessorem elegit per quem in forma Ecclesiæ se absolui fecerunt.

Die verò undecima Aprilis, quæ fuit Dominica in Palmis Dominus Vrbanus sextus more Romani Pontificis dedit tam Cardinalibus quàm Prælatis, & alijs omnibus Palmas & ramos oliuarum, ut moris est, in cujus præsentia tunc celebrauit Dominus Cardinalis Florentinus.

Die duodecima exequias solemnes fecit cum Missa pro anima fælicis recordationis. Domini Gregorij undecimi Prædecessoris sui, & missam celebrauit Dominus Cardinalis Pictauiensis. Diebus verò sequentibus usque ad diem Iouis in Cæna Domini Dominus Vrbanus exiuit associatus ab omnibus D. D. Cardinalibus ad dandum Indulgentias Populo & Peregrinis, qui venerant deuotionis causa ad Limina Apostolorum. Die verò Iouis exiuit ad fulminandum Processum, ut est moris, cui astiterunt. D. D. Cardinales cum Candelis accensis, secundum consuetudinem Romanæ Curiæ, & postea Dominus Cardinalis de Agrifolio Missam in eius præsentia celebrauit, qui discalceatis pedibus sanctam Crucem adorauit, & subsequentes Cardinales, & alij successiue Crucem adorauerunt; Sabatho Sancto Vrbanus ad cappellam exiuit & coram se illius diei officium cum Benedictione

VRBANO VI.

ne Cerei , & Missam dici fecit quam celebrauit Dominus Gebenensis.

In die sanctæ Paschæ Coronatus est Dominus Vrbanus Papa sextus cum omnibus ceremonijs, & solemnitatibus requisitis coram uniuerso Populo, & Peregrinis, qui ad Vrbem deuotionis causa venerant multitudine copiosa, Cardinalibus omnibus numero 16, assistentibus, præsentibus, & sic fieri volentibus, ipsique Domino Vrbano Ministrantibus, Omnes enim dicti Domini Cardinales numero 6, qui in electione fuerunt in hoc Coronationis festo, interfuerunt, puréque, & liberè consenserunt, & quatuor illi Cardinales, qui ab Vrbe recesserant, iam fuerant ad Vrbem reuersi, ubi omnes dicti Cardinales per tres menses continuos steterunt ipsi Domino Vrbano assistendo, & Ministrando, Consistoria , & alia per Cardinales summis Pontificibus consueta faciendo usque quod dicti Domini Cardinales , seu eorum aliqui de ipsa Vrbe , & de licentia dicti Domini Vrbani ad Anagniam se contulerunt, & durante tempore dictorum trium Mensium, d. D. Cardinales semper tractarunt , & habuerunt Dominum Vrbanum pro vero , unico , & indubitato summo Pontifice eum honorando, visitando, gratias petendo, anulos, & alia prætiosa jocalia ei largiendo. In Missis quoque ipsorum tam submissa voce, quàm in Cantu celebratis, orationem illam dicendo , seu dici faciendo Deus omnium fidelium & pro ipso Domino Vrbano tanquam pro summo , & vero Pontifice , diuinum auxilium implorando ad felix & prosperum regimen Ecclesiæ suæ Sanctæ.

Die 25. Aprilis Dominus cardinalis Abianensis de Legatione sua reuersus est , & à Papa Vrbano consistorialiter receptus ; ut est moris recipiendi legatos de latere ; qui Dominus Cardinalis pede Papæ deosculato, & ore, qui Domino Vrbano exhibuit Papalem reuerentiam.

Adueniente die Ascensionis Dominicæ Vrbanus Missam publicè celebrauit interfuerunt omnes prædicti, & Dominus de Luna Diaconus Cardinalis ei seruiuit de Euangelio, & aliis ceremoniis consuetis similiter in die sanctæ Pentecostes, & in die Corporis Chripsti Dominus Vrbanus cele-
C 3　　　　　brauit

brauit in Pontificalibus, cui omnes præfati Cardinales parati sacris vestibus astiterunt, & eidem seruierunt Dominus cardinalis de Vrsinis in die Pentecostes cantauit Euangelium, & Dominus de Verrucho in die corporis Christi. Fecit quoque Dominus Vrbanus præsentibus, & consentientibus dictis Dominis cardinalibus in Consistorio secreto multas Prelatorum Promotiones & translationes ; tenuitque etiam omnia consistoria publica, causas commisit Cardinalibus prædictis ; super quibus diffinitiuas sententias tulerunt ; Pro se etiam & familiaribus suis dispensationes, & gratias impetrauerunt, ad diuersos Mundi Principes sponte, & liberè scripserunt, & Dominum Bartholomeum Episcopum Barensem in verum & indubitatum Pontificem elegisse, ipsis etiam consultantibus, assentientibus, & consentientibus, & quod non adhiberetur fides alicui, quo contrarium asserere vel super his dubitare vellet & coram pluribus honestis, & grauibus personis sæpissimè asseruerunt ipsum Dominum Vrbanum verum & indubitatum fore Romanum Pontificem, ipsisque etiam consultantibus, assistentibus, & consentientibus Dominus Vrbanus electionem Ill. Principis Domini Venciflai in Regem Romanorum electi confirmauit; Dominus quoque Glaudatensis scrutatis notis singulorum ipsum Cardinalem Presbyterum in Episcopum Hostiensem proponi, & promoueri curauit, cujus promotionis vigore Dominus Hostiensis prædictus possessionem dicti Episcopatus cepit, ipsumque rexit, administrauit, & tam in spiritualibus, quàm in temporalibus gubernauit, & aliquando actus Episcopales gessit, consecrando, & ordinando, prout Episcopis Cardinalibus facere consueuit, & per idem tempus, quo Cardinales prædicti in Vrbe fuerunt continuè absque ulla violentia, & molestatione omni prorsus metu secluso habitarunt, & steterunt in Vrbe.

Vna autem dierum Dominus Vrbanus conuocatis ad se Cardinalibus omnibus, multas eis admonitiones fecit pro bono regimine Curiæ Romanæ, & pro bono exemplo de se ipsis Populo tribuendo; Monuit enim ut abstinerent, & manus suas excuterent ab omni munere, detestans, & grauiter
se ultu-

VRBANO VI.

se ulturum affirmans Simoniacos, & omnes turpis lucri sectatores, inhibens ne munera, quæcunque magna, siue parua pro quacunque causa reciperent, intendens negotia coram eo promoueri gratis nihil inde sperando; monuit etiam eos de honestè viuendo, cum ipsi essent Cardinales Ecclesiam militantem sustentantes, & tanquam signum positi ad sagittam debebant de se normam, & exemplum alijs bene viuendi dare & prebere; detestans superfluos sumptus, & numerosam familiam, equorum quoque, & vestium, & conuiuantium superfluitatem; asserens hæc omnia pomposa, & inflata cedere ad grauamen potius, quàm ad releuationem honoris Romanæ Curiæ, & Ecclesiæ, multas quoque eleemosynas propter hos sumptus pauperibus deperire affirmabat; Dixitque præterea suæ intentionis fore quod justitia ministretur, omnibus petentibus absque aliqua personarum acceptatione, & addidit quod cum dispositione diuina Romana sedes esset in Vrbe collocata, intentio sua erat in Vrbe residere, ibique & viuere, & mori, quodque si aliter faceret, crederet se malè agere, & Deum offendere.

Hæc dum sic agerentur Archiepiscopus Arelatensis, qui fuerat Camerarius Domini Gregorij undecimi & penes quem erant omnia jocalia pretiosa, quę fuerant Domini Gregorij per mensem post Domini Vrbani coronationem, de Vrbe absque licentia recessit & iuit ad Anagniam; secumque asportauit dicta jocalia, & inter cætera Thiaram pretiosam, cum qua consueuerunt nunnulli Romani Pontifices coronari, & cum qua ipse Dominus Vrbanus fuerat coronatus; Propter quæ Dominus Vrbanus commotus mandauit, D. Dom. Cardinalibus de Agrifolio, Pictauiensi, & Viuariensi, qui & ipsi erant Anagniæ ut dictum Episcopum arrestarent.

Cùm autem in Castro Sancti Angeli esset Castellanus quidam Petrus nomine, positus ad instantiam Cardinalis Montis-majoris; volens Dominus Vrbanus pro sua securitate Castrum illud habere ad manum suam, requiri fecit d. Castellanum de ipsius Castri restitutione; sed Castellanus spiritu rebellionis assumpto, illud facere recusauit, & se summi Pontificis rebellem constituit, cuius quidem rebellionis ferebatur confocius, & tractator prædictus Cardinalis Montis Majoris.

Cum hoc ad Domini Vrbani notitiam peruenisset, reprehendit acerrime Cardinalem Montis Majoris, eique comminatus fuit, quod contra ipsum procederet, & de eo justitiam faceret juxta formam, & tenorem Processuum fælicis recordationis Ioannis Papæ XXII. contra talia perpetrantes promulgatorum; similiter reprehendit, & comminatus est Dominus Ambianensis Cardinali pro eo, quod fauebat, Domino Francisco de Vico, Almæ Vrbis Præfecto, qui occupabat Ciuitatem Viterbiensem, quæ ei nullo modo pertinet, & est de Dominio Romanæ Ecclesiæ fueratque etiam Dominus Vrbanus informatus, quod Cardinalis Sancti Eustachij quasdam occultas practicas, & conuentiones tenebat, & fecerat cum Britonibus in damnum ipsius Domini Papæ; imo ferebatur quod Cardinalis prædictus sibi certas pecunias retinuisset, quas Papa ei dederat ad finem recuperationis Castri sancti Angeli, unde etiam huic communicatus est, quod contra eum faceret Iustitiam; fuerat propterea Dominus Vrbanus aduisatus, quod Dominus Cardinalis Sancti Eustachii per suas virtutes, & subtiles tractatus, ac deceptoria verba, & falsas, ac dolosas inductiones sollicitauerat ipsum Dominum Vrbanum ad dandum societati Britonum magnas pecuniarum summas; Quibus receptis, ipsi Britonenses se hostiliter opposuerunt ipsi Domino Vrbano & quod earum Machinationum conscij erant, & authores extiterant Cardinalis Gebbenensis, Ambianensis, & Montis Maioris, & nonnulli alii Cardinales Vltramontani in Italia commorantes, ipsique Cardinales bene sciebant Dominum Vrbanum de his omnibus habere notitiam, unde propter iam dicta, & quia Dominus Vrbanus denegauerat aliquas gratias concedere ipsis d. D. Cardinalibus Vltramontanis credebatur eos de sua sanctitate non contentari; imo erigere velle cornua contra eum, prout tandem fecerunt.

Nam circa finem Iunii anno D. 1370. nonnulli ex ipsis D. Vltramontanis in Vrbe existentes, Cardinales videlicet Lemouimouicensis, de Agrifolio, Glaudatensis, de Britannia, Pictauiensis, Viuariensis, Montis-Maioris, Sancti Euſtachii, Sancti Angeli, de Verucho, & de Luna ipſi, & eorum quilibet ſupplicarunt & ſupplicare fecerunt de habendo licentiam recedendi de Vrbe, & eundi ad Anagniam, pretendentes in Vrbe nimiam caliditatem, & aëris intemperiem, & Anagniæ erat aër temperatior, & clementior; unde Dominus Vrbanus volens eis complacere conceſſit eis licentiam abeundi, qui præter ante conceperant, receſſerunt, & ipſe de Roma venit Tibur.

Dum Papa eſſet in Tibure & Cardinales in Anagnia, iam in apertum diſſidium inter Papam & Cardinales res vergere cæperunt; iam affirmantibus Cardinalibus quod Dominus Vrbanus non eſſet verus Papa, nec canonicè electus, quia per impreſſionem, & quod electio non fuit celebrata in loco tuto, proptera Cardinales ipſi intelligentes ſe cum Principe Fundi, illuc acceſſerunt, & tanquam Apoſtolica ſedes vacaret, Conclaue intrauerunt, Dominum Robertum Gebernenſem Cardinalem in ſummum Pontificem, ſeu in idolum potius erexerant, qui vocari voluit Clemens ſeptimus; unde in Dei Eccleſia ortum eſt ingens Schiſma, & quod multorum malorum cauſa fuit. Nam Principes Chriſtiani diuidi cæperunt, & quidam Vrbano, quidam verò Gebernenſi adhæſerunt; Vrbano enim adhæſit Natio Italica, excepto Comite Fundi, & Præfecto de Vico, tota natio Germanica, Regnum Portugalliæ, Anglia tota, Gebernenſi adhæſerunt Natio Gallica, tota ferè Hiſpania citerior, & ulterior; ſicque ſubſequutæ ſunt difficultates, & errores plurimi in Populo Chriſtiano, & quod unus ligabat, alter ſoluebat, fiebantque hinc Proceſſus, priuationes & anathematizationes in magnum Eccleſiæ, & Chriſtianitatis vilipendium; eadem propterea Eccleſia dabatur duobus, & vi armorum quandoque dirimebatur lis; unde ſequebantur hominum occiſiones, depopulationes Agrorum, & plurimorum ſtrages. Propter quod ſequutum eſt famoſum bellum, quod commiſſum eſt inter Ducem Burgundiæ, & Leodienſis; in quo, ut fertur triginta millia

D ho-

hominum interempta sunt propter Leodium.

Cardinales, qui idolum erexerant, vel nouum Pontificem secundùm eos de Italia, unà cum electo suo recesserunt, & ad Auenonem se contulerunt; Dominus autem Vrbanus videns quod actum fuerat, fecit incontinenti unam Ordinationem duodecim Cardinalium lectissimorum hominum, & magnæ commendationis, fecitque Processus, & priuauit Cardinales, qui erant in Anagnia, vel in Fundis, unà cum eorum pretenso Pontifice eos anathematizando, & ipsos, & ipsorum bona occupando, concedendo; fecit etiam processus contra Principes Fundium, & contra Franciscum de Vico almæ Vrbis Præfectum, qui Viterbium occupabat, & è contra ille Gebernensis, contra Dominum Vrbanum, & eius sequaces Processus fulminauit, sicque tota Christianitas hac peste Schismatis inuoluta annis 45, & ultra laborauit usque ad tempus, & tempora sacri Concilii Constantiensis, de quo infra dicetur.

Vrbano sic cum Gebernensi contendente Cardinales nouiter creati, viri zelantes honorem Ecclesiæ, & pacem Populi Christiani, attediati etiam moribus Vrbani, cuius nimia seueritas potius quàm iniustitia tituli Papatus, reuera fecerat Cardinales, à quibus creatus erat ab eo discedere, & Schisma cóflare, secreto modo inter se agere cæperunt de dando D. Vrbano Coadiutore, & tractare cum Cardinalibus obedientibus D. Gebernens. quod percipiendo Vrbanus captiuauit septem ex ipsis, quatuor ex eis, dum esset Ianuæ, fecit in tetro carcere strangulare & ad parandum sibi amicitias plurimarum Ciuitatum & Dominorú Romæ in Sancta Maria, trans Tiberim existens, fecit unam Ordinationem 29. Cardinalium, inter quos multi de Ciuitate sua Neapolitana connumerati erant, inter cæteros Ianuæ interfectus fuit D. Ludouicus Donato Venetus, qui fuerat primò Generalis Ordinis Minorum, & postea per eundem Vrbanum creatus Cardinalis, Regem insuper Siciliæ Nepotem suum creare constituit, qui cum per mare nauigaret cum vxore, filiis, & uniuersis bonis suis, tempestate suborta periclitatus est, & uno momento, ipse cum naue, & qui cum eo erant, maris fluctibus demersus est.

Passus

Passus est hic Pontifex graues persecutiones & obsessus, & per aliquantulum temporis in Arce Nuceriæ in Regno, fertur tamen omnium persecutionum ipsam potissimam causam extitisse, propterea quòd homo ultra quam decebat seuerus erat, & sui capitis, & sibi magis, quam cæteris credens; tandem liberatus ab obsidione, in sede propria Romæ residens moritur, & in Ecclesiam Sancti Petri in Vaticano sepelitur.

Longa verborum serie hujus Pontificis assumptio narrata est, propterea quod Schisma subsequutum longi temporis fuit, & multorum malorum, ut prædiximus, causa, & ex gestis in electione eiusdem intelligi possit justitia tituli Papatus sui, quamuis longè aliter à Cardinalibus, qui recosserunt ab eo positus extiterit prætendens metum, qui cadere poterat in constantem virum in actu electionis interuenisse, qui in tribus mensibus, quibus continuò fuerunt cum Domino Vrbano nunquam allegauerunt, sicut reuera allegare non poterant, & per variam positionem casus necesse fuit varia Peritorum Consilia hinc inde emanare, quæ fuerunt causa ut Schisma hoc diutiùs duraret, qualibet Parte prætendente, se justitiam fouere, & aliam verè Schismaticam dici posse.

D 2   CONCLA-

CONCLAVE
NEL QVALE FV CREATO PAPA,
Il Card. Tomaſo Lucando da Sarzana, detto
NICOLO V.

IONTO Papa Eugenio IV. di felice memoria à termine tale, che da dotti, & eccellentiſſimi Medici Fiſici, la ſalute corporale ſi giudicaua eſſere affato diſperata, il che da loro eſſendo manifeſtato al Reuerendiſſimo Arciueſcouo di Fiorenza, andò ſubito alla Santità ſua, portando ſeco il Santiſſimo Sacramento dell' Eſtrema-untione, quale ſcorgendo il Papa, voltatoſi verſo lui, in tal modo intrepidamente gli parlò; chè nouità è queſta, ſete venuto forſe per darci il Sacramento dell' Eſtrema-untione? Non credete voi, che noi ſappiamo il tempo opportuno di queſto? Io mi ſento per hora aſſai gagliardo quando ſarà tempo, vi faremo domandare; al preſente fermateui un poco, la verità è, che ſua Santità in queſto punto intrepidamente faceua reſiſtenza alla morte, e per al quanto ſpatio di tempo combattè con eſſa per quello diceuano, & affermauano li prudenti, & eccellenti Medici; la qual coſa inteſa da Alfonſo Rè d'Aragona, apertamente, hebbe à dire.

Non vi para merauiglia di ciò ſe fa reſiſtenza alla Morte, poiche anco in vita intrepidamente con guerra fece reſiſtenza al Conte Franceſco, alli Colonneſi, à me, & ancora à tutta l'Italia; mà conoſcendoſi alla fine la Santità ſua che gli rimaneua poco di vita, fece chiamare à ſe tutto il ſacro Collegio de' Cardinali, alli quali in tal guiſa parlò intrepidamente;

mente; Gionto è il tempo, gionta è l'hora nostra, ò amatissimi, & venerandi fratelli, hora ci conuiene morire: è ben vero, che noi non ci habbiamo à lamentare delle leggi della natura, posciache lungamente in vita ci hanno conseruato, & honoratissimamente, e cosi piacesse à Dio, che l'Officio nostro nel grado supremo, in che ci trouiamo, talmente hauessimo amministrato, come comportaua il douere, e l'honore di Dio; mà ci appoggiamo, & assicuriamo sotto l'ali della bontà diuina, la quale mira più tosto la buona volontà, che l'attioni, & operationi nostre; è ben vero, che come impastato d'humanità hò desiderato, e bramato tal colmo di Dignità, mà non già mai affettuosamente ambita. Molti, e diuersi accidenti sono occorsi alla sede Apostolica, mentre d'esso siamo stati Ministri, ne da ciò argumentiamo, che saremo meno accetti alla Maestà di Dio, perche *quos diligit, corrigit, atque castigat.* Nel resto, perche s'abbreuiano l'hore nostre, & poco, più con voi posso dimorare, sendo chiamato, à render conto alla Maestà di Dio, e perciò auanti la partita mia da voi, hò voluto con la presente Congregatione lasciarui la pace, in quella maniera, che nostro Signore Giesù Christo lasciò alli suoi cari, & amati Discepoli, quando da loro volse fare partenza, da questo all'altro Mondo. *Pacem meam do vobis, pacem meam relinquo vobis.* Io hauendoui assonti tutti alla dignità Cardinalitia, eccettuandone solamente uno, che in vero come figliuolo sempre hà trattato, come anco voi tutti sete nostri fratelli; Però vi prego caldamente ad hauere auanti gli occhi il vincolo della pace, l'unione dell'amor fraterno, e che insieme lontani da voi tutti sempre siano le Scisme, abborrendole totalmente, fuggendo ogni occasione, da che nascere potessero, & in vece di ciò adempite affatto la legge di Christo con sopportare, & tollerare l'un l'altro. Restarà presto senza Capo la Sposa di Christo Santa Chiesa; Voi tutti benissimo sete informati, che qualità conuerranno al sommo Pontefice, & perciò vi supplichiamo ad elegger Soggetto tale, che di dottrina, e costumi sia eminentissimo; leuate, vi prego, da voi ogni mondano affetto, hauendo riguardo solamente in tutto, &

per

NICOLO V.

per tutto all'honor di sua Diuina Maestà, & al bene publico, & all'utile di Santa Chiesa, e non alli vostri priuati interessi, & t'alle parole mie sarete concordi, più tosto eleggerete una persona mediocre, che discordante, se bene eminentissima, poiche oue regna, e si troua pace, iui stà il Signore.

In oltre instantemente vi prego tutti, che dopò sarò passato da questa vita, non perdiate tempo circa la pompa dell'essequie, mà solo poniate in essecutione le Cerimonie, & riti soliti nell'essequie de' pontefici, desiderando d'esser sepellito ad imitatione della fel. mem. di Eugenio terzo, in luogo humile, & abietto. Con tanta espressione d'affetto parlò il sommo Pontefice, che indusse tutti i Cardinali à lacrimare. Con tutto ciò hauendo li medesimi Cardinali instantemente supplicato la Santità sua à contentarsi, che il Cardinale Capuano fosse liberato dall'essilio, e chiamato à Roma, non volle acconsentirui. Ma gli rispose, *Nescitis quid petatis*; poiche è più espediente à lui lo stare lontano, che al desiderio vostro sodisfare. Dopò queste parole, dette con grandissima efficacia, fattosi portare il santissimo Sacramento dell'Estrema untione, & riceuuta dal sopradetto Arciuescouo di Fiorenza, mancandoli le forze naturali, se ne passò di questa à miglior vita, & fu alli 18 Febraro 1446; il corpo del quale subito fu inbalsamato, & tutto quel giorno stette in Chiesa, acciò il Popolo tutto li baciasse li piedi; Di poi fu portato, & sepolto nella Chiesa del Vaticano in Santo Pietro, appresso alla sepoltura della fel. mem. di Papa Eugenio terzo, secondo egli haueua in vita ordinato.

Nel tempo di questo Ponteficato, occorsero molti accidenti prosperi, rimanendo in diuerse Guerre quasi sempre vincitore? Volendo alcuni Cardinali deporlo dal Pontesicato sotto nome del Concilio, totalmente ricusò, & depose quelli, che ciò tentorno. Hebbe molti competitori nell'elettione del Pontificato. Si mostrò nelle guerre (cosa nuoua in vero) molto neutrale. Fù spogliato dell'obbedienza dell'Alemagna; mà con tutto ciò recuperò la Natione Greca: Tirò alla fede Cattholica li Iacobiti: Contra Turchi strenua-

strenuamente guerreggiò : Canonizzò Santo Nicolo di Tolentino.

Ei fu fatto prigione in Roma, d'onde egli se ne fuggì, ritornandoui poi con maggior gloria. Gli fu occupata la Marca, quale poi riacquistò. Affolfe Braccio della scommunica, che se ne staua armato in Campagna ; fu da lui sublimato à grandi honori Giouanni Vitelli : fece molte altre Imprese, nelle quali alcune volte restò vittorioso, & altre li succeffero sinistramente con grandissimo danno. Non si tosto egli se ne passò all' altra vita, che vennero Ambasciadori dal Rè d'Aragona, quali con Lettere credentiali, manifestarono al sacro Collegio la volontà del lor Rè, con dire, essendo alla sacra Maestà peruenuto all' orecchie, che la Santità sua se n'era passata di questa à miglior vita, grandissimo dispiacere n'haueua sentito, per esser la santa Chiesa restata priua d'un tanto, e tale Pastore, & pregaua il santo, & sacro Collegio, ad eleggere un successore pieno di bontà, & dottrina; assicurandosi, che per causa alcuna non doueuano sospettar della persona sua, e ch'era prontissimo ad ogni aiuto possibile, per difendere, & aiutare la santa Chiesa, & questa santa elettione del Pontefice; & si offeriua, se vi era cosa, che giudicassero appartenersi à lui per questa santa opera, che liberamente comandassero, che prontissimo se gl'essibiua; alle quali parole il Collegio de' Cardinali fece risposta in tale guisa; che della sua buona volontà restauano appagati, e che non dubitauano punto in alcuna maniera. Frà tanto, furono secondo il solito, fatte l'essequie per sua Santità per lo spatio di noue giorni, nelli quali dopò pranzo sempre si faceuano Congregationi alla Minerua, & conueniuano insieme, facendo prouisioni intorno alle cose necessarie. Venuta all' orecchie del Cardinal Capuano, la morte della fel. mem. di Papa Eugenio Quarto, se ne venne à gran passi in Roma, doue giunto non solamente il Popolo tutto, mà anco il Clero, riceuette un grande applauso, & giubilo; & così entrato, continuamente si ritrouaua presente all' essequie, & instantemente pregaua la Maestà di Dio per l'anima sua ; dicendo, essere stato nel suo Pontificato huomo
prudente,

prudente, e che con maturo consiglio lo teneua assente da Roma, il quale per essere persona di molte Lettere, graue d'età, & di egregij costumi, il Popolo tutto lo desideraua per Pontefice, ma al parere, e volontà del Popolo, non era congionta la volontà del Sacro Collegio, poiche pochi erano i Cardinali, che lo volessero Papa. Nella morte del Papa Eugenio Quarto furono fatte due Orationi, l'una delle quali fu fatta da Malatesta Auditore di Rota, e l'altra dal Cardinale Bolognese, laudando molto, la vita d'esso sommo Pontefice. Il Primo trattò della qualità della Corte, l'altro inqual maniera il successore douessero eleggere ad Eugenio, essortandoli à lasciare l'odio, se trà di loro vi fosse, & ogni, & qualunque sorte d'affettione, e fu la detta Oratione fatta con tanta vehemenza, e con tanto affetto esposta, che si giudicò non da huomo, mà da Angelo; in maniera tale che molti lo giudicauano degno del Ponteficato. Fatto questo, li trè Cardinali Capi d'ordini, con il consenso di tutto il resto del Sacro Collegio de' Cardinali, posero alla custodia delle porte le guardie, con tal'ordine, cioè alla custodia del Campidoglio, vi fu posto il Procuratore dell' Ordine de' Scalzi; la custodia di Castel Sant'-Angelo non fu per allora mutata; fu ordinato, che il Conclaue si douesse fabricare alla Chiesa della Minerua, benche li Canonici vi contraueniscero, dicendo, essere bene farlo al Palazzo del Vaticano, doue habitaua il Papa quasi di continuo, per essere luogo più sicuro. Allora molti de' Baroni Romani vennero al Conclaue per voler interuenire all' elettione del Pontefice futuro, mà il sacro Collegio à questo non acconsentì, dubitando, ch' essi con qualche stratagemma, o vero impeto tirassero chi più loro aggradisse alla somma Dignità, ò con qualche altro impedimento maculassero l'elettione, sospettando di qualche Scisma. Trà tutti li Baroni Romani non fu alcuno, che à questa espulsione facesse resistenza maggiore, del Signor Gio. Battista Sauelli, huomo nobile, & d'età graue, quale con grand' animosità di cuore diceua, che per il Ius antico gli toccaua quell'honore, e che era obligato ponerui la vita; mà con tutto ciò fu necessario, che à queste ragioni publicamente cedesse,

E

deſſe; con la quale occaſione li Romani ancora con bella occaſione furno liberati da molti carichi, che già anticamente gl'erano ſtati impoſti. Frà tanto il Conclaue fu eretto nella Chieſa della Minerua, nel publico dormitorio, cuſtodito ſotto quattro chiaui, quali teneuano ſeparatamente quattro perſonaggi, cioè l'Arciueſcouo di Rauenna, quello d'Aquileia, e di Sermoneta, & il Veſcouo Anconitano, quali tutti faceuano reſidenza in Campidoglio, alla cuſtodia de' quali, era ſtato poſto dal Collegio, l'Ambaſciadore de' Caualieri di Rodi. Paſſato il decimo giorno dopò la morte della fel. mem. di Papa Eugenio, & finite l'eſſequie, tutti li Cardinali sù l'hore 20, ſi congregarono alla Chieſa della Minerua, nel qual giorno fatta la Congregatione, ſolennemente ſi dette il giuramento, ſolito à tutti gli Officiali, e così unitamente intonato dalli Chierici l'Hinno, *Veni Creator Spiritus*, con ogni ſommiſſione di Capo, & occhi, proceſſionalmente ſe n'entrorno in Conclaue, & retiroſſi ciaſcuno alla ſua Cella toccatagli à ſorte, quale era non di legno, mà di panno, di colore ò verde, ò violato; ſolamente il Cardinal Bologneſe ordinò, che la ſua Cella, foſſe accomodata di color bianco forſe perche la mente ſua non era nè più pura, nè più retta degli altri. Radunati la mattina ſequente nella Cappella, e celebrata la Meſſa ſolita dello Spirito Santo, fecero il primo Scrutinio, e trouandoli dentro 18 Cardinali, non ſi poteua crear il Papa, ſe non conſeguiua li due terzi de' voti, che aſcendeuano al numero di 12 voti, il che in queſto primo Scrutinio, non accadè ad alcuno. Era coſtume, e conſtitutione trà Cardinali, che li cinque primi giorni di Conclaue, fuſſe lecito à loro hauere tutte le ſorti di viuande, e dopò queſti per tre giorni non poteſſero riceuere che una viuanda à leſſò, ò arroſto, ſecondo li piaceua, e ſe frà queſto tempo non creauano il ſommo Pontefice, era aſſignata loro una certa portione di pane, e vino. Non poteuano li Cardinali in Conclaue ſeruirſi di altri, eccetto del Cappellano, e Crucifero. Nè vi erano poi altri, che due Maeſtri di Cerimonie, à quali era conceſſo, dopò la Creatione del nuouo Papa per ſua mercede d'hauere tutti l'ornamenti, & ſupellettili

NICOLO V.

lettili della Cella. Del giorno, & hora, ch'essi Cardinali entrarno in Conclaue, fu sempre opinione, che il Cardinal Prospero Colonna douesse succedere sommo Pontefice: mà il prouerbio di Roma è assai trito, che colui esce di Conclaue Cardinale, che u'entra Papa, la qual cosa à lui interuenne, con tutto che fusse fauorito da molti Cardinali, come dal Cardinale Aquilegiense, & il Cardinale Minoricense. Il Cardinale Vice-Cancelliero, il Cardinal Tarentino, & molti altri. Nel secondo giorno furno fatti due scrutinij, nel primo il Cardinale Colonna conseguì 10 voti, & il Cardinale Firmano 8 voti, ne vi fu alcuno, che hauesse voti à bastanza. Il resto di quel giorno fu consumato frà Cardinali in varij trattati per l'elettione del nuouo Pontefice, & esso Cardinale Colonna di prospera, & auuersa fortuna armato, con ogni sforzo s'aiutaua. Il giorno seguente così discordi fecero il secondo scrutinio, che molti Cardinali nominarono alcuni fuori del Conclaue frà quali l'Arciuescouo di Beneuento, di Fiorenza, e Nicolò di Casa, & con tutto questo il Cardinale superò di voti tutti, perche ne conseguì dieci, & il Cardinale Bolognese solamente trè. Il Cardinale Firmano auertito, che il Cardinal Colonna era vicino à toccar il Pallio dell' Apostolato esclamò, à che fine perdiamo il tempo, non v'essendo cosa più pericolosa alla Chiesa quanto il tanto trattenere, e prolongare la creatione del Pontefice? La Città di Roma è diuisa in due parti: Il Rè d'Aragona nel mare stà presso coll' essercito: Il Duca Amadeo di Sauoia ci contrasta: Habbiamo il Conte Francesco per inimico, sì che patiamo tutte queste incommodità; quale è la causa dunque, che suegliati non diamo alla sposa di Christo il suo Pastore, & guida? Eccoui l'Angelo di Dio, il Cardinal Prospero Colonna, mansueto Agnello, perche causa non l'elleggiamo Papa? hà di già 10 voti, due soli li mancano, perche non vi leuate, dandogli ancora questi due? se un solo gli accede, la cosa è fatta, perche l'altro ancora ci anderà; mà con tutto ciò tutti sodi, come ferme Colonne stauano immobili. Allora il Cardinale Bolognese, acciò la Chiesa di Dio con questa tardanza non fosse per conseguire maggior danno, si leuò, & volse andare al Cardinale Colonna. Di che accortosi

E 2 il Caril Cardinal Tarétino disse; fermateui un poco, non tanta prescia che in sì graue trattato è necessario di buon consiglio. Noi habbiamo per le mani, e trattiamo un gran negotio, ne vi è cosa, che si faccia tardi, purche vēghi ben fatta; perche necessaria cosa è, che in questo trattato vi consideriamo con assai più consideratione; posciache non si elegge hora uno, che solaméte habbia d'hauer cura d'una Villa, mà sì bene uno, che tutto il Mondo hà da reggere, e gouernare: Vno dico, che hà potestà di sciogliere, e legare, & aprire, e finalmente d'eleggere un'altro Dio in Terra. Hor a ci fà bisogno di molta consideratione, & d'ottimo consiglio; poscia che poco sà, chi poco vede. All'hora il Cardinale Aquilegiése rispose in tal maniera. Tutte le cose, che tu dici, & operi, ò Cardinal Tarentino, sono indrizzate à questo fine, acciò che il Cardinal Colonna non peruenga al sommo grado dell'Apostolato, e secondo la tua volontà il Pontefice sia creato. Dimmi ti prego, chi desideri tu Papa? Rispose, il Bolognese; & io ripigliò il Card. Aquilegiense, qualunque tu nomini, e così mi piace. Frà tanto dette l'undecimo accesso il Cardinal Marino, & in un subito il Cardinal san Sisto si leuò, & disse, & io ò Tomaso, ti faccio Pontefice hoggi à pūto, che facciamo la vigilia di S. Tomaso, & in un subbito tutti gli altri Cardinali comproborno questa elettione, e se bene egli si conosceua indegno, e pregaua li Cardinali à non eleggerlo, e lasciarlo nella sua solita vita, tutta via si acquieto alli prieghi delli Cardinali. Mentre la Santità sua dalli Maëstri delle Ceremonie, era vestita degl'habiti Pontificij, adomandato del nome, rispose, voler essere chiamato, Papa Nicolao Quinto; e questo per la riuerenza, che portaua al Cardinal santa Croce suo Precettore, ch'era chiamato di questo nome. In tanto il Cardinale Colonna primo Diacono, secondo ch'era solito, aperta la finestra alta del Conclaue, ponendo fuori la Croce annunciò al Popolo, che il sommo Pontefice era creato, & per essere eminente il luogo, non si potè intendere dal Popolo, chi fosse creato, se non che molti diceuano che il Cardinale Colóna era creato Papa, & così in un subito furno tutte le mura del Conclaue. Gl'Vrsini in tanto, che questa elettione non gl'era di molta sodisfatione, posero in un subito un gran

presi-

NICOLO V.

presidio alle Case loro, & con molto diligenza custodiuano li loro beni; li Romani parimente, quali si credeuano hauere per Pastore un Cardinale Romano, con riso, e ballo, e giubilo di voci menauano grand' allegrezza, mà quietato il rumore in un subito, saccheggiata la Casa del Cardinal Capuano, e così conosciuta la verità, andorno alla Casa del Cardinale Bolognese, & saccheggiorno li suoi beni, benche fossero pochi. Al Rè d'Aragona non fu grata questa santa elettione, poscia che molto desideraua l'essaltatione del Cardinal Colonna. Per cóclusione dunque di tutto il negotio, la Santità sua fu portata con gran strepito nella Chiesa della Minerua, doue posto à sedere sopra l'altare maggiore, da tutti li signori Cardinali gli fu resa obedienza, & adorato. Dopò essendoui preparato un Cauallo bianco, che à bella posta era stato ordinato, se ne caualcò alla Chiesa di S. Pietro, qual Cauallo era menato da un Senator Romano, nominato Procobio accompagnato da tutti gli Ambasciadori di Rè, e Principi, e con grandissima frequéza di Popolo. Nella Chiesa di S. Pietro essendosi stata resa un' altra volta l'obedienza, & adorato dalli Cardinali, fu condotto alle Scale di S. Pietro, doue radunato infinito quasi numero di Popolo, fu dalla Santità sua data la beneditione secondo che si costuma in tale elettione, e ricondorto di sopra alle stanze Papali da tutti li Cardinali, quali la maggiore parte restorno có sua Santità à práso, fu lasciato per custodia del Palazzo, & della Gregge del Signore, il quale S. Maestà conserui lungo tempo à beneficio uniuersale di tutto il Popolo Christiano, e grandezza della Maestà di Dio. In questo Conclaue quelli, i quali ambiuano con ogni studio il Papato, sono restati à dietro, e quello, il qual' apertamente lo ricusaua è stato eletto per misericordia di Dio, che viua, & regna ne' Secoli de' secoli. Amen.

Quando fu creato Nicolò V. viueuano 23 Cardinali, e solo 18 si trouarono in Conclaue. Vacò la Chiesa giorni 14. 1447.

CONCLAVE
FATTO PER LA SEDE VACANTE
DI
NICOLO V.
NEL QVALE FV ASSONTO AL
Pontificato il Cardinale Alfonso Borgia di Valenza, detto
CALISTO III.

Avendo seduto nella Chiesa di Pietro, la felice memoria di Papa Nicolò Quinto circa otto anni, nato in vero non solamente di schiatta illustre mà etiandio honorato, & ornato d'animo, e dottrina eggregia, & eccelsa, il quale nacque in un Castello nominato Fidiano, se bene l'origine della Stirpe sua hebbe principio della Città di Lucca, Republica posta in Toscana. Nel suo Ponteficato tra le molte e signalate opere, fu particolarmente signalatissima, che in molta, e quasi infinita frequenza di Popolo, marauigliosa da vedere, celebrò solennissimo l'Anno santo, con aprire la Porta santa, la Vigilia della solennità della Natiuità di nostro Signore Giesù Christo nell'anno 1449. nel qual tempò canonizò il Beato Bernardino Senese come anco nell'istesso tempo nella Chiesa de' gloriosi Apostoli, coronò la Sacra Maestà dell'Imperatore Federico, e Leonora sua Moglie con tutte le Cerimonie, e funtioni, che si conuengono in tale consecratione. Molte Chiese di Roma ancora magnificamente fece restaurare, & edificare

ficare molti bellissimi Edificij, quali grande parte per il corso del suo Ponteficato ridusse à compita perfettione. Aggiunse anco all'eminentissima dignità Cardinalitia, sette huomini Nobilissimi, tra quali vi era il Cardinal Filippo Bolognese, huomo d'acutissimo ingegno e dotissimo, e fattasi l'unione nella Chiesa trà quelli, che furono creati in Scisma, fece poi carcerare, e giustitiare un Stefano Porcaro persona Nobilissima, e gratissima a' Romani, e prohibì anche espressamente in Roma, che non fussero scritte noue, e mandati fuori gl'auuisi. In somma in tutto il suo Ponteficato fu riputato felicissimo, e famosissimo, eccetto però nella guerra contro il Turco; nella quale essendo scapitato assai di reputatione, mentre esso và cercando di repararla, soprapeso, agittato il suo Corpo da varij, e molti dolori Colici, per non dire innumerabili se ne passò di questa à miglior vita, onde fu causa che gia essendo ordinata, & aparechiata una grossa Armata contra li Turchi fatta con diuerse prouisioni, il tutto suanì, nè si fece altro. In tanto si pose in ordine per celebrare solennissime l'Esequie d'esso Pontefice, secondo il solito, celebrandosi per noue giorni continui da Cardinali. Finite l'Esequie, per i Cursori furono intimati i Cardinali per il giorno sequente, quali hauendo fatte diuerse Congregationi, & ordinate con somma prudenza tutte le cose necessarie per la Custodia del Palazzo, e della Città, e fatto le prouisioni opportune, si ridussero per l'elettione del futuro Pontefice, e così celebrata secondo il solito dal Cardinal Decano, la Messa dello Spirito Santo, processionalmente se n'entrorno tutti in Conclaue in numero di quindeci Cardinali il quale Conclaue stette aperto fino alle cinque hore di notte, acciò l'Ambasciatori, & li Aggenti de' Principi potessero negotiare con li Cardinali, quali partiti tutti insieme con tutti quelli, che non doueuano restare, fu dalli Cardinali Capi degl'Ordini, serrato il Conclaue. Li Cardinali, che si trouauano presenti in detto Conclaue erano diuisi in diuerse fattioni, per il che molto difficile era l'elettione del sommo Pontefice, pretendendo molti Cardinali il grado di questa dignità Ponteficia, onde per queste fattioni cosi diuerse

CALISTO III.

uerse seguirono due scrutinij infruttuosamente. Fra tanto furono mosse gagliarde prattiche per eleggere il Cardinal Bessarione della Città di Orno, poi che lo giudicauano fra tutti lo più atto à reggere, e gouernare questo sì gran peso del Pontificato, tanto più, che per l'elettione di esso, vi si trouaua il numero bastante, nè dubio alcuno poteva nascere, che nello scrutinio le due parti de' Cardinali, non fossero concorsi, e già particolarmente gli haueua raccommandato gli Stati delli Prencipi, e supplicatolo chi d'una cosa, e chi d'un' altra; il che essendo stato da molti partiali riferito alla fattione contraria, tutti, al Cardinale Auignonense particolarmente mandarono pregando hor questo, hor quello Cardinale, per diuiare la mente di essi da tale elettione, e l' stesso Cardinale Auignonense diceua sì fatte parole intrepidamente: Concederemo noi dunque alla Chiesa santa Latina un' huomo Greco? e porremo nell' eccelso loco del Pontificato un' huomo Neofito? e chi vi fa certi che la conuersione sua sia vera? Sarrà nostro Pastore quello, che poco tempo fà oppugnaua la fede Cattholica? E possibile, che la Chiesa nostra Latina sia posta in tale necessità, che in essa non si troui un' huomo degno, & atto per reggere, e gouernare la Gregge di Dio? Illustrissimi Signori suegliateui, e non permettete un tanto scandalo nella Chiesa di Christo, per che tale elettione io non approuo, come anco tutti li altri che alle parole mie prestaranno fede, mai non consentiranno che tale persona sia eletta in Vicario di Christo, & habbia à gouernare la Grege sua con tanto sospetto, e pericolo di tutto il Christianesimo.

 Furono con tanta enargia, & efficacia dette queste parole, che le due parti d'essi per modo alcuno non vollero concorrere all' Elettione di Bessarione, il quale, benche in quella notte per la costanza di molti suoi adherenti, & amici fosse quasi tenuto vicino à toccare il Pallio, & essere eletto Pontefice, peruenuto nondimeno il seguente giorno statuito per elegerlo, trouò di gran lunga la sorte sua molto differente, di quanto la precedente notte si andaua sperando, anzi si teneua per certo la sua elettione, mà tale cosa auuenire suole à chi confida in huomini, che il tutto li succede vano.

F   Di

Di Nuouo la parte delli Cardinali adherenti, & amici desiderando tale elettione, tentarono la via d'eleggerlo per accesso, che fin' all' hora non era stato posto in uso, ma finalmente le due parti di essi Cardinali elessero quello, del quale manco si pensaua, e questo fu il Cardinale Alfonso Borgia titolare di Santi Quattro coronati, di Nattione Spagnola, della Città di Valenza, nato nobilmente, eccellentissimo & prattichissimo del Gouerno Ecclesiastico, e de' negotij del mondo eruditissimo, accreditandolo di più l'età matura, graue, e poco meno che decrepita, soprauanzando il settuagenario, il quale venuta la Sede vacante à tutti affirmaua intrepidamente; che la sorte del Ponteficato doueua andare sopra la persona sua, e che ciò indubitatamente doueua essere benche non si trouasse alcuno Cardinale che ciò affirmasse, o che gli adherisse, anzi più tosto andauano pensando, che secondo è costume de' Vecchi, delirasse, ma in ciò si verificò l'augurio, e vaticinio che occorse al buon B. Vincenzo che varicicò, qualmente un' huomo della Natione sua Spagnola, essendo lui passato dà questa à miglior vita, doueua essere assonto al sommo grado del Ponteficato, restando Vicario di Christo in Terra, il quale poi fu connumerato nel Catalago del numero de' Santi Confessori di Christo. Vnitamente dunque tutti i Cardinali celebrata la Messa dello Spirito Santo, e fatto il solito scrutinio esso Cardinale Alfonzo, fu eletto in sommo Pontefice, con Voti aperti, e con grand'allegrezza fù da tutti adorato, & addomandato del nome, che voleua porsi, rispose, Calisto terzo, e di nuouo riceuuta obedienza dà Cardinali, & adorato, fu annuntiato al Popolo dalla solita finestra, dal primo Diacono de' Cardinali. Non sì tosto fù creato, che come Pastore instantemente pose ogni studio, & opera per mouere guerra contra Turchi senza alcuna tardanza intimata la guerra, e fatta porre l'armata in fieme, à tutti li Soldati deputati fece una plenaria remissione, e finalmente mandò Legati in Francia, & Vngheria per fare questa Impresa, & accoppiare Esserciti à tale effetto. Dopò fu portato in Sedia in S. Pietro, & fatta oratione all' Altare del Santissimo Sacramento fù posto à sedere sopra all' Altare

degli.

CALISTO III.

degli Apostoli, e di nuouo tutti li Cardinali si buttarono alli piedi, e lo salutarono per Papa, adorarono senza che alcuno contradicesse ò repugnasse, e così riportato in Sedia alle stanze Papali, & hauendo giurato alcuni Capitoli, che 3. giorni auanti, erano stati fatti da tutto il Sacro Collegio de' Cardinali, e che anco doueſſero eſſere oſſeruati inuiolabilmente da sommi Pontefici, iui lo lasciarono alla custode del suo Gregge.

Viueuano quando fu creato Papa Calisto III; Cardinali 20. Vacò la Chiesa giorni 12, l'anno 1455.

CON-

CONCLAVE

NEL QVALE FV CREATO PONTEFICE
Il Cardinale Enea Piccolomini, detto,
PIO SECONDO.

V' fatto il Conclave nel Palazzo del Papa in San Pietro, nel quale si serrarono due Sale, ò due Cappelle, nella maggiore fecero dieci Camere, dove gl' Illustrissimi Cardinali havessero à mangiare, e dormire; la minore, che è detta la Cappella di San Nicolò, fù riseruata per l'elettione del Sommo Pontefice: tutte l'altre per ricreatione, e passeggio de' Cardinali e Conclavisti. Nell' istesso giorno dell'ingresso, che fecero i Cardinali, non fù fatta intorno all' elettione cosa alcuna; Nel seguente giorno si fecero alcuni Capitoli, quali si dovessero inviolabilmente osservare dal Pontefice futuro, e ciascuno Cardinale giurò d' osservare, quando a lui fosse toccata la sorte. Nel terzo giorno dell'entrata in Conclave, dopò che fù celebrata, secondo il solito, la Messa dello Spirito Santo, essendosi venuto allo Scrotinio, si trovò, che il Cardinale di Bologna, & il Cardinale di Siena, erano richiesti per Papa con egual numero di voti, de gl' altri niuno vi fù, che havesse quattro voti, ma Guglielmo Cardinal Rotomagense non hebbe in questo scrutinio voto alcuno, ò fosse per malitia, ò pur per odio.

Sono soliti li Cardinali presenti, fatto, e publicato lo Scrutinio, mettersi à sedere insieme, e parlar trà di loro, se per aventura fosse alcuno, che si volesse mutare di proposito, e la voce, che già haveva dato ad uno, darla ad vn' altro, il quale modo di eleggere si chiamava per accesso, e così poi facil-

F 3 mento

monte si accordavano; Il che si lasciò di fare questa prima volta, restando coloro, che non erano stati eletti assai mesti, non si potendo fare l'accesso à loro. Per allora si andò à desinare, & indi poi furono fatte molte conventicole, e radunanze de' più potenti, che valevano più de gl'altri, e di auttorità, e di potere nel Collegio, e si ingegnavano di tirare à sè, i, meno potenti, e procacciavano il Papato, ò per sè, ò per loro amici, e perciò non cessavano di pregare, di promettere, & & insieme di minacciare, nè mancavano quelli, che senza alcuna vergogna, deposta ogni modestia, facevano raggionamenti di se stessi, & si giudicavano degni del Papato, come, Guglielmo Cardinal Rotomagense, Pietro Barbo, Cardinal di Santa Maria Nova, & Gio: Castelli, Cardinal di Pavia; nè se ne teneva indegno il Cardinal di Siena; ciascuno insòma vantava molte cose di se medesimo; onde era veramente il contrasto grande frà essi, nè giorno, nè notte potevano riposare. Con tutto ciò il Cardinal Rotomagense non haveva tanto sospetto di coloro, questo del Cardinale Enea di Siena, il silentio del quale stimava, che havesse d'havere più vigore, che il molto parlar degl'altri, chiamava dunque hor questo, hor quello, e li diceva, che havete da fare voi con Enea? perche lo riputate degno del Papato? che ci volete dare per Pontefice, un Podagroso, e Povero? come potrà egli povero, & infermo soccorrere, & souvenire alla Chiesa Povera, e debole? poco fà è venuto di Germania, che sappiamo noi, che per aventura non trasferischi la Corte in quelle parti? Che lettere hà egli? porremo noi nella Sedia di San Pietro un Poeta? Governaremo la Chiesa con statuti, e legge de' Gentili? reputate per aventura degno del Pontificato Filippo di Bologna, huomo testardo, il quale non sà nè governare per sè stesso, nè meno vuole ascoltare chi lo consiglia bene? Io sono più vecchio Cardinale di lui, e già sapete, che non sono inconsiderato, nè sciocco, nè per la dottrina sono indegno del Papato, sono di Schiatta Regia, nè mi mancano amici, nè facoltà, ne ricchezze, con le quali posso souvenire alla povera Chiesa, tengo molti beneficij Ecclesiastici, i quali renuntiati da mè si divideranno frà di voi. Aggiungeva appresso molti

prieghi,

prieghi, quali se non bastauano, adoperaua le Minaccie; e sè alcuno voleua dire, che per la sua Simonia non poteua egli ragionevolmente ottenere il Ponteficato, perche tutti, i beneficij sarebboro venali, egli non negaua di esser stato per il passato imbrattato di così brutta macchia, mà gl'assicurava e giuraua per l'auenire, di hauere le mani nette di tale sceleraggine. Era in suo favore il Cardinale d'Avignone huomo audace, avaro, e sordido, il quale con ogni suo potere lo ajutaua, e fauoriua, non tanto come Francese, quanto che dalla Promotione del Cardinale Guglielmo aspettaua infallibilmēte; e la Chiesa Rotomagense & in Roma il suo Palazzo e la Vice Cācellaria, molti erano tirati dalle gran promesse & à guisa di Mosche erano presi dall'esca; onde si vendeua la Veste di Christo, sēza Christo. Si radunarono alli Necessarij molti Cardinali, come in luogo nascosto, e segreto, & convennero trà di loro del modo che potessero eleggere Papa il Cardinal Rotomagense, e con giuramenti, e scritture si obligarono; del che confidato egli subito promise à ciascuduno di loro Beneficij; Officij, e di più anche gl'assegnò Carichi in diverse Provincie luogo veramente degno, nel quale si elegesse cotale Papa, perciò che conventioni, e patti sì sporche, & sozzi non potevano meglio deliberarsi quanto che ne' destri. Favorivano il Cardinal Guglielmo li due Greci Cardinali, il Cardinale Genouese, il Cardinale San Sisto, quello di Pavia, d'Avignone, e Colonna; Mà il Cardinale Bolognese, & il Cardinale Orsino, e quello di Sant Anastasia stauano in dubio, quantunque pareua che ancor essi in breue si douessero congiungere con essi, e di più ne haueuano data speranza; onde pareua, che gia havesse securi undici voti, nè dubitauano di non hauerne dodici; Perche quando si viene al fatto non manca chi dica, & io ancora vi faccio Papa, per hauere la gratia sua. Già teneuano per fatta la cosa, né si aspettaua altro, che la venuta del giorno per venir allo Scrutinio, stando le cose in questo stato, passata la mezza notte, il Cardinal di Bologna andato à trouare il Cardinale Enea, gli disse, non sapete, che habbiamo il Papa fatto; Si sono congiurati alquanti Cardinali alli Necessarij, & hanno determinato di eleggere Pontefice Guglielglielmo, nè sì ſpetta altro, che il giorno; vi conſiglio dunque, che vi leuate di letto, e che l'andate à trouare, offerendoli il voſtro voto, prima dell'elettione; acciò diuentando lui Papa, contradicendogli voi, non vi ſia inimico; in quanto à mè mi prouedero, per non caſcare ne' lacci di prima; perche sò per eſperienza quanto importi, hauere il Papa inimico: già hò prouato Papa Califto terzo, che mai mi mirò con buon' occhio, per non eſſere concorſo alla ſua elettione, & in vero mi pare, che gioui molto acquiſtarſi anticipamente la gratia di colui, che è per eſſere Papa; per lo che quel medeſimo conſiglio, che hò preſo per mè, lo dò à voi ancora. Alle quali parole riſpondendo il Cardinale Enea, teneteui pure, diſſe, il voſtro conſiglio; che io elegga colui per Succeſſore di Pietro, che reputo in tutto, e per tutto indegno di tale carica; Iddio mi guardi da ſi graue peccato, e sè gl'altri lo eleggeranno, toccarà à loro à renderne conto: Io farò netto di tale colpa, nè incaricarò la mia conſcienza, dite, che è coſa dura, non havere il Papa amico; Io non dubito di ciò, sò bene, che non mi ammazzerà per non haverlo io eletto; mà non mi vorrà bene; non mi darà entrate, ò il Piatto: non mi ſouuenerà nella mia povertà, e miſeria; non è noioſa la povertà ad uno, che già hà fatto il Callo; Sono viſſuto pouero fino à queſto tempo, che mi importa, sè morrò pouero? Non mi leuarà già le Muſe, le quali mi ſono un dolce refrigerio nel mio pouero ſtato. Del reſto io certo non penſo, che il grande Iddio habbia da permettere, che la Chieſa ſua Spoſa diletta, periſca nelle mani di Rotomagenſe; percioche, che coſa può eſſere più aliena, ò che più aborriſca dalla profeſſione di Chriſto, che il Vicario ſuo ſia imbrattato della Simonia, e della impudicitia? Non ſopporterà mai la bontà di Dio, che queſto Palazzo, il quale è ſtata l'habbitatione, e ſtanza di tanti Santi Papi, hora habbia à diventare Spelonca di ladri, e luogo infame di Meretrici? Iddio è quello, che dà il Papato, e non gl'huomini, onde chi dubita, che non habbino à ſuanire i penſieri di coloro, che l'hanno eletto Papa? e con ragione certo è ſtata fatta tale congiura, in luogo coſì ſporco di neceſſarij, perche li loro sforzi ſuaniranno per ſeceſſo, & haveranno

ranno apunto quel fine isteſſo, che già hebbe l'Arriana perfidia; dimani ſi vederà chiaramente, che il Ponteficato Romano è eletto da Dio, e non dagl'huomini, e ſe tù ſei veramente Chriſtiano, non eleggerai colui per Papa, che ſai, eſſere membro del Diavolo; E con queſte parole atterrì Filippo, che non doueſſe acconſentire all' elettione del Cardinal Rotomagenſe. Dopò la mattina à buon' hora, andando à ritrouare Rodrigo Vice Cancelliere, gli domandò ſe egli ancora ſi era laſciato tirar per la gola, & accoſtato alla parte del Cardinal Rotomagenſe, e che volete, ch' io faccia, diſſe egli sè la coſa è fatta? sì ſono radunati alcuni di loro ne' luoghi neceſſarij, & iui hanno deliberato di eleggerlo; A mè non è parſo bene rimanere con pochi fuori della gratia del nuouo Pontefice: concorro con la maggior parte; e ſono certo, che non perderò la Cancellaria, perche hò una promeſſa ſcritta di ſua mano; doue s'io non l' eleggo, l' eleggeranno gl' altri, & io ſarò priuato dell' officio mio. A cui riſpoſe Enea; ò ſciocco, e temerario; dunque porrai tù nel Ponteficato un giouane nemico della tua Natione? e darai fede alla ſcrittura d'un huomo, che non hà fede? à voi reſtarà in mano la Poliſa della promeſſa, & il Cardinal d'Avignone hauerà la Cancellaria, percioche, quella ch' è ſtata promeſſa à voi, è ſtata ancor promeſſa, e ratificata à lui; à chi mancherà più toſto, la promeſſa à voi ò à lui? farà più amico un Franceſe d'un Franceſe, ò d'un Caſtigliano? farà meglio ad un Straniero, ò ad uno del Paeſe? Avertite bene ò ſciocco, e poco aueduto; e sè non vi muoue il bene, e l' utilità della Chieſa; ſe fate così poco conto della Religione Chriſtiana, e d' Iddio, al quale ſete diſpoſto di dar' un Vicario tale, almeno habbiate cura di voi medeſimo, che ſarete ſpacciato, ſé farà Papà un Franceſe.

Aſcoltò il Vice Cancelliero l' amico con gran patienza, e ſi ritenne aſſai; dopò vedendo Enea il Cardinal di Pauia; intendo, diſſe, che voi ancora ſete nel numero di coloro, che hanno eletto Rotomagenſe per Papa; che ne dite voi? egli all' hora gli riſpoſe, è vero, io hò promeſſo, dargli la mia voce, per non reſtare ſolo; la coſa è fatta, e non è da dubitare punto, che lui non habbia da eſſere Papa; al quale ſoggiunſe

G Enea

Enea, Io mi penſaua veramente, che voi foſte altr' huomo di quel che ſete hora in effetto; vedo quanto traligniate da voſtri maggiori, fù già voſtro zio Martino Brando Cardinale di Piacenza, il quale ritrouandoſi à quei tempi il Papa di là da monti nella Germania, perciò che Giouanni 23. eſſendoſi ordinato il Concilio di Coſtanza, haueua trasferita la Sedia di là dal' alpi, mai quietò fin tanto che non la riduceſſe in Italia, per arte, ingegno, & induſtria del quale fù eletto Papa Martino Quinto di Caſa Colonna. Brando dunque voſtro zio riduſſe la Corte Romana da Germania in Italia, e voi ſuo Nipote, trasferirete quella dall' Italia, in Francia. Hor dunque voi Italiano più toſto volete giouare alla Francia, che all'Italia? Penſate forſe, che Rotomagenſe anteporrà la ſua Natione all' Italiana? Mà mi direte, che hà dato giuramento, che non anderà fuori d'Italia ſenza il decreto del Senato; nè ſi conſentirà mai, che vi vada; ma ditemi, ogni volta, che ſi vorrà partire dall'Italia, qual Cardinale ſarà che voglia contradire à quello, che terrà il Governo, & il ſommo Ponteficato? il primo ſarete voi, che dopò ch'hauerete conſeguito, ò vero ottenuto quella buona commenda, gli direte, andate Padre Santo, doue vi piace; e che coſa è la noſtra Italia, ſenza il Pontefice Romano? Riterrà l'Apoſtolato, hauendo perſo l'Imperio, & il gouerno? e che lume mai vedremo ſenza queſto lume? e ſi dirà, che con la voſtra auttorità perſuaſione, e conſeglio ne ſiamo reſtati priui? ò il Papa andarà in Francia, e rimarà priua la Patria Noſtra dello ſplendore della ſua guida, ò vero reſtando egli fra di noi, ſeruirà l'Italia, Regina del Mondo, ad un Signore Straniere, e ſaremo ſchiaui de' Franceſi, che s'impadroniranno del Regno di Sicilia, di tutte le Città, e fortezze della Chieſa? Caliſto ti può far accorto di ciò, nel cui Pontificato, i, Catalani occuparono il tutto; hai prouato, i, Catalani, hora brami prouare, i Franceſi? Mà credimi, che più toſto che non penſi, ti pentirai di hauerli eſperimentati. Vedrai il Collegio, de' Cardinali pieno de' Franceſi, nè mai più ſi torrà dalle mani loro il Papato. Sete tanto inconſiderato, e ſciocco che non vi accorgete, che ciò ſeguendo, ſi porrà un giogo perpetuo alla tua Natione?

ne? ma che dirò della vita, e costumi suoi? non vi vergognate voi creare Vicario di Christo, un huomo lubrico, d'animo venale, e sordido? certe che voi preparate un buon Sposo alla Sposa di Christo, mettete la Pecora in bocca al Lupo doue è la coscienza? doue è lo zelo di Dio? doue è la Giustitia? doue la prudenza vostra? sete forse uscito fuori di voi? non hauete detto molte volte, che sarebbe ruinata la Chiesa di Dio, caduta nelle mani di Rotomagense, e che più presto haveresti eletta la morte, che eleggerlo Papa? Quale è la cagione di sì strana mutatione? è egli forse diuenuto in un tratto di Demonio Angelo di luce, ò pure voi d'Angelo vi sete trasformato in Demonio. Mentre mostrate d'amare la libidine, sporchezza, & auaritia di questo huomo? doue è andato quello amore della Patria, che mostrauate hauere, & insieme quel detto, col quale anteponeuate l'Italia à tutte l'altre nationi del Mondo? pensauo in vero, che ribellandosi tutti gl'altri da quella, voi non l'haueste mai d'abbandonare; mi hauete ingannato, anzi più tosto hauete ingannato voi stesso, e la nostra Patria, se non vi accorgete del vostro errore.

Restò attonito il Cardinal di Pavia per quelle parole, e mosso da dolore, & insieme da sdegno, lagrimò, e poscia, ch' hebbe alquanto sospirato, disse; mi vergogno Enea, mà che farò? ho già data la mia parola, e sè non eleggo il Cardinale Rotomagense, sarò tenuto per huomo traditore, e di poca fede, à cui rispondendo Enea disse, è ridotta à tale termine la cosa, per quanto vedo, che in qualsiuoglia parte vi rivolgiate sarrete Traditore. Hora una delle due deue eleggersi ò tradir l'Italia e la Patria, ò pure il Rotomagense. Conuinto all'hora dà queste parole il Cardinal di Pauia, giudicò esser meglio, e manco male, tradire il Rotomagense, che la Chiesa; Mà Pietro Cardinale di Santa Maria noua, hauendo intesa la congiura de' Francesi, & hauer persa la speranza, d'ottenere il Papato, mosso dall'amore della Patria, & insieme dall'odio grande che portaua à Rotomagense cominciò à fare la prattica con i Cardinali Italiani, ne quietò, sin che non gl'hebbe raddunati appresso il Cardinale di Genoua, (dal Colonnese in poi;) narrò loro la congiura fatta alli Necessarij, soggiungendo,

gendo, che la Chiesa andarebbe in rouina, sè il Cardinale Rotamagense ottenesse il Papato, e li pregò, che si volessero dimostrare huomini generosi, e gelosi del felice stato di Santa Chiesa, e dell'infelice, & afflitta Italia, esortandoli appresso, che douessero porre da canto gl'odij, e rancori, che trà di loro hauessero, eleggendo più tosto un Italiano, che un Papa Straniero, e che sè volessero in ciò far' à suo modo, douessero anteporre á tutti Enea Piccolomini.

Erano iui presenti sette Cardinali che tutti approuarono le parole di Pietro fuor che Enea, il quale si riputaua in tutto, è per tutto indegno di tale carico, dopò se ne' andarono à Messa, la quale finita, cominciarono lo Scrotinio. Fu posto un Calice d'oro sopra l'altare, e trè Cardinali ne teneuano cura. Il Vescouo Rutheno, il Rotomagense, il Colonnese, acciò non vi si facesse qualche frode, ò ignorando; gl' altri Cardinali si misero à sedere ne' luoghi loro, e leuandosi secondo il grado della dignità, li più ansiani accostandosi all' altare, metteuano dentro nel Calice le Polize, nelle, quali erano scritti, e notati, i nomi di coloro, che nominauano, & eleggeuano Papa, & andando Enea, e volendo buttare nel Calice la sua schedula, impaurito, e sbigottito Rotomagense, disse ò Enea, habbimi compassione, e tiemmi per raccommandato, ricordati di mè; Parole veramente temerarie, & inconsiderate, e principalmente dette in tempo, nel quale non si poteua più mutare la Scrittura, ma l'ambitione l'acciecò, e gli tolse il sapere. Dissegli all' hora Enea, à me Vermicciolo vi raccomandate' senza dir' altro; messa la polisa nel Calice, sè ne andò à sedere nel suo luogho, & hauendo fatto tutti il medesimo, fu posta la tauola in mezzo la stanza, &, i sopra nominati Cardinali rinuersarono le cedele sopra di quella, e leggendole ciaschuno ad alta uoce ad una ad una, tutti notauano, i nomi di coloro, che ui erano Scritti affinche non vi potesse correre qualche inganno, ò fraude; il che fu bene per Enea; perciò che facendosi i conti de' voti, & hauendo detto il lettore, che Enea haueua otto voti, e tutti tacendo non potè soffrire Rotomagense di essere defraudato, onde disse al lettore; guarda meglio le po-
lise,

life, perche io hò noue uoti, il che hauendo tutti acconsentito, egli come che gli paresse hauere errato, tacque il modo, & ordine delle polizze, tra questo, ciascuno haueua scritto di mano propria, cioè io Pietro, ò Giouanni, ò vero di qualsiuoglia altro nome, nomino, & eleggo per Pontefice Romano Enea Cardinale di Siena, e Giacomo di Lisbona; Perciòche si poteuano nominare due, trè, e più, con questa tacita conditione però, che il primo nominato fosse preferito, il quale non hauendo voti bastanti, succedesse l'altro immediatamente, affinque più ageuolmente, i, Cardinali concorressero, e s'accordassero in uno, mà spesso quello ch'è stato trouato per bene, si usa poi in mala parte d'alcuno; il che fece in quel giorno Latino Orsino, nominandone sette, acciò che quelli allettati, è tirati da questo beneficio, ò sè gl' accostassero nel suo Scrotinio, ò vero nel' altro l'eleggessero, quantunque conosciuto la frode, non gli giouassero, i suoi inganni. Publicato lo Scrutinio si tornò à vedere i voti, e si trouò come poco auanti habbiamo detto, che noue Cardinali haueuano nominato Enea, e sei soli Rothomagense. Restò Rotomagense in quel punto smarrito, quando sentì, che Enea l'auanzaua di tanti voti; Tutti gl' altri ancora si marauigliauano, perciò che non si ricordauano, che alcuno eletto per scrutinio fosse mai arriuato à tal numero di voti, non hauendo dunque alcuno di loro numero bastante, si misero à sedere, volendo tentare còl modo che si chiama per accesso, se per auentura hauessero potuto in quel giorno creare il nuouo Pontefice; e qui li prese animo, e spirito ma in vano al Rotomagense. Sedeuano tutti con silentio, & impalliditi, e come attoniti usciti fuori di loro, niuno ardiua parlare, nè muouere la bocca, nè meno muouersi in parte alcuna del corpo, fuorche gl' occhi, i quali riuolgeuano hora in questa parte, hora in quell' altra. Era marauiglioso il silentio, e marauiglios'ancora la faccia, e' volto di tutti e come fussero tante statue, non si sentiua alcuna uoce, nè meno si scorgeua alcun mouimento. Stettero in quel modo per alcuno spatio di tempo, aspettando gl' inferiori, che i supe-

Superiori deſſero principio all' acceſſo. Leuandoſi all' hora Roderico Vice Cancelliero, diſſe, io mi accoſto ad Enea; la quale parola fu una ſtoccata al cuore del Cardinal Rottomagenſe, talmente, ch' eſſo reſtò morto. Fattoſi doppo ſilentio alquanto, l'uno riguardando l'altro nel uiſo, ciaſcuno con cenni moſtraua le paſſioni, & affettioni dell' animo; già à loro pareua di vedere Enea creato Papa, il che dubitando alcuni di loro, ſi partirono del luogo, per euitare la mala fortuna di quel giorno, quali furono li Cardinali Rutteno, e San Siſto, che trouarono ſcuſa di hauere biſogno del corpo; mà non eſſendo ſeguiti dagl' altri, ritornarono ſubbito; All' hora Giacomo Cardinale di Santa Anaſtaſia, diſſe, & io ancora mi accoſto al Seneſe; Tutti di nuouo rimaſero attoniti, e ſmarriti, perdendo la parola; non mancaua altro, che una voce ad Enea; perciò che dodeci voci ſi ricercauano per l'elettione del Pontefice. Il Cardinale Proſpero Colonna volſe acquiſtare quella gloria di pronunciare eſſo il Papa, e leuandoſi impiedi, volſe ſecondo il ſolito dare il voto ſuo con grauità, mà fu abbracciato in mezzo dal Cardinale Niceno, e Rotomagenſe, e ripreſo da eſſi grauemente, che voleſſe accoſtarſi ad Enea; mà egli ſtando ſaldo nel ſuo propoſito, ſi sforzarono cauarlo à viua forza dal ſuo luogho, un di loro tenendolo per il braccio dritto, l'altro per il manco tentarono di leuarlo; mà Proſpero Colonna non ſtimandole lor parole, con tutto che haueſſe dato il ſuo voto al Cardinale Rotomagenſe, nondimeno hauendo antica amicitia con Enea, voltatoſi à gl'altri Cardinali, & io, diſſe, mi accoſto al Cardinale Enea, e lo faccio Pontefice, il che inteſo, ſubito mancò l'ardire à gl'auerſarij, e tutta la trama ſuanì; Onde tutti, i Cardinali ſenza metterui tempo in mezzo ſi buttarono à piedi di Enea, e lo ſalutarono per Papa, e di nuouo mettendoſi à ſedere a' luoghi loro, confirmarono l'elettione fatta, ſenza che alcuno contradiceſſe, ò repugnaſſe, e dimandato come ſi voleua chiamare diſſe Pio, e ſubbito gli fu poſto nome Pio ſecondo,

All' hora Beſſarione Cardinale Niceno, coſi parlò à nome ſuo, e di tutti quelli, che haueuano fauorito Rottomagenſe.

gense.

Noi, ò sommo Pontefice, godiamo della tua assontione, conoscendo fermamente, che viene da Dio, e versa[...] sempre per l'adietro ti hauemo giudicato, & hora gi[...] chiamo degno di tanto carico, mà il non hauerti eletto stata cagione la tua poca sanità, percioche hauendo tu la podagra, hauemo giudicato, quel solo mancare alla tua sufficienza; massime che la Chiesa di Dio hà bisogno d'un huomo attiuo, che non tema la fatiga de' viaggi, e che possa esporsi a' pericoli, che da Turchi ci sopraftanno; tu all'incontro hai bisogno di riposo, e questo hà tirato noi alla fattione di Rotomagense, che sè tu fossi stato di corpo sano, nessuno vi era, che giudicassimo degno di essere à te preferito; mà essendo cosi piaciuto à Dio, cosi conuiene piaccia à noi ancora. Il Signore che ti hà eletto supplirà ancò à diffetti de' tuoi piedi, non castigherà noi dell'ignoranza nostra; noi ti adoriamo Papa, e per quanto per noi si può, ti eleggiamo, e fedelmente ti seruiremo.

A queste cose cosi rispose Enea. Al parere nostro tu hai molto meglio giudicato di noi, che noi stessi, hauendoci il solo diffetto attribuito de' piedi. Noi sappiamo, che l'imperfettioni nostre sono poco meriteuoli di questa Santa Sede, e conosciamo, che i meriti nostri à ciò non ci hanno inalsato, anzi diressimo di esserne indegni, nè ebbracciaressimo questo honore datoci, se non temessimo il giuditio di quello, che ci hà chiamato; poiche ciò, che fanno due parti nel Collegio, certo tutto deriua dallo Spirito Santo, à cui opporci non ci è lecito. Obediremo dunque alla vocatione diuina, e laudiamo tè, oh Niceno, insieme con gl'altri, con li quali sei stato unito, sè seguendo il giuditio della vostra coscienza, non hauete giudicato bene, di elegger noi, come insufficiente, tutti ci sarete egualmente cari, riconoscendo la nostra vocatione non da questo, ne da quello, mà da tutto il Collegio, e dal Signore Iddio, dal quale ogni cosa buona & ogni perfettione trahe il suo principio. Ciò detto, si spogliò de' suoi panni, e prese la bianca tonica di Christo, e giurato alcuni capitoli fatti tre giorni auanti, e posto sopra l'altare l'altare, fu adorato di nuouo da tutti i Cardinali, che ad uno ad uno gli bagiarono i piedi, mano, e faccia.

Fatto questo da una finestra si publicò al Popolo, l'elettione del nuovo Pontefice, e si gridò, ch'egli haueua nome Pio Secondo, e che era il Cardinal di Siena.

Questo fù tre hore dopò la leuata del Sole alli 27. d'Agosto quattro giorni dopò, che si erano ridotti in Conclaue, all' hora i Ministri de' Cardinali, che erano in Conclaue spogliarono la cella del nuouo Pontefice, e bruttamente misero à sacco la sua argenteria, benche poca, i libri, e le vesti; e l'infame, e vile plebbe di Roma non solo saccheggiò, mà rouinò tutta la casa, attacandosi, e portando via anco le pietre di marmo. Hebbero altri Cardinali non poco danno, perche stando il Popolo sospeso, sentendosi varie voci, che diceuano esser stato eletto hor questo, & hora quel'altro Cardinale, il volgo correua alle loro case, e rubbaua, & essendosi una volta udito, Genouese, in cambio, di Senese, gli fù presa una gran parte della sua robba, e nominandosene assai non fù il Nome di alcuno riceuuto con allegrezza, & applauso, sè non di Siena. Quando si gridò, che Rottomagense, e Genouese, e Medense, erano fatti Papa tutti afflitti col volto in terra, maledissero il Collegio de' Cardinali, perche questi più di tutti erano in predicamento. Mà quando fù chiaro, e certo, che il Cardinale Enea era stato posto nel sommo trono di Pietro, ogni uno ne sentì allegrezza incomparabile; hauresti veduto non gl'huomini soli, mà quasi tutti gl'animali, e poco meno, ch'io non dissi, l'eccelse fabriche della Nobile Roma gioire in ogni luogo, riso in ogni parte, allegrezza in ogni canto; si udiuano voci, che gridauano Siena! ò Siena! & felice, & auuenturata Siena! & essendo armata tutta la Città, nè parendo hauer fidanza in altro, che nel ferro, & nell'armi, poco dopò, certificato il Popolo, che il Cardinale Enea era stato creato Papa, depose l'armi, e tutto in un subbito sì mutò l'aspetto della Città, che quella la quale poco prima appareua dì Marte, in un subbito diuenne Città non dirò di Venere Madre del Trojano Enea, mà di Pace, e quiete in tutto, e per tutto lietissima, e sicurissima.

Tratanto

PIO II.

Tra tanto il nuouo Papa riſtorate alquanto le forze, con alcuni rinfreſcamenti fu condotto alla Baſilica di S. pietro, e meſſo ſopra l'altare maggiore,ſotto il quale giacciono i corpi ſanti, delli Beatiſſimi Apoſtoli, e poco dopo, ſecondo il coſtume nel ſublime trono, e nel' iſteſſa Cathedra Apoſtolica, fu poſto à ſedere, nel qual luogo prima, i Cardinali, e Veſcoui, dopò molti del Popolo le baciarono, i piedi, el' adorarono, ſedendo nel trono Papale, come Vicario di Chriſto; d'indi lo ricunduſſero al Palazzo.

Venuta la notte in ogni ſtrada, & in ogni Torre luceuano i fuochi, ſi udiuano ſtridi ; un vicino chiamaua l'altro, in ogni luogo trombette, e trombe, ogn' uno con qualche ſegno cercaua di ſcuoprire l'interna allegrezza dell'animo ſuo, diceuano i Vecchi, à i giorni loro in Roma non hauere mai veduta tanta allegrezza nel Popolo.

La notte ſeguente, i più nobili Baroni della Città, ſopra bianchiſſimi Caualli, con torcie acceſe in mano, andarono à Palazzo per ſalutare il ſommo Pontefice, l'ordinanza de' quali ſi eſtendeua in lungo da Caſtel Sant' Angelo, ſino alla Chieſa di San Pietro; nè Roma ſolamente, mà aſſaiſſime Città d'Italia, e molti Prencipi udita l'aſſuntione di Enea al ſommo Pontificato, dimoſtrarono ſingolare allegrezza, mà ſopra tutto i Seneſi nè gioiuano, vedendo un loro cittadino cotanto eſaltato, che frà tutti li viuenti foſſe il primo, benche la maggior parte de' nobili ne ſentiſſe diſpiacere, e sè ne ſteſſero meſti per eſſere ſuoi nemici.

A Ferdinando Rè di Sicilia fu queſta nuoua felice, che un amico di ſuo Padre foſſe ſtato poſto nella Sedia di Pietro.

Franceſco Sforza Duca di Milano, sè bene aſpettaua un altro Papa, inteſa non dimeno l'elettione di Enea, sè ne rallegrò, hauendo già honoreuolmente riceuuto lui ne' ſuoi allogiamenti ſotto Milano.

Borſo Duca di Modena, per dare maggiori ſegni dell'allegrezza ſua, fece fare gioſtre, e tornei, perche egli haueua una ſtretta, & antica amicitia, e ſcambieuole amore verſo Enea, e cominciara ſin da quel tempo, ch' egli ottenne il Ducato da Federico Imperatore, nella conceſſione del quale

H   Enea

Enea non s'era adoprato. Sperò Borſo in queſto Ponteficato, di migliorare le ſue coſe, e dilatare il ſuo ſtato e perciò
fece, che Ferrara, e tutti i luoghi del ſuo dominio dimo-
ſtraſſero ſingolare allegrezza, per l'elettione del nuouo Pontefice.

 I Marcheſi di Mantoua, Monferrato, e di Saluzzo parimente ſi rallegrarono, perche tutti conoſcevano, & erano
amici di Enea.

 I venetiani però, & i Fiorentini, trà gl'altri mal volentieri
ſentirono queſta nuoua, i Fiorentini tremauano per un certo
loro naturale coſtume' di hauere in odio, i Seneſi loro vicini,
a' quali fù di tanta noia l'aſſuntione di Enea al Pontificato,
che caminando per le Strade, & eſſendo ſalutati da quelli,
che gl' incontrauano, dicendo loro *Iddio vi ſalui*, come ſi
uſa, pieni di ſdegno riſpondeuano. Fecero con tutto ciò i
Venetiani, e Fiorentini allegrezza, e mandarono come fecero tutti gl'altri Potentati d'Italia, honoratiſſimi huomini à
Roma, à congratularſi, e rendere ubbidienza al Sommo Pontefice.

 Trà Prencipi Oltramontani ſi rallegrò Federico Imperatore, dalla ſeruitù del quale Enea fù aſſunto al Cardinalato.

 Tutti i Rè di Spagna, che adorano Chriſto, ſi rallegrarono; Rè di Scotia, Dania, Polonia, e Francia, Vngheria, e
Cipri non inteſero volentieri che Enea foſſe diuenuto Vicario di Chriſto.

La Chieſa vacò dopò la Morte di queſto Pontefice giorni 14.

CONCLAVE
FATTO PER LA SEDE VACANTE,
DI PAPA
PIO SECONDO.
NEL QVALE FV ASSONTO AL PONteficato, Il Cardinale Pietro Barbo Venetiano, detto,
PAOLO II.

Assò da questa à miglior vita, la felice memoria di Papa Pio secondo, sotto il giorno settimo d'Agosto del 1464: La cui morte fu causa, che tutti gl' Illustrissimi Cardinali si partissero da' luoghi loro, e Vescouati, e particolarmente d'Ancona, doue ne dimorauano molti, per venirsene à Roma. Questi radunati insieme alle stanze del Cardinal Camerlengo, che all' hora era il Cardinale Aquileiense, vi fecero una generale Congregatione, nella quale solamente si trattò, doue si hauesse da tenere il Conclaue, per fare l'elettione del nuouo Pontefice, fu risoluto, si tenesse nella Chiesa della Minerua, e perche il Cardinale Anconitano, Nipote di Papa Pio secondo, si trouaua lontano da Roma, & in nome suo era custodito Castel Sant' Angelo; molti Cardinali si protestarono che se il Castel sant' Angelo non era consegnato, alli Cardinali, essi non voleuano interuenire all' essequie, nè tampoco al Conclaue per elegere, e creare il nuouo Pontefice. Finalmente si quietarono perche molti altri affermauano con giuramento,

mento, che la volontà, e fede del Cardinale Anconitano era intiera, e perfetta, e promettevano, che non sì tosto sarebbe à Roma, che haverebbe totalmente: & in effetto restituita le Rocca del Castello, alli signori Cardinali, & il Cardinal suo fratello s'esibì ad essi per pegno, e così finite l'Essequie, che terminarono li 28 Agosto, entrarono 20 Cardinali in Conclave. Il seguente giorno non fu fatta, ne trattata cos' alcuna pertinente all' Elettione del Pontefice, solamente fu fatta una Congregatione generale, nella quale furono ordinati tutti gli officiali, à quali da' Cardinali fu dato à tutti il giuramento di fedeltà.

Il secondo giorno nella Congregatione giurarono certi capitoli, e leggi ordinate, quali dovevano essere osservate dal Pontefice futuro. Il terzo giorno havendo però tutti le Crocchie, ch'è un'habito da portarsi ogni volta, che si radunano per fare scrutinio, & Elettione del Papa, si congregorono nella Cappella di Papa Nicolò, che hora viene chiamata la Cappella di Papa Paolo, nella quale il Sacrista havendo celebrata la Messa dello Spirito Santo, tutti i Cardinali postisi à sedere, havendo scritto ciascuno il suo voto, e sigillato col proprio sigillo, lo portarono nel Calice d'oro, quale era posto sopra l'altare, fecero il primo scrutinio, quale finito li Cardinali capi d'ordine, cioè il primo Vescovo, il primo Prete, & il primo Diacono Cardinale, levato il Calice, buttarono le Cedule sopra l'altare, quali numerate, il primo Vescovo aperse ciascuna, e dal primo Diacono furono altamente lette, e ciascuno Cardinale scriveva i voti in un foglio rigato, che teneva avanti di se, per vedere, in chi cadeva l'elettione; e perche all' elettione del Papa erano necessarij 14 voti non fù trovato, che alcuno di essi havesse in questo scrutinio il numero necessario, perche, il maggior numero fu di voti dodici, che conseguì il Cardinale Pietro Barbi Venetiano titolare di San Marco, grave di età essendo di 84 anni incirca, persona molto intelligente delle cose del Mondo; onde mancandoli solamente due voti, & essendo lecito dare l'accesso, vi si aggionsero quattro accedenti, e così il Cardinale Bersarione Decano, havendo interrogato

PAOLO II.

gato tutti, se confermauano questa santa elettione, e trouando, che stauano nella medesima opinione, in un subito abbracciandolo disse, & Io ti faccio Papa, & in un tratto li Cardinali andando alli piedi del sopra detto Cardinale Pietro, l'adorarono, il che fatto li furono offerte le capitolationi, e leggi già da principio fatte da Cardinali, quali da esso confermate, fu annuntiato al Popolo dalla solita fenestrella dal primo Diacono, mostrando la Croce, & altamente dicendo, *Papam habemus Cardinalem Petrum tituli Sancti Marci Venetum*, & essendoli dimandato del nome, disse volere essere chiamato Formoso, il che non fu da' Cardinali ammesso, essendo egli di natura bellissimo, acciò non susse tenuta questa cosa per vanità, e di nuouo addimandato, Marco rispose; nè sodisfacendosi nè anco di questo nome i Cardinali; Vltimamente interrogato rispose, mi chiamarò Paulo, e così fu chiamato e publicato Paolo secondo, del quale nome nel Ponteficato, da che Mondo, e Mondo, alcuno mai fu nominato, e cosi di nuouo tutto il sacro Collegio vi concorse ad adorarlo, benche il Cardinale Aquileiense Camerlengo facesse qualche resistenza.

Al tempo del Conclaue di questo Papa viueuano 26. Cardinali, In Conclaue ve ne furono 20. Vacò la Chiesa giorni 14.

CONCLAVE
FATTO PER LA SEDE VACANTE,
DI PAPA
PIO SECONDO.
NEL QVALE FV ASSONTO AL Ponteficato, il Cardinale Frà Francesco d'Alberola della Rouere, detto
SISTO IV.

ORÌ Papa Paolo Secondo di morte repentina il di 18. di Luglio 1471. l'anno sesto, e mese decimo del suo Ponteficato hauendo fatto Consistoro con applauso, & allegrezza lo stesso giorno nel quale morì, che fù alle due hore di notte, non essendoui presente alcuno de' suoi familiari, si diede ordine all'essequie, e fù fatta Congregatione de' Cardinali presenti; li quali finiti li noui giorni dell'essequie, entrorono in Conclaue.

Erano in Roma per l'improuisa morte del Papa non più che 17 Cardinali, quali dopò la proua fatta, per riuscir Papa, d'alcuni ambitiosi, elessero frà Francesco d'Alberola della Rouere, Cardinale di San Pietro in Vincola alli 9. d'Agosto 1471 dopò 14 giorni della sede vacante, l'Età di Sisto quarto, nuouo Pontefice, era di 55. anni in circa, nato l'anno 1414 nel Pontificato di Giouanni 22. Era stato creato Cardinale da Paolo secondo, quattro anni prima della sua morte, la quale cosa le cofa fu di qualche confideratione, per impedire la fua affuntione al Pontificato, effendo facile l'effere perturbata dall' inuidia, parendo ftrano alli Cardinali antichi, effere auuanzati da un nuouo, ma era Sifto di tanta autorità, e concetto tale, che fuperaua l'ifteffa inuidia.

Auanti, che fuffe creato Cardinale haueua publicamente interpretato Filofofia nelli più celebri ftudij d'Italia, & in Pauia era ftato fuo fcolare trà gli altri huomini fegnalati, quel Beffacione Cardinale Niceno, dottiffimo della lingua Latina, e Greca, col quale haueua anco hauuto ftretta amicitia. Oltre quefte doti dell'animo, era viffuto nel Cardinalato con tale effempio, che la fua Corte pareua una Congregatione di Religiofi; nè lo diftraffero dalli ftudij li negotij Cardinalitij, di che li fuoi molti fcritti fono publici, e chiariffimi teftimonij.

Frà li Cardinali di maggiore autorità erano quefti trè, Latino, Orfino, Romano, Rodrigo, Borgia Vicecancelliere di Sáta Chiefa, e Francefco Gonzaga Cardinale di Mantoua, li quali furono capi dell'elettione, rimouendo ciafcuno di loro le difficoltà, che vi s'interpofero la onde fatto Papa per fuggire l'infamia dell'ingratitudine, diede all'Orfino il Cammerlengato in dono, à Borgia l'Abbatia di Subiaco, & à Mantoua quella di San Gregorio.

Alli 25 d'Agofto fu incoronato, e nell'andata confueta à San Giouanni Laterano mancò poco, che non rimaneffe oppreffo dalla moltitudine del Popolo dal quale pericolo, lo fottraffe il Cardinale Orfino, che con la fua autorità quietò il popolo tumultuante.

Volfe chiamarfi Sifto, come prima fi chiamaua. Vacò la Chiefa giorni 14. 1471.

CON-

CONCLAVE
NEL QVALE FV CREATO PAPA
INNOCENTIO VIII.

IE decima Augusti, uidelicet in festo sancti Laurentij Martyris, S. D. N. Sixtus Papa Quartus visus fuit complicatis manibus in vesperâ, & multum tristis. Deinde sequenti die accesserunt ad eum Oratores Confæderatorum, putantes forte afferre ei aliquod gaudium, & exposuerunt ei, qualiter conclusa erat Pax per totam Italiam, etiam quod omnes Potentiæ de Liga & Confœderatione reductæ erant ad concordiam; de quo ipse multum obstupuit; & miratus est, quare pax sine eo conclusa esset, attento quod, ut dicebat, ipse principaliter debuisset interuenire. Et cum hoc sæpius interrogasset ab illis, & esset certificatus, quod dicta pax erat conclusa, adeo quod non poterat amplius retractari, doluit valdè: & causa doloris communi omnium existimatione hæc fuit, quia semper in omnibus suis operibus animum suum ostendit in hunc finem, ut aliquem statum, potentiam, siue Dominium acquireret Comiti Hieronymo, ut videri potest per exempla. Primo propter bellum, quod gessit Tudertiuis, Spoletanis, Ciuitati Castelli, & Florentinis. Deinde propter confœderationes quas fecit, Primo cum Rege Ferdinando, Secundo contra eum cum Venetis, Tertio contra Venetos cum dicto Rege, & in aliis similibus. Putabat modò in hac pacis conclusione se posse aliquid Comiti Hieronymo acquirere, & ista de causa intrauit in tali confœderatione, & pecuniam Ecclesiæ expendit; sed postquam vidit se illusum, & cecidisse ab

I   hac spe

hac spe, & pecunias Ecclesiæ expositas perdidisse, nihilque ex bello prædicto acquisiuisse, doluit valde ; Itaque tam ex primo dolore, quam ex nouissimo infirmatus est febre; iacuitque in lecto, & obmutuit visusque fuit exanimis per aliquod spatium; deinde in se reuersus, inflato gutture duodecima Augusti, videlicet die Iouis, quinta hora noctis ab hac vita migrauit. Mane sequenti Corpus eius delatum fuit in Ecclesiam Sancti Petri viginti dumtaxat Cereis intorcitijs in quadam antiqua aurea planeta, paucis comitatus hominibus. Erat quidem niger, deformis, & guttur ejus inflatum. Omnes eum maledicebant, nec visus fuit homo, qui de eo bene dixerit, nisi quidam frater sancti Francisci, qui solus illa die corpus non sine magno fœtore obseruabat. Condita fuerunt in eum multa Carmina, fortasse, quia litterarum, & bonos mores habentium semper inimicus fuit, inter quæ fuerunt ista. Leno, Vorax, Pathicus, Meretrix, Idolater, Adulter, Si Romam venerit, illicò Crœsus erit.

Eadem die & mane, multi Iuuenes accesserunt Armati ad Domum Comitis Hieronymi, putantes illum se posse ibi inuenire, & cum non inuenissent, essetque Domus illa pro majori parte euacuata, clamantes fortiter, Columna! Columna! dictam Domum diriperunt, illamque de residuo expoliauerunt, atque destruxerunt, vastantes & destruentes ferreis bipennibus portas & fenestras marmoreas, & omnia aliò portantes : extraxerunt viridarium, & arbores penitùs conuulserunt; prout de præsenti videri potest, quod nullum ei ostium siue fenestra relicta est.

Eadem die Iuuentus cum simili clamore Trans-Tiberim se contulit, ibique juxta Ripam Fluminis duo Magazzena mercibus plena quorundam Genuensium similiter ad saccum, ut dicitur, miserunt; & post illa, duo Nauilia viri cujusdem Genuensis cum omni instrumento nautico aliò asportauerunt : & reuersi in Vrbem, ubicumque reperta fuerunt aliqua domus, vel bona dict. Genuensium, similiter acceperunt & dilapidauerunt : nec defuerunt aliqui qui se ad Castrum Iubilei contulerunt, ubi centum Vaccas, & totidem Capras, Mulos, Porcos, Asinos, Anseres, & Gallinas, quæ erant Comitissæ,

INNOCENTO VIII.

mitiffæ, abftulerunt, unà cum magna copia carnium falitarum & cafei Parmenfis, & fupellectilium, quæ ibi inuenerunt.

Posteà maxima pars eorum aperuerunt Ecclefiam Sancti Theodori, & horrea Sanctor Mariæ Nouæ, indeque extraxerunt maximam quantitatem frumenti, quod anno præterito vendi non poterat, fperabat tamen Papa vendere illud in futuro.

Die 14. Conferuatores, & Officiales Populi Romani ceperunt curam ciuitatis, miferuntque proclama fub pœna furcarum, quod nullus offenderet aliquem Curialem, vel alias derobaret, pofueruntque cuftodes Portis, & Pontibus, & fecerunt unum Manefcalcum pro guardia in quolibet Rione.

Eadem die Caftrum Cauarum reuerfum eft ad Dominos Columnenfes, interfecto Conteftabili, & 12 peditibus, & reliquis percuffis, & è muris præcipitatis; & illa eadem hora Caftrum Capranicæ fimiliter cæfis cuftodibus, ad prædictos Dominos reuerfum eft, & cum Caftrum Marini petijffet, auxilium à Camerario, & denegatum effet, ad dd. DD. reuerfum eft.

Eadem die Comitiffa vxor Domini Comitis Hieronymi Caftrum Sancti Angeli intrauit, & Virginius Vrfinus cum fua Comitiua, & Comes Hieronymus retroceffcrunt iterum ad Infulam.

Die fequenti Cardinalis Columna reuerfus eft Romam, & infinitiffimi ciues comitati funt eum, & multitudo peditum infinita, & cum magno clamore, & triumpho intrauit Domum fuam paruam in Regione, & incontinenti reuerfus eft Profper, & Fabritius cum magna multitudine militum peditum baliftariorum & fcoppettorum in maximo numero; fteteruntque in Domibus eorum.

Sequenti die, quæ fuit Martis 12 Augufti, inceptæ fuerunt exequiæ, in quibus non interfuerunt multi Cardinales, propter timorem Caftri Sancti Angeli.

Eadem die factum fuit Confilium in Capitolio, & Ciues Romani decreuerunt fupplicare Cardinalibus quod dimit-

I 2 terent

terent Arma, omnes enim in eorum domibus erant armati multumque muniti, & rogauerunt ut essent Concordes, in creando Pontificem, & citò, & quod facerent Conclaue in loco tuto: & omnia, & majora, quæ ab eis petita sunt, verbis & promissionibus obtinuerunt.

Die 22. Comes Hieronymus restituit Castellum & fortellitias omnes Ecclesiæ, quas tenebant, sed non priùs quàm solutis ei per Cardinales quatuor millibus ducatis pro eius stipendio: etiam restitutio, ut dicitur, fuit facta hoc modo; scilicet, quod Episcopus Tudertinus, qui ibi est Castellanus, juret in manu Collegij, tenere dictum Castrum ad eorum instantiam, & illud restituere Summo Pontifici, & omnes Custodes promisit mutare, & dimittere ad voluntatem Collegij; & ita jurauit: & similiter facta est concordia inter Cardinales hoc modo, videlicet, quod restituto Castro Collegio, Virginius & Cohortes, & alij Domini de Vrsinis statim Viterbium petant, & per unum mensem non possint adhærere Vrbi; Domini Columnenses cum sua Cohorte similiter exeant, stentque in loco remoto ab Vrbe; nec non Iacobus de Comitibus dimittat curam Palatij, & recedat, sitque firma Confœderatio duorum mensium, incipiendorum à die Coronationis futuri Pontificis.

Vigesima Quarta Augusti, Congregati Cardinales omnes in Tribuna Sancti Petri promiserunt Populo Romano unanimiter & concorditer, obseruare quasdam gratias contentas in unas cedula, in auxilium & commodum Populi Romani; & inter alia promiserunt omnia Officia, & beneficia Romana concedere non aliis, quàm Romanis; prout sunt Bullæ Nicolai, Calisti, & Sixti. Item obseruare ad unguem Bullam studij, remouere Officiales ad vitam, & facere, ut omnes Terræ subjectæ Populo præstent ei obedientiam in Carnispriuio.

Eadem die Domini Cardinales, videlicet Columnensis, Sabellus, Vrsinus, & de Comitibus, in Ecclesia Sancti Petri securati sunt cum fidejussoribus ad hoc, ut reddito Castro, liberè & securè ire possent ad Palatium, ut supra conclusum, & stipulatum est.

Die sequenti, videlicet ultima exequiarum Sixti, Cardinales

INNOCENTIO VIII.

les iuerunt ad sanctum Petrum, ut permissum erat, præterquam Sabellus, & Columnensis: & causa fuit, quia in nocte præterita contra Capitula, & promissiones prædictas, in Castro Sancti Angeli intrauerunt 150. pedites benè armati; propter quod Cardinales prædicti, & omnes alij multum admirati, & turbati sunt: sed D. D. Cardinales curarunt, ut Comitissa cum tota familia, & cum dictis peditibus Castrum Collegio restitueret, & ipsa abiit die 25. videlicet in die Sancti Bartholomæi.

Die 26. Augusti allatum est nuncium, qualiter Diophebus, filius Comitis Auersi, reuersus est ad Terras suas, & quod incontinenti cæpit Ronciglionum & Castrum Iouis sine prælio.

Eadem die Cardinales omnes nemine discrepante intrauerunt Conclaue in Cappella majori Palatij santi Petri, & fuerunt numero 25. & tres alij Cardinales fuerunt absentes.

Die 27 Augusti hora 14. videlicet in die Dominico, & infesto decollationis Sancti Ioannis Baptistæ, Ioannes Baptista Cibò dictus Cardinalis Melphiensis creatus fuit Papa, & vocatus Innocentius Octauus filius Aron Cibò, qui fuit Senator Vrbis tempore Calixti, & stemmata ejus sunt in Capitolio.

Et modus Creationis fuit iste: uidelicet, quia cum die Sabbathi in hora vespertina starent Cardinales in Scrutinio, qui erant omnes numero 25. causa faciendi Pontificem, Cardinalis sancti Petri ad vincula, ut fertur, dixit Cardinali sancti Marci, qui illo tempore habebat xi. voces, si volebat promittere domum suam Cardinali Aragonensi filio Regis Ferdinandi, & ipse promittebat se daturum ei tres alias voces, ita quod essent 14. At ille respondit se minime hoc facturum. Nam si hoc fecisset, non esset canonicè, ut decet, electus. Item quia domus sua fortiter præjudicabat Castro sancti Angeli; vnde si hoc fecisset, fuisset forte causa disturbationis Vrbis, & totius fidei Christianæ: nam posset de facili ibi Rex venire, & facere se Dominum Vrbis, & disturbare statum Ecclesiæ. Deinde prædictus Cardinalis sancti Petri ad vincula accessit ad Vice-Cancellarium, dixitque ei si volebant simul facere unum Pontificem ad votum eorum. At ille, dummo-

I 3   do

do disturbaretur electio sancti Marci, quem solum odio habebat, consensit. Deinde superueniente nocte, Cardinales omnes iuerunt dormitum: quibus dormientibus, prædictus Cardinalis sancti Petri ad vincula unà cum dicto Vice Cancellario tractauerunt cum omnibus Cardinalibus, ut darent voces eorum Cardinali Melphitensi; promittentes illis, se multa daturos: & hoc modo tractarunt cum omnibus Cardinalibus, præterquam cum sex de senioribus, & principalioribus, videlicet cum Cardinali de Comitibus, sancti Marci, Gerundensi, Lisbonensi, Senensi, Neapolitano, & aliqui dicunt, de sancta Maria in Porticu; qui Cardinales dormiebant in eorum cubiculis. Itaq; cæteri dederut vota sua, & elegerunt dictum Pontificem. Mane autem facto vocauerunt illos dormientes, dixeruntque illis, Venite, Papam fecimus: at illi dixerunt, quem? responderunt, Melphitensem; Dixeruntque illis, quomodo? responderunt, hac nocte, dum dormiuistis, congregauimus omnes voces, præterquam vestrum dormientium. At illi videntes, quod erant 18. vel 19. qui consenserant, & quod ipsi tanquam pauciores non poterant actum disturbare, consenserunt. Deinde die sequenti detectum fuit; quod pro habendis vocibus multa bona Ecclesiæ promiserant, quæ, ut fertur, sic distributa fuerunt. Primo Cardinalis Sabellus habuit Castrum, quod dicitur Monticelli in partibus Insulæ: Item legationem Bononiensê; Cardinalis Columnensis Castrum Ceperani, & legationem Patrimonij, & pro restauratione domus combustæ, & damnorum, 25. m. ducatorum; & fuerunt illi promissa beneficia quàm primum vacantia pro septem millibus ducatis. Ursinus habuit legationem Marchiæ, quæ fuit adempta Camerario, Item Castrum Cerueteris, Marisauens. Castrum Capranicæ, & Episcopatum Avenionésem. Filio Regis Ferdinandi fertur fuisse concessum Pontem Coruum: Item data fuit domus, vel Palatium, quod fuerat Domini Papæ, dum erat Cardinalis, videlicet sancti Laurentij in Lucina, Cardinali Parmensi Palatium sancti Ioannis della Magliana cum omni ejus ædificio; Cardinali Mediolanensi, Arch. præsbyteratum sancti Ioannis Laterani, & legationem Auenionensem; Cardinalis sancti Petri ad vincula & præfectus

ctus Vrbis ejus frater, habuerūt Fanum cū quinque aliis terris circūstátibus; promisitque facere dictum Præfectum ejus fratrem Generalem Capitaneum Ecclesiæ. Qui Cardinalis sancti Petri ad vincula continuè residet & manet cum ipso summo Pontifice; & omnia quæ gesta sunt, & gerentur, cum suo Consilio, siue potius ad suum velle, fiunt, & aliqua, quæ per eum inaduertenter, & inscio dicto Cardinali fiunt, illicò reuocantur. Inter quæ est, quod Paulus Vrsinus fuit per Pontificem deputatus cum militibus suis ad Guardiam, siue custodiam Palatij cum stipendio consueto; in quo officio solùm per unam diem permansit; deinde licentiatus, cum magna indignatione ab Vrbe recessit.

Deus concedat sibi gratiam rectè viuendi & administrandi, quod difficile videtur, attenta ejus præterita vita, cum sit Iuuenis Genuensis, & ex pluribus mulieribus septem filios inter mares, & feminas habeat; & attenta etiam qualitate ejus electionis, quæ deterior fuit electione Sixti: Adeo quod omnes quodammodo uno ore tam Romani, quàm alienigenæ, & Curiales, de ejus futura vita & gubernatione Imperij, & Ciuitatis per maximè suspicantur, faciuntque super eo diuersa Iudicia.

Vacauit Ecclesia diebus 16. 1484.

CON-

CONCLAVE
FATTO PER LA SEDE VACANTE,
DI PAPA
INNOCENTIO VIII.
NEL QVALE FV ASSONTO AL PON-
teficato, Il Cardinale Roderico Borgia, detto,
ALESSANDRO VI

Apa Innocentio ottauo, dopò una lunga infermità, morì finalmente alli 25 di Luglio 1492, frà le cinque, e sei hore della notte, per il che molti Cardinali, che haueuano fatto pensiero di ferrare il prossimo Agosto, lietissimamente, e passare il Sole di Leone nella temperata aria delle vicine Castella, furono costretti di ritornare à Roma, per creare il successore. Fu portato il corpo morto di Innocentio à buon hora in San Pietro, acconpagnandolo li Cardinali di Beneuento, di Aluia, di santa Anastasia, Medici, e san Seuerino, il quale era venuto all' hora per il Capello; rimase quiui Innocentio; il Popolo gli baciò li Piedi; felice ancora dopò morte, poi che fu sepolto nel medesimo luogo, doue già erano state ritrouate, le reliquie di sant' Agostino; Ma, ò miseria humana, giacque esposto al concorso, & alle grida della Plebbe indiscreta, quello che sempre chiuse l'orecchie, alle preghiere de' poueri, & una picciola cassa di legno corruttibile, racchiuse quello, à cui anguste pareuano le sale indorate del Vaticano. Mà Roma

tutta era folleuata, e le fquadriglie, degli huomini di male affare, fcorreuano in ogni luogo, e molti erano uccifi perche ne' tribunali non fi rendeua raggione, effendo li Giudici racchiufi per paura delle vite loro, per il che, i Cardinali acciò non nafceffe tumulto, deputarono uno, che cuftodiffe il Palazzo, & un' altro, che haueffe cura della Città. Fu Gouernatore del Palazzo, Gradiflao Arciuefcouo di Tarracona, Spagnuolo nobiliffimo, e fauijffimo, per la cui opera era ftata conclufa la Pace, trà Papa Innocentio, & il Rè di Napoli, dopò quietato il tumulto d'Afcoli, il quale poi fù fatto Gouernatore di Roma, da Papa Alefandro. Il dì feguente fi cominciarono l'Efequie, le quali effendo finite, alli atto di Agofto fu cantata la meffa dello Spirito fanto, alla quale furono prefenti tutti i Cardinali.

Finita la Meffa Bernardino Carauaglia Vefcouo di Cartagena, Oratore del Rè di Spagna, fece il fermone, il quale fu dottiffimo, & elegantiffimo, e fu tenuto per un certo augurio, che all'hora molti Spagnuoli erano adoperati alle cofe publiche, quafi che douefle effere ancora un Papa Spagnuolo, per la cui elettione fi auuiarono verfo al Conclaue proceffionalmente 23 Cardinali, e trà quefti, Maffeo Girardo Cardinale Patriarca di Venetia dell' Ordine de' Camaldoli già decrepito. Egli intefa la morte d'Innocentio venne à Roma à riceuere il Capello, e volle entrare in Conclaue, benche à fatica fi poteffe muouere, e reggere in piedi.

Il Conclaue fu fatto nella Cappella di Sifto, e nelle Sale vicine, alla guardia del quale, erano gli Oratori de' Prencipi.

Per Roma fcorreuano a fchiera li Ladroni, gli homicidiarij, i Banditi, & ogni peffima forte d'huomini; & i Palazzi de' Cardinali haueuano le guardie de' Schiopettieri, e delle Bombarde, perche non foffero faccheggiati. Mà benche tutta Roma foffe in arme, non nacque però tumulto notabile, folamente furono ammazzati molti per inimicitie. Le ftrade di Borgo erano fbarrate, con li traui, & erano guardate da Soldati, e le compagnie de' Caualli leggieri faceuano la guardia del

ALESSANDRO VI.

continuo auanti il Palazzo. I Cardinali frà tanto fatte le prattiche, con grandissima diligenza, il secondo giorno andarono tutti di buona voglia ad adorare Roderico Borgia Vice cancelliere, il quale adoperò ogni industria, & arte per sodisfare alla immoderata sua ambitione hauendosi ricociliati con tutti i modi, e buoni, e cattiui gli animi de' Cardinali più potenti. Era l'alba quando essendo messa la Croce fuori d'una finestra fù publicato, che era fatto Papa il Borgia, col nome di Alesandro sesto, e san Pietro fu subito pieno di innumerabile moltitudine di Popolo, concorso à vederlo. Mentre veniua in Chiesa, io ero vicino all'Altare maggiore, al quale poi che giunse il Papa, fu pigliato in braccio dal Cardinal di san Seuerino, e messo à seder sopra; e quiui li Cardinali gli diedero publicamente l'vbbedienza, & i Prelati gli baciarono li Piedi.

Il Papa innanzi che scendesse dall'Altare creò Vice Cancelliero, Ascanio Maria Sforza, perche cosi gli haueua promesso in Conclaue; fu poi cantata la Messa al solito & i Cardinali andarono alle case loro, restando à desinare col Papa, il Cardinale Sforza & alcuni altri pochi; si fecero grandissimi fuochi per Roma, & il Senatore, che era Ambrosio Mirabili, Caualiere Milanese, fece in Campidoglio inusitati segni di allegrezza, perche fu riconfirmato in quella dignità, dal Papa, e dopò il Vescouato di Perugia fu dato à D. Giouan Lopez, già Scrittore del Papa, à cui di prima, era stata data la Dataria, e dietro lui fu fatto Datario Bernadino Luna Pauese, col fauore, del Cardinal Ascanio Sforza.

Passato il primo giorno della Creatione del Papa, verso le due hore di notte il Senatore, e Conseruatori, & i Capi delli Rioni di Roma, con moltissimi Giouani della Nobiltà Romana, fatta una incamisciata, andarono al Palazzo del Pontefice con bellissimo ordine à Cauallo, con le torcie accese in mano, e nella Piazza di San Pietro fecero, come una giostra con diuersi intrecciamenti, aggirádo intorno quelle fiaccole. Il medesimo fecero ancora nel Cortile del Palazzo di sua Santità, con molta sodisfattione del Papa, il quale dalla Camera gli diede la benedittione.

Fu poi incoronato alli 27 Agosto, con grandissime cerimonie mà nie, mà l'andata sua à san Giouanni Laterano, per pigliare il possesso del sommo Vescouado, auanzò di gran pezzo di splendore, e di magnificenza quella di tutti gli altri Papi, suoi Antecessori, essendo le strade tutte adornate d'Arazzi, e fiori, e fatti molti Archi Trionfali, à similitudine delli trionfi antichi.

L'vltimo di Agosto, fece Concistoro, e creò Cardinale l'Arciuescouo di Mon Reale suo Nepote.

Vacò la Chiesa 3 giorni. 1492.

CON-

CONCLAVE
NEL QVALE FV CREATO PONTEFICE,
Il Cardinale Francesco Piccolomini, detto,

PIO TERZO.

L SABBATO mattina alli 12 d'Agosto 1511. Aleſſandro Seſto Pontefice Maſſimo, ſi cominciò à ſentir male, e circa le 12, hora fu aſſalito da febre, dalla quale fu anche trauagliato fino all' ultimo. Alli 15, dopò eſſergli ſtato cauato ſangue in ſei oncie, gli ſoprauenne la Terzana. Il Giouedì, che fu alli 17, preſe Medicina. Il Venerdi ſeguente ſi confeſsò da Monſignore Pietro Veſcouo di Rain, dal quale ancora dopò hauere celebrato Meſſa alla ſua preſenza, fù comunicato, ſtando à ſedere ſul letto. Alla Meſſa furono preſenti gl' infraſcritti Cardinali, cioè Coſentino, Monteregale, Arbonenſe, Caſanoua, e Coſtantinopolitano, a' quali poi voltandoſi il Papa, diſſe, che ſi ſentiua male; non molto dopo, hauendo hauuto l'eſtrema untione dal medeſimo Veſcouo, ſpirò, eſſendoui preſenti Monſignore Datario, il detto Veſcouo, & alcuni Palafrenieri, che erano di guardia. Il Duca Valentino, che all' hora ſtaua ammalato, mandò il Signore Michele con molta comitiua à chiudere tutte le Porte, che riſpondeuano alle ſtanze, & habitatione del Papa, uno de' quali, trouando il Cardinal Caſanoua, lo minacciò di ſtrangolarlo, e gittarlo dalle fineſtre, è non le daua le chiaui de' denari del Papa, del che impaurito il Cardinale, gli diede le chiaui, quali ſubbito entrando à gara, e con molto impeto, nella camera più ſegreta, pigliorono tuti gl' argenti, che in due caſſe trouarono, nelle quali ci erano circa

K 3   10000.

10000. ducati. Intorno le 23, hore aperſero la Porta, e fu publicata la morte del Papa; frà queſto tempo li Seruitori pigliorono quelle poche maſſaritie, che erano reſtate nelle guardarobbe. Il Duca Valentino non viſitò mai il Papa, in tutto il tempo, che ſtette ammalato. Il mio Compagno Maſtro di Cerimonie, vedendo morto il Papa, ſi aiutò cõ le ſue mani al meglio che puotè, facendo poi cauare il Papa da' ſuoi ſeruitori, & io fui chiamato poco inanzi, che foſſe intimata a' Cardinali la morte del Papa, fece poi intimare à tutti i Cardinali, che la mattina ſeguente ſi contentaſſero trouarſi alla Minerua, doue nel mezzo della Sagriſtia furono apparecchiate quattro banche in quadro. La notte ſeguente mè ne tornai à Roma, accompagnato da otto Guardiani di Palazzo; hauendo laſciato il Papa ſenza niuna guardia, commandai à Carlo Corſore per parte del Vice Cancelliere, che ſotto pena della perdita degl'ufficij doueſſe con compagni intimare tutto il Clero della Città, Religioſi, e ſecolari che il giorno ſeguente, all'hore 12, ſi trouaſſero in Palazzo per accompagnare il corpo del Papa dalla Cappella maggiore alla Chieſa di San Pietro, per il che furono apparecchiate 300, torcie di cera bianca. Il giorno ſeguente precedendo il Clero religioſo ſecondo il ſolito, fu portato il Papa per la Piazza alla Chieſa di San Pietro da quattro poueri, accoſtando le mani i Canonici al Cataletto, e poſto nel mezzo della Chieſa, mentre che aſpettauano, che ſi diceſſe, *non intres in Iudicium*, non ſi trouò il Clero, cominciò il reſponſorio *libera me Domine* mentre ſi cantaua; alcuni Soldati, che erano alla guardia del Palazzo, pigliarono per forza le torcie ad alcuni Chierici, il reſtante del Clero ſi difeſe cõtro di loro con le torcie, e li Soldati con l'armi, da quale impauriti tutti sè ne corſero alla Sacreſtia, laſciando di cantare, & il Papa reſtò ſolo; io, & altri, per tanto preſo il cataletto del Papa lo portaſſimo frà l'Altare maggiore, e la ſua Sedia, voltando il capo ſuo verſo l'Altare. In quella mattina ſi congregorono nella Minerua 16 Cardinali, quali fecero Gouernatore di Roma il Veſcouo di Raguſa, aſſegnandole per guardia 200, Soldati; dettero di più l'ufficio di Camerlengo all' Arciueſcouo di Salerno; fu ancora rotto alla preſenza loro il

piom-

PIO III.

piombo dalli Piombatori d'Aleſſandro Seſto, & ordinarono, che l' *Anulus Piſcatoris* foſſe dato al Datario, il che fece il Cardinale Caſanoua; di più fu fatto inuentario delle robbe, e Maſſaritie del Papa, che furono trouate di gran valore, benche dal ſopra detto Micheletto ne foſſe ſtata fatta diligente cerca; fu ancora trouato Scrigno couerto di Panno verde, pieno di gemme, e di pietre pretioſe, che aſcendeuano al valore di 20000. Scudi.

Il Papa eſſendo per ancora auanti l'Altare, cominciaua à diuenir nero, e brutto, ſul' hore 23, era diuenuto tale, che pareua un negriſſimo panno, la faſcia era diuenuta ſcuriſſima, e brutta, il naſo pieno di fetore, la bocca era ingrandita, e la lingua talmente ingroſſata, che empiua tutte le labra, di modo tale, che era horribile, e ſpauentoſo; la ſera dopò le 24. hore fu portato alla Cappella, da ſei Facchini, e due Falegnami, quali tutti giuocauano, e beffeggiauano intorno, & hauendo fatto la caſſa corta, lo piſtauano, e calcauano con piedi, acciò v'intraſſe, hauendolo prima ſpogliato della mitra, e panni, e meſſoui in cambio un tapeto vecchio, e bruttiſſimo, e poi lo poſero nel ſiniſtro cantone dell' Altare di San Pietro. Siluio Sanelli Mareſciallo della Corte laſciò uſcir di prigione in queſto giorno liberamente tutti li Sauelli carcerati.

Nella ſeconda Congregatione, che fu alli 21. Agoſto, fu commeſſo à Carlo Alonſo Capitano, che con 20000. Soldati pagati guardaſſe diligentemente la Città. Furono ſbarrate le ſtrade, acciò li Caualli non poteſſero paſſare, e ſcorrere.

Il Caſtellano di Sant Angelo promeſe, e giurò al Cardinal di Santa Croce, Medici, e Ceſarino, di oſſeruare fedeltà al Colleggio, & promiſe per lui l'Ambaſciatore del Rè di Spagna; nel medeſimo giorno furono liberati dal medeſimo Caſtellano con ſicurtà di 20000. ducati l'Auditore della camera, l'Abbate Caietano, Bernardino Abbate d'Aluiano, Giacomo di Saranello, & un' altro Abbate; l'iſteſſo giorno li Spagnoli abrugiarono il Palazzo degl' Orſini à Monte Giordani.

Nella terza Congregatione fatta alla Minerua, fu fatto un gran trattato per accordarſi col Duca Valentino, che ſi moſtraua molto humile uerſo il Collegio, e n'offeriua ad ogni loro piacere giurarle fedeltà, e così fu ordinato à Pandolfo notaro della camera, che stipolasse un mandato col Duca, in persona del Signore Agabito d'Amelia suo Segretario. E nella quarta Congregatione, che era di 16. Cardinali, fu dall'istesso Pandolfo letto il mandato, e giurato dal Sgnore Agabito, secondo, che altre volte haueua anche fatto il Duca al Papa; promise di più difendere il Collegio, ciascuno Cardinale, in particolare li Nobili Romani, Cittadini, & anche il Popolo, e guardare le case de' Cardinali, & acciò più volentieri ciò facesse, fu da loro cöfermato Capitano della Chiesa fino all'elettione del nuouo Pontefice, con tutti gl'honori, e carichi soliti; fu di più deliberato di consenso di tutti i Cardinali, di fare il Conclaue in Castello Sant'Angelo, e fu ancora scritto à Prospero Colonna, & à gl' Orsini per parte del Collegio, acciò che più quetamente si potesse eleggere il Papa, che non douessero venire à Roma, mà contra voglia del Collegio entrò Prospero Colonna l'istesso giorno, e poi fece sua scusa. Il giorno seguente, che fu li 23. di Agosto, entrò pure in Roma Ludouico di Ritigliano, e Fabio Orsino con 200. Caualli, e 200. pedoni, che saccheggiorono più di 200. Case appresso il Palazzo bianco, frà le quali fu quella del Cardinal Cusano, si partirono poi di Roma d'Ordine del Collegio. Il Venerdì, che fu li 25. di Agosto furono chiamati quattro Ambasciatori in Congregatione di 12. Cardinali, cioè di Francia, del Rè de' Romani, di Spagna, e di Venetia, insieme col Segretario della medesima Signoria, e fu loro ordinato, che persuadessero il Duca Valentino, che si partisse di Roma, e gl'Ambasciatori di Francia, e Spagna prouedessero, che le loro genti non ci venissero; li Cardinali, & Ambasciatori per spatio di trè hore disputorono, proposero, e molte cose conclusero che lungo sarebbe il raccontarle, gl' Ambasciatori andorono l'istesso giorno al Vaticano, doue habitaua il Duca, e l'essortarono à partirsi di Roma, e mandare via le sue genti.

Rispose il Duca, che nè in Palazzo nè fuori era sicuro, e che perciò gli bisognaua stare in Roma con le sue genti; offersero gl'Ambasciatori al Duca, & à due ò trè de' suoi la stanza, e ricorso in Castello Sant'Angelo, mà ciò non gli piacque; accettò
bene

bene il Castello, quando vi fosse potuto andare con quelle genti, che lui voleua, offerendosi poi mandare fuori il restante.

Si partirono dunque gl'Ambasciatori con pochissima sodisfatione, poiche credendo il Collegio, che li Castello stesse sotto l'ubbedienza loro, non li piaceua, che il Duca vi entrasse nel modo, che esso voleua, e del resto non lo poteuano assicucurare. Trà tanto intendendo il Castellano, che il Collegio haueua determinato fare il Conclaue in Castello, non volse acconsentirui, dicendo, che haueua giurato di Consegnarlo al futuro Pontefice, e che così voleua fare. Il lunedi, che fu alli 29. di Agosto, sè n'entrò in Roma il Signore Giacomo, fratello del Cardinale di Siena. Il Martedi il Cardinale Volaterrano, il Venerdi, che fu il primo Settembre, nella duodecima Congregatione fatta in Casa del Cardinale di Napoli furono chiamati li sopradetti Ambasciatori, con quali conclusero molte cose, mà particolarmente questi Capitoli per la partenza del Duca. Promise il sacro Collegio di dare libero, e sicuro passagio per la Città, e Stato Ecclesiastico al Duca, & a' suoi con le sue Artegliere, e vettouaglie, come anco il Popolo Romano promise di non offendere lui, nè i suoi, mà di condurgli le sue Artiglierie, e tenergli, e mantenergli le vittouaglie; si offerse anche il Collegio di scriuere alla Signoria di Venetia, che non l'impedisse, e molestasse nelle sue terre di Romagna, e promese egli all'incontro di non offendergli, nè lasciare da suoi offendere il Popolo Romano, nè la robba, nè la persona, & animali, e qualsiuoglia altro della Chiesa, e di partirsi di Roma frà trè di, e prospero Colonna con li suoi per tutto il di seguente; l'Ambasciatore del Rè de' Romani, e Ambasciatore del Rè di Spagna promisero in nome loro, come delli loro Rè, che nè il Duca, nè li suoi, nè li Colonesi si accostariano alla Città à diece miglia durante la Sedia vacante. Il medesimo promise l'Ambasciatore di Francia per gl'Orsini, e suo genti, finche duraua la Sede Vacante. Il medesimo giorno il Duca Valentino sottoscrisse li Capitoli & il Popolo Romano promese alli Cardinali Spagnoli, di non offendere loro nè le loro Case; li detti Ambasciatori

ciatori di Francia, infieme con Odoardo fuo Caualerizzo, che entrò hieri in Roma, dimandarono che loro foffe dato e confegnato il Caftello di Viterbo, mà non lo potero ottenere. Il medefimo giorno tornò Cornaro in Roma; nel medefimo fu mandato un bando, che fotto pena della vita, e della Robba non fuffe alcuno di qualunque ftato, e conditione, che ardiffe di moleftare il Duca Valentino, e fuoi nel partire che doueua fare il Sabbato, che fu alli 2. fi partì di Roma in una certa fbarra incognito. Il Cardinale Cefarino l'afpettaua fuori della porta, che uà a Monte Mario, per parlargli, mà gli fu detto, ch'l Duca sè n'era andato con li fuoi alla volta di Napoli, doue poi lo feguitò il Cardinale Santa Seuerina. Il lunedi, che fu nelli 4. fi cominciorono l'effequie ordinarie del Papa in San Pietro. Entrarono nel medefimo giorno in Roma li Cardinali San Pietro in Vincola, chiamato Giuliano, & il Cardinal di Como. Fù finalmente fatto il Conclaue in Palazzo fecondo il folito, e fu di Camere 39. quale effendo ftate cauate à forte, furono poi diftribuite a' Cardinali, & effendo toccata al Cardinal di Siena la ftanza, che era nel luogo doue fuole federe il Papa, fu dà molti confiderato quefto per prodigio. In tale giorno entrorono in Roma li Cardinali Rotomagenfe, e fan Giorgio. Entrati li Cardinali in Conclaue furono letti, i Capitoli del Conclaue, fatti da Innocentio Ottauo, e fu ordinato, che ciafcuno de' Cardinali nè faceffe fare copia, e diciotto di loro pronunciaffero il giorno feguente quello, che vi voleuano aggiungere, ò levare, come fu veramente fatto. Alli 12. del medefimo Mefe, trouai una polizza in un piatto, che andaua al Cardinale Bolognefe, la quale aperta viddi, e tacqui, confiderando per meglio.

Erano molte diuifioni, e pareri trà Cardinali, quali taccio per brutezza, e Simonia, che all'hora fenza roffore, e vergona alcuna feguirono in loro. Finalmente con l'aiuto di Dio, il Giouedi, che fu alli 16. del Mefe, li Cardinali Afcanio, Valaterrano, e Rottomagenfe confultorono di volere eleggere il Cardinal di Siena, quale haueua promeffo loro molte cofe sè per caufa loro foffe ftato Papa; Molti Cardinali, che haueuano animo di eleggerlo, andorono à rallegrarfi con effo. Il
giorno

PIO III.

giorno seguente il Sacrista fece rompere alquanto di una Porta murata, che era nella sua Camera e mandò una sua polizza in Casa del Cardinale di Siena, nella quale si annuntiaua l'assuntione di esso. Il Venerdì che fu alli 17. del medesimo io dissi la Messa dello Spirito Santo, con la commemoratione della Sede Vacante, poi dissi alli Cardinali, che poiche erano d'accordo, era bene facessero l'elettione per via, dello Spirito Santo, ma rispose il Rottomagense, che l'eleggere per via dello Spirito Santo era pericoloso, perche contradicendo un solo, l'elettione era nulla; il Cardinal di Siena era ammalato, mà per lui vegliaua il Cardinal San Giorgio, & altri; Intanto fù fatto lo Scrutinio, & eletto dalli due terzi il Cand. di Siena; ciò sentito il Cardinal di Napoli, e gl'altri per ordino andorano à baciar Siena, e lo vestirono degli habiti Pōtifici, e lui si elesse per nome Pio Terzo; Il Cardinal San Giorgio hauendo messo la Croce fuora della finestra, gridò ad alta voce, *Annuncio vobis*, *Papam habemus*. Essendo poi portato il Papa in San Pietro non si potè inginocchiare hauendo male ad una gamba; mà così à sedere fece la riuerenza, & adoratione, egli poi essendo messo sù l'Altare fu incominciato il *Te Deum laudamus*, & adorato di nuouo da Cardinali.

Fù poi riportato il Papa à Palazzo, hauendo egli prima licentiato li Cardinali sotto il Portico di San Pietro. Il giorno seguente diede publica udienza & al Cardinal N. diede la Signatura. Sua Santità mi disse, che voleua, che'l Cardinal di Napoli l'ordinasse Prete, il che hauendo riferito, il detto Cardinale disse di non volerlo fare; Si contentò sua Santità di essere ordinato dal Cardinale di San Pietro in Vincola, che volentieri disse, esser prontamente apparecchiato per seruire sua Santità, il che fu fatto alli 30. di Settembre.

Il mercordi, che fu li 27. del medesimo fu tagliata la gamba manca in due luoghi al Papa con suo gran dolore.

La domenica, che fu il Primo di Ottobre il Pontefice fu consecrato Vescouo dal Cardinal di San Pietro in Vincola nella camera del Pappagallo.

Il giorno seguente se n'entrò in Roma il Duca Valentino con i suoi Fanti, e Caualli, e fu alloggiato in San Pietro; il

Mar-

Martedì seguente fu visitato dal Cardinale di Santa Perseda. La Domenica, che fu alli 8. il Papa fu coronato sopra lo scale di San Pietro, dal Cardinale san Giorgio con le debite cerimonie.

Il Giouedi fu publicato per Roma l'unione, e lega frà li Colonnesi, & Orsini, quali tutti doueuano andare nel Regno di Napoli in aiuto degli Spagnoli contro Francesi.

Il medesimo giorno il Papa prese Medicina, che fu assalito dà una febbre fredda. La domenica, che fu alli 15. il Duca Valentino sè n'euscì di Roma con tutta la Gente sua, per la Porta di Beluedere, mostrando andare altroue, per conoscere, e stabilire le sue genti, delle quali sè nè tornarono alcune; ciò intendendo gl'Orsini sè n'uscirono per la Porta di San Pancratio, e trouando il Duca Valentino lo volsero incontrare, del che dubitando esso sè nè ritornò à Roma, & alloggiò in Palazzo nelle stanze del Rottomagense, lasciando le sue genti in Piazza per guardia del Palazzo.

Gl'Orsini abrugiorono la Porta del Torrione, doue nè rimasero assai morti.

Il Duca Valentino per maggiore sicurezza, fu condotto in Castel Sant'Angelo, per il Corridore di sotto, essendo accompagnato dalli Cardinali Arbonense, Salernitano, Surentino, Bolognese, Rotthomagense, e Borgia, doue essendo finalmente intromesso per commandamento del Papa, con due Paggi, e quattro seruidori, fu per maggiore sicurezza data licenza à gl'altri; furono anco condotte in detto Castello tutte le sue figliuole, e lo maggior fu dal Castellano posto nel maschio.

In questo tempo viueuano Card. 47. Erano in Conclaue Card. 38. Vacò la Chiesa un Mese, e 3 giorno, 1511.

CON-

CONCLAVE

NEL QVALE FV CREATO PONTI-fice, il Cardinale Giuliano della ROVERE *de Sauona, detto*

GIVLIO SECONDO.

MARTEDI alli 13 di Ottobre 1511. Papa Pio Terzo, essendo grauemente ammalato, si communicò per mano del suo Confessore, & hauendo hauuto la notte seguente, per le mani del medesimo l'estrema Vntione, rese lo spirito al Signore Iddio, e l'anima se ne andò à riposare in Cielo, intorno alle 10 hore; & io Gio. Broccardi Chierico Cerimoniale, fui chiamato à Palazzo da un Patafreniero, doue subito andai.

Fu il corpo di sua Sátità dopò portato nella sua Anticamera, doue essendo addobbato di tutte le sue vesti Ponteficali, fu posto in letto sopra un matarazzo, coperto di Velluto Verde, nò gli mancando altro, che la Croce sul petto, in cambio della quale io gliene feci una di tutti quattro i lembi, che pendevano della Coperta, e con quattro spillette, gliele attaccai sul petto. Portato poi nella Camera del Papagallo, e posto sopra la mensa d'essa Penitentieria, gli dissero sopra, l'ufficio de morti, perciò che li nostri Cantori di Cappella non lo volsero dire, e gli altri Religiosi vennero tardi, e mentre si passaua per detta Camera si diceua il Pater noster, con l'Aue Maria, con la sua Oratione, *Deus qui inter Apostolicos Sacerdotes* &c. e gli baciauano i piedi, e finalmente portato da Canonici, & Beneficiati in San Pietro, gli fu da quelli detto l'ufficio de' Morti, fu posto il Cadauero nella Cappella di Sisto, con i piedi fuori del Cancello, acciò il Popolo potesse andare à baciarli, nel qual luogo stette sino al Giouedi ad hora di terza, e poi fu portato da Parafrenieri precedendo il Clero, con le torcie accese, nella Cappella di San Gregorio, nel quale luogo, dopò cantata la messa de' morti, fu sepolto in una sepultura da sua Sātità, mētr'era in vita, preparata. Fu deputato alla guardia del Palazzo Apostolico, l'Arciuescouo Tarentino. Il medesimo giorno Giouanni Marchese di Saluzzo Nipote del Papa morto, e Capitano del Palazzo Apostolico, se ne ritornò ad habitare nella Casa del Cardinale di Siena, fratello del Defonto Pontefice.

Il Venerdi alle 20, hore si fece Congregatione de' Cardinali, nella Sala de' Pontefici, però di tutti quelli, che vi volsero interuenire, nella quale trà l'altre cose fu ordinato, che tutte le genti de gl'Orsini, sgombrassero di Borgo, e che li Cardinali Fiesco, Medici, e Cesarini riceuessero il Giuramento di fedeltà da Monsignor Marco, Vescouo Senegagliense dell' Ordine de Minori, Castellano di sant' Angelo, in nome del sagro Coleggio, per il che finita la Congregatione i predetti Cardinali caualcarono à castello, e riceuettero il detto giuramento. Alli 21 del medesimo, crebbe tanto l'acqua del Teuere, per le continue pioggie addietro, che vicino à San Celso, & alle case de Banchieri, l'acqua era sino all' altezza di un huomo; la prima Messa dell'Esequie fu detta dal Decano cardinale di san Pietro in Vincula, con l'interuento di 15. cardinali, l'Oratione funerale la recitò Domenico Crespo, li cardinali Spagnoli, e Francesi, hauendo paura delle genti di Paolo Baglione, e de gli Orsini, che erano ridotte in Borgo, non volsero interuenire all' Esequie scusandosi con gli altri cardinali che non poteuano passare per Borgo sicuramente. Dopò messa fu fatta Congregatione nella sala de' Pontefici, nella quale interuennero i Cardinali Francesi, e Spagnuoli, e mi fu commesso dal Vescouo di Massa Sagrista, e dal Tesoriere Apostolico, ch'io vedessi distribuire la Cera per l'Esequie del morto Pontefice, sì come feci per tutti i giorni dell' Esequie.

Alli 29 Ottobre, mi fu commesso per Ordine dell' Illustrissimi

GIVLIO II.

fimi Cardinali una *Cedola* dell' infrascritto tenore. Di Commissione dell' Illustrissimo Collegio de' Cardinali, si fa sapere à tutti le Signorie Illustrissime che'l giorno di dimani, che sarà l'ultimo del presente Mese di Ottobre l'Illustrissimo Signor Cardinale Alessandrino celebrarà la Messa dello Spirito Santo, & il Reuerendissimo Vescouo di Castro, farà l'Oratione *de Pontifice Eligendo*, la quale finita entraranno in Conclaue le Illustrissime Signorie loro processionalmente, per l'elettione del sommo Pontefice, che sarà in buon hora, & in buon punto, & si fa sapere ancora con il medesimo ordine alli Prelati, & Ambasciatori de' Prencipi, che il medesimo giorno alle 20 hore vogliono ritrouarsi nel Conclaue, e sentire quanto sarà loro commesso per Ordine delle loro Signorie illustrissime.

Il medesimo giorno, il Cardinale san Pietro in Vincula, si abboccò nel Palazzo Vaticano col Duca Valentino, e con li Signori Cardinali della sua fattione Spagnuoli quiui presenti, e conclusero frà di loro alcuni Capitoli, frà li quali oltre molti, che non si possono raccontare, il Cardinal san Pietro in Vincula, promise al prefato Duca, ogni volta che per opera sua egli fosse stato eletto sommo Pontefice, di crearlo Confaloniere, e Generale di Santa Chiesa, perche lo fauorisse con tutti li suoi seguaci, & egli all' incontro promise molte cose al Papa; e tutti i Cardinali iui presenti promisero, e si obligarono con giuramento di dare il Voto loro al prefato Cardinale per crearlo Papa. Il Martedì ultimo del Mese di Ottobre si restrinsero insieme 35. Cardinali, e celebrata la Messa, come ho detto dal Cardinale Alessandrino, si auuiarono tutti processionalmente in Conclaue, cantando continuamente li Canonici di San pietro l'Hinno, *Veni Creator Spiritus* Appresso l'Antifona, *Emitte Spiritum tuum* Tutti li Custodi del sacro Palazzo l'uno dietro all' altro secondo il costume diedero il giuramento di fedeltà in mano del cardinal Camerlengo. Intorno alle 21. hora fu fatta Congregatione da loro Signorie Illustrissime nella terza sala, nella quale furono conclusi i capitoli, e si ordinò, che si sotto scriuessero per il Papa futuro, la sera del medesimo giorno intorno ad un' hora di Notte, fu concluso tra cardinali della fattione Spagnola, che l'Illustrissimo san Pietro in Vincula, fosse Papa, e tutti incontinente, eccetto Alessandrino, andarono alla Camera sua à dargliene il buon prò, & ancor io andai à rallegrarmi seco, & mi promise la Chiesa d'Orti, e la sua mula con li fornimenti, la Cappa, & il Rocchetto; Il giorno di mercordi festiuità di tutti i Santi, circa le 16, hore Monsignor Vescouo di Massa, Maggior Sagrista, e Tesauriere Apostolico, disse la Messa dello Spirito Santo, con l'oratione solita della Sede Vacante, alla quale interuennero 32, Cardinali, & io diede la pace à primi trè, che erano da Capo. Finita la Messa, io assegnai à tutti i Cardinali il loro luogo, intorno alla tauola dello scrottinio, e loro Signorie Illustrime ordinarono, e sotto scrissero i Capitoli, i quali giurarono, e promisero di osseruare ciascuno *ad unguem*, & io cosi accennato da loro, me nè andai dal Cardinale di Napoli, e dopò lui à tutti gli altri per ordine, à pigliare il giuramento, sì come feceto tutti giurando ad *Sacra Dei Euangelia*, pregando Monsignor Adriano di Caprini, Raimondo de Raimondi, è Garzia di Ferdinando, e noi altri come publici Notarij, che ciò facessero, uno, e più instrumenti, Monsignor Ventura Vescouo di Massa Sagrista, Paolo di Planca, Giustino Carosi, Alfonso Diceno, Auocati Concistoriali, Dionisio Morone, Scrittore Apostolico, fu doppò apparecchiata la tauola per leggere lo scrotinio, sopra la quale fu posto il Calice. Noi uscimmo di Cappella, e serrammo la porta, e li Conclauisti al luogo solito fecero la loro Congregatione, lo scrotinio di quella matina, fu del presente tenore, l'Illustrissimo Grimano elesse San Pietro in Vincula, e tutti gli altri nella sua polizza vi era scritto San Pietro in Vincula, il quale poi elesse? Virbonense, e Rottomagense, hauendo tutti le sudette Polizze scritte di loro Mano, eccetto Napoli, Rotthomagense, e Casanuoua, li quali haueuano fatto scriuere à loro Conclauisti. Publicatosi lo scrotinio, tutti i Cardinali si andarono à rallegrare con il nuouo Pontefice, il quale si conpiacque di chiamarsi Giulio secondo, e cosi fu publicato, io le cauai la Crocchia da dosso, e

GIVLIO II.

so, e scanzati li sgabelli dello scrotinio, accostai, la sedia Ponteficia, nella quale sua Santità si mise à sedere; & il Cardinale di Napoli, gli mise in dito l'anello di Paolo terzo, e fu incontinente portato un altro anello col nome di Giulio secondo, chiamato *Annulus Piscatoris*; peròche due, ò trè giorni innanzi si sapeua per tutta Roma che S. Signoria Illustrissima sarebbe stato Papa, anzi che si viddero una mattina, molte arme con la sua insegna, & il Regno dipinto in Carta, in più luoghi della Città. Sua Santità cominciò à sottoscriuere a' Capitoli affrettando i Cardinali, ne sottoscrisse solamente tre; e noi come di sopra fummo testimonij, à detta sottoscrittione: non volse segnare alcuna supplica, mà le fece consignare subito à Monsignore Fabio, il quale poco appresso, dichiarò Datario; mà promise bene segnarle tutte; come anche le Bolle de' Conclauisti. Fu dalla piccola fenestrella della Cappella mostrata la Croce al Popolo, e gridato ad alta voce, *Papam habemus*: e finite le sottoscrittioni entrò il sagrista in Cappella, fu spogliata sua santità del Rocchetto, e della veste, la quale io prese per mè, non obstante la contraditione del sagrista. Fu vestito di una Veste bianca, e de gli altri ornamenti Ponteficali, e posto sopra l'altare, e fattogli riuerenza da tutti i Cardinali. Ad intercessione del Cardinale Ascanio mi promise di nuouo la Chiesa d'Orti: fu finalmente sua Santità portata in sedia abbasso nella Chiesa di san Pietro, precedendo innanzi gl' Illustrissimi Cardinali, e fatte le douute orationi, fu intonato il *Te Deum laudamus*, il quale fornito, di nuouo i Cardinali, e Prelati andàrono à baciarle i piedi, e le mani, e dettasi l'oratione dal Cardinale di Napoli, e datasi da sua Sātità al Popolo la benedittione, fu ricondotta di sopra alle sue stanze; e molti Cardinali se ne ritornarono alle loro habitationi, & altri rimasero à mangiare con sua Santità, in Palazzo; frà quali fu Rotthomagense, e santa Seuerina; Il giorno di Venerdi primo del mese, il Duca Valentino per Ordine di sua Beatitudine, cominciò ad habitare in Palazzo, e gli furono assegnate le Camere noue sopra l'audienza: deliberò sua Santità di essere incoronata alli 19 del mese sudetto, sù le scale di San Pietro, secondo il solito.

M Dome-

Domenica alli 18. sù la meza notte, il Duca Valentino si partì di Roma per andare ad Oſtia, e di la in Francia per mare, accompagnato dal Signor Barone della Rouere, nipote del Papa, mà dopò per alcune nouità, occorſe à noſtro Signore, fù richiamato à Roma, e finalmente poi rimandato ad Oſtia.

Alli 20. Nouembre, sù ſe 21. hora entrò in Roma il Duca Orſini per porta flaminia; al quale andarono incontro l'Eletto Arciueſcouo Narbonenſe, Il Veſcouo Rodienſe, & de Franis Ambaſciatore del Rè di Francia. Andò ad alloggiare, nel Palazzo Apoſtolico, e fù à bacciare i piedi à ſua ſantità. Alli 29. Novembre ſua Santità nel Conciſtoro ſegreto, preſente tutto il ſagro Collegio pronunciò li ſotto ſcritti quattro Cardinali, Fràceſco Guglielmo Narbonenſe, Gio:Hiſpalenſe, Clemente Mediolanenſe, e Galeotto Lucenſe, queſti due ſuoi Nepoti: ſi ſpedirono in queſto Conciſtoro molte Chieſe, & io fui fatto Veſcouo d'Orti, con riſerua delli Vfficij, e beneficij. Finito il Conciſtoro i nuoui Cardinali non furono à ringratiare il Papa, nè i Cardinali, come altre volte era ſolito di fare, coſi conſigliati dà me; Mà ſe ne reſtarono nelle loro Camere, nè ſi mutarono di berretta, nè de veſti, nè di mantello, mà nel Conciſtoro ſeguente vi andarono in habito Cardinalitio, e fù loro ſerrata la bocca, e nel ſeguente Conciſtoro aperta: fù anche nel detto Conciſtoro deſtinato legato al Rè di Francia, l'illuſtriſsimo Cardinale Rottomagenſe. In queſto medeſimo giorno, entrarono in Roma due Oratori del Duca di Ferrara. Venerdi alli XI. di Decembre fu Conciſtoro publico nella terza ſala, nella quale fatte le ſolite riuerenze da' Cardinali, l'Illuſt. Ceſis Romano propoſe la prima comiſsione; laquale finita, Il Cardinale Alfonſo Piceno propoſe la ſecóda; la quale cominciata ſtádo l'Oratore del Duca di Ferrara, nella picciola Cappella, preſtarono ſecondo il ſolito ſolenne ubidienza à ſua ſantità. Martedi à 19. Decembre tornò in Roma D. Carlo Moſchiauellar Cameriero di noſtro Signore, mandato da ſua Santità con un certo Pietro ancora ſuo Cameriere, e Cameriero già di Papa Aleſsàdro Seſto, e del Duca Valétino, il quale haueua mandato per lui, acciò conſegnaſſe la Rocca di Ceſena, e di Forlì al Signore Carlo riceui-

tore

GIVLIO II.

tore in nome del Papa, e riferì à sua Santità, ch'l Castellano hauendo lette le lettere del Duca, & hauendo riceuuto li Contrasegni alli 15. del Mese, haueua fatto impiccare il detto Pietro, senza che gli hauesse confessato cosa alcuna; Il che sentendo sua santità fece chiamare Visbonense, e San Giorgio, con quali si risoluette, che detto Duca Valentino fosse condotto in Castello sant' Angelo: imperò che non si sà in che modo egli era ritornato in Roma, e sino all' hora era stato custodito in una certa Camera, sopra le stanze del Papa, nella quale era stato sin all' hora il Cardinal Rottomagense; mà nondimeno, non fu condotto in Castello, mà senza guardia alcuna fu messo nella camera sopra la torre nuoua di Alessandro Sesto. Il Cardinal Sorentino, e Borgia il medesimo giorno dopò vespro, partendosi dalle loro stanze, se ne andarono à Cauallo ad habitare nelle loro case, poste auanti la Chiesa di san Marcello, hauendo inteso, ch'l Duca era ritenuto, e di nascosto, di notte se ne andarono verso Marino. Alli 13. Gennaro, il Mercordì, e la Domenica seguente, gli Ambasciatori Sanese e Fiorentino, prestarono separatamente ubbidienza à nostro Signore nel Concistoro segreto. Alli 17. sua santità caualcò à sant' Antonio coll' Amitto, e cingolo bianco, e capuccio di velluto rosso, e stola rossa. Alli 24. si fece la festa nel Testaccio, alli 25. fu Concistoro segreto, e prima che sua santità vi entrasse, concluse nella sua camera segreta alla presentia del Cardinale san Giorgio, santa Croce, Alborense, Cosentino, Capo d'Acqua, & Eligense l'accordo col Duca Valentino, ancor che assente; e subito furono spedite le Bolle: l'accordo fu chel Duca, douesse frà 40. giorni consegnare liberamente al Papa le Terre di Cesena, e di Forlì; e dall' altra parte sua santità debba farlo accompagnare, e condurre sicuramente ad Ostia, e che iui se ne stia nella Rocca. Il Cardinale santa Croce si pigliò cura del Duca, e promise, che non fuggirebbe, e che poi che egli hauesse fatta la consegna di dette Terre, se ne possa andare liberamente cō li suoi beni, e robbe onunque voglia, e di tanto il prefato Cardinale promise al Duca per il Papa: & in caso che frà li detti 40. giorni effettiuamente non habbia

M 2 fatta

fatta la detta reſtitutione di dette Terre à noſtro Signore, debba eſſere ricondotto à Roma, doue s'intenda confinato con perpetua Carcere. Giouedi graſſo à 25 Gennaro ſi fece feſta à piazza Nauona. La prima Domenica di Quareſima, entrarono in Roma i due Ambaſciatori della Republica di Genoua, a preſtare ubbidienza à noſtro Signore.

A di 16. Febraro in Mercordi, Aquino da Coloreto Chierico Aquilegieſe homicida della buo:mem:del Cardinal ſant' Angelo, fu degradato sù la piazza di ſan Pietro in un Palco auanti le ſcale, per mano di Monſignor Pietro Veſcouo di Ciuità Vecchia, per eſpreſſa commiſſione di Noſtro Signore alla preſentia di Monſignore A. C. La quale ſentenza finita di leggere, anche alla preſenza di Monſignor Ceſis ſuo luogotenente, ſtando il Senatore di Campidoglio con li ſuoi Miniſtri in mezzo ſul Palco rileuato, e perche detto Aquino era ſubdiacono; mentre gli fu letta ſopra la ſentenza fu veſtito de ſuoi Paramenti; e tale commiſſione fu data ad Agapito Geneſano Notaro dell' A. C. la quale finita di leggere, fu al ſolito modo degradato, e conſegnato nelle mani del Senatore di Campidoglio, il quale il ſabato lo fece decapitare sù la piazza della ſua reſidenza: Alli 19. Aprile il Duca Valentino ſi partì da Oſtia, e ſe ne andò alla volta di Napoli. Alli 12. di Maggio entrarono in Roma per la Porta di Beluedere tre Oratori del Rè d'Ingilterra: alli 20. preſtarono ubidienza à ſua ſantità, nella terza ſala, e preſentarono le loro lettere credentiali del loro Rè, nelle quali di ſopra era ſcritto. Henrico per la gratia di Dio Rè d'Inghilterra, e di Francia, e Duca d'Ibernia. Monſignor Roberto Veſcouo Rodonenſe Ambaſciatore del Rè di Francia, buttatoſi ingenocchioni auanti ſua ſantità, la pregò inſtantemente, à non permettere che quelli Oratori Ingleſi preſtino ubidienza alla ſantità ſua con titolo del ſuo Rè, la quale Gratia egli ottenne da ſua ſantità, Onde li detti Ambaſciatori preſtarono obedienza ſemplicemente à nome del Rè d'Inghilterra, e Duca d'Ibernia, e l'Ambaſciatore Franceſe nè fece fare publico Inſtrumento. Alli 19. di Maggio, fu riferito à Noſtro Signore, Che il Capitano Guido Fernando, haueua meſſo prigione nel Caſtello di

Napoli

GIVLIO II.

Napoli il Duca Valentino, il Romosino, e trè altri; Alli 29. di Giugno il sabato dedicato alli gloriosissimi santi Pietro, e Paolo dopò la Messa Papale, furono presentati à sua santità due Chinee con i fornimenti e gualtrappe bellissime, 'unò la presentò il Vescouo Rodonense Ambasciatore del Rè di Fracia in nome di sua Maestà Christianissima per il Censo del Regno di Napoli: e sua santità, rispose, Acceptamus senza nostro e de gli altri pregiuditio. Alli 25. Gennaro morì il Duca Ercole di Ferrara. Il medesimo giorno, dal Popolo e Magistrato di quella Città, fu eletto Duca l'Illustrissimo D. Alfonso primogenito del defonto Duca. Alli 25. Ottobre il Mercordi, entrarono in Roma, e con grandissimo honore, 4. Ambasciatori di Francia, de principali di quella Corte, & il lunedi a' 26. del Medesimo, hebbero Concistoro publico, e baciarono il Volto, le Mani, & i piedi à nostro Signore à nome di sua Maestà Christianissima. Alli 14. del medesimo, vennero in Roma otto Ambasciatori della Serenissima Signoria di Venetia, & hebbero vdienza da nostro Signore nella terza Sala, prestandole ubidienza: e similmente il primo di Giugno, vennero tre Ambasciatori del Rè di Portogallo. E nel caualcare per la Città, nacque una gran contesa, trà l'Ambasciatore di Francia, e quello di Spagna, percioche Don Francesco Royas Importunissimo Spagnuolo, voleua Caualcare coll' Arciuescouo Todense, per non cedere al Vescouo Rodense Ambasciatore del Rè di Francia; e vennero à tale, che si percossero l'un l'altro con li Cappelli: Io mi intromissi molte volte trà di loro per pacificarli, ma non potei mai metterli di accordo; finalmente si acquietarono al mio giuditio, Che'l Vescouo Nebridiense, caualcasse col Trabolense, Prelato Palatino, e perche fosse il primo l'Ambasciator di Portogallo, e dopò questi Vescoui, che rispetto alla dignità il Vescouo Ardonense andasse in mezzo, tra l'Ambasciator di Spagna, che tenesse la mano dritta, e quello di Francia la mano manca. Li predetti Ambasciatori prestarono la Vbidienza à nostro Signore in sala Regia. Lunedi primo Decembre fu concistoro segreto, nel quale fu Trattato di fare Cardinali. Il Papa circa le 13. hore uscì in Camera dell' Vdienza, e chiamò in Camera de' Papagalli, ò vero di Conciſtoro, il Cardinal di Napoli, poi tutti gli altri ſeparatamente; a' quali parlò ſopra la promotione, e durò tale raggionamento e Conciſtoro fino alle 24. hore; e non puotè ſua ſantità perſuadere neſſuno à contentarſene. Dopò uſcito à Conciſtoro parlò ad ogniuno in commune; nè ſimilmente puotè ottenerlo: finalmente venne alle minaccie dicendo loro, che haueua un non ſò che già fatto da Eugenio Quarto: però tutti alla fine conſentirono, che di dieci, ne faceſſe noue, cauandone Bandinello Saoli, con queſto che non ſi publicaſſero quel giorno, mà il giorno di Mercordi, che erano le quattro Tempora: coſa che non piacque punto à ſua Santità; mà con tutto ciò indugiò à publicarli fino al primo Conciſtoro, minacciandoli, che ſe non ſi contentaſſero, ne hauerebbe loro creati in faccia trenta; Diſpiacque grandemente al Papa, che ſanta Seuerina non voleſſe accettare certo Caſtello per il Voto ſuo, e perciò priuò il Cardinale Alborenſe delle Camere, che teneua in Palazzo, e della legatione di Peruggia, e la diede al Cardinale di Augubio.

Alli 12. di Decembre fu Conciſtoro ſegreto, nel quale ſua Beatitudine acconſentendo il Collegio, pronunciò, e nominò li prefati nuoui Cardinali eccetto, come ſi è detto, Bandinello Saulo, frà quali il Mantuano fu aſſente: baciarono il piede al Papa, e fecero gli abbracciamenti con gl'altri Cardinali; e nel Conciſtoro doppò, fù ſerrata loro la bocca, e poi aperta, e dato loro li Anelli è titoli.

Viueuano in queſto tempo Cardinali 45. In Conclaue furono Cardinali 38. Vacò la Chieſa giorni 18.

CONCLAVE

NEL QVALE FV CREATO PONTEfice, il Cardinale Giouanni di Medici, detto

LEONE DECIMO.

Ivlio secondo di Natione Sauonese, doue nacque l'Anno 1453, à 15. di Decembre, fù creato Cardinale da Sisto suo Zio, sotto il titulo di San Pietro in Vincola, l'anno 1471, e creato Papa nel 1503. dopò la morte di Pio terzo, in capo di quattordici giorni; morì ultimamente detto Papa Giulio in Vaticano à 21 di Febraro 1513. essendo Vecchio di anni settanta, hauendo goduto il Ponteficato anni noue, mesi trè, e giorni 25. Fatte le solite essequie, & a' 4 di Marzo 1513, che fu in Venerdì ad hore 13 Celebratosi la Messa dello Spirito Santo nella Cappella di Sant' Andrea, quale è chiamata di Pio Terzo dall' Illustrissimo Cardinal di Strigonia, e fattasi l'oratione dal Vescouo di Castell'amare, li Cardinali processionalmente accompagnati da' Cantori di San Pietro se n'entrarono in Conclaue ad hore 18 in circa. Nel quale giorno non fu fatto altro, saluo, che fu riceuuto il giuramento di fedeltà conforme al solito in mano del Cardinale Camerlengo, in presenza degl' altri Cardinali per li Prelati, & altri Officiali deputati alla custodia del Conclaue, & alli Conseruatori & alli Capi deputati sopra il Gouerno publico dàlla Città: il che finito fu alle 22 hore in circa serrato il Conclaue, essendosi fatta prima molta diligenza per l'Illustrissimo Signor Cardinale Camerlengo, Aragona, & Farnese per tutto il Conclaue, & per tutte le Camere, acciò che in esso Conclaue non vi restasse

restasse altri, che essi Cardinali, con li suoi Conclauisti: La medesima sera da hore trè in circa, entrò in Conclaue il Cardinale Adriano, quale non era in Roma, mà giunse quella sera. Il Sabbato mattina 5 detto ad hora di Messa il Maestro di Cerimonie sonò il Campanello alla porta della Cappella grande di Sisto, & ad alta voce disse, le Crocchie, e venuti tutti li Cardinali si spogliorono delle Crocchie: udirono Messa nella detta Cappella, la quale finita, vestiti delle Crocchie entrarono tutti nella sala ultima, e trattarono sopra i Capitoli del Conclaue. Tratanto i Conclauisti in un altra Sala fecero Congregatione, per dimandare l'essentioni, e prerogatiue, che sono solite concedersi à Conclauisti, & indi à poco si congregarono nella medesima Sala 22 Cardinali sopra la conclusione de' Capitoli del Conclaue; però non fecero cosa alcuna, e si ritirarono alle loro camere. La Domenica mattina 6 detto all'hora solita, il Maestro di Cerimonie sonò il campanello, e tutti li Cardinali vennero in Cappella ad ascoltar Messa, la quale finita entrarono in Congregatione.

In questo tempo entrò in Conclaue un Chirurgo, chiamato Giacomo di Briera ad istanza del Cardinal di Medici, acciò gli tagliasse una postema; e dopò entrato non vollero che n'uscisse, con tutto che n'hauesse fatta grand' instanza. In detto giorno alle 21 hore, li Cardinali si congregarono nel luogo solito, e determinarono quanto si haueua da fare intorno alli Capitoli del Conclaue.

Il Lunedi 7 detto all'hora solita, li Cardinali si congregarono in Cappella, & udita la Messa, entrarono in Congregatione, doue trattarono sopra diuersi altri capitoli. Il detto giorno ad hore 21 in circa, furono chiamati dal Maestro di Cerimonie, tutti li Conclauisti, à scriuere i loro capitoli del Conclaue, quali furono dettati da Tomaso Fedra Segretario del Collegio, e da molti d'essi Conclauisti furono scritti. Il Martedi 8 detto all'hora solita, vennero tutti li Cardinali à Messa, la quale finita entrarono in Congregatione, & hauendo i Conclauisti formato i loro Capitoli, deputarono quattro di essi, che andassero à fargli firmare, e sottoscriuere dalli Signori Cardinali

LEONE X.

nali che erano in Congregatione, e cosi furono deputati à quest' effetto, Monsignor Gabrielli Sagrista, Tomaso Fedra, & Bartolomeo Saliceto Segretarij del Collegio, & Pietro Rapelli; quali giunti con Francesco Armellini, Rainero di Gentile, e Pietro Rusignardo, entrarono dalli Signori Cardinali, à quali dimandarono, che si degnassero, di sotto scriuere li Capitoli, e gratie de Conclauisti; & hauendo esibiti ad essi Signori Cardinali i Capitoli, e gratie, che essi Conclauisti haueuano posti in buona forma, furono loro da quelli restituiti; e detto, che essi haueuano fatto fare detti Capitoli, e gratie in modo, che sarebbono stati sodisfatti, e cosi li Capitoli da Cardinali fatti furono da i medesimi sotto scritti, & amoreuolmente senza contradittione alcuna, e con sodisfatione ancora di essi Conclauisti, che gia sapeuano quello, che in detti Capitoli, e Gratie si conteneua; e questo detti Cardinali fecero segretamente, senza publicare all' hora quello, che in detti Capitoli e Gratie si conteneua; & usciti fuori i detti Conclauisti stracciarono i Capitoli, che essi haueuano fatti.

Li custodi, che erano fuori del Conclaue, che haueuano cura di fare entrare le robbe da mangiare, che veniuano per l'uso de Cardinali, restrinsero i fercoli in uno solo per osseruare le Bolle sopra di ciò emanate.

Il Mercordi 9 detto all' hora solita i Cardinali andarono in Cappella, & udita Messa, sottoscrissero i publici Capitoli, e dopò entrarono nella Cappella solita di San Nicolò; doue seduti per ordine, ogn'uno al suo luogo, hauendo il Segretario Fedra chiamato tutti i Notarij, che erano in Conclaue, e molti testimonij: si disputò un pezzo sopra detti Capitoli, e dopò essersi stato in detto contrasto un buon pezzo, finalmente tutti di commune consenso promisero con giuramento di osseruare inuiolabilmente detti Capitoli, secondo la lor forma, e tenore; del quale giuramento tutti i Notarij, ch'erano in Conclaue, e molti testimoni, nè furono richiesti, e rogati.

Finito questo furono lette le lettere del Signor Giouan Goladini, quale daua l'auiso all' Illustrissimo Collegio, come Piacenza, e Parma per opera de Spagnoli si erano ribellate al Duca di Milano; lette le lettere i Cardinali si ritirorono à desinare.

Alle 22 hore in circa si congregarono tutti li Cardinali nel luogo solito, doue stettero fino ad un hora di notte, nella quale Congregatione fu disputato, sè i voti per l'elettione del Pontefice doueuano darsi publicamente.

Il Giouedi 10 all'hora solita, vennero in Cappella tutti i Cardinali, & udita la Messa, e portata Carta, e Calamaro con i lumi accesi, sedendo ogn'uno al suo luogo, fu di loro ordine letta la Bolla della felice memoria di Giulio secondo, la quale trattaua della Simoniaca elettione de Pontefici. Tutti i Conclauisti de Signori Cardinali furono d'ordine di essi mandati fuori, restando solo essi per fare il primo scrutinio: furono li detti Conclauisti da Maestri di Cerimonie rinchiusi nella Cappella Grande di Sisto, doue anco loro fecero Congregatione, e conclusero, e si obligarono, che quel Conclauista, il Padrone del quale in questo presente Conclaue riuscisse Papa, fosse obligato pagare à gl'altri Conclauisti per la Camera di detto suo Padrone assonto al Ponteficato ducati milli cinquecento di oro di Camera da distribuirsi proportionatamente frà tutti gl'altri; del che nè fu rogato il notaro della Camera Apostolica.

Fatto il Primo Scrotinio dalli Cardinali nella Cappella di San Nicolo, furono molti di essi honorati de voti però non ci fu nessuno, che arriuasse al numero bastante, e finito di leggere i voti conforme al solito; se ne tornarono i Cardinali alle loro Camere: e perche in detto scrutinio il Cardinale Alborense hebbe 13 voti, s'impaurirono di sorte i suoi Emuli, essendo uniuersalmente tenuto per huomo di non molta buona fama, che cominciorno à pensare a' casi loro.

Dopo pranzo s'intendeua per il Conclaue, che si facessero gagliardissime prattiche, però non si puotè mai scuoprire à fauore di chi, per il che molti Cardinali, e particularmente i Vecchi Papabili stauano confusi, non sapendo il

LEONE X.

do il maneggio, che si faceua, per farsi dette prattiche molto segretamente.

Alle 22 hore in circa, si aboccaroro insieme San Giorgio, e Medici nella Sale grande, doue publicamente raggionarono più d'un hora, però dà nessuno fù inteso di che cosa trattassero; il che visto dà altri Cardinali, subbito giudicarono, che'l Ponteficato si trattasse per uno di loro, e cominciarono molto ad andare attorno, per mettere discordie, acciò in nessuno di loro si concludesse; & essendosi stato in questo bisbiglio un gran pezzo, finalmente ritrouandosi il Negotio ben preparato, fu per tutto il Conclaue publicato Papa il Cardinal de' Medici.

All' hora tutti li Cardinali, vedendo di non potere trouar modo d'esclusione, andarono alla sala, doue detto Cardinal de' Medici era, e gli basciarono le mani, rallegrandosi di quella così santa elettione; e poiche vi furono stati un pezzo in ragionamento, l'accompagnarono alla sua Stanza, doue fu quasi tutta la notte sueglato, e visitato da Cardinali.

Venerdi mattino 11 detto, li Cardinali andarono nella Camera de' Medici, doue stettero da circa un hora finche tutti si radunarono nella Cappella di San Nicolò, doue celebrato al solito la Messa, andati fuora tutti li Conclauisti, e serrato la Porta, fu fatto il solito scrutinio, nel quale tutti di comune consenso e, senza contradittione alcuna elessero Papa il sudetto Cardinal de' Medici.

Aperta la Porta, & entrato dentro il Maestro di Cerimonie, e tutti gl' altri, ch'erano fuori fu vestito il nuouo Pontefice de soliti vestimenti Pontificij, e posto à sedere, fu da tutti i Cardinali adorato; & da sua Santità furono essi Cardinali abracciati, e basciati; finita l'adoratione volse essere chiamato Leone Decimo.

A dì 19 Marzo 1513. sua Santità fu coronata con le solite cerimonie, interuenendo gran numero di persone, e con gran allegrezza à dì 11 Aprile andò à pigliare il possesso à San Giouanni Laterano con bellissima pompa di tutta la Città, essendo parate le strade di tapezzarie, e festoni, & Archi con grandissimo concorso de Popoli.

Nota delle reseruationi, Gratie, e facoltà concesse à Conclauisti nel presente Conclaue.

A ciascuno Cardinale si concede la riserua di ducati 1500. secondo la tassa della decima, per ciascuno suo in 3. Dioc. e leggendosi nelle lettere con derogatione, con decreto, che li Cardinali non possino disporre di detti beneficij in virtù di dette riseruationi, sè non in fauore di detti Conclauisti, con la Clausula efficace sopra la validità di detto decreto; e con decreto ancora, che le dette riseruationi non possino reuocarsi, e che non spirino per morte del Cardinale, mà dopò morto detto Cardinale, in suo luogo sia subrogato un altro Cardinale viuente da eleggersi da essi Conclauisti, quale Cardinale subrogato sia tenuto disporre di dette riseruationi conforme la volontà di detti Conclauisti. Qualsiuoglia Conclauista si crea nobile Conte Palatino, e familiare descritto da Papi con aspettatione à trè collationi, & altretanti beneficij, & un beneficio di qualsiuoglia tassa con derogatione della regola idiomete, *extra rationem ordinariæ collationis alternatiuæ, statuti de obtinendo, cum descriptione in familiari descripto*, e poi il primo descritto immediate con clausula di essere anteposto à qualsiuoglia, che auanti fossero descritti, e che possa ciascuno Conclauista testare delli beneficij Ecclesiastici fino alla somma di ducati mille; che possa ottenere quattro incompatibili, & una parochiale in vita, e remissione dell'annate, e qualsiuoglia beneficio, e prouisioni ottenute dà predecessori Pontefici, ancorche le lettere non fossero con l'assolutione di qualsiuoglia irregolarità, e reabilitatione, e spedite, & ottenute, e da ottenersi con remissione de frutti malamente percetti; e che qualsiuoglia Conclauista possa subrogare altri in suo luogo in dette prerogatiue; e che la supplica data per un Cardinale, e registrata per il segretario di detto Cardinale con ascoltatione di un Prelato sia autética, e faccia piena fede; e cosi ancora, che le lettere di sopra, per un Cardinale sotto il suo gran sigillo espedite, habbino quella fede si come spedite sotto il piombo; e che cosi sia giudicato con deputatione di trè Cardinali sopra la conseruatione di tutti i capitoli, & altre cose predette.

Promessa

LEONE X.

Promessa de Conclauisti per il pagamento delli ducati 1500. di Camera dell'eletto.

Nell'Anno del Signore 1513. à di 20 Marzo in Roma nella Cappella della felice memoria di Sisto IV. vacante la Sede Apostolica, li retroscritti Conclauisti presenti, promettono, & in ampla forma Camerale si obligano, e ciascuno di essi insolidum si obliga pagare à gl'altri Conclauisti ducati 1500. di oro di Camera per la Camera del suo Illustrissimo Cardinale, che sarà assonto al Ponteficato, la quale Camera per detto prezzo di 1500. docati adesso per allora comprano, e vogliono, che sia comprata da essi Conclauisti, li quali de laudabile consuetudine, asseriscono douersi ad essi, rinonciando *de alijs iuribus, & legibus*, in fauore della cosa venduta.

Viueuano in questo tempo Cardinali 32; in Conclaue furono solo 25. Vacò la Chiesa un mese, e giorni 17. 1513.

CONCLAVE
NEL QVALE FV CREATO PONTEFICE
il Cardinale Adriano Florentio Fiamengo, detto,

ADRIANO SESTO.

OMENICA primo di Decembre 1521. nella notte seguente, morse Papa Leone Decimo nell'anno nono del suo Pontificato non senza sospetto di veleno. Lunedi secondo detto la mattina à buon hora, andarono li Cardinali al Palazzo Apostolico, nella sala, doue trouarono il Pontefice morto; e dopò hauerlo adorato, si congregarono in una sala iui appresso, doue elessero gli officiali: e prima elessero Capitano di Roma il Signore Costantino Comino, Duca di Macedonia; Gouernatore di Roma Monsignor Vincenzo Carrafa Arciuescouo di Napoli; Custode del sacro Palazzo Monsignor Vescouo di Spoleti, il Signore Anibale Rango: e per li funerali, & altri negotij da spedire, deputarono li signori Cardinali Monti Vescouo, Piccolomini Prete, e Cesis Diacono, & à questa congregatione non interuennero Medici, Cortona, Cornaro, e Cibò; & ogni giorno si faceua congregatione nella seconda sala.

Incominciate l'Esequie in San Pietro, nel luogo solito, li tre deputati andarono in Camera de Monti, insieme col Camerlengo, e molte cose spedirono, per la custodia di Roma, delle strade, Ponte e Porte di essa.

Alli x. vennero li Cardinali Grimano, Soderino, Sedunense, Gonzaga, Hiporigen. e mentre Hiporigen. veniua, fù ritenuto in Pauia; e per quello il Collegio scrisse al signor Girolamo Morono ò Roti, & ad altri Baroni Milanesi, nè volsero

entra-

entrate in Conclaue, se non seppero prima la deliberatione di esso Cardinale. Alli 11. finite l'esequie, fù fatta congregatione Generale in Casa del Cardinal Decano sopra dell'entrare in Conclaue; e di quelli che erano custodi del Palazzo il Conte Rangone fu allegato sospetto, e sopra questo fu protestato, accio si facesse noua prouisione; però furono condotti due Baroni Colonnesi, Vespasiano, e Prospero Iuniore, e due Signori Orsini, Lodouico Conte di Pitigliano, e Lorenzo Caetano, quali dimandarono à Cardinali deputati seimila ducati, per potere fare le prouisioni: e conciosia, che detti denari non gli haueffero, pensarono quei Cardinali di pigliarli in prestito, assegnando à creditori di essi, i frutti dell'entrate communi e seruitij minuti che si pagano al Collegio de Cardinali.

Alli 13. fù fatta Congregatione generale in Casa del Decano, doue tutti interuennero, eccetto Grimano, Cibò, e Mantoua, quali diedero il loro assenso.

Alli 14. li Cardinali deputati insieme con il Camerlengo pigliarono in prestito dalli Elisi duemila ducati, e Monsignor Tomaso Righi Chierico di Camera, glene prestò altre tanti gratis.

Alli 16. fù fatta Congregatione in Cappella di Sisto Quarto in San Pietro, e cantata la Messa dello Spirito santo, entrarono in Conclaue 29. Cardinali, & in quel giorno non fu trattata cosa alcuna circa l'elettione del Pontefice, mà della custodia del Conclaue e di dare audienza alli Legati de Prencipi.

Alli 20. si deliberò, che i Voti si doueffero dare segreti, e le polize chiuse e sigillate, doue è il nome dell'elettore; l'altra parte piegata, mà non sigillata, accio volendo accedere à quello che si nomina, non si facesse fraude; e si deliberò, che tutti fossero segnati d'alcun segno, e chi volesse accedere, darli il suo segno, e si aprisse il nome suo, e così accedesse alli nominati da lui. Questa forma fù già decretata alli 8. di Decembre, mà in questo giorno, di nuouo proposta, e molti di essi Cardinali variauano, e non erano di accordo, mà si seruasse l'antica forma, e li voti fossero aperti; Niente dimeno

la

ADRIANO VI.

la maggior parte, non voleua si dessero segnate, in quanto al nome dell' Elettore.

Alli 30. fu celebrata Messa per il sacrista nella Cappella di Papa Nicolò, e fu fatto il primo scrutinio, doue i Capi de gl' ordini, & Araceli, e Priano andauano attorno, portando le cedole; Il Cardinal Cornaro le leggeua, legeua i Voti di tutti e dopo tutti i Cardinali leggeuano nelli loro scritti. Si trouò che il Cardinal d'Ostia hebbe noue Voti, Grimano dieci, Volterrano cinque, come anco Fiesco, Monti, & Anconitano, Farnese, e Iaconacci sette, e gli altri meno.

Il primo Gennaro fù fatto il secondo scrotinio, nel quale vi fù una cedola, che nominaua 13. soggetti, per il che si sdegnarono molti, e voleuano aprire la detta cedola, il che non fù fatto; nell' altre erano annotate le nomine da uno sino a cinque; Il Cardinal d'Ostia hebbe dieci voti, Fiesco, Piccolomini, Como, Iaconaccio, & Orsino sette, Medici, Anconitano, Trano, Araceli, e Cornaro cinque, e gli altri meno.

Alli 2. fù fatto il terzo scrotinio, doue Santi quattro, hebbe 14. voti, Ostia, Anconetano cinque, Fiesco, Iaconaccio, e san Sisto sette, Valenza, Sedunense, Aracegli, e Mantouano sei, Monti, Orsino cinque, Volterra, Bolognese, Medici, Campeggio, & Egidio quattro.

Alli quattro fù fatto il quarto scrotinio, Fiesco hebbe 9 voti, Sedunense, Santi quattro, Valenza, Iaconaccio, Campeggio Orsino cinque.

Alli 5. fù fatto il quinto scrotinio doue Fiesco hebbe noue voti, Sedunense otto, Santi quattro, quattro, e Vio sette, Ostia, Anconitano, Bologna, Medici, e Iaconaccio Sei.

A di 6. fù fatto il sesto scrotinio, nel quale Anconitano, & Orsino portarono la cedola del Cardinal Cibò ammalato, doue detto Cibò hebbe 12. voti, e Santiquattro all' hora disse *Papam habemus*, e cominciarono molti ad accedergli, come Medici, Petrucci, Valenza, Campeggio, Cortona, Armelino, Rangoni, e Cesarino accesse ad Egidio partendosi da Farnese, al quale haueua dato il suo voto, il che causò contentione grande dicendosi volere sapere, se si poteua vedere il voto di che accedeua ad un altro, e si poteua leuare il voto

O   dato

dat al già eletto prima; il che non fu deciso, & interim fu detto Papam habemus.

Il Cardinal Grimani per la sua infermità, e perche anco vedeua molte cose, che la sua conscienza non poteua comportare, se ne uscì di Conclaue, dissuadendolo tutti gli altri Cardinali. Il Cardinal Egidio mise sotto sopra tutto il Conclaue, dicendo molto male del Cardinal Farnese, del quale era stato Confessore l'addietro molti anni.

Alli 7. fu fatto il settimo scrotinio, doue Iaconacci, hebbe undeci voti, Orsino, Fiesco, e Sedunense dieci, e Grimano sette.

Alli 9. fu fatto il nono scrutinio, nel quale il Cardinal d'Ostia, e Detruseno, hebbero quindeci voti, il Cardinal san Sisto, detto di Minerua, disse, che essendo il detto Detrusen huomo da bene, virtuoso, e dotto, vi accedeua, pregando gl'altri, che douessero accedere, doue accederono Colonna, Caualicen, Monti, Friultio, Piccolomini, Anconitano, Aràuli, Armelino, Iaconacci, Como, Trani, Il Cardinal Santa-Croce disse al Cardinale Farnese, che ancor lui gli douesse accedere, egli rispose non voleruì accedere, perche non conosceua detto Detrusen non essendo egli mai stato à Roma, con tutto ciò la maggior v'accesse&l'elessero in sommo Pontefice, benche fusse absente dal Conclaue. Della quale Elettione, sè nè rogò Monsignor Dario de Grassis, Vescouo di Pesaro, come Protonotario Apostolico, e disse ad alta voce, *Papam habemus, Illustrissimum Dominum Adrianum Natione Flandriæ, ex Ciuitate Trajectensi, tituli sanctorum Ioannis & Pauli, Presbyterum Cardinalem Detrusen absentem, commorantem in Hispania, in Ciuitate Vittoria; & fuit publicatum per Dominum Cornelium die 9. Ianuarij* 1523.

Doppò fatta la publicatione di detto Pontefice, li Cardinali si congregarono nella sala, e per faue bianche, e nere, deputarono due Legati, ad effetto di mandarli da sua Santità, quali furono, Il Cardinal Pompeo Colonna, & il Cardinal Alesandro Cesarini, e fù subito aperto il Conclaue.

Alli dieci eleggerono per 3. legato il Cardinal Orsino, e decretarono i Cardinali, che sino à tanto, che venisse il Ponte-

ADRIANO VI.

tefice, trè di ciafcuno ordine ogni mefe gouernaffero e fteffero in Palazzo.

Alli dieci Febraro li Cardinali Cibò, e Grimano fi fcufarono dal Gouerno, per la loro infermità, e fù deputato il Cardinal Fiefco, quale fimilmente fi fcusò, mà la fua fcufa non gli fu ammeffa, fi che bifognò, che l'accettaffe, fe bene non volfe refedere in Palazzo.

Alli dieci Aprile il Signor Guglielmo per lettere credentiali publicò il nome del Pontefice, Papa Adriano Sefto, il che non piacque à molti Cardinali, il non hauerfi mutato nome, effendo folito di mutarfelo.

Alli 3. Agofto il Pontefice fi partì dal Porto di Tarragona, & alli 14. arriuò nel Porto di liuorno con 14. Galere, & in quella notte riceuè in effe Galere, li Cardinali Medici, Piccolomini, Petrucci, Cortona, e Ridolfi, che andarono ad incontrare il Pontefice per rallegrarfi feco, baciarle i Piedi e farli compagnia.

Alli 26. detto il Pontefice con 18. Galere fe ne venne à Ciuitauecchia.

Alli 27. arriuarono li Cardinali Colonna, & Orfino, nel vafcello oue era il Pontefice, e prefentategli primieramente alcune lettere del facro Collegio, detti Cardinali gli baciarono il piede, e per la peftilenza Vrbana fua Santità fe nè ftette quella notte in Galera.

Alli 28. fua Santità, da Oftia fe ne venne per il fiume à fan Paulo in un Bergantino col feguito di molte Galere, doue vennero molti Cardinali, e legati di molti Prencipi, & il Popolo Romano.

Alli 29. veftita fua Santità di Piuiale, e Mitra nella fagreftia di detta Chiefa di fan Paulo, riceuè tutti li fignori Cardinali al bacio de piedi; dopò fe ne andò con i Cantori all' Altare maggiore di detta Chiefa, e pofto à federe Pontificalmente di nuouo gli baciarono il Piede, & il medefimo giorno fua Santità con il Cappello, e ftola, caualcando per la ftrada de Giudei, e Campo di fiore nella Chiefa di fan Pietro, & iui pofto à federe nel luogo folito, di nuouo riceuè li fudetti Cardinali all' Adoratione.

Alli 30. parato Pontificalmente nella Cappella di santo Andrea, celebrò Messa all' altare di san Pietro, dopò la quale, fù coronato auanti le scale di San Pietro dal Cardinale Cornaro, e fu fatto un Conuito nella sala di Innocentio Ottauo.

Vacò la Chiesa Mesi 2, e giorni. 4. 1523.

CONCLAVE

NEL QUALE FU CREATO PONtefice, il Cardinal Giulio de Medici, detto,

CLEMENTE SETTIMO.

SSENDO alli cinque di Agosto 1523. Papa Adriano Sesto, andato à santa Maria Maggiore, à solennizzare la festa, doue in questa Mattina fece publicare contro Francesi la lega, nella quale oltre à Venetiani, concorsero anco Errico Rè d'Ingliterra, e Ludouico Rè d'Vngaria, e tutte le Città libere d'Italia, con tutti i Prencipi e Signori, che alla Chiesa sono soggetti, doue fù anco dichiarato per Generale dell' Esercito Federico Gonzaga Signore di Mantoua; E per che la Santità sua si stancò per il lungo Vfficio rispetto al gran Caldo, si ritirò finite tutte quelle cerimonie, nella Chiesa di san Martino in Montibus, quale è quiui vicina, per mangiare più comodamente, e comodamente riposarsi, & il Cardinale Pompeo Colonna, con sontuoso, e Regale banchetto diede la Matina à desinare à Cardinali, & Ambasciatori de Prencipi; Al Papa sopragiunse una febretta, la quale nel principio essendo stimata da Medici di poco momento, diuenne alla fine mortale, onde crescendo tuttauia, e vedendo sua Santità approssimarsi alla fine della vita, però fattosi condurre al Vaticano, e fattosi chiamare auanti di sè il sacro Colleggio de Cardinali, raccomandò loro la santissima Chiesa di Dio, e la Religione Christiana; e creò un Cardinale Germano. Indi à poche hore, se nè passò à miglior Vita. Alli 14. di Settembre 1523. essendo stato nel Pontificato un anno, mesi otto, e sei

O 3 giorni

giorni, di Età di 64. anni, la cui morte intesa dalli Romani, fù loro d'incredibile piacere, e contento, essendoche egli era uniuersalmente poco grato à tutta la Corte, per essere stata sua Beatitudine molto diuersa da quella grandezza, magnificenza, e splendore, quale haueuan tenuto i suoi più vicini antecessori nel loro Ponteficato, se bene in vero, più propinquo à quelle buone qualità, che si sogliono ricercare, e desiderare nell'Elettione de Pontefici, nè tempi manco lontani della Primitiua Chiesa; Intanto che hauendo portato pericolo la Santità sua per la caduta del sopraliminare della Porta della Cappella Papale, doue che una matina entraua per udir Messa, sì che della caduta, della medesima Pietra ui restarono morti alcuni soldati suizzeri della guardia sua, e sua Santita appena fù saluata da quel pericolo, la cui sì fatta salute, fù sì poco grata à molti Prelati, che erano quiui presenti, che si sentì uno di quelli, alla presenza de Cardinali, mentre che di quel pericolo occorso à sua Santità si raggionaua, insultare il popolo, e non si vergognare di maledir la fortuna, & il fato, che dalla morte l'hauesse liberato, e quello che assai più può fare merauigliare, fù che il Prelato da quel Cardinale non fù punto ripreso, e biasmato delle malediche parole da lui usate; Mà ne fù più tosto da quel lodato, & accarezzato; fu dunque questo sant'huomo come poco atto al Gouerno delle cose del Mondo, con molta calunnia lacerato, e perche non teneua tauola, nè corte magnificentissima, anzi se ne viueua priuatamente à guisa di Religiosa Persona, in Compagnia di un suo familiarissimo, il quale anche solo da lui fu fatto Cardinale; fu però seminata dalla maluagità delli huomini voce, che esso non solamente daua opera all'astrologia Giudiciaria, Mà etiandio alla superstitione dell'arte magica, le quali accuse nòdimeno secondo il testimonio de migliori, furono tutte false; mà come ciò si fosse, dopò la morte sua, gli furono fatte l'Esequie magnificentissime, e sontuosissime, con gran concorso più del solito del Popolo Romano, quali fornite entrarono in Conclaue i Cardinali per il nuouo Papa, quali furono in numero di 30, fra quali si trouaua de gran soggetti, e di molta importanza, & i principali erano li Cardinali

nali Pompeo Colonna, Alesandro Farnese, Giulio de Medici, Francesco Orsino & il Cardinal Paceco, trà quali Medici, e Colonna erano i più nominati, essendo ambedue di facoltà, dignità, parimente assai chiari, e famosi, mà in vero che Medici era il più potente, per il gran numero de Cardinali suoi adherenti che lo seguitauano, e questo mediante la fresca memoria del Ponteficato felicissimo di Papa Leone suo *Cugino*. Colonna all'incontro, era anche esso in grandissima stima, e consideratione, per la chiarezza del sangue, e per il gran fauore, e per la stretta amicitia, che haueua con Carlo Quinto Imperatore.

Erano trà quelli due principalissimi soggetti discordie grandissime, nè si poteua venire all'elettione del Pontefice, essendo che proponendosi dal Cardinale de Medici qualche soggetto, gli era dato da Colonna, e da suoi seguaci l'Esclusione, sì come proponendosi da Colonna qualche d'un altro, era da Medici, e da suoi adherenti subito attrauersato; la quale contentione trà questi due, più, e più giorni durò, non volendo una parte punto mostrarsi inferiore all'altra; li Cardinali più vecchi, che fauoriuano Colonna, si restrinsero un giorno insieme, per assumerlo al Pontificato; Mà non si venne all'hora al numero prefisso, se bene gliene diedero buona speranza, dicendole che mancauano due voti soli, e che si sarebbono trouati con facilità. Li Cardinali giouani affettionati de Medici, lo fauoriuano ancor essi grandemente, dandoli tutti i voti loro, mà non erano gia quanto quelli di Colonna; Onde vedendo Medici, che per rispetto di Colonna, egli restaua di venire al fine del suo desiderio, e vedendosi uscire quasi di speranza, propose il Cardinale Orsino, il quale era alla scoperta grandissimo inimico del Cardinale Colonna, dicendo di volerlo fare Papa ad ogni modo, fauorendolo con tutti i voti de suoi seguaci. Spauentato Colonna di questo auiso, andò subito à farli prattica per l'Esclusione, lasciandosi apertamente intendere, che di qualsiuoglia altro soggetto, fuori di quello si saria contentato.

Frà queste contentioni, si andauano facendo prattiche molto strette per il Cardinal Farnese, di modo che si tirò più

auanti

CONCLAVE DI

auanti la prattica, essendo che li fautori di Medici diceuano, di hauere promesso di serbare i voti loro al Cardinal de Medici, e senza suo consenso non ardiuano disporne in contrario si fecero ancora diuerse altre prattiche; Mà per la gran contrarietà che era trà Medici, e Colonna, non si poteua fare fondamento alcuno, perche senza l'assenso loro, era un perdersi il tempo, à pensare di poter venire all' elettione del Pontefice; Onde si risolsero molti de Cardinali à dire in piena Congregatione, che era bene risoluersi à far il Papa, e che hormai sarebbe tempo, perche tanta dilatione apportaua grandissimo pregiuditio alla Christianità, à quali Medici rispose, che quanto à lui, era risoluto, come anche rispose l'istesso Colonna, insieme con gl'altri suoi di molta autorità, e però risolsero che la matina seguente si douesse venire all' Elettione, Massime essendoui di fuori molte esclamationi, oltra l'essere pregati con molta instanza dal Popolo Romano, che quanto prima douessero procurare di fare una buona elettione.

La Mattina seguente di bon hora si viddero andare molti Cardinali, alla Camera del Cardinal de Medici, e già si diceua per tutto il Conclaue, che il Papa era fatto, se bene non si sapeua per ancora chi fusse, & indi à poco se ne uscì Medici di Camera sua, con gran seguito dietro, e disse ad alta voce, adesso andiamo à fare il Papa; Il che essendo stato riferito à Colonna, dubitando, e temendo dell' Elettione di Orsino, Massimamente che lo vedeua andare in compagnia del Cardinal de Medici molto allegro, e festeggiante; Andaua Colonna discorrendo frà se medesimo, che sè gli fosse perseuerato nella contesa contro il Cardinal de Medici, esso l'haurebbe fatto ascendere al Papato, per essere stretto parente di casa di Medici, & all' incontro suo mortalissimo nemico, e per ouuiare à questa Elettione, Esortò tutti i Cardinali, che per finirla, di liberarsi da questo pericolo, douessero creare Papa, l'istesso Medici, e perche il medesimo Colonna, haueua per l'auanti fatte grandissime prattiche, con molti Cardinali suoi amici, che vedessero di proporre qualche altro soggetto, affine che non si venisse all' Elettione di Orsino. Però hauendo do quelli inteso la risolutione, del Cardinale Colonna fatta da lui in quel istante di contentarsi del Cardinal de Medici, per euitare l'Elettione di Orsino, gli dissero, che, poiche essi haueuano fatto per seruitio suo tante gran prattiche, e con tanta fatica ridotti tutti insieme, per proporli qualche soggetto; però che essendoui il Cardinale Satiquattro persona meriteuolissima di gran valore, che saria stata cosa giusta, e conueneuole, che si fossero compiaciuti di tentare, & espetimentare la sua fortuna, e che sua Signoria Illustrissima facesse in modo, che detto loro sogetto fosse proposto, per mostrare, non che altro, di non hauerlo burlato; Onde volendo mantenere la sua parola, rispose loro, che questo era bene honesto, è voltatosi alli affettionati del Cardinal de Medici, gli pregò, che gli facessero tanta gratia di contentarsi; che fosse proposto il Cardinale Sati Quattro, sapendo che egli non era per hauere tanti voti, che gli bastassero, per esserui molti, che lo escludeuano apertamente; Alche concorse anche il Cardinal de Medici, se bene alcune delle sue creature non gli volsero dare il voto loro. Onde fu proposto il Cardinale Santiquattro, & hebbe molti voti fauoreuoli, mà con tutto ciò non furono bastanti alla sua Elettione, benche ve ne mancassero pochi, e con tutto ciò si era sparsa voce per tutto il Conclaue, ch'egli era stato eletto Papa, e si affirmaua uniuersalmente, da tutti, con merauiglia di ogn'uno.

Hebbe molto caro il Cardinal Colonna di hauere data tale sodisfattione à tutto il Collegio, perche tanto l'haueuano desiderato, e molto gli ringratiò del fauore,

Sorgeuano in questo mentre, molti altri soggetti, e si fecero prattiche grandissime, per il Cardinale Ostiense, per essere egli persona matura, molto giudiciosa, e di molta esperienza, nel' maneggio de Gouerni, e molto amato uniuersalmente da tutto il Callegio. Il Cardinale de Monti, che desideraua mandare à fine ancor lui il suo bramato intento, disse, che questo era un modo, di andare in infinito, anzi che si daua maggiore occasione alla lunghezza del Conclaue, non potendosi venire al debito fine, se non vi concorreuano unitamente, li Cardinali Medici, Orsino, e Colonna, il simile facaua il Cardinal Ce-

P satifarino, quando cercaua di mettere auanti la Prattica del Cardinal Farnese, essendo persona meriteuolissima, e di grand'autorità, che era bene di dare sodisfattione à tutti, massime à soggetti Papabili, che erano meriteuoli di esperimentarsi, per ascendere à tanta dignità. Hauédo hauuto notitia il Cardinal de Medici, che il Cardinal Colonna, haueua data parola, e consenso à tutti, di andare alla persona sua per farlo Papa, vedendo poi tanto prolungamento, dubitando, che il Cardinale Colonna non si fosse pentito, e che tale dilatione non si facesse per lui, ò per suoi interessi, ò per altro che si fosse, nō volendo aspettare, che all' improuiso gli giungesse qualche piena adosso, ò qualche nuouo, & impensato accidente, si risolse per ogni modo di fare l'Elettione del Cardinale Orsino, per venire quanto prima all' intento suo. Però essendosi fatti le prattiche, e trouato il numero perfetto, fece ridurre tutti i Cardinali insieme. Il che fatto andò il Cardinale de Monti in Compagnia del Cardinale de Medici, e di Orsino, disse il Cardinale de Monti doue andiamo noi? à Creare il Papa, rispose Medici; che hormai nè sarà pure il tempo, Onde vedendo il Cardinale Colonna tanta turba insieme, e dubitando che i suoi prolongamenti non hauessero più facilmente causata l'Elettione del Cardinale Orsino, tanto da lui odiato, però risoluto con i suoi affettionati, verso alcuno di quelli, voltatosi, che seguitauano il Cardinale de Medici, disse loro, doue si và così risoluti? andate forse per conto del Cardinale Orsino? à lui fu risposto, che non sapeuano qual fosse l'animo, e la risolutione del Cardinale de Medici, mà credeuano più tosto di sì, che altrimente; Onde entrato il Cardinale Colonna in maggior sospetto, gli fece di nuouo dire, che quelche gli haueua promesso una volta, era persona d'osseruarlo, il che riferito al Cardinale de Medici, cominciarono tutti di accordo senza contradittione alcuna à dare la voce di volere eleggere il Cardinale de Medici in sommo Pontefice, & unitamente tutti lo gridarono Papa, e così dopò la lunghezza di due Mesi, e quattro giorni di vantaggio di Conclaue Elessero il Cardinale de Medici alli 19 di Nouembre 1523, & così aperta la porte della Cappella, fu chiamato il Mastro di Cerimonie, il quale entrato

den-

CLEMENTE VII.

dentro fu subito vestita la Santità sua Ponteficalmente e posto à sedere sopra l'altare fu da tutti unitamente adorato, e baciato i piedi, & esso con grande allegrezza abbracciò tutti, dichiarando di voler essere chiamato Clemente settimo, e diede la benedittione à gran numero di Popolo, che in uno instante, rotto il Conclaue, in gran frequenza vi era concorso.

Venne subito il Clero di San Pietro di sopra con molti Vescoui, e Prelati, & altri Signori con grandissima frequenza, & allegrezza, e fu la sua Beatitudine portata abasso in Chiesa, accompagnata da tutti li Cardinali, e posto à sedere sopra l'altare, ad limina Apostolorum fu quiui di nuouo publicamente adorato da tutti, non restando quella matina mai di dare la benedittione per un gran pezzo, e dopò fu ricondotto di sopra alle solite stanze Ponteficie.

Piacque questa Elettione à molti, e particolarmente à quelli, che nel Ponteficato di Papa Leone si erano ritrouati, dicendo, che questo sarebbe stato altre tanto felice, come fu quello di Leone, essendo la Santità sua persona di grande dignità & Autorità, & Nobiltà, e quelche più importa, assai prattica de maneggi del Mondo, accorta, & virtuosa. Haueua egli prima nome nel secolo Giulio Figliolo di Giuliano de Medici, che fù fratello del primo Lorenzo. La Maestà di Dio si degni conseruarlo lungo tempo in Vita, acciò che possa con Carità, & amore reggere, e gouernare la sua Santa Chiesa, e tutto il gregge, che in essa si troua, *quod nobis Deus concedat.*

Visse Clemente dieci Anni, e dieci Mesi. Vacò la Chiesa Mesi e Giorni 4.

CONCLAVE
NEL QVALE FV CREATO PONTE-
fice, il Cardinale FARNESE, detto

PAOLO TERZO.

ATTE le folite effequie per fua Beatitudine
fi entrò proceffionalmente in Conclaue adi
11 d'Ottobre 1534, mà i Cardinali prima uniuerfalmente fi rifoluettero di creare in luogo di Clemente, Aleffandro Farnefe Cardinale Decano del Sagro Collegio, il quale era
di grandiffima auttorità per varij rifpetti,
maffimamente perche effendo ftato Cardinale 40 Anni, poteua hauere del Mondo compita cognitione; appreffo era in
lui deftrezza, e natura officiofa, cofe tutte da cancellare à
fatto la fua compleffione colerica, e tanto più, perche trouandofi egli intorno à 68 Anni, fi ftima più tofto crefca, che
altrimente, Crefcendole l'auttorità, & il Potere. Quefto A-
leffandro Farnefe mancò poco per auuentura, che mancato
Leone Decimo non fuccedeffe Papa, mà per non partirui dal
prefente Conclaue, dico, che entrato Farnefi con gl'altri Cardinali in Conclaue non fi ftette più, che un giorno; poiche la
notte fù creato Papa di commun volere, e confenfo il Medefimo Cardinale Farnefe, il quale anche nel precedente
Conclaue andò in qualche predicamento, quando per quella longhezza di 64 giorni, che durò, lettofi il Decreto di Bonifacio 8 che contiene, qualmente à i Cardinali, che ritar-
dano la creatione del Papa, oltre à 20 giorni, fi leui il mangiare à poco, fin che non refti altro, che pane, e vino, e
nel prefato Conclaue fu eletto Clemente trà le difcordie,

P 3   che

che regnauano trà Cardinali Romani, che concorreuano al Papato, ciò è Colonna, Orſino, la Valle, Ceſarino, Iaconaccio, Ceſis, Trani, e Farneſe, che tenendo il primo luogo trà Papabili, ſi adoperaua, principalmente, & indifferentemente con arte per ciaſcuno, pratticando l'eſaltatione loro à più potere à quei Sette Cardinali, Aleſſandro parlò accomodatamente in queſta forma, che non ſteſſero più dormendo, anzi miraſſero quanti mali, & all' Italia, & alla Chriſtianità minacciaua la tanta longhezza di quel Conclaue, & in quanto pericolo la gran Città Capo del Mondo, per cauſa loro dimoraſſe, & i ſuoi Cittadini, e che penſaſſero, che queſti inconuenienti ſi attribuiuano da buoni, e da cattiui à Cardinali Romani, aggiunſe, che era coſa vergognoſa, e diforme, che chi col proprio Sangue, e con ottimi ammaeſtramenti, & ordini haueuano compoſta tanta Florida Republica, laſciaſſero, che per diſcordie ſi rouinaſſe da fondamenti, e che coſi pareua, che ciaſcuno foſſe fuori di sè, e che ſcordati della Pietà della Patria, della Sede Apoſtolica, la quale gl'haueua tirati in tanta dignità, e grandezza, voleſſero rimirarla rouinata; laonde penſaſſero, sè foſſe meglio, che gouernaſſe un tanto impero, e lo reggeſſe un crudele tiranno, ò vero qualche altro foraſtiere, che un cittadino Romano; ſoggiunſe che perciò s'erano huomini, & huomini Romani ſi riſentiſſero una volta, riguardando l'imagine della Patria, e che laſciaſſero gl' odij, caſo, che vi foſſero, e l'emulationi per ſalute della Patria, attendendo al bene della Republica di commun volere, che finalmente con voti ſcambieuoli ſi giouaſſero l'un l'altro, affermando eſſo Farneſe, che ciò diceua, perche ſuueniſſero alla Republica chriſtiana, che rouinaua, e perche apportaſſero à Roma honore, e grandezza, & à sè ſteſſi generaſſero gloria, e nome eterno.

Di queſta maniera fu l'oratione del Sudetto Cardinal Farneſe nel prefato Conclaue, doue fu creato Clemente Settimo, il quale Farneſe voleua ſignificare in ſoſtanza, e copertamente, che i predetti Cardinali Romani veniſſero in conſideratione, che non eſſendo bene, che il Ponteficato giſſe in mano de foraſtieri, doueſſero unirſi, & eleggere eſſo Farneſe, che

che per la preeminenza dell'età trà loro Romani era il primo, e più degno, essendo decano. Ma venendo al presente Conclaue fu quasi creato Papa, prima che si chiudesse, e questo per concordia di tutti i Capi delle Sette, atteso che il Cardinale Triuultio, che all'hora gouernaua la parte Francese, dalla quale solamente poteua Farnese riceuere danno, e nocumento, tirato dalla speranza, che haueua della breuissima vita di Farnese per l'età graue, e maggiormente per l'estenuatione, che appariua nel suo corpo, di maniera, che si prometteua, che morendo presto douesse egli ascendere alla suprema altezza Ecclesiastica, si un' con Ippolito Cardinale de Medici, & abracciato Farnese, non ostante, che il Cardinale di Lorena si protestasse in vano, e gl' altri suoi seguaci del disseruitio del suo Rè, Corsero tutti di commun consenso ad adorarlo, doue dimandato del nome, che voleua imporsi, rispose, Paolo, e la causa è malageuole à penetrarsi: è da sapere, che egli mentre fu Cardinale, sempre si mostrò neutrale all' inclinatione de Prencipi, non potendosi in lui conoscere appetito di pendere più dalla banda dell' Imperatore, che dal Rè di Francia, si bene casa Farnese è stata più tosto dalla parte Orsina, e Guelfa, che dalla Colonnese, e Gibellina. Questa virtù di neutralità molto gli è giouata, perche in effetto il non dipendere dà alcun Prencipe, e cosa propria del Papa, che è Padre uniuersale, e però si vidde in Farnese continuamente una vita ritirata in sè, e graue, con un gioditio mirabile, che daua segni di gran maneggi.

 Fatto Papa non volse i suoi appresso di sè, perche Pierluigi suo figliolo per suo ordine espresso non venne in Roma, che ne promette un stato tranquillo, e quieto. Vero è, che dopò hà fatto due nepoti Cardinali, uno figliolo di Pierluigi di 14 anni, chiamato il Cardinal Farnese, e l'altro di poco più età, che hà caggionato qualche bisbiglio, & imputatione appresso i Maligni; mà sua Santità piena di prudenza, per medicare le dicerie, che per tale elettione si estendeuano sino à Luterani, fece non molto dopò la degna promotione de Cardinali, persone per grado, e bontà eminentissimi. Subbito creato Papa si lasciò intendere di volere celebrare il Concilio animosamente, ante, ancorche alcuni credeſſero, che poco ne haueſſe voglia.

Di Concilio ſi cominciò, a parlare da Leone Decimo per l'alienatione del grembo di Santa Chieſa di Martino Lutero, che nella Germania pigliata per moglie quella Badeſſa Sorella del Cardinale San Siſto, miſe tante diſcordie nella Religione Chriſtiana.

Clemente Settimo creato Papa fu ſempre deſideroſo di Concilio, ſollecitato maſſimamente dall' Imperatore, forſe per tenere ingeloſito il Papa, perche egli nè haueſſe timore, e non lo ſapeua tenere aſcoſo. All' incontro Paulo più aſtutamente procedè, perche non hà mai moſtrato di temere di Concilio, anzi nella Sede Vacante ſi è laſciato apertamente intendere, di volere il Concilio, e che doueua eſſere deſiderato da tutto il Collegio, paſſando ſopra di ciò ragionamento tale, che nè acquiſtò il fauore de Cardinali Germani, come Trento, e Salſburgh, quali molto caldamente ricordauano, e ſollecitauano queſta materia, ancora gran parte de Cardinali Ceſariani, che premeuano nella celebratione del Concilio ſecondo il fine medeſimo di Trento, e Salſburgh, che per intereſſe di quelle Prouincie, che tanto patiuano nella Religione per la falſa dottrine di Lutero, e per riſpetto dell' Imperatore, che molto teneua à cuore il Concilio, forſe per tenere à freno il Papa, ſariano ſtati per uſare ogni amoreuole arte, perche ſi celebraſſe, e ſi poneſſe fine a gl' errori Luterani.

Li Cardinali Ceſarei furono quelli, che ſe niente mancaua per la elettione di Paulo, ſupplirono, tirati dal' anti-uedere di eſſo Farneſe, che giudicaua gli ſaria giouato moſtrarſi in caſo, che foſſe riuſcito Papa, deſideroſo del Concilio, onde gionti queſti Imperiali con Franceſi, tirati dalla potenza, e ſeguito del Cardinal Triuultio, che ſi moſſe per la cauſa già detta fu gridato Pontefice.

Non mi pare fuori di propoſito di dire l'origine di Caſa Farneſe, la' quale ſi tiene, che alcuni Centinaia d'Anni fà veniſſe di Francia, conducendoſi ad habitare in Lucca Città di
Toſca-

PAOLO III.

Toscana, di doue poscia venne à Roma à tempo di Lucio 3, loro Parente, dal quale, come sogliono certi Papi, fu loro come à Parenti, dato lo stato di Viterbo, Monte fiascone, e molti altri luoghi appresso al Sanese: e si giudica tanto maggiormente essere questa famiglia, discesa dalla natione Francese, quanto che oltre alla somiglianza del nome, porta l'insegna de Gigli: si agiunge, che se bene sua Santità è perseuerata sin qui dal prencipio del Cardinalato, e con parole, e con opere à volere darsi à conoscere per neutrale, trà Cesare, & il Rè Christianissimo, pure alquanto hà mostrato più di sangue al nome Francese, che all' Imperiale.

Habbiamo dunque da sperare di hauere à godere un buon Papa, e per Roma si vede tant' allegrezza nel Popolo che più non si potria immaginare.

Della neutralità ancora può tutto il Mondo tenere, e fare questa risolutione, che sua Santità sia per conseruare la quiete d'Italia, e custodirla come Padre uniuersale, & continuare ad essere neutrale, nè di entrare in lega con Cesare, nè col Rè di Francia, si come più volte si troua hauere affirmato à chi gli hà parlato di questa lega; che è di volere perseuerare in vera neutralità. E questo solamente à fine di potere più liberamente reprimere quelli, che volessero uscir de termini, e produrre discordie, rumori, e controuersi e contro l'istessa Italia, alla cui quiete in somma intende d'inuigilare con l'animo, e col corpo. Et è d'animo molto eleuato, e molto preme, & apprezza l'ingiurie, che se gli fanno, si vede ancora inclinato ad ingrandire i suoi nonostante, che Pierluiggi il figliolo sè lo tenga lontano.

Nè voglio lasciare di dire, che nel presente Conclaue auuertito Farnese, che un Cardinale di auttorità, si era mosso à farli prattiche contro, & insieme à sparlare troppo liberamente di lui, andò Farnese, à trouarlo in Camera, e lo riprese tanto seueramente, & con volto in modo seuero, che quel Cardinale mordace spauentato di animo si grande, hebbe cara l'occasione di seco riconciliarsi, argumen-

Q   tando

tando in questo la sicurtà che haueua Farnese del Papato, onde poi nè fu suo protettore; nè è merauiglia, essendo egli fin' da Papa Clemente Settimo nell' ultima súa malattia in presentia di molti Cardinali salutato Papa, e suo successore. Dio sia quello, che ci mantenghi tanto buon Pastore, che ci hà mostrato pure assai segno euidente di uno allegro e feliciss̄imo Ponteficato.

Vacò la Chiesa giorni 18. 1534.

CONCLAVE
NEL QVALE FV CREATO PAPA
il Cardinale de' MONTI *detto poi*
GIVLIO TERZO.

ORÌ Paulo III. alli 10. di Nouembre 1549, di Anni 82. hauendo regnato 15. Anni, & 29. giorni, al cui buon gouerno non fù altro oppoſto, che il ſouerchio amore, che portò al Duca Pierluigi ſuo figliuolo, e diceſi, che la morte ſua fù cauſata dal grandiſſimo diſpiacere, che hebbe della crudel Morte di detto Pierluigi. E da ſapere dunque, che queſto Conclaue era diuiſo, & ſcompartito in trè fattioni, una delle quali concorreua alla volontà dell'Imperadore, la ſeconda adheriua al Rè di Francia, & la terza conſiſteua nelle Creature del morto Pontefice, e di altri Cardinali, che da lui erano ſtati in vita beneficati, e largamente riconoſciuti; era di queſti ultimi capo, & guida il Cardinal Farneſe Nipote di Paulo terzo, il quale ſe bene era Giouane, non dimeno era acutiſſimo d'ingegno, & molto più accorto, & auueduto di quello, che deſiderare ſi poteſſe in quella ſua giouenile età. Era in oltre queſta tertia Claſſe tanto numeroſa, e potente, accompagnata anco da Cardinali Vecchi di grandiſſima auttorità, e ſcienza de' Gouerni del Mondo, talmente che ſi teneua ſenza dubio, che doue adheriua, & inclinaua queſta, ſi foſſe al certo potuto far elettione del Pontefice ſenza impedimento, e contradittione, & però coſi l'Imperiali, come li Franceſi andauano ſempre con diuerſe arti cercando, d'acquiſtare, & guadagnare l'amicitia, & beneuolenza del Car-

Q 2   dinal

dinal Farnese; mà egli non volse far mai deliberatione alcuna senza participatione & consenso delle sue creature, di modo che hauendone trattato con alcune d'esse di più maturo giuditio, e discorso, trouò frà quelle diuerse, e varie opinioni, perche alcuni uè n'erano, che diceuano, che egli non doueua adherire ad alcuna delle parti, essendo la fattione sua tanto potente, & gagliarda, che da per se sola, e senza il consenso dell'altre era basteuole, & sufficiente all'elettione del Pontefice; che pure quando si volesse risoluere, ad adherire ad alcuna delle parti, à quella dell'Imperadore non doueua farlo mai, perche saria stato con poco honore, e riputatione sua, sapendosi da ogni uno, che quella Maestà fù consentiente (se non autore) alla morte del Duca Pierluigi, mà ch'era bene di coprire, & di celare l'animo suo adherendo destramente, & in secreto alla fattione Francese, senza manifestamente scoprirsi contrario à Cesare, accioche quella Maestà tocca, è vinta dallo sdegno non hauesse presa occasione, di farli dispiacere. Altri diceuano non douersi adherire in modo alcuno all'Imperadore, mà si bene alla parte Francese alla scoperta, poiche con questo modo si sarebbe dato timore all'Imperadore, e tanto più, che adherendo al Christianissimo, hauerebbe potuto in breue tempo far Papa una delle sue Creature, che oltre che hauerebbe fatto honore à Paolo III. suo zio, non essendo succe ssa già molto tempo auanti una tal elettione hauerebbe hauuto anco persona, che sarebbe stata difensore di tutta la Casa Farnese, & hauerebbe procurato di farli ricuperare Parma, e Piacenza, occupata ingiustamente da quella Maestà ad Ottauio Farnese che à nome di Papa Paolo le haueua haute in gouerno. Alcuni altri replicauano à questo, dicendo, che non si doueua in modo alcuno abbandonare la parte Imperiale, per accostarsi à quelli di Francia, perche sdegnandosi l'Imperadore, che andaua con quel felice corso di fortuna buona, hauerebbe potuto rouinare Casa Farnese; & che à questo qualsiuoglia Pontefice non hauerebbe potuto rimediare; & già s'era visto, che nè il Rè di Francia, nè il Papa morto con tutte le forze loro non haueuano potuto dar timore à Cesare: mà che quanto più vedeua congiunti

GIVLIO III.

il Principi infieme contro di lui, tanto più fi moftraua con effetto animofo, & coraggiofo, e che fua Maeftà Cefarea haueua fmorfato quell' horrore del Duca Pierluigi, hauendo data Margherita fua figlia, al Duca Ottauio, e non doueua fdegnarlo, vedendofi chiaramente quanta protettione teneua al prefente quella Maeftà di detta famiglia, e quanto fi feruiua nelle fue imprefe non folo di Ottauio, ma anco di fuo Padre, e zio, che il fimile fi poteua penfare, che farebbe ftato fempre per l'auuenire in ogni occafione, per difefa della fua Cafa. Intefe quefte, & altre ragioni il Cardinal Farnefe fi rifolfe finalmente, di voler moftrarfi neutrale, fenza adherire ad alcuna delle parti: benche poi con effetti fi vidde, che tacitamente piegaua alla parte Francefe.

S'entrò nel Conclaue nel Principio del mefe di Decembre 1549. e fu cantata poi la Meffa dello Spirito Santo al folito. Era capo delle creature di Paulo III. il Cardinal Farnefe, & benche foffe giouane, & d'animo feroce, & inefperto dell'attioni del Conclaue, nondimeno fi gouernaua da Sauio, & da prudente, hauendo fatto intendere alle fue creature, che non negaffero di fauorire il Cardinal Polo, poiche era huomo cofi efemplare, acciò non haueffe data occafione alla parte Imperiale, che lo proponeua, di fdegnarfi contro di loro; mà che ogni uno l'andaffe temporeggiando con faldo, & fondato giuditio. Erano molti li amici del Cardinal Polo, & in particolar' il Cardinal di Trento, Sforza, & Crefcentio, i quali negotiauano col giuditio, & parere del Cardinal Morone, e Maffei, e furono di parere, che fubbito entrati in Conclaue doueffero trattare la prattica fua, & di veder, d'affumerlo al Pontificato, poiche pochi erano, che gli haueffero contradetto, e farebbe ftata un elettione cofi prefta, & in perfona cofi virtuofa, come anco per effer di fangue nobile, & liberale con tutti i virtuofi, che facilmente in quel fubbito non vi hauerebbe hauuto oppofitione in contrario: Solo il Cardinal Sforza, & Maffei non lodauano quefta fi fubbita elettione, dicendo, che di già fi fapeua il trattato, & che la parte contraria fi farebbe fubbito oppofta: mà che era meglio ciò farfi paffata quella prima furia del Conclaue. Gli altri

Q 3 Car-

Cardinali, e massime li vecchi erano trauagliati da una grandissima inuidia, di non esser ancor essi proposti in quella dignità, anzi riceueuano ingiuria di vedersi antoposto à quella dignità il Cardinal Polo, & essi tenuti, e reputati quasi per niente; & questo fu la causa, che molti di loro s'opposero, facendoli secrete prattiche contro, tirandone alcuni dalla parte loro, e massime i Cardinali giouani furiosi, & desiderosi per l'ordinario di Nouità; E perche questi vecchi, per essersi trouati altre volte in Conclaue, sapeuano, & erano informati di molte cose per esperienza, però vennero in consideratione, che non era cosa, che li potesse portar maggior nocumento, che la lunghezza del Conclaue, onde fecero intendere con destro modo, che non doueua trattarsi cosa alcuna, sè non arriuauano gl'altri Cardinali, li quali s'aspettauano di giorno in giorno, frà li quali molti vè n'erano Francesi, & in tal modo questi tali andorono trattenendo le cose.

Auertiti di ciò gl'Imperiali, fecero sopra di questo segretissimo raggionamento, & conclusero, che alli 9. di decembre alle 9. hore si facesse l'oratione in persona del Cardinal Polo, poiche di già credeuano esser tanti, che bastassero, & con tale spauento dell'adoratione, facilmente vi sarebbono concorsi degl'altri, & perche erano ammalati i Cardinali San Marcello, e Verallo huomini di grand'auttorità nella parte Cesarea, furono alcuni di parere, che non si douesse venire ad atto tale, senza almeno la loro saputa, & però si risolsero, à soprasedere il negotio per quel giorno, & farlo la mattina seguente per voti, & accessi, poiche vi erano molti, che haueuano promesso, di darli sicuramente li loro voti, de quali haueuano tante promesse, che non solo vi era il numero bastante all'elettione, mà più di quello, che bisognaua e così risoluti soprasederono sino alla mattina seguente, poiche il negotio, e trattato erano segreti, & essendo già tardi, non credeuano hauer disturbo nessuno, mà essendosi ciò penetrato dalli Cardinal Monti, Cesis, & Gaddi, quali ancora erano delli pretendenti, lo fecero segretamente sapere alli Cardinali Francesi, acciò che la notte istessa trattassero l'esclusione, il che hauendo saputo il Cardinal Saluiati andò tutta quel-

GIVLIO III.

quella notte à torno, pregando alcuni amici, che volessero soprasedere quella mattina, à non dare al Cardinal Polo il loro voto, nè meno l'accesso, poiche ogni poco di tempo, che egli hauesse, gli haurebbe fatta l'esclusione sicurissima, il che non potendo ottenere, pregò altri amici, che di già l'haueuano promesso l'accesso, che si trattenessero per quella mattina à darglielo. Fràtanto il Cardinal Polo hebbe 26. suffragij trà voti, & accessi, & essendo in tutto il Conclaue 49. Cardinali 33. erano necessarij per l'inclusione, contro la quale andaua pregando segretamente gl'Amici suoi, il che gli fù promesso, & osseruato.

Era da parte de Francesi il Cardinal Turnone huomo molto religioso, & esemplare di vita, il quale intendendo il trattato fatto in fauor del Cardinal Polo, l'accusò publicamente d'heresia, & che per questa sola causa, come maggior di tutte, non doueua esser eletto, e che se pure hauessero voluto procedere à quell'elettione, si protestaua doersi aspettare all'arriuo de Cardinali, che non erano arriuati, accio che tutti vi si trouassero, perche già s'intendeua, che erano in viaggio, e tutto ciò faceua egli per non vi essere ancora molti Cardinali Francesi, che gli hauessero fatta l'esclusione sicuramente.

Era il Cardinal San Marcello huomo di singular dottrina, & auttorità, & non volse mai opporse à tale elettione, di modo che tutti la mattina si congregorno in Cappella, doue era solito farsi lo scrutinio, & celebrata la Messa andorno tutti à mettere i Voti nel Calice à questo effetto apparecchiato sopra l'Altare, i quali raccolti, furono trouati in tutto 18, onde cominciorono subbito à far l'accesso, che fra tutti trà voti, & accessi arriuauano al numero di 26, il che vedendosi dalla parte contraria cominciorono à dubitare del esito di quel Negotio, poiche non credettero mai, che arriuasse à tanto numero, mà con tutto ciò non si passò più auanti; di modo che suanirono le speranze del Cardinal Polo; mà era grandissimo stupore il vedersi, che nella fattione Imperiale si teneua l'elettione per certa, e sicura, & veramente se non veniuano meno quelli, che affirmatiuamente gli haueuano promesso

meſſo, haueuano tanti voti, che li fariano auanzati, & per tal ſicurezza erano già ſtate ſgombrate le ſtanze di ſuppellettili, e d'altre coſe, che vi erano, ſi come ſi ſuol fare in ſimile allegrezza, acciò li ſoldati, ſentito il rumore, non l'haueſſero leuate; che già s'era ſparſa tal voce di fuora; di modo che li Baroni della Città, & quaſi tutto il popolo era venuto à San Pietro per intendere il ſeguito, & per accertarſene. Oltre di queſto l'Imperiali haueuano fatto intendere à gl' Amici loro, che l'elettione del Cardinal Polo per detta matina era ſicuriſſima, dalla eſcluſione della quale reſtorno molto turbati, però egli con animo coſtante diede grandiſſimo eſempio, per non eſſerſi turbato niente. Diede queſto ſucceſſo occaſione à molti Cardinali Vecchi della parte Imperiale di tentare anch' eſſi la loro fortuna, trà li quali era il Cardinal Burgenſe, in fauore del quale hauendo ſcritto il Rè, promiſero l'Imperiali, di far ogni opra per aſſumerlo al Ponteficato, & già erano d'accordo quaſi tutti di crearlo; Mà perche queſta coſa non metteua conto alli Vecchi Papabili, molti di loro s'oppoſero, e trattennero queſta prima furia, che l'haueria tal volta condotto al ſommo del ſuo deſiderio.

S'andaua tuttauia mantenendo la prattica del Cardinal Polo, mà perche il Cardinal ſan Marcello ſperaua ancor lui venir à quel grado, ſi dichiarò non volerci più concorrere, dicendo, che non ſaria ſtata coſa grata à Dio fare un Pontefice con tante contradittioni; l'iſteſſo fecero molti altri della medeſima fattione Imperiale, che prima erano ſtati fautori di lui, ſperando ancor eſſi conſeguire quella dignità; anzi diceuano che non era bene aſſumere al Ponteficato un huomo Armoniaco, li quali Paeſi erano odioſiſſimi all' Imperadore, tanto più, che non era in matura età, ſiche ſi doueua auertire molto bene à non metter la Religione in mano ad un ſimil huomo, perche era d'un Paeſe manifeſtamente pieno d'heretici, il che non hauerebbe potuto apportare alla Chriſtianità altro che detrimento, e danno grandiſſimo. Erano queſte ragioni tanto bene accompagnate dall' opinione d' altri Cardinali Vecchi, che non vi era alcuno, che ſapeſſe replicare il contrario; di modo che gl' Imperiali ſi riſolſero, di non

trat-

GIVLIO III.

trattare più cosi alla stretta per lui, se bene per non sdegnare li Capi, ogni giorno l'honorauano di una buona quantità di Voti, & il medesimo faceuano al Cardinal Theatino, per mantenerli à diuotione; talche per molti giorni non si intese ad altro, che à trattare in questa maniera molti Cardinali Papabili.

Questo beneficio di tempo diede occasione al Cardinal Saluiati, di poterli ajutare esso ancora, & cosi da alcuni amici suoi fù tentata la medema prattica, essendouene assai, che concorreuano in lui; nè parlorno al Cardinal Farnese, quale trouorno molto alieno, e disse non volerui acconsentire per modo alcuno, & perche ui era il Cardinal Sforza, che molto desideraua, & ajutaua, andò à trouare il Cardinal Farnese, e pregatolo, che volesse acconsentire à quella elettione, rispose, che ne scriuessero all' Imperadore, e che quando sua Maestà nè fusse stata contenta, esso ancora l'hauerebbe ajutato volentieri; lo fauoriua ancora il Cardinal de Mantoua straordidinariamente, il quale nè scrisse al Rè Ferdinando fratello dell' Imperadore, pregandolo caldamente, che douesse far opera tale, che suo fratello si contentasse dell' elettione sua, il quale nè scrisse all' Imperadore, fù però cosi acerba la risposta, che il Rè Ferdinando, dato auiso all' istesso Cardinale, cessò d'ajutare più il Cardinale Saluiati: mà conoscendo quanto cosa grata hauerebbe fatto all' Imperadore, se li scoperse manifestamente contro, il che fù causa, che mancorno le sue speranze subbito.

Essendo stati esclusi questi due Cardinali Polo, e Saluiati, in tanto si spesero alcuni giorni in honorare altri Cardinali, perche se bene non si daua loro tanti Voti, quanti bastauano all' elettione, era non dimeno tenuto ad honore grande per quelli, che haueuano hauuto un certo numero conueniente à quella dignità; Vno fù il Cardinal de Ghisa, il quale se bene era giouane nel Conclaue, fù tenuto molto conto di lui, & perche il negotio si vedeua andare alla lunga, queste tre fattioni fecero una conuentione trà di loro, la quale fù, che si nominassero noue Cardinali, e che l'Imperiali pigliassero quale volessero; & cosi furono nominati trè Francesi, cioè

R Lorena,

Lorena, Tornone, e Bellai, e tre altri furono nominati di beneuolenza, cioè Saluiati, Ridolfi, e Trani, e trè altri dalla parte Imperiale cioè Theatino, Monti, e San' Marcello; la qual nominatione fu publicata dal Cardinal Sforza, à cui fu apertamente detto da alcuni Amici suoi Confederati, che senza dubio il Papato cascerebbe nel Cardinal Monti, ancorche si vedesse, che l'Imperiali non accettauano volentieri, alcuno Cardinale fatto da Paulo III. cominciò il Cardinal di Ghisa per alcuni suoi disegni publicamente à palesare alcuni vitij del Cardinal de Monti, anzi non contento di ciò, scrisse al Legato di Francia, che facesse intendere al suo Rè quanto indegnamente detto Monti esercitasse il sacerdotio, & che se hauesse acconsentito à quell'elettione, subbito che fusse stato assunto, si sarebbe dato tutto all'Imperadore, non senza grandissimo pregiuditio del Rè Christianissimo; però gl'Imperiali non solo non si contentorno d'alcuno delli noue nominati, mà, perche era rimasta vana la speranza del Cardinal Polo, si erano voltati con tutto il pensiero al Cardinal Sfondrato, e tratanto giunsero in Roma alcuni Cardinali Francesi, di quali alcuni ancora volsero esperimentare la loro fortuna; se bene nessuno di loro fece gran cosa, il Cardinal di Ghisa ancor esso tentò per il Cardinal Lotaringo suo Zio, & nè parlò con alcuni, & particolarmente con il Cardinal Farnese, il quale promise di aiutarlo di modo che trouaua la strada molto facile: mà essendo venuto ciò all'orecchie degl'Imperiali, alcuni di loro andorno dal Cardinal Farnese, & fecero tanto, che l'induffero à retirarsi senza che si trattasse più di simil soggetto.

Il Cardinal Sforza, che tanto desideraua l'assontione del Cardinale Saluiati, volse far l'ultimo suo sforzo, per vedere se trouaua qualche strada aperta per lui, e massime essendone stato pregato da suoi fratelli, per il che cominciò à trattare segretamente con gl'amici suoi, & trouò le cose più facili di quello, che credeua, & era sparsa tal voce per il Conclaue, che ogn'uno diceua, che il Cardinal Saluiati del certo era Papa: mà questa cosa fu fatta ad arte, più per metter paura
al Car-

GIVLIO III.

al Cardinal Farnese, che ad altro effetto; perche veramente era tutto il contrario. Dubitò bene assai il Cardinal Farneso à quel rumore, & subbito andò in Camera d'alcuni Cardinali Vecchi, e suoi confidenti à narrar loro di quanto temeua, da quali fu auertito, che stesse saldo, & che non dubitasse punto di quelle cicalate, perche tutto si faceua ad arte, à quali raggionamenti sopragiunsero li Cardinali Maffei, e Cornelio, che ancor loro li diedero animo à star forte, assicurandolo, che non sarebbe uscito alcuno Papa di quel Collegio, senza il consenso, e buona volontà sua, & che di questo nè stasse securo, lasciando dire à chi voleua; scorgendo per tanto il Cardinal Sforza, & gl'Amici suoi, e del Cardinal Saluiati che il disegno loro non era per hauer effetto, lasciorno questa prattica, & essendo il Cardinal Sforza andato à ritrouare il Cardinal Farnese, gli disse, che già il Conclaue cominciaua ad esser longo, & che tanta longhezza daua noia alli Cardinali, & che per ciò se non si risolueua, à far presto il Papa, se nè sarebbe poi pentito, perche li Cardinali si sarebbono diuisi, e separati da lui, e dagli altri Capi, & finalmente hauerebbono fatto il Papa à modo loro contro la volontà de Capi, & che ogniuno sapeua, che frà tanti, che erano meriteuoli di questa dignità, vi era il Cardinal San' Marcello huomo di vita Santa, Religioso, & essemplare, il quale non hauerebbe trouato impedimento; mà perche il Cardinal Farnese era del tutto risoluto, di voler andare nel Cardinale Monti, perciò non gli nè diede risolutione à suo proposito. Si fece anco trattato per il Cardinal di Ferrara, anzi l'istesso s'aiutò grandemente, però trouandosi aspra, & malageuol uia, andò dal Cardinal Farnese, & gli disse, che sapeua, quanto haueua in animo d'assumere Monti, & che però esso ancora era pronto d'adiutarlo, e che disponesse il suo voto à fauore d'esso Monti à suo beneplacito, che molto piacque al Cardinal Farnese; onde confidando in esso, pregò, à voler pregar secretamente alcuni o procurar, di scoprire, di che animo si trouassero disposti verso del sogetto. Pertanto andato à torno il Cardinali di Ferrara trouò, che la fortuna accompagnaua

R 2   molto

molto bene le cofe con buona volontà di tutti, eccetto del Cardinale di Ghifa, il quale eſſendoſi poco auanti ſcoperto coſi manifeſtamente contro il Cardinal Monti, dubitaua non poco della ſua aſſontione, & non l'haueria voluto in niun patto.

Eſſendo il Cardinal Sforza fatto partecipe dell'animo di Farneſe, come amico de Monti, gli andaua ancor lui procurando voti fauoreuoli, incontrandoſi con il Cardinal di Ghiſa, fù da quello pregato, che non voleſſe coſi caldamente aiutare quell' impreſa, mà laſciare per amor ſuo da banda tal penſiero, perche ſapeua già, quanto haueua detto, e ſcritto contro il Cardinal Monti, il quale quando fuſſe ſtato aſſonto al Ponteficato, haurebbe potuto farli qualche diſpiacere, allegandoli anco alcuni altri inconuenienti, che nè poteuano ſuccedere facendoſi tale elettione, & che più toſto ſi diſponeſſe à fauorire il Cardinale Saluiati, tanto ſuo amico, e congiunto di parentela, al quale s'offeriua il Cardinal di Ghiſa con tutti, i ſuoi adherenti, e ſeguaci per fauorirlo, riſpoſe Sforza, che già haueua veduto quanto era tempo perſo il trattar più per il Cardinale Saluiati per la riſoluta oſtinatione del Card. Farneſe, & il laſciar di fauorire Monti, non lo poteua fare con ſuo honore hauendolo promeſſo à Farneſe, & s'offerſe al Cardinal di Ghiſa, che li daua cuore di quietarlo con Monti, prima che foſſe aſſonto al Ponteficato, eſortandolo con ogni efficacia à condeſcenderui ancor lui, poiche ſi trouaua nel Cardinale Monti coſi larga ſtrada, che di già era concluſo il negotio in perſona ſua, e che non mancaua altro, che l'atto dell'adoratione. Sentendo queſto il Cardinal di Ghiſa alquanto ſbigottito pregò il Cardinal Sforza, che faceſſe aboccarlo col Cardinal Farneſe, & faceſſe opera di quietarlo con Monti, poiche coſi riuſcendo, li ſarebbe concorſo anch'eſſo con tutti li Franceſi nella ſua elettione. Andò il Cardinal Sforza, & gli diſſe, che ſe nè andaſſe nel Corridore, & che iui l'aſpettaſſe, doue ſarebbe venuto à trouarlo inſieme col Cardinal Farneſe. Partì il Cardinal di Ghiſa, & Sforza s'inuiò alla Camera di Farneſe, & nè lo cauò fuori, facendo ſegno d'andar raggionando, lo condusse pian piano sul corridore, doue trouato il Cardinal di Ghisa finalmente si quietorno, & doppo alcune belle parole con intiera sodisfatione d'ambe le parti, in ultimo conclusero l'elettione del Pontefice nella persona di Monti, il che fu alli 8 di Febraro, & ne sarebbe in quella medesima hora seguito l'adoratione, sè non che il Cardinal Farnese chiese tempo fino alla mattina, per liberarsi dalla parola data all'Imperiali, come fece; però scopertosi il negotio, andorono molti Cardinali nella camera di Monti à rallegrarsi segretamente con lui, il che essendo venuto all'orecchie del Cardinal Capo di Ferro, quale non era stato fatto consapeuole di cosa alcuna, perche portaua non sò che di maleuolenza à Monti, andò à dolersi dall'Imperiali, che hauessero tenuto poco conto dell'Imperatore, à non participar questo negotio con quelli, che gouernauano quella parte, & li pregò, douersi trattenere per quel giorno, ad eleggerlo, ò almeno per quella mattina solamente, acciò si potesse aboccare con li suoi affettionati, & adoprarsi, che ancor essi concorressero à quell'elettione; mà dubitando il Cardinal Farnese, che questo fusse un trattato particulare, per hauer tempo all'esclusione, li rispose, che non poteua più tardare, dicendogli, che gli altri Cardinali andarebbono à fare l'adoratione senza di lui, di modo che anco il Cardinale Capo di ferro senza più dimorare andò à trouare alcuni Cardinali confidenti, acciò andassero seco.

Andò il Cardinal Farnese in camera del Cardinal Maffei con tutti li suoi fautori, come anco vi andò il Cardinal di Ghisa, e desiderando, che anco gl'Imperiali vi concorressero, essendo vicina la Camera del Cardinal Borgense andò à palesarli il tutto, & lo condusse in Cappella, doue si ridussero anco tutti gli altri, il che intendendosi dagli Imperiali, che di già si andaua all'adoratione, andorno ancor essi in Cappella, restando solo il Cardinal di Trento, e Pacecco, concorrendo però tutto il resto, con gran segno d'allegrezza elessero Pontefice il Cardinal de Monti, al quale fu prestata la solita obedienza, di baciarli i piedi, il che fornito dichiarò la Santità sua voler esser chiamato Giulio III. e volendo mostrare quanta fusse la sua benignità, perdonò à tutti quei Cardinali, che nel Conclaue l'hauel'haueuano offeso, anzi à quelli concesse gratie maggiori. Sua Santità accompagnato da 42 Cardinali, calò à San' Pierro, & andò alla Cappella di Sant' Andrea, nella quale tutti li Cardinali esplicati gli resero obediēza, e furonui fatte le solite Cerimonie vestito delle vesti Pōteficie per celebrare, e se n'adò all' Altare Maggiore, doue di nuouo hauēdo hauuto la terza obedienza da Cardinali, celebrò messa, il Cardinal Cornelio cantò l'Euangelio, & il Cardinal Cibò recitò le litanie. Doppo questo sua Santità sè nè venne alle Scale di San Pietro, doue era un bellissimo apparato, doue fu coronato dal Cardinal Cibò, alli 21 di Febraro & in questo il Reuerendissimo Raggio Thesoriere Maggiore, per ordine di sua Santità sparse gran quantità di danari à tutto il Popolo, & quasi tutti li Cardinali quel giorno mangiorno con sua Santità. Alli 24 di Febraro, che fu il Giorno di S. Mattia il lunedi sua Santità con la solita cerimonia aperse la Porta Santa ad hore otto, & il Cardinal Armeniaco celebrò in S. Pietro, alla quale celebratione v'interuenne sua Beatitudine, ancorche veniffe grandissima pioggia. Tale fu l'assuntione del Cardinale Monti detto hora Giulio III.

Vacò la Chiesa giorni 17. 1550.

CONCLAVE
FATTO PER LA SEDE VACANTE,
DI
GIVLIO TERZO.
NEL QVALE FV CREATO PONTEFICE,
il Cardinal Marcello Ceruino da Montepulciano, detto,
MARCELLO II.

Orì Papa Giulio III. adi 23. di Marzo 1555. sù le 19. hore, hauendo regnato anni cinque mese uno, & alcuni giorni. Nel medesimo giorno alli 21. dalli Cardinali, che si trouauano in Roma, fù fatta una Congregatione sopra le cose del gouerno della Città, della quale fu eletto custode il Signor Ascanio della Corgna, benche questi Baroni Romani contendessero alquanto, dicendo, esser offitio loro, d'hauer cura della Città, pure hebbero patienza. Finite l'essequie, & alcune altre Congregationi, li Cardinali presenti che furono 37. entrarono in Conclaue adi 5. d'Aprili, e fù serrato conforme al solito.

E dunque da sapersi, che il Cardinale di Ferrara dal principio, che tornò da Francia, per fermarsi à Roma al tempo di Paulo III. con tutto che fusse giouane, si mise nondimeno alle prattiche del Papato, sino al Conclaue, nel quale fù creato Giulio III. e la causa principale che lo mosse à così gran desiderio, era la Nobiltà, e dignità sua, & il vedersi Capo della fattione Francese, la quale era di assai buon numero de Cardinali, e molto desiderosi, di còpiacere al Rè loro. Haueua

ueua oltre ciò alcuni Cardinali Italiani, come erano san Giorgio, e Sermoneta, li quali, e per l'amicitia priuata, che haueuano con lui, e per non essere all' hora essi capaci del Pontificato, lo metteuano in questo suo buon desiderio, e faceuano apertamente le prattiche à fauore suo, come quelli, che in qualumque modo successe la cosa veniuano à conseguire assai, perioche, se non faceuano effetto in farlo Papa, guadagnauano almeno, con hauer mostrato cosi buon desiderio, la gratia del Rè, dal quale, per il mezzo dal medesimo Ferrara, che haueua li suoi negotij nelle mani, & era di grandissima autorità con lui, poteuano sperare molte recognitioni.

Gli Cardinali poi, cosi della fattione Francese, come Imperiale, (perciò che il Collegio de Cardinali quasi tutto si diuideua o per dir meglio si conosceua per affettionato all' uno, ò all' altro de due Principi, che all' hora erano i primi de Christiani, ciò è ò all' Imperatore, ò al Rè di Francia) volendo quasi tutti esser Papa, ò farne uno à loro modo, ne potendo far ciò senza aiuto della fattione Francese, cercauano guadagnarsi la gratia di Ferrara, e s'impiegauano nell'esterno à compiacerlo in quello che poteuano, mà nell' intrinseco pochi erano quelli, che lo volessero Papa, il quale intrinseco non potendo essere conosciuto da lui, veniua ageuolmente à lasciarsi tirare ogni hora più à magiore speranza.

Della fattione de Cardinali Imperiali era stata data particolar cura da Carlo Quinto al Cardinal Santafiore; mà con questo però, che nel trattare delle cose importanti facesse ricapito ancora del Cardinale di Mantoua, e del Cardinale di Trento, huomini che per li meriti loro erano tenuti in molta stima da Cesare.

Hora auuenne, che mentre si staua pensando, come si fusse potuto ouuiare alli disegni del Cardinal di Ferrara, che il Cardinal di Mantoua alla presenza di Trèto disse al Cardinal Santafiore, che per essere il Cardinale di Ferrara suo Cugino, non doueua, ne poteua mancare, di compiacerlo del voto suo, il quale parlare accrebbe tanto più timore al Cardinal Santafiore, quanto, che il Cardinal di Trento non fece pure una parola,

rola, ne replica à cosi fatta proposta ; Onde il Cardinal Santafiore udito questo, nè pensando per uia di persuasione poter leuar Mantoua da si fatto proposito, parendoli, che non fusse douuto venire à dichiaratione cosi importante, e cosi contraria alla mente di Cesare, senza una determinata volontà non gli rispose altro, se non che per parte di sua Maestà, lo ringratiaua, che cosi liberamente hauesse dichiarato l'animo suo. & essendo Santafiore per natura modesto, & auuezzo à chiudere dentro di se le male sodisfattioni che haueua, non mostrò segno alcuno di quell' alteratione, che sentì subito venirsi nell' animo; ma partitosi da lui, chiamò il Lottino, con il quale confidaua ogni cosa, e gli raccontò quanto il Cardinal di Mantoua gli haueua detto; e giudicandolo, come era in fatto, partialissimo à Cesare, dopò lunga consideratione conclusero insieme che non si poteua schiuare il pericolo, che sopra staua, se non con una subita diuersione. Ma è dà sapere, che il pericolo non era, come altri hanno pensato della persona di Ferrara, ciò che se ne speraua l'esclusione assai sicura, perche alcuni di quelli, che haueuano promesso il voto à Ferrara, per non guastare i loro dissegni, haueuano con giuramento affermato al Camerlengo, che sempre, che hauesse veduto, che la cosa fosse andata da douero, che alla scoperta si sarebbono mostrati contrarij; mà il pericolo importante era della persona di Mantoua, percioche sempre, che Ferrara si fosse voltato con li voti Francesi à lui, non era possibile à sostenere che non fusse Papa; & il farlo Papa si giudicò, che hauesse da portare grandissimo disordine e pregiuditio alle cose dell' Imperatore; poiche hauendo Mantoua detto senza rispetto, che voleua dare il voto à Ferrara, tanto Principal Ministro dal Rè di Francia, & al qual Ferrara, per non dispiacere all' Imperatore, nel Conclaue passato, gli l'haueua etiamdio forzatamente, negato, si pensò, che questa mutatione di volontà venisse da una mala sodisfattione verso Cesare, e non per quella congiuntione di sangue, che Mantoua haueua allegato in sua scusa ; poiche non molto tempo inanzi era stato rimosso il fratello Don Ferráte, amatissimo da lui, del gouerno di Milano. Accresceua oltre ciò il sospetto

l'esel'essere stato osseruato, che l'inuerno, e l'estate addietro erano andati molti messi da Ferrarà Mantoua, di maniera, che si poteua dubitare con apparente sospetto, che fossero prattiche, e leghe secrete frà questi due Prencipi, di che non poteua esser cosa più noceuole all' Imperatore; percioche se con essere venuta nel Dominio del Rè di Francia la magior parte del Ducato di Sauoia, si creaua Papa ò Ferrara, ò Mantoua, & aggiungessero alla prattica del Rè l'autorità, e dominio Ecclesiastico con la lega di due Ducati cosi forti, e cosi commodi in Lombardia, doue si faceua la guerra, si poteua dubitare della perdita dello stato di Milano; e perciò il Camerlengo si risolse, di pigliare quel subito rimedio, che ne gran pericoli, & in si poco spatio di tempo era concesso di poter pigliare, e questo fu, che si douesse cedere alla parte Francese; pensando però di operar di maniera, che ogni altra persona fusse per riuscire Papa, fuor che Ferrara, ò Mantoua; e perche frà detta parte Francese, il Cardinale Santacroce haueua molti amici, & eccedeua di qualità à tutti gl' altri, e perche era Creatura di Papa Paulo III. Auolo del Cardinal Santafiore, si giudicò molto più à proposito far costui Papa, ancorche non fosse in gratia dell' Imperatore, che qualunque delli altri due, quali haueuano tutte le forze, & ajuti presenti in Lombardia, doue la guerra ardeua, e doue il fratello dell' uno era consapeuole di tutte le debolezze de luoghi Imperiali, essendone stato Gouernatore, & il fratello dell' altro haueua denari, e stati da douerne temere; il che non auueniua di Sàta-Croce, percioche con tutto fusse huomo di gran valore, nondimeno per essere di bassa conditione, non veniua ad hauere altro aiuto fuor di quello, che si poteua riceuere dal Dominio Ecclesiastico, il quale all' hora era debole per le grauezze de Papi passati, e per la negligenza, che haueuano posta in ordinarlo; e cosi si veniua sicuramente à dar tempo all' Imperatore, di poter prouedere à fatti suoi; oltre che vedendosi Santa-Croce far Papa dalla parte Imperiale, si poteua credere, che con questo si gran beneficio si douesse ageuolmente cancellare il dispiacere, che haueua riceuuto per le sconcie parole, che l'Imperatore gli

fece

MARCELLO II.

fece dire, quando era legato del Papa nel Concilio di Trento, dubitando, che non volesse contro la volontà sua traportare il detto Concilio da Trento à Bologna; la qual risolutione referendo poi di bocca il Lottino all'Imperatore, l'hebbe per benissimo considerata. Hora fatta questa risolutione, il Cardinale Camerlengo andò à trouare il Cardinal Sant'Angelo, il quale essendo suo Cugino, & hauendo per suo principale oggetto nell'elettione del Papa il detto Cardinal Santa-Croce, si messero con gran sodisfatione dell'uno, e dell'altro à pensare il modo, come lo potessero far Papa. Il Camerlengo haueua due difficultà dalla parte sua, l'una delle quali era, che il Cardinal di Trento faceua professione, di portar odio particolare à Santa-Croce, l'altra, che alcuno de suoi più intrinsechi non sarebbono per ajutare Santa-Croce, per essere molto publico lo sdegno sopradetto, che l'Imperatore haueua contro di lui, & il cercare di rimouerlo con manifestare il sospetto di Mantoua, che porgeuano le prattiche con Ferrara, non conueniua, se bene già le faceua alla scoperta, non solamente col timore di molti Imperiali, ma con una speranza così grande del medesimo Ferrara, che il Camerlengo teneua fermo, che egli sarebbo stato, per opporsi à qualunque, per farlo Papa, ancorche fosse de Nominati del Rè; onde si pensò, di fingere alcun parlamento d'accordo, per vedere, se nel nominarsi Mantoua, e Santa-Croce, mescolati però insieme con alcuni altri, Ferrara facesse loro la negatiua; perciò che si speraua che Mantoua, e gli altri nominati risapendo questo, si douessero alienare, ò raffreddare da lui; e Santa-Croce oltre ciò, essendo escluso dal Capo de Francesi, sarebbe sforzato riconoscere tutto il fauore della sua elettione da gl'Imperiali solamente, e così conferitolo con alcuni Cardinali confidenti, e piaciuto loro, mandorono il Lottino, ad offerire à Ferrara quattro Cardinali, per fare il Papa unitamente con lui, quale egli di loro eleggesse; il Primo, che offerse fu Chieti, del quale si rise, e disse; non credete voi, che io sappia, che voi non lo volete? il Lottino replicò, che ne venisse alla proua; onde senza aggiungere altra parola, disse; nominate gli altri; & egli nominò subito il Cardinale di

Fano, e lo lodò, come huomo di valore, e come dependente da lui, per effere Modenese, terra fuddita al Duca di Ferrara; mà il Cardinale gli refe una rifpofta, per la quale fi poteua ageuolmente comprendere, che non hauefle pure una minima inclinatione alla perfona fua, e conofcédo il Lottino, che già per la propofta delli due nominati fi era alterato forte, nè era per afcoltare più alcuno con buon animo, gli offerfe Mantoua, e gli diffe, che non poteua, ne doueua mancargli, fi per effero fuo cugino, come perche egli eleggeua lui, con tutto che fi foffe vietato da Cefare; egli rifpofe fubito, e breuemente, che quello, poteua hauere per fe, non voleua dare ad altri; onde il Lottino fubito gli nominò ancora Santa croce, non mancando di dire, che in lui erano tutte le buone parti, che i Francefi fapeuano defiderare, percioche era della parte Francefe: era nominato dal Rè: (e quello, diche doueuano tenere molto conto) poco amico dell'Imperatore. Al che Ferrara rifpofe, che quanto all' effere de nominati, ftaua à lui; ad anteporre, pofporre le nominationi, fecondo che gli piaceua, e che haueua molte, e molte cofe nell' animo, inanzi à penfieri di Santa Croce. Dimaniera, che il Lottino fe ne tornò con la rifpofta, che il Camerlengo, Sant' Angelo, e gl' altri defiderauano, laquale fubito fece intendere à quelli, che non la fapeuano, e fu caggione, di fare inclinare l'animo loro molto più di quello, che haueuano verfo Santa-Croce, e nell' animo di Mantoua fubito, che l'intefe parue, ch' entraffe qualche alteratione, percioche diffe poi al Camerlengo, che fuori del voto, che egli haueua promeffo à Ferrara, non fi partirebbe dall' elettione di qualunque altro della parte del Imperatore.

Fatto quefto, fi cominciorono le prattiche, delle quali fu principale Sant' Angelo da una parte, & il Camerlengo dall' altra, e perche le maneggiorono con tanta quiete, che inanzi che gli auuerfarij fe ne accorgeffero, l'hebbero quafi conclufe, non farà fe non bene dire il modo, che tennero. Mandorono prima il Lottino, per non fare effi alcuna dimoftratione apparente, ad intendere dal Cardinale Santa-Croce, in quali Cardinali egli hauefle fede, che lo doueffero aiutare, e quanti fuffero di

nume-

MARCELLO II.

numero. Al che il Cardinale Santa Croce con quella prudenza che foleua, dicendo, che queſto era duro giuditio da fare, non dimeno, che ſe ſi doceua credere alle offerte, che molti gli haueuano fatte ſpontaneamente, & à quello, che egli ſi haueua ingegnato di fare, per meritare la gratia loro, ſi poteua ſperare in molti, e coſi pigliando la Carta, doue erano ſcritti li nomi di tutti li Cardinali, ne ſegnò alcuni, non potendo ſeguitare nel reſto, perche ſopraguinſe il Cardinal Dandino, tenuto amiciſſimo del Cardinal di Ferrara; onde il Lottino per non dargli ſoſpetto, ſi partì ſubito, e tornato ſene à i due Cardinali, li quali ſtauano tuttauia fiſſi con la mente in queſto penſiero, e conſiderando che quello, che per il più offende ſimili elettioni, era la confuſione che ſi faceua nel trattarle, laqual confuſione ſempre ſuol naſcere, doue molti di diuerſe Nationi, e di eguale autorità hanno da concorrere inſieme, per torla via, e per fare le prattiche con maggiore ſicurezza, prima da per loro ſi poſero inanzi la Carta, cercando dentro frà eſſi tanto numero quanto baſtaua à farlo Papa, e trouatolo con aſſai aggeuolezza, ſi miſero poi à fare una ſcelta in detto numero di alcuni altri, che foſſero di autorità, & atti à perſuadere, e che deſideraſſero con efficacia, che Santa Croce foſſe Papa; & accioche non haueſſero à confonderſi, e ſapeſſero à quanti, & à quali haueſſero da parlare, ne diſtribuirono due, o trè per ciaſcuno, ſecondo che ſi conoſceuano amici loro, dando loro carico, che non li abbandonaſſero mai, finche deſtramente non gl'haueſſero condotti in Cappella, doue ſi haueua da fare l'elettione del Papa, ò parlare ad eſſi Capi, facendo loro ſapere tutto il diſegno, e le ſperanze ſicure, che haueuano in mano, e pregandoli, che con la medeſima quiete parlaſſero, e trattaſſero con quelli, che erano aſſegnati loro, il che fu fatto mirabilmente; perche ciaſcuno eſſeguì la parte ſua con ſi bel' ordine che non fu mai della parte contraria che ſi accorgeſſe, che ſi faceſſero prattiche, eccetto il Cardinal Dandino, il quale incontrandoſi per il Conclaue col Lottino, li diſſe all'orecchio, io veggio quello, che ſi tratta e mi piace; dite al Camerlengo, che io ſarò con lui in queſta elettione, e ciò lo diſſe in tempo, che ſelo faceua intendere à

S 3 Ferrara

Ferrara, daua grandiſſimo diſturbo alla prattiche appena cominciate; ma ſi vidde, che non gli ne diſſe una parola; onde ſi può fare chiaro argomento di quale animo foſſero verſo Ferrara quelli altri, che ſi teneuano per ſicuri, metre coſtui, che gli era amiciſſimo, haueua hauuta ſi cara, come diſſe di poi fuori del Conclaue, quella ſubita elettione di Santa-Croce, per non eſſere neceſſitato, à dare quel voto à Ferrara, al quale per l'amicitia non poteua negarlo. Reſtaua ſolamente il Cardinale di Trento, il quale, perche haueua detto con alteratione di animo, che voleua più toſto due volte Ferrara, che una volta Santa-Croce, & eſſendo coſi principale nella parte Imperiale, teneua ſoſpeſo l'animo del Cardinale Santa Fiore, il quale deſideraua, che inſieme con lui fuſſe alla Concluſione di queſto negotio. E perche il Lottino haueua hauuta lunga, e domeſtica oſſeruanza verſo di lui, li mandò à farli ſapere liberamente, doue ſi trouaua lo ſtato delle coſe preſenti, & il pericolo, che ſopra ſtaua à Ceſare, al quale non ſi poteua prouedere ſe non per queſta via, e che Trento era tanto più obligato à penſarui, quanto era Prencipe dell'Imperio, & haueua fatto aperta profeſſione di ſeruitore di Ceſare, e ſe egli non haueua quella particolare ſodisfattione di Santa-Croce, che li pareua conuenirſi à douerlo far Papa, che facendolo egli, haurebbe hauuto, da poter moſtrare à Ceſare honoratiſſimo teſtimonio della beueuolenza ſua, poiche hauerebbe conoſciuto in coſi fatta occaſione, che per mantenimento della ſua riputatione e delli ſtati ſuoi, Trento non haueſſe guardato alla priuata paſſione, o à danno, che gliene fuſſe potuto venire; mà che ne anco di queſto danno poteua temere, perciche egli li faceua fede, come altre volte li haueua fatta, che Santa Croce era recordeuole d'infiniti commodi, ch'haueua riceuuti da lui, mentre era ſtato legato in Trento; de quali perche il Lottino glie ne raccontò alcuni, che egli haueua dal medeſimo Santa-Croce ſaputi, gli dette tanto più fede, e più ſi ſentì commouere nell'animo, di maniera, che con queſta memoria delle Coſe paſſate, e col ſoggiorgere, che il Camerlengo l'amaua tanto, che con tutto che haueſſe la ſicurezza dell'

elettione

MARCELLO II.

elettione in mano, non di meno uon l'haueua voluta concludere senza che egli come Capo non interuenisse à detta elettione, sentendosi già, che da tutte le parti del Conclauo risonaua il medesimo, si placò, e rispose, che anch' egli sarebbe andato col Camerlengo, à far Papa Santa-Croce; Mà perche una cosa solamente lo riteneua così sospeso, laquale era, che egli haueua data intentione al Cardinal di Ferrara, di non eleggere alcuno, almeno per quel giorno, il Lottino prese l'assunto, di andargliene à far la scusa, accioche egli medesimo non vi andasse, & andandoui si desse ò tempo ò disturbo all' elettione; e così Trento si auuiò nella Cappella Paolina con gli altri, & il Lottino andò à fare l'ambasciata à Ferrara, il quale si staua consigliando con alcuni altri Cardinali pieni di timore nella Cappella di Sisto.

Già ogni cosa si trattaua alla scoperta, & i Francesi ancorche con poca speranza s'ingegnauano, di mettere insieme più Cardinali che poteuano; mà tutto era inuano; perciò che ogni cosa inclinaua al fauore di Santa-Croce, nel quale insieme con la volontà de gli huomini si accordaua anco ogni buona occasione, trà lequali fu quella, che il Cardinal di Chieti, del quale già i Francesi, & altri suoi amici pensauano valersi, con offerire à lui di farlo Papa, si trouaua nella Camera del medesimo Santa-Croce, e per la buona custodia, che ne prese in quel subito il Cardinale Saraceno suo parente, ch'era stato fatto internuncio di questa prattica, non si potè parlargliene una parola.

Altri ancora con altri modi dettero aiuto à questa elettione, perciochè essendo il Papa creato da molti, bisognaua, come si è detto più volte, che in molti modi vi concorressero; mà il fondamento, & il Motiuo del fatto fu quello, che si è detto di sopra.

Ridotte le cose à termine, che la conclusione era sicura, Sant' Angelo, & il Camerlengo volsero, che il Cardinal di Mantoua, che anch'egli era condesceso à questa elettione, & il Cardinale di Trento fossero quelli, che andassero à cauare il Cardinal Santa-Croce di camera, e metterlo in Cappella, doue fu con tanto applauso del Popolo, e con tanta speranza di bene, di bene, e con sì grande veneratione fatto Papa, che sarebbe incredibile, à dirlo, e si fece chiamare Marcello secondo senza mutarsi il nome, del quale era stato chiamato dalla sua Natiuità.

Questo Pontefice non visse nel Pontificato un mese intiero; e la Sede vacò dopò la sua morte, venti due giorni.

CONCLAVE
FATTO PER LA SEDE VACANTE,
DI PAPA
MARCELLO II.
NEL QVALE FV ASSONTO AL
Ponteficato, il Cardinale di Chieti, detto
PAOLO IV.

L Conclave di Paolo Quarto, per essere stata così breue la vita di Marcello secondo, che morì la notte precedente al prima di maggio, si può dire che fosse quasi tutt'uno con quello di Marcello; percioche non solamente furono i medemi Cardinali e delle medesimo sette nell'uno, e nell'altro; mà fu fatta l'Elettione del Papa pel medesimo accidente, percioche si come in quello di Marcello gl'Imperiali, per rompere li disegni de Francesi, e torsi dal pericolo che soprastaua loro, fecero una non pensata diuersione così in questa di Paolo IV. li Francesi, per rompere gl'Imperiali, che pensauano, d'hauere come sicura la creatione del Papa, fecero una subita diuersione, mà nel vero con molto differente giuditio, e con molto differente volontà; percioche in questa per vincere la gara dell'elettione non si curorono, di fare Papa uno, il quale molti di loro odiauano poco meno che à morte, non perche egli non fosse tenuto, e da loro, e da tutti per buono, mà perche era uniuersale opinione, che egli hauesse Congiunta

T con

con la bontà una feuerità cosi grande, che nessuno pensaua, di potere cadere in cosi ben picciolo errore senza pena; oltre che sendo di animo altiero, e non hauendo per la vita retirata che haueua tenuto, potuto sapere tutto quello che pare che sia necessario al gouerno politico, si dubitaua, che trouandosi insieme tanta seuerità, e tanta altierezza con la potenza, & autorità della Chiesa, non fosse per venire per ogni picciola cagione con qualunque Prencipe à manifesta rottura; onde con publico danno ne seguisse qualche guerra, e nondimeno lo fecero Papa, e si vidde quello che pare impossibile, cioè, che non lo volendo, lo voleuano. Mà per venire a dire, come ciò auuenisse, e da sapere, che questo Conclaue haueua la medesima fattione, che haueua l'altro d'Imperiali, e di Francesi; negl'Imperiali fu assai maggiore nel prencipio l'autorità, che non fu ne Francesi per la riputatione, che haueuano acquistato nella creatione di Marcello, mà per il poco auuedimento, & ordine, che posero nel negotiare, si fece dopò molto minore. Quelli che prencipalmente frà gl' Imperiali aspirauano al Papato, e che n'erano stimati degni, erano li Cardinali Polo, de Carpi, e Morone, li quali tutti tre haueuano qualche oppositione, che era ancora à proprij amici loro considerabile, ò haueuano auuersarij di maniera potenti, che con tutto che non hauessero hauuto altra imputatione, poteuano essere dalla sola potenza loro ageuolmente impediti, si come auueniua al Cardinale di Carpi, il quale haueua il Cardinale di Ferrara, che per ragione del Contado di Carpi segli opponeua alla scoperta, ne si poteua pensare, che essendo questo capo dalla fattione Francese, non hauesse sempre per hauere da lui l'esclusione sicura. Polo anch'egli, essendo in Inghilterra, oltre che una lontananza cosi fatta sbigottiua i proprij amici, per l'incommodo che ne poteua venire alla Chiesa, si aggiungeua, che essendo venuto quel Regno in podestà del Rè Filippo, figliuolo dell' Imperatore, non si stimaua, che nel segreto douesse hauere grata la grandezza di un huomo, che fosse di sangue Regio di quell'Isola. Morone poi, il quale per altro haueua qualità singolari, era stato imputato di heresia, e quel ch'era più graue

PAOLO IV.

graue Carpi, e S. Iacomo prencipali nella parte Imperiale, e nel sant' Officio dell' Inquisitione, fomentauano detta imputatione di maniera, che il Cardinale Santa Fiora, ch'era capo degl' Imperiali, fu forzato, a' pensare à qualche altro Cardinale fuori de predetti, per farlo Papa, e fatta consideratione di molti, fermò l'animo in Puteo, il quale era tenuto huomo giusto, di eccellente dottrina nella facoltà delle leggi. Era oltre ciò di bassa conditione, onde si poteua credere, che peruenuto al Papato non hauesse ad hauere appetiti smisurati; senza che essendo stato creato Cardinale da Giulio terzo, si veniua à tenere la parte di quelli, che chiamauano Giuliani, più unita à gl' Imperiali, mà quello, che à ciò lo moueua più d'ogni oltra cosa, era, che si pensaua, che li Francesi non douessero, ne potessero pensare, di escluderlo, per essere di Natura Prouenzale; onde si teneua questo per fermo, che di consentimento commune se ne douesse fare l'elettione. A Don Giouan Manriquez quale era à Roma in nome dell' Imperatore piacque questa deliberatione, e cosi si fece intendere al Cardinal Puteo. Dopò in Conclaue il Cardinal Santà Fiore si oppalesò ad alcuni amici di Puteo, quali erano quelli, che mostrauano di hauere piacere, di essere chiamati Giuliani, e saputo quest' animo, non si contentarono, di hauere il capo, che fosse della parte loro, mà chiesero, d'essere essi medesimi quelli, che facessero le prattiche, e conducessero à fine questo negotio; il che volentieri il Camerlengo concesse loro.

Il Cardinale di Perugia, per essere Nepote di Giulio, facendosi meritamente Capo degl'altri, pensandosi forse tanto più acquistarsi la gratia di Puteo, quanto più si mostrasse attiuo, essacerbò, col pratticare questo alla scoperta, l'animo de Cardinali vecchi, che già era per se stesso commosso, per l'inuidia presente della fattione di Puteo di età più fresca di loro, perciò che considerauano, che venisse del tutto à toglier loro l'occasione, che potessero mai più reassumere le speranze del Papato; mà nondimeno hauerebbero contenuto questo gran dispiacere & occultatolo, se non si fosse loro scoperta occasione sicura, di douerlo mostrare, come poi si

T 2 dirà

dirà. Percioche è da sapere prima, che il Cardinale Camerlengo manifestò al Cardinale Sant'Angelo questa sua intentione assai inanzi, che si cominciassero le prattiche, perche erano vicini, e perche erano soliti ogni qualità di officio amoreuole passare frà di loro, è trouandolo dispostissimo, con tutto che fosse della parte Francese, teneua per sicuro l'aiuto suo; volse fare poco dopò il medesimo col Cardinale Farnese, e preso in compagnia il Cardinale di Trento, che ancora egli amaua Farnese, gli parlorono insieme, e gli dissero assai cose sopra la persona di Puteo, del quale si erano veduti honoratissimi segni, d'essere d'animo molto grato verso quelli, da quali haueua riceuuto beneficio. Farnese, perche subito dopò la morte dell'Auolo nel Conclaue di Giulio pose i primi fauori nel Cardinale Polo, era poi sempre stato ostinato nel desiderio di farlo Papa, e perciò essendo all'hora tornato di Francia, & hauendo fatto ufficij caldissimi con quel Rè per aiuto suo, rispose, che si doueua hauere speranza della sua elettione, e ch'egli haueua portato lettere del proprio Rè, per le quali comandaua, che dopò la proua d'alcuni della sua fattione, egli fosse da loro aiutato, ad essere Papa; mà essi risposero, che egli sapeua molto bene l'affettione, che essi portauano alla virtù di Polo; mà che haueuano l'elettione sua per impossibile, cosi perche quelli che erano principali nella parte di Francia, se gli erano tanto liberamente opposti, che in questo farebbono più caso della memoria, che Polo poteua hauere di detta oppositione, che delle lettere del Rè, come anco per la lontananza, trouandosi all'hora in Inghilterra, doue non si poteua andare, ne donde egli poteua tornare senza infinito incommodo della Chiesa, e disaggio priuato di quelli, che douessero hauere la cura, di menarlo à Roma, alle quali raggioni benche Farnese si mostrasse del tutto di non voler cedere, nondimeno quanto alla persona di Puteo, disse, che gli piaceua, e che con tutto, che fosse stato creato Cardinale da Giulio III. era nondimeno stato posto da Paulo III. suo Auolo in tale stato, e dato gli tale principio, che haueua dopoi potuto peruenire al Cardinalato, e cosi fatta questa Conclusione con lui, sene partirono sodisfatti.

fatti. Non molto dopò quando le prattiche cominciorono, à ſtringerſi; mà con molta confuſione, non hauendo li Cardinali, che le trattauano poſto quell'ordine frà di loro, che conueniua, onde molti condottiſi alla ſtanza del Conciſtore doue era la Camera di Puteo, ne ſapendo riſoluerſi, d'andare in Cappella, ne nacque, che Ferrara con alcuni della parte Franceſe vi andarono loro; doue ſtandoſi nondimeno ſbigottiti, e più toſto aſpettando, che fuſſe fatto Papa Puteo ſenza loro partecipatione, che conſigliandoſi, auuenne altrimente, perciochè eſſendo detto à Farneſe, che Puteo era già fatto Papa, e tutto ſoſpeſo voltandoſi per andare in Cappella, doue gli era ſtato detto, che erano i Franceſi, s'incontrò in Perugia, il quale perche ſi maneggiaua animoſamente, e Farneſe era auuezzo per l'addietro, à dare le leggi nel Conclaue, e non riceuerle, come lo vidde, ſi ſentì muouere ſtraordinariamente, di maniera, che entrando con queſta alteratione nella Cappella Paolina, e trouando quei Cardinali ſconſolati li ſopragiunſe allo ſdegno una compaſſione di loro coſì fatta, che dimenticandoſi di quello, che haueua detto à Santa Fiore, & à Trento, e che al fratello haueua liberamente promeſſo diede loro animo à credere, che ſi poteſſe impedire l'elettione di Puteo, con fare alcuna diuerſione in alcuno de medemi Imperiali, e meſſe inanzi il Cardinale di Fano; mà S. Giorgio, intrinſeco amico di Ferrara, per eſſere Fano ſuddito del fratello, e nato in una Città, doue la Chieſa tiene, e pretende antiche ragioni, volſe torre à Ferrara la neceſſità, di douere ſcoprire all'hora, qual foſſe l'animo ſuo verſo di lui, e coſì riſpoſe inanzi à Ferrara, che Fano per niente accettarebbe, che ſi doueſſe nella perſona ſua fare coſì pericoloſa proua, onde Farneſe propoſe il Cardinal di Chieti, non perche ne prudenza, ne ragione voleſſe, che ſi doueſſe proporre; ma perche ſi vedeſſero li miracoli del Conclaue, e come è Iddio veramente quello, che fa il Papa; perche Chieti era della parte Franceſe, à volere rompere gl'Imperiali, biſognaua farlo con proporre un Imperiale medemo, come prima proponendo Fano haueua fatto; perciochè proporre uno della parte Franceſe, eſſendo ſuperiori gl'Imperiali ſarebbe

ſtato

stato ridicolo, se l'effetto non fosse seguito fuori d'ogni ragione, & al contrario; e cosi tutti per la carestia de partiti non sapendo, che si fare altro, acconsentirono à Farnese, non si curando della vergogna di Chieti purche tentasse difare qualche impedimento à Puteo. E cosi corsero alla Camera di Chieti, dalla quale egli si lasciò menare in Cappella, lasciata à gran agio vota dagl' Imperiali, senza, che hauesse hauuta altra informatione, ò sigurtà della sua elettione; mà Dio, che haueua ordinato un fine diuerso da quello, che etiandio quelli, che lo menauano, si erano imagginati fece accompagnare questa subita elettione da tutti quei prosperi accidenti, che la poteuano aiutare, come fu quello, che menandolo in Cappella, douessero per necessità passare per la Camera, doue Carpi, e San Iacomo habitauano, li quali sentendosi sopragiungere li prieghi di Farnese, e Sant' Angelo allo sdegno, che haueuano dell' Elettione di Puteo, e del modo com'ella si andaua trattando, si affilarono anch' essi dietro à Chieti ricuoprendo lo sdegno, e scusando il partirsi dall' Imperatore il quale espressamente haueua vietato a' quelli della sua parte, che non douessero farlo Papa, con dire, che non poteuano mancare alla particolare amicitia, che haueuano con lui, per essere stati sempre compagni nell' uffitio della santa Inquisitione. Nel primo tumulto, non sapendo alcuni Cardinali, che volesse dire quel subito rumore, sene andarono in Cappella, pensandosi di andare alla creatione di Puteo, come furono li Cardinali di Palermo, e Doria, e similmente il Cardinale de Nobili, il quale essendosi giouanetto, haueua commissione da suo Padre, di non uscire dalla volontà del Camerlengo; mà trouandosi là dentro, e vedendoui Carpi, e San Iacomo, due prencipali Imperiali, quali lo pregauano, pregando similmente Palermo e Doria, che erano venuti all' hora à Roma, & erano poco prattici delle cose del Conclaue, fecero di maniera, che promissero tutti trè, che non mancarrebbero alla creatione di Chieti.

Il Cardinale Morone, vedendo quei trè capi del Inquisitione, e pensando forse, che si congiungessero contro didui, e che poteua con questo gran beneficio placarli, e rimouergli

dalla

PAOLO IV.

dalla persecutione che eglino li faceuano, & hauendo oltre à ciò Farnese tanto amico suo, che lo pregaua del medesimo, non hauendo alcuno dell'altra fattione intorno, che gli dicesse il contrario, vi condescese anch'egli geuolmente; onde si puotè vedere quanto fosse stato à proposito, l'hauere fatto quello, che nel Conclaue di Marcello fecero Sant'Angelo, e Santa Fiore, ciò è l'hauere fatto una distributione de prencipali Cardinali, che desiderauano l'elettione di Puteo, & à quelli hauere assignato due, ò trè altri Cardinali per ciascuno per douere essere menati da loro in Cappella, ne mai abbandonarli finche si facesse l'elettione, che per non hauere fatto questo, vennero ad essere loro tolti in un medesimo tempo, e li Cardinali amici, e la Cappella, e quel ch'è peggio vennero per la confusione à cader d'animo, ne sapere quello, che si fare, doue all'incontro Farnese egl'altri vedendo concorrere tante cose à fauor loro, non solamente si tolsero dal timore, che haueuano hauuto, mà entrarono in grandissime speranze, di fare ciò che pareua loro, onde inanzi ad ogni altra cosa per mantenere uniti quei tanti, che haueuano radunati insieme, si serrarono in Cappella, e si fecero dare la fede da tutti, di stare fermi nel soggetto, che haueuano preso di Chieti, il quale per la poco prattica, che haueua degli andamenti del Conclaue, non sapendo ciò, che si trattasse, ne in quanto pericolo si fosse stato, e fosse l'honore suo, si rimetteua in tutto, e per tutto all'autorità, & all'industria di Farnese, il quale non lasciaua cosa indietro, che non tentasse, e facesse tentare da suoi Ministri à fauore suo. Onde aiutato da Morone tirò nella parte sua il Cardinale d'Augusta e con questa diligenza già erano cresciuti in tanto numero, che non mancaua loro seno se non trè voti, à fare Papa Chieti. Di maniera, che il rumore, e la suspensione degl'animi era grande, e da tutte due le parti, si faceuano guardie, per la notte, che già era sopravenuta; la massa de Francesi non si partì di Cappella, e la massa degl'Imperiali dalla sala del Concistoro, non lasciando dall'una, e dall'altra parte andare attorno se non Cardinali confidenti; Ma questo è degno di consideratione, che ancorche la lunghezza del tempo desse agso aggio à Cardinali principali, & à gli altri, che feguitauano li Francefi, di fare à loro elettione il Papa, voleuano che fteffero in Chieti, il che non volendo il Cardinale di Ferrara, fece bene fegretamente intendere per il Cardinale Orfino à gl' Imperiali, che teneffero forte contro Chieti, mà non entrò più inanzi, come fenza dubio doueua, poiche fapeua molto bene, che Chieti l'haueua hauuti non folamente in mal concetto, mà haueua detto palefemente fconcie parole di lui.

Farnefe fi era inuaghito nel fare, e gli pareua bella cofa, fe vinceua la gara con tanta contradittione; e perciò vedendo tanti Cardinali della parte fua, che già haueuano promeffo à Chieti, ne poteuano con honore loro mancargli, & effendo inftigati da alcuni intereffati, come da Carpi, il quale al ficuro guadagnaua il Vefcouato di Porto, e penfando che Chieti, come creatura di Paolo III. e come un poco fuo parente, e come quello, che riconofcendo da lui fi gran beneficio, gliene foffe per effere grato, e tanto più, che haueua veduto da lui fegni di beneuolenza nella perfecutione di cafa fua, fatta da Giulio III. cominciò à penfare, di condurre à fine la fua Elettione, e cofi feguitò, di moftrarfi in ogni cofa più ardente.

La fattione Imperiale non haueua Cardinali, che haueffero, come bifognaua in quel Cafo, gagliardia d'animo, anzi per la percoffa riceuuta erano tanti fbattuti, che d'ogni cofa temeuano; non dimeno la lunghezza del tempo diede loro animo, à penfare ad alcuna cofa, e trà l'altre à credere, di poter fare qualche diuerfione col promettere voti ad alcuni de Francefi, e cofi andarono Montepulciano, e Cornaro à parlare à Farnefe, & ad offerire ad effo, ò à chi piaceffe à lui tutti i voti, che haueuano, purche non foffe Chieti, Santa Fiore, e Trento parlarono à Sauelli, e Santa Angelo, mà non fecero nulla, di maniero, che fi andaua ogni hora più indebbolindo la parte Imperiale, e reftauano i Cardinali più fofpefi, percioche hauendo veduto, che, i più Prencipali Imperiali, fenza curarfi della gratia di Cefare, fi erano ribellati, e che frà effi era uno di Natione Spagnola, tanto obligato

gato à Cesare, sperauano poco dalla fede di quelli, che erano restati, mà con tutto ciò stauano ancora uniti frà loro, quelli della parte di Chieti, per non lasciare di tentare ogni cosa, che potesse essere di profitto à loro, elessero Morone, Ambasciatore à gl'Imperiali, acciò che ò per via di ragione li persuadesse, ò per via d'auttorità, e di prieghi, essendo stimato da molti di quella parte, gli inducesse, à venire unitamente nell'Elettione di Chieti; mà nondimeno non fece alcuno frutto, anzi udì liberamente quello, che il Lottino, che era presente, e che l'amaua molto, le predisse con suo dolore, e ciò era, che cercaua cosa, della quale sarebbe egli stato il primo à pentirsi, percioche non era tale la seuera bontà di Chieti, che per tanto beneficio riceuuto, in farlo Papa, fosse stato per cancellare punto del rigore, che haueua della santa Inquisitione, senza che, restaua la maleuoglienza d'alcuni Cardinali Vecchi, li quali erano per potere ciò, che voleuano con Chieti, & i quali, ancorche vedessero essere compiaciuti da Morone in questa elettione, che mostrauano, di desiderare tanto, non però haurebbono scemato punto di detta maleuoglienza, percioche era nata loro solamente per cagione dell'invidia, che haueuano, che egli cosi giouane, si hauesse acquistato sì gran beneuolenza, & autorità nel Collegio de' Cardinali, e coll'Imperatore Carlo Quinto; l'Inuidia non si spegne, se non con la rouina di colui, che è inuidiato, di maniera, che poteua tenere per fermo, che restando in piedi la cagione della maleuoglienza era conseguentemente perseguitare, di fargli male. Ma per venire al fine, è bellissima cosa da considerare che potesse più nell'animo de' Francesi una breue, e vana sodisfattione di Vittoria, che non fece in quella degl'Imperiali la vergogna, e danno, che ne doueua seguire loro, percioche non pure, non seppero rompere li Francesi, come hauerebbono fatto, se hauessero saputo usare la loro autorità, mà non seppero nè anco trouare modo di disponere di quei pochi voti, ch'erano restati loro; quali però erano tanti, che bastauano sicuramente all'esclusione di Chieti, e però diuentando ogn'hora più vili, udendo dire, che Pisani si prometteua, di tirare dalla parte sua te sua Cornaro, che gli era Nipote, e Farnese, credeua di poter' espugnare Poggio, Ferrara, e Fano, cominciarono quasi tutti à temere di se stessi, e finalmente stimolati da varij pensieri si risoluerono di cedere, e mandarono due di loro à fare la cessione per tutti loro, frà quali erano Trento, Perugia, Doria, Montepulciano, Queua, Missina, Paceco, Fano, e Marsilia; però à nome di detti andorono Santo Fiore, e Puteo; l'uno perche era stato così vicino ad essere Papa, l'altro perche era capo di quella poca fattione, che era restata Imperiale, e così il Cardinal di Chieti rimase Papa; il quale per rendere il primo frutto della gratitudine à Farnese, si fece chiamare Paulo IV. mà con tutto ciò non si potrebbe credere la malenconia, che entrò subito, che s'intese la sua elettione, non solamente in tutto l'uniuersale di Roma, mà in quelli medesimi, che erano stati cagione della sua essaltatione, la quale seguì dopò 22 giorni di Sede vacante, essendo entrati in Conclaue à 15 di maggio. Cominciò il rumore alle 22 hore, e durò fino alle sette di notte, nel qual tempo si unirono tutti in questo soggetto.

CAPITO-

CAPITOLI
SOTTO SCRITTI DA' CARDINALI
nella Sede Vacante di Papa Paolo IV, per fargli giurare, & osseruare, al
PAPA futuro.

PRIMO *Che non si taranno Cardinali, che non siano di età di suoi ordini, secondo la dispositione de' sacri Canoni, e che non sia di buona vita, conuersione, e fama, e perito di lettere, & ornato di buoni costumi, & osseruato il decreto di Giulio Terzo, di non fare Cardinali due fratelli, talche non possino in un medemo tempo essere in Collegio, & auanti la promotione, lo notificherà otto giorni auanti à i Cardinali in publico Concistoro; che non si riseruarà alcuno Cardinale in petto, ne terrà alcun tempo segreto, etiam per piccolo tempo.*

II. *Che le Città, Terre, Beni, e ragioni della Chiesa Romana, ò per causa di permutatione, e con ricompensa per euidente utilità, e necessità, non alienarà, nè locarà à longo tempo, ne darà in pegno, nè in gouerno, nè in altro titolo, oltre la vita di esso Pontefice, e senza il consenso di tutti i Cardinali, eccetto le pensioni, e feudi, che non hanno giurisdittione, i quali da 30, ò 40, anni à dietro siano soliti, ad essere alienati, & infeudati, e quelli, che per linea finita, ò altrimente saranno deuoluti, e ciò se altrimente fusse fatto sia nullo, e di niun momento, e si debba, e si possa ritrarre sempre; e se alcuno Cardinale vi consentisse, quello sia pergiuro, & infame d'infamia di ragione, e di fatto perpetuamente; & i Cardinali, che si faranno, siano tenuti auanti, che riceuano il Cappello, giurare di non consentire alle cose presenti; & il Papa, che si creerà, sia tenuto otto di dopò la sua coronatione, fare publicare una Bolla, ò Constitutione confirmatoria di questi predetti Capitoli.*

III. *Che non si spedischi in modo alcuno l'attioni de' titoli de'* suoi Vescouati spettanti à Cardinali, ma osseruarà l'attioni secondo la priorità de' Cardinali e non s'intrometterà nelle distributioni di quindenij, spettanti ad essi Cardinali; & i Condenni di Paolo III, ò per suoi ministri usurpati in qualsiuoglia modo, farà restituire, non ostante constitutioni, e decreti, di esso Paulo III, in contrario.

IV. Che in niun modo farà guerra contro Prencipi Christiani, ne farà lega con uno di loro contro l'altro, mà si mostrarà equale Prencipe à tutti, seruando una Neutralità, eccetto che non sia per mera, & urgente causa, approuata per la maggiore parte de' Cardinali in pieno Concistoro.

V. Che nelli Concistori si debbano proporre, & espedire le prouisioni delle Chiese, e beneficij Concistoriali, e che le Bolle soprà ciò non si possino spedire per Segretaria, ò altrimenti mà per via di Cancellaria, ò di Camera Apostolica.

GIVRAMENTO

del Sommo PONTEFICE.

Ego N. electus in summum Pontificem præmissa omnia, & singula promitto, & iuro obseruare, & adimplere in omnibus, & per omniâ purè, & simpliciter ac bona fide, & realiter, & cum effectu, ad litteram, sine aliqua excusatione verborum. Ità me Deus adjuuet, & hæc Sacra Dei Euangelia.

Vacò la Chiesa dopò la sua morte 4 Mesi, e 7 Giorni.

CONCLAVE

NEL QVALE FV CREATO PAPA
il Cardinale di MEDICI, detto

PIO QVARTO.

A lunghezza della Sede Vacante, che fu di quattro mesi, e sette giorni, vorrebbe una lunga narratione de i casi in quella occorsi; mà per nō mi render souerchiamente odioso con la lunghezza, perciò breuissimamente narrerò tutti li modi, che furono cagione, che così variamente si facesse l'elettione del Papa, perciò che non fu cosa, che non fusse tentata, auuenga, che ciascuno si valesse ò della prudenza ò della simulatione, ò dell'auttorità, ò de' meriti loro, e delli suoi, secondo che pensaua, poter più artificiosamente giouare alla causa propria, senza che tal'hora alcuni di essi, persuasi che fussero, si lasciauano cadere imprudentemente, e cercauano ancora di far cader gl'altri, in ira, in odio, & in timore, e negli altri affetti, con i quali s'opera senza conseglio, e ragione; pensando anco per questa via auantaggiarsi; di maniera, che non si poneua minor speranza nel disordine, che nell'ordine, tenendo per fermo, che dall'uno, & dall'altro potesse venire la elettione del Papa; onde si conobbe chiaramente, che l'esser presente, e saper pigliare la sua occasione, e vietare à gli auuersarij la loro, gioua assai sempre ad ogni qualità di persone, mà nel Conclaue, doue l'occasioni nascono con tanta prestezza, in tanto numero, & con sì poca stabilità, gioua più, che in tutti gl'altri.

Volendo dunque scriuere il detto Conclaue, e narrare solamente quello, che con tutto che non fuſſe con molta atte fatto, fece nondimeno' qualche folleuamento in eſſo, & in oltre quello, che moſtrò aſſai chiaro l'induſtria di coloro, che furono nell' oprare più ſingolari, e ſi deue primieramente ſapere, che è uſanza nel Conclaue, quando ſi vede chiaramente, che l'elettione del Papa deue andare in lungo, di darſi li Cardinali alcuna volta buona quantità di voti l'uno l'altro, non perche ne ſegua l'elettione, mà per honorarſene e per moſtrare à quelli, che fino fuori del Conclaue, d'eſſer ſtati tenuti in qualche conſideratione, & per ciò il Cardinale della Queua, per eſſer perſona piaceuole, & amata, mà nondimeno lontana dalle qualità, che conuengono, ad eſſer Papa, per via d'Ernando di Torre ſuo Conclauiſta, mandò pregando molti Cardinali Imperiali, e Franceſi, che voleſſero farli un ſimile honore, il quale penſando molti di poterglielo fare, gli lo permiſero ſicuramente, e già haueuano ſcritto, i voti, per douerglili dare, & erano tanti che baſtauano à farlo Papa, ſe non che à caſo il Cardinal Capo di terro dimandò la mattina dello ſcrutinio à quelli, che l'erano à lato, à chi deſſero il voto, & trouando, che lo dauano al Cardinal della Queua, dal quale anco egli nel ſopra detto modo era ſtato pregato, venne ſoſpetto, che la coſa andaſſe più inanzi di quello, che egli ſi penſaua, e per ciò domandandone à molti altri, e trauando il medeſimo, fece ſubito auuertirli delle errore, nel quale erano ſtati per cadere per una debole inauertenza, e coſi fecero noue cedole, e ſtracciorno le prime ſcritte in fauor della Queua, ridendoſi nondimeno non ſolo colui, che gli haueua in dotto, à ſcriuerle, mà anco quelli, che l'haueuano ſcritte.

 Il Cardinal Cornaro ſimilmente hauendo il Cardinal Piſano ſuo Zio nella parte Franceſe, & egli eſſendo nella parte Imperiale, pregò alcuni Cardinali che lo voleſſero compiacere delli loro voti, per honorarne il Zio, ch' eſſi poteuano far ciò ſenza paura, auuenga, che molti della parte Franceſe non lo voleuano, & egli deſideraua ſupplire al difetto loro con il fauore degl' Imperiali, e fare, che li voti andaſſero fino ad un certo numero, che à lui pareua conuenirſi ad un

Cardi-

PIO IV.

Cardinale Vecchio di una Patria cosi chiara, & à lui tanto congiunto di sangue; onde molti, che l'amauano, gli promisero secretamente, & con molta cortesia, mà nondimeno accortisi dell'accidente del Cardinal della Queua, non precedendosi più nel dar de' voti con quella trascuraggine, che si faceua nel principio, ageuolmente si scoperse l'inganno, nel quale con tutto ciò Cornaro haueua posto tanta speranza, che poiche fu scoperto, cercaua nondimeno ostinatamente la fede di coloro, che haueuano promesso, e sarebbe andato con la medesima ostinatione seguitando la pratica, se Pisano suo zio, ricusando egli stesso, che non si procedesse oltre, alla fine non l'hauesse distolto.

Furno oltre à queste tentate molte altre spetie di fintioni, le quali perche erano accompagnate con alcune qualità importanti della persona, per la quale si trattaua, erano laudate, & attribuite ad industria, come fu quella, che li Capi Francesi voleuano fare à fauore del Cardinale Tornone il quale (cauatone quel timore, ch' era restato nell' animo à gl' Italiani, che la Corte Romana, come fu già altre volte, non fusse di nuouo trasportata in Auignone, sempre che un Francese fusse stato Papa) era dignissimo del Papato, percioche era di vita esemplare, di giuditio saldo, e che nel gouerno di Francia haueua mostrato prudenza, & bontà infinita. Hora quelli, che haueuano cura di questo, procurarono tanti voti per lui, che fecero il numero di 24, il qual numero perch' era quello, che metteuano insieme quasi di loro autorità li Francesi, & non erano tanti, che potessero metter sospetto ad arriuare all' elettione, ancorche vi hauessero 4 ò 5, altri accessi, che sapeuano poter ritrouare nella parte Imperiale, confidando nella diligenza di Carpi, & nella auttorità di Turnone, il che se veniua loro fatto, hauendo riseruato cinque altri accessi, ch' erano stati loro secretamente promessi; congiuntosi à quelli, lo faceuano Papa; mà non hauendo trouati li 4, primi, quei ch' erano secreti, non si scoprirono altrimente, acciochè con indignità d'una persona tanto bene merita, non si fusse conosciuto l'inganno.

Mà venendo à quei Cardinali, per l'elettione de' quali

apertamente fi faceuano pratiche, frà quali era il Cardinal di Carpi, è da fapere, ch'egli haueua hauuto grand'occafione, viuendo Paolo IV, di poterfi obligare l'animo di tutti quei Cardinali, che habitauano in Roma à quel tempo, percioche egli quafi fempre folo viffe appreffo del Papa con auttorità, e domefichezza, di maniera, che non effendo alcuno, che non temeffe la rigorofità del Papa, s'ingegnauano tutti, d'hauere la fua protettione; onde per farfelo amico, non effendo cofa, che più oblighi un Cardinale Vecchio, che moftrar defiderio, ch'egli fucceda nel Ponteficato, tutti apertamente gli promettouano, di dar'il lor voto, quali egli liberamente riceueua, di maniera che fi come egli medefimo fi daua à credere, cofi pareua verifimile, che douefle hauere la maggior parte del Collegio à fua deuotione, qual fauore cofi grande peruenendo all'orecchie di Ferrara, il quale tutto il tempo, che Paolo IV, fu viuo per effere in difgratia fua, nò haueua habitato in Roma, cominciò à temere fopra modo della grandezza di Carpi, cofi perche egli era fofpetto di poco amico del Rè di Francia, del quale Ferrara era principale Miniftro, come perche egli haueua pretenfione, e defiderio ardentiffimo, di ricuperar la Terra di Carpi fua Patria poffeduta dal Duca fuo fratello con il quale detto Carpi efercitaua aperta inimicitia; onde per rimediar al pericolo, che fouraftaua, ricorfe all'aiuto del Duca di Fiorenza, nel quale per il parentado, che era nuouamente fatto frà loro, affai confidaua, & gli offerfe, che fe voleua oprare col Cardinale Camerlengo, il quale era Capo della parte del Rè Filippo, & appreffo il quale il Duca haueua una grandiffima auttorità, che con qualche modo impediffe l'elettione de' Carpi, ch'egli con li Francefi conuerrebbe nell'elettione del Medici, ò di Mantoua. Accettò il Duca la conditione, e fubito venuta la Sede vacante, fcriffe al Camerlengo, e diede particolarmente carico al Lottino, di trattar quefto negotio frà il Camerlengo, & Ferrara, quale fubito morto il Papa, fe n'era venuto à Roma.

Il Camerlengo oltre il defiderio, di compiacere al Duca, haueua, molte cofe, che lo riteneuano dall'elettione di Carpi, &

pi, & in particolare in lui trouaua difficultà fin' in quel capo, per il quale pareua, che il Camerlengo douesse mettere ogn' opra à beneficio di Carpi, e questo era, che frà di loro haueuano fatto secreta conuentione, di dar la sorella di esso Carpi per moglie al Signor Paolo Fratello del Camerlengo, onde lui dubitando, che non essendo seguitato fin' allora intorno ad esso parentado altro, che scritture, e promesse, quando fusse fatto Papa, non si fusse poi venuto ad effetto, auuenga che Carpi, essendo di animo altiero, haurebbe subito pensato di far parente di maggior qualità, di che sì come il Camerlengo non haurebbe hauuto, quando il caso fusse successo, ardir di dolersi, così non haurebbe nè anco hauuta ingiusta cagione, hauendo per prima Carpi mostrato con assai manifesti segni qual fusse per essere l'animo suo. Percioche fatto lo scritto del parentado, douendo secondo le conditioni fatte frà di loro, il detto Cardinale Camerlégo mandar' un Gentilhuomo à nome del Signor Paolo, à sposar la sorella di Carpi, non lo mandò altrimente, anzi mutò detto Cardinale Camerlengo le conuentioni, e per questo parue al Cardinale di Carpi, che esso Camerlengo volesse procedere con malitia; percioche egli disse voler pigliar in cura, di far sposar la sua sorella ad un suo confidente, e però detto Signor Paolo facesse la procura in nome di chi egli nominasse; di modo che non si era con sicurezza potuto sapere, se era sposata, ò nò. Si aggiungeua à questo la memoria, che il detto Camerlengo haueua dell' in giuria così pericolosa da lui riceuuta, quando mandò il Cardinal di Burgos à riferire al Papa quello, che era stato detto frà molti Cardinali, e signori della fattione Imperiale in casa del Camerlengo, doue si radunauano il giorno, che fu fatto prigione il Lottino, che pure allora era tornato dall' Imperatore.

Haueua in oltre saputo il Camerlengo una stretta, e secreta prattica, che haueua tenuta Carpi con Pietro Strozzi, acciocche fusse mezzano, mediante l'auttorità del Contestabile di pacificarlo con il Rè di Francia, vedendosi oltre di ciò una guerra accesa in Lombardia per caggion della Terra di Carpi, & in ultimo era uniuersalmente tenuto per esser stato in
opinione

opinione di huomo vendicatiuo, e perfecutore di qualunque si fosse opposto ad ogni suo, benche picciuolo interesse; di maniera che il Camerlengo venne à concludere nell'animo suo, che per la quiete di casa sua, per il ben publico, & per il seruitio priuato del Rè Filippo, del quale il Camerlengo doueua hauere cura, come del suo, non fusse bene, d'aiutarlo ad esser Papa, e che perciò era meglio, di sodisfare in tutto, e per tutto alla volontà del Duca di Fiorenza in far'elettione del Cardinale di Medici. Fatta questa risolutione dal Camerlengo, & conferitala al Conte suo Fratello, mandò il Lottino dal Cardinale di Ferrara, ad assicurarlo, che la volontà sua sarebbe in quel medesimo modo, che il Duca l'haueua proposto, la qual volontà fu aiutata da un'accidente, di maniera, che senza, che il Camerlengo s'hauesse à scoprire, da nessuno potesse esser'auuisata l'esclusione di Carpi, e questa fu, che Farnese, e Trento Cardinali di grandissima auttorità, e principali nel Collegio, hauendo à male, che il Camerlengo douesse hauere nome di Capo nella parte del Rè Filippo pensorno, di non douere conuenire con esso, e cominciorno à fare prattiche, quali non solo non dispiacquero al Camerlengo, anzi gli furono grate, percioche con questa piccola occasione egli veniua, à sostenere, che non si facesse Papa alcuno degl'Imperiali; onde Ferrara acquistaua maggior tempo per far le sue prattiche, e poteua più ageuolmente torre quel primo fauore, ch'era nella maggior parte del Collegio à beneficio di Carpi; s'aggiunse a' questo un'accidente, che confirmò tanto più detto Ferrara, il quale fu, che con tutto che Farnese, e Trento hauessero animo di concorrere all'elettione di Carpi, nondimeno negarono, di farsi Capi, e pigliar il carico, di far le prattiche per lui, il che Carpi s'era promesso così al fermo, che se bene gli fù ricordato, non volle mai pensare ad altri, che à loro; onde si trouò sùl bisogno in tal modo abandonato da tutti, ne sapeua alcuno, à che far capo, acciò lo raccommandasse à Farnese, e Trento, perche lo fauorissero nell'elettione del Pontefice, poiche tutti trouauano scuse, e frà gl'altri v'era il Camerlengo, che si scusaua, di non poterlo fare, con dire, che essendo

PIO IV.

sendo obligato ugualmente à tutti li nominati del Rè Filippo, era contro l'honor suo, che si ristringesse ad un solo, oltro che s' gli hauesse mostrata affettione straordinaria, si sarebbe scouerto il Parentado, del quale già alcuni dubitauano, e conseguentemente si sarebbe tolta la fede appresso li Cardinali di poterlo ajutare; di maniera che per queste due cagioni à Carpi fu tolta l'occasione di quei primi voti, che poteuano aiutarlo, si perche Ferrara non haurebbe hauuto tempo di far l'esclusione, come anco per un certo timore, che dubitando non fusse Papa senza loro, l'haurebbono nel principio suffragato, il che non volsero farlo doppò, che arriuarono à sapere, che (mediante l'auttorità, & industria del Ferrara) l'esclusione fusse sicura, e così Carpi con lasciare interrompere quei primi giorni, à trattare dell' elettione sua, cadde del tutto da quella speranza, che in verità, e non in apparenza, come molte altre, che gli ne furono date dopoi, lo poteuano far Papa.

Tolto di mezzo il Cardinale di Carpi, & assicurato Ferrara, che si poteua credere, che se mai presto, & senza difficoltà douesse essere creato alcun Papa con il consentimento di Farnese, & degli Imperiali, douesse essere creato allora, & essendo uscito il Cardinal di Ferrara fuori del timore che haueua, cominciò à pensare più oltre, & à destarsi in lui il desiderio antico del Pontificato; e così pigliaua scusa con il Lottino, che lo sollecitaua tutta via à nome del gran Duca, & del Camerlengo, dicendosi, che non si poteua mancare, di aspettare il Cardinale di Tornone, il quale era già vicino à Roma, e d'hora, in hora si poteua sperare, che fusse arriuato.

Venuto Tornone il Cardinal di Ferrara prese un' altra scusa, cioè di douersi aspettare Ghisa, tanto che alla fine fine venendo Ghisa, & istandosi per la risolutione, perche non si poteua più stare senza Pontefice, essendo che di fuori si sentiuano gran rumori, & esclamationi il Cardinal di Ferrara astretto, come per forza dalla fede della promessa, senza dar punto di tempo, & fuor di ogni opinione dal Cardinal Camerlengo, e quello, che più importa, impensatamente si dichiarò nel Cardinal di Mantoua, e per-

X 2 che

che sempre haueua accennato, non che nel vero l'haueffe detto chiaramente, douer eleggere il Cardinal di Medici, ancorche pareua, che non conueniffe alli loro proprij rifpetti & intereffi, onde fatta dal Cardinal di Ferrara, cofi fubitanea dichiaratione, la qual non diede punto di tempo à gli amici di Mantoua, di poter fare alcune preparationi à fauor loro, fece credere, che egli haueffe voluto più tofto ufcir d'obligo, che defiderato ne feguiffe l'effetto cofi fubito; onde in un fubito fi vidde il Conclaue pieno di confufione, e contrafti. Vltimamente il Cardinale Farnefe vedendo quefte confufioni, e contrafti, che u' erano nati, fi rifolfe animofamente dar fine al negotio, altrimente farebbe il Gonclaue andato più in lungo, il che fu, che fi diede à tutto fuo potere con li fuoi confidenti, à fauorire il Cardinale di Medici, quale mediante quefto grande ajuto in un fubito adi 23. d'Ottobre 1559. à 8. hore di notte fù creato Papa, con hauerfi eletto il nome di Pio Quarto e veftito pontificalmente fu da tutti i Cardinali adorato; e fparfa la voce di fuori, fu rotto il Conclaue, portato in S. Pietro, cantandofi le folite orationi, e poi ritornò alle folite ftanze Pontificie.

CONCLAVE
NEL QVALE FV CREATO PAPA
il Cardinale ALESSANDRINO, detto
PIO QVINTO.

EL Conclaue presente il numero de' Cardinali paſſauano dieci di maniera che molti si diedero a' credere, che frà così gran varietà di opinioni doueſſe quaſi di neceſſità naſcere non picciola confuſione, & conſeguentemente l'elettione del Papa eſſer tirata aſſai in lungo parendo à quelli, che giudicauano così, che mai ſi doueſſero accordare inſieme tanti pareri, ſe il tempo non l'haueſſe molto ben macerati, il che, ſi come s'è veduto per eſperienza, non è ſtato vero, perche in queſti Conclaui, che ſono ſtati fin' hora, ſono ſtati ſempre creati i Papi da i Capi delle fattioni, & gl'altri Cardinali, ſiano ſtati di che numero ſi voglia, hanno fatto quello, che à queſti capi e piaciuto, ò ſia ciò nato per cagione d'obligo, che haueſſero con loro, ò per timore di alcuna coſa, ò perche congiunti vedeſſero hauere più forza, che ſtando ſoli, & non eſſendo lo ſcrutinio ſeruito in queſto tempo ſe non per nome, come ſi può credere con buona ragione, ſi conoſce apertamente, che la lunghezza, ò breuità del Conclaue naſce non dalla moltitudine, ò dal puro numero de' Cardinali, mà dall'oſtinata, ò preſta reſolutione di coloro, che là dentro ſono fatti Capi.

Nel preſente Conclaue coſa chiara è, che nè l'Imperatore, nè il Rè di Francia, nè quello di Spagna hanno hauuto, ſi può dire, parte alcuna; dell'Imperatore non è marauiglia, poiche a pena affunto all' Imperio e' ftato circondato da molte, & diuerfe difficoltà, le quali l'hanno feparato da fi fatti penfieri; Con tutto ciò trattandofi nel Conclaue del Capo della noftra Religione, nel quale è tutta l'auttorità della Chiefa, doueria effere il primo defiderio dell' Imperadore & ingegnarfi con tutti li mezzi honefti, & conuenienti all' honor fuo, d'hauerlo buono, & di valore, perciò che hauendofi egli da difendere da Turchi, & Lutherani, non puote hauere il più fedele, ne il più proportionato ajuto di quello del Papa, il quale fempre, che, come fi e' detto, fia buono, e di valore, nè hauerà mai maggior intentione, cha di far refiftenza, & eftirpar l'una, & l'altra di quefte fette.

Il Rè di Francia fi è trouato di coffi picciola età, che non hà poffuto penfarci; e la Madre, che hà il gouerno di lui nelle mani, benche foraftiera, & effendo ftata tutta la Francia piena di guerre, e di feditioni inteftine, non hà fatto poco, fo in tanti pericoli, leuatafi da tutti gli altri penfieri, hà potuto conferuar il figliuolo, & il Regno infieme.

Il Rè Filippo folamente fi è trouato libero & otiofo, il quale nondimeno qualunque ne fia ftata la cagione, non hà cercato da un tempo in quà, di fapere, come paffaffero le cofe di Roma, con tutto che, hauendo tanti Stati in Italia, pare ffe; che oltre al zelo della Religione, lo douefse fare per intereffe fuo, hauendo maffime veduto pochi anni addietro, che fu creato un Papa poco fuo Amico, quale fu Paolo IV. lo pofe in una neceffità di fpefe (che tutta via le mangiano le vifcere) alle guerre, che fufcitò, il fine delle quali con tutto, che fuffe à lui fauoreuole, nondimeno fi dourebbe ricordare, che per fuggire il pericolo, che li fopraftaua in dette guerre, offerfe, di dare a i Nepoti del fudetto Papa, lo ftato di Siena, purche fi veniffe alla pace: mà fenza quefto effempio, effendo egli herede di cofi gran Padre, quale fu Carlo V. l'haurebbe douuto mouere l'effempio dell' ifteffo fuo Padre, à non porre in negligenza le cofe di Roma, poiche egli già mai ve lo pofe, anzi fempre fece diligenza, d'hauerui buon numero de' Cardinali amici, e beneficati da lui, di modo che trouandofi le cofe in quefto ftato il Conclaue era del tutto libero, ne haueua

PIO QVINTO.

ueua interrompimento d'altri, che di quelli medesimi, che là dentro erano Capi, & haueuano il seguito de' Cardinali; il primo de' quali era il Cardinal Borromeo, Nipote del Papa defonto; il secondo era il Cardinal Farnese, & in questi due Capi consisteua quasi tutta l'auttorità. Il Cardinal de' Medici, il quale d'acutezza d'ingegno superaua l'età sua, & per una maniera dolce, e libera, ch'egli usaua con gli altri Cardinali, era amato da tutti, hebbe seguito di alcuni Cardinali, & nel principio si pensò, che medisamente per l'auttorità del Padre, egli douesse raggioneuolmente potere ogni cosa del Cardinal Boromeo.

Il Cardinal di Ferrara non hebbe setta scoperta, come era solito hauere negli altri Conclaui, e stetteui, si può dire, quasi sépre nel letto, e solaméte (mediante il Nepote suo il Cardinal d'Este giouane pieno di humanità, & di valore) s'oppose per priuati interessi, come si dirà più à basso, al Cardinal Marone; e le prattiche, ch'egli fece per la persona sua, ancorche alcuna ne facesse, non apparuero, & non fecero alcun rumore.

L'altre sette erano di pochi Cardinali per ciascuna, & alcuna di esse furono più tosto ridotte insieme per un certo timore, che perche l'auttorità di alcuno, che fusse infrà di loro, le ritenesse unite, ma secondo, che giudicauano più commodo à loro disegni andauano adherendo hora à Boromeo, hora à Farnese, senza la volontà de' quali si teneua per fermo, che non si fusse potuto fare l'elettione del Papa.

Il Cardinal Boromeo haueua il Cardinal Altemps suo Cugino Nipote equalmente del Papa, unitissimo con lui, e con le creature di Pio IV. & haueua una grandissima auttorità, percio che, i meriti de' Cardinali, che lo seguitauano erano così freschi, che à suo volere si poteua menare in tutti quei soggetti, che a lui piaceuano; il che non auueniua al Cardinal Farnese, il quale bisognaua, che procedesse con molto rispetto con tutti quei Cardinali, che lo seguitauano, una parte de' quali era di sangue illustre, & haueua concesso lui più beneuolenza, che obligo.

Mà quanto era Borromeo superiore d'Auttorità à Farnese, tantò più questo superaua lui di placidità di Natura, & di risolutiolutione, ed abbondanza di partiti, come quello, che era stato in molti altri Conclaui, & era auuezzo più lungo tempo à varij accidenti di fortuna, e quasi à tutte le difficoltà, che portano seco maneggi di stato, senza che à Boromeo, oltre la malageuolezza, che sempre accompagna la nouità de' negozij, s'aggiungeua, l'esser d'ingegno molto acuto, & di natura assai ostinata, il che faceua il negotiar con lui, e l'esseguire molto difficile e tanto più, quanto si affissaua ne suoi consegli con zelo rigoroso di Religione, facendo aperta professione d'una eccessiua bontà, di maniera che da quell'impressione, che pigliaua, era impossibile per uia di persuasione, ò rispetto ciuile rimouerlo.

Egli quando hebbe la noua, che il Papa suo zio staua in estremo, tornò da Milano à Roma, & hebbe occasione, di parlare delle cose da farsi col Duca di Fiorenza, il quale, essendo stato confidente del Papa, & essendo congionto in tanti interessi col Rè Filippo, Padrone delle stato di Milano, del quale non solamente era Vassallo, mà haueua per tutti gli altri suoi Regni molti beneficij, & entrate ecclesiastiche, pareua, che non solamente egli hauesse douuto continuare nell' hereditaria (per così dire) beneuolenza del Duca, mà cercare con nuoui ufficij di confirmarsela, e parlar seco concludente di quello, che conueniffe di fare in occasione de sede vacante; nondimeno egli nel parlare con lui, non volle mai ragionar di cose, che appartenessero ad essa sede vacante, con tutto che hauesse nuoua, che la salute del Papa era disperata, & questo dicono, che facesse perche una Bulla vietaua sotto pena di scomunica, che, viuente il Papa, non si possino fare prattiche del Papato.

Giunse à Roma, e morto il Papa, usò la medesima durezza col Signore Marcantonio Colonna, al figlio del quale haueua data, viuente il Papa, la sorella per moglie; onde il Signor Marcantonio fastidito della durezza, & modo di procedere suo, si partì da Roma, e se n'andò à Marino. Mà il Cardinale Borromeo mosso dopò quasi da vergogna, lo mandò pregando à chiamare, li disse quello, che haueua in animo di fare, non per metterlo in consulto, come pareua, che conueniffe veniſſe à buono intelletto, e prattica, che il Signor Marcantonio haueua delle coſe di Roma, mà per moſtrar ſimplicemente ſegno di beneuolenza, e di confidenza.

Al ſignor Marcantonio piacque ſopra modo la prima intentione, ch' egli moſtrò d'hauere, di far Papa il Cardinal Morone: mà ben gli diſpiaceua, che non ſolamente non lo vedeua molto inclinato, ad ajutar il Cardinal Montepulciano, molto amato da lui, mà conoſceua, che ſarebbe ſtato più toſto per diſſajutarlo (quando le coſe del Cardinal Morone non fuſſero ſucceſſe bene) e ſapendo egli, che per l'oſtinatione ſua haurebbe gettato via ogni ragione, e priego, che intorno à ciò haueſſe fatto, non gli ne diſſe altro, & del tutto ſi fermò ſopra la ſperanza, che più ragioneuolmente ſi doueua hauere, che il Cardinal Morone poteſſe riuſcere Papa; coſì per la potenza grande, con la quale Boromeo entraua in Conclaue, la quale era delle maggiori, che ſi poteſſe dire, che Nipote di Papa haueſſe hauuto mai, come per l'auttorità del Cardinal Morone, il quale era tenuto da ciaſcuno per il più ſauio huomo, che allora haueſſe il Collegio, eſſendo ſtato fin da teneri anni ammaeſtrato nel gouerno del mondo, da Geronimo Morone ſuo Padre, & accreſciuto in detta cognitione mediante la Scola di Paolo V. dal quale egli fu creato Cardinale & ſempre impiegato in gran maneggi, appreſſo altri Principi Chriſtiani. Pareua ancora, che haueſſe grandiſſimo merito con la Sede Apoſtolica, perche eſſendo ſtato legato nel Concilio di Trento, ſi haueua con tanta prudenza gouernato, e finito, in tempo ſi opportuno, che quei medeſimi Principi, che deſiderauano ſi continuaſſe, non ardiuano vietare, che ſi ſerraſſe; haueua oltre di ciò preſenza graue, coſtumi honeſtiſſimi, & maniere di accoglienze coſi gentili, che forzaua quaſi gli huomini, à riuerirlo, & amarlo; mà dall' altro canto la profondità dell' intelletto ſuo, che pochi hanno potuto profondamente penetrare, faceua credere à molti, che egli haueſſe profondità di deſiderij, & andaſſe machinando per l'animo, i medeſimi penſieri, do' quali già era ſtato imputato ſuo Padre, che perciò quant' egli moſtraſſe di benignità, tutto fuſſe per venire à ſuoi fini, mà che in effetto fuſſe

Y   natùnaturalmente d'animo superbo, & altiero, di maniera che da ogni uno era tenuto per huomo cupo, e che fusse stato per far diuersa riuscita, quando hauesse hauuto l'Imperio, di quel che mostraua mentre viueua sotto l'imperio d'altri, & questa opinione era cresciuta tanto, quanto che, essendo stato imputato d'heresia al tempo di Papa Paolo IV. e tenuto molto tempo in prigione pareua, che non si fosse creato, per vendicare l'inimicitia sua priuata, di fare, che Pio, il quale era successore di Paolo IV. con il quale egli haueua grandissima auttorità, mostrasse a i Carraffi, Nipoti di Paolo IV. col fauor de' quali era peruenuto al Pontificato, un'atroce ingratitudine sotto presto di giustitia, perciò che li fece miseramente morire, della qual morte, con tutto che Morone non fusse stato inuentore, si credeua almeno, che quando egli hauesse hauuto l'animo benigno, del quale faceua professione, egli haurebbe potuto ritenere il Papa da così rigorosa essecutione; & ancorche la cosa non stasse così, erano tutta via molti quei, che non lo voleuano Papa, e faceuano paura con queste imputationi di seuerità, non solo à tutti quei Cardinali, che hauessero hauuto ogni picciola occasione, di temer di lui, mà anco à gli altri dicendo publicamente, che non conueniua, far Papa alcuno, che fosse stato sospetto d'heresia; mà con tutto questo erano tali l'altre parti buone di Morone, che appariuano chiaramente, e l'auttorità di Borromeo era così grande, che si teneua per fermo auanti che si entrasse in Conclaue, che se esso Borromeo si voleua da douero eleggere Papa, nessuno sarebbe stato bastante, à poterglielo vietare, mà ciò non fu tentato, perche Borromeo prima, che si entrasse in Conclaue, non si lasciò intendere ad alcuno, nè meno à Cardinali amici, che lo dimandauano della sua intentione, & di quello, che egli voleua fare.

Entrato poi in Conclaue, à quelli, che di ciò lo dimandarono, rispose nominando Amulio Buoncompagno, ò Sirleto, e quasi volesse mostrare, che egli non ricusaua altri Cardinali, benche non fussero stati creati dal Papa suo zio, vi nominò in fine Morone, senza far per all'hora diligenza, ò parole per lui, la nominatione di 3. primi diede alteratione à molti, che

che erano de' suoi seguaci, perche si teneuano ancor' essi, e per età, & per molte altre qualità, che si trouauano in loro, tanto degni della sua nominatione, quanto ogn' uno di quelli, che egli haueua nominati; onde per questa mala sodisfatione alcuni di loro prontamente s'opposero alla creatione del Cardinale Morone, & del Cardinal Sirleto, al trattar de' quali Borromeo con più sauio consiglio, che non haueua usato, à fare la sopra detta nominatione, andaua pigliando indugio, per tor loro questo primo impeto del Conclaue, nel quale sogliono essere i Cardinali sempre più feroci nell' oppositioni, che non sono poi, & così propose prima di tutti la persona del Cardinal Amulio, della quale mentre egli ne faceua le prattiche, andaua insieme tastando, come trouasse disposto l'animo de' Cardinali verso Morone, senza nominarlo. E perche sapeua essere principale, & di maggiore seguito, il Cardinal Farnese, procuraua, ò per se medesimo, ò col mezzo de' Cardinali suoi confidenti, d'intendere la mente sua, e trouatolo sempre di un medesimo dire, ne pigliaua grandissima speranza, che douesse riuscirgli il disegno, poiche sempre Farnese lo pregaua, à non stare ostinato nella creature di Pio, mà che descendesse, à proporre l'eletione del Cardinal Morone, il quale era della medesima sua Patria, & congiunto per interessi, e beneuolenza con esso; & egli particolarmente, le hauesse hauuto questa sodisfatione, di sotisfatione, di vederlo Papa; non era mai uscito più honoratamente huomo dal Conclaue di quel che sarebbe uscito egli, perciò che, oltre all' hauer creato huomo di tal valore, com' era il Cardinal Morone; verrebbe hauer veduto una continuatione di cinque Papi, creati Cardinali da Paolo terzo, suo Auolo, e così in parole si mostraua sempre, che se gli parlaua della creatione d'alcun' altro Cardinale, tanto acceso nel desiderio di Morone, che Borromeo, fatta una honesta diligenza per Amulio, risolse, di aprire liberamente l'intentione sua con Farnese, e mettersi con tutto il suo potere, à far Papa il Cardinal Morone, parendogli, non douer hauere in compagnia di esso Farnese alcuna difficoltà in crearlo; & così conferito, il tutto col Cardinal Altemps, tornarono ambidue al Cardinal Farnese, per esseguirn' il negotio, il quale, vedendoli in ciò risoluti, non mostrò nel viso quell' allegrezza, che prima haueua mostrato, e rispose assai freddamente, che quanto à lui era apparecchiato alla sua creatione, mà che auertissero, ch'egli haueua la cosa per più malageuole, che forse non si dauano à credere, hauendo inteso che il Cardinal de' Medici con li Cardinali, che lo seguitauauano, non vi voleua acconsentire, e che perciò cercassero prima, tentar l'impresa, di disporre il Cardinal de' Medici, e gl'altri suoi à fauore di esso Morone. Borromeo replicò, che non pigliassero pensiero di ciò, perciò che non dubitaua punto, che Medici non lo douesse aiutare, mà non restò sodisfatto di questa poco prontezza, che conobbe nelle parole del Cardinal Farnese, dal quale partito, che fu, andossene subito alla Cammera d'Vrbino, doue erano radunati quasi tutti li principali Cardinali del Conclaue, che poi s'opposero à Morone, & hebbe per sicuro, esser l'animo suo poco bene affetto verso Morone, nondimeno non si sbigottì, confidandosi nella qualità de' Cardinali, che lo seguitauano, & nell' auttorità di Marone, & attese, à tirare inanzi le prattiche.

Già si era cominciato, à spargere per tutto il Conclaue, che si proponeua Morone per il Papato, questo era nella prima hora di notte, onde ogn'uno delli suoi auuersarij staua sospeso, considerando, non poter esser bastanti, à far l'esclusione; nondimeno trouandosi trà loro un Capo di tanta auttorità, com' il Cardinal d'Este, qual oltre l'ardir del sangue si faceua più pronto per gli ammaestramenti del Cardinal di Ferrara suo Zio, non perderono d'animo, anzi vennero tutti quelli, che si trouauano mal sodisfatti di Morone à crescer tanto maggiormente d'animo, quando s'intese da ogn'uno, che Medici s'era offerto alli Cardinali di Ferrara, e d'Este di esserli in aiuto in detta oppositione, e la causa, & ragione, che Ferrara, & Este si opposero apertamente à Morone, fu perche essendo egli legato di Bologna, hauendo differenza i Bolognesi con quelli di Ferrara per cagione dell'acque, e dispiacendo al Cardinal Morone, che li Ferraresi si fussero seruiti della forza più di quello, che pareua, che loro conuenisse,

scrisse

PIO QVINTO.

scriſſe à Papa Paolo III, molto reſentitamente di queſto fatto, e la lettera doppò à molti anni venne in mano di Ferrara, che ne fu molto ſdegnato, parendoli, di poter fare aſſai congettura qual fuſſe l'animo di Morone verſo caſa ſua, quando fuſſe ſtato fatto Papa, e particolarmente quale intentione egli haueſſe hauuto nelle differenze di dett' acque, le quali tanto importano in quei Paeſi, ſenza che, come ſi è detto, il Cardinal Morone auuezzo à gran maneggi, era tenuto d'animo, nel quale, i piccioli penſieri non haueuano luogo; onde daua dubio à chiunque poſſedeua quietamente gli Stati d'Italia; per la quale cagione ſimilmente ſi penſaua, che il Cardinal de' Medici ſi fuſſe oppoſto alla ſua creatione, perciò che non ſi ſapeua altra coſa, che haueſſe potuto generare frà di loro differenza.

Haueua Medici frà ſuoi conſultori il Cardinal Nicolino huomo di grande ingegno, e lunga eſperienza ne' maneggi di ſtato; mà nondimeno poco inſtrutto in quel tempo non ſolo delle coſe del Conclaue, e delle nature particolari de' Cardinali, eſſendo non pure ſtato lontano da Roma, mà datoſi Vecchio alla profeſſione di Prete, perciò che con autorità del Gran Duca era ſtato creato pochi meſi inanzi Cardinale, di maniera che in tanta nouità di maneggi non poteua moſtrare quello, che in tante occaſioni haueua moſtrato del ſapere ſuo; e parlando confidentemente con il Cardinale di Corregio, confeſsò ingenuamente, di non intenderli, onde venne à rimanere quaſi del tutto la cura al Cardinal Pacecco, il quale parimente, mediante il fauor del Gran Duca, era ſtato creato Cardinal da Pio Quarto, & era ſtato tanto in Roma che haueua aſſai più lume degl' humori della Corte, dalla quale eſſendo partito l'Ambaſciatore del Rè Cattholico per lo ſdegno contro Pio Quarto, per hauer dechiarata, la precedenza à fauor del Rè di Francia, haueua egli fatte tutte le facende del Rè con molta autorità.

Hora con queſti parlando Borromeo, e ricordando loro le promeſſe, che coſi largamente haueuano fatte, di voler ſtare uniti con eſſo lui; eglino ſi ſcuſauano mediante la giouinezza de' Medici, il quale, eſſendoſi laſciata diſſauedutamente trasportare alla promessa dell'esclusione di Morone, e che dalla parola data era un poco difficile per allora il ritrarlo, mà che nondimeno farebbono andati, vedendo in qualche modo, di sciogliere così fatta obligatione.

Andaua frà tanto il Cardinal d'Este apertamente pratticando l'esclusione di Morone, ne lasciaua in dietro prieghi, ò persuasioni, che lo potessero aiutare, e con tutto che trouasse in molti prontissime volontà, nondimeno non ardiuano, prometterli liberamente, come quelli, che temeuano, che un Cardinale di tanta auttorità non fusse creato Papa con la traditione loro, & tanto più, che si cominciaua già, à dubitare, se i Fiorentini fussero per star fermi alla promessa fatta al Cardinal de Medici.

Le creature di Paolo Quarto, erano poche, e trà esse erano il Cardinal d'Araceli, il quale, per non alienarsi Borromeo, haueua promesso di dare l'ultimo accesso, di maniera che molti stauano sospesi, e frà essi il Cardinal Alessandrino apertamente diceua, che in conscienza sua non poteua eleggere Morone Papa, mà che nondimeno non s'opponeua alla conscienza degli altri, ne diceua che non potessero eleggerlo per l'imputatione datagli nelle cose della Religione.

Il Cardinal Gambara, hauendo un vecchio sospetto d'un graue accidente nato frà la famiglia sua, & quella di Morone, gli pareua hauere ragione, di poterfegli apertamente opporre; ond'egli si faceua Capo quasi di tutti quelli, che erano congiunti con Farnese, quali con tutto che mostrassero arditamente l'animo loro, nondimeno non era senza paura, non sapendo quale douesse essere il fine di questo negotio, poiche molti etiamdio di quelli, che haueuano in animo, di mancare à Morone, non voleuano apertamente prometterlo, come auuenne del Cardinal Cornaro, il quale conuenutosi con Pisani, & con Padoua, & hauendo indotto il Cardinal Simoncello con la speranza di poter far Papa, Monte pulciano, à far' il medesimo, nondimeno non volle mai promettere al Cardinal d'Este, che di ciò lo pregaua, e parue merauiglia à tutti, che il Cardinal Cornaro, il quale veniua, à far guadagno

di

PIO QVINTO.

di non picciola entrata per l'aſſuntione di Morone li negaſſe il ſuo voto; e fu detto, che ciò faceſſe, per compiacere alla Signoria di Venetia per la mala ſodisfattione, che li ſuoi Ambaſciatori riceuettero da Morone, quando era legato al Concilio di Trento, la qual coſa aggiunta alla ſperanza, che Montepulciano ſuo intimo amico, ò il Piſano ſuo zio poteſſero eſſere Papa, fece grandiſſima impreſſione nell'animo ſuo. Piſano poi, oltre à queſto intereſſe contra diceua à Morone ſi per l'antico deſiderio di compiacere al Cardinal di Ferrara, ſi anco perche hebbe à male, che Morone haueſſe nelle differenze domeſtiche tenuto più conto del Veſcouo di Treuiſo, e di ſuo Nipote, che di quello di lui, hauendo per ſicuro, che fatto Papa l'haueſſe douuto aſtringere à laſciare li frutti, che ſi era ritenuti per ſuo reſo dè beneficij Eccleſiaſtici, che haueua conferito alle perſone loro.

Il Cardinal Pacecco era andato à trouare il Cardinal di Ferrara, e pregatolo, che voleſſe aſſoluer Medici dalla promeſſa fede ò almeno terminare il tempo di detta promeſſa, nò li parè do ragioneuole, che eſſo doueſſe eſſere eternamente obligato; onde il Cardinale di Ferrara cercò prima, di perſuaderlo, à credere, che quelle ragioni, che haueuano moſſo Medici, à non voler Morone nel principio del Conclaue, quelle medeſime l'haurebbono hauuto parimente à tener fermo ſino al fine, mà nondimeno, perche coſi lo ricercaua, ſi contentaua, che la promeſſa fatta li duraſſe al termine di 24 hore ſolamente, come quello, d'eſſendo prattico degli andamenti del Conclaue, ſapeua, che ſi può ſempre ſoſtenere 24 hore a prattiche ſcoperte, che un Cardinale non ſia fatto Papa, e che queſto poi non è mai più per eſſer in quel Conclaue, perciò che quelli, che ſono ſtati una volta neceſſitati à ſcoprirſi, & non uſar riſpetto, temeno tanto, di non eſſer pagati della contraditione fatta, che non hanno altra mira, che con una perpetua contraditione impedire, che non rieſca Papa.

Partito il Cardinal Pacecco con queſta riſolutione, laquale non era per baſtare à Borromeo ſe ne andò nondimeno alle cinque hore, à ritrouarlo nella Cammera ſua, doue eſſendo il Cardinale Altemps, e Como vedendolo venire, ſi ritirarono
dietro

dietro le Cortine del Letto, senza che Pacecco se n'accorgesse, il quale cominciò à parlare dell' elettione di Morone, & ingegnossi, di mostrarli, che niuno seruitio, & sodisfatione poteua, venire da essa al Duca di Fiorenza, mà danno, & poca sodisfattione al medesimo Borromeo, poiche essendo Milanese, poteua tener per fermo, di non hauer à tenere più in quella Città il primo luogo di dignità, che gl' haueua lasciato il Papa suo Zio, mà poteua dubitare sempre de' beneficij Ecclesiastici, i quali haueua ancora inanzi tempo goduti, & doueua cercar, di conoscere, qual fosse l'animo suo verso di suoi, e ricordarsi molto bene, ch' egli, & il fratello il Conte Federico l'haueuano già dichiarito con parole licentiose, e pungenti per poco amico, e confidente loro, delli quali non sie ra già il Cardinal Morone scordato, e sempre, che si trouasse in grado, di poterséne sicuramente vendicare, lo farebbe volentieri, perche, essendo di natura altiero, non potrebbe mai sopportare di vedersi inanzi à gl' occhi con l'auttorità alcuno, che l'hauesse altre volte dispreggiato; e s'egli si pensasse, di placarlo, & essergli grato per sì gran beneficio, quanto era di crearlo Papa, s'ingannaua, hauendo potuto conoscere con l'essempio de Carafeschi, che fecero Papa il Zio quanto ciò vaglia con nature tali, e che attribuiscono à loro meriti tutto quelche gl' auuiene di grandezza, a chi Borromeo non rispose mai altro, se non che del daño suo lasciasse à lui il pésiero, poiche s'egli non se ne curaua, non se ne curauano nè meno loro mà replicando con varij argomenti Pacecco il medesimo, e stádo Borromeo all'in cótro sempre ostinato nella medesima risposta andorno discorrendo più di un' hora, & mezza insieme, di maniera che Altéps, che staua nascosto dietro alle Cortine, dubitò, che Pacecco con il longo ragionamento procurasse tener occupato Borromeo, per dar tempo à gli Auuersarij, di far l'esclusione; onde mosso da una subitanea impatienza uscì fuori, e l'interruppe, & à pena partito Pacecco, fecero subito insieme un'altra risolutione concludendo, che per via di cortesia non erano mai per valersi delli Fiorentini, e che perciò era bene di procurare la via del timore, perciò che i Fiorentini medesimi haueuano insegnato, come poteuano

farli

farli temere, hauendo confidentemente nel principio pregato Boromeo, à non douer far Papa il Cardinal di Ferrara; e cosi senza metter tempo di mezzo, Boromeo fece chiamare Pacecco, il quale non era arriuato ancora alla sua Camera, egli disse apertamente, che voleua far il Papa la mattina seguente in ogni modo, e che so li Fiorentini non l'aiutarebbono alla creatione di Morone, farebbe tale in suo cambio, che ne restarebbono pentiti, che per ciò voleua hauer fatto la sua scusa inanzi. Il Cardinal Pacecco sopra preso da un parlar cosi risoluto, entrò in paura, egli rispose, pregandolo, à non risoluersi almeno per un'hora à causa, che fusse contro, i desiderij de' Fiorétini, & io essendo andato subito à trouarli, gli riempì della medesima paura, & alla fine deliberorono, ch'era meglio elegere Morone, che sdegnare Borromeo, del quale per la natura sua malenconica, & per lo sdegno sopragiuntigli era da fidarsi poco, e cosi Pacecco tornò, à rispondere à Borromeo, che i Fiorentini tornarebbono à Morone, com'egli dederaua.

Era già l'hora tanto tarda, che quasi ogn'uno era andato à letto, e Farnese massimamente, il quale importaua loro più che tutti gli altri, onde pensorono, che fusse bene indugiare alla mattina seguente à compir l'opera; mà con tutto ciò si scoperse per tutto il Cóclaue questa risolutione de' Fiorentini, & sbigottì di maniera gli Auuersarij, che se in quel tempo Borromeo chiamaua gli amici, & andaua all'adoratione, era senza fatica alcuna creato il Papa: mà à quelli medesimi di Borromeo, come poco prattichi; non pareua, che cosi piccola dilatione potesse loro nocere, anzi teneuano, d'hauere l'elettione in sicuro, e mandauano il Cardinal di Como à Morone à darli la nuoua de' Fiorentini, doue andò ancora il Cardinal Sforza, il quale particolarmente lo desideraua Papa, dicendo Sforza, che poiche il suo fratello Cardinal Santo Fiore haueua hauuto tanto desiderio della sua elettione, non era vissuto tanto, che l'hauesse potuto fauorire, ringratiaua Iddio, che fusse toccato à lui, d'eleggerlo in cambio suo, poiche non poteua dare maggior sodisfatione alla memoria del fratello, che con questa degna elettione, laqual egli e per priuata inclinatione, e quasi per hereditario obligo haueua desiderato tanto.

Gli Auuersarij trà tanto conoscendo, che la inauertenza di Borromeo lasciaua loro un gran tempo, di poter parlare à gli Amici, non glie la perdonorono, ne hebbero timore, à distorgli da esso Borromeo, & andorno facendo le loro prouisioni, tanto che còparue l'Alba del giorno, & all'hora Como andò da Farnese, egli disse, come i Fiorentini veniuano à Morone; chiese allora Farnese da vestire, e disse io mi leuo, e me ne vengo, e Como per dargli agio, si partì da Camera, onde Farnese vestitosi inun subito, non andò altrimente da Morone, mà se ne andò alla Camera di Ferrara, d'onde vedendolo poi uscire, quelli che veniuano à sollecitarlo andar à Morone, cominciorono, à dubitare dell'animo suo, & ad hauere quasi per sicura l'esclusione, perciò che i Fiorentini ancora in quella medesima hora cominciorono, à pregare il Cardinal Borromeo, che indugiasse qualche poco, almeno tanto, che si fusse potuto leuare dalla fede, e vero obligo; il Cardinal de' Medici, quale volle di nuouo parlarne al Cardinal di Ferrara, si come subito fece, mà Ferrara ancorche sapesse, che il Cardinal d'Este haueua già quasi in sicuro l'esclusione, nondimeno, per assicurarla tanto maggiormente, non li volle concedere la deliberatione, la quale Pacecco desiderando à tutti i modi, disse per ultima conclusione, che nella deliberatione sagra, e spirituale, nella quale si haueua da oprare, secondo, che lo Spirito Santo spiraua, non si douessero attendere promesse, che fussero state fatte, e così in rotta si partì da lui: basta, che la cosa andò di maniera trattenendosi, che venne l'hora d'andare allo scrutinio, nel quale per ostinatione di Borromeo si andò seguitando di tentare quello, che sene potesse sperare, il qual Borromeo per assicurarsi tanto maggiormente di quelli, che l'haueuano promesso, volle, che si dessero li voti aperti, ancorche Ferrara, il quale con molto disagio si era leuato di letto, e venuto allo scrutinio, li contradicesse, come di cosa non consueta, & con poca giustitia venisse à legare la libera volontà di alcuni, che per priuati rispetti haueuano cagione, à temere di

mostrare

PIO QVINTO.

mostrare apertamente l'animo loro. Farnese, & Trento diedero, come fecero molti altri, il voto aperto, e tutti affermauano, che in qualunque modo volesse Borromeo, haurebbero mostrato l'animo loro verso Morone, e che se Trento, non haueua potuto disporre il Cardinal Madrucci suo Nipote, à far quello, che egli apertamente se ne doleua, come anco Farnese, di non hauer potuto indurre, i suoi amici, à seguitarlo. Fatto lo scrutinio, frà li voti, & accessi arriuorno in tutto solo à 29. si che non bastauano, à far il Papa, e cosi finirono, l'ultime speranze di Morone al Pontificato in questo Conclaue. Cominciò da quell'hora ad entrare nell'animo del Cardinale Borromeo una mala sodisfatione d'Araceli, il quale se hauesse liberamente negato il crear Papa Morone & ancorche gli fusse dispiaciuto per il desiderio grandissimo, che haueua, che ne seguisse l'effetto l'haurebbe nondimeno scusato, pensando, che il rimorso della conscienza l'hauesse indotto, à far ciò, per l'imputatione d'heresia già data à detto Morone, mà nel promettergli l'ultimo voto, gli parue, che fuor di quello, che conueniua alla sua professione, hauesse con troppo arte ambito il Papato, e che hauesse voluto guadagnare al sicuro, & esso, & gli Auuersarij, perciò che gli Auuersarij gli restorono obligati, che dasse solamente l'ultimo voto, sapendo, che quando lo scrutinio, ò l'accesso, arriua à questi termini l'esclusione haueua poco rimedio, & à lui pareua, d'hauersi obligato Morone, poiche non gli haueua negato il suo voto.

Tolto di mezzo il Cardinal Morone, restarono li due soggetti desiderati da Borromeo, i quali erano Buoncompagno & Sirleto, perciò che trouandosi Buoncompagno in Spagna rendeuasi la sua creatione quasi impossibile, e perciò tanto più Borromeo desideraua Sirleto, quanto che ad hauerlo tirato per opera sua di bassa conditione alla dignità del Cardinalato, veniua quasi à restar ultimo refugio delle speranze sue, mà hauendo per molto maleguole crearlo Papa, se Farnese non si fosse prima chiarito di quello, che hauesse potuto fare per se medesimo tenendo per fermo, che mentre egli speraua, sempre con varij modi haurebbe impedito l'elet-

l'elettione di qualunque fosse stato proposto, così per il numero de' Cardinali, che lo seguitauano, come perche egli poteua ragioneuolmente sperare, che Borromeo per l'obligatione, che Pio IV. haueua à Casa Farnese, nõ douesse mancare, dopo la proua de' suoi più confidenti d'ajutarlo. Borromeo si risolse insieme con Altemps di torgli alla libera così fatta speranza, e dicesi, che fuissero à far ciò spinti dal Cardinal di Trento il quale hauendo anche egli non piccioli disegni al Papato, pensaua, che risoluto Farnese, di non poter essere, douesse, com'amicò, aiutarlo; & così Altemps, & Borromeo se ne andorno, à trouar Farnese, à cui esso Borromeo disse cõ parole assai cortesi, mà con acerba conclusione, che si risoluesse per questa volta, essendo così giouane, à non pensar, di douer esser Papa, alle quali parole rispose Farnese, che s'egli voleua ricordarsi degli oblighi, che haueua cõ Casa sua, poteua supplire all'età, & à tutto il resto, che li fosse d'impedimento; Borromeo soggiunse, che à far ciò la conscienza lo graua troppo, e che per ciò si risoluesse con forte animo, à non volere per questa volta, perche egli non vi condescenderebbe mai; Farnese, benche si sentisse dentro sopra modo alterato di così fatta proposta, nondimeno lo dissimulò molto bene, e disse, che con tutto che egli hauesse tanta ragione, di douer sperare nell'ajuto di lui, & di tanti amici, haueua tutta via lasciato andare il desiderio, di esser Papa, e che propostogli un soggetto conueniente, non doueua dubitare, che non l'hauesse ajutato alla creatione, e che ciò fosse vero li proponeua Pisani, Montepulciano, Alessandrino, & Araceli, e che si eleggesse qualunque di essi li paresse, che vederebbe, che non vi metterebbe punto di tempo in adorarlo, & così in una parte, e l'altra con buone parole, mà senza alcuna conclusione sopra i soggetti nominati da Farnese si diuisero.

Parendo intanto à Borromeo d'auer tolto un grande ostacolo à suoi disegni, in hauer chiarito Farnese, e fattolo spogliare di quel desiderio, cominciò secretamente à tentare la volontà d'alcuni Cardinali per l'ettione di Sirleto, e la trouò assai più ageuole di quello, che s'era creduto, percioche

Sirleto

Sirleto oltre all'essere stato tenuto huomo per cognitione di lingue, & per esser di dottrina Ecclesiastica il principale de' nostri tempi, era vissuto con buona vita essemplare, & ogni uno per la sua natura si era potuto valere del saper suo, oltre di ciò quando egli fu creato Cardinale, non solamente fece degno testimonio della persona sua, mà pregò con ogni instanza il Papa, à non douerlo creare, di maniera che niun Cardinale era, che paresse temere di lui, & quello, che haueuano merito, poteuano con ragione, sperare nella sua bontà, & Farnese medesimo, tentato sopra di ciò, non se ne mostraua alieno, ne faceua altra objettione alla persona sua, se non che essendo stato veduto però innanzi per Roma da ogni uno senza riputatione, & essendo stato sempre occupato nelle lettere, non haurebbe niuna cognitione di gouerni del Mondo, affirmando, che uscirebbe con puro honore dal Conclaue con una elettione cosi debile; nondimeno al Cardinal di Como che per parte di Borromeo, lo pregaua, disse, che prendeua tempo, à rispondere la mattina seguente, si come prese ancora il medesimo tempo il Cardinal Orsino pregato dal medesimo Borromeo, & andorno con molta speranza le prattiche secrete fatte quella notte, che pensauano la mattina scoprirlo, & farlo Papa, perciò che se bene restauano molti, a' quali non haueuano parlato, erano però di quelli, de' quali al sicuro si prometteuano come faceuano de' Fiorentini, i quali à raggione di stato, per esser Sirleto persona quieta, & non atta, à dar disturbo alla pace di Italia, lo doueuano volere come lo voleua Borromeo; mà nondimeno la cosa andò altrimente, perciò che quando ne parlorno à loro con tutto, che dessero speranza, di eleggerlo, presero però tempo, à rispondere con occasione di volere, che tutti i suoi lo sapessero, trà quali il capo principale era Sforza, al quale essendo andato Borromeo quasi all'Alba, per parlare, lo trouò uscito di Camera, perciò che essendogli già peruenuto il rumore di queste prattiche, e parendogli, che fosse fatto poco conto di lui, non gl'essendo stata detta cosa alcuna, si era deliberato, di non lo volere, e se n'era andato in Camera di Farnese, il quale se ne staua cò molto sospetto, perciò che da molte parti sentiua il numero grande, che concorreua à quella elettione, mà udito la volontà di Sforza, cominciò, à pigliar animo grande, e pensare, che l'esclusione saria potuta riuscire; e mentre era sopra questi pensieri raggionando cò Sforza, venne Como, ad intendere la resolutione, che Farnese haueua promesso, di fare la mattina, mà Sforza, essendo impaciente, & di animo libero, subbito che lo vidde, disse, che Borromeo faceua poco conto de' Cardinali, e che la pensaua male, se credeua fare il Papa senza loro, & con tutto che Como cercasse, di placarlo, e dirli, che Borromeo per all'hora era andato in Camera sua in persona per parlargliene, mà nò ve l'haueua trouato, nulla però giouò, ond'egli si partì di là adirato; Farnese allora restando solo cò Como, disse; voi vedete, che speranza si deue hauere di farlo; io per me con queste contraditioni non sono per venirui mai, anzi vedendo egli l'esclusione sicura, cominciò, à mandar fuori alcune parole generali della collera, che haueua conceputa nell'animo contro Borromeo, e parlaua alla scoperta, di maniera che pareua, che significasse l'esclusione di Sirleto fattagli dall'istesso Borromeo.

Li Fiorentini haueuano tra tanto dichiarito, d'andare alla creatione di Sirleto, mà hauendo Altemps, & Borromeo preso mala opinione di loro per hauer preso tempo, à risponderes; & hauendo veduto, che Sforza, ch'era congionto con loro, haueua negato non solamente d'andarui, mà si era fatto Capo dell'esclusione, & che oltre di ciò il Cardinal di Medici lor Capo si era fatto leuar da letto, & vestitosi, tennero per certo, che non l'hauessero voluto eleggere, e che se bene haueuano detto di volerlo fare, l'hauessero detto, perche seppero essere sicura l'esclusione, si come Altemps, non potendo ricoprire lo sdegno disse apertamente loro, essendo già congregati i Cardinali in Cappella per far il solito scrutinio, mà l'esclusione, procurata degl'Auuersarij, non fu però di maniera sicura, che non gli tenesse in un continuo timore, perciò che sino il Cardinale Alessandrino si mise à pratticare per Sirleto, il che fu con tanta sodisfattione di Borromeo, & di Altemps, che ne acquistò del tutto la gratia loro, & la conclusione si riduceua ad un voto solo, ò a due al più, e fra gli escludenti erano di quelli, de' quali non li non si poteuano del tutto fidare, mà la poca cognitione, che haueua Borromeo delle cose del Conclaue, faceua, ch'egli non si conosceua, nè si confidaua intieramente nel parer suo, dubitando per l'esperienza dell'altre occasioni tentate, di non esser lasciato da molti.

 Finita la prattica di Sirleto, si cominciorono à fare varij disegni, & molti cominciorono a ripigliare quelle speranze, che prima haueuano quasi lasciato, confidando, che questi Capi principali hormai disperati de' loro sogetti maggiori, gli douessero aiutare; e veramente li Capi istessi, per guadagnare quei tali, & hauerli più fedeli, gl'instigauano à far le loro proue, & così molti si misero in Capo di douer esser Papa, come Trento, Araceli, San Clemente, Perugia, & altri, perciò che quanti più erano, tanto più li Capi l'haueuano à caro, acciò si rompessero l'un l'altro, & si potesse uenire dopoi alla creatione di quello, ch' essi desiderauano; mà mentre à questo modo s'andauano ingannando, & aiutando l'un l'altro, fu messo un tenore grandissimo à Borromeo della persona di Monte Pulciano, per il quale si cominciorono; à fare diligentissime prattiche, e da Fiorentini, & da molti altri suoi amici, di maniera che si teneua quasi sicura l'elettione, perciò che oltre la professione, che Medici faceua apertamente, di volerlo far Papa, si stimaua, che Farnese douesse hauer la medesima intentione, poiche Monte Pulciano era vecchio; & haueua lungamente seruito lui; & Paolo III, suo Auolo in gran maneggi, & in oltre tenuto di sincera intentione; & ancorche non fusse nato di sangue illustre, haueua nondimeno fatto apparire l'animo così grande, & la natura così pronta à beneficare, che con pochissime facoltà haueua mostrato gran splendore, & giouato à molti, & quello, che più importa, fatto ogni cosa senza pur un segno di affettatione di grandezza, di maniera che niuno l'inuidiaua per fabriche, ò altre magnifiche grádezze, ch' egli si fusse messo à fare maggiori & più di quello, che comportano le sue facoltà, & ogn' uno, che riceueua piacere da lui, ne rimaneua tanto più obligato, quanto che si conosceua, ch' egli lo faceua cō tutto l'animo, ne inciò appariua altro fine, che giouare all' amico. Il Cardinal
Altemps

Altemps si sarebbe volentieri lasciato tirare anch' egli alla sua elettione, anzi pochi erano nella parte di Borromeo, che l'haueuano di sua volontà negato. Il Cardinal Morone medesimo haueua apertamente detto, che si doueua tenere più conto di questo concetto uniuersale verso Monte Pulciano, & di quella sua buona natura, che di quella maggior cognitione di lettere, & dottrina, che pareua, che solamente si desiderasse in lui, mà Borromeo ostinato nell' imprese, che pigliaua, mediante l'humido malenconico, che manifestamente dominaua in lui, & hauendo nell' animo suo risoluto inanzi d'entrare in Conclauo, di non voler, che fusse Papa, non poteua ascoltar cosa, che li fusse detta in fauor suo, e la cagione di ciò dicono, ch' era per l'odio, che portaua à Tomaso Marino, del quale teneua per fermo Monte Pulciano, essendo Papa, haurebbe, come d'Amico, tenuto la sua protettione; aggiungeuasi à quello la vergogna, che li pareua douer seguire, che il Cardinali di Medici, ò altro Cardinale hauesse à far Papa alcuno non solamente senza aiuto suo, mà quasi per suo dispetto; onde in lui s'accese subito l'humor malinconico, & così tutto infiammato andaua facendo per il Conclaue prattiche grandissime contro Monte Pulciano, dicendo, che Monte Pulciano era stato cagione di tutte le grauezze, che haueua posto nella Chiesa Papa Pio IV, suo Zio, sapendosi da ogn' uno in quanta poca auttorità fusse stato Monte-Pulciano con lui, e che il Papa non haueua punto bisogno, che li fussero ricordati i luoghi, doue hauessero potuto cauare una picciola somma di denari; di maniera che fece conoscere à tutti, che gli affetti, & ambitione del mondo non fussero intieramente usciti dall' animo suo, sì come egli n'andaua predicando, & ne faceua aperta professione, mà con tutto che la parte che egli haueua in Conclaue, fusse di così gran numero, e che la prattica dell' elettione di Sirleto fusse tanto innanzi, che la metà della diligenza che hauesse usata in impedir' Monte Pulciano, si hauesse posta, in condur' à fine l'elettione di Sirleto, lo poteua forse condurre al Papato; nondimeno non li parue, d'esser sicuro, & così si mosse, à pensa una diuersione, la quale potesse sicuramente rompere Monte-Pulcia-

no, o

PIO QVINTO

no, e desiderando porre incampo, la più religiosa persona, che si potesse, nè parendogli, che vi restassero altri per tentare, secondo il suo giudicio, che i due Frati Cardinali, sendoli già caduto dall'animo Araceli, per il modo, che come si è detto di sopra, haueua tenuto nelle prattiche di Morone, & oltre à ciò, hauendo il detto Araceli perduta la gratia d'Altemps per alcuni sospetti, che gl'erano stati messi da lui, nè sodisfacendosi esso Borromeo in tutto di Sirleto, considerò, che la prontezza mostrata da Alessandrino, per aiutar il medesimo Sirleto, meritasse assai appresso di lui, & essendo molto tempo innanzi affetionato alla sua bontà, risoluè di farlo Papa, al che parimente concorse Altemps, il quale andò, à far intender quella risolutione à Farnese, quale subito anco esso vi concorse, come quello, che non solamente l'haueua nominato al Papato allora medesima, & l'haueua honorato negli suoi scrutinij del voto suo, mà perche dubitaua, che non tornasse su le prattiche di Sirleto, e contro voglia sua lo creassero Papa, perche non ui haueua trouato mai l'esclusione à modo suo; s'aggiungeua oltre di ciò un poco l'alienatione d'animo in Farnese dalla creatione di Monte-Pulciano, non per difetto di lui, ò per poco amore, ch'egli li portasse, mà perche non li pareua di hauer luogo principale, nella detta elettione.

Hora essendosi fatto Altemps già Capo di questa fattione d'alessandrino, non restaua altro all'intiera sodisfattione di Borromeo, che per un certo rispetto, ch'egli portaua à Morone, non volendo venire alla conclusione d'un tanto negotio, non solamente senza la sua saputa, mà nè meno senza la sua dodisfatione, egli se ne andasse à scoprirgli la prattica, la qual'esso Morone, come sauio huomo vedendola tanto innanzi, & per cagion di Borromeo stimata tanto, la lodò per buona; onde Borromeo fece venire da lui Alessandrino, e parlorono insieme con molta sodisfatione dell'uno, & dell'altro.

Già si cominciaua, à scoprir per il Conclaue, che si faceuano grandissime prattiche, mà non si sapeua da molti de' principali, come da Medici, da Ferrara, da Este, da Trento, e da Pisani, ch'era in Conclaue con due Nepoti, & era Decano del Sacro Collegio, quello, che si trattasse prima, che dette prattiche fossero senza il loro interuento conchiuse ; il che diede grandissima marauiglia à chi lo seppe dopoi, nè si sapeua, se doueffero ò più lodarsi quelli, che con tanta secretezza, & celerità l'haueuano saputa concludere, ò biasimar quei, che fussero proceduti con si poco auertimento, e che essendo tanti non ne hauessero penetrato cosa alcuna.

Dopò, che la conclusione si scoperse, ogn'uno correua à gara all'adoratione, facendolo nondimeno con certo sbigottimento, & marauiglie, che non credeuano à loro medesimi, nè pareua loro credere quello, che vedeuano, e così di commune consenso fu creato Papa Alessandrino, il quale per gratificare Borromeo di tanto beneficio, richiesto di ciò dal Cardinal Colonna, si fece chiamare Pio Quinto.

Creato Papa, si mostrò molto benefico nelle prime operationi per il donatiuo, che fece al Conte Anibale fratello del Cardinal' Altemps, & alli Cardinal poueri, con denari contanti, che si cauorno di Castello, che tolse via quel sbigotimento, conceputosi per Roma nella sua creatione, perciò che ogn'uno tremaua della austerità sua, non hauendo però altro d'opporsi, se non che fosse di natura al quanto seuera, essendo nel resto vissuto santamente; come l'istesso se ne spera.

CONCLA

CONCLAVE

NEL QVALE FV CREATO PAPA,
il Cardinale BVONCOMPAGNO, *detto*

GREGORIO XIII.

ORTO, che fu Papa Pio Quinto, e fatte l'essequie di noue giorni secondo il solito, il di seguente si cantò la Messa dello Spirito Santo, la qual finita tutti li Cardinali uscendo di S. Pietro ascesero nel Palazzo nella Cappella Paulina in numero di 52. doue fatte alcune cerimonie, ciascuno si ritirò alla sua cella, fu fatta in quel giorno prattica molto stretta dagli Amici del Cardinale Morone, volendo tentare di farlo Papa la mattina istessa dell'ingresso nel Conclaue, mentre molti de' Cardinali si trouauano fuori del Conclaue usciti, ò non ancor gionti (essendo soliti molti Cardinali dopò hauer preso il possesso della loro stanza, di uscire quel giorno fuori del Conclaue, & non tornare fino alla sera, per trattare in quel tempo qualche loro negotio) rimanendo à quell'effetto dentro del Conclaue quelli, che concorreuano nella persona dell'istesso Morone, mà scoperta questa negotiatione da alcuni, che gli erano contrarij, fu interrotta da i medesimi, mà essendo sù il tardi venuto auuiso, che li Cardinali Borromeo, Robba, e Vercelli giungeuano quella medesima sera, risorse la speranza degli Amici, di esso Morone, di poter concludere il loro negotio, & concertorno, che prima, che quei Cardinali, che si trouauano ancor fuori del Conclaue, rientrassero, si venisse all'adoratione con quelli pochi, che si trouauano nel Conclaue; mà essendo di nuouo scoperto questo tratta-

to, fu tosto impedito, e frà questo mezzo gionse da Napoli il Cardinale Granuella, e la medesima sera entrò nel Conclaue, e dopò essere stato lungamente col Cardinale Farnese insieme con l'Ambasciatore di Spagna, fu poi col Cardinale Alessandrino, e chiusesi il Conclaue, circa le cinque hore di notte, ciascuno se ne andò, lasciando il luogo libero à Cardinali.

La mattina seguente à buon'hora il Cardinal Granuella tornò à parlare à Farnese, & in sostanza li disse, che il suo Rè desideraua, che si facesse un Papa buono, & quanto più presto, fosse possibile, e che per facilitare questa elettione, sua Maestà desideraua, & lo pregaua, à volere desistere, dal pensare alla persona sua, perciò che vi erano alcune Casate, & famiglie d'Italia, & alcune di Germania, che non lo voleuano, alle quali sua Maestà non poteua mancare, e perciò, quando egli hauesse voluto persistere in queste prattiche, di procurare per se stesso, che egli per ordine del suo Rè non poteua mancare, di essergli contro, & di non procurare, d'impedimento à tutto suo potere, mouendosi il suo Rè, per conseruar la pace, e quiete della Christianità, & d'Italia in particolare.

Farnese à quest'ambasciata restò molto attonito, & confuso tanto più, quanto che gli giungeua fuori di ogni suo pensiero, & aspettatione, mà raccolti insieme quegli spiriti, che gli rimasero, come pronto, e risoluto, spogliatosi d'ogni suo interesse, in un subito rispose, ch'egli era pronto, à voler crear un buon Papa, & quanto prima, e che perciò ne parlarebbe con gli amici suoi. A questo replicò Granuella, che era bon honesto, che hauendo egli tanta parte in quello Collegio, quanta vi haueua, che nell'elettione ancora fosse partecipe, & non si facesse il Papa senza di lui, e che perciò nominasse due, ò trè soggetti, che gli paressero migliori, che egli non haurebbe mancato, di procurare; che alcuno di loro fosse riuscito; Per la qual cosa veggendosi Farnese così colto all'improuiso, scorrendo breuemente col suo pensiero ne i soggetti più riuscibili, & à lui più confidenti, nominò Montepulciano, Buoncompagno, & Coreggio, con la quale nominatione

tione partendosi Granuella, fu a trouare Alessandrino, e li parlò con parole alquanto alte & imperiose, auertendolo, che se non faceua ogni opra, per far alcuno Papa amico, & confidente al Rè, & al più presto, che hauesse potuto S. Maestà se ne sarebbe risentita, & qui li nominò, i trè Cardinali proposti dal Cardinale Farnese, essortandolo, ad applicarsi ad uno di questi, che cosi facendo, il Papa si farebbe presto, & à sodisfatione del Rè, & cóforme al seruitio di Dio. Il Cardinal Alessandrino, come giouane, & non auuezzo à simili negotij, restando confuso, & irresoluto, senza darli risposta determinata, subito se ne tornò alla sua cella, & congregati gli amici suoi, espose loro tutto quello, che era passato con Granuella, soggiungendo di più, che egli haueua tentato, d'hauer uno di loro per Papa, e proponendo Piacenza, non haueua conosciuto, di poterlo far riuscire, con tutto, che Borromeo lo volesse anche egli, perciò che gli amici di detto Borromeo non haueuano voluto accettare, di concorrere in lui, scusandosi sopra la nouità del Cardinalato di esso, si come fecero anco le creature di Paolo Quarto, che nel Conclaue di Pio IV non vollero andare in alcuna creatura di Paolo III. dicendo, che era honesto, che i Cardinali più antichi fussero proferiti à più noui; onde anch'eglino voleuano, che questa volta le creature di Pio V. cedessero il luogo à quelle di Pio IV. il che veggendo egli, che il Papa non si poteua fare senza di loro, proposto Sirleto, & Boncompagno capo di quelle, e che à Sirleto haueua trouato poca inclinatione di animo, dicendo molti di loro, che trà essi vi erano alcuni, che una volta erano stati contro, quali mai più vi si piegariano, e che gli altri, per non offendere quelli, non vi concorrerebbono, che però egli vedeua, che non rimaneua altro soggetto, che Boncompagno, che li paresse riuscibile, & che quando egli si fusse creduto, di poter col differire, hauere una delle creature di suo zio, che non si sarebbe mosso dal suo primo proponimento, mà, che conoscendo egli, che col proporsi hor l'uno, hor l'altro di loro, che à tutti si sarebbe fatta la medesima oppositione, fatta di già à Piacenza, il che ritornarebbe à poca riputatione loro, & à rischio, di douergli esser di molto impe-

dimen-

dimento ne' futuri Conclaui, perciò egli giudicaua men male, appigliarſi alla perſona di Buoncompagno, hauendo però animo ancora di tentare la prattica per Sirleto, poiche veniua deſiderato molto dal Cardinal Borromeo; e partito dalla cella ſua doppò queſto ragionamento, fu à ritrouare alcuno di quelle creature di Pio IV. che pratticauano per Buoncompagno, a' quali haueua dato intentione di trattare per il medeſimo, & doppò hauer tentato l'animo di loro, diſſe, che egli con tutti gli amici ſi contentaua di Buoncompagno.

Mentre queſte coſe ſi trattauano dal Cardinal Aleſſandrino, & da Borromeo, Farneſe, che dal raggionamento hauuto con Granuella vedeua, che l'elettione caſcaua ſopra Buoncompagno, trouato il Cardinale di Vrbino, che egli ſapeua, che oltre modo deſideraua queſto ſoggetto, gli narrò tutto il fatto, & gli diſſe, che faceſſe intendere à gli amici di eſſo Buoncompagno, che diſponeſſero Aleſſandrino, che hauendo lui in ſuo fauore, al ſicuro era Papa, eſſendo Altemps con tutte le creature di Pio IV. deliberatto, di fare ogni sforzo, per farlo riuſcire, non vi eſſendo più, due, ò tre di loro, che andaſſero un poco lenti, che perciò non rimanendo à farſi altro, che guadagnare Aleſſandrino, à queſto s'attendeſſe. Di che auuertiti gli amici di Buoncompagno, che erano molti, frà gli altri Sauelli, e Sermoneta, uſorno l'arte, che hò detto, di eſcludere ad Aleſſandrino la propoſta di Piacenza, & à Borromeo quella di Morone, e di Sirleto, come fecero, per far caſcare ambedue le prattiche in queſto ſoggetto, perciò che hauuta da lui la riſpoſta ſopra detta, & eſſendo conſcij dell' animo di Farneſe, & di Medici, che ſtauano uniti con Aleſſandrino, ſubito fecero intendere à gli altri loro compagni, che voleuano fare il Papa, e che fuſſero in Cappella per l'adoratione. E perche vi n' erano ſette, ò otto, che non erano partecipi di queſta congregatione, diuiſero trà loro il carico, di andarglielo, ad auuiſare, & Colonna tolſe la cura, d'auertir Ferrara, che nulla ſapeua di queſto fatto, & Vercelli corſe alla camera di Buoncompagno, prendendolo per mano, dicendogli, che preſto andaſſe ſeco in Cappella, che egli era Papa. Quel Buon vecchio udita tal nuoua, ſenza pur

GREGORIO XIII.

commouerſi, con molta fermezza di animo altro non riſpoſe, ſe non queſte parole, Monſignor vi ſono poi tutti, i voti ſufficienti all' elettione? & aſſicurandolo Vercelli di ſi, con altri, che tratanto erano qui concorſi, accoſtoſſi Buoncompagno al ſuo Tauolino, & diede di piglio ad alcune ſue ſcritture, che gli importauano, & quello ponendoſi in petto, diſſe, hor andiamo nel nome di Dio, & con viſo, & animo coſtantiſſimo ſi poſe, à caminare con grauità, e fermezza tale, come haurebbe fatto, ſe fuſſe ſtato ſuo ſolito, di andare à ſimile congreſſo, e gionto alla Cappella, ſenza alcun contraſto, & con merauiglioſo conſenſo di tutto il Collegio fu adorato, & ſalutato Vicario di Chriſto, non eſſendo durato il negotio più, che dalle 15. hore fino alle 21. ſenza interueniruialcuno accidente, come ſuole auuenire in ſimili caſi, e il tutto trattoſſi per mano degli ſteſſi Cardinali, ſenza interuento di Conclauiſti, & ſi concluſe il di 14. di Maggio, e chiamoſſi Gregorio Decimoterzo.

Il Signor Claudio Gonzaga fu quello, che gli portò il primo auuiſo per parte del Cardinal di Vrbino, che egli era Papa.

Queſta elettione hà ſodisfatta tutta la Corte, tanto che non ſi può dir più, e ſe ſi foſſe poſta l'elettione ad arbitrio della medeſima corte, non cadeua veramente ſopra altri, che ſopra queſto, ò ſopra Coreggio, il quale molti tengono per fermo, chè riuſciua Papa al ſicuro, ſe il Conclaue andaua in lungo ſei, ò otto giorni di più, perché oltre, che haueua Amici di molta auttorità, che procurauano per lui, egli haueua la buona volontà di quaſi tutti i Capi di fattione, come di Farneſe, Medici, Ferrara, nè Aleſſandrino l'abborriua; oltre che molte creature di Pio V. vi ſarebbero andate ſenza lui, quando bene egli non haueſſe voluto concorrerui.

CON-

CONCLAVE
NEL QVALE FV CREATO PAPA,
il Cardinale MONTALTO, *detto,*

SISTO QVINTO.

'ELETTIONE del sommo Pontefice è senza dubio la maggiore, e la più sublime attione, che nella Christianità si tratti; poiche in quella si elegge il Vicario di Christo in Terra, à cui è data la potestà di legare, e di sciogliere, di dispensare gli beneficij, di creare li Cardinali, & oltre à questo, di gouernare un bello, e grande Imperio temporale, & spirituale, di modo, ch' essendo il Papato di tanta dignità, & auttorità, non è da marauigliarsi, se gli huomini inclinati naturalmente alle grandezze l'ambiscono, e procurano, mà è ben da marauigliarsi di coloro, che non da zelo dell'honor di Dio guidati, mà da peruersa ambitione, & ingordo desiderio spinti, si affatigano per conseguirlo, ò a procurarlo ad altri per interessi. Si è per lunga esperienza veduto, che il Signor' Iddio, per confondere la sapienza degli huomini, & per mostrare, che l'elettione del Papa è opera sua, & non d'altri, hà fatto eleggere il più delle volte Papa, quello, che dagli huomini n'era stimato, e tenuto più lontano, il che s'è visto nella creatione di Sisto Quinto, che fu il Cardinal Montalto, già frate de' minori Conuentuali, il quale nacque alle Grotte, Castello di Montalto, Prouincia della Marca, di assai humili Parenti, figlio di un pouero Contadino, il quale, essendo dotato di bello ingegno, fu da Pio Quinto, creato Vescouo, & poi Cardinale

Bb &fu

& fu fatto Papa alli 24, di Aprile, 14, giorni dopò la morte di Gregorio decimo terzo, il quale hauendo seduto nel Pontificato presso à tredici anni, Domenica alli sette di Aprile delli 1585. celebrò messa nella Cappella secreta, & dopò se n'andò in Cappella publica alla messa Papale, oue stette senza, che si vedesse alcuna indispositione in lui; lunidì seguente alli 8. trouandosi nella sua pristina dispositione, fece Concistoro, e parse al Signor Ludouico Bianchetto verso la sera, che il Papa fosse al quanto stracco, affannato, & essendo quel dì stata intimata la signatura per il Martedì seguente, il detto Mastro di Camera, vedendolo di spirito debole, & turbato, la fece disintimare, benche contro la volontà del Papa, che voleua spedire alcuni negotij. Con questa disintimatione si cominciò à dire, che il Papa era un poco indisposto di catarro. Mercordi alli X. sua Santità si leuò di letto, e passeggiò un poco per la Cammera, e dopò al'hora ordinaria pranzò assai competentemente, & vi si trouarono presenti il Signor Giacomo, & il Signor Cardinale San Sisto, e parendo loro, che fusse megliorato, sen'andorono via; mà due hore incirca auanti sera li Medici toccorono il suo polso, e conobbero che la sua vita si consumaua tanto più, che la gola si cominciò à serrare, & la fauella à turbarsi, talmente, che da se cominciò à conoscere, esser venuto il suo fine, & si fece molte volte il segno della Croce, & non potendo aspettare il Santissimo Sacramento per la furia del male, si pigliò partito, di dargli l'oglio santo, & di lì à poco rese l'anima à Dio con gran contritione, & con le mani giunte al Cielo. Il medesimo giorno, volendo li Cardinali prouedere al gouerno di Roma per la Sede vacante, & al Conclaue, & ordinare l'essequie al Pontefice morto, fecero congregatione dopò Vespro nella sala del Concistoro secreto, vestiti con rocchetti, & Mozette senza Cappa, in segno della giurisditione in che succedono.

Giouedi nel medesimo modo, & luogo fecero Congregatione per il medesimo effetto del gouerno, & altre cose occorrenti, & per dar ordine all'essequie del Pontefice morto, quale portarono à basso in San Pietro, nella Cappella di Sisto Quarto,

SISTO QVINTO.

Quarto, il quale fu accompagnato dal Cardinal San Sisto, & da altri Cardinali, & dopo hauer detto alcuni officij di morti, fu trasportato alla Cappella sua Gregoriana, oue stette trè dì auanti, che fusse sepolto, & vi fu portato vestito Pontificalmente con la Mitra intesta, in un cataletto con li piedi appresso la ferrata, acciò la gente potesse bagiargli li piedi, al quale effetto concorse gran moltitudine di persone.

Venerdì alli 12, li Cardinali cominciorono à far l'essequie consuete nella Cappella di Sisto, & cantò la messa il Cardinal Gambara, & finita, fecero la Congregatione nella sacristia di San Pietro, doue entrò il Conte d'Oliuares Ambasciatore del Rè Cattolico, il quale fece un raggionamento lodato da tutti li Cardinali.

Sabbato fu cantata la messa de' morti dal Cardinal Como, quale finita, si fece congregatione al solito, nella quale entrò l'Ambasciatore dell'Imperatore, che fece un'altro ragionamento, & il Cardinal d'Este un'altro in nome del Rè Christianissimo & dopò fu portato il cadauero del Papa in un lato della sua Cappella, & messo in un deposito murato per allora.

Dominica dell'oliua non si fece Cappella, nè si diedero le palme, per difetto del Pontefice, nè si fece Congregatione, & il medesimo di entrò in Roma il Cardinal d'Aragona, ch'era stato à Napoli.

Alli 15, fu cantata la messa dal Cardinal Alessandrino, & essendo già il Catafalco chiamato, *Castrum doloris*, posto in mezzo la Chiesa di San Pietro, & già finita la messa vennero à dire li responsorij li Cardinali Alessandrino, Mont'alto, Albano, San Sisto, & Smoncelli, quali finiti, si fece Congregatione nel luogo predetto.

Il Martedi, & Mercordi sequenti si continuarono le solite Congregationi.

Il Giouedi si fece Congregatione al tardi, nella quale entrò l'Ambasciatore nuouo di Francia, ch'era arriuato allora, & l'istesso giorno entrarono in Roma il Cardinal Gesualdo che veniua da Napoli, & Medici dal suo Arciuescouato.

Sabbato santo alli 20 al tardi si fece Congregatione, nella quale l'Ambasciatore di Spagna fece un' altro ragionamente, & in quel di entrorono in Roma li Cardinali Paleotto, Arciuescouo di Bologna, e Castagna legato di quella Città. Questo stesso giorno fu detto publicamente, che alcuni Cardinali trattauano di far Papa Cesis, e ch' erano assai, che veniuano alla sua elettione, mà fu scoperto il trattato da altri pretendenti, che l'impedirno.

Il giorno di Pasqua dopò essersi cantata la messa dello Spirito Santo, & recitata dal Moreto Oratore eccellente l'Oratione de summo Pontefice eligendo, entrorno in Conclaue 39. Cardinali sotto questi Capi, Farnese, Este, Alessandrino, Altemps, Medici, e San Sisto, che era la fattione più numerosa; entrorno dopò Austria, Madrucci, e Vercelli. Frà questi erano molti soggetti Papabili. Trà le creature di Paolo III, erano in gran grido Farnese, e Sauelli: nelle creature di Pio IV, Sirleto, Paleotto, San Giorgio, e San Croce: in quelle di Pio V, Montalto, Cesis, & Santa Seuerina: in quello di Gregorio XIII, Torres, Mondoui, San Quattro, e Castagna. Questi sogetti dunque erano fauoriti, e portati da loro Capi chi più, e chi meno, secondo, che maggiore, ò minore era l'affetto, & confidenza del loro Capo; benche tutti li Capi di fattione mostrano con grande arte, d'amare, e fauorire equalmente le creature loro, per non mettere trà loro la scisma, & diuisione, nè dare ad alcuno occasione, d'alienarsi, se bene poi nel secreto hanno uno, che vorriano sopra tutti, & à cui essi scoprono secretamente l'animo loro. Con l'inuocatione dunque, & scorta dello Spirito Santo entrati li Cardinali in numero di 42, essendosi prima penetrato, che Altemps, Medici, & Alessandrino voleuano in quel primo ingresso tentare di far Papa Cesis, onde molti, che per loro commodità sariano usciti dal Conclaue, per tornarui la sera, & massime San Sisto, Capo delle creature di Gregorio XIII, & principale esclusore di Cesis per impedire, (se fusse stato bisogno) un tal trattato, non uscirono; onde essendo stato scoperto, non bastò à quei Capi l'animo di tentarlo, si che quel giorno, e quella notte si stette senza alcun

SISTO QVINTO.

za alcun timore, & senza farsi un minimo mouimento.

Il lunedi per tempo si ridussero nella Cappella Paolina oue Farnese, come Decano celebrò messa, & di sua mano communicò li Cardinali, poi si venne, secondo il solito, allo scrutinio, nel quale Albano hebbe 13 Voti, che fu il maggior numero, che alcun'altro Cardinale hauesse.

Ritornati li Cardinali alle celle, si attese il giorno alle prattiche, & Altemps cominciò à trattare alla gagliarda, la prattica di Sirleto, aiutato da Medici, & dalle creature di Pio IV, per la confidenza, che haueua ogn'uno di loro, di poterne disporre. Mà subito fu trouata l'esclusione scoprendosi contro di lui Este, Farnese, & Sforza, sì per hauerlo altre volte escluso, sì perche, se bene Sirleto è huomo di molta bontà, & dotrina, senza parenti, & senza interessi, e però tenuto inhabile à tanto peso, & massime per li presenti bisogni di Santa Chiesa, & si vede anco che molti l'abborriuano, per esser troppo intrinseco, & unito con Como, il quale non solo era odioso alla maggior parte de' Cardinali, per hauer, come sommo secretario, gouernato il Papato 19. anni; trà sotto Pio, & Gregorio XIII, mà per hauer'à molti dato disgusti; onde Sirleto veniua tanto maggiormente oppugnato, perche Como non hauesse, à regnare di nuouo sotto di lui, nel qual maneggio di Sirleto fu dà suoi Amici accusato Altemps di troppa presuntione, mettendosi à trattarlo à quel primo impeto del Conclaue, nel quale bollono, & auampano le speranze, &, i desiderij di tutti Cardinali pretendenti, & desiderando ciascuno, di procurare per se, il che è cagione, che in quel primo incontro le cose facili si rendano difficili; onde Altemps se hauesse dissimulato il suo desiderio, date parole ad altri, & atteso, ad escludere li concorrenti, poteua con ragione sperare, di condurre il suo desiderio à porto; mà la sua troppa fretta, & credulità rouinò lui, & l'amico suo insieme, perche Farnese incapricciato, & acceso d'incredibil voglia, d'esser Papa, cominciò publicamente à detestare la prattica, & il soggetto, dicendo, io non sò, come l'intendano costoro, di volere far Papa Sirleto, mà furono però alcurò alcuni, che crederono, che Altemps fingesse, di voler mostrare principalmente Sirleto, per dargli sodisfatione, mà la reale intentione sua fusse, di voler Vercelli, parente, & intrinseco suo, nel quale confidaua quanto in se stesso, pensando, che Vercelli fusse, per riuscire facilmente, vedendo, che Farnese, & Este faceuano molto l'amoreuole, e confidente con lui, & mostrauano, d'essere pronti à concorrere nella persona sua, & di volerlo fauorire, benche in effetto poi non fussero tali.

Escluso il negotio di Sirleto, San Sisto cominciò à trattare per Castagna, creatura molto amata da lui, e soggetto tenuto molto à proposito per le sue degne qualità, mà disfauorito, per esser troppo fauorito da Spagna, e per essere Cardinale nuouo, non potendo li Cardinali Vecchi comportarlo.

Di Sauello non si trattò molto, perche Colonna, & Cesis suoi nemici scoperti per gl'interessi, & mala intelligenza frà loro Romani, si opposero à Medici, dicendogli liberamente, che s'egli pensaua, d'andare à Sauello, eglino senza alcuno rispetto si voltauano a Farnese; di modo che Medici per non alienarsi quelli suoi Amici adherenti, lasciò affatto, di pensar più à Sauello, e tanto più per non far Papa tanto obligato, & confederato à Farnese; il qual Sauello, se bene è dignissimo Cardinale, & di grandissima riputatione, & hà negl'ufficij di Vicario di sua Santità, & di sommo Inquisitore, per tanti anni dato così gran saggio dell'integrità, & valor suo, era nondimeno la nomina sua abborrita, poiche in tutti gli andamenti suoi mostraua alterezza, espauentaua i grandi, & i piccioli, argomentandosi, che se queste attioni erano grandi in lui nel Cardinalato, quanto maggiori poi sariano nel Pontificato? Nè gli giouaua lo star infermo, & parer ogni giorno moribondo, essendo già per molti anni auuezzi gli occhi d'ogn'uno, à vederlo tale, & giudicandosi, che il mal suo non fusse altro, che il troppo desiderio del Papato; nè mancaua ancora, chi gli opponesse, ch'egli haueua non picciol numero de' figli bastardi, tenuti da sui per molto tempo, & con molt'altri secreti, mà quello, che più lo contrastaua, era,

non

SISTO QVINTO.

non essere cosa alcuna più pestifera, nè più contraria all' essaltatione d'un Cardinale, che l'hauere Cardinali nemici.

In queste prattiche si comminciò à mettere in predicamento il Cardinale Torres, con tutto che fusse assente, mà diceuasi, che si aspettaua di giorno in giorno, desiderato da Farnese, da Este, & da i Nepoti di Gregorio XIII, & haueua tanto fauore nel Collegio, che non si sapeua trouare la sua esclusione; di modo, che se allora si fusse trouato in Conclaue, sarebbe, à giuditio uniuersale, senza dubio stato creato Papa, il che faceua sudar la fronte à Medici, per non trouare l'esclusione, sapendo, che se Torres fusse Papa, sarebbe immediatemente Farnese fatto dominatore del Papato, & haurebbe indotto il Papa, à far à deuotione sua una così buona mano de' Cardinali, che si sarebbe assicurato, d'hauergli à succedere poi sicuramente; ne per escluderlo bastauano oppositioni, che li faceuano alcuni d'infermo, & inutile. Questi Capi, che lo portauano con bella, & secreta stratagemma trà loro haueuano ordito, di farlo Papa nell'entrare suo in Conclaue, occasione veramente opportuna, & accommodata, perche quando un Cardinale è per entrare in Conclaue, sogliono tutti li Cardinali conuenir insieme alla Porta dell' istesso Conclaue, per riuerirlo, & honorarlo, & in quello improuiso modo sarebbe loro riuscito il disegno. Volendo dunque Medici, è suoi adherenti liberarsi da tutti i timori, & sospetti, che haueuano di Torres, & di Farnese, conuennero con Alessandrino, è Rusticuui, di far, senza dar più tempo al tempo, Papa Montalto, sapendo Medici, che detti due Cardinali non bramauano altro, ne haueuano già tanto tempo vigilato in altro, che in farlo Papa; li Cardinali de' Principi similmente, & Ministri Reggij aderiuano, perche si come Alessandrino, & Medici valeuano appresso il Rè Cattolico, così Rusticuui valeua appresso d'Este, Capo della fattione Francese, & per superare le difficultà; che impediuano Montalto, & indurre più facilmente li Cardinali dependenti da Farnese à volerlo, sparsero, e fecero con molto artificio da altri spargere voce, & mostrar lettere, che Torres sarebbe in be in Conclaue frà due giorni, & di più diceuano, che quando Torres non riufcifse, Farnefe non mirarebbe più in altro, che in andar temporeggiando, & aiutar gli altri à cadere, per aparechiar il corfo à fe ftefso più ageuole, & più fpedito, & per argumentare il timore, & il fofpetto ne' Cardinali contrarii aggiungeuano, che ftaua afpettando da Spagna, & da Francia aiuti, & fauori grandi, hauendo lui con molta diligenza fpedito à quelle creature huomini à pofta, à fupplicarle di ciò, fpecialmente hauendo fatto al Rè di Francia una lunga commemoratione dell' antica feruitù, fede, & deuotione, & fegnalati feruiggi fatti dalla Cafa Farnefe alla Corona di Francia. E fe bene pareua, che Medici non douefse per ragione del mondo voler Mont'alto, per non far un Papa nemico al Signor PaoloGiordano Orfino fuo cognato, nó dimeno potè più in lui l'ambitione, o'l defiderio, di efcludere Farnefe, & Torres, che il beneficio, & lo rifpetto del cognato, & tanto più rifolfe, di farlo, dubitando, che Alefsandrino non li fcappafse dalle mani, conofcendolo di natura incoftante, e temendo, che Farnefe con l'auttorità fua, non lo tirafse à fuo fauore, & confiderando ancora, che col far Papa Montalto, frefco in un certo modo d'anni non arriuando à 64, di cofi robufta, o viuace compleffione, che per ordine di natura fi poteua tenere ficuramente fofse per fepelire Farnefe, & tutti li fuoi fautori, veniua à liberarfi, d'hauere, à temere più di lui, & degli altri fuoi.

Hora non lafciarò di dire, che alcuni Cardinali fi marauigliauano, che Alefsandrino non proponefse più tofto Albano, che era pure fua creatura vecchia afsai, Dottor famofo, di molta efperienza, & bontà, & al quale foleua, l'ifteffo Alefsandrino, dar gran fperanza, non perche lo volefse, mà per mantenerlo con lui unito, Alefsandrino però fe ne fcufaua, con dire, Albano hà Figliuoli, fe ben legitimi: hà parenti afsai, & troppo alti penfieri, & altre oppofitioni, per le quali il Collegio non inclinaua cofi verfo di lui, come verfo Mont'alto; mà effendo cofa ordinaria, che à tutti li Cardinali Papabili per la competenza, che è frà loro, fi fanno fempre molte oppofitioni, fi come fi faceuano anco à Montalto, & maggiori forfe,

ri forse, che ad Albano, nondimeno si vanno poi superando
parte col tempo, che è padre della verità, & parte col fauore
de' Capi, mà non essendosi mai inteso, che altri Cardinali
facessero ad Albano oppositioni alle prattiche di Alessandrino, fu creduto d'esso, per li disgusti trà di loro passati, & l'opinione, di non hauere à portar con lui Papa quello, che desideraua, da se stesso mettesse in Campo dette cose per impedire ad Albano il suo corso, & ageuolarlo all' incontro à
Montalto, per la sicurezza che teneuano, d'hauere trà lui, e
Rusticucci à gouernare, & dominare il Papato sotto di lui,
fondandosi, che Montalto non haueua Nipoti grandi, mà
minori, e reputati da loro incapaci, & inhabili, à gouernar
l'imperio, il qual discorso sendo fondato più presto su il
verisimile, che sù il necessario, non poteua però assicurarlo del
tutto, vedendosi in tal negotio molte volte succedere il contrario di quello, che si discorre, e giudica, mutando i Papi
costume, & voglia differente da quella, che haueuano, quando erano Cardinali; mà ben fu biasmato Albano, che
essendo huomo di tanta prudenza, ò non sapesse, ò non
volesse procurarsi la gratia d'Alessandrino, & degli altri
Capi, ò fusse per il troppo confidare, ò presumere di se stesso,
ò per tener cosa indegna & illecita, che alcun Cardinal presumesse, d'ambire il Papato, ò di procurarlo con arte, & simulatione, & esso soleua rispondere à quelli, che allora lo consigliauano, à caminare per strada commune del corrotto uso
della corte, che il fine del Cardinale non deue essere, d'ambire, nè di procurare con prattiche, & simulationi, di essere
Papa, mà di viuere, & operare talmente, che possa essere tenuto da tutti i buoni meriteuole del Papato.

In tanto dunque Alessandrino, e Rusticucci tirati dal desiderio, di dominare, faceuano le prattiche per Montalto, o
per rapir l'animo de' Cardinali, à farlo, lo proponeuano per
soggetto buono, tutto quieto, & grato, non diffidente ad alcuno, senza parenti, zeloso del seruitio di Dio, di natura benigno, & amoreuole; e perche conosceuano, che se bene haueuano in loro fauore Medici, & Este, non poteuano però assicurarsi, di farlo Papa senza il concorso de' Nepoti di Gre-

gorio, & massime di S. Sisto, che faceua professione, d'essere unito con Farnese principale esclusore di Montalto, deliberarono, di guadagnare con buon consiglio à fauore di Montalto li voti di alcune creature di S. Sisto, che giudicauano essere più facili, à guadagnarsi, ò per interesse, ò per dipendenzze, il che successe felicemente, perche con l'auttorità di questi trè Capi, Este, Medici, & Alessandrino, & per opera, & conseglio particolarmente di Riario, Creatura di Gregorio, e fautore di Montalto, si ridusse Guastauillano, per le diuisioni, & parte di Bologna adherente più tosto à Medici, che à S. Sisto, & parimente si ridussero Fiorenza, & Castagna, Saluiati, Spinola, Conano, Gonzaga, e Sforza, quali promisero, di concorrerui, se bene pareua, che Sforza, essendo parente di Farnese, non vi douesse concorrere; mà perche fu Montalto molto amato, & fauorito dall' altro Cardinale suo zio, si lasciò indurre, à preferire il piacer suo, all' interesse di Farnese. Per sigillare poi sicuramente questa prattica restaua à questi trè Capi, di ridurre Altemps Capo d'una parte de' Cardinali di Pio IV, con il quale Medici, Gesualdo, & Cesis hauendo grandissimo credito, & interesse, l'espugnarono finalmente, & lo assicurarono, di maniera che diede parola di fauorirlo, & à questo lo spinse assai il desiderio, che haueua, di uendicarsi di Farnese per la repulsa, & esclusione, che esso fece al suo Cardinal Sirleto con quelle parole dette di sopra, publicamente da lui nel Conclaue, cioè, non sò come l'intendàno costoro, di voler far Papa Sirleto.

Questa prattica fu fatta più di notte, che di giorno. Medici si valse dell' opera di Gesualdo, e di Simoncello; Este, di Gonzaga, & di Cassano, Alessandrino, di Cesis, & di Carrafa, Rusticucci andaua là, & quà disponendo, & mantenendo altri in fede, riducendosi spesso da Este, dubitando, che altri non procurassino, di diuertirlo. E quì è d'auertire la stratagemma, che Riario fautore di Montalto usò con S. Sisto per tirarlo à Montalto col credito, che haueua con lui per essere sua creatura, e per la fede, che portaua al suo consiglio in queste prattiche, & essendo stroppiato delle mani dalla gutta, si fece portare alla Cammera di S. Sisto, & gli disse, Monsignor
Illu-

SISTO QVINTO.

Illustrissimo la prattica di Montalto è tanto innanzi, che sicuramente è Papa, & se V. S. Illustrissima volesse tentare, d'impedirlo, sarebbe un perder tempo, & procurare à se stesso rouina, & vergogna, perche lo fariano senza di lei; però la consiglio, & essorto, à voler anche essa con amor quello, che non può diuertire con forze, soggiungendo, che Montalto sarebbe un'altro Sisto, che fu pur fraté del medesimo Ordine, e fece Raffael Diario Cardinale Vice Cancegliere, del qual ragionamento rimase S. Sisto confuso, & sbigottito, e tanto maggiormente, perche dopoi andò da lui col medesimo artificio Guastauillano, à farli la medesima lettione, & essortarlo ancora con maggior energia allo stabilimento, e conclusione di tal prattica, che sarebbe pazzia il pensare, di farui alcun contrasto.

Hora se bene questa prattica passaua con gran secretezza, fu nondimeno da' Cardinal scoperta da molti segni, & massime essendosi veduto Alessandrino andar di notte per il Conclaue trauestito, cosa più atta à rouinare, che ad ajutare il negotio. Mà Iddio, che haueua eletto Montalto Papa, non permise, che si auertisse à quello, che principalmente auertir si doueua, nè lasciò, che Farnese, & i suoi seguaci si sugliassero, ad interrompere quella prattica, hauendola essi presentita; mà non pensarono che si fosse per venire all'effetto dell'adoratione, mà solo si facesse, per honorar Montalto nello scrutinio, & à Farnese pareua, di dormir sicuro sopra la parola datagli da S. Sisto, di non far Papa senza il suo conseglio, & saputa.

Non si deue passare in silentio, che Montalto dentro, e fuori del Conclaue non mancò in parte alcuna à se stesso; fuori procurò sempre con mirabil modo la gratia de' Cardinali, honorandoli, e lodandoli, & mostrando desiderarli ogni sodisfatione, & grandezza: viueua quieta vita, & ritirata alla sua Vigna presso S. Maria maggiore: con humile, & honesta famiglia: Andaua alle congregationi, alle quali deputato: non contendeua con niun Cardinale, per uincere l'opinione sua, mà si lasciaua dolcemente vincere: dissimulaua, & sopportaua l'ingiurie talmente, che hauendo alcuna volta in Conciſtorio, udito da i Cardinali nominarſi per Aſino marcheggiano, fingeua di non udirli, & coſi poi con lieta faccia ſi voltaua à ſuoi Calunniatori, ringratiandoli con molta humiltà de' fauori, & gratie, che diceua, ſempre riceuere da loro, ſeguendo l'eſſempio di quegli altri Papi, che diſſero, hauer conſeguito tanta dignità ſofferendo ingiurie, & facendo gratie: Doue ſi trattaua, e parlaua de' Principi, & delle coſe loro, moſtraua ſempre ò di difenderli, ò di ſcuſarli, ſenza pregiuditio però mai della dignità, & giuriſditione di queſta ſanta Sede, di cui era acerrimo defenſore, e protettore; faceua profeſſione d'eſſer corteſe non ſolo verſo li ſuoi di Caſa, mà verſo tutti gli altri: Predicaua in publico, & in priuato gl' oblighi, che teneua ad Aleſſandrino dicendo, che ſe fuſſe ſtato Signore di mille Mondi, non haueria potuto pagare una minima parte degli oblighi, che gl' haueua per gl' honori, e beneficij riceuuti dalla ſanta mano di Pio Quinto, & da lui, & da tutti i ſuoi; In Conclaue poi ſe bene non moſtraua un' ambitione ſcoperta, prometteua nondimeno, di far tutti quei beneficij, che il tempo, & il luogo richiedeua humiliandoſi à Cardinali, viſitandoli, & riceuendo all' incontro li fauori, & offerte degli altri con parole d'eterna obligatione: Viſitò Farneſe prima, che entraſſe in Conclaue gl' offerſe liberamente il ſuo voto, & ſi racomandò inſieme alla ſua protettione, moſtrando ſeco confidenza, in riferirli ſi fauori riceuuti, onde fu detto, che Farneſe gli riſpondeſſe, che attendeſſe pure alle ſue prattiche, che non l'impedirebbe; con Eſte, & con Medici fece più volte humiliſſime demoſtrationi, & lunghiſſime promeſſe della ſua perpetua ſeruitù, & deuotione verſo loro, & tutti loro dependenti; E con Altemps la mattina prima, che ſi entraſſe in Cappella, andò, à viſitarlo nella ſua Camera, & à far ſeco una apertiſſima dechiaratione della ſua ottima volontà, & dell' obligo immortale, che terrebbe à lui, & al marcheſe ſuo figliolo del ſingolar beneficio, che riceuerebbe dalle ſue mani; di maniera che Altemps ſi acceſe tanto più di deſiderio di fauorirlo. Vn ſimile officio haueua fatto ancora la ſera auanti con Madrucci entrato allora in Conclaue, à cui il Rè Cattolico haueua det-

SISTO QVINTO

detto il secreto della sua volontà, circa l'elettione del Pontefice, & con molto dispiacere de' Medici, che per essere protettore di Spagna, sperava, e teneva per fermo, che à lui appartenesse primieramente tal favore, e confidenza, & fu opinione di molti, che Madrucci portasse la nominatione del Rè, di Sirleto, di Montalto, Castagna, e Mandreus, e perciò essendo praticato in favor di Montalto non solo vi prestò il suo consenso, mà interpose anco il suo favore con Altemps, con cui era confidentissimo, alla creatione di Montalto. E qui parmi degno di scrivere quello, che avvenne nelle entrare in Conclave del Cardinal d'Austria, la mattina seguente.

Arrivato alla porta del Conclave, e bussato per entrare, all'hora appunto, che si volevano leggere li voti dati in quello scrutinio, fu pregato il Cardinale, à differire alquanto la sua entrata, cioè fin dopò pranzo, non per altro, che per non trattenere il Colleggio con tanto incommodo in Cappella, à sentir leggere le sue Bolle, che si leggono ad ogni Cardinale, che entra, che importa lo spatio d'un hora buona; mà protestando lui, & l'Ambasciatore Cattolico insieme di nullità dello scrutinio, fu risoluto, d'aprirli, mà che si vedesse prima, se lui, essendo Diacono, era ordinato di tal' ordine, conforme alla Bolla di Pio Quarto, e questo avertimento fu opposto dal Cardinal Gambara, per ovviare à gli inconvenienti, che sariano potuti seguire sopra l'invalidità della creatione del Papa, poiche la Bolla voleva, che chi non era ordinato, non potesse dar voto, ne intervenire in Conclave. Il che fece Gambara con disegno, di poter con tal impedimento escludere alcuni Cardinali che teneva, non dover, esser favorevoli al Cardinal Farnese, alla qual domanda fu risposto dal Cardinal S. Croce, non esser tenuti li Cardinali mostrar fede de gli ordini da loro ricevuti, ma bastare, che essi siano tenuti da gli altri communemente per Diaconi. Mà Austria, havendo già proveduto à tutte quelle difficoltà, mandò per il Breve ottenuto da Gregorio, per il quale lo dispensava, & habilitava, di poter ancor che non fusse ordinato Diacono, intervenire in Conclave, & haver la voce attiva, & passiva, come

gli

gli altri Cardinali, onde letto il Breue fu con molta allegrezza riceuuto in Conclaue, & entrato in Cappella, il Maſtro delle Cerimonie leſſe le trè Bolle, due prima, de rebus alienandis, & l'altra, contrà Simoniacos, che fu occaſione, di prolungare aſſai più la ſpeditione dello ſcrutinio, di quella mattina.

 Hora tornando alla tela ordita in fauor di Montalto, mentre li Cardinali ſuoi fautori aſpettauano la luce del giorno con grandiſſimo deſiderio, per tirarla al ſuo fine, il Cielo, che era loro propitio, volle, che in quella mattina per tempo, ſopragiungeſſe il Cardinal di Vercelli, per entrar in Conclaue; onde li Cardinali conuennero quaſi tutti in ſala Regia, per riceuerlo, & honorarlo ſecondo il ſolito, che fu opportuna cagione per confirmare la prattica di Montalto. Entrato il Cardinale fu ſubito da Medici, e Geſualdo praticato per Montalto, & poco dopò il Sacriſta cominciò, à celebrare la Meſſa in Cappella Paolina, alla quale ſogliono interuenire li Cardinali con le Croccie, e far dopò quella lo ſcrutinio. Celebrataſi la Meſſa, fu ordinato al maſtro delle cerimonie, che legeſſe le trè Bolle à Vercelli, e Madruccio; & in queſto tempo fu preſentata la commodità, d'eſſeguire opportunamente quell' ordine, che da Capi, fautori di Montalto, era ſtato prudentemente diuiſato, & concluſo, cioè di farlo in quell' occaſione Papa, & fu queſto; Eſte ſubbito, che ſi diede principio, à leggere la Bolla, hauendo publicamente accennato con la teſta ad Aleſſandrino, che in Cappella ſedeua quaſi dirimpetto à lui, egli à quel tempo ſi leuò, & uſcì di Cappella, & accoſtandoſi al ſuo ſcabello, finſe, di ſcriuere il ſuo voto, e fece, chiamar S. Siſto fuori, con il quale venendo alle ſtrette, diſſe. Sappiate Monſignor Illuſtriſſimo, che Altemps, & Medici vogliono adeſſo unitamente far Papa Montalto, & con noi concorre Guaſtauillano, & tante altre delle noſtre Creature, che l'habbiamo già per fatto; nondimeno per la riuerenza, che portiamo à V. S. Illuſtriſſima, habbiamo determinato, di darne à lei l'honore, acciò che Montalto habbia, à riconoſcere dalla mano, & dall' animo voſtro il Papato; ne penſate di voler fare alcuna reſiſtenza, perche velo faremo in
faccia

SISTO QVINTO.

faccia con molto dishonor voſtro, & diſpiacer. Queſto parlar in tal luogo, & in tal punto fu fatto con molto miſterio, & artificio, per cogliere S. Siſto all' improuiſo, & per impauorirlo, nè dargli tempo, di conſigliarſi, conoſcendolo di natura mutabile. Entrando dunque le parole d'Aleſſandrino à S. Siſto, e percotendolo ancora quel ſuono intonatogli da Arario, & da Gaſtauillano però innanzi nell' orecchie, ſi ſcordò della promeſſa fatta à Farneſe, di non far Papa ſenza participatione, & conſeglio ſuo: ſi ſcordò della ſperanza, con ragione conceputa inanzi, di poter far Papa una delle ſue Creature, & ſi ſcordò finalmente, dimoſtrare in tall' atto quel prudente, e valoroſo ardire, che ad un capo tale ſi conueniua. E non è dubio, che ſe lui haueſſe moſtrato il viſo, & haueſſe chiamato Farneſe fuori, & ſi fuſſe ritirato con le ſue creature, & ragionato con eſſe in diſparte, & trattenuto alquanto il negotio, haurebbe diuertita la prattica, & meſſa gran confuſione, mà abbandonato dall' ardire, & dal conſeglio, ò più toſto inſpirato coſi da Dio, fece chiamar fuori le ſue creature al numero di 16. che radunate tutte in Sala Regia parlò loro in queſto modo. Illuſtriſſimi Signori, Io hò fatto chiamar quà le Signorie V V. Illuſtriſſime per comunicarli, come hora ſi tratta, di far Montalto Papa, & per intendere il parere, & conſiglio loro, acciò che unitamente poſſiamo far quello, che giudicaranno eſſer buono, & ſeruitio di Dio. A S. Siſto furono primi à riſpondere quei Cardinali, che dependeuano da i Capi, fautori di Montalto, e che già ſapeuano tutto il concerto, come Fiorenza, Conano, Gonzaga, Saluiati, Spinola, Biario, Sforza, e Caſtagna, lodando il ſoggetto per digniſſimo, & l'elettione per ottima, & ſanta. Il parlar di quei Cardinali tolſe l'ardire à gli altri, di poter liberamente dire il loro parere, con tutto che SS. Quattro, Cardinale di gran giuditio, & bontà, diceſſe à S. Siſto, à noi piace quello, che piace à V. S. Illuſtriſſima, o che ella giudica ben fatto; & qui fu auertito, che de' Cardinali chiamati fuori, niuno fu, che tornaſſe in Cappella, eccetto Auſtria, che volle intendere da Madruccio, come quello, che haueua il ſecreto del Rè Cattolico ſopra i ſoggetti da eleggerſi

gersi Papa, se doueua concorrere in Montalto, e egli gli disse che vi concorresse, e si mostrasse grato à S. Sisto in questa parte, come fece poi.

Hora in questo modo uscito prima Alessandrino di Cappella, e poi San Sisto, & le sue creature, (che fu una gran nouità, che portò seco qualche spatio di tempo) si marauigliorono molti, come Farnese, ch'era solito, di fare, i Papi, essendo Decano, e Capo di tanta auttorità, e che si credeua principalmente con arte d'escludere Montalto, non si leuasse, ò non uscisse anch'esso di Cappella, per diuertire San Sisto, conoscendolo facile, à mutarsi d'opinione; & in somma pareua gran marauiglia, che Farnese, tanto gran Cardinale, e di tanta esperienza, & conseglio, si mostrasse di così poco animo, e così pouero di partiti, che nella più importante attione della Christianità, nō sapesse trouare strada, di fare una bella diuersione, ò con proporre, di fare una delle sue creature, ouero non si unisse con Altemps all'elettione di uno desiderato da lui, come di Sirleto, ò Vercelli, ò Paleotto, & non tollerare, che si fusse fatto in viso un Papa tanto suo nemico. Mà fu diuina volontà, che esso anco si perdesse, & mancasse à se stesso, & fu creduto ch'egli si auuilisse, in vedere con manifesti segni gli altri Capi riuolti, & Este hauer accennato in Cappella ad Alessandrino, che uscisse, hauer doppò alzata la voce, e detta; non accade più legger Bolle, il Papa è fatto; e finalmente rientrato Alessandrino con gran sagacità in Cappella, per trattenere Farnese, non si si mouesse, à sturbar il negotio, andò à lui, che sedeua al suo luogo, ad annuntiarli, Montalto esser fatto Papa, egli diede la fede, che sarebbe un'altro Paolo III, à fauore, e grandezza di lui, & di tutta la Casa Farnese.

E perche si parla di Farnese, dirò, come molti si marauigliauano, che essendo egli in principal predicamento, d'essere Papa non corrispondesse à tanto grido il fauor de' Cardinali, di che danno la colpa alla grandezza di Casa sua, & à quella del Principe suo nipote, tanto famoso capitano, & generale in Fiandra, & tanto fortunato, essendo la grandezza loro non solo inuidiata, mà temuta da Principi, & da Cardinali per

SISTO QVINTO.   209

nali per rispetti publici, sapendosi, come passarono le cose sotto Paolo III, lor' Auolo. Alcuni aggiungono la poca stima, fatta da lui de' Cardinali poueri, credendo forse, che per arriuare al Papato, fosse più potente mezzo mostrarsi à Cardinali rigido, e seluaggio, che amoreuole, e familiare; ingannandosi anco in pensare, che non si potesse fare il Papa senza lui, e che per ciò ogn' uno lo douesse adorare. Nè in questa occasione è da tralasciare, ancora, che parue molto strano, vedere, che San Giorgio, e Santa Croce, Cardinali di tanta aspettatione, non fussero nè nominati, nè posti in consideratione da i loro Capi, massimamente Santa Croce, che oltre l'esser creatura di Pio IV, pretendeua anco, d'essere de' principali nell' intentione di Este, per esser dependente di Francia, & all' instanza del Rè fatto Cardinale, quando fu Nuncio in Francia, benche studiasse farsi conoscere per neutrale, e fauorire le cose di Spagna, doue poteua, tanto era in lui ardente il desiderio del Papato, al che variamente si rispondeua; dando altri la colpa all' occasione, & al tempo, che non lasciò ragionar di loro, altri dicendo, che li Capi, loro fautori, non curarono, di proporli giudicando, essere meglio per tutti passarli con silentio, che nominarli, e metterli in certo pericolo, d'essere con dispiacere esclusi, essendo San Giorgio conosciuto per Cardinale senza lettere, e senza verità, pieno d'interessi, di spirito bellicoso, & in auaritia sordido senza paragone; Santa Croce per dotto veramente, e valent'huomo, mà vendicatiuo, fieribondo, diffidente à Spagna, & à Francia, & à suoi parenti istessi, & oppugnato da Cardinali Romani per quella regola, *Nemo acceptus in Patria sua*, del Paleotto non fu fatta mentione; nò per difetto, ò suo demerito, mà per esser Bolognese, essendo il Collegio stanco del lungo gouerno di Gregorio, i cui Nepoti non amauano, di vedere in quella Patria un nuouo Papa d'altra casata, che oscurasse così presto il loro splendore, e perche la dependenza, che haueua con Farnese, lo rendeua diffidente à gl' altri.

Santi Quattro non fu nominato per colpa de' suoi Capi, o non sua, essendo egli di singolar virtù, esperienza, e di santissima

D d

tiffima mente, d'incredibile zelo del feruitio di questa santa Sede, e digniffimo del Papato, mà come nuouo Bolognese, & confidente di Farnese, & per il poco animo de' suoi Capi fu paſſato ſotto ſilentio. Verona eſſendo aſſente, d'età di poco più di 50 anni, non fu ricordato, il quale ſe bene è gentil' huomo venetiano, e diffidente di Spagna, nondimeno è di vita, e coſtumi riformati ſimili a quelli della ſanta memoria di Borromeo, è anco riputato coſi huomo indulgente, e benigno verſo gl' altri, e coſi diligente nella cura del ſuo Arciueſcouato, che di lui ſi fa un ottimo giudicio. Di Mondocus non ſi parlò nè meno, non eſſendo preſente, & eſſendo Cardinal nuouo, ſe bene ſoggetto di gran conſideratione, & atto à fare non ſolo rumore, mà à riportar la palma del Pallio, ſe Francia vi concorreſſe, coſi prontamente, come faria Spagna, e Santa Seuerina; ſe bene fu ricordato, nondimeno era riſerbato in petto di Ruſticucci, per portarlo innanzi, caſo, che Montalto non fuſſe arriuato à tant' honore, eſſendo Cardinale di molta ſtima, zelante del ſeruitio di Dio, & del ben publico, fauorito da Spagna, confidente di Farneſe, & tenuto il cuor d'Aleſſandrino, e Roſticucci; ſe ben trà vecchi è riputato giouane, di ſpirito, & che habbia opinione, di ſapere aſſaiſſimo.

Hora tornando doue laſciai San Siſto in ſala Regia, che hauendo inteſo il parere delle ſue creature circà Montalto, ſi riſolſe, di tornar in Cappella con tutta quella ſchiera de' Cardinali per far Montalto Papa. Nel qual ritorno ſi viddero altri Cardinal impallidire, & altri arroſſire. Entrati in Cappella ſenz' altro indugio San Siſto, & Aleſſandrino giuntamente andorono, ad abbracciare, & adorare Montalto, dicendo, Papa, Papa e ſeguirono poi gli altri con gran concorſo, ſi fece chiamar Siſto V, per piacere à San Siſto, e per rinouare il nome di Siſto IV, frate della medeſima Religione de' minori Conuentuali di San Franceſco. Queſto modo di eleggere il Papa per via d'improuiſa adoratione ſe bene da molti anni in quà è chiamato da alcuni la vera via dell' inſpiratione diuina, è tenuto nondimeno per violente, e pericoloſo, perche 3. ò 4. Cardinal ſoli ſpeſſe volte, i più giouani

sono

SISTO QVINTO.

sono quelli, che ò per potenza, ò per adherenza facendo li Capi degli altri, guidano, e reggono il Conclaue secondo la volontà, & ambitione loro. Però li Papi prouiddero già per santissime leggi, che l'elettione del Papa si facesse per solo scrutinio, acciò che ciascun Cardinale fusse libero nel dare il voto secondo la conscienza sua, & non secondo l'altrui passione. Fatta adunque la detta adoratione, si chiuse la Cappella, & il maggiore di cerimonie, & il Sacrista vestirono il Papa con le vesti Pontificali già preparate, & dopò si fece lo scrutinio publico, senza pregiuditio dell'adoratione; & cosi fu da ciascun Cardinale eletto sommo Pontefice, & annunciato al Popolo alla solita loggia con le cerimonie consuete, e portato in San Pietro il giorno di Mercordi alli 24 Aprile 1585, ad hore 15, con grandissima allegrezza, & il primo di Maggio, che fu pure di Mercordi, giorno à lui felicissimo (perche di Mercordi si fece frate, fu creato Generale, Cardinal' e Papa) fu coronato su la Piazza di San Pietro, e gli pose in capo la Tiara il Cardinal di Medici. La Domenica seguente andò à San Giouanni Laterano à pigliar il posesso, e data la benedittione, restò à pranzo alla sua vigna vicina à Santa Maria Maggiore, edificata da lui, quando era Cardinale, la sera se ne tornò à San Pietro.

CONCLAVE

NEL QVALE FV CREATO PAPA,
il Cardinal Giouanni Battista Castagna, detto,

VRBANO SETTIMO.

ENERDI 7 di Settembre 1590, cantata la Messa dello Spirito Santo, secondo il solito nella Cappella di Sisto IV, in San Pietro, dal Cardinal Gesualdo Vicedecano, con l'interuento della maggior parte de' Cardinali; & fattasi l'Oratione de Pontefice eligendo, dal Signor Antonio Roccapaduli Canonico di San Pietro, gli Signori Cardinali entrarono processionalmente in Conclaue per ordine, circa le 15. hore, & meza.

Entrati nel Conclaue, ancorche altre volte fosse costume, che la maggior parte d'essi uscisse, à desinare alle stanze distribuite loro in Palazzo, ò vero alle Case; quelli, che habitauano in Borgo, & si riducessero poi nel Conclaue verso la sera, tuttauia questa volta ciascuno d'essi ricordeuole della Bolla, che dispone, che fatta la processione, & fatto l'ingresso processionale, subito si puol creare il Papa, & che quei Cardinali, che rimangono, se ben pochi fossero, possono far il Papa senza aspettare gli altri, & ricordeuoli anco delle burle, che hebbero ad essere fatte à i Cardinali, che si partirono dal Conclaue la sede vacante passata, & specialmente, la prossima antecedente di Gregorio XIII, non volle perciò niun partirsi, mà desinando in Conclaue iui si fece residenza continua, finche fu serrato il Conclaue secondo il costume. Dopò desinare intorno alle 20 hore congregati li Si-

Cardinali nella Cappella Paolina, iui finirono di dar affetto à tutte quelle cose, che restauano intorno al gouerno della vita, & custodia del Conclaue, dando alli Prelati, Officiali, e Signori d'esso Conclaue, giuramento d'esseruare quel tanto à che erano tenuti per loro Officio, e stettero congregati così fino alle 22 hore, & mezza; dopò uscendo fuori, consumarono il resto del primo giorno in riceuere visite da' Signori, & gentil'huomini, & inuisitarsi l'un l'altro. Intanto facendosi notte, li Signori Cardinali Gesualdo, Vicedecano Alessandro vice primo Prete, & Sforza primo Diacono, Capi de gl'Ordini, cominciando, à mandar fuori del Conclaue li genti d'ogni conditione per la maggior parte nobili, e corteggiani, ch'iui erano dimorati per tutto quel giorno in gran numero, & frequenza, rimase il Conclaue vacuo di quelle persone, che non si haueuano à rimanere per seruitio publico, ò d'essi illustrissimi Cardinali.

Nondimeno gl'Ambasciatori, & Agenti de' Principi, & altre persone di molto affare si trattennero dentro con l'illustrissimi Cardinali, negotiando quasi fin' ad un'hora, & mezza di notte, hor con uno, hor con un'altro. Finalmente usciti fuori, fu finito di murare il Conclaue, rimanendo alle clausure i custodi con li loro Capi di guardia, secondo il solito; si sparse gran voce in quella sera prima, & dopò chiuso il Conclaue, che si trattasse molto alle strette, di far Papa il Cardinal Castagna, la qual voce con buon fondamento nacque dal negotiare, che fecero i Signori Ambasciatori, & Agenti di Principi prima, che si licentiassero ultimamente da i Cardinali, come consapeuoli nel secreto loro, dell'intoppo, che hauer doueva il Cardinal Colonna vecchio al Ponteficato, rispetto all'aperte contraditioni, che douea hauer da Spagnoli, & à freddi, & finti officij di Toscana onde è verisimile, che auanti si partissero da Conclaue, venissero all'indiuiduo della persona di San Marcello, in cui, oltre altre buone raggioni, pareua à giuditiosi, che concorressero unitamente gl'animi de' Principi in altre discordanti. Chiusosi dunque il Conclaue, & rimasti, l'illustrissimi Cardinali molto stanchi della funtione del giorno, per le molte visite riceuute, poco più

s'attes'attese à negotiare, mà ritiratisi alle lor celle si diedero al riposo, Sabbato 8 di Settembre la mattina per tempo, che fu giorno festiuo della Natiuità della gloriosa Vergine Maria, leuatisi molti illustrissimi Cardinali celebrorno messa nella Cappella di Sisto IV, oue per comodità di celebranti, oltre il maggiore erano stati eretti 4 Altari. Molti altri Cardinali per osseruare ad unguem il tenore della Bolla sudetta, aspettarono di communicarsi in quella mattina sollennemente, dopò, che fosse stata celebrata la messa del Spirito Santo, la quale fu detta dal Cardinal Gesualdo, Vicedecano, trouandosi il Signor Giorgio Decano ancora fresco del male, & debole per la vecchiezza.

Dettasi la messa nella Cappella Paolina con l'interuento di tutti illustrissimi Cardinali, dagli infermi in poi, nel fin d'essa tutti quelli Cardinali, che non haueuano celebrato, & li Diaconi con le crocie, come costumauano sempre, che si radunauano iui per lo scrutinio, si communicarono per mano d'esso signor Cardinale Gesualdo, & finita la messa, & communione, posti à sedere di là, & di quà per ordine furono à ciascuno Cardinale dal suo Conclauista posti d'auanti li Scabellini col pulpitetto di sopra con penna, e calamaro, & serratesi le porte della Cappella da Mastri di ceremonie, fu fatto il primo scrutinio, nel quale non essendo concorso in in alcun Cardinale quel numero di voti, che si ricerca, (come non mai, ò di raro auuiene, che vi concorra). furono bruggiati 16 Mettini in mezzo d'essa Cappella, & ciò fatto ogn'uno d'essi Cardinali se ne tornò alla cella à desinare. Dopò pranzo circa le 20 hore entrò in Conclaue il Cardinal Madruccio, che veniua da Trento, & fu riceuuto al solito da Cardinali nella sala Reggia, & riducendosi nella sua cella, fu seconde il solito visitato da molti Cardinali. Indi à pochi giorni cominciò, à spargersi voce, che si trattasse di far Papa il Cardinal di Como, & non senza fondamento, poiche essend' egli stato nominato dal Cardinale Madruccio, frà i primi, che desiderasse il Rè Cattolico, & dall'altro canto aggiutando il negotio grandemente il Cardinale Alessandrino, & seruendosi dell'occasione, s'andaua giudicando, che

quan-

quando non ui fuſſe nato impedimento notabile, il detto Cardinal di Como facilmente ſarebbe ſtato Papa; mà viſtoſi nel ſtringere del negotio, che il Cardinal Montalto tiraua all'eſcluſion di Como molto apertamente, e però abandonataſi l'impreſa à Aleſſandrino, come difficiliſſima, ceſsò la voce. Diceſi anco, che il giorno ſteſſo dal medeſimo Aleſſandrino ſi tentaſſe prattica per Aldobrandino, mà la parte Spagnuola difficultò queſto negotio, in maniera, che non ſe ne parlò più, nel medeſimo giorno furono chiamati tutti i Conclauiſti nella Cappella Paolina, & mettendoſi alla bocca dello ſteccato di tauole, ch'era intorno alla detta porta, o gli trè Capi de gl'Ordini li fecero comparire tutti auanti di loro, cominciando quelli del Cardinal Decano, & poi gli altri per ordine di mano in mano, e chiamati da Signori del Collegio, veniuano interrogati da maeſtri di Cerimonie de' Nomi loro, & li ſcriueuano; ne occorſe quel giorno altra coſa degna d'eſſer notata. Domenica detta la meſſa da Monſignor Sacriſta, fu celebrato nella ſteſſa Cappella con l'iſteſſo ordine, & cerimonie il ſecondo ſcrutinio, doue fu oſſeruato mirabil concorſo di voti in alcuni d'eſſi Cardinali, & mentre ſi ſtaua facendo eſſo ſcrutinio, entrò in Conclaue il Cardinal di Cremona, giunto in Roma la ſera auanti, & eſſendo ſtato condutto in cella del Cardinale Altemps, doue erano ſtati chiamati Albano, e Cornaro, i quali come infermi non erano intrauenuti al primo ſcrutinio; ne haueuano giurato: Onde allora fu letta loro la bulla & dato il giuramento per tutto quel giorno s'atteſe, à facilitare la prattica del Cardinal Colonna, la quale cominciata, come ſi diſſe, prima dell'ingreſſo del Conclaue, fu mantenuta viua fino al giouedì 13 di ſettembre, come ſi dirà appreſſo. Nell'iſteſſo giorno circa le 22 hore entrò in Conclaue il Cardinal Scipione Gonzaga; Lunedì, e prima ancora, ſapendoſi dal Cardinale Altemps, & Sforza, fautori del Cardinal Santi Quattro, ch'egli foſſe nominato dal Rè Cattolico inſieme con altri, per relatione fatta dal Cardinal Madruccio, ſi fece qualche prattica, di farlo Papa, mà opponendoſi gl'amici del Gran Duca, & anco ſcorgendoſi la poca inclinatione di Montalto,

VRBANO SETTIMO.

talto, si lasciò l'impresa, giudicata per difficilissima; il medesimo giorno si ragionò da diuersi, che fosse in piedi una prattica per il Cardinal Santa Seuerina per le parole, che in suo fauore haueua hauuto à dire Madruccio, la cui auttorità era molta, per hauer egli la viua voce di sua Maestà Cattolica; nondimeno il poco aiuto, ch'esso Cardinal haueua da Toscana, & da Alessandrino con le sue creature, fece, che tosto detta prattica cessasse. Circa le 22 hore essendo adunati i Cardinali nella sala Regia, a riceuere il Cardinal di Pauia, che doueua entrare in Conclaue quella sera, parendo alli Deputati de' Conclauisti, questa essere opportuna occasione per far sottoscriuere i loro Priuileggi, i quali la sera precedente, per detto del Cardinal Decano erano stati veduti, & approuati dal Cardinal Aldobrandino; fecero instanza unitamente di ciò ad esso Decano, che sedeua iui con altri Cardinali Vecchi, frà quali facendo qualche repugnanza li Santi Quattro, & Dezza, parue, ch'esso Decano se ne volesse tornare à dietro; Onde essi Deputati si persero d'animo, hauendo il negotio per disperato, & molti di loro se ne partirono in colera, il che vedendosi da molti Conclauisti, mossi alla volta loro, gli dissero, che non bisognaua cedere al primo incontro, & che si doueua ricorrere alli Signori Cardinali Protettori, quali s'eleggono per simili bisogni; mà accortosi, che le loro persuasioni poco, ò nulla giouauano, per retirarli dalla loro disperatione, da loro stessi in compagnia del Signor Siluio Antoniano, andorono alla volta delli Cardinali Sforza, & Ascanio Colonna Protettori, supplicandoli, ad impetrar dal Decano, che cominciasse à sottoscriuere, perche lo seguirebbono poi gli altri Cardinali, senza contraditione, & essi benignamente togliendo questa impresa, si mossero verso il Decano, & l'indussero à contentarsi: Onde uno de i Conclauisti, che haueua mosso questo partito, entrato nella cella del suo Cardinale, tolse penna, e calamaro, & insieme co i Deputati, che vedendo il buon successo, già erano ritornati, fecero sottoscriuere i Priuileggij dal Decano, & poi da gli altri. Il che finito, entrò in Conclaue il Cardinal di Pauia, che dalla sua Chiesa era giunto in Roma à gran giornate.

E e   Il Tenor

Il Tenor de' Priuileggi era questo. *Nos Episcopi, Presbyteri, & Diaconi infrascripti S. R. E. Cardinales Conclauistis nostris, qui intra septa dicti Conclauis nobis famulantur promittimus, quemlibet nostrum concessorum, & indulturum omnes, & quascumque gratias, concessiones, & indulta, tam spiritualia, quàm temporalia alias per fel. record. Sixtum Papam V. eisdem Conclauistis in Conclaue, in quo ipse ad Apostolatus apicem assumptus fuit, existentibus concessas, & indultas. Insuper, & facultates eisdem Conclauistis concessas transferendi pensiones, vel fructuum reseruationes usque ad summa scutorum centum, & tendantur, & amplientur ad scuta ducenta similia.*

Ac insuper quia de præsenti maior Conclauistarum numerus existit, promittimus, & quilibet nostrum promittit, loco decem milliam scutorum auri in auro, quæ idem Sixtus Conclauistis præfatis donauit, donare, & largiri ducatos aureos de Camera nouos duodecim millia.

Item quod dicti Conclauisti non teneantur ad osseruationem constitutionis nouissimæ per fel. record. Sixtum V. dita super habitu, & tonsura per Clericos deferendis, & hoc quo ad obtinentes pensionem tantum.

Martedi 11 di Settembre, fatto al solito il scrutinio, la mattina dopò la messa dello Spirito Santo, in quel giorno non occorse cosa degna da notarsi, solamente da' Signori Cardinali Montalto, & Ascanio Colonna, s'attese à mantener viua la prattica per il Cardinal Marcantonio Colonna, nella quale benche scorgessero molte difficoltà, tuttauia sperauano di superarle, & non voler attendere ad altro, che à questo negotio, & pigliar questa Rocca, per così dire per assedio.

Mercordi venendosi più alle strette, parue, che fosse in colmo più che mai, se non che il Cardinale Ascanio, come prudente, e che andaua col piè di piombo, venne in qualche sospitione, che da molti non li fusse osseruata la fede, & s'udì, dire ad un Cardinale, *si esset in ijs fides, in quibus summa debet esse, non laboraremus*; In tanto, che il Giouedi stringendosi maggiormente la cosa, per venire à conclusione, s'accorse, & toccò con mani, essere pur troppo vero, quello, di che

che sempre haueua dubitato, che la parte Spagnola non veniua di buone gambe à quella elettione, & che alcune delle creature di Montalto doueuano alla proua mostrarsi poco grate, & poco ubedienti à lor Capo, per venire in Marcantonio Colonna; tutta volta s'andaua sperando nel beneficio del tempo, & s'andaua facendo gran fondamento in alcune parole, che si diceua, hauer detto esso Montalto, interrogato dal alcune sue creature, & da quelle forse, che non si trouauano molto sincere, cioè che s'egli non hauesse potuto essaltare Colonna, in tal caso si sarebbe posto ingenocchione, & haurebbe pregato lo Spirito Santo, che l'inspirasse à chi douesse applicar i suoi voti; da che era nata voce dentro il Conclaue, & fuori, che la Sede vacante fusse per andare in lungo, mà in fine quádo è maturo il termine del diuino volere in questo gran negotio, di cui si vede ogni giorno con viue sperienze, che sua Diuina Maestà tiene particolar pensiero, in tal caso, si superano facilmente gl'in toppi humani altre volte stimati insuperabili, & al contrario quelle cose ch' erano tenute per facili, si turbano, & difficultano di maniera, che s'era, come hò detto, deliberato dal Cardinal Montalto di stancare i Cardinali col star duro, & tenere à bada, & trattenere; quando, mostratisigli i Spagnoli da un lato apertamente contrarij, & dall'altro smembrandosele alcune sue creature, & particolarmente Borromeo, il quale corse voce, che dicesse, che non li dettaua la conscienza di dare il voto à Colonna, quantunque suo attinente di sangue, & in oltre opponendosi gagliardamente Sforza, Capo delle creature di Gregorio XIII. s'hebbe dal Cardinal Ascanio, e da Montalto questo negotio per disperato; non perche cadessero d'animo, essendo generosi, à cosi duro intoppo, mà persuasi à ciò principalmente dal buon Cardinale Marcantonio Colonna, che disse, non esser cosa d'animo christiano il permettere, che, per suo interesse, si prolungasse, di fare il Capo, & uniuersal Pastore della Gregge di Dio, con danno uniuersale di tutto il mondo, & di Roma in particolare per gl'omicidij, & altri mali, che s'udiuano fare ogni giorno, & che il vedersi contrarij quelli, che più doueuano fauorirlo, gli dauano chiaramente à vedere, non essere volontà di Dio, ch'egli ascendesse à sì alto grado, col quale paragonando se stesso, se ne giudicaua indegno; & perciò pregaua essi due Cardinali, suoi fautori, d'andare in qualche altro soggetto di molti, che vi n'erano degni, & attissimi à sì alto grado. Queste parole di quel buon Principe & insieme la voce, che correua, che il Cardinal Madruccio volesse andare in santa Seuerina, e finalmente lo Spirito Santo, che spiraua fece mutar di proposito il Cardinal Montalto, sì che s'indusse in fine à consentire à quanto si dirà appresso.

Venerdì à 14. Settembre, dettasi la Messa al solito, e fatto lo scrutinio, il Cardinal S. Marcello hebbe in esso 20. voti fauoreuoli; Onde si sparse subbito voce, che fosse in piedi gagliardissima prattica, per farlo Papa, guidata dal Cardinal Sforza, & Cardinali Genouesi, la qual voce andando tuttauia crescendo fino alle 19. hore, nel quale tempo si disse, che il Cardinal Montalto se gl'era opposto; fu però datta prattica tenuta per giusta, giudicandosi, tale da quel di esso Montalto, non senza graue suo rischio disse, che potrebbe tornare à chi s'era una volta opposto; mà verso il tardi, ò che fosse stata falsa la voce, che era uscita della contraditione di Montalto, ò che i fauori repigliassero forze, basta, che frà le 3. ò 4. hore di notte il Pontificato fu concluso in detto Cardinal S. Marcello. Sabato 15. di Settembre leuatisi, i Cardinali per tempo e dettasi da molti da loro la Messa, riducendosi al solito nella Cappella Paulina, & essendo già sparsa la fama che in quella mattina si faceua il Papa, ciascun Conclauista, portato che hebbe lo scabello del scrutinio auanti al suo Cardinale, attese, ad imbagagliare le robbe di più importanza, & sparare le celle, per tema de' Soldati.

Intanto li Cardinali, hauendo creato Papa S. Marcello à viua voce sù li 14. hore, & mezza, prima che s'aprissero le porte della Cappella, fu messo in consideratione, & approuato da sua Santità, che per commodità de' Conclauisti, acciò potessero dar ordine alle robbe, & per non dar disaggi à Cardinali infermi, & à sani ancora in quell'hora di pranzo, era bene, di prolungare la solennità della sua creatione. Fin dopò

VRBANO SETTIMO.

dopò deſinare ; & con queſto appuntamento, abbruggiati i voti ſocondo il ſolito , & uſciti fuori della Cappella quietamente, diedero ad intendere non eſſere altrimente fatto il Papa. Mà preſto ſi chiarì la verità. Gionti che furono i Cardinali alle loro ſtanze, & beuuto, che hebbero in un tratto, & ripoſato per un breue ſpatio di tempo, radunati nella ſala Reggia, & veſtiti delle loro Cappe di Cappella Pontificale, ſi rinchiuſero nella Paulina, doue eſſendo ſtato veſtito il Papa de' veſtimenti Papali con le ſolite cerimonie, fu poſto in ſedia, & adorato da tutti i Cardinali con grandiſſimo applauſo. Volle chiamarſi Vrbano VII, nome in vero, che molto quadra alla gentilezza de' coſtumi, & benignità di natura d'eſſo Pontefice, il quale ſenza punto mutarſi di ciera in ſi notabile eſſaltatione, & mutatione di ſtato, ſtandoſene col volto allegro, pieno di grauità, fù per le ſolite ſcale di Palazzo portato in ſedia dentro la Chieſa di San Pietro, & viſto, e ſalutato dal Popolo, che vi era in gran numero concorſo con grand' allegrezza, & voce di giubilo, s'inginocchiò auanti il ſantiſſimo Sacramento, & indi portato ad limina Apoſtolorum, & poſto à ſedere ſopra l'Altare maggiore, fu publicamente adorato da'i Signori Cardinali, & poi accompagnato dalla maggior parte d'eſſi fino alle ſtanze Pontificie. Roma tutta, coſi Nobili, come Plebei, moſtraua ſegno di grandiſſima allegrezza per la ſua eſſaltatione, dandoſi ciaſcuno, à credere, che quel ſaggio di vero valore, & bontà ch'egli diede ſempre nè Carichi, & Vficij hauuti nella Chieſa di Dio, foſſe un' arra ſicura del grand' utile, & beneficio, che ne doueua riceuere il Popolo Chriſtiano in ſi trauaglioſi tempi. Non voglio laſciar di dire, com'egli nella ſua profeſſione di Ius Ciuile, e Canonico ſi portò integramente, in ogni ſorte di cauſa dentro, e fuori della Corte, ſenza portare riſpetto ad alcuno, ſenza far diſpetto à perſona, fu particolarmente Nuntio Apoſtolico in più luoghi, come in Germania, in Spagna al Rè Cattolico, à cui tanto piacque la maniera del ſuo procedere ſchietto, & veramente Romana, che gli preſe tanta affettione, quanto baſtò, ad eleggerlo, frà molti Illuſtriſſimi, per Compadre della Figliuola, hoggi Principeſſa, eſſendo egli di grande conscienza, prudenza, & destrezza nel trattare con persone priuate, & publiche, non lasciando in parte alcuna il debito suo; sì che veramente non si sarebbe potuto trouare un'altro più à proposito di lui in riconciliare i discordi, & mantenere in concordia i Principi della Christianità; Cosa tanto importante, massime ne' tempi correnti. Fù sempre temperato nelle sue attioni, & modesto, massime in quelle, che spettauano alla sua famiglia; parco nel magniare; sobrio nel bere; graue, & di poche parole, & tanto circospetto nel trattare con suoi prossimi, dando loro sempre buoni essempi, che mai non usò, nè con essi, nè con altri, parole, non dirò aspre, ma fu anco punto diuerse da quelle, che sogliono usarsi trà gl' uguali, & Amici; oltre ciò fu anco molto religioso, & deuoto. Fù dunque à tal grado promosso da un'istesso consenso di tutto il Conclaue, & creato Papa à 15. di Settembre la mattina; nel qual tempo, auanti, che venisse all'atto, pregò, i Cardinali con gran benignità, & mansuetudine, che mangiassero prima, & pensassero molto meglio à tal fatto d'elettione, e mentre lo vestiuano d'un sottilissimo Rocchetto Papale, riuolto a i circonstanti disse, che quella sottilissima tela li pesaua tanto, quanto egli con parole non bastaua ad esprimere.

La medesima sera, portato che fu alle stanze Pontificie, fece dare al Cardinale di Sans, il quale per le spese fatte nel viaggio, si trouaua scarzo, due mila ducati, & al Cardinal Alano mille. Diede di più chiara intentione, anzi ordine espresso, di pagare i debiti di tutti i luoghi pij; & essendo lui Cardinale, diede parecchi migliara di scudi à censo à diuersi luoghi pij, & ne fece loro in breue tempo donatione. Diede subito fatto Papa, de' suoi proprij denari molti scudi per distribuirsi à poueri bisognosi di Borgo. Similmente à beneficio dè poueri, ordinò alle Parocchie, che fussero scritti tutti i bisognosi, & li fossero dati in lista, mostrando animo risoluto, di prouederli. Finalmente fece chiamare Monsignor Centurione, Sopraftante della Grascia, al quale ordinò, che facesse crescere il pane, & l'interesse l'haurebbe patito la Camera, se hauendo comprato caro, vendesso à bon mercato;
& che

VRBANO SETTIMO.

& che se non bastauano cento, anco ducento scudi, purche si soccoressero i poueri, atteso, che Christo Signor nostro lasciò detto à Pontefici, che pascessero bene il suo Gregge. Cominciò, à mostrare tosto con gli effetti quanto egli d'ogni passione, & inuidia, & rancore, hauesse l'animo sgombrato, ordinando à suoi Camerieri, che non vestissero seta. Ordinò, che le fabriche cominciate da Sisto V, della Cupola di San Pietro, & delli noui appartamenti di Palazzo Vaticano, e Quirinale, si seguitassero, & vi si ponesse sopra l'arme di Sisto Quinto, cosa di raro esempio, ò non mai vsata da' altri, d'honorare à spese proprie le memorie altrui. Fece la riforma della Dataria, & è cosa degna d'intendere, come sua Santità si portasse con i parenti; & in *primis* ogn'uno sà, come egli ne rimandasse alcuni, che erano alla prima voce concorsi, benche trà loro vi fussero persone prattiche nella Corte Romana, & atte à seruirla; fece etiandio à gli altri parenti intendere, come egli pretendeua, portarsi in tal modo con essi loro, che voleua lasciare essempi à Papi futuri, come hanno à trattare i parenti. A questo proposito mi disse il Signor Fabritio Veralli, persona delle strette, che hauesse sua Santità, qualmente essendo egli andato à Palazzo la prima sera della sua creatione, à baciarli il piede, & congratularsi seco secondo il suo debito; il Papa li raccordò, che come Canonico di San Pietro, doueua attendere con maggior diligenza, ad vffitiar la sua Chiesa, & à portarsi con quella modestia, la quale si intendeua esser piaciuta sempre à sua Santità; s'intese anco di buon luogo, che S. Santità ricercata, à che si douessero dare alcuni Officij principali di Roma, & hauendo alcune persone volti gl'occhi verso alcuni parenti stretti, di sua Santità, ella rispose, hauer animo, di non commetterli altrimente à suoi parenti, per poter con maggior libertà castigare, i delinquenti Officiali. Pensieri veramente singolari, & di Principe più disposto à prouedere al ben dè sudditi, che all' utile di casa sua. Volle di più questo buon Pastore, esser chiamato Vrbano ab Vrbanitate, come disse egli stesso, acciò di questa virtù, qual sempre egli molto apprezzò, con sentirla spesso rammentare, non se ne scordasse già mai.

Onde

Onde dalla molta urbanità sua, nacque, che non sapendo egli negare audienza ad alcuno, oppresso dalla moltitudine di negotij, & maltrattato dall'aria di Borgo per li diluuij passati più graui dell'ordinario, pensò di mutar habitatione, mà per alcune raggioni portateli in contrario, alle quali per modestia non volse replicare, se ne astenne; alla fine al 3. giorno del suo Pontificato, cominciò, ad essere combattuto da una febre. Fù merauigliosa cosa il vedere l'affettuatione & religione del Popolo Romano, il quale, innamorato delle virtù di questo santo Pastore, fu mirabile l'applauso, che ne mostraua del suo reggimento buono; La onde apertesi le Chiese, giorno, e notte, ne i più deuoti luoghi della Città, si faceuano à questo fine l'Orationi delle Quaranta hore; & il giorno precedente furono con marauiglioso concorso, ordine, & deuotione alla Chiesa della morte, & à San Pietro pietosamente supplicando le Confraternità, Religgioni, & Chierici di Roma, con numero grandissimo di Popolo, & tutto il Magistrato Romano; mà in effetto la mala dispositione del Mondo non meritò ottenere da Dio tanto bene, perche à venti sei di Settembre, alle quindeci hore, riassalito dalla febre, che poi si aggrauò, chiamato à se il Confessore, si confessò, & communicò, & morì santamente, hauendo riceuuto il Sacramento dell'Estrema untione.

CONCLAVE

NEL QVALE FV CREATO PAPA, il Cardinale di CREMONA, *detto,*

GREGORIO XIV.

IVSTO desiderio veramente, & lodeuole curiosità è quella, che V. S. mostra, d'hauere particolar raguaglio di tutto il successo, di questo ultimo Conclaue, nel quale è stato creato Papa Gregorio XIV. perciò che io mi persuado, di potere con molta ragione affermare, che sia stato uno de' più belli, de' più Sauij, e de' più degni di consideratione di quanti habbiamo veduti, ò letti all'età nostra; non solo per la varietà de gl'accidenti che vi sono occorsi, nello spatio di quasi due mesi, che è durato, mà anco per le tante fattioni, e sette, che si sono scoperte: per le contrarietà de' fini, che si è veduta in ciascuno: per il gran numero de' Cardinali, che vi sono stati, & finalmente per le quasi insuperabili difficoltà, che hà incontrato ciascuno nella persona propria, & in quella degli amici più cari, talmente, che dal primo giorno, sin quasi all' ultimo non era nè Cardinale, nè Conclauista, che considerando bene, & bilanciando le contradittioni, & gl'ajuti, che haueua, ciascun soggetto, potesse pur auuicinarsi, à far giudicio, di chi hauesse più sicuro, & più fondate le sue speranze; anzi, e l'amicitie, e l'inimicitie in ciascuno pareua, che caminassero del pari, & fussero talmente contrapesate, che non fusse possibile, discernere qual di loro finalmente douesse cedere all'altro. S'aggiunge, che in questo più, che in altro Conclaue si è hauuto occasione, di scoprir gli animi, gl'humori,

mori, & li fini della maggior parte de' Prencipi, & dirò anco le paſſioni, li diſegni, & gl' intereſſi di quaſi tutti li Cardinali, che per prima erano celati, & erano tenuti molto diuerſi da quello, che ſi ſono ſcoperti in effetto, & in ſomma ſi è veduto, che queſti, & quelli hanno traſcurato, equalmente in ſimile maneggio, & eſſerſi formate regole del tutto contrarie à quelle, che dalla ragione introdotte, erano anco dall' uſo ſtate approuate, & haueſſe negletti i precetti cauati dagli eſſempij occorſi nelli Conclaui paſſati, & gli auertimenti dati da tutti gli huomini intelligenti, & prattichi in queſte materie, perſuadendoſi con ciò condurſi à fine con maggiore felicità il lor diſſegno, nel che quanto ſi ſiano ingannati, lo dimoſtra l'eſito dell' iſteſſo Conclaue. Io, che ſon ſtato ſe non partecipe del tutto, poſſo ben dire ſpettatore di queſta grand' attione, & hò hauuto occaſione, d'intendere, & inueſtigare ogni vera particolarità delle coſe occorſe, hò riſoluto con quella maggior breuità, che potrò, ridurre nella preſente Scrittura, quanto è ſeguito nel preſente Conclaue, non informa di Diario, narrando ciò, che giornalmente ſia ſucceſſo; mà ſi bene d'una narratione, & quaſi hiſtoria delle coſe più ſoſtantiali, & degne di notitia concorrenti al ſolo negotio dell' elettione del Papa, del quale acciò ſi habbia più eſatta intelligenza, hò penſato rappreſentare in prima lo ſtato, in che ſi trouauano le coſe da tempo della morte di Vibano VII. fino all' ingreſſo del Conclaue, perche da quello principiando, ſi venga più ordinatamente, poſſedendo la continuatione del progreſſo di tutto il negotio.

 Dico dunque eſſer coſa aſſai chiara à quelli, che hanno de gl' andamenti della Corte notitia, che la maggior parte del tempo, che dura un Pontificato, ſi conſuma, & ſi ſpende nel maneggio dell' altro, che hà da venire, perciò che in un negotio pieno di tante difficoltà, è ſotto poſto à tanti accidenti è neceſſario, che cominci à pigliare la mira da lontano colui, che penſa giouare ad alcuno in ſimili attioni, come anco, chi procura, di nuocerli, accioche, ſuccedendo quando che ſia la morte del Papa, trouandoſi le coſe digeſte, diſpoſti li mezzi, & preparate le materie, ſia poi facil coſa mandare ad eſſecutione

GREGORIO XIV.

cionò quei disegni, che l'huomo si farà proposto. Mà nel Pontificato d'Vrbano, per esser stata breuissima la vita sua, non hebbero tempo ne i Prencipi, di fare preparatione alcuna, ne i Cardinali di rimouere quegli ostacoli, che nel precedente Conclaue se gli erano scoperti contro; di maniera che succeduta la morte sua cosi fuori d'ogni aspettatione, colse gl'uni, & gli altri tanto sprouisti, che essendo necessitati, à pigliare la resolutione, & i partiti nel fatto istesso, che per lo più sogliono riuscire incerti, & fallaci, non è merauiglia, se dall' esito poi sono stati giudicati poco prudenti, & manco ragioneuoli.

Era trà gli altri Principi il gran Duca di Toscana, al quale premono infinitamente per l'interesse del suo stato circondato, si può dire, da quello della Chiesa, l'hauer il Papa amico, & fauoreuole, haueua sempre atteso con molta vigilanza, à procurare, che senza lui non potesse arriuare alcuno à quel grado, essendo stato lungo tempo Cardinale, & trouatosi in 3. Conclaui, & in due di essi portatosi egregiamente, & hauendo in questo molta parte per la congiuntione, e parentela, & che haueua con Montalto, per li Cardinali amici, & altri dependenti da lui, che haueua nella Corte, per conoscere gli humori di ciascuno, e finalmente per l'essempio tanto ricente dell' auttorità sua nella creatione di Vrbano VII. che si era acquistato tal reputatione, e credito in questa Corte, che era giudicato communemente per uno de' principali arbitri del Conclaue.

Erano alcuni mesi auanti nato trà il Rè Cattolico, e lui alcune male sodisfationi, & disgusti causati più tosto per quello, che si credeua, da false relationi, & sinistri officij fatti da ministri del Re, che d'alcuno suo mancamento; onde subito succeduta la morte di Sisto, parendogli, d'hauere assai opportuna occasione, di sgannare con gl' effetti quel Principe, e di guadagnar insieme la gratia sua, spedì à quella Maestà un Corriero, ad offerirsegli pronto con tutte le forze sue, & de gl'amici, à seruirla nella Creatione del nuouo Papa in quel soggetto, che li fusse più grato, dà Santi Quattro in poi, il quale per alcuni suoi priuati interessi, & altre urgenti cause,

Ff 2 non

non poteua in modo alcuno volere, e fece nell' isteſſo tempo intendere al Duca di Seſſa, & al Conte d'Oliuares Ambaſciatori di S. Maeſtà in Roma, ch' egli in queſta occaſione, non haueria mai diſſentito dalla volontà del Rè; & che haueua ordinato eſpreſſamente à Miniſtri, & amici ſuoi, che procedeſſero in ciò unitamente con loro, il che come fu fatto, coſi ſe ne vidde ſeguire l'effetto, per la creatione di Vrbano VII. ſoggetto molto ſtimato, & deſiderato dal Rè, dopò la cui morte, trouandoſi il G. Duca nel medeſimo obligo, rinouò con gli Ambaſciadori il medeſimo officio, & replicò il medeſimo ordine alli miniſtri ſuoi; talche pareua, che ſi poteſſe ragioneuolmente concludere, che ſi come nel Conclaue paſſato quel Cardinale, nel quale erano unitamente concorſi il Rè, & il Gran Duca, era ſi felicemente riuſcito Papa, coſì doueſſe anco auuenire in queſto; tanto maggiormente, che nel G. Duca era più toſto accreſciuta, che ſminuita l'Auttorità: haueua li medeſimi Amici: la medeſima congiontione con Montalto, & attendeua colla medeſima caldezza à queſto negotio, mà il gouernarſi con gli eſſempi, è molto fallace, quando li termini non ſino pari, & le ragioni non ſono le medeſime, e che ciò auueniſſe allora in Caſtagna, non è gran marauiglia, perche concorreua in lui, oltre la volontà de' Principi, la beneuolenza ancora di quaſi tutto il Collegio; era Creatura di Gregorio XIII. onde veniua ad hauere fauoreuole quella fattione, ch' era di XIV. Cardinali, uniti ſotto Sforza; oltre, che nel Pontificato di Siſto haueua hauuto tempo lui, & ſuoi fautori, di guadagnarſi con diuerſi mezzi l'animo di Montalto, mà in queſto Conclaue erano le coſe intermine molto diuerſo; perciò rimoſſi da i Cardinali nominati dal Rè, quelli, che dal Gran Duca erano eſcluſi, non era trà gli altri alcuno, del quale poteſſe eſſo intieramente ſodisfarſi; oltre che haueua ciaſcuno Auuerſarij potenti, talmente, che non poteua ſperare con l'aiuto ſolo de' Spagnuoli, & ſuo, condurlo al Papato, & perciò mentre da una banda uuol dar ſodisfatione al Rè, & dall' altra cercaua aſſicurarſi dell' eſcluſione di chi egli non uuole, & hauer anco parte nella creatione del Papa, ſtaua perpleſſo, oue haueſſe, à voltarſi

GREGORIO XIV.

arsi per conseguire questi tre fini.

Occorse, che in questo mentre il Conte d'Oliuares risoluto di fare tutto il suo sforzo per condurre al Papato santa Seuerina, suo compare, & amico grandissimo, che haueua mostrato sempre, d'intendere le cose di Francia secondo il desiderio di Spagnuoli, haueua dichiarato, questo esser il primo soggetto nominato dal Rè, & faceua le prattiche apertamente per lui, non senza molta opinione, ch' egli ciò facesse per suoi priuati interessi, & non che fosse così mente del Rè, perciò che si sapeua, che santa Seuerina era stato della scola di Paolo IV, dal quale riconosceua i principij della sua grandezza, & sì come partecipaua assai di quella natura, così si credeua anco, che hauesse li medesimi spiriti, & tanto più, quanto si sapeua, ch'egli era amatore della grandezza della Sede Apostolica, e zelantissimo della libertà Ecclesiastica, e che come tale haueua biasmato le pretentioni di Spagnoli sopra la Monarchia di Sicilia, & l'Exequatur, sopra del Regno di Napoli, & sì come era d'intelletto eleuato, & profondo, così s'era sempre mostrato grauido di concetti nuoui, e smisurati, li quali in una natura terribile, & precipitosa, come la sua, & in un huomo d'impressione duro, & pertinace nelle proprie opinioni, poteuano causare disturbi, e reuolutioni grandissime; ne pareua verisimile, che li Ministri Regij, che osseruano, ne i Cardinali non solo l'inclinationi naturali, mà li pensieri, & attioni, che possono ancor di lontano in qualsiuoglia modo pregiudicare al seruitio del Rè, in questo non vedessero i certi rischi, & manifesti pericoli, che quella Maestà poteua correre se santa Seuerina fosse stato fatto Papa, come vedeua ogn' uno, se non fossero stati accecati dalle proprie passioni, & da particolari interessi; oltre, che pareua cosa ragioneuole, che nominando il Rè più Cardinali per amici, e confidenti, douessero i suoi Ministri almeno in publico, mostrare, ch'egli desiderasse equalmente ogn' uno di loro, come s'era fatto nè Conclaui passati, per non offender con questa demostratione alcuno, & per non mostrar diffidenza degli altri.

Questa prattica venuta à notitia del Cardinal del Monte, Capo della fattione del G. Duca, & confiderando, che Montalto nel Conclaue paffato haueua moftrato inclinatione à fanta Seuerina, giudicò, che quando vi concorreffero le due fattioni di Spagna, & del G. Duca fuffe, facilmente per riufcir Papa, com'era ftato Vrbano, e che quando pure Montalto fi foffe refo difficile, à condefcenderui, l'hauer fanta Seuerina trà le creature di Sifto, 5, ò 6, amici ardentiffimi, quali uniti con alcuni altri delle creature, ch'era in ciafcuna delle due fattioni, & con l'auttorità, che haueua feco il G. Duca, farebbe per fupperare ogni difficultà; onde ne fcriffe il medefimo al G. Duca, che ogni volta, che fi foffe rifoluto, d'aiutare quefto fogetto, farebbe ficuramente Papa con l'ajuto fuo, veniua à confeguire tutti li fini, che defideraua, il G. Duca credendo quanto dal Monti gli veniua, fcritto, e confiderando, che riufcendo fanta Seuerina Papa, e non vedendo trà li foggetti grati al Rè alcuno, in chi poteffe hauer maggior fodisfatione, che in quefto, non folo vi preftò il confenfo, mà diede ordine, che s'aiutaffe; il che cominciò il Cardinale del Monte, à far ancor lui alla fcopertà, & con la medefima caldezza, che il Conte d'Oliuares; mà fopra giungendo in quefto mentre al G. Duca auuifo d'altre bande, che lo certificauano delle difficoltà, in che era per correre fanta Seuerina, poiche Altemps, Aleffandrino, & Sforza non lo voleuano, come ne anco li Colonnefi, nè alcuni altri della medefima fattione di Spagna, & Montalto fe ne moftraua alquanto alieno, fi raffredò, & mutato penfiero, fi rifolfe, ad aiutare il Cardinal di Cremona, cofi per dar Sodisfatione ad Altemps, che di ciò l'haueua inftantemente ricercato, come perche in lui fi vedeua minor difficultà; poiche oltre li Spagnuoli, vi concorreuano ancora li Gregoriani, che erano 13, & Altemps con quelli, che lo feguitauano, & fi credeua Montalto hauerui non poca inclinatione. Mà il Duca di Mantoua, che per certa differenza con lui, l'odiaua grandemente, fino nel Conclaue paffato gli fi era fcoperto contrario, quanto più vidde vicino il pericolo, in quefto, tanto più cercò, di ufare gagliardi rimedij; onde

pregò

GREGORIO XIV.

pregò instantemente il G. Duca suo Parente, à voler non solamente desistere, d'aiutar Cremona, mà concorrere anco seco all' esclusione, e perche sin nel Conclaue passato haueua ricercato del medesimo il Cardinal Montalto, il quale, per interesse del Marchesato d'Incisa, che haueua D. Michele Peretti suo fratello nel dominio di quel Duca, haueua qualche causa, di compiacerlo, e perciò gli ne diede parola con sua lettera, di non concorrerui. Tornò il G. Duca, à rinouare li detti offitij efficacemente con lui, onde fu astretto Montalto, à confirmar di nuouo la già fatta promessa, & il G. à dichiararseli contro, per il che ritornate le cose nell' esser di prima, continuando il Conte d'Oliuares nella medesima prattica di santa Seuerina, & Monte à prouare ogn' hora più la facilità, e sicurezza delle sue speranze, riconfirmò il G. Duca l'ordine già dato l'altra volta, che s'aiutasse gagliardamente santa Seuerina.

Trouauasi santa Seuerina in questo tempo in letto indisposto, e l'occasione dell'indispositione sua, oltre il vedersi fare dagli Spagnuoli, & dal G. Duca così apertamente le prattiche à fauor suo, tiraua quasi tutti li Cardinali à visitarlo, che con tale occasione gli offeriuano il voto loro. Di maniera che per tutte queste cogioni faceua ogn' uno sicuro giudicio, che douesse entrare Papa fatto in Conclaue.

Alessandrino principalissimo suo Auuersario vedendo queste prattiche tanto auanti, non tralasciaua via possibile, per assicurarsi della sua esclusione, e considerando tuttauia, che l'importanza staua in Montalto, poiche l'hauer tentato, di rimouere il G. Duca era stato vano, fece con lui, & con la signora Donna Camilla sua amata Zia, sorella del Padre, gagliardissimi officij, per rendergli santa Seuerina sospetto, & diffidente; sforzandosi, di persuadergli ch'esso fosse acerbo inimico di Papa Sisto: che si riputasse disprezzato, & offeso da lui: che dell' attioni sui fusse stato publico detrattore, che nell' occasioni de' rumori di Francia hauesse dette parole contro di lui esorbitantissime: e che se fusse stato Papa haurebbe perseguitato con diuersi modi, & disgusti

gusti la memoria di lui, e ciò particolarmente haueua promesso à gl' Ambasciatori di Spagna che per questa sola causa l'ajutassero cosi tenacemente. Queste, & altre simili parole dette da Alessandrino non senza molta efficacia, fecero tale impressione nell' animo della signora Donna Camilla, ed' esso Montalto, che si risolse, d'opporsi per quello, che poteua à questa prattica, mà essendo dopò questo da altri suoi amici confirmato con altri ragioni in questa deliberatione, gli fu anco aggiunto, che per impedir santa Seuerina bastaua lui solo, poi che si trouaua cosi potente, & con tanto seguito, quanto mai hauesse alcun Nipote di Papa; e perche non applicaua anco tutto il suo pensiero, à far ogni sforzo per crear un Papa, che riconoscesse questa dignità più da lui; che da altri? e che per far ciò non si curasse di dare alcuna sodisfatione à Principi, e che douesse principalmente procurare un' escluso da loro, poiche, se aiutaua uno de' nominati, & desiderati da Principi, l'obligo; haueua à loro, come à primi motori, & guida di tutto il negotio, & non à lui, che sarebbe stato il mosso, & il guidato, come vi haueua veduto cosi fresco l'essempio in Vrbano, il quale à pena creato Papa, cominciò à mostrar segni di poca gratitudine verso di lui, doue, all' incontro facendo un' escluso, & non nominato da Principi, questo vorrebbe, à riconoscere il Pontificato assolutamente da lui, e tanto maggiormente gli saria obligato, quanto, che per farlo Papa non si fosse curato della gratia, & dell' odio loro; aggiungeuano, ch' esso con tale attione si sarebbe acquistata grandissima riputatione per sempre, & in ogni Conclaue sarebbero state necessitate le sue creature, à seguitarlo per la molta auttorità sua, con la quale mentre si saria reso formidabile à Principi, sarebbono stati astretti à renderselo anco amico, & beneuolo; e finalmente concludeuano, che il conseguir quel fine gli saria stato facilissimo tutta volta, che si fosse unito con Sforza Capo di Gregoriani, per far Papa uno di loro, per esser questa una fattione di 13 Cardinali amici dell' altre fattioni, e trouarsi in essa molti Papabili; onde non

poteua

GREGORIO XIV.

poteua dubitare, che concorrendoui lui, che haueua 24 creature non haueſſero à fare un Papa ſenza loro aiuto, e poiche non poteua penſare nè in Santi Quattro nè in Cremona, queſto per riſpetto del Duca di Mantoua, e quello del G. Duca, non mancarono di metterli in conſideratione la perſona del Cardinal Mondouì; ſogetto coſi meriteuole, dotato di rariſſime qualità, & amato da tutto il Collegio, & per la bontà della vita, & per eſſer molto affabile, & di natura aſſai mite, e piaceuole; & in oltre liberale, magnanimo, eſplendido, e che hauendo pratticato longamente la Corte di Roma, & per diuerſi gradi peruenuto à quello del Cardinalato col molto della virtù propria, haueua in ogni fortuna conſeruato ſempre conſtantiſſime l'amicitie, e moſtratoſi gratiſſimo à chi l'haueua fatto ben piccioli ſeruiggi; aggiungeuano, che egli non haueua parenti, ſe non foſſe in grado remotiſſimo, e che da Siſto non ſolo non haueua hauuto diſpiacere, ò mala ſodisfatione alcuna, mà era ſtato beneficato da lui, onde ſi doueua credere, che haueſſe à tenere perpetuo obligo alla memoria di lui, che ſe bene nel Conclaue paſſato haueua ſcoperto gli Spagnuoli non haueruì inclinatione, che queſto medeſimo doueua eſſere una delle cauſe principali, di farlo riſoluere, ad aiutarlo, atteſo che ſi vedeua in loro non ſolo particolar deſiderio, d'hauer Papa uno, che fuſſe per eſſer inimico, mà inſieme perſecutore della memoria di Siſto, che ſopra modo odiauano gli Spagnuoli, e per ciò voleuano ſanta Seuerina, ò Paoletto, acciò che aggiunta l'iſtigatione loro all' obligo; che gli haurebbe il Papa & la ſodisfatione, che trouarebbe poteſſero indurlo, à far dimoſtrationi tali verſo la poſterità ſua, che aggiungendo queſto eſſempio à quello de' Nepoti di Paolo IV, ſeruiſſe per un auuertimento alli futuri Pontefici, di non diſpiacere, & offender mai il Rè di Spagna. Per quali ragioni eſſendo neceſſitato eſſo Montalto per intereſſe ſuo, & di caſa ſua, à non voler niuno di quelli, che deſideraua il Rè, non poteua far elettione di ſogetto migliore nè più riuſcibile di Mondouì, ancor che fuſſe ſtato eſcluſo dal Rè, perche haueua etiamdio nella fattione Spagnuola molti amici,

Gg e lo ſteſe lo stesso Madruccio, che vi era Capo; gli era obligato, & Altemps, che se gl'era mostrato amico, & fauoreuole nel Conclaue passato. Il G. Duca non haueua occasione di ricusarlo. Cardinali Nemici per se stesso non haueua, per non hauer mai offeso alcuno di loro; di maniera, che congiungendo questi con li Gregoriani, & Sistini, era molto maggior numero di quello, che bisognaua.

Mosso da queste raggioni Montalto, e vedendo, che Monti, & gli Spagnuoli attendeuano alla prattica di Santa Seuerina, & si vantauano, di poterlo far Papa senza lui, perche diceuano, hauergli smembrate 13, sue creature, e parendo ciò verisimile, tanto più, che le scommosse si viddero andare à 40 per cento, risolse di far quanto prima unione con Sforza nello stabilimento della quale, conuennero insieme ambedue concorrere all'esclusione di Santa Seuerina, promettendo Montalto dal canto suo, che data, ch'egli hauesse sodisfatione ad alcune sue creature più per mantenersele amiche, che speranza, che hauesse, di far colpo, & poi per ragione di Parentela à Colonna, di concorrere unitamente seco, per far Papa una delle creature di Gregorio, mà promessa reciproca volle da Sforza, di venire in una delle sue creature, quando se ne fusse trattato, & insieme di non trattar mai della persona di Santi Quattro, per non dargli occasione, di dichiararsegli contrò, per rispetto del Gran Duca, & hauendo accennato à Sforza la mira, che haueua in Mondoui, fu non solo approuato da lui, mà promise anco, di far quello, che poteua dal canto suo, & acciò non fusse intorbidato questo lor pensiero, risolsero insieme, di tenerlo celato fino à suo tempo.

Non mancauano in questo mentre Colonna, e Paleotto, d'ajutarsi ancor loro, & giudicando il primo, che se nel Conclaue passato, hauesse hauto la nominatione del Rè, haueua hauuta la strada assai facile al Pontificato con l'aiuto, ch'haueua da Montalto, faceua tutto il suo sforzo per hauer adesso la detta nominatione, lamentandosi con gli Ambasciatori, che gli pareua assai strano, che hauendo la casa sua seruito tanti anni, & con tanta fedeltà la corona di Spagna, & esso

stato

GREGORIO XIV.

ſtatolo coſi buon ſeruitore; non haueſſe hora, ad eſſere tenuto, e connumerato trà li conſiderati di S. Maeſtà nel concorſo del Pontificato, e ſi vedeſſe preferire molti di minor merito, di lui appreſſo quella Maeſtà; onde furono aſtretti gl' Ambaſciatori per ſodisfare ad una famiglia tanto accetta al Rè, d'aggiungere Colonna alla nominatione. Paleotto poi conſiderando, che l'offeſe riceuute da Siſto gl' haurebbono ſempre tenuto alieno, Montalto, cercaua con diuerſi mezzi dargli à credere, che egli non ſolo non ſi ricordaua dell' offeſe riceuute da Siſto, mà che non ſi riputaua nè anco offeſo da lui; e giudicando, che quando il Gran Duca gli foſſe ſtato fauoreuole l'autorità di lui preſſo Montalto haueſſe à fare effetto grandiſſimo, per cui anco ſi faceuano officij gagliardiſſimi dall' iſteſſo Conte d'Oliuares, di maniera che Monti ſcriſſe al Gran Duca, che quando pure quelle poche difficoltà, che haueua ſanta Seuerina non ſi foſſero potuti ſuperare, ò ſi fuſſero andate facendo maggiori, ch' egli giudicaua queſto ſoggetto per lo più riuſcibile degli altri nominati, quando vi foſſe concorſo ſua Altezza, poiche gli Spagnoli lo deſiderauano nel ſecondo luogo: Altemps con le creature di Pio IV. vi ſarebbe andato, per eſſere una di loro: Aleſſandrino non li poteua mancare, per eſſer ſtato amato, & benificato dal Zio; li Cardinali Spagnuoli l'haueuano da deſiderare, & le molte qualità, che concorreuano in lui, poteuano tirare altre creature di Siſto, le quali ſodisfacendo alle conſcienze loro, al Rè, al Gran Duca, & al Mondo non ſi haueuano à curare, ſe Montalto non vi foſſe venuto, per non eſſer obligate à ſeguitarlo in queſto Conclaue, poiche haueuano ſodisfatto al debito loro nell' altro, dalle quali ragioni fu tanto più perſuaſo il Gran Duca, quanto che non vedeua trà nominati, da ſanta Seuerina in poi, ſoggetto, che gli poteſſe eſſere men ſoſpetto di queſto, & parendoli poi, che queſta foſſe buoniſſima occaſione, di moſtrare tanto maggiore il deſiderio di compiacere à gli Spagnuoli, & inſieme di fare credere à loro, & giudicare al Mondo, che l'eſcludere Santi Quattro era per altri riſpetti, che per la dependenza, che haueua con Caſa Farneſe, poiche pigliaua Paleotto tanto obligato ſeruitore di quella famiglia, quanto ogn'uno sà; prestò finalmente il consenso, & diede ordine, che s'ajutasse dopò santa Seuerina, ancor che per altro hauesse giusta cagione, di non desiderare l'esaltatione sua, non solo per li rispetti sopradetti, mà anco per non hauer tenuto seco molta amicitia, e per esser oppugnato da Montalto, di cui esso haueua tanto bisogno.

Stando dunque le cose in questi termini, venne il giorno delli 8. d'Ottobre statuito all'entrare in Conclaue, nel quale dettasi la messa dello Spirito Santo al solito, entrorno li Cardinali presenti in Roma, che furono 51. poiche Austria, e Caetano vennero di poi, cioè uno di Giulio III, ch'era Simoncelli, sette di Pio IV. sotto Altemps, 6. di Pio V. sotto Alessandrino, 13. di Gregorio, che seguiuano Sforza, & 24. di Sisto, che haueuano per Capo Montalto; eraui poi Madruccio Capo della fattione di Spagna, la quale consisteua in alcuni Cardinali smembrati da ciascuna delle altre Classi, & Monte di quella del Gran Duca, ch'era da principio di 5. Cardinali, mà poi rimase in 3. per essersi alienati Lancellotto, & Sauelli. Questi Capi non erano seguitati da tutte le loro creature, per essersi dopoi tutti li Capi con molti de' loro Cardinali ristretti, & diuisi in due fattioni, delle quali una seguiua Montalto, che haueua seco congionto Altemps, & Sforza, & l'altra Madruccio, che haueua seco unito Alessandrino, & per un posto ancora Monti; e ben vero, che in ciascuna di queste due fattioni erano certi Cardinali, che nell'esclusione d'alcuni soggetti pretendeuano d'esser liberi, & aderiuano hor all'una, & hor all'altra parte secondo, che la conscienza, ò l'interesse li guidaua.

Haueuano Sforza, & Montalto, & alcuni altri prima, che s'entrasse in Conclaue, cominciato secretamente à stringere il trattato di far Papa Mondoui, & la cosa era andata tanto auanti, che scoprendola essi ad alcuni confidenti venne poi finalmente à notitia del Conte d'Oliuares, al quale era stato aggiunto anco di più, che lo voleuano far Papa in quella stessa sera, come se n'era sparsa voce per Roma, intendendo questo il Conte perche questo soggetto non era trà li nominati dal Rè, e perche staua con pensiero fisso tutta via in santa

Seue-

Seuerina, andò quella fera fino alle 4. hore di notte per il Conclaue, pratticando contro Mondouì fudetto, pregando tutti li Cardinali confidenti inftantiffimamente, & poi molti altri ancora, trà quali furono sforza, e Montalto, quelli perche in neffun modo li voleffero date il voto, quefti in genere, à non voler pigliar altri, che uno de' nominati, e partitofi poi con l'animo affai ficuro, fi ferrò il Conclaue alle 5 hore.

Era già ftata dall' Ambafciadore publicata la nominatione, che fi faceua per parte del Rè, quale era di fette Cardinali, cioè fanta Seuerina. Paleotto, Madruccio, Como, Colonna, SS. Quattro, Cremona, fe bene fi riftringeua alli 3. primi come più grati, & defiderati dal Rè, mà à detta nominatione fu anneffa poi una prohibitione efpreffa à Madruccio, & alli confidenti, di non pigliar alcun' altro, fuori di quefti fette. Gl' efclufi poi per quello, che fi feppe, & fi fcuoprì nel propeffo del Conclaue erano Fiorenza, Saluiati, Verona, Mondoui, Lancellotto, & tutte le Creature di Sifto.

Quefta efclufione cofi ampla, & generale non diede minor occafione, di mormorare alla Corte, & à gran parte del Collegio de' Cardinali, di quello che gli deffe la nominatione, accompagnata maffime dalla prohibitione detta di fopra, parendo non meno ingiufta, & irragioneuole, che infolita, percioche doue per il paffato il Rè haueua efclufo uno, ò due foggetti al più, & molte volte niuno, qui fi efcludeuano 30. Cardinali, anzi fi poteua dire, che dalli fette in poi, fuffero tutti efclufi, come inimici, & fofpetti al Rè; mà quello, che daua fopra tutto merauiglia era l'efclufione di Mondoui, foggetto frà gli altri tanto eminente, che fin da che fu fatto Cardinale fu ftimato, e riputato Papa; ne era alcuno fi diligente inueftigatore, che fapeffe trouare le cagioni dell' efclufione, perciò che era fuddito di fua Maeftà, & di mediocre famiglia; teneua grand' obligo al Duca di Sauoia, Genero del Rè, che fi credeua gli l'haueffe pofto in gratia e fi era vifto, che fin dalla fede vacante di Gregorio XIII. era ftato nominato da quella Maeftà: era fenza parenti: haueua fatti notabili feruiggi alla Cafa d'Auftria in Polonia, & in Sauoia, nell' uno de' quali luoghi era ftato Nuntio una volta, & nell' altro due, & in ciafcuno di effi haueua feguito egregiamente la fede Apoftolica, & la Religione; era ftato riconofciuto con penfioni dal Rè, & uniuerfalmente tenuto non men buon fuddito, che affettionato feruidore di quella Maeftà. Nè l'imputationi, che gli dauano, che egli fuffe ftato al feruiggio del Rè di Nauarra: che fuffe ftato Confultore di Papa Sifto nelle cofe di Francia, e che da Nauarrifti fuffe defiderato Papa, quando anco fuffero ftate vere, pareuano tali, che fi doueffe efcludere potendo baftare, non nominarlo; perciò che quanto al primo, fi fapeua, hauer feruito il Rè di Nauarra intorno à fei mefi, ch'era Cattolico, e fanciullo in quel tempo: erano ancora note le caufe, perche ondò, à feruirlo, & chi procuraffe, di faruelo andare. Quanto al 2. fi fapeua, effer friuoliffimo, perche era notiffimo d'onde veniuano li fuoi configli; era finalmente anco friuolo il 3. perche quando Mondouì, fu efclufo, non vi era anco auuifo, che in Francia fi fuffe faputa la morte di Sifto, nè d'Vrbano, non che fi foffe potuto fapere il defiderio de' Nauarrifti fopra il Papa futuro. Onde era neceffario, di credere, che quefta efclufione veniffe dagl' Ambafciatori, & non dal Rè, i quali ingannatifi forfe nell' altro Conclaue, in far giuditio di quefto Signore, con il non nominarlo, hora per dubio, ch'egli non fi fentiffe offefo, & per non moftrare, d'hauer errato, l'haueuano efclufo.

Il giorno feguente confidato Montalto nella promeffa, che fin nel Conclaue d'Vrbano gli haueua fatto sforza, Altemps, li 2. Gonzaghi, & li due Colonnefi, di concorrere in una delle fue Creature, la quale di nuouo gli era ftata confirmata da loro, fe bene più tofto per una certa dimoftratione d'una buona volontà, & per guadagnar la gratia fua, & della fua fattione, che perche veramente haueffero penfiero di offeruargliela, quando fi foffe venuto, à far da douero; rifolfe con alcuni amici fuoi di tentare, di far Papa Aldobrandino, perfona in vero meriteuole per la molta dottrina fua, per la bontà, & integrità della vita, & per le molte lodi, che haueua riportate nella legatione di Polonia, mà di affai frefca età, non paffando 51. anni. Cominciò adunque, à pratticare deftramente

GREGORIO XIV.

mente le fue creature, & pregarle cofi in generale, voler unitamente concorrere con lui, à far Papa uno di loro medefimi, & trouatele affai difpofte nominò ad alcuni di loro più confidenti la perfona, fi come fece anco à Sforza & Aleffandrino, che l'uno, & l'altro di loro vi concorreua, il primo per mantenere la promeffa, il fecondo per l'amicitia, che haueua con Aldobrandino, per effere ftato benificato da Pio V, fuo Zio.

 Verfo le 22 hore la cofa era tanto auanti, che perfuadendofi hauer due voti di più di quello, che bifognaua, penfarono fenza li Spagnuoli poterlo fare al ficuro; onde rifoluto, di farlo ad un'hora di notte; Madruccio fu auertito à pieno di quanto paffaua, il quale fi fece portare fubito fenza perder tempo da Altemps, & lo guadagnò, fi come fece anco delli 2 Gonzaghi, & Colonnefi, cinque creature di Gregorio, & fette di Sifto, il che fece non fenza difficoltà, & hauendo Montalto mandato à dire à tutte le fue creature, che fi metteffero li Rocchetti per andar all'adoratione, Rouere, & Monti non fi trouauano, Sauli s'era nafcofto nella ftanza di Gonzaga, & Mattei fdegnato; che Montalto non haueffe tenuto conto di lui, diffe, di non voler mouerfi; di maniera che col mancamento di quefti fcoprendofi quello degli altri, fi vidde l'efclufione ficuriffima di 26, Cardinali, & fi difmife la prattica, la quale fecondo l'opinione di molti, fe fi fuffe trattata con maggior ardore, communicatala egualmente à tutte le creature, e fenza hauer pofto tempo in mezzo fi fuffe andato all'adoratione, riufciua facilmente. Dopò quefto Montalto, per dare fodisfatione à Rouere, cominciò à trattar la fua prattica, mà trouando, che gli Spagnuoli, Fiorentini, & i Mantouani non lo voleuano, con tutto che li Spagnuoli, per darli fodisfatione gl'offeriffero quattro voti, vedendo un'efclufione tanto gagliarda, fi rifolfe, di non farne più altro. Erano in quefto tempo ftati auuifati li Gonzaghi, che Sforza, & Altemps voleuano trattare per Cremona; onde poftifi fubito ad andar à torno per il Conclaue facendogli la prattica contro, gli ftabilirno con molta difficoltà un'efclufione di 28. voti.

                     Venerdì

240 CONCLAVE DI

Venerdì alli 12 parendo al Cardinale Ascanio, che per hauer Montalto dato questa parte di sodisfatione alle sue creature, douesse, ragioneuolmente per rispetto di parentela aiutare il Cardinale Colonna vecchio, pensò, che non fusse da differire, di tentare la sua fortuna. Hauuta dunque promessa da Montalto, ch' egli vi sarebbe concorso con 15. creature sue, & promettendosi da Madruccio sicuro aiuto di quella fattione, per essere uno de' nominati, si mise con Alessandrino, Simoncelli, & Cosenza, à stringere la prattica, la qual caminaua benissimo, perche oltre li voti delle sopra nominate fattioni, si trouauano facili per lo più i Cardin. vecchi, che parte per amicitia, e parte per guadagnare la gratia de' Colonnesi, & obligarseli nell' occasioni à rendere la pariglia, promotteuano, d'andarui, talmente, che haueuano trouato già maggior numero di quel che bisognaua, & se in quell' instante si fusse andato all'adoratione, senza dubio era Papa. Perche Altemps, Sforza, & Aragona, che andauano attorno, per fare l'esclusione, non la trouauano sicura, & molti de' Gregoriani, che haueuano promesso il voto, si vedeuano hora difficili, à negarlo, per non inimicarsi questi due Cardinali, & altri stauano titubanti, & perplessi, di modo che tutti in quell' impeto dell' adoratione vi sarebbono andati. Era già verso le 3 hore di notte pieno di timore, & di spauento tutto il Conclaue per il manifesto pericolo, in che si vedeuano le cose, & essendo ricordato da alcuni Amici di Colonna, che non era da perder tempo, per andare all' adoratione, risposero, ch' era meglio, differire alla mattina, che le cose si sarebbono fatte con maggior quiete, come si era fatto nella creatione di Vrbano; onde gli Auuersarij, valendosi dell' occasione, che li porgeua questa interpositione di tempo, ripresero animo, & andorno di nuouo in volta, confirmando gli amici arditi, animando i timidi, e racquistando i perduti, e non parendogli, con tutto ciò d'essere sicuri, che quelli, che prometteuano di non andarci, non lasciassero suolgere dagli importuni prieghi del Cardinale Ascanio, che andaua attorno, si che sopraprefi dalla paura che il Papa si facesse senza loro, fussero per correre

GREGORIO XIV.

rere al primo auuiſo dell' adoratione fu conſigliato da Aragona, come prattichiſſimo in ſimili maneggi, & di grandiſſimo giuditio, che ſi faceſſe una congregatione in Camera di Sforza, nella quale ogn' uno conduceſſe gli amici ſuoi, il che eſſendo approuato dagli altri, & conſiderando che in eſſeguire ciò, ſi ſarebbe ritrouato reſiſtenza in alcuni, e particolarmente in Paleotto, & in Mondouì, i quali per l'amicitia antica, & perche andauano tuttauia maturando le loro ſperanze, non hauerebbono fatto tal dechiaratione, per non inimicarſi due Cardinali, in queſta maniera, Altemps, Sforza, & Aragona perſuaſero al primo, che quanto ſi faceua era per ſuo ſeruiggio, & al ſecondo, che voleuano fare una diuerſione in lui, & con tal modo li tirarono ambedue. Si congregarono dunque nella Camera 16. Cardinali; cioè Altemps, Sforza, Aragona, Paleotto, Sans, Carrafa, Santi Quattro, Cremona, Verona, Mondoui, Rouere, Moroſino, Caetano, Borromeo, Alano, & ſanta Seuerina, Albano poi, & Saluiati ch'erano in Letto, non potendo venire, mandorno, à dare la parola; quiui dopò molte parole dette non ſenza molta efficacia da Altemps, accompagnate dalle preghiere di Sforza ancora, fu da tutti promeſſo, di non andare in Colonna, & preſo appuntamento, che ſentendoſi quella notte rumore, niuno ſi moueſſe; e ſe la mattina in Cappella ſi ſentiſſe, che fuſſe tentata l'adoratione, che tutti unitamente ſi tiraſſero da parte. Dopo queſto ſi guadagnorno cinque altri voti di quelli di Montalto, che per paura prima non ſi erano ſcoperti, tanto più, che quando eſſo promiſe, darne quindeci, non haueua nominati quali foſſero. Non reſtò per queſto il Cardinal Aſcanio, finita la detta Congregatione, di tentare di nuouo la prattica, e fare l'ultimo sforzo per ſuolgere molti di detti Cardinali; mà trouandoli tutti indurati, fu aſtretto à cedere al tempo, & ritirarſi, non ſenza gran ſuo pentimento, che non ſi fuſſe eſſequito il conſeglio dato à Colonna.

Il giorno ſeguente Sforza, & Montato riſolſero, di fare Papa Mondoui, & hauendo ciaſcuno di loro praticato deſtramente le ſue creature, & trouatone il primo 8. & il 2.

Hh venti

venti dispostissimo, à concorrere, ne diedero parte ad Altemps, Aragona, & Alessandrino, nelli quali non solo trouorno la medesima prontezza, mà promisero anco di aiutare il negotio, & già la prattica era ridotta à tal termine, che non li mancauano se non due voti, hauendone 34. sicuri, con li quali se si fosse andato allora all' adoratione, con tutto che gli Spagnuoli facessero apertamente l'esclusione, & unitamente con loro li Fiorentini, non dimeno sarebbe riuscito Papa al sicuro, perche il soggetto era molto conspicuo per il merito proprio, per beneuolenza, che li portauano quasi tutti li Cardinali, e perch' era stimato molto al proposito per li tempi presenti, onde per questa cagione, & per una certa violenza, che porta seco quell' atto dell' adoratione, si sariano hauuti più di due voti, che mancauano; mà Sforza, & Montalto vedendo li Spagnuoli, & li Fiorentini maneggiarsi per l'esclusione, diffidarono, di poter guadagnare quelli voti in quell' istante, per il che presero per espediente di desistere dalla prattica, & attendere in questo mentre, à procurarui con diuersi mezzi, d'ottenere quello, che non poteuano sperare di conseguire in quell' atto, che gli Auuersarij erano in moto, il che per l'effetto, che ne seguì poi, apportò grandissimo nocumento al negotio, perche hauendo li Spagnuoli scoperto il disegno di Montalto, conosciuta la vicinità del pericolo, & hauuto tempo, di porgerui rimedio, procurorono poi con varij modi, & diuersi artificij non solo di stabilire quelli, ch' erano uniti con loro à questa esclusione, mà di acquistare de gl'altri. Con tutto ciò non si perdè d'animo Montalto, mà staua più che mai fisso in questo pensiero, non si diffidando, di poter con l'auttorità, & con la patienza, & con l'industria superare questa difficoltà; e ben vero, che rimase in questo fatto disgustato di Monte, che si fosse unito con gli Spagnuoli, ad escludere quelli, che esso Montalto voleua, che erano Aldobrandino, & Mondoui, & all' inclusione di quelli, ch' egli ricusaua, poiche haueua tanto operato per santa Seuerina, & Paleotto, senza tenere in ciò conto alcuno di lui, & pure gli pareua ragioneuole, & conueniente, che se per la sola requisitione del G. Duca haueua

ueua da ricufar Santi Quattro, che Monti all' incontro douefse anco dare qualche fodisfatione à lui, & non far questa professione d'effer in tutto alieno da lui, & da fuoi fini.

Trouauafi in questo tempo Madruccio affai imbarcato nel golfo delle speranze per le molte difficultà, che fcorggeua in ciafcuno de gli altri nominati. Hauendo dunque fatta trattare qualche prattica per la perfona fua, con tutto che sforza fe gli fcopriffe contro, fece nondimeno pregar Montalto, che voleffe concorrerui, il quale rifpofe, che n' haueria parlato colle fue Creature, & fe haueffe trouato in loro buona difpofitione non gli farebbe mancato il fuo ajuto, mà hauendone poi trattato colle fue creature, e trouatone più di due terzi alieniffime, fece intendergli, così configliato da Morofino, & da Matthei, che le fue Creature non lo voleuano, & però bifognaua penfare ad altro foggetto. Fece dopò questo Madruccio gagliarda inftanza à Montalto, che fi rifoluesse, à far il Papa, & pigliare uno de' nominati, quale lui voleffe, potendo cofi gratificare il Rè, fodisfare alla cofcienza, & infieme alla reputatione fua, poiche ftando quest' elettione in arbitrio fuo, poteua fempre dire, d'effere stato lui, che haueffe fatto il Papa.

Erà già stata questa dimanda di Madruccio posta in confulta trà le creature di Montalto, che nè haueuano maggiore intereffe, & altre unite con loro e da tutti era stato conclufo, ch' era neceffario, opporfi gagliardamente, acciò questa nominatione non haueffe effetto, poiche con effa non folo fi veniua ad efcludere la libertà Ecclefiaftica, la quale in quefta elettione doueua principalmente, fecondo la difpofitione de' Canoni, & de' Concilij, effer conferuata intatta, & illefa, mà à fare anco il Papa Ius patronato del Rè di Spagna, perciò che effendo per natura gli Spagnuoli più tofto troppo diligenti in ritenere, & accrefcere quello, che una volta acquistanno, che poco accurati in lafciarlo perdere; fe confeguiffero in questo Conclaue il medefimo, che confeguirno in quello di Vrbano fettimo, d'hauer uno de' nominati, fi veniua, ad introdurre il Rè in poffeffo di questa nominatione, la quale poi per l'auuenire verrà riftringendofi à numero molto

Hh 2 mino-

minore, & li Cardinali faranno aſtretti, à pigliar uno di quelli, ancorche repugnaſſe alla conſcienza loro. Diceuano ancora, che queſta nominatione, uſurpata dal Rè, era di molto peggior conditione, che la preſentatione, che egli per mera conceſſione della ſede Apoſtolica haueua di tante Chieſe, & Veſcouati, non ſolo per la preminenza del Pontificato, mà anco, perche ſe il Rè nominaua uno ad una Chieſa, che dal Papa non fuſſe riputato habile, poteua il Papa ricuſarlo, e far nominare un'altro, mà già il Rè nomina ua quei ſoggetti, che gli pareua, & li Cardinali, à quali s'aſpettaua, à farne giuditio, ancorche conoſceſſero quelli non eſſer atti, non poteuano, ò non era loro lecito ricuſarli. Aggiungeuano, poiche à Dio era piaciuto di liberar una volta la ſua Chieſa dalla ſeruitù, in che l'haueuano ingiuſtamente poſta gl'Imperatori antichi, nella creatione de' Papi, non doueuano loro conſentire, che vi ſi riponeſſe di nuouo con più dure conditioni, e ſotto Principe di minore grado, il che era non ſolo dare occaſione all' Imperatore medeſimo, di ſuſcitare in queſto le ſue antiche pretentioni, vedendo, che quello, che hà preteſo per lo paſſato con qualche proteſta, ſia nõ ſolo conſeguito, mà ſolleuato in un Principe inferiore à lui, ſenza ragione alcuna: mà anco à dar materia à gli heretici, di detrahere con nuoui argomenti all'autorità, del Papa. Comprobauano queſto conſiglio con la nouità della coſa, alli principij, della quale era neceſſario oſtare con gli eſſempij ſeguiti nelli Conclaui paſſati; perciò che ſe bene alle volte Carlo V. e l'iſteſſo Rè Filippo haueuano nominati alcuni Cardinali, erano all'incontro ſtati molte altre volte ſenza nominare alcuno, e quando lo fecero, era ſtato più toſto in forma di raccomandatione à gl'amici, e confidenti loro, che di nominatione al Collegio; e poi il numero non era coſì grande, nè ſi era prohibito à gli medeſimi, il non poter pigliare altri, purche non fuſſero degli eſcluſi. E con tutto ciò ſi era veduto nelli Conclaui paſſati di Giulio III. di Marcello II. & di Paolo IV. che le nominationi non ſolo erano ſtate fruſtatorie, mà erano ſtate potiſſima cagione di far riuſcir Papa quelli, che erano eſcluſi da loro, come continuamente riuſcirono li ſudetti

3. Papi.

GREGORIO XIV.

3. Papi. Adduceuano ancora, che ciò si doueua tanto più fare, quanto ragioneuolmente si poteua credere, che questa nominatione non veniua dal Rè, mà da suoi Ministri, perciò che essendo il Rè di animo pio, & religioso, e facendo professione non meno di acerrimo difensore di questa santa Sede, dalla quale haueua hauuto così insigne titolo, non era da credere, che volesse porre le sue laicali mani nel santuario di Dio, & turbando, & ritardando insieme, con tanto detrimento della Religione Cattolica, & della Christianità tutta, la libera elettione del suo Vicario, maculare la buona, & la santa opinione, che teneua il mondo di lui. Replicauano, che se il Rè si moueua à ciò fare per il zelo, che teneua della Religione Cattolica, era lodeuole il fine, mà biasmeuole i mezzi, perche questa Cura era atttribuita principalmente al Papa, e dopo lui a i Cardinali, che ne sono respettiuamente Capi, & membra, & hanno obligo, di difenderla col proprio sangue. Haueua dunque da lasciar questa cura à quegli huomini, à chi Dio l'hà data, & non torla à loro, & appropriarla à se medesimo e che se pure vedesse, che si potesse fare, ò non fare alcuna cosa in seruigio loro, era obligo, à ricordarlo, e significarlo ai Cardinali, & ad essi, poiche ne sono arbitri, lasciar il giudico, & la total risolutione, mà non astringerli à regolar le loro conscienze secondo le passioni, & interessi suoi. Concludessero poi, che in questa nominatione si offendeuano tutti quei Cardinali, che non erano nominati, quasi che non fussero riputati degni di quel grado, e poi u' erano molti, se non superiori, almeno equali à gli altri, & si reprobaua anco il giuditio di tutto il Collegio, quasi che il Rè assente, & i suoi Ministri conoscessero meglio, chi fusse atto, à sostener queste peso, che li medesimi Cardinali, ch'erano sul fatto istesso, & sul luogo, & finalmente, che questo saria stato un far li Cardinali soggetti, & quasi manupij togati non solo del Rè di Spagna, mà anco de' suoi Ministri, per procurare, d'essere ascritti nelle nominationi da farsi, già che senz' essi non potrebbono mai sperare, di peruenire al Pontificato. Per queste, & altre ragioni dunque persuasero à Montalto, che poiche tanti altri Cardinali, quali scordatisi dell' obligo, che

Hh 3 teneua-

teneuano alla conscienza, & al giuramento, non solo sottoponeuano spontaneamente, il collo à questo giuogo, mà procurauano, di farcelo sotto porre ad altri, & poiche Dio haueua dato à lui ingegno, spirito, & valore soprà l'età sua, & gli haueua insieme concessa tanta auttorità, & cosi gran seguito in questo Conclaue, ch'era, si può dire, uno de' principali moderatori, & arbitri, volesse anco lui abbracciare questa santa impresa, e farsi insieme Capo, e Protettore della libertà Ecclesiastica, e quasi nuouo Dauid liberare questa santa Sede, dalla graue seruitù, che le soprastaua, & opponendosi à questa nominatione, stasse pur saldo, & costante, à non pigliar alcuno de' nominati, che eglino all'incontro prometteuano ajutarlo, & seguitarlo in questa santa resolutione.

Mosso da queste raggioni Montalto, dichiarò apertamente à Madruzzo, ch'egli non voleua alcuno de' nominati, soggiungendoli, che ciò faceua per il zelo, che haueua del seruigio di Dio, di proteggere, & mantenere, quanto era in lui, la libertà Ecclesiastica, mà che quando hauesse voluto uscire de' nominati, sarebbe stato pronto, à concorrere in un buon soggetto di tanti, che ue n'erano, mà replicando Madruccio, che non voleua uscire de' nominati, & Montalto affermando, che non voleua alcuno d'essi, s'indurarono gli animi dell'una, e dell'altra parte con egual ostinatione; dopò questo sforza, & Montalto per mettere paura à gli Spagnuoli, cominciorono, à fare aperte prattiche per Saluiati, & per Fiorenza, Cardinali in vero di valore, prudenza, & giuditio, prattichi de' negotij del Mondo, & sopra tutto graui, & incorrotti, mà vedendo l'oppositioni assai gagliarde, e da non potere sperare di cosi facilmente superarle, si restrinsero poi, à fare più particolar sforzo per Verona, come soggetto, che haueua molti amici nel Collegio, & era uniuersalmente amato, per esser di natura libera, & schietta, & senza artificio alcuno, lontano da ogni ambitione, nel quale anco si scorgeua una bontà infinita, accompagnata da vita religiosa, & essemplare, & da dottrina conueniente al suo grado, mà perche gli Spagnuoli gl'erano contrariissimi, se bene non per altra

cau-

causa, che per esser Venetiano, pensarono, che fusse meglio, di aiutarlo per via di scrutinio, nel quale gli fecero dare per molte mattine gran numero di voti; di maniera che, con tutto che gli Spagnoli gli pratticassero contro gagliardissimamente, non solo per loro stessi ma anco per mezzo di Gesualdo, & Caetano, & anco del Cardinale Ascanio suo grandissimo Amico, & che li due Conzaghi non ostante le raccomandationi del Duca di Mantoua intrinsechissimo di detto Verona fussero loro ad herenti, la cosa nondimeno andò tanto auanti, che arriuò una mattin à 24. voti in un scrutinio, e se bene in questo Conclaue non si era ancora posto uso, di dare gl' accessi, gl' erano tuttauia stati riserbati sette accessi, che non si scoprirno altrimente, vedendo, che non haurebbono potuto in ogni modo con questi compire il numero, poiche erano mancati alcuni di quelli, che haueuano promesso; misero nondimeno una grandissima paura à gli Spagnuoli, di modo che mentre da una parte stauano vigilantissimi, procurauano dall' altra di diuertire questo lor feruore, col mettere auanti Paleotto, che sapeuano esser abborrito da Montalto, facendoli similmente dare molti voti nello scrutinio, e riserbandosi anco degli accessi; se bene per la diligenza di Montalto non arriuò mai, ad hauerne più di 20. come si dirà più à basso.

Hauendo in questo mente il G. Duca da più bande inteso, che le difficoltà di santa Seuerina s'andauano ogni giorno più inforzando, & che Paleotto era come nimico oppugnato da Montalto, in modo, che haueria preso ogn' altro prima, che lui, cominciò, à dubitare non poco di santa Quattro, atteso massime la mala intelligenza, ch' era trà esso Montalto, & Monte; onde per assicurarsi da una banda di santa Quattro, & dall' altra dar sodisfatione à Montalto, ricordandosi dell' amicitia antica hauuta con Mondoui; e credendo, che con l' ajuto suo potesse riuscir Papa, diede ordine à Monte, che concorresse unitamente con Montalto, & con gl' amici à farlo, il che se Monti hauesse voluto e seguire, subito per essere questa resolutione del G. Duca che tutto improuisa, & impensata à gli Spagnuoli, non era alcuno dubio,

che

che riusciua Papa, mà hauendo prima à ripigliare la parola da Madruccio, che già li diede all' entrar del Conclaue per l'esclusione di quel soggetto, con tutto che da Montalto fusse detto, e riccordato, che il far questo era un disturbar tutto il negotio, fu causa, che auertito in tempo Madruccio, & altri confidenti, del nouo à quisto fatto da Mondouì, e della perdita sua, si pose con Mendozza, & altri confidenti à fare un straordinario, & ultimo sforso, per aggregare all' esclusione di quello altri voti, in luogo di quelli, che gli erano mancati, e fecero di maniera, che guadagnarono li due Gonzaghi, con promettere à loro sicuramente l'esclusione di cremona, & due Gregoriani, cioè Lancelloto, e Caetano, con darli quasi certa speranza, di farli Papa, con tutto che il primo fusse escluso dal Rè, & il secondo non nominato, tanto è potente una debolissima, benche facilissima aura di speranza, che in qual siuoglia modo fossi à fauore di chi nauiga nel Pelago del Pontificato.

Di modo che l'acquisto de' Fiorentini à nulla seruì, essendo stata altre tanto la perdità, quanto il guadagno, & hebbero con tutto ciò sospetto gli Spagnuoli, che all' entrare di Caetano in Conclaue, che veniua da Francia, si facesse l'adoratione, alla quale se si fusse venuto quella mattina, con tutta l'esclusione sarebbe forse riuscito; mà s'indugiò per ricuperare li Gonzaghi, colli quali si fecero in questo mezzo gagliardissimi officij da parte del Duca di Mantoua, mà essendo senza frutto, finalmente Montalto medesimo si risolse dargli un' assalto; Andatili dunque à trouare, disse, che si marauigliaua molto, che hauendogli il Duca di Mantoua, per via di loro medesimi fatta così gagliarda instanza, acciò non facesse Papa Cremona, il quale per suoi priuati rispetti era obligato aiutare, non che desiderare, e ch' esso medesimo, per far seruitio à loro, s'asteneua, di farlo, che li pareua ragioneuole, ch' essi ricompensassero questo benificio, con e qual gratitudine, concorrendo in un soggetto proposto, & desiderato da lui, e così meriteuole, tanto Amico loro, & per il quale due Principi à loro tanto, e per parentela e per amicitia congiunti neli pregauano, la onde se non poteua

ottenere

GREGORIO XIV.

ottenere da loro una cosi ragioneuole sodisfatione, era astretto, à protestarsi, che sarebbe andato in Cremona per dispetto loro, & essi restassero liberi, di poter far ciò, che li pareua. Non mancò anco di dirli ingenerale, che se loro haueuano il fine, d'escluder Cremona, doueuano unirsi con quella parte, che verisimilmente, non l'hauesse à volere, come era esso, che haueua dichiarato non voler alcuno de' nominati, & non con quell'altra, che ragioneuolmente era astretta, ad aiutarlo, come erano gli Spagnoli, poiche questo era de' nominati, & essi haueuano ordine, di non pigliare se non uno di loro; & che quanto alla parola datali da Madruccio, non poteuano in modo alcuno fidarsene, non solo per essere parola, come si suol dire, di Conclaue, mà anco perche Madruccio prometteua cosa contraria alla mente del Rè, e che non era in poter suo osseruarla, perciò che hauendo ordine, di pigliar Cremona, come & con qual pretesto poteua ricusarlo? Mà quando anco l'hauesse fatto, che non era possibile; vi saria nondimeno concorsa tutta la fattione Spagnola, ciascuno, della quale haueua inteso dalla viua voce del Co. d'Oliuares la méte del Rè,& non erano stati rimessi, à fare quello semplicemente, che gli ordinaua Madruccio. Pensassero dunque bene, mentre haueuano tempo, che il mezzo, che loro teneuano, era del tutto contrario, ad arriuare al fine, che disegnauano; e che non aspettassero à chiarirsi meglio dell'animo de' Spagnuoli in tempo, che non li fusse valuto il pentirsi. Queste & altre ragioni dette, & inculcate da Montalto, & da altri non furono bastanti, à rimouerli dal loro pensiero, perche li paraua, d'essere restati tanto sicuri dell' animo di Madruccio, che si persuadeuano, che per dispetto loro hauesse, à trasgredire l'ordine del Rè, burlare la nominatione, & offender insieme un Cardinale suddito seruitore, e di famiglia tanto benemerità di quella Maestà, onde risposero à Montalto, che trouandosi hauer data la parola à Madruccio per l'esclusione di Mondouì, non poteuano, nè voleuano in alcun modo mancarli, e che quanto à Cremona essi non haueuano paura, mà che pure quando esso Montalto, hauesse voluto farlo Papa, loro si sarebbono aiutati.

I i   Non re-

Non restaua in questo medesimo tempo Sforza, come Capo de' Gregoriani, di far dal canto suo tutto il possibile, per riunire alla sua squadra Canano, & Lancellotto, persuadendoli, che l'alienarli da lui era più tosto un distruggere, che edificare le loro speranze, perche mentre stauano con lui uniti poteuano promettersi non solo l'aiuto della sua fattione, mà anco quello di Altemps, & di Montalto per l'unione, che haueuano fatto insieme; & finalmente del G. Duca, doue, accostandosi à Spagnoli, per escludere uno di questa parte, perdeuano questo aiuto, senza far acquisto dell'altro, perciò che la promessa, che gli faceuano gli Spagnuoli, era vanissima, essendo contraria à gli ordini espressi del Rè, ch'era di non uscire da nominati, ne era in arbitrio loro il non osseruarla, & quando anco fusse stata rimessa alla volontà loro, se eglino non haueuano potuto fare riuscir Papa alcuno de' nominati, & desiderati dal Rè, ciascuno dè quali, oltre l'aiuto di quella banda, hauuta de gli altri Capi di fattione amici, come poteuano sperare col molto dè Spagnoli arriuarci loro, ò esclusi, ò non nominati dal Rè? Che per questa dichiaratione haueuano hauuto contro tutti gli altri Capi: Si ricordassero, ch'era regola molto trita, che i Vecchi papabili non doueuano andare all'esclusione d'alcuno, se non v'andauano in frotta con gli altri della medesima fattione, che seguono, ò per elettione, ò per obligo, e che per ciò si risoluessero, d'unirsi con quella parte, che per hauere minor numero di soggetti da portar auanti, più facilmente li poteua aiutare, lasciando quella, che ne proponeua sette, con determinatione, di non volerne altri. Queste parole non fecero maggior frutto nelli Gregoriani, di quello si facessero quelle di Montalto con li Gonzaghi, se bene uno di essi si mostrò al quanto arrendeuole, e che facilmente con un'altro assalto si potesse acquistare.

Priui dunque di speranza Montalto, e Sforza di guadagnar li Gonzaghi, & li due Gregoriani, pensarono, di far Papa Mordoui per scrutinio, & credeuano, che li fusse potuto facilmente riuscire, poiche molti, che per non perdersi, ò inimicarsi i Spagnoli, non sariano venuti all'adoratione, g'haueuano ueriano dato il voto. Haueuano perciò concertato, di trouare 14. che li deſſero il voto, quale ſperauano, ſenza molta difficoltà trouare, & riſerbare poi 22. acceſsi, che haueuano ſicuriſsimi, mà rendendoſi difficili alcuni di quelli, che promettcuano il voto di dare ancò il contra ſegno, e vedutoſi per eſperienza ne' Conclaui paſſati quanto ſia ſtata difficile, & fallace queſta prattica, non volle eſſo Mondouì conſentire, che ſi trattaſſe; e perche nè anco queſto potè riuſcire, ſi miſe di nuouo Montalto, à fare gagliardiſsimo sforzo, per guadagnar qualche altro voto, per vedere di far il Papa ſenza li Spagnuoli, il che non fu mai poſsibile conſeguire per l'eſquiſita diligenza, & vigilanza degli Spagnoli, la quale bene ſpeſſo era accompagnata da prieghe, da promeſſe, & da minaccie, ſe biſognaua. Tal che trouandoſi frà tante difficoltà Montalto, non perdeuano occaſione li Spagnuoli, di dargli ogni giorno diuerſi aſſalti, con pregarlo, & importunarlo, à voler pigliare uno delli ſette, mà eſſo all' incontro con ſaldezza, & coſtanza non punto giouenile audacemente difendeua la libertà Eccleſiaſtica, negando, di volerne alcuno di loro, & riſpondeua, che mentre eglino haueſſero continuato in queſta deliberatione, eſſo haurebbe fatto il medeſimo, à volerne uno delli cinque nominati da lui, ch' erano Saluiati, Verona, Mondouì, Fiorenza, & Aldobrandrino.

Stando dunque in queſta maniera le coſe incalmate, & vedendoſi che queſta oſtinatione d'ambedue le parti era per apportare intolerabile lunghezza al Conclaue, & in conſeguenza infinito detrimento alle coſe publiche, per l'eſtrema penuria, ch' era in Roma, & per tutto lo ſtato Eccleſiaſtico, e per gl' inſulti, che ſi ſentiuano ogni giorno fatti dalli banditi fomentati, ſecondo ſi diceua, dalli Spagnoli, & finalmente per il pericolo, in che ſtaua il Regno di Francia, fu dà confidenti dell' una, e dell' altra parte conſigliato, che per euitare queſti inconuenienti, & fuggire anco le mormorationi, & per il biaſmo, che ſi poteua riceuere dal Popolo, ſi ueniſſe, à far proua, d'eleggere un terzo, nel quale queſte due fattioni poteſſero concorrere, poiche ven' erano molti di valore, & dimerito; Al che ſi moſtraua inclinatiſsimo Montalto, & non meno Madruccio, per leuarsi dalla paura di Mondouì. Questa nuoua risolutione rauuiuò le quasi morte speranze di molti per l'occasione, che hebbero, di tentare la loro fortuna e questi erano Santo Giorgio, Aragona, Sans, Rosticucci, Cornaro, Lancellotto, & Alano. In Santo Giorgio concorreuano molte qualità, che lo poteuano render habile à questa grandezza; era Decano nel Collegio, di età di 74. anni, mal' affetto, & da non potere viuer molto: era tenuto huomo di buon gouerno, & non ignaro della Corte. Gli Spagnuoli lo pigliauano volontieri, come Vasallo del Rè, & di famiglia bene merita, & Altemps come Parente non l'haueua da recusare, essendo stato ricercato Montalto da Colonna, che lo metteua inanzi, non si lasciaua intendere di che animo fusse verso di lui. Le sue creature intrinsiche diceuano, che per non hauer lui lettere, & per altri rispetti, non vi poteuano per conscienza andare. Aragona haueua l'aura di tutto il Collegio, per esser gentilissimo, & pieno di maniere corrispondenti alla sua Nobiltà, abbondaua di valore, & di giuditio talmente, che per l'uno, & per l'altro era stimato, & amato da ogn'uno: era seruitore grato, & confidente del Rè, & di età di 55. anni, & già Montalto si era offerto, di concorrerui, come haueriano fatto gli Spagnuoli. Mà Altemps, che ciò desideraua sommamente hauendone fatta parola con Madruccio, non vi trouò tutto quel fondamento, che pensato haueua, & gli altri della sua fattione, che se gl' erano offerti, quando si venne alle strette, se ne rendeuano alieni, mostrando hauerlo fatto più tosto per una certa creanza, per guadagnarselo, che per dir da douero, onde, e per questo, e perche vi erano alcuni, che gli haurebbono fatta l'esclusione; Aragona stesso non volle, che se ne parlasse. In Sans, per essere Oltramontano, non accadeua pensare, se bene Montalto, & i Spagnuoli, per guadagnarselo, mostrauano ogn' uno, di desiderarlo, mà se si fusse venuto alla proua, haueria trouato difficultà insuperabili. Canano si trouaua molto inanzi, per ciò che haueua molti amici, & gagliardi nella parte Spagnola, che si credeua, l'haueffero posto in gratia di Madruccio, quale si trouaua anco obligato, ad aiutarlo per

quello,

GREGORIO XIV.

quello, che gli haueua promesso quando lo tirò all' esclusione di Mōdouì. Montalto v'inclinaua per quella libertà di natura, che conosceua in lui, & già se n'era lasciato intendere con qualche d'uno; Sforza poi per essere Gregoriano, & per particolar affettione, che li portaua, sommamente lo desideraua; e però l'haueua sempre insinuato à Montalto, & tenutolo viuo nella memoria sua, & già si erano tentati molti altri secretamente per lui, che si mostrauano pronti, mà Giustiniano, che per conoscerlo grand' amico di Pinelli, poco l'amaua, conuertì una sera Montalto con dirli, che si trouaua la prattica di Canano senza lui, & che però era ben fatto farli l'esclusione, e che tanto più si doueua fare, quanto, che egli era voluto andare all' esclusione di quei soggetti, ch' esso Montalto desideraua. Alche hauendo acconsentito Montalto, fece cadere la speranza à Canano, di poter più far frutto alcuno, perche reputando Montalto in questa esclusione di hauerlo offeso, non poteua più ragioneuolmente concorrerui; ne contento di ciò Giustiniano, di là à pochi giorni gli la fece da se medesimo. Lancellotto ancorche fusse di età di anni 74. huomo di lettere, & dotato d'ottimi costumi, non era nè all' una, nè all' altra parte accetto per le cause dette di sopra, però di lui non si parlò mai, andando in ciò del pari con Como trà li nominati, di cui similmente non si trattò in tutto il Conclaue. Alano con tutto che hauesse alcuni Amici, che lo metteuano auanti, & li Spagnuoli facilmente lo pigliassero, con tutto ciò Montalto non v'inclinaua, benche fusse sua creatura. Albano in questi contratti hebbe una mattina per prattica d'Alessandrino 18. voti nello scrutinio, che la maggior parte furono Spagnuoli, onde Montalto per non perderlo, andò il giorno dopò desinare, à trouarlo, & li disse, che stasse allegramente, che lo voleua far Papa. Per quel suono riempito il buon Vecchio di allegrezza, per mostrare, ch' egli non era cosi decrepito, ne tanto debole, che non potesse sostenere quel peso, volle uscire di Camera, e caminare alcuni passi, per il che cadè in terra con percossa tale, ch' hebbe à perder la vita.

Hora vedendosi chiaramente dalla sopra detta proua, che

questi soggetti di mezzo haueuano maggiori difficoltà, che i sette di Spagna, & cinque di Montalto, e merauigliandosi i Spagnuoli, come esso Montalto hauesse caldezza, & costanza tale, che dalla importunità de' prieghi, & dagl' artificij loro non potesse esser vinto, si risolsero, per vincere la pugna, d'hauer uno de' 7. nominati, & uscirne con honore, d'ajutar Colonna con tutte le loro forze, à cui sapeuano, che Montalto, per la parentela, non poteua mancare. Mossero perciò gagliardissime prattiche per lui, che da principio misero paura, perche si vidde, che li Spagnoli faceuano da douero, & haueuano già solleuato Sans, & Alano, e santa Seuerina persuaso à ciò da suoi Amici, haueua promesso al Cardinale Ascanio, d'andarui, il quale prometteua all' incontro, d'andare in lui, non riuscendo Colonna. Con tutto ciò Altemps, Aragona, & Sforza, & Borromeo andorono tanto attorno, che li trouarono l'esclusione, ajutati in ciò da Carrafa, che ricuperò Sans, & Alano, oltre che quando Montalto venne al ristretto delle sue creature non nè trouò otto, che vi volessero concorrere, di modo, che la prattica di Colonna hebbe con la prattica fine.

Non si era in tutto questo tempo mossa mai alcuna prattica per santa Seuerina, ne trattato di lui, perciò che li Spagnoli, & Fiorentini, suoi promotori, hauendo dal principio del Conclaue fatto alcuni tentatiui per la persona sua, haueuano scoperto Altemps, Alessandrino, & Sforza, & i Colonnesi per Auuersarij non men potenti, che implacabili, e Montalto poco meno, se non quanto egli mostraua essere indotto dalla necessità, & dall' interesse de gli altri più tosto, che dalla volontà propria, con tutto che dubitando gli altri, che egli à lungo andare non fusse per star saldo, si erano assicurati dell' esclusione, ancor che lui vi andasse. A voler poi far proua, di guadagnare li particolari, si trouauano li passi presi, & gl' animi durissimi, di maniera, che si come loro non poteuano sperare, che nè l'instanza del Conte d'Oliuares, nè l'auttorità Regia, nè Ducale insieme potesse superare tutte queste difficoltà, e perciò se ne stauano taciturni, & quieti, così era communemente giudicato da ogni uno, che per non essersi ne i

Con-

GREGORIO XIV.

Conclaui passati mai veduto maggiore unione de' Capi all' esclusione di un soggetto di questa, fussero, per human discorso, le sue speranze del tutto spente, & i suoi fautori chiariti di questa impossibiltà, non hauessero più, à trattare, ò parlare di lui; e pure con tutto ciò per quello, che si vidde da gl'effetti, auuenne tutto il contrario, tanto sono varij li giuditij degli huomini, perche se bene esteriormente mostrauano essere alienissimi da questo, pensiero, non haueuano però con occulti consigli abbandonato mai questa impresa.

Erano trà loro cinque, ò sei tanto amici, & suiscerati di santa Seuerina, & tanto cupidi, & ansij della sua esaltatione, che quasi non haueuano al Mondo altro pensiero, nè che più gli premesse di questo, onde attendeuano indefessamente, à tentare ogni via possibile, per effettuarlo, non si perdendo mai di animo per contrarietà, che trouassero, anzi questo pensiero era talmente fisso, & radicato ne' petti loro, che non vedeuano mai crescere gl'ostacoli da un canto, che dall'altro non crescesse in loro l'animo, di poterli rimouere. E perche la lunghezza del tempo cedesse à beneficio loro, haueuano caro, che tutti li trattati, si scoprissero, e scoperti s'impedissero, ne mancauano, di mantenere sempre viua la speranza ne gli amici con officij continui, & con li medesimi di confirmare gl'animi de' titubanti, ò di guadagnar gl'alieni, valendosi in ciò dell'occasione, che loro porgeua, ò l'esclusione, ò l'imbarcamento de gl'altri, s'ingegnauano rimouere le false opinioni, ch'erano fisse in alcuni, & mitigar gl'animi di certi altri esulcerati contro lui, & finalmente non lasciauano à dietro cosa alcuna, che in qualsiuoglia modo potesse essere di giouamento al loro negotio. E perche tutto ciò non bastaua, se non gnadagnauano qualche Capo di quegli, che gli erano contro, veduto, che non poteuano sperare in Altemps, poiche i reiterati officij fatti seco da Monti in nome del Gran Duca, non erano stati di alcun rilieuo, pensauano, che Montalto solo trà loro, si come era il più potente, così fusse il più facile, à guadagnare, & se bene sapeuano, ch'egli da principio se n'era mostrato alieno, & si era unito con Sforza, per far Papa un Gregoriano, e che à lui, ad Altemps, & a i
Co-

Colonnesi haueua promesso, di non viandare, si rendeuano con tutto ciò sicuri, di poter con artificij, con assiduità, con ragioni, & con preghiere rimouerlo, & uniruelo, & con l'ajuto suo farlo Papa, mà perche vedeuano, che per molti assalti non era per rendersi, risolsero; d'espugnarlo per assedio, & allora cominciorono maggiormente à stringerlo, quando viddero le tante difficoltà di Mondouì.

Erano trà detti fautori molte creature di Montalto, confidentissimi suoi, come Caetano, Sauelli, Gallo, Matthei, & Giustiniano, & haueuano poi Monti per principale, che interponeua l'auttorità del Gran Duca. Questi con gli altri quasi à vicenda batteuano à tutte l'hore Montalto, & con officij continui, & con importune preghiere lo stimolauano, che gli finalmente si risoluesse, à concorrere in santa Seuerina, & aggiungendo le ragioni à prieghi, gli metteuano auanti le difficoltà anzi l'impossibiltà de i soggetti desiderati da lui; la mira, che doueua hauere d'obligarsi più tosto, che inimicarsi li Prencipi, il pericolo, che poteua correre di Paleotto à lui sospetto, la gratitudine, che poteua sperare da santa Seuerina non solo, per cosi notabile beneficio, mà anco per esser stata Creatura del Zio, amico suo, e beneficato, & adoperato da lui, & dal quale non solo non haueua riceuuto mai offesa, ò disgusti, mà fauori, & gratie infinite: Il seruitio che veniua à fare al Gran Duca, che sapeua pure quanto per interesse proprio desiderasse lo stabilimento della grandezza di esso Montalto, la sodisfatione, ch'esso daua, & alla conscienza sua in far un huomo da bene, & al Mondo, che in questo tempo haueua bisogno d'un suo pari, e finalmente à tante sue Creature, sommamente desiderose del suo bene, che con tanta instantia ne lo ricercauano, non per attribuire à se medesimi la gloria, d'hauerlo fatto Papa, mà per farne Capo, & Autore lui, sotto la cui insegna si contentauano per propria elettione, di militare, con proposito di fare l'istesso ne' futuri Conclaui. Ne poteua Montalto, con tutto che stasse stabile nel suo proposito, dare aperta repulsa à costoro, per non disgustarli à fatto, & per non perdersi forse alcuno di loro, però daua alcune risposte ambigue, con le quali mostraua loro

qual-

GREGORIO XIV.

qualche picciolo lume di speranza, & allora gli lo toglieua, cercaua d'interrompere li ragionamenti, interporre delle dilationi, come si trouaua astretto, metteua mano alle scuse. Poscia essendo dopò molti giorni necessitato uscir da' generali, & dar precisa risolutione à costoro, rispose, che non poteua concorrerui per molti rispetti, mà sopra gli altri per quello de' Colonnesi suoi Parenti, che gli n'haueuano fatto più volte instanza; e domandoli Rosticucci, se tutta volta, che vi fussero andati li Colonnesi, esso vi fosse venuto, trouandosi Montalto soprapreso, fu astretto à rispondere di sì.

Venuta dunque l'occasione della seconda prattica, che si trattò per Colonna, persuasero questi amici à santa Seuerina, che promettesse al Cardi. Ascanio, di concorrerui, si come fece, con reciproca promessa, d'ajutar lui, & acciò che questo nuouo acquisto di santa Seuerina, non apportasse à Colonna alcun beneficio in quel tempo, che li Spagnoli faceuano da douero, cinque creature di Montalto, che l'haueuano seguitato prima in detto Colonna, adesso gli mancarono, di maniera, che per un' altro, che guadagnò Colonna, ne perse cinque, & si fece il giuoco per santa Seuerina. Escluso dunque Colonna fu ricercato il Cardinal Ascanio per osseruatione della promessa, il quale mostrandosi prontissimo, di mantenerla, l'effettuò con andar poi, egli medesimo pratticando per santa Seuerina, & venne anco ricercato, à farne instanza al detto Montalto, il che diede qualche sospetto à gl' Auuersarj, ch'egli vi douesse condescendere, mà gli l'haurebbe maggiormente Madruccio, che l'auertì esser stato richiesto da Matthei del numero de' Voti, che egli poteua dare nella sua fattione per santa Seuerina; onde si distribuirno tutti per il Conclaue, à far l'esclusione, hauendo unito con loro per contrapeso Colonna vecchio, che non solo si faceua portare à Cella per Cella, mà pregò instantissimamente Montalto, à non andarui, & ad osseruarli la parola datali, operando anco l'istesso di fuori, & cò non minor efficacia. L'Illustrissimo Martio Colonna, & il Contestabile, ajutati dalla signora Donna Camilla, e Don Michele, e con tutto che questi Auuersarj hauessero trouato l'esclusione, se bene Montalto vi andasse,

K k   nondi-

nondimeno per conformarla maggiormente, e rimouere li fautori per sempre da questa prattica, risolsero d'intimare una Congregatione, alla quale disegnauano, di chiamare anco quelle Creature di Montalto, che non voleuano santa Seuerina, gl'amici del quale accusati di ciò, per non perdere la speranza à fatto, persuasero à Montalto, che non era bene per molti rispetti, che le sue Creature facessero questa dichiaratione, il che essendo approuato da lui, commise ad uno de' suoi Conclauisti, che andasse da sua parte, à farne instanza à tutti, cosa che confirmando maggiormente il sospetto à gli Auuersarij, fecero fare la mattina all' Alba Congregatione in sala Regia, alla quale interuennero Colonna vecchio, Gesualdo, Altemps, Alessandrino, Scipion Gonzaga, Sforza, & Borromeo, oue dopò molte parole dette contro la persona di S. Seuerina, offerse ogn' uno di loro trè altri voti à questa esclusione, la quale veniua ad essere di 28. voti, ancorche vi fusse andato Montalto, poiche in questo soggetto non era seguitato nè da i trè Frati, nè da Castuccio, Cosenza, e Rouere, e cosi fu fatta paura alla prattica di santa Seuerina, non senza vniuersal giuditio, che per essersi venuto ad una chiaratione cosi publica de' Cardinali de' principali, douesse esser tolto del tutto l'ardire à gli amici, di più trattarne. Tentauano tuttauia li Spagnoli e di fuori con minaccie, & di dentro con prieghi, di far calare Montalto ad uno delli sette, mà ciò era senza alcun frutto, perche egli perseueraua ogni giorno più nella sua solita constanza, e stando tuttauia col pensiero in Mondouì, si ristringeua spesso con Sforza, per veder, di guadagnare alcuno di quelli, ch' erano uniti alla sua esclusione, per poterlo far Papa per adoratione senza gli Spagnuoli, persuadendosi lui, che ciò li potesse tanto più facilmente riuscire, quanto vedeua molti di detti escludenti scusarsi, e con detto Montalto, & con l'istesso Mondouì, che se bene conosceuano in conscienza douerseli dare il voto, nondimeno per non disgustare gli Spagnuoli, non lo poteuano fare, e perche anco si scorgeua in loro, & in altri una tanta volontà, & un' occulto desiderio, d'ajutarlo, se hauessero potuto, tal che etiandio l'istesso Madrucci, & Mendozza pareua, che nel

prat-

GREGORIO XIV.

pratticarli contro sforzassero loro medesimi, e facessero quasi violenza alla loro costanza ; mà non potero già mai dar perfettione à questo loro disegno, perche quando pensauano d'hauer guadagnato qualche d'uno, & pigliauano l'appuntamento, di far l'adoratione, il giorno seguente era subito scoperto, onde gli Spagnuoli confirmauano l'esclusione, e riuolgeuano ogni cosa sotto sopra.

Vedendo dunque detti Spagnoli non poter rimouere con le loro arti Montalto, risolsero di metter in Campo la prattica di Paleotto, non solo per essere stimato il più facile trà li *[...] da [...], concorrendoui il G. Duca, Antemps, Ales-*sandrino, Colonnesi, & i Gonzaghi ; mà perche sapendo, essere à Montalto odiosissimo, sperauano col tenerlo in questo sospetto di suiarlo dal pensiero di Mondouì, & indurlo, à pigliare, ò Madruccio, ò Santa Seuerina, & acciò che da Montalto, ò da altri amici suoi, dal veder andar in volta i Cardinali, dè quali s'osseruaua ogni minima attione, non potesse esser scoperta questa prattica, si risolsero, di farla far di notte da i Conclauisti più confidenti, e che poteuano render meno sospetto, e perche vi erano 30. Cardinali, che haueuano promesso effettiuamente à Montalto, di non andar in Paleotto, & si scusauano in ciò con gli Spagnuoli, nondimeno essendo molti di questi ricercati, à dar il voto, lo promisero ; questa trama passò tanto quietamente, che Montalto nulla ne seppe, se non nell'hora prima, che s'entrasse la mattina à far lo scrutinio, nel qual tempo hauendo Carafa conferito il tutto à Santa Seuerina, e pregatolo, à dargli il voto, esso per gratificarsi Montalto, mandò subito ad auertirnelo, il quale in quel poco spatio di tempo, che gli fu concesso, con l'aiuto di Sforza e di Gregoriani, gli fece l'esclusione di maniera che quella mattina Paleotto non hebbe più di 21. voti, e se bene si vantauano gli Spagnuoli, che haueuano anco 13. accessi, che non scoprirono, perche non arriuauano al numero bastante, & essagerauano, che nulla era mancato, che quella mattina non fusse riuscito Papa, si vedeua però, che ciò dicessero per in grandire il pericolo, & metter maggior paura à Montalto, il quale fatto accorto dall'

insidie

insidie de' Spagnuoli, non mancò poi, di stare vigilantissimo, & veder ogni sera li suoi, mantenendoli in fede, con intender da loro à chi dauano il voto, come faceuano all'in contro li Spagnuoli, per paura de' soggetti da loro esclusi, mà quello, che non potè succeder per stratagemma, ò per prattica, hebbe poi à succedere per un sdegno cagionato da un' improuiso accidente, che occorse quell' istesso giorno, e fu questo. Camerino con tutto che fusse uno de' fautori di santa Seuerina, era stato sempre uno de' principali consultori, in persuadere à Montalto, che non pigliasse alcuno de' i sette, mà in questo giorno cominciò à cambiar opinione, perciò che tornando ancor esso di nuouo ad ingolfarsi nelle speranze, di santa Seuerina & giudicando, che Montalto hauesse à pigliare altri, che lui, cominciò cosi in genere, à persuader à Montalto, ch'era necessario, à pigliare uno de i sette, & uscire di Conclaue, poiche ogn' uno attribuiua à lui la colpa di questa lunghezza. Marauigliato Montalto di questa sì subita mutatione di volontà, per confondere il consultore col proprio consiglio, ò perche l'hauesse cosi subito determinato, rispose che poiche haueua da venire à questo, non si poteua fidare d'altri, che di Colonna, se bene hauesse promesso di non andarui. Pieno per questa risposta Camerino di timore, & di pentimento insieme, come quello, che non voleua Colonna, ne auertì confidentemente Sauli, il quale andò subito, à scoprirlo à Sforza, & a Caetano, i quali creduto ciò esser vero, sdegnati con Montalto per liberarsi da questo pericolo, offerirno à Spagnuoli, d'andare in Paleotto, al quale fu fatto intendere, che non si partisse di Camera, perche voleuano andare all' adoratione. Mà auuisato di ciò Montalto, andò subito à parlare à Caetano, à Sforza, à Sauli, e detta loro la causa, che l'haueua mosso à dar quella risposta à camerino, & disingannatili, che non haueua simile pensiero, d'andar in Colonna, si riunì di nuouo con Sforza, dando à lui, & à gli altri parola, di non andarui, & cosi s'àssicurò allora di Paleotto, e liberò Camerino dall'intrico grande, in che per colpa propria si era trouato, poiche per aiutar uno, haueua corso pericolo, di dare in uno di due equalmente fuggiti da lui. Mà

GREGORIO XIV.

lui. Mà con tutto ciò parue, che in questo giorno Montalto, cominciasse, à perdere di riputatione, perciò che doue prima si era mostrato superiore talmente con la sua fattione, che à gl'assalti, alle strattagemme, & alle minaccie pareua sempre intrepido, & inuincibile, si era questa volta scoperto per vincibile, per la tanta paura, che haueua mostrato di Paleotto, per essersi veduto, che una falsa relatione era bastante, à mettergli in confusione, & disordine la sua fattione.

Si stette otto giorni senza far cosa alcuna né dall'una, nè dall'altra parte per la speranza, che haueuano i Spagnuoli, che Montalto, indotto da quella paura, douesse pigliare uno de i sette, come pareua hauesse accennato ad Aragona, e questo douessi esser Madruccio, per esser Colonna escluso da più Cardinali, Como, e Paleotto, da Montalto, S. Seuerina, da molti Capi, & santi Quattro, e Cremona dal Gran Duca, mà hauendo in questo tempo atteso Montalto, ad escludere Paleotto, & essendo essortato dal Gran Duca, à star saldo contro li sette, ch' esso all'in contro li prometteua andar in Mondouì, cominciò, à pigliare animo, e dichiarar, di non volere alcuno delli sette, dicendo mai hauer hauuto altra intentione, dal che rimase sopra modo affrontato Madruccio, e massime per la speranza, che gli era entrata di se medesimo, onde per non mancare al seruitio del Rè, & à se stesso, s'abboccò di nuouo con Montalto nella Cappella Paolina, oue tiratolo da parte, cominciò à dirli, che si sentiuano da ogni parte lamenti, e le strida de' poueri popoli, che afflitti dalla fame, trauagliati da' Banditi, & impediti dalla retardatione di tutti li negotij, & à tanti altri incommodi, maledicuano, & biassimauano quella tanta lunghezza del Conclaue, onde se mai era stato tempo, d'accelerare l'elettione del Papa, era allora, che si vedeua il manifesto pericolo, in che si trouaua lo Stato Ecclesiastico, & la Christianità tutta, che però non voleua mancare, d'essortarlo, à voler hauer riguardo à queste tante, & cosi graui calamità, le quali, perche d'altronde non aspettauano il rimedio, che dalla presta creatione del Papa, e questo fusse in sua libera potestà, di concederli, non lo volesse più ritardare; si risoluesse dunque
di pi-

di pigliare uno delli 7. nominati dal Rè suo, che quello sarebbe Papa, & con questo darebbe in un'istesso tempo sodisfatione al Mondo, alla conscienza propria, & ad un Rè, il quale per esser tanto Cattolico, e tanto bene merito di questa santa Sede, & antico si può dire difensore della Religione Cattolica, meritaua di essere riconosciuto da lui con questo picciolo seruitio, del quale nondimeno s'assicuraua, e n'entraua egli medesimo malleuadore, e sua Maestà non solo se ne saria mostrato grato, e ricordeuole, mà gli ne saria ancor stato obligato per sempre, sì come all'incontro si sarebrebbe tenuto non poco offeso, quando non fosse stato compiaciuto, mà che quando esso Montalto hauesse voluto continuare nulla sua solita durezza, di nò pigliare alcuno de i sette, e tener si poco conto delle raccomandationi Regie, si protestaua, che la lunghezza del Conclaue precedeua, tutta per la colpa sua, come poteua vedere, e conoscere ogn'uno, & non da sua Maestà, nè da esso Madruccio, che di altro non instaua, se non che si facesse presto il Papa, proponeua buon numero di soggetti, & tutti degni.

A queste parole rispose santamente Montalto, che sì come conosceua, e compatiua la necessità dello stato Ecclesiastico, così, haueua procurato, di far tutto il possibile dal canto suo, per far con ogni prestezza il Papa, e tale, che lo potesse solleuare da queste miserie, & se bene fin qui non gli era potuto riuscire, continuaua nondimeno in lui il medesimo desiderio, talmente, che se hauesse trouato in esso Madruccio equal corrispondenza, forse quel giorno poteuano uscire fuori del Conclaue; di pigliare alcuno delli sette, non poteua in modo alcuno per le cause già dette, e perche non voleua, che col mezzo suo si sottoponesse per sempre il Collegio ad una sì graue seruitù, di stringere, & limitare l'elettione del Vicario di Christo ad arbitrio de' Prencipi secolari, e che negando di far ciò, non solo riputaua di non offendere sua Maestà, della quale haueua fatto sempre professione d'esser vero, e perfetto seruitore, mà li persuadeua di fare l'istesso seruitio suo, perche conosceua il Rè per tanto Cattolico, tanto pio, & di così santa mente, che non poteua in

modo

GREGORIO XIV.

modo alcuno credere, che in queſt'atto della creatione del ſommo Paſtore, egli haueſſe punto, à diſſentire dal modo, che dallo Spirito Santo per mezzo de' ſommi Pontefici, & de' Sacri Concilij era ſtato ordinato, e prefiſſo, anzi che un Principe Cattolico, difenſore di detta dignità, èd auttorità di queſta ſanta Sede, che non doueſſe hauere maggior fine, nè più giuſto penſiero, che di procurare, che l'elettione del Papa non fuſſe violente, mà del tutto ſincera, e libera; di maniera che procurando eſſo Montalto queſto iſteſſo, che deſideraua il Rè ſi daua ad intendere, di far l'iſteſſo ſeruitio di ſua Maeſtà, uſciſſe dunque eſſo Madruccio dalli ſette, e pigliaſſe qualſiuoglia altro Cardinale di tanti che vi erano, che egli vi ſarebbe concorſo ſubbito, e creatolo Papa, il che ſe ricuſaua di fare, li proteſtaua appreſſo Dio, il Collegio, & tutto il Mondo, che l'oſtinatione ſua era cauſa, di tardare con tanto danno del Popolo, l'elettione del Papa, perciò che eſſo Madruccio nominaua ſette ſolamente, & lui all'in contro gli nominaua tutto il reſto de' Cardinali, ch'erano 47. trà quali n'erano molti non inferiori à ciaſcuno altro di valore, & di merito, & pure gli eſcludeua tutti; e perſiſtendo tuttauia in non volere ſe non uno de i ſette, veniua ad aſtringere le conſcienze altrui, à giudicar del Pontificato quelli degni, & non altri.

Reſtò non meno ſtupido, che mal ſodisfatto Madruccio di queſta riſpoſta, con tutto ciò vollero i ſuoi tentare qualche prattica per lui, mà venuto à notitia del Cardinal di Fiorenza aiutata da Moreſino, Camerino, Giuſtiniano, e Sforza gli fece audacemente l'eſcluſione, & motteggiando ſopra quello, che haueua molti giorni prima Madruccio fatta à lui ſenza alcun profitto, diſſe, egli l'hà fatta à me di notte, che non penſauo al Papato, io à lui, la faccio di giorno, che non ſolo vi penſa, mà tutto il negotio gouerna per arriuarci.

Priui dunque di ſperanza gli Spagnuoli di poter con queſta via aiutar Madruccio, penſarono di ritornare ſu la prattica di Paleotto, ſperando con eſſa, ò ſpauentare, ò ſtancare Montalto, mà ſe n'aſtennero poi, perche cominciorono, ad
hauere

hauere qualche speranza per santa Seuerina, gli amici del quale, quando si credeua, che dalle riceuute percosse fussero abbattuti, depressi, erano risorti più arditi, & vigorosi, che mai, cosa, che sì come daua grandissima merauiglia ad ogn' uno, così faceua anco credere, che loro auanzassero tanto gli altri di prudenza, & di accortezza, insieme, che essi solo conoscessero, e preuedessero, quello ch' era nascosto ad ogn' altro, ò verò fussero tanti ciechi in quella loro cupidità, che pigliassero le difficultà per facilitar, le speranze lontane, per sicurrezze propinque, non parendo, che nella Congregatione fatta contro lui in sala Regia, e la contrarietà di tanti Capi, potesse apportar impedimento alcuno all' essaltatione sua, quando vi fusse conuerso Montalto, quale haueuano sempre atteso, à battere con il solito ardire, mà con maggior importunità, senza intermissione con nuoue macchine d'inuentioni, per conseguir da lui quasi à viua forza quello, che volontariamente non poteuano sperare; mà chi più degli altri s'adopraua, & era più ardente in questo negotio, era il Cardinal del Monti, il quale trouandosi sin dal principio hauer scritto al G. Duca, che santa Seuerina con l'aiuto suo, sarebbe stato Papa, e confirmatolo poi in tutto il corso del Conclaue, mostraua particolar passione, & intentissimo desiderio che ciò si effettuasse, per acquistar maggior credito appresso quella Altezza, e mostrare anco à lei, & al mondo, ch' egli abbondaua di giuditio, & di discorso in questa attione, & essendo con alcune sue grate maniere diuenuto molto intrinseco di Montalto, gli staua sempre ai fianchi, e facendo cadere ogni sorte di raggionamento à questo proposito non tralasciaua mai, di fare quando uno, & quando un' altro officio, e doue vedeua l'occasione, & il tempo, interponeua l'auttorità del G. Duca, non tralasciaua le ragioni, e suppliua ben spesso con li prieghi, di maniera, che egli da un canto, e gl'altri dall' altro, andauano con i loro artificij guadagnando qualche dramma dell'animo di Montalto. Mà hauendo poi scoperto la paura, ch' egli haueua di Paletto, e uiddero, che il fargliela, accrescere era in potestà loro, si tennero, d'hauerlo guadagnato francamente; perciò che discerneuano, che questa paura,

quando

quando fuſſe ingrandita dalla vicinità del pericolo, doueſſe far precipitare, non che calare Montalto, in qualſivoglia altro ſoggetto, per fuggir Paleotto, e che non potendo, nè douendo concorrere in Santi Quattro, nè in Cremona, per le parole dette da lui, & per non farſi d'amici nemici, quei Principi, che l'eſcludeuano; nè in Colonna, Como, & Madruccio, poiche il primo s'era già con l'aiuto ſuo prouato due volte, il ſecondo era non men ſoſpetto, che Paleotto, & il III. oltre l'intereſſe proprio, ſapeua, che li due terzi delle ſue creature non lo voleuano, non poteſſe neceſſariamente pigliare altri, che ſanta Seuerina; e tanto più, quanto col pigliare lui ſi liberaua dal pericolo, ſodisfaceua in un medeſimo tempo à due Principi, & à tante ſue creature, che lo deſiderauano, mà all'incontro, quelli, ch'erano fuori di paſſione, e lontani d'ogni intereſſe diſcorreuano con l'iſteſſe, e con altre più fondate ragioni, tutto il contrario, cioè, che Montalto haueſſe bene à fuggire il pericolo di Paleotto, mà, che per fuggirlo, non fuſſe mai, per pigliare ſanta Seuerina, perciò che pigliandolo, veniua, à mancar della parola data, & confirmata à Colonna, al Signore Martio, & al Conteſtabile, perche non ſolo veniua, ad inimicarſi tutti loro, che gl'erano parenti, mà ad eſſer anco cauſa della rouina di quella famiglia, nella quale era pur maritata una ſua ſorella; apportaua diſpiacere, & afflittione infinita alla Signora Donna Camilla, che l'haueua tante, e tante volte pregato, e ſcongiurato, à non acconſentirui in modo alcuno: offendeua molte ſue creature, che per eſſerſi dichiarate contro ſanta Seuerina, poteuano dall'eſſaltatione ſua dubitare, della total rouina loro: mancaua ad Altemps, che era ſtato ſempre congiurato con lui, & ſe gli era moſtrato tanto amoreuole, che ſino gl'haueua promeſſo, di non andar in Paleotto; con tutto che fuſſe creatura di Pio IV. ſuo Zio: mancaua ſimilmente in un iſteſſo tempo di due promeſſe fatte à Sforza, di non andare in ſanta Seuerina, l'altra di far Papa un Gregoriano, offendendo inſieme un'Amico ſuo, e ch'era ſempre ſtato unito ſeco all' eſcluſione di chi lui haueua fuggito: Veniua à perderſi per ſempre l'aiuto che dall'uno, e dall'altro di queſti due poteua

Ll ſperare

sperare, e promettersi ragioneuolmente nel futuro Conclaue per far Papa una delle creature del Zio: acquistaua nome di perfido, & ingrato, perciò che offendeua quelli, che l'haueuano aiutato contro Paleotto, per giouare à quelli altri, chi gli erano stati, & erano fauoreuoli. Aggiungeuano, che Montalto per proprio interesse haueua da fuggire Santa Seuerina per quelle medesime ragioni, che l'indussero da principio, à pensare d'escluderlo, le quali durauano ancora, anzi, che paragonando insieme la natura di Paleotto, & la sua fusse tanto meglio per lui quello, che questo, perciò che quanto quello era piaceuole, composto, e mite, tanto questo all'incontro era tenuto austero, iracondo, & impetuoso; dimaniera che se à questa sua naturale inclinatione, si fussero aggiunte l'instigationi del Co. d'Oliuares, tanto suo amico, & tanto male affetto verso la bon. mem. di Sisto, se ne sariano potuti vedere effetti stranissimi, e finalmente considerauano, che non potendo Montalto esser sicuro, che Santa Seuerina con l'aiuto suo fusse per riuscire Papa, per li grandi Ostacoli, che haueua, per non esser generalmente amato dal Collegio, & perche gli auuersarij teneuano, d'hauer sicura l'esclusione, ancor che lui vi fosse andato, non doueua in modo alcuno mettersi à questo rischio, perciò che se andando in Santa Seuerina non fusse riuscito, poteua poi ragioneuolmente credere, che Altemps, Sforza, & i Colonnesi, & alcuni di suoi, come offesi, & burlati da lui, andassero in Paleotto, &. in tal modo, mentre cercaua di fuggire un pericolo, andaua ad incontrarsi in un' altro, & haurebbe detto ogn'uno che meritamente ui fusse incorso. Concludeuano dunque che Montalto per euitare il pericolo di Paleotto, quando fusse stato propinquo d'andare in uno di questi due, che quella, che teneuano Mōti, & due Gonzaghi di fomentare il timore di Paleotto con l'aiuto loro, perciò che per fuggire sicuramente il pericolo conueniua à Montalto pigliare uno, che senza difficoltà potesse riuscire Papa; e ciascuno di questi due, in che lui fusse venuto, poteua esser certo, che senza dubio alcuno, saria riuscito, poiche oltre il fauore della fattione sua, & de' Spagnuoli, vi concorreuano di più 3. altri Capi, come Altemps,

GREGORIO XIV.

temps, Sforza, & Aleſſandrino, niuno de' quali andaua in ſanta Seuerina, e mentre col pigliare uno di queſti conſeguiua il ſuo fine, veniua ancora à fare tutti queſti effetti, oſſeruaua la parola à Colonneſi, attendeua la promeſſa à Sforza, gratificaua lui in uno iſteſſo tempo, & Altemps, & ſi obligaua ciaſcuno di loro per un' altro Conclaue, acquiſtaua nome di huomo grato, reale, & di parola, che nell' occaſioni gl' haurebbe giouato infinitamente, faceua finalmente un Papa di natura in genua, grata, e trattabile, come haueua egli per ſuo intereſſe da deſiderare, e che era ò non offeſo, ò benificato dal Zio, & che ſarebbe reſtato à lui con tanto maggior obligo, quanto per farlo Papa non ſi fuſſe curato, di dare mala ſodisfatione à quei Principi, che l'eſcludeuano. Nè il riſpetto del G. Duca, & del Duca di Mantoua pareua, che fuſſe molto conſiderabile, perciò che in queſte materie ſi deue hauer riguardo al ſeruitio de' Principi, in quanto non è congiunto al pericolo della rouina propria, che in tal caſo è obligato ciaſcuno, à proporre l'intereſſe ſuo à quello de' Parenti, de' Padroni, & de gl' amici, & è non men degno di ſcuſa di quello, che di colui, che per fuggir un colpo mortale, feriſce leggiermente un' amico, e poi che queſti due Principi, ò chi trattaua per loro aiutauano quaſi alla ſcoperta Paleotto, tanto, abborrito da Montalto, forſe per liberarſi da ſanti Quattro, ò Cremona, era ben lecito à lui, quaſi ribattendo l'armi loro con loro medeſimi, di pigliar uno di queſti, per fuggir Paleotto, & tanto maggiormente, quanto il danno, che ſaria riſultato à lui dall' aſſuntione di queſto, era men reparabile di quello, che poteua venire à loro dall' aſſuntione di quelli altri.

Con queſte, & altre ſimili ragioni non ſolo ſi ributtauano quelle de' fautori di ſanta Seuerina, mà ſi ritorceuano anco in fauor di ſanti Quattro, e Cremona, le quali ancor che fuſſero chiare, & palpabili, erano da Monti nondimeno, & da i Gonzaghi, à quali più doueua premere, ò non credute, ò traſcurate, e neglette, reſtando tuttauia perſi, nè i loro fondamenti, d'hauer à guadagnar facilmente Montalto, e di fare con l'aiuto ſuo ſenza dubio alcuno ſanta Seuerina Papa. Attendeuano à dar perfettione al primo, col mezzo della paura di Paleotto, che à loro pareua più potente. Questa li metteuano dunque sempre auanti, questa li proponeuano, questa l'inculcauano, con ingrandirgli il rischio, & esagerarli il pericolo, cercauano d'imprimerla ogni giorno più nell'animo suo, e procedeuano tant'oltre, che alcuni di loro si lasciauano intendere all'istesso Montalto, che se egli non veniua in santa Seuerina, essi non haueriano potuto mancare, di non andare in conscienza in Paleotto; dimaniera che combattuto il giouine dall'importunità della paura, dalle minaccie, & dalli prieghi era necessitato tenerli destramente in speranza, & hora mostrandosi pieghevole, scoprirli una buona volontà, e tal'hora dargli anco qualche intentione di compiacerli, accompagnata però sempre dall'interpositione di tempo; la quale essendo da loro accettata, per certa promessa, si persuadeuano anco, d'hauerlo espugnato del tutto, & se n'assicurauano talmente, che facendone anco la consequenza, affirmauano, & diceuano à gli amici, & confidenti loro, che santa Seuerina sarebbe stato Papa indubitamente, & aggiungeuano anco il giorno determinato, che era il primo di Decembre. Il che penetrato dagli Auuersarij e giudicando, che questa sicurezza non poteua venire da altro, che da qualche intentione, & forse promessa, che l'hauesse fatto Montalto, sospettarono grandemente, ch'essi lo hauessero guadagnato. E se bene Montalto lo negaua à Sforza, che ne faceua gagliardissimi officij, lo diceua però in una maniera, che accresceua il sospetto, onde non fidandosi punto di lui, gli teneua sempre ciascuno gli occhi adosso, mà più di tutti Cosenza inimicissimo di santa Seuerina, & intrinseco di esso Montalto, che haueua la Cella contigua alla sua.

Questo dunque per alcuni andamenti, che vidde la notte del penultimo di Nouembre, tenendo sicurissimo, che Montalto calasse in santa Seuerina, n'auertì su le 7. hore di notte Sforza, & lui Alessandrino, & quello Colonna, per il che riempito di tumulto in un subito tutto il Conclaue, si adunarono tutti trè in Camera d'Altemps, & iui trattarono dell'esclusione, se Montalto vi andaua, assicurandosi del numero di Car-

GREGORIO XIV.

di Cardinali, che in tal caso non vi sarebbono andati, quali erano 24. & li migliori di tutto il Collegio, cioè 7. di Pio IV. 2 di Pio V. 9 di Gregorio XIII. e 6. ò 7. di Sisto V. e ciò fatto andarono da Madruccio unitamente à protestarsi, che se metteua auanti questo soggetto, essi sariano andati in uno de gli esclusi del Rè, non restando però la mattina, & tutto quel giorno, di star uigilantissimi, & confirmare tutta l'esclusione, & per non lasciare di tentare tutte le vie, andò Colonna vecchio, à trouar Montalto, e ricordatagli la parola data à lui, & al Contestabile suo cognato, lo ricercaua, che gliel'osseruasse, poiche se santa Seuerina fusse stato fatto Papa haueria, si può dire, spiantato quella famiglia, non solo per l'odio, ch'egli l'haueua portato sempre fin dal tempo di Pio IV. mà perche Carrafa, lor nemico, che haurebbe gouernato il Papato, ne saria stato l'artefice, e l'instigatore. Mà non potendone Colonna cauar risoluta risposta, daua tanto più da sospettare; onde dubitando, che se Montalto vi fusse andato, hauesse potuto in una repentina adoratione tirare con l'auttorità sua molti di quelli, che promettevano, di non andarui, massime certe sue creature, & alcuni vecchi, ch'erano di poco animo; stauano l'ultimo di Nouembre pieni di spauento, & di timore, di maniera che se Montalto in quel punto hauesse voluto aiutare santa Seuerina, questa era mirabile occasione. Alessandrino dunque per liberarsi dal pericolo, e seruirsi di questa occasione à fauore di Mondouì, suo amico vecchio, propose, di fare una diuersione in lui, poiche sapendo esser sogetto desiderato da Montalto, poteuano ancor esser sicuri, che egli si sarebbe alienato da santa Seuerina per lui, il che hauendo Altemps, Aragona, e Sforza approuato, cominciorno, à tentare intorno à ciò gl'animi de gli amici della fattione Spagnuola, contrarij di santa Seuerina e tirassero quelli, che non lo voleuano, al che inclinando alcuni di loro, fu proposta la diuersione à Montalto, il quale prontamente accettandola, promise d'andar con 20. sue creature perilche da alcuni si credeua per molto certa l'assuntione di Mondouì quel giorno, arriuandosi al numero di 40. voti per quella diuersione, ma trà questi della fattione Spagnola

gnola contrarij à santa Seuerina ve n'erano alcuni, più imbarcati, che mai per loro medesimi, che se ne rendeuano alquanto difficili, e cominciorono anco à credere, d'essere Papi senza questo sicuri, & altretanti di quelli di Montalto, che per stare tutta via fissi in detto soggetto, nó haueuano cura di questa diuersione, n'auuisarono Mendozza, che fu causa, che andato lui quella sera attorno sino alle 7. hore, confirmasse di nuouo l'esclusione di Mondouì, & impedisse detta diuersione. Combatteuano dunque tuttauia Montalto con equal importunità i fautori di santa Seuerina da una banda, & gl' oppugnatori dall'altra, di modo che, non potendosi egli più schermire da questi contrarij assalti, si risolse, di cedere ad una di queste parti, & à quello, che era più ragioneuole, onde dichiarò publicamente, di non voler andare in santa Seuerina, & cosi promise à Colonnesi, à Sforza, ad Altemps, Aragona, & Cosenza, & in questo modo le speranze di santa Seuerina suanirono.

Era per questa dichiaratione Montalto posto in maggior necessità, di far presto il Papa, & pigliare uno de i sette, per dubio, che i Spagnuoli non ponessero di nuouo in Campo le prattiche di Paleotto, acciò che queste Creature sue, che haueriano voluto santa Seuerina, non vi fussero andate, onde fatta la determinatione, l'andò anco à dire, & à proporre à Madruccio, pigliando però tempo, à risoluersi, e mentre ritirato in se medesimo, stà considerando in qual di loro debba cadere l'elettione, & và cumulando, & poi contrapesando insieme gl'interessi, li rispetti, le difficoltà, & le promesse, che concorreuano in ciascuno, staua tutto pieno d'inresolutione, & d'ambiguità, perciò che desideraua in un'istesso tempo compiacere al Gran Duca, & al Duca di Mantoua, gratificare Altemps, & Sforza, dar sodisfattione a i Colonnesi, rimouere il pericolo di Paleotto, contentare le sue creature, assicurarsi de gl'interessi suoi, & non mancare di parola ad alcuno, e non sapeua vedere, doue voltarsi, per conseguire tutti questi fini, & il distinguere poi qual di loro fusse men dannoso, ò più desiderabile, era difficilissimo, per non dire impossibile.

Stan-

GREGORIO XIV.

Stando in questa confusione, & perplessità, hebbe qualche volontà, di pigliar Madruccio, se ben sapeua, esser odioso ad alcune sue Creature, considerando, che non solo non offendeua i Principi, non essendo escluso da alcun di loro, mà veniua, à seruire anco il Rè di Spagna, che sommamente lo desideraua, e se ne lasciò intendere con alcuni di quella fattione, & forse con l'istesso Madruccio, il chè penetrato da Morosino fece tanto, che diuertì Montalto da questo pensiero, mettendogli auanti l'obbrobrio, che ne verebbe alla Natione Italiana, & il pericolo, & danno euidente, che importarebbe alla Chiesa, hauer un Papa Tedesco, e che haurebbe, si può dire, fatta la Sede Apostolica tributaria al Rè di Spagna; aggiungendo, ch'esso, & altre sue Creature non andauano in Paleotto per suo rispetto solo, tutto che per altro l'hauessero, à desiderare, onde se lui voleua pigliar Madruccio, ricusato da loro, sarebbero stati astretti, per fuggirlo, andare in Paleotto, abborrito da lui, mà gli Spagnuoli, che desiderauano, che lo pigliasse, faceuano grandissima instanza, affinche concorresse in uno de i sette, & dichiarasse qual voleua, & hauendo Montalto risposto, che sarebbe andato in Colonna, pensando, ch'essi tenessero verso di lui il medesimo animo dell'altra volta, Madruccio ne auuisò subito li suoi Auuersarij, li quali di ciò sdegnati voleuano in quel subito far una diuersione in Paleotto, & già Aragona ad un'hora di notte l'andò ad offerire à Madruccio, il quale ò fusse perche nutriua tutta via in se la speranza della persona propria, ò fusse per altra causa, non volle accettarla, che se l'accettaua, Paleotto era Papa quella sera; onde sodisfatto poco di ciò Aragona, andò da Montalto, & hauendo da lui la parola, di non andare in Colonna, essi all'incontro con Sforza, & Altemps promisero, di star costanti contro Paleotto, mà auertiti di ciò gli Spagnuoli, & considerando, che essendo Montalto per quella reciproca promessa, assicurato di Paleotto, non haurebbe per quella sera fatto alcuna dichiaratione per Madruccio, come sperauano, ne forse per alcun'altro delli 7. risolsero di far quella notte una secretissima, e strettissima prattica per Paleotto, con fargli dare gran numero di voti nello scrutinio,

spe-

sperando, di fare una delle due ò Paleotto Papa, ò vero mettere almeno tal paura à Montalto, che hauesse, à cascare à Madruccio, auuisati però da alcune Creature di Montalto, che per la dichiaratione fatta da lui contro santa Seuerina, erano mal sodisfatte, & sdegnate, & imparticolare Sauli, & Caetano, si diedero alla prattica con mirabile ardire, nella quale trouarono molto maggior felicità, che non si erano imaginati, concorrendo molti accidenti, che l'ajutauano mirabilmente, perciò che molti si risoluevano, à darli il voto, come già stracchi, & fastiditi da i disagi, che porta seco la longhezza del Conclaue; altri per vendicarsi contro Montalto, che non hauesse voluto venire in santa Seuerina & altri per farli paura, sperando con esso tiraruelo: alcuni per liberarsi dal sospetto, che non si tornasse sù la prattica di Colonna, molti per fuggire il timore, che non si attacasse quella di santa Seuerina, & altri per assicurarsi, che non fussero santi Quattro, ò Cremona, come erano i Fiorentini, & i Gonzaghi.

Hauuta notitia Montalto di quanto trattauano gli Spagnoli per Paleotto, andò quella sera inuolta sino alle 7. hore di notte, facendo l'esclusione, & già con l'ajuto di sforza, & de' Gregoriani credeua esserfi ridotto in sicuro; onde cenato, se n'andò à letto, & con l'animo tutto quieto, mà la mattina à buon' hora fu esso, e sforza auertito, che gli Spagnuoli si vantauano di hauer 40. voti, & che incominciauano, ad imbagagliar le robbe, & in particolare, i Conclauisti di Paleotto haueuano portato à serbare, i loro argenti in Cella d'Austria; per il che leuatisi ambedue in fretta, andarono di nuouo confirmando l'esclusione, & se bene fu loro ricordato, che per assicurarsene bene, facessero allora intimare una Congregatione in Camera di Montalto, non dimeno non diedero ordine per questo partito, parendoli senz' esso restar sicuri; mostrauano all' incontro li Spagnuoli, di star sicurissimi, & già ne faceuano quasi publica allegrezza, & pure era necessario che una di queste parti s'ingannasse, se bene poteua giudicar Montalto, che ciò facessero artificiosamente, per farlo con tal paura risoluere in Madruccio, poiche se haueuano

uano veramente il numero compito de i voti, doueuano in quel tempo più presto tacerlo, che dirlo; tuttauia essendo meglio in questi pericoli scoprirsi per troppo timido, che per poco prudente, acciò non toccasse à lui l'essere ingannato, fece col mezzo di Gesualdo pregar Madruccio, che per quella mattina non facesse altro, perche prometteua sicuramente venire ad uno delli sette; il che non fu accettato da lui, forse per non hauerui anco insieme aggiunto, che saria andato nella persona sua, come egli credeua, che senz'altro haurebbe accettato il partito, & con tale accettatione, haurebbe anco preso assai di credito nella sua fattione; onde facendo sforza, e Montalto animo corraggioso, entrarono in Cappella con ferma risolutione, di non mouersi da sedere, finche non vedeuano andare in Paleotto trentasei voti.

Detta dunque la Messa, furono portati gli scabelli, & si serrò la porta, essendo in questo mentre per il Conclaue gran bisbiglio, perche molti indubitatamente credeuano, che il Papa era fatto; alcuni sgombrauano le stanze, altri correuano in Sala Regia, per intender la nuoua, & si come gli animi d'ogn'uno erano sospesi, & dubiosi, cosi si vedeuano ancora ne i volti diuersi ò segni d'allegrezza, ò di timore. Finiti che furono di dare, e leggere, i voti, e trouato, che Paleotto ne haueua 17. si venne à dare gli accessi, che fino à quel giorno non s'era mai fatto; e perciò cominciorono Sforza, e Montalto, à dubitare non poco de' fatti loro. Il primo ad accadere fu Gesualdo, il 2. Alessandrino, il III. Madruccio, seguitandolo poi di mano in mano Sans, santa Seuerina, Dezza, & Carrafa, Fiorenza, Spinola, Alano, Mendozza, Austria, Ascanio, Colonna, e Matthei, che furono 15. in tutto, frà quali Alessandrino, Fiorenza, & Ascanio haueuano promesso, à Montalto, di non dargli nè voto nè accesso; e quando credeua ogn'uno, fussero finiti, ecco, che si leua da un'altra parte Simoncello, e dà il 16. accesso tutto che hauesse dato parola ancor lui, di non darglielo, il che conuertì il sospetto di Montalto in terrore, pensando ragioneuolmente, che ue ne fussero degli altri, se bene fu ciò da loro fatto ad arte ciò che leuatosi in quell'instante Mendozza lo scabello d'auanti, per accrescere

accrescere spauento à Montalto, si mosse alcuni passi, per andar alla adoratione, mà non essendo seguitato da veruno, e dettogli anco, che ciò non occorreua, perche non v'era il numero sufficiente, fù fatto ritornare al suo luogo. Erano tuttauia le cose di Paleotto à termine, che se haueua un' altro accesso, teneuano, che fusse Papa al sicuro, poiche diceuano, d'hauer certa, promessa del 34. e 35. accesso, che col suo proprio còpiua il numero; onde vedendosi egli tanto vicino, à toccare il Pallio, per non mancare in tal occasione à se medesimo d'ogni aiuto possibile, pregaua Como, che gl' era vicino, che essortasse Colonna, & Aragona, à dargli l'accesso, mà non leuandosi in piedi nè esso, nè altri, differiua con tutto ciò Gesualdo, ch'era Capo d'ordine, di sonare il Campanello, sperando con questa tardanza, che qualchedun hauesse, ad accedere, onde leuatisi in piedi Aragona, Sforza, & Montalto fecero aprire la Porta, & entrare li Conclauisti, & si fì ì lo scrutinio, uscendone non meno allegro, che trionfante Montalto della conseguita Vittoria, & dell' intrepidezza, ch'egli haueua mostrata nel maggior colmo delle sue paure.

Non lasciorno con tutto ciò g'i Spagnuoli, di ritornare alla medesima prattica, parendogli facilmente di poter far acquisto delli 2. voti, che li mancauano, aiutandosi anco in ciò Paleotto medesimo, & già si vantauano, d'hauerli guadagnati, quando Mòtalto vedendosi di nuouo ricaduto nell' istesso pericolo dello scrutinio, (che dell' adoratione nò haueua dubio, sì, perche li Fiorentini, e Mantouani, & le non sincere sue creature gli haueuano promesso, di non andarui, sì anco perche era sempre in tempo, col fare una diuersione in Madruccio, di liberarsene,) pensò tentar nuouo rimedio à casi suoi; onde andato, à trouar Madruccio, e promessogli sicuramente, di voler pigliare uno delli sette, gli domandò trè giorni di tempo, à risoluersi, e che in tanto non si facesse altro, il che conferito da Madruccio con gli altri suoi, si risolsero, che non si douesse in modo alcuno concedere; di maniera che per tal ripulsa Montalto si trouaua più, che mai astretto, à risoluersi in uno delli sette, e mentre che consideraua, che Como, e Paleotto, e S. Seuerina nò poteuano per interesse proprio volere: che Madruccio era

ricusato

ricufato dal Collegio: e che Colonna non poteua riufcire, fi vedeua neceffitato dare in fanti Quattro, ò in Cremona, come n' haueua più volte dato intentione à Sforza; è ben vero, che non poco lo ritraheua da quefta rifolutione, da una bada il rifpetto del G. Duca, & del Duca di Mantoua, i quali non doueua in modo alcuno difguftare, mà ne lo incitauano dall' altra parte la paura di Paleotto, & il pericolo, che poteua correre, fe voleua pigliar altri, che un di loro. E fe bene erano molte le ragioni che lo moueuano, à far più prefto beneficio, che danno à quefti due Prencipi, erano all' incontro molte altre, che lo doueuano indurre, à fare più tofto utile, che danno à fe medefimo. Il mancamento fuo verfo loro era grande, mà le ragioni, che lo fcufauano erano maggiori, & maffime fe fi paragonaua quello, ch'egli haueua operato fin' à quel tempo à loro fauore, per non far Papa uno di quefti, con quello, che i loro Miniftri haueuano fatto contro lui per far Papa Paleotto; à cui diede l'ifteffa mattina Fiorenza il publico acceffo, contro la promeffa fattagli, & li Gonzaghi il voto. Perciò che qual prudenza infegnaua, qual ragione perfuadeua, ò qual non più fcritta legge comandaua, che chi col mezzo d'altri voleua da fe rimouere un' imminéte dáno, haueffe, à procurarne un maggiore à quell' ifteffo che haueua libera poteftà, di farlo à lui? poiche hauendo da principiare da noi la vera carità, non può, nè deue l'huomo fchifare il pericolo dell' amico, quando per euitarlo, uà à rifchio, d'incorrere nella rouina propria; onde confiderando per le fopra dette ragioni, ch' egli col pigliar uno di quefti due farebbe ftato ftimato dal mondo, & da gli fteffi Principi non folo degno di fcufa, mà di lode. Hor confiderando, che procraftinando l'elettione, qualche altro Cardinal gli potrebbe mancare, come gl'era auuenuto la mattina, determinò finalmente che non fuffe più da differire il rifoluerfi.

Andaua dunque da fe medefimo effaminando, & contra pefando li fofpetti, e ragioni, che concorreuano in ciafcuno di quefti fogetti, per farne matura deliberatione, e giudicando, che poiche era ftato aftretto, à difpiacere ad uno di quefti due Principi, doueua più tofto aftenerfi dal parente, che dall' amico; côfideraua infieme, che col pigliar Cremona faceua al

G. Duca tanto minor offesa, che col pigliar S. Quattro, quanto questo era escluso da lui per elettione, & interesse proprio, e quello per interesse, & à contemplatione d'altri. Vedeua, che cō Cremona gratificaua insieme Altemps, e Sforza, con santi Quattro, Sforza solamente: Discorreua le nature, di quei due al quanto dissimili, perciò che santi Quattro haueua dell'austero, & seuero, & il credere, che non fusse per nocergli, non si poteua fondare in altro, che nella volontà propria, che era mutabile; mà Cremona era benigno, e piaceuole talmente, che si poteua giudicare, che quando hauesse voluto; non haueria saputo nocerlo: conosceua, che se bene S. Quattro era stato benificato da Sisto, era all'incontro in qualche cosa stato disgustato da lui; mà Cremona, se non haueua hauuto piaceri, era almeno certo, che non haueua riceuuto disgusto, ò mala sodisfatione alcuna; & acciò che anco lo sdegno nell'animo di Montalto facesse l'officio suo, se gli presentauano auanti gli occhi gl'ordini dati dal Duca di Mantoua à i Gonzaghi, per aiutare Mondouì, disprezzati, & non esseguiti da loro: le proteste, che esso haueua fatto più volte, à loro & al Duca, d'andare in Cremona se non veniuano in Mondouì, da loro similmente vilipese: e finalmente il dispezzo, che haueuano fatto d'esso Montalto, con procurar quanto poteuano, di farli in faccia Paleotto Papa; onde per tutte queste ragioni stabilì nell'animo suo una ferma deliberatione, di far Papa Cremona, sì che tornandosene verso le 4 hore, da far l'esclusione à Paleotto, entrò nella Camera di Cremona, con occasione di ricercarlo di detta esclusione, & trouatolo inginochioni, à far oratione, gli diede nuoua, che la mattina l'haurebbe fatto Papa, prohibendogli insieme, di non dirlo ad alcuno; & poi se n'andò alla sua stanza, doue essendo in quel mentre venuto Sforza, e Saluiati, à fargli unitamente instanza, che si risoluesse, à pigliare ò S. Quattro, ò Cremona conforme all'intentione data li tante volte, & non volesse differir tanto, che Paleotto riuscisse Papa per scrutinio, come poteua facilmente succedere la mattina seguente, gli fu da lui risposto, che senz'altro si risolueria la mattina in uno di questi, & in qual di loro li fusse più facile.

Erasi già per il Conclaue discorso fino à quel tempo, che cominciò

GREGORIO XIV.

minciò Montalto à dare intentione à Sforza, di pigliare ò San Quattro, ò Cremona, e concluso, che douendo egli fare elettione di uno di questi, fusse per eleggere più tosto S. Quattro, quale era aiutato dall' età di 72. anni, & era huomo di lettere, & di buon gouerno, prattichissimo delle cose della Corte, & non senza intelligenza di quelle del mondo, era tenuto, di buonamente, suddito della Chiesa, desiderato oltre modo da Sforza, & da molte creature di Montalto. Cremona all' in contro se bene era di piaceuolissima natura, era nondimeno di fresca età, non passando 56. anni, non haueua cognitione, ò esperienza alcuna delle cose della Corte, & molto meno di quelle del mondo, onde veniua giudicato non molto al proposito per il gouerno in questi trauagliosi tépi; e finalméte, che in S. Quattro offendeua il G. Duca, & in Cremona il G. Duca, & il Duca di Mátoua: di più che di quello haueua solo dato intétione in parola, di questo haueua promesso à Mantoua per scrittura. Congiungendo dunque Sforza, & alcuni altri le sopra dette ragioni coll'ultima parte della risposta, che diede Montalto, tennero per sicuro, che l'elettione douesse cadere in S. Quattro, onde andato subito Sforza, à trouarlo, gli disse, che stasse di buona voglia, perche hauendo Montalto promesso di far Papa la mattina ò lui, ò Cremona; esso, come in qualche parte conscio dell' animo suo, teneua per certissimo, che douesse pigliar lui, e tanto maggiormente, quanto, ch'egli non mancaua dal canto suo d'ogni aiuto possibile; di là à poco pigliando altri le buone speranze per effetti sicuri mandarono à dargli nuoua, che egli era Papa, & à rallegrarsene, e potendo egli verisimilmente crederlo per quello, che gl' haueua detto Sforza, ne restaua nondimeno in dubio, poiche gli auuisi non veniuano da quella parte, di doue, se fussero stati veri, doueua ragioneuolmente aspettargli, per chiarirsene dunque, mandò su le 9. hore da Sforza, dal quale gli fu confirmata la certezza dell'auuiso, & soggiuntogli, ch'esso non veniua da lui, per nó dar sospetto. Per la qual nuoua non fu in questo punto tanto ripieno d'allegrezza, & di giubilo quel signore, che non rimanesse poi la mattina altretanto afflito, & attonito, quando vidde del tutto estinte le sue quasi certe speranze.

Haueua Montalto risoluto, prima d'andare, à dormire, il modo, che doueua tenere, per far sicuraméte la mattina Papa Cremona, acciò li Gonzaghi, che il giorno haueuano hauuto promessa da Caetano, Carrafa, Colónesi, & da altri della fattione di Spagna, di non concorrerui, aiutati anco da Fiorentini, non l'hauessero, ad impedire, & il modo era, che la mattina sonata la terza volta il Campanello per la messa, métre li Cardinali si radunauano in sala Regia, à metterli le Croccie, per andar in Cappella, disegnaua, di parlare à Sforza, poi à Madruccio, & in quel tempo auuisar lui le sue creature, Sforza, i Gregoriani, & Altéps gli amici suoi, & andar in un subito all' adoratione per non dar tempo à gli Auuersarij, di far l'esclusione; mà essendo poi su le diece hore auuertito da un Conclauista di Sforza, che quelli di Paleotto imbagagliauano le robbe, e che si vedeuano andar per il Conclaue gli amici suoi, fu astretto, à cambiar risolutióne, & accelerar' il negotio; onde leuatosi di letto subito, conferi con Sforza, che l'era venuto à trouare, la deliberatione già fatta della persona di Cremona, & dopò molte parole stabilirno insieme l'ordine, che si doueua tenere, per la sicura effettuatióne del comun loro desiderio, sen' andò dunque Mótalto verso lo spuntar dell' Alba, à trouare Madruccio, & disseli, ch'era risoluto far Papa allora allora Cremona; à cui rispose Madruccio, che si saria leuato, e chiamato gl' amici, per darglierne conto, mà non restando Mótalto sodisfatto di tal risposta, voléndo, che si come la risolutione, di far il Papa, & l'elettione, della persona era venuta da lui, cosi anco la gloria, d'hauerlo fatto, fusse tutta sua; si partì, senza volerlo altrimente aspettare, & andò ad auuisare sedeci, o diece dotto sue creature, facendo il simile anco nell' istesso tempo Sforza, & Altemps.

Mentre queste cose si faceuano, si era per il Conclaue sparsa voce, che il Papa era fatto, mà era incerta la persona, perche molti diceuano S. Quattro per quello, che molto prima si era inteso, altri Cremona, altri Paleotto. A questo rumore leuatosi Monti, e dubitando, che ciò fusse vero, poiche intendeua, che Montalto era in piedi, mentre andaua per trouarlo, s'incontrò in lui, dal quale hauendo inteso, che pigliaua Cremona, & non Santi Quattro, parue, che si rasserenasse al quanto; onde per non hauer peggio, non fece alcuna di quelle diligenze, che ha-

GREGORIO XIV.

ueria potuto fare, per impedirlo.

Andorono in questo Sforza, e Montalto sùl fare del giorno in Camera di Cremona, & lo fecero con molta fretta vestire in presenza di 7. ò 8. Cardinali, che u'erano concorsi, e mandorno in questo mentre Borromeo, à sollicitar Madruccio, il quale, forse per dar tempo alli Gonzaghi, & ad altri, di fare l'esclusione, essendo sempre stato seguitato da loro, ouero per hauerne l'honor esso, ò per altra causa, si moueua lentissimo; onde li rispose, che non faceua le cose sue così in fretta, e che auertisse per Montalto, à non leuar di Camera Cremona senza lui, perche altrimente non vi saria con corso; mà non per questo ritornò, di leuarlo, & condurlo in Cappella, e nel passare, che faceua per sala Regia, vedendolo Gonzaga vecchio (il quale se bene era stato la notte auuertito da più messi di ciò, non si era però mai voluto mouere) non men' attonito, che confuso li corse subito incontro, ad abbracciarlo. E perche correuano tuttauia li Cardinali, & Madruccio ancora non si era mosso, non poteua sofferire, che si tenesse si poco conto di lui, e che di quest'attione si attribuisse à Montalto tutto l'honore, onde gridaua, e si lamentaua con uno de' suoi Conclauisti, che si poco conto si tenesse del Rè, e che si hauesse à far il Papa senza lui. Mà vedendo finalmente Madruccio venir la piena, si fece ancor lui portar in Cappella, seguito d'alcun de' suoi, tutto mal sodisfatto, che, essendo stato sin qui Capitano così principale in questa battaglia, fusse stato quasi poi necessitato, d'andare, come fantaccino, in frotta con gl'altri; doue essendo poi concorso di mano in mano tutto il resto de' Cardinali per dubio, che non si facesse il Papa senza loro, si fece lo scrutinio, nel quale à voti aperti ciascuno elesse Cremona, & esso diede il suo voto al Decano, & poi si fece l'adoratione cò il restáte delle Cerimonie, alli cinque di Decembre, con farsi chiamare Gregorio 14.

E questo è stato l'esito, che hà hauuto finalmente dopò tanti contrasti, questo non meno difficile, che intrigato negotio, molto differente per certo da quello, che sin da principio communemente si discorreua, poiche trouandosi nel Conclaue due potentissime fattioni, senza il consenso delle quali non si poteua far il Papa, e ciascuna di queste dato parola di non pigliar mai Cremona, pareua più tosto impossibile, che difficile à credere, ch' egli potesse mai arriuare à questo grado, se bene con tutto ciò altri più diligenti osseruatori de gl' andamenti, e maneggi, che si scoprirno nel progresso del Conclaue, giudicarono, che non potesse al fine auuenire altrimenti di quello, che è auuennuto. Dal che si poteua chiaramente conoscere, che in questa attione non basta considerare le cose nella superficie solamente, mà è necessario penetrarle à dentro con la finezza del giuditio & osseruando gli andamenti, & accidenti, che occorrono, e le conseguenze, che apportano seco, applicarui poi le ragioni, e congiungerui li rispetti, e contraporui gl' interessi, per farne, se non certo, almeno fondato discorso, e finalmente quanto s'ingannino coloro, che in questo negotio fondano i loro disegni sù le parole fallaci per l'ordinario in tutti gli huomini in ogni tempo, mà fallacissime ne i Cardinali in Conclaue, oue ogni picciolo moto, & ogni minimo, e ben spesso inopinato accidente altera da un' hora all' altra la costanza delle cose & induce una necessaria, e tall' hora repentina mutatione di volontà, la quale non sono bastanti le date parole, ad impedire, che non segua, poiche gl' interessi, & i pericoli, gli sdegni, i disegni, & i pareri sono ragioneuoli mezzi, di scusare ogni mancamento, se non sono insieme appoggiate à ragioni per se stesse tanto gagliarde, & potenti, che verisimilmente non promettino, che se ne faccia giuditio in contrario, come l'uno, e l'altro si potrà comprobare con molti essempi, che sono occorsi ne' Cóclaui passati. Per ultima Conclusione dunque si potrà dire, e dalle circostanze del fatto si è veduto manifestamente, che questa operatione è stata tutta di Dio, il quale, per far conoscere forse la debolezza di quelli, che confidano troppo nel proprio giudicio, mentre si stà tutto inuolto, ne gl' interessi mondani, hà fatto far Papa uno, che non solamente era lontanissimo dall' opinione de gl' huomini, & dal pensiero di quelli, che l'escludeuano, mà uno che li due Terzi delli Cardinali non lo voleuano, etiamdio molti della stessa fattione, di Spagna; se bene non può negarsi, con tutto ciò, che anco in questo successo non habbia hauuto la sua parte il discorso & la prudenza ciuile.

CON-

CONCLAVE
NEL QVALE FV CREATO PAPA,
INNOCENTIO IX.

A Creatione del Pontefice è senza alcun dubio la più graue, & importante attione, che si facci al Mondo, poiche dal grado di Cardinale sì alto, & notabilissimo; mà che non essercita però assoluta podestà sopra alcuno, il più delle volte s'inalza, al più sublime, & eccelso soglio, & alla suprema auttorità in terra sopra l'anime, & etiandio sopra i Corpi, facoltà, Principati, Regni, & Imperij, una persona ordinaria, & alle volte nata anco dell' ultima plebe. A questa sì grande attione non è dubio alcuno, e per proua manifestamente si vede, che assiste sempre lo Spirito santo, & hora permette, che per buona pezza preuagliano le prouisioni, & gl' interessi de' Parteggiani, onde si eccitino i gran dispiaceri, & le discordie, che souente tirano in lungo il Conclaue, con manifesto pericolo, e danno non solo di Roma, mà dello stato Ecclesiastico, d'Italia, & di tutto il Christianismo; hora unisce, & raccoglie le dissipate volontà de' Cardinali, facendoli risoluere, à creare presto il Pontefice, e conducendoli ben spesso, à consentire in quel suggetto, che manco desiderano, & hora, per maggiormente confondere la prudenza Ciuile, dispone, che quei Cardinali, & Principi, che per interessi humani, li commodi particolari haueranno con tutto le forze loro procurato, di ottenere un Pontefice, ch'essi sommamente desiderano, si trouano poi defraudati de i loro disegni; & per contrario altri, che haueranno dato il voto per conscienza ad un' huomo da bene, ancorche per altro loro poco amoreuole, sono

da quello tenuti cari, fauoriti, riconosciuti, & beneficati, & di questi, & quelli molti essempij si potriano addurre; se il mettere in carta il nome, & attioni de' Principi non fusse cosa odiosa.

Mà venendo all'elettione del Pontefice, la lunga infermità di Papa, Gregorio XIV. & una Congregatione uniuersale de' Cardinali, che sua Santità fece li primi giorni del suo male, stando in letto, nella quale conoscendosi mortale, raccomandò loro la Chiesa santa, & i suoi Nepoti, diede occasione à tutto il Collegio, di far le prattiche scoperte, per l'elettione del nuouo Pontefice, come se fusse stata sedia vacante, & queste si faceuano ancora con tanto maggior diligenza dalli Spagnuoli da una banda, & da Montalto, & Sforza dall'altra, quanto che essendo à pena stati superiori li Spagnuoli nel precedente Conclaue, per difetto d'alcune delle medesime Creature di Montalto, che allora gli mancarono, speraua, che questa volta gli fussero più fedeli, & di poter ancora congiungersi in qualche suo soggetto il Cardinale Sfondrato, con le poche sue Creature; & dall'altra banda li Spagnuoli, con tutto il loro caldo ingegno, & autorità, per non perder l'acquistata riputatione di far eleggere un confidente nominato da loro, & per fare anco sforzo, di andar tuttauia auanzando di ragione in questa elettione de' Pontefici, procurauano con ogni via, & modo possibile, non pure un de' loro soggetti per Papa, mà etiamdio cercauano, di restringerla in un solo, & questo era Madruccio; per il che quando viddero poi, che non gli succedeua per le suppositioni, che si dauano alla inhabilità della vita sua, & per le prattiche gagliarde, che se li fecero contra, per esser Oltramontano, e troppo Spagnuolo, continuorno, oltre à lui, à portare anco santa Seuerina, & santi Quattro, con animo di consentire in Como, & Colonna, se fusse venuto in caso loro.

Mentre si trattauano palesamente questi negotij, trè volte in diuersi giorni il Papa fu tenuto cosi vicino allo spirare, che si spedirono sempre molti Corrieri in ogni parte del mondo, & massime alli Cardinali absenti, per farli venire al Conclaue, e benche molti si mouessero, per venire, come Sforza di
Romagna

INNOCENTIO IX.

Romagna sua legatione, & Monte da Fiorenza, che giunsero in vita del Papa, e castruccio la serà seguente, che spirò; Medici nondimeno arriuato fino à Siena, & Moresini da Brescia suo Vescouato venuto à Mantoua, & trouate migliori noue della Vita del Pontefice, se ne ritornorono ambidue alle loro Chiese, con risolutione di non partirsi, finche non sentissero l'auuiso certo della morte del Papa, la quale sendo succeduta poi alli 15. del mese d'Ottobre, il Martedi la notte à sette hore, e trè quarti, venendo il Mercordi, dopò l'hauer cosi lungamente stentato, à morire, per li stillati, pesti, & altri pretiosi liquori, che gli faceua di sua mano l'Ambasciatrice di Spagna, se ne vennero poi à Roma, in quei giorni seguenti, che si faceuano l'essequie al Papa; Fiorenza, & Moresino da i loro Vescouati; Pinello da Perugia, e Giustiniano dalla Marca, loro legationi; Austria di Costanza, & Giolosa da Rimini, doue era arriuato, continuando il suo viaggio per Francia.

Tutti li Cardinali presenti in Roma erano cinquanta sei, e ben tutti bisognauano all'inclusione, bastando 14. per la negatiua. Gli absenti furono trè in Francia, Gondi, Lenocurso, Borbone; trè in Spagna, Toledo, Arciduca, Siuiglia; Battore in Polonia; Gran Mastro in Malta, e Lorena in Lorena; e se bene s'andò uniuersalmente giudicando, che il Conclaue douesse andar molto in lungo, per ritrouarsi in piedi le medesime fattioni non alterate, come si era dubitato per qualche gran Promotione di Cardinali, che li Spagnuoli haueuano procurato, che si facessero à loro instanza, per mettere in sicuro le cose loro del Conclaue; non si aspettaua però nessuno altro di quei Cardinali, ò per la lontananza del Paese, ò per l'occupationi grauissime, che haueuano alle Case loro. Finalmete a 27 di Ottob. 1591. dopò la messa dello Spirito Santo, al solito cantata dal Decano in san Pietro, e l'oratione, de eligendo summo Pontefice, fatta dal Reuer. Ragazzoni, Vescouo di Bergamo, persona insigne per dottrina, eloquenza, & bontà, gli Illustrissimi Cardinali entrarno processionalmente in Conclaue, & fù opinione, che il signor Cardinal

Nn 2 Santi

santi Quattro douesse riuscir Papa, quale fù tanto grande, che le Donnicciole e la Plebe al suo passare l'acclamauano, pregandogli felicità, & la suprema grandezza, e ricordandogli la Giustitia, & la Pouertà, & à far venire l'abbondanza, hormai molto tempo desiderata in Roma contro il solito, & nattura del Paese. Si cercò poi quel giorno medesimo, di tirar innanzi la sua prattica; mà essendosi anco proposti altri soggetti, cioè santa Seuerina, & Madruccio, se bene era opinione, ch' egli, conoscendo le sue gagliardissime oppositioni, operasse, che non si trattasse di lui, nè tanpoco di Como, non si attaccò da vero il negotio di nessuno, & solo parse, che si fosse fatta una ricercata, & scoperta con participatione, & prattica degli Ambasciadori, che presenti in Conclaue si adoperauano à fauore di questo, & quello, & per l'esclusione anco d'alcuni altri, i quali in fine visitati alle Celle, & negotiato con tutti li Cardinali con diuersi visi, & parole, alle quattro hore, & mezza di notte, si partino, lasciando gli Spagnuoli, gran dispiacere, & rammarico in Conclaue, per hauer ristretto il numero de i sette altre volte nominati da loro, nella persona di un solo Madruccio, & pregato instantissimamente Montalto, che in gratia del Rè lo facesse Papa; & fatta, che fu la cerca, e mandati fuori quelli, che non haueuano à restare, si serrò del tutto il Conclaue, e poco dopò si quietò ogni cosa, e s'attese per quella notte, à riposare.

Gli Ambasciatori, che trattorno furono il Duca di Sessa, & Conte d'Oliuares in nome del Rè di Spagna; per la Serenissima Signoria Veneta l'Eccellentissimo Moro, suo Ambasciatore Residente; per la lega di Francia Monsignor di Dicà; per Sauoia il Muti; per il Serenissimo di Toscana il Nicolini Ambasciatore Ordinario, & il Cauliero Vinta mandato in diligenza per questo negotio. Vi furono anco gli Agenti di Mantoua, di Ferrara, di Vrbino, & il Signor D. Virginio Orsino, Duca di Bracciano, & il Signor Contestabile Colonna, ambidue per loro particolari Interessi, questo di procurar, che riuscisse Papa Marcantonio Cardinale Colonna, & quello per cercare, d'escluderlo, acciò Casa Orsina non restasse inferiore alla Colonnese col caldo di un Pontificaficato, & ambidue procurauano d'acquistarsi principalmente la volontà di Montalto, loro Cognato Commune. Martedi mattina à 28. d'Ottobre 1571. s'andò in Cappella Paolina, e doppò la messa dello Spirito Santo, celebrata pure dal Decano, & il santissimo Sacramento preso per le sue mani dal sacro Collegio tutto de' Cardinali, si serrò la Cappella, e si venne alli voti secreti, de' quali hauendone Santi Quattro hauuti 23. Como dieci, Paleotto 12. Madruccio otto, santa Seuerina 14. Saluiati dodeci, Aldobrandrino otto, & tutti gli altri meno, s'entrò in tanta opinione, che le cose di Santi Quattro, doueffero caminare prosperamente, che molti poi pensorono, che si potesse vedere in lui l'istessa fortuna di Gregorio XIII. suo Conciue, che in Conclaue, per crearlo Papa, non stettero i Cardinali più di una notte, & forsi, se si fosse venuto alla proua, si saria spedito il negotio suo facilmente in quell'istesso giorno. La causa sua, se bene non haueua esterno fomento maggiore della nominatione delli Spagnoli, essendo che alcuni altri, che lo portauano, ò per qualche disgusto passato trà di loro, ò per altri rispetti haueriano forse declinato volentieri, quando haueffero pensato, che gli fosse possuto riuscire il disegno, tuttauia discorrendosi ancora con buone ragioni da gl'istessi Spagnuoli haueuano più occasione di procurarlo, per assicurarsi da altri manco loro Confederati, che di desiderarlo, cosi per gelosia della grandezza del Duca di Parma, con la Serenissima Casa del quale egli era per beneficij riceuuti grandemente congiunto, & per ciò anco il Gran Duca non poteua per ragione di stato condescenderui volentieri, come per non hauer egli seruito al Rè in negotij suoi particolari, & di momento, oltre il rispetto degli Interessi, e pretentioni di Madruccio, e l'opinione, che santa Seuerina, fosse stato meglio di lui per il seruitio di sua Maestà. Avenne, ch' egli fù fauorito da tanti Voti secreti più per la sua buona fortuna, & per li meriti, & opinione concitata dalla sua vita Innocente, da' maneggi di gran negotij, dalla molta prattica della Corte, & gran Dottrina, che fosse per riuscire un buon Papa, che per officij fossero fatti auanti per lui; ò perche si fossero dichiarati li Spagnuoli, di riceuer di ciò molto piacere

cere. La sera sendo andato certo il giorno in visita il Cardinal di Como, fu attaccata la sua pratica da Alessadrino, Rusticuccio, e Platto, e condotta tanto innanzi, quanto se non per sua conclusione, almeno si giudicaua, che seruire potesse per radfredare alquanto l'effettuatione di S. Quattro, cotraria alli disegni di tanti pretendenti. Fù anco mossa parola di Colonna, da Colonna il giouane con la sua molta destrezza, e prudenza; ne lasciò santa Seuerina, di farsi anch'egli vedere nel Conclaue, à visitare per le Celle i Cardinali, per debito di complimento, & anco per offerirsi all'occasioni.

La notte in fine il Conclaue si quietò un poco, riserbandosi ogn'uno, di far giuditio dell'esito delle cose dall'euento dello scrutinio secreto della mattina venente, per l'opinione, che si haueua che molti Cardinali hauessero à caso la mattina innanzi dato il voto à santi Quattro, e che nell'auuenire pensariano meglio à casi loro. Vn poco auanti giorno poi si andò caminando da molti per il Conclaue, non tanto (credo io) per cercare, di escludere santi Quattro, quanto per prouare, se lo Spirito Santo continuaua, à dar segno, di voler, che l'elettione cadesse in lui, & da altri anco per loro interessi.

La mattina delli 29. santi Quattro hebbe venti otto voti, & tutti gli altri di gran lunga manco; onde caddero tanto gl'animi de' Cardinali, non solo pretendenti, mà etiamdio di quelli, che non l'haueriano voluto e gl'haueuan fatto contro, che li Spagnuoli, che per altro non sene curauano grandemente, vedendo questa facilità in lui di riuscire, per la paura, che haueuano nella lunghezza del Conclaue, che l'essercito del Papa in Francia per la morte di Gregorio XIV. e per mancamento delle Paghe, si dissipasse, & così suanissero li disegni loro in quel Regno, & per la speranza, di poter continuare, ad euacuare il residuo de' Tesori di Castello, per la sicurezza, che pretendono delle cose loro d'Italia, nella debolezza del Papa, risolsero, di preferire la pretestezza della creatione del Pontefice in uno di loro suggetti al principale intento loro, di persistere in Madruccio, ò in santa Seuerina; & si preualsero delli'opportunità, che pergeua loro la promessa

INNOCENTIO IX.

messa fatta da Montalto à Mendozza, che trattò in quel Conclaue le cose di Spagna, per leuare di testa questa opinione, à Madruccio, d'andare in santa Seuerina, così persuaso, per quanto si disse, da qualche grantesta, amica di santi Quattro, che preuidde, che questa sua dichiaratione haueria dato occasione à molte sue creature, & altri Cardinali, che non voleuano santa Seuerina, di unirsi insieme, & promettere à Mendozza, come fecero, di andare seco in santi Quattro, quando anco Mont.º alto non vi hauesse consentito.

A questa risolutione, di condescendere così presto in un soggetto del Rè, senza far poua delle sue creature, ò de suggetti amici suoi, è opinione, che venisse Montalto, ò per filo, che gli fosse stato fatto delli Spagnuoli, possedendo egli 50. mila scudi d'entrata di beni Ecclesiastici nelli Stati, oltre lo stato di Celano, compro ultimamente nel Regno, in persona di Don Michele suo fratello, ouero per promesse fatte à lui dalli Ambasciatori & Cardinali Spagnuoli, di procurar, che sua Maestà Cattolica nominaria per suo confidente nella prima occasione di Conclaue una delle sue creature, & terria sempre particolar protettione di lui, & di casa sua, ò pure, (com'è più verisimile) perche conoscendo Montalto quanto dura, & poco honoreuole cosa sia, il prender risse con auuersario sì potente, al quale, per manifesta pruoua s'habbia altre volte conosciuto, che bisogna cedere, & donare con acquisto di merito quello, che vendere non haueria potuto; comunque si sia, fu notato ch'egli nel bel principio del Conclaue così in preda si diede alla disperatione delle cose sue, che senza far proua, che notabile fosse (come hò detto) delle sue creature, & mostrare, di tener qualche conto di quei soggetti, che altre volte gli haueuano fatto honore, & de' quali se saria sempre potuto promettere, come delle proprie creature, si condusse, à dar parola alli Spagnuoli, d'andare in un loro suggetto, per il che tirando innanti li Spagnuoli le loro prattiche di santi Quattro, stabilirno quel giorno in sala Regia oue erano Congregati sopra quattro Cardinali il suo negotio.

Andauano in quel mentre molti d'essi alla sua Cella, & vedendolo

dendolo ſtare inter ſpem, & metum con qualche trauaglio di mente per queſta incertezza dell' eſito delle coſe (ſe bene con animo forte, & preparato all' una, & all' altra fortuna) ſegli eſſibiuano pronti, l'eſſortauano à ſtare di buona voglia, lo pregauano à deuiare la mente da queſto penſiero, con qualche piaceuole ragionamento con li ſuoi familiari, & con la lettura di qualche libro, finche foſſe venuto il tempo, di darſi compimento al negotio, e deſtramente cercauano, d'inſinuarſegli in gratia, intonando da lontano qualche deſiderio loro.

Vltimamente doppò le venti trè hore ſollecitando Sforza il negotio, andorno Mendozza, Sforza, Caetano, Borromeo, Aſcanio, Colonna, Matthei, Lancellotto, & altri alla Cella di Montalto, e cauatolo fuori lo conduſſero con i ſuoi ſeguaci verſo la Camera di ſanti Quattro, là doue ſi erano anco in caminati prima, Sfondrato con li ſuoi, & molti altri, e ſeguirono poi tutti li Cardinali, coſi vecchi pretendenti, & ſtroppiati di podagre, come giouani, e ſani d'ogni fattione, e preſa ſua Signoria Illuſtriſſima ſotto le braccia la guidorono in Cappella Paollina, oue fecero lo ſcrutinio, e datoli li voti ſcoperti, concorſero à congratularſi ſeco, fu poi veſtito da Papa, & meſſo come ſi ſuol fare in ſedia andorno ad adorarlo ſotto nome d'Innocentio IX. dopoi lo parorono pontificalmente con Peuiale, & Mitra bianca, e poſto à ſedere ſu l'Altare tornorno, à renderli obedienza, doppò la quale Leuato in ſedia, verſo meza hora di notte, lucendo chiaramente la Luna, nell' aprir la porta, per in caminarſi per ſala Regia verſo ſan Pietro, fu rotto il Conclaue, & entratala moltitudine à pena ſi potè calare à baſſo, doue fatta oratione auanti al ſantiſſimo Sacramento, e portato à ſeder ſopra l'Altare del Principe degli Apoſtoli, reſa che li Cardinali gli hebbero un' altra vota l'obbedienza, e da ſua Santità data la beneditione à tutti quelli, che vi erano preſenti, fu riportato di ſopra, doue il Collegio de i Cardinali tutti lo laſciorno alla Cuſtodia del Palazzo Vaticano, & del Gregge del Signore.

In queſto Conclaue Altemps tolſe le difficoltà, perche egli ſubito che fu ſerrato il Conclaue, ſi laſciò intendere, di non

volere

INNOCENTIO IX.

volere nè Madrucci, nè santa Seuerina; e poi diede l'esclusiua anco à Como senza mezzano. Aragona v'impiegò il consiglio: Boromeo, e Sforza la gratia, e la diligenza: Mendoza valendosi dell'opera di costoro, diede compimento al negotio.

 Il Papa non prima fu eletto, & adorato, che con poche parole si mostrò huomo di fatti; prouidde l'abondanza: non fece gratia alcuna d'importanza senza pigliar tempo: si mostrò informatissimo del bisogno della Chiesa, e de' negoti dello stato, e delle qualità de' Cortegiani: diede finalmente in un momento tutta quella sodisfatione alla Corte, al Popolo, & à gl'Ambasciatori de' Principi, & à tutti, che si poteua maggiore. Quando gli fu portata per giurare la Bolla di Pio V. di non alienare, & infeudare le Terre, e Stati della Chiesa, disse, *juramus, & declaramus omnes in ea casus dubitabiles contineri*. Supplicando il Cardinale Caetano gratia per il Signor Don Gio: Antonio Orsino, con offerta, di pagare certa somma di danari, dissegli in risposta, non vogliamo danari, mà obedienza; e con queste, & altre simili cose piene di gratia, e prudenza hà dato principio al suo Pontificato.

CONCLAVE
NEL QVALE FV CREATO PAPA,
il Cardinale ALDOBRANDINO*, detto,*

CLENENTE VIII.

CON tutto che io non sia stato de' primarii nel presente Conclaue, tutta via per esser stato curioso inuestigatore, & spettatore de' Trattati fatti in esso, mi risoluo di seruire il Lettore col raccontarli succintamente quanto hò veduto, quanto hò sentito, & quanto con viue ragioni s'andaua discorrendo da Conclauisti pratici, e sensati.

Mà prima, che si venga alla narratione, parmi necessario, che il Lettore sia informata dello stato, in che si trouano le cose inanzi che li Cardinali si unissero in Conclaue.

Passò da questa vita la santa memoria di Papa Innocentio IX. à 30. di Decembre 1591. il cui gouerno nel Pontificato fu così breue, che appena arriuò à due Mesi, per il che non essendosi dato tempo di consulta à Principi, nè di longo trattato a' Cardinali s'argomentaua apparente conclusione nella persona del Cardinal santa Seuerina, perche oltre li meriti del soggetto, si trattaua la sua esaltatione non solo da Spagnuoli, ma anco da altri Campioni del Collegio, & erano Saluiati, Verona, & Fiorenza.

Paleotto haueua l'aura del Collegio, & de i Principi, ma la maggior parte non vi confidaua.

Madruccio veramente non haurebbe hauuto tanta difficoltà, quádo altre volte nó hauesse hauuto il maneggio, come

Oo 2   Cap

Capo della fattione di Spagna, per lo che da molti non è amato, nè desiderato.

Del Cardinal Aldobrandino si discorreua molto poco, giudicandosi per l'età immaturo, mà nel resto non v'era huomo, che ardisse dire, ch'egli non fosse degno del Pontificato, e di cosa maggiore, se però fosse appresso di noi mortali.

Santa Seuerina non solo era desiderato da Spagna, & da Toscana, mà era portato da essi con tanto affetto, che daua stupore, haueua tanti Cardinali amici, & ultimamente acquistato Montalto, e Venetiani, per lo che si teneua, che li suoi contrarij non solo non erano sufficienti, à fargli esclusione, mà che nè anco haurebbono hauuto ordine, di opporsegli, tanto più perche li fautori di santa Seuerina, apertamente si lasciauano intendere, che haueuano di più cinque voti, oltre il bisogno.

Non si deue tacere in questa occasione la merauiglia, che haueua tutta Roma di sì fatta unione di persone, che à dirla liberamente, per quello, che si parlaua, trà di loro non solo non vi era intelligenza fuori di questo affare, mà più tosto mala volontà, e diffidenza, il che hà dato non poca materia di discorsi, & in ristretto si concludeua, che santa Seuerina s'era gouernato con prudenza, & con valore, poiche i Principi interessati à questo supremo grado, erano rimasti così ben persuasi, che ogn'uno se ne teneua all'altro superiore.

Nel Conclaue erano in tutto all'entrare 52. Cardinali nominati qui sotto nel modo, che sono stati creati, Simoncelli, Altemps, Gesualdo, Aragona, Colonna, Poleotto, Como, Madruccio, Alessandrino, Sans, santa Seuerina, & Rosticuccio; Sforza, Verona, Mondocus, Saluiati, Fiorenza, Terranoua, Spinola, Canano, Rachiuel, Lancellotto, Dezza, Montalto, Caetano, Sauli, Aldobrandino, Rouere, Matthei, Montelparo, Sarnano, Gonzaga, Ascanio Colonna, Camerino, Palotta, Cusano, Borromeo, Morosino, Monte, Gallo, Castruccio, Farnese, Pepoli, Giustiniano, Pinelli, Ascoli, & Alano; Sfondrato, Parauicino, Far-

CLEMENTE VIII.

nese, Acquauiua, Piatto, & S. Quattro.

In tanto, che l'inclusione nello scrutinio era del numero di 35. e di 37. nell' adoratione, all' incontro l'esclusione nello scrutinio era in numero di 18. e nell' adoratione di 17.

Entrarono celebrata la messa dello Spirito Santo la mattina decimo di Gennaro in Conclaue, il quale si è aperto trà le 8 & 9 hore di notte ad intercessione de gl' Ambasciatori, e particolarmente del Cattolico, che fu l'ultimo, ad uscire, per lasciar fermato, e stabilito il negotio, ch'egli haueua trattato del Pontificato in persona di santa Seuerina, & l'haueua per così certo Papa, che fu affermato da alcuno, che nel licentiarsi, poiche, oltre gl' incerti, haueua 37. voti per fermi, come stabili Colonne, e però con tutto che da' Cardinali fautori di santa Seuerina, gli fu fatta instanza, che se ne venisse all' adoratione prima, che sua Eccellenza partisse dal Conclaue, non volse, che s'esseguisse, per togliere l'occasione, di parlare, che la presenza della sua auttorità, hauesse forzato li Cardinali, quali forse non haurebbono in altro tempo dato il loro voto, poiche era più che sicuro, che la mattina seguente sarebbe stato fatto Papa.

Con tutto ciò li contrarij di santa Seuerina non solo non si perdeuano d'animo, mà con ogni ardire, & valore attendeuano à fare l'esclusione, & imparticolare Sforza, Sfondrato, Acquauiua, e Borromeo erano sempre in volta, senza mai posare, & credeuano hauere l'esclusione in buona misura, e per contrario li fautori di santa Seuerina affermauano, d'hauere l'inclusione abbondantemente, e tutta via Montalto, Caetano, Matthei, Camerino, Giustiniano, e Sauli non cessauano, di trauagliare ancor essi per il Conclaue. Finalmente alli 12. hore del seguente giorno, che fu il Sabbato undeci dell' istesso mese corrente, la fattione di Spagna col suo Capo, Madrucci, e Montalto colle sue creature, risolsero à quell' hora medesima per adoratione far Papa santa Seuerina, & auuisarono tutti, per il che 33. Cardinali andarono nella sua Cella, & lo salutorono, come Papa, e poi lo condussero alla Cappella Paolina con un strepito grande. A questo rusto rumore gl' escludenti erano tutti sottosopra, di quali alcuni andarono per il Conclaue pregando, & essortando mà in tanto si gridaua Papa santa Seuerina, con il quale andauano 56. Cardinali, & arriuando in sala Regia gli fu detto, che iui era Altemps, onde fu persuaso, ad accarrezzarlo, perche ancor esso si sarebbe potuto risoluere, d'andare con loro all'adoratione, santa Seuerina s'inchinò con amore, per abbracciarlo, & Altemps stendendo ambe le mani in fuora, facendo segno di ributtarlo, gli disse, và via Papa del Diauolo; poco dopò il Cardinal del Monte, persuadendo all' istesso Altemps, che non volesse, fare resistenza à santa Seuerina, poiche già era certo, d'esser fatto Papa, & però era bene, che si risoluesse, ad andarui, rispose Altemps, che non haueua bisogno di consigli suoi, mà che anndasse egli, à fauorire il suo Papa del Diauolo.

Queste risposte diedero infinita marauiglia à tutti coloro, che l'ascoltauano, e certo, che ogn' uno ne rimase confuso, però che vedeua quasi tutto il Collegio approssimarsi all' atto dell' adoratione, & egli nondimeno mostrandosi tuttauia intrepido, si lasciò uscir di bocca cosi fatte parole.

Altemps non è signore imprudente, mà più tosto accorto, & di valore, & è stato sempre in concetto della Corte, che in questa materia tenghi molta esperienza, e però si deue concludere, che mentre egli, parlaua in questa maniera, ò hauesse hauuta qualche reuelatione da Dio, ò promessa certa da gli huomini del mondo sopra le cose, che sono accadute; anzi quello, che più da à pensare è, che vedendo esso in un certo modo impallidire il viso à Sforza, & à Sfondrato, disse loro francamente, Giouani inesperti, non dubitate.

In questa occasione fu in Conclaue osseruata un' altra cosa non veduta, nè letta già mai, però che quando s'incomincia, à gridare, il tale è Papa, per quello, che è stato solito negli altri Conclaui, subito ogn' uno si dà a disparare le Celle, & ad inualigiare le robbe di Padroni, & anco si comincia à rompere da ogni banda il Conclaue, & à saccheggiare, e nondimeno qui il Cardinale di santa Seuerina fu salutato da cosi gran numero di Cardinali in Cella, menato poi in
Cappella

CLEMENTE VIII.

Cappella per adorarlo, con arriuar per via di mano in mano noue voci, & non fi fece altro motiuo, fe non che folamente fu dalli fcopatori fualeggiata la Cella dell' ifteffo fanta Seuerina, ftandofene gl' altri Conclauifti, à vedere; il che fu fegno manifefto di quello doueua feguire.

Fu menato, come fi è detto, fanta Seuerina alla Cappella Paolina, doue auuedutofi Montalto, che trà fuoi mancaua la Rouere, andò egli in perfona, à trouarlo, con Matthei alla fua Cella, e con tutto che il buon vecchio fi trouaffe à letto ful primo fonno, nondimeno lo deftorno, e cofi mezzo veftito lo conduffero alla Paolina, al modo, che fi conduce uno in Prigione, e paffando per fala Regia fu vifto da Altemps, quale andò in tanta colera che à gran voce diffe, fe io fuffi fano mi farrei ben mantener la parola, e fe altro non poteffi, farei alli pugni, quali parole entrarono talmente in cuore alla Rouere, che furono caufa, di farlo frà pochi giorni ammalare, e morire, come fi dirà, frà quefto mentre, gli efcludenti fi erano radunati tutti alla Cappella di Sifto, & quefti furono Aragona, Altemps, Colonna, Vecchio, Paleotto, Como, Aleffandrino, Afcoli, Sforza, Mondocus, Canano, Sfondrato, Borromeo, Lancellorto, Acquauia, Parauicino, e Platto, e vedendo, che per effere il numero non più 16. non baftauano all' efclufione, fi moftrauano attoniti, & mal contenti, mà Sforza, Sfondrato, & Acquauiua andauano fempre accoftandofi alla Cappella Paolina, per vedere tutto quello, che fi faceua, e parendo à Sforza, & à Sfondrato, d'effer mal parati, foprapefi dal timore paffororo tanto inanzi, che mandorno à pigliare li loro Rocchetti, & cofi perduti d'animo facilmente haurebbono potuto mutarfi dal loro primo propofito, quando auuedutofi di ciò Acquauiua, il quale veramente in quefto trattato fi è moftrato intrepido, prudente, & valorofo, in tal modo proruppe con molta efficacia dicendo, deh di gratia non temete di cofa alcuna, fermateui un poco, perche il mio Conclauifta, che è ftato fin' hora nella Paolina, hauendo numerato i Cardinali più volte, mi riferifce, che dentro non ve ne fiano più di 32. ò 33. è poi ò fanta Seuerina farà Papa, ò non, fe non farà, noi hauremo

remo fatto un'attione di eterna gloria, per hauer resistito ad uno, portato con tanto affetto da Spagna, da Toscana, da Montalto, & da tanti altri Cardinali insieme; se per auentura riesca Papa, in tal caso andaremo tutti uniti, ad adorarlo, & cosi vedendosi in uno strettamente raccolti, & d'animi ben composti, egli penserà molto bene prima, che habbia à metter mano contro alcun di noi; che se andassimo cosi alla sfilata, gli daressimo animo, di farci ogni male; à questo parlare si fermarono quei due Signori Cardinali, come molto ragioneuole, & sussistente.

Frà tanto veramente si trouauano nella Paolina 36. Cardinali, i quali legitimamente poteuano fare il Papa, mà erano in tanta confusione, & stupidezza; ch'essi stessi non si sapeuano risoluere à qualche partito; Gesualdo, come Decano, pregando instantissimamente santa Seuerina, che perdonasse à gli escludenti, persuadeua tutta via, che si trattasse prima la pace; santa Seuerina rispondendo, che gli haueua tutti per fratelli, faceua instanza, che fusse egli venuto, & si veniste all'adoratione, & nondimeno Gesualdo continuando le repliche, diceua, che non si doueua tener tanta fretta, per far le cose senza scandalo, & volgendosi intorno per numerare, i Cardinali, ripigliando da Capo il conto più d'una volta per spatio di trè hore, e più, non potè mai passar il numero di cinque, onde in cambio di passare al 6. & al 7. e seguitare fino al numero di 36. ch'era la somma bastante, e necessaria, interrompendo sempre, quando era al numero di cinque, pigliaua scusa, di non poter contare, dando la causa a i Cardinali, che stauano confusamente in piedi, & però tutta via si pregaua, che sedessero, mà con tutto ciò furono più, che mai in continuo moto, e cresceua ogn'hora più il bisbiglio.

Questa dilatione, che con si honesta maniera usò Gesualdo, hà reso non minor merauiglia, però che si sà, ch'egli è suiscerato di Spagna, & di Toscana, & nondimeno volse indugiare tanto di venire all'adoratione, che ad un certo modo si potrebbe dire, ch'egli habbia leuato il Pontificato à santa Seuerina. Mentre le cose stauano à quel termine, che si è detto, di confusione, Madruccio andò, à trouare gl'escludenti,

INNOCENTIO IX.

ti, per far proua di ridurli, mà se ne ritornò senza riportarne frutto alcuno. In tanto Ascanio Colonna auuedutosi dell' occasione del tumulto, che in gran maniera cresceua, resolutamente cominciò à dire queste parole, lo Spirito santo non uuole santa Seuerina, nè anco lo uuole Ascanio Colonna; così auuiandosi, per uscir fuora, li Cardinali di dentro gli vennero dietro sino al limitar della porta, per restarlo; mà Ascanio resistendo, se ne volse in tutti i modi partire, & nell'impeto, che usò all'uscire dalle loro mani, gli fu stracciato quasi tutto il Rocchetto; à questo strepito cacciatisi innanzi Sforza, & Acquauiua, gridauano con grande voci, dicendo, che non si doueua far violenza a' Cardinali, e quelli, ch'erano nella Cappella di Sisto, vedendo Ascanio alla loro volta, vi corsero quasi tutti, dicendo, Vittoria, Vittoria. Questi sono veramente attioni da Baroni Romani; e poi abbracciandolo con reiterati amplessi, non si satiauano di basciarlo, godendo di vedere stabilita l'esclusione.

Apportò quest'attione d'Ascanio à quella fattione di santa Seuerina confusione maggiore, per lo che fecero serrare la Porta della Cappella, dubitando, che gl'altri non pigliassero la medesima strada, mà Sforza, Sfondrato, & Acquauiua, si lasciorono intendere in modo, che si protestauano *de nullitate electionis*, poiche si doueuano tenere le porte aperte, & non farsi simile violenza; di modo che fu aperta, e da alcuni di loro fu detto, che non u'era alcuno la dentro, che si tenesse per forza.

In tanto Madruccio, e Montalto con altri Cardinali uniti per censultare, se hauessero potuto fare il Papa con 35. voti, ch'erano rimasti, fu concluso, che per adoratione non si poteua, però, che già santa Seuerina non haueua potestà *adorandi se ipsum*, mà nello scrutinio sarebbono stati bastanti, e si sarebbe potuto fare il Papa canonicamente; onde dubitando, che il mandarla più in lungo, poteua tanto maggiormente nuocere loro, fu subito resoluto, che si mettesse in ordine la Messa dello Spirito santo, quale si suol dire prima del scrutinio dal Decano Cardinale, al quale spetta, di communicare gli altri Cardinali. Mà il Decano, che seruiua gl'escludenti di

cuore,

cuore, diede mano all'ultime fcufe, dicendo, che per fare il fuo debito, era cofa ragioneuole, che fi mandaffe, à dire, àgl' efcludenti, che veniffero all'adoratione, & elettione di fanta Seuerina, & à quefto effetto fu ftimato à propofito il Cardinal Madrucci, col quale farebbe andato anco il Decano, e che fe non fuffero voluti venire, fi farebbe fubito detta la meffa; approuata la propofta fù fatto intendere à gli efcludenti, da quefte due Cardinali, che veniffero alla meffa, & allo fcrutinio generale, mà effi rifpofero, che poiche fi era incominciato, à trattare in modo, ch'effi reftauano ingannati, fi doueuano, & quereleuano di loro, che fi foffe tentato, di far Papa, con lafciare quelle cerimonie, & quelle follennità, che fogliono procedere in tutti gli altri Conclaui, foggiungendo, che però deliberauano, di non andarui, e di più haurebbono effi fatta celebrare quella mattina un' altra meffa in quella Cappella di Sifto, doue effi fi trouauano, fi diede ordine, perche la loro meffa fuffe celebrata quanto prima, & così in quel giorno fi differo due meffe in quefte fudette Cappelle, mandorno gl'efcludenti, i loro voti allo fcrutinio generale, e perche effi fuffero ficuri da ogni inganno, furono di parere, & cofi feguì, che vi andaffero Sforza, Sfondrato, & Acquauiua, li quali fentendo, che nel fcrutinio, s'era ordinato, che fi deffero li noti aperti, effi fi proteftorno di nullità, per lo che pretendendo, che fi douefse fare il folito, & altro non innouare, chiamarono il Maeftro di Cerimonie, come Protonotario Apoftolico, acciò fi regaffe di quefta protefta. Alefandrino fe bene era ritirato con gl'efcludenti, non faceua motiuo alcuno, e fempre, mentre durò quefto contrafto ftette inginocchioni. Finalmente leuato, diffe, Io ho pregato noftro Signore, che ne infpiraffe, à far cofa di fuo feruitio, ma perche non ho fentito ne pur pungermi il core, fi deue credere, che quefto huomo non fia dato da Dio.

    Quelli della fattione della Paolina con tutto, che vedeffero, che il darfi, i voti aperti, farebbono ftati quafi una certezza, di far Papa fanta Seuerina, e che la maggior parte d'effi veniffe in opinione, che fi poteua fare fenza difetto di nullità, poiche non vi è Bolla, che lo prohibifca, nondimeno ftabilirno,

INNOCENTIO IX.

bilirno, che si dessero li voti serrati, come era stato sempre osseruato, santa Seuerina parendogli, d'esser già stato eletto al Pontificato, disse, Signori io mi protesto, che tutto si faccia senza mio pregiuditio. Il Decano rispose, che già vedeua che tutti l'elegeuano, e che queste cose doueuan farsi con amore, e senz'odio, e però se da alcuno fussi stato offeso, doueua perdonargli. Replicò egli, come se voglio perdonargli? anzi mi voglio chiamar Clemente, per mostrare in nome, & in fatti, che trouaranno il contrario di quello, che si sono imaginati. Fatto dunque il scrutinio si trouò, che santa Seuerina con gl'accessi di Montalto, e Pinelli, che glilo diedero publicamente per mostrar sincerità, non hebbe più che 30. onde del numero di 35. che prima si erano mostrati pronti all' adoratione, in questo primo scrutinio mancorno cinque, & fu cosa di manifesto inditio, che quando si fusse venuto all' atto dell'adoratione, in ristretto forse vi sarebbono stati degli altri, che anco haurebbono presa la medesima strada della Porta, come fece Ascanio Colonna.

Erano stati in Cappella 7. hore, sì che già stanchi, ciascuno se n'andò alla sua Cella; gl'escudenti mostrauano estremo contento, & estrema allegrezza, per essere rimasti vincitori dell'impresa; & all'incontro, i fautori di santa Seuerina, parendo loro, d'essere stati delusi, se ne stauano mesti, & dolenti.

Come restasse santa Seuerina, ogn'uno lo può imaginare, considerando, che non solamente era stato salutato in Cella, come Pontefice, e che in Cappella haueua hauuto il numero legitimo, di farlo Papa, mà anco Madrucci gli haueua raccomandato, i Regni dell'Imperatore, & Rè di Spagna, Sans la Francia, & & Radiziuel la Polonia, & ogn'altro Cardinale haueua supplicato chi per una gratia, e chi per un' altra. Mà trouatosi con lo scrutinio primo, delle sue speranze, con tutta che la mattina fusse partito dalla sua stanza, se bene accompagnato, e che alcuni lo volessero accompagnare, volse nondimeno andarsene solo, & entrato in Camera, e trouatala scopis mundatam (che, come si è detto, li scopatori haueuano portato via ogni cofa) gli crebbe l'afflittione, e non potendo altrimente sfogare, si dice, che lacrimaffe; ma subito gli fu restituito ogni cofa.

Tutto il giorno se ne ragionò, ne u' era persona, che non restaffe merauigliato di tal succeffo.

Si stette 12. giorni sempre nell'isteffa prattica, & li fautori di santa Seuerina credeuano, poter tuttauia colpire ò con la venuta di Gioiofa, ò d'Auftria, che s'afpettauano, ò col guadagnare alcuno degli escludenti, mà in questo ultimo pensiero quelli Signori s'ingannauano, poiche trà Conclauisti vi sono due regole formate, quali in effetto mai hanno variato, L'una è che un Cardinale è irrettrattabile; li Cardinali escludenti si erano non solamente dichiarati, mà faceuano tanto, che mai è stato una simile esclusione, nè veduta, nè letta; però la conseguenza si tocca con mani da quelli, che non sono accettati dalla paffione; La seconda, che è più facile senza proportione fare l'esclusione, che non l'inclusione, e tanto maggiormente nel soggetto di santa Seuerina, al quale era accaduto quanto si è detto. In questo mentre trattaua Montalto fare due belli colpi, uno con Ascoli, e l'altro con Paleotto; ad Ascoli era persuadere la gratitudine, come Creatura di Sisto V. suo Zio, allettandolo col prometterg li di fare ogni sforzo, in altra occasione à fauore della sua persona, ma da lui gli fu risposto, che mentre esso sodisfaceua alla sua conscienza, era grato al Signore Dio, e mentre seruiua al Cardinal Aleffandrino senza offendere Montalto, nè altra sua Creatura, gli pareua, effer grato anco in quanto al Mondo, e nel resto si dichiaraua, effer' à fatto lontaniffimo d'ambitione; e che cercaua conformarsi col volere di S. D. M. e di quello, che foffe piacciuto à sua Signoria Illustriffima, alla quale era diuoto, & obligato seruitore.

Dopò questo se n' andò Montalto alla Cella di Paleotto, egli diffe, V. S. Illustriffima non si merauigli ch' io procuro la sua esclusione, perche oltre che da tanti mi è stato riferito, ch' ella è mio poco amoreuole, hora mi confermo in credere tanto meno alle sue parole, vedendo, che non voleua andare in santa Seuerina, il quale, oltre l'effer huomo di tanto zelo,

& di

& di tanta bontà, nel Conclaue di Gregorio XIV. in publico gli diede l'accesso con parole segnalate, dicendo, *Ego Iulius Antonius Santorius Cardinalis sanctæ Seuerinæ accedo ad Illustrissimum Dominum meum, Dominum Gabrielem Paleottum tanquam ad virum inculpatæ vitæ*, s'hora ella si mostra à lui così ingrata, che argomento debbo far' io della sua volontà? ma se V. S. Illustrissima si risoluerà, d'andarui, oltre che ella sarà grata à chi deue, in tutti gli euenti mi mostrarò tale con lei, che non si pentirà, d'hauermi fatto così segnalato fauore; Paleotto rispose in tal modo. Monsignor Illustrissimo ogn' uno può dire quel che uuole; quanto à me hò sempre honorato, & amato V. S. Illustrissima con vero cuore, e s'ella procura la mia esclusione, forse il fa, perche così è volontà di Dio, che vede le mie imperfettioni, nè mai io mi sono punto alterato di quanto hà fatto, & farà V.S.Illustrissima, presupponendola in ciò vero Ministro di S. D. M. nè perche ella dica, di voler mutare, io mi rimouerò da quello, che la conscienza mia m'hà dettato nella persona di santa Seuerina, il quale, se nel Conclaue di Gregorio fece quella dimostratione, qualunque si fosse stata verso di me, Iddio ne gli renderà il guiderdone, e soggiungendo, disse anco, Monsignor Illustrissimo, quando si tratta di conscienza, non si guarda à gratitudine, nè ad osseruanza, e così finì il raggionamento, senza far replica alcuna.

Frà questo mezzo cercò Madruccio con l'ajuto di Spagna il guadagnare qualche voto, ne fu possibile, di far frutto.

Gl' escludenti dell' altra parte faticauano di notte, & di giorno, e benche si lasciassero intendere, d'hauere fermata in sì fatta maniera l'esclusione, che stauano sicuri, che ancorche fussero di fuori 10. altri Cardinali in contrario, nondimeno pure faceuano instanza à Madrucci, che si contentasse, di desistere della prattica di santa Seuerina, & si attaccasse in qualsiuoglia altro soggetto, perche senza dubio alcuni vi sarebbono andati tutti all' adoratione, e veramente stauano sempre sospettosi, & patiuano così gran tormento per le vigilie, che se la cosa andaua più in lungo, sarebbono morti molti degli escludenti. Arriuò in tanto in Conclaue il Cardinal Gioiosa, al quale andarono subito alcuni Cardinali per aquistarlo,

starlo, mà quel Signore non volle adherire ad alcuna delle parti, e se ne stette sempre indifferente in tutto il progresso del Conclaue.

Morì la Rouere, che parimente s'era dichiarato per l'esclusione di santa Seuerina nel giorno di San Policarpo à 26. dell' istesso mese di Gennaro, & alla sua morte, volse ritrouarsi il Cardinal Aldobrandino come sommo Penitentiero, essendoui stato per 4. hore continue facendo il pietoso offitio della raccomandatione dell' anima con diligenza, & carità singolare; fu dopò vestito, & portato alla Cappella di Sisto, e la mattina seguente trasportato dal Clero di San Pietro à basso in quella Basilica, accompagnato da molti Cardinali fino alla porta del Conclaue.

Dopò, che si vidde, che non vi era altra speranza, di poter colpire in santa Seuerina, si cominciò la prattica di Madrucci, la quale era andata tanto innanzi, che fu tenuto Papa, e se Montalto giocaua da vero, sarebbe senza dubio riuscito, con tutto che Monte, Moresino, e Fiorenza, & altri procurassero l'esclusione, la quale veramente non vi sarebbe stata, se Montalto si fusse dichiarato, come haueua dato intentione.

Rimossa parimente la prattica di Madruccio, perche egli stesso volse, che non vi si consumasse più tempo, poiche di già si era tenuta in piedi per alcuni giorni, s'incominciò, à trattare d'Aldobrandino, il quale in effetto haueua l'aura del Collegio, mà si giudicaua, che gli escludenti non vi douessero andare, per non dare questo contento à Montalto, che contra loro s'era mostrato cosi ardente per santa Seuerina; perche nel rimanente, quanto al soggetto, era amatissimo; era ancora commun giuditio, che Madruccio parimente non douesse andarui mai, per esser stato così mal trattato da Montalto; mà quando il pomo è maturo, & Dio così comanda, bisogna che segua in tutto, e per tutto il volere di S. D. M. gl'escludenti, ancorche come di soprà s'è detto, per quella mala sodisfatione hauuta da Montalto, hauessero hauuto materia, di contrariarsi, nondimeno per conscienza non doueuano farlo, benche per saluarsi dal timore di santa Seuerina, si farebbono attaccati ad ogni soggetto, non che ad un'

huo-

huomo di valore, di tanta bontà, & esemplarità di vita.

Volse Madruccio dar' al quanto di tempo all' esecutione della prattica di Aldobrandino, acciò che da Paleotto, Como, & Colonna, si potessero tentare gli loro Interessi; mà fatto toccare con mani à tutti, che se loro imprese erano dure, per non dire all' hora impossibili, e sapendo di più la volontà del Rè Cattolico, che teneua Aldobrandino per confidente, & il quale ancora stato sempre suo amico, & Signore, & giudicando in oltre, che principalmente si faceua il seruitio di Dio, & di tutta la Repubica Christiana, per far quello, ch'è proprio d'un Principe nato, come egli è, & il quale è tenuto Signore sincero, & valoroso, e che mai non hà hauuto affetto nelle cose sue proprie, si risoluè alli 30. dell'istesso mese fare Aldobrandino Papa, & fu in un' hora strauagante, cioè dopò pranzo, à 19. hore per mostrare forse, ch' era sua opera, & non di Montalto; così in un subito, fra lo spatio di mezza hora fu publicato per il Conclaue, il quale posto tutto sotto sopra, segno espresso, che veramente era fatto il Papa, si venne all' elettione con tanta concordia, che non è stata mai la maggiore.

Quel buon Principe quando segli daua speranza del Papato da Cardinali, & da Carlo Grotta, in nome del Cardinal Madruccio suo Padrone, si mostraua tanto lontano, come era con gl' effetti, da tale ambitione, che più non potria dirsi. Fù vestito, & adorato, e quando si cercaua il suo consenso, si mise inginocchioni, & pregò N. Signore Dio del quale doueua essere Vicario in Terra, che se non era di suo santo seruitio la sua elettione, vi ponesse impedimento ò che perisse in cospetto di tutti. E si fece chiamare Clemente VIII.

Nel spogliarsi le vesti Cardinalitie per vestire le Pontificie, ricordossi quel pio Signore, che nella sacca della sua sottana era la Corona, & l'offitio della santa Vergine, onde voltato à chi l'haueua spogliato, ordinò, che gli fossero serbati.

Abbracciò poi tutti i Cardinali con carità, & amore; fu finalmente condotto già in S. Pietro, & iui fatte le solite cerimonie, fu ricondotto nelle stanze Papali.

O miracolo del Signore Dio, vero fautore di tutte le cose,

in quante forme fi difcuopre la fua onnipotenza? coloro, che più fi affaticauano, d'effere Papa, fe ne trouauano lontani, e quello, che apertamente, ò con ogni arte ftudiaua, di fuggirlo, refta Vicario di Chrifto, il quale fi degni per fua infinita mifericordia conferuarlo lungamente felice, & con faluto, à beneficio di tutta la Chriftianità.

CONCLAVE
FATTO PER LA SEDE VACANTE,
DI PAPA
CLEMENTE VIII.
NEL QVALE FV CREATO PAPA,
LEONE XI.

RA il Cardinale Aldobrandrino uscito di Roma, negl' ultimi giorni di Gennaro, nell' anno 1605. con assai speciosi titoli, di riuedere, & di riordinare, lo Stato Ecclesiastico, & di già se n'andaua trionfalmente raccogliendo dalle Città sudette il frutto di quella gloria, che meritaua la sua auttorità, & si era in Terni riconciliato con Farnese; quando à gran pena giunto in Rauenna, oue si era auuiato, oltre le facende priuate, per prendere il possesso di quello Arciuescouato, gl'arriuorno Corrieri con auuiso, che Papa Clemente VIII. alli XI. di Febraro sopra preso d'una concussione d'humori, staua in pericolo della vita; noua, la quale quanto amareggiasse le dolcezze del Cardinale, auuezzo à dormire di continuo in braccia della fortuna, & quanto rendesse attonita la Corte, la quale non aspettaua si alto precipitio, lascio tutto alla consideratione del Lettore Accresceuano lo stupore le voci populari, che per lo delirio perpetuo del sommo Pontifice Aldobrandino, specialmente

cialmente non poteſſe paſſare Breui, per transferire il Camerlengato in ſan Ceſario ſuo Nipote, per ritenere in ſe ſteſſo il grado di ſommo Penitentiero, per uendere la Theſoraria, & per aſſicurare altre partite ambigue; onde il nouello Pontefice non haueſſe anſa, e preteſti legitimi, di debilitare la Caſa Aldobrandina, quale molti aſſomigliauano à quella Cauerna, doue il Leone ſi finſe ammalato, & tutte le pedate guardauano dentro, mà neſſuna era di ritorno, volendo inferire, che iui con ſomma parſimonia ſi conſeruano quelle ricchezze, che ſi erano accumulate con altre tanta ingordigia; altri conſiderando, che queſto gran Prencipe, che ſtimauano ſapientiſſimo, e di ceruello artificioſo, & eleuato ſopra tutti gli altri, e che ne gli effetti s'era tale dimoſtrato, hauendo condotto à felice fine negotij ardui, & memorabili; ſi marauigliauano fortemente dell' occulto giuditio di Dio, e che con una repentina priuatione della memoria, & dell'intelletto l'haueſſe ultimamente priuato della vita, ſi come ſeguì à di 3. di Marzo 1605. volſero dire, che l'imperitia de' Medici gl'acceleraſſe la Morte, e che il martello del caro Nepote aſſente da principio chiamato, e ſognato molte volte deſſe il crollo nell'anima ſteſſa à fargli ſmarrire l'uſo de' ſuoi più nobili organi. Oſſeruarono altri, che dopò la promotione delli 18. Cardinali ſeguita pochi meſi prima, il Papa diueniſſe ſuogliato, & infaſtidito ſtrauagantemente, ò perche vedeſſe, che maggior parte n'haueuano i Principi, ò perche temeſſe il giuditio del Mondo, che moſtraua di deſiderare in alcuni promoſſi maggior merito di fatiche, di virtù, & di nobilità, mà comunque ſi ſia, coſa certa è, che li più ſenſati ne riferiuano la cagione, chi alla vaſtità di penſieri, che ſogliono naturalmente conſumare più preſto dell'ordinario le teſte politiche, chi à ſtudij fatto troppo fiſſamente negli articoli di Theologia, che ſi diſputauano hora frà Domenicani, e Geſuiti, chi à natural imbellicità della vechiaia, per la quale non haueſſe poſſuto reſiſtere alle paſſioni, & al cordoglio grande, che ſentiua per li diſpiaceri ſocceduti frà Farneſiani, & Aldobrandino, per la concordia, de' quali non haueua laſciato indietro qualſiuoglia ſorte

d'offi-

LEONE XI. 307

do, etiamdio con inufitata prodigalità della riputatione propria, & della Sede Apoftolica, il tutto però, infelicemente; perciò che pullullauano ogn'hora frà di loro parenti, maliffime fodisfattioni, le quali alla fine furono con apparenza di reciproca beneuolenza coperte, acciò che doueffero poi palefarfi al Mondo con Sforzo maggiore.

Morto dunque Papa Clemente fu chi in questo cafo defiderò in Aldobrandino coftanza maggiore, altri conofceuano, che per l'habituato coftume del dominare malageuolmente s'induceua, à deporre i fafci dell'Imperio, & pareua, che per l'auttorità del Camerlengato, per l'ornamento delle folite guardie di Suizzeri, quel Signore tuttauia intendeffe di fpirare da tutte le parti grandezza d'animo, e maeftà. Si era dichiarato di non cedere, & di volere per fucceffore di Pietro una delle fue Creature, ne lo fpauentauano gl'Auuerfarij della Spagnuola fattione, molti de' quali erano giouani, Principi, & arditi, qualità, che fe concorrono tutte trè in un Cardinale, lo rendono potente inftrumento, à perturbare qualfiuoglia diffegno, & in fomma non uno, mà molti erano quelli, che fi giudicauano difpoftiffimi, à controporfi alle fue imprefe, & erano Sforza, fanta Cecilia, Acquauia, Farnefe, Efte, Doria, & Colonna quando fuffe giunto, in oltre Montalto, Madruccio, & Borromeo con gl'adrenti di ciafcuno; dall'altro canto Aldobrandino, regolandofi col proprio confeglio, e perfuadendofi, d'hauer auuelenate le Creature con la profeffione publica, di voler effaltare una di effe al Papato, e gionta la confederatione con Francefi, fi vociferò, che fi faceffe efclufione à Montelparo, Sauli, & Afcoli, Campioni più principali di Montalto, poi che Palotta era riputato d'età frefca, e Camerino di tefta calda, & in confequenza rifiutata; Platto Creatura di Santa Cecilia haueua paura dell'Aritmetica di Como, e di Pinello, li quali haueuano riceuuta qualche mala fodisfatione da fuo Zio, ne fi fidaua pienamente d'alcune fue Creature, come Bianchetto, e Panfilio, per le fofpette, & varie loro dependenze, nè di Mantica, & Bellarmino, perche più volte gl'haueffero oftato, anteponendo nell'atto prattico la verità all'intereffe

Qq 2 della

della gratia, & alle mentite larue della vita Cortegiana; all' in contro li Spagnuoli escludeuano Baronio, & Serafino, per li quali s'erano instituite le prattiche, & escludeuano tutti gli altri confidenti d'Aldobrandino, come S. Marcello, S. Clemente, Ginnasco, Tosco, S. Pietro in Vincola, & Taruggi era riputato un caminante cadauero, & inhabile per mancamento di udire, e Baronio era dichiarato diffidente di Spagna, per hauere à guisa di Catone molte volte parlato, & nelle Congregationi, & ne' Consistorij, & anco scritto nè suoi Annali liberamente, come se egli fusse stato nella primitiua Chiesa, non nella faccia di questo secolo correto, oltre li quali si credeua, che perseueramente haurebbono ributtato Firenze, & Verona, dimaniera che in queste turbulenze d'affetti, nessuno per ingegno, perspicacissimo, che fusse, poteua fondare legitima speranza per alcuno de' suoi candidati. S'aggiungeuano l'alterationi seguite frà Cardinali nelle loro Congregationi, le quali dauano quasi un' arra delle discordie future, perciò che Montalto biasmò il procedere delle Creature d'Aldobrandino, che pretendessero, di proporre, e disporre i negotij occorrenti, & una volta sdegnato non volse votare. Gallo, come Capo d'ordine in luogo di Verona, che non era gionto, per discarico della conscienza si dolse, che lo Stato Ecclesiastico era tutto sotto sopra, & in Roma succedeuano rumori, nè il Sacro Collegio n'era partecipe; onde si mutò stile di gouerno. Come fece leggere una Lettera del Vice Rè di Sicilia, diretta al Sacro Collegio, & un'altra al Papa, le quali accusauano Baronio, e domandauano la prohibitione dè suoi libri, come pieni di molte bugie, e particolarmente, che derogassero contro la verità alle ragioni del suo Rè, aspettanti alla Monarchia di quel Regno, & qui Baronio fece un Apologia di quanto haueua scritto assai eloquente, poiche (diceua egli) l'opera era con l'approuatione di Pietro, il quale n'haueua anco voluto il parere di trè intergerrimi Cardinali, però non douesse stimare altro giuditio di quello del medesimo Pietro, & allegò il fonte degli Autori, onde haueua hauuta quella historia nella Biblioteca Vaticana; dicono, che egli fece cosi viua,
& asset-

LEONE XI.

& affettuosa professione, di dipendere da solo Pietro, che fu trà Cardinali, chi sentì il raggio dello Spirito Santo, che gli moueua il cuore, à chiamarlo Papa, se fosse stato in Conclaue, tanto è l'abborimento, che s'hà, di vedere calunniata la virtù, S. Giorgio similmente lo difese, & se gli scoprirno assai fautori, che se ne riscaldauano molto.

Allora Como, Ministro di quest'attione ancorche dopò tentasse di giustificarsi, diede occasione à gl'emuli, di riputarlo falso; etalmente ambitioso, che si persuadesse con le rouine altri poter si edificarsi, e stabilirsi meglio le proprie speranze; non mancò, chi disse quest'esser inuentione del Marchese di Vigliera, mà Farnese parente di questo Cardinale se ne risentì di maniera, che si valse ardentemente dell' occasione, d'honorarlo, & riprese l'inconsideratione del giuditio sinistramente fatto. Nè mediocre fu lo strepito, che si fece per la voce de' Conti, poiche dubitandosi, se legitimamente egli poteua in Conclaue usarla, per essergli nell' ultimo Consistoro stata chiusa la bocca con clausule speciali in questo caso, & assai strette fu ventilata la causa de' Cardinali, stati Auditori della Ruota, cioè Platto, Arigone, Mantica, Biandetto, Serafino, & Parrefilio, & fu referita da Giustiniano con la memoria, & con la prontezza del suo viuace ingegno, per il che finalmente Conti ottenne dal Collegio unanime l'uso della voce attiua, & passiua nelle medesime Congregationi generali. Gl'Ambasciatori fecero da parte de' loro Principi le solite condoglienze, & offerte, e professioni di buona volontà verso il Sacro Colleggio: Furono deputati gl'Officiali, & Ministri soliti, à deputarsi dentro, e fuori del Conclaue: Furno sottoscritte le Capitulationi delli Cardinali, oue per l'accrescimento dell'attorità, & dignità Cardinalitia, si conteneuano quei particolari, che tacitamente poteuano dar cenno delle miserie, & de' vilipendi passati, Aggiungasi (disse uno) che il Papa per l'auuenire non possa dare il Camerlengato à Nepoti; furono dati gl'ordini necessarij per il gouerno di Roma, & dello Stato, mà non lasciauano in un tempo medesimo d'adoprarsi li Cardinali, & gli Ambasciatori, per auantagiare la loro con-

Qq 3   ditiones

ditione; e specialmente quello di Spagna haueua confidata l'auttorità del suo Rè à Montalto, che congiuntamente con Auila, allora indisposto, & con participatione di Farnese, douesse valersene à tempo, & luogo, dechiarandola per l'essaltatione de' soggetti confidenti. Monte seruiua Montalto per commandamento del Gran Duca, il quale, per vie diuerse, come pratico in questo mestiero, si credeua, che douesse guadagnarsi qualche Creatura almeno Fiorentina, e diceuano d'hauere almeno 26. voti franchi, per l'esclusione di tutte le Creature d'Aldobrandino, nel che usarono altretanta diligenza, quanto maggiore era il timore, che haueuano riceuuto dall' intentione, ch' egli persistesse in Baronio, soggetto abborrito, & in S. Clemente, il quale quanto era confidente suo, altretanto era tenuto per diffidente di molti, & in particolare del Duca di Mantoua, che gli haueua procurata l'esclusione da Spagna; oltre che Este con altri non mancauano di derogare alle qualità di quel Signore, rinouando la memoria non solo di duelli, & homicidij commessi nel tempo degli anni giouenili; come anco di certe pugna, che diede ad una persona poco tempo fà in Ferrara nell' audienza publica, alle quali oppositioni, aggiunta l'opinione, che s'haueua della sua rigorosa, & austera natura, pareuano, le sue speranze procedessero fiacchissimamente; nondimeno Aldobrandino tutta via staua raccolto in se stesso, & ancorche gli fosse sussurrato nell' orecchie, che molte Creature haueuano à vacillare, si persuadeua nondimeno d'hauerne tante di ferme, che non si sbigottiua punto, nè si ritrattaua; forse differendo, di piegarsi à partiti più honesti nell' arringo ' & nel Campo proprio, doue chiusi li Cardinali più strettamente hauerui potuto trattare, in questo disordinato, & informe Chaos di timori, e disperanze, & di reciproche pertinacie non fu alcuno, che non affermasse, che il Conclaue non fusse per esser lungo ben bene, e communemente si stimaua, che ne' primi impeti, & giorni, Aldobrandino hauesse vantaggio, mà durando il negotio, che le sue Creature fossero più facili da acquistarsi, come quelle, che in diuerse Classe diuise, altre haueuano fame, altre erano offese,

LEONE XI.

no offese, altre mancipij de' Principi, altre obligate alla pecunia propria, altre guidate dallo Spirito Santo; onde con progresso di tempo se ne aspettaua qualche disunione: mà il Conclaue, come dirassi, doueua essere quella palestra, che haueua da cimentare queste discordanti passioni, delli quali, come d'occulti stromenti, & di cause seconde si vale Iddio, compatendo all'humana imbellicità, per dichiarare il suo Vicario in Terra.

    Entrorno dunque con questa dispositione d'animi à di 14. Marzo nel Conclaue, 60. Cardinali, uno di Pio IV. che fu Como Decano del Collegio, 4. di Gregorio XIII. Fiorenza, Verona, Gioiosa, & Sforza, 11. di Sisto V. Pinelli, Ascoli, Pallo, Sauli, Pallotta, Camerino, Montepulciano, Giustiniano, Monti, Borromeo, e Montalto; 5. di Gregorio XIV. Santa Cicilia, Acquauiua, Platto, Paranicino, e Farnese, uno d'Innocentio IX. Santa Quattro 38. di Clemente VIII. Aldobrandino, Taruggi, Bandino, Giuri, Santo Clemente, Borghese, Bianchetto, Baronio, Auila, Mantica, Arigone, Beuilacqua, Visconte, Tosco, Santa Marcello, Belarmino, Sordi, Serafino, Spinelli, Conti, Madruccio, Perona, Buffalo, Delfino, Lannesio, Valenti; Santa Pietro in Vincola, Panfilio, Santi Eusebio, Monopoli, santi Giorgio, Cesis, Peretti; Este, Deti, San Cesario, Doria, Pio, li quali secondo il solito cantata la Messa dello Spirito Santo hebbero quel giorno il giuramento di fedeltà del Popolo Romano, & dà Prelati, & Signori Custodi del Conclaue, che dopo, adempite altre funtioni ordinarie, si ritornorno alle Celle proprie, attendendo à riceuere fin' alle 8 hore di notte le visite, & le raccomandationi degli Ambasciatori, & delli Principi.

    La mattina seguente si communicorno per mano del Decano, & fecero lo scrutinio, nel quale si aspettaua di scoprire oue pendessero gl'animi, mà nessuno hebbe numero di voti d'alcuna consideratione, per ciò che Bellarmino con l'hauerne portati solamente XI. fù il più honorato di tutti, hauendo hauute Baronio solamente 8. e ciascuno de gli altri meno, e perche trà Diaconi, Farnese, Doria, e Pio, hebbero un bero un Voto per ciafcuno, e Montalto due, piacque dopò à San Cefareo, come che fi reputaua arguto, dolerfi, che niffuno lo voleffe Papa; mà diuerfo giuditio ne fece fauiamente Belarmino, il quale confidò con alcuni, d'efferfi fcandalizzato, che obligando le Bolle, & l'honore di Dio benedetto li Cardinali, à dare il voto al più degno, e meriteuole, eleggeffero infino li giouani di XV. anni, trattando giocofamente quello, che con infinito rifpetto doueuano trattare, e diffe, che peccauano mortalmente. S'intefe che alcuni Cardinali, de' quali Aldobrandino, fi feruia, per ferbare la Maeftà del trattare, faceffero un poco di prattica per Panfilio, mà fu una fcaramuccia fi leggiera, che fi fentì à pena; non fi può però dire, che gagliardiffimo non foffe l'affalto, che fi diede dagli Aldobrandinefchi il di feguente alli 15. per fauorire Baronio, Imperciò che attaccoffi la prattica per lui, & fi rifcaldò molto di dì, & di notte; onde Montalto andò à trattare con le Creature, & adherenti fuoi, con li quali ftabilita l'efclufione di 23. voti oltre fette ò 8. altri, che fi fperauano fimilmente ficuri, fi afpettaua lo fcrutinio della mattina feguente delli 16. nel quale Baronio ottenne 19. voti fenza alcuno acceffo, Verona, & Vifconti hebbero li fecondi honori, hauendone confeguiti fette per ciafcuno. Santo Clemente, come Conlegato di Ferrara fece inftanza al Sacro Collegio, che fi deffe ordine, per il pagamento della Caualeria, che vi haueua lafciata ftraordinaria per la Sede vacante.

Nel preparamento di quefta efclufione, quafi principio, e fondamento di quefto gran negotio, Montalto, e li confiderati fuoi, fe bene haueuano giufta cagione di penfare à i fatti loro per l'unione di cofi numerofo ftuolo di Cardinali nuoui, à quali fi accoftauano i Francefi, nondimeno la fecero fedatamente, & con tal franchezza di animo, che pareua foffe guidata da Veterani, e ueramente, fecondo che diffe uno di loro, erano exigui numero; *fed bello uiuida virtus.*

Acquauiua intanto fu da un Cardinale rimprouerato, che altre volte effendo ftato contrario à Spagnuoli, quando operò l'efclufione di fanta Seuerina, adeffo li feruiffe cofi ardentemente

LEONE XI.

dentemente, rispose, che come allora, così adesso combatteua per la libertà Ecclesiastica, quasi, che ella fosse per reare oppressa, se non fusse difesa contro le pretensioni d'Aldobrandino, da questi generosi Capitani, i quali erano così orti, che come disse Auila per animarli, e per dir il vero, à uisa di fortissimi propugnacoli, e Torrioni sarebbono stati aldi ad ogni colpo, doue gli Auuersarij alla fine v'haurebono lasciato sotto l'artigliaria, & tutte le loro machine. Delno intanto s'attribuiua il luogo di Nestore appresso il suo Amenone Aldobrandino, & era ammesso nelle più segrete onsultationi, e faceua assai broglio alla Venetiana; si vedea del continuo con Gioiosa, Capo di Francesi, li quali erao di gran momento in questa battaglia. Fu considerato, che e questi rimaneuano indepédenti, haurebbero acquistato tiolo di prudenza, & d'auttorità maggiore, doue, che con sersi subitamente dechiarati, di Capitani, che poteuano sere, diuennero fantacini, & altretanto scemauano à se stesi l'honore d'Aldobrandino; mà pressero questo consiglio si er tema di Como, e di Ascoli; l'uno già stato inuentore e romore della lega; e l'altro partecipe dell' humore di Alesandrino, à cui richiesto hebbe il Cappello, come perche speauano d'ottener Baronio soggetto, non meno loro benemerio per le gratie ottenute per l'opera sua da Papa Clemente, he partialissimo per le cose, che haueua detto, operate, & critte in augmento di Francia, & indiminuzione di Spanuoli, li quali per tanto non cessauano, di ricordarsi l'un alro, l'ingiurie riceuute, e l'infamia, che era loro aparechiata. Se permetteuano la continuatione dell' Imperio Alobrandinesco: amplificauano il rispetto, che si douea al oro Rè, come mantenitore della fede Cattolica, & quasi soegno della Chiesa, e della Corte Romana: cercaua ciascuo di suiare qualche Creatura ambigua d'Aldobrandino: Speauano per assedio espugnare chi con artificiose lusinghe, chi con larghe promesse, e chi con modeste minaccie. Fu anco tocurato d'alienar San Giorgio da Aldobrandino riducenogli à memoria li disgusti passati, & quanto disdicesse, ch' gli più vero, più vecchio, & più qualificato Nipote di Papa Cle-

R 3

pa Clemente fi contentaffe, di far numero, dando à credere al mondo, che maggior foffe la dapocagine, e la debolezza dell'animo, che il defiderio d'honorarfi, & appoggiarfi alla grandezza del Rè di Spagna, il quale haurebbe per tutto fempre protetto, e beneficato; mà la Corte credeua, ch'egli ancora haueffe con gli altri beuuto il veleno delle fperanze di confeguir il Papato, n'era poffibile diftornarlo dal fuo inftituto. Vifconti per la ferma fperanza che haueua di participare il dominio, s'era fatto antefignano de' fautori di Baronio, e l'ifteffo faceuano Borromeo, e Parauicino, (fe bene quefti non aggiutauano più che tanto) col pretefto d'effer ftati ambedui fuoi difcepoli, & Conuittori nella Vallicella, luogo pio d'alcuni diuoti Chierici Regolari, al quale officio pareua loro effer tenuti quafi di ragione diuina, poiche nel precetto, di honorare li Genitori noftri, fi comprendono anco li precettori. Doleuafi indarno Auila, che li fudditi del Rè fi faceffero Promotori di male fodisfationi di S. M. alla quale diceua, che non farebbono mancati modi di farli accorgere dell'errore, che faceuano, quefti fi fcufauano con la confcienza, e fi faceuano fcudo dello Spirito Santo. Similmente con lui fi fcufaua Aldobrandino, ch'egli era Sforzato dalle fue Creature, à condefcendere in Baronio, e che il deporre quefta imprefa, non apparteneua à lui folo, il quale per altro bramaua di feruire la Maeftà Cattolica, à cui viueua obligatiffimo, e prometteua, che l'haurebbe feruita, e fodisfatta anco al prefente, mà difcordauano alle parole gl' effetti; & il Vecchio, non perdendo l'opportunità, di ricordare li 60. fcudi delle penfioni decorfe di diece anni ad Aldobrandino & à San Giorgio erano ftati donati dal Rè Filippo II, cioè à ciafcuno di effi 30 fcudi l'anno fopra l'Arciuefcouato di Toledo, & di Siuiglia, e dando qualche fegno di nuoua beneficenza, ftringeua pure, che forte di fodisfatione voleua dare?

Dopò lunghe tergiuerfationi partirono difcordanti, e dicendo, Auila, che farebbe ftato un'anno in Conclaue, prima, che permettere alcun pregiuditio al fuo Rè, Aldobrandino replicò, ch'era difpofto ftaruene due, e farfi certificare prima,

ma, che concedere il Pontificato ad altro, che ad una delle
sue Creature, trà le quali diceua esserui un nobilissimo seminario di Papi, & di soggetti qualificati al pari d'altri, per le
quali difficultà, e per la strettezza, e gelosia de' Voti si staua
in continouo passeggio, & maneggio, & essendo intrauenuto, che santa Cecilia s'ammalò di febre terzana, & impaurito
dal male, s'era messo in testa, di voler uscire dal Conclaue, si
attese da confidenti à fermarlo, & à leuargli questa deliberatione, e fu pensato, di tramutarlo della sua Cella à certa Camera dello Spetiale, mà Aldobrandino inteso questo disegno, s'attrauersò, imponendo allo Spetiale, che non douesse
accettarlo sotto pena della scommunica minacciata dalla
Bolla, che prohibiua la mutatione della Cella, etiamdio con
pretesto dell' infermità, & congregò per questo effetto le
Creature sue con sollecitudine tale, che diede sospetto d'altri pensieri. Onde in sala regia si congregorno, & diuisero
in Circoli diuersi tutti li Cardinali, frà quali la fattione di
Montalto staua intrepida più presto ridendosi dell' ardore
superfluo, & di mouimenti puerili, che vedeuano, che facendone caso; mà fattasi la Congregatione non si tentò poi,
nè si deliberò altro, saluo che la licenza, d'uscire dal Conclaue à Sfondrato, per il quale se bene stettero quel dì apparecchiate le Carrozze, & la Lettica, nondimeno pareua, che li
Medici, ò cosi persuasi da gl' interessati, ò perche viddero la
declinatione del male, (messa mano all' adulatione) haueuano medicato l'humore peccante, per il che se ne restò, forse
per non dare questa scontentezza à suoi parteggiani, & per
non volersi seruire di quel Ponte d'oro, che troppo cortesemente gl' haueuano fabricato gl' Auuersarij, mà hauendo
trauagliato la notte seguente, volle al tutto eseguire il suo
pensiero, e se n'andò à Casa il 18. di Marzo lasciando nel
Conclaue 59. Cardinali. In questo giorno il numero de voti
in Baronio si diminui assai, perciò che n' hebbe solo 12. Belarmino 8. poco differenza fu ne' di seguenti. Il resto de'
Cardinali n'hebbe numero più picciolo, & S. Cesario n'hebbe uno, & verso la sera s'ammalò di catarro con un poco
d'alteratione; onde molti Cardinali lo visitorno, e si stette

allegramente, non intermettendofi però le prattiche di Baronio, al quale fu fentito in quell'hora Verona, mentre era tentato da Spinelli, a dargli il voto, far' un elogio breue, mà fententiofo, con dire, ch' egli era inetto à quefto pefo; che non era Theologo, nè legifta; che haueua copiato quattro hiftorie; ch' era fcrittore aculeato, e che tanto mancaua, ch' egli foffe bono à reggere la Chiefa uniuerfale, ch' egli dubitaua, fe faprebbe riufcire nel gouerno d'una particolare. Pinelli, come ch'è Signore faceto, quanto giudiciofo, falutandolo, A Dio (diffe) Padre Baronio, volete effer Papa che? mà egli tratto un deuotiffimo fofpiro, rifpofe. *Dolores mortis circumdederunt me*, con quello, che fegue, fupplico V.S. à porgermi aiuto con le fue Orationi, moftrando heroicamente di temere quello, che fi uuole, e procura ambitiofamente da gl' altri. Offeruauano nondimeno alcuni, ch' egli di zotico, rozzo, malinconico, & aftretto, era diuenuto affabile, ciuile, manfueto, e galant' huomo falutaua volentieri, rideua con li giouani, caminaua ondegiante per tutto il Conclaue, & con quefta euidente metamorfofi fi fofpetto, che ancor egli, fe fuffe Papa, fi accommodarebbe al viuere comune, fi come à punto, e la forza della dominatione, alla quale potendofi difficilmente refiftere, fegue per lo più la corruttione de' coftumi.

    Farnefe quel giorno s'ammalò di febre, & fi cauò fangue, & gli fu data licenza del terzo Conclauifta, & molti fi fentiuano vacillare nella fanitità, non tanto per l'anguftia del luogo, quanto per l'agitatione, che infino allora nõ ftettero mai otiofi conforme al folito de' Conclaui, li quali hanno li primi giorni tempeftofi per l'ordinario, mà fe poi per le difficoltà in quefti medefimi giorni non fi può venire all' ultima rifolutione, intermettino, i trattati, & fi fà bonaccia per un pezze, & poi fi ripigliano con maggiore ardore; il che à punto interuenne il giorno prefente delli 18. & li feguenti 19. e 20. per il che molto fi trattaua, & niente fi concludeua. Aldobrandino fpeffiffimo era con Auila, & Auila con Aldobrandino, & gli altri ftauano più sùl ritirato, & fi parlaua in tanto della parte degli Spagnuoli, che Aldobrandino haueua tofto à

refuta-

refutare così acerbamente le Creature di Sisto, dal quale, come fonte, deriuaua ogni sua grandezza, mà che non operaua però cosa insolita, mentre, i beneficij grandi non si pagano da gl' animi, ò vili, ò altieri con altra moneta, che con l'ingratitudine, & si doleuano delle creature di Aldobrandino sudditi di Spagna, che ostendessero la ragione del Vassallaggio, mentre si mostrauano diametralmente contrarie à gli interessi del Rè, da parte del quale pensauano di protestare, e fare intendere, che sarebbono le cose, & i parenti loro trattati con ugual misura, poiche fauoriuano persona, che nelle stampe, & in altre publiche attioni haueua indiscretamente testificata la mala inclinatione, che haueua verso, i Regni, & gl' interessi di sua Maestà, e che pure non era Baronio soggetto tanto eminente, che sormontasse, ò auanzasse di gran lunga gli altri; che non mancauano soggetti migliori, spetialmente frà le creature di Sisto, alle quali si faceua ingiuria espressa, anteponendo à loro quelli, che appena s'erano ancora accommodata la barretta rossa in testa; oltre che non richiedeua il seruitio di Dio, & della sua Chiesa, che si persistesse in questa prattica con pericolo di scisma ò almeno di guerra; mà Aldobrandrino attendeua sollecitamente alle sue prattiche, & hauendo (come i suoi diceuano) 37. voti à deuotione di Baronio, procurando acquistarne due, ò trè al complimento, e se ne staua in gran dubio, se non, che soprauenne à 19. Diatrista in il quale ciaschuna delle parti speraua, ò teneua, che fusse, ò non fusse suo, fu accompagnato alla porta del Conclaue dall' Ambasciatore dell' Imperatore, & del Rè Cattolico, dal quale gli furno ricordate l'obligationi, che teneua alla Casa d'Austria, e passorno poche hore, che si dichiarò seruitore del Rè di Spagna con qualche mestitia della parte Aldobrandina. Nel riceuerlo dentro si accostorno alcuni à quelli di fuora per intendere, e dare delle noue, il che s'era anco usato largamente alle ruote; mà Gallo, à cui aspettaua questo officio, per essere in questo triduo Capo d'ordine, proponendo la gratia humana al zelo diuino, riprese l'ardire, e gli rispose, ricordando à trasgressori le censure della Bolla di Pio IV, e minacciando l'essecutione dell' altre pene, facendo quefte Correttioni con tanta maggior caldezza à quei di fuori, & à Prelati guardiani, quanto con eſtrema vergogna alcuni pochi, dà fouerchie paſſioni ſpinti, in queſta materia dauano peſſimi eſſempij & erano dimenticati della riuerenza, che doueuano portare all'auttorità Pontificia. Si cominciò dunque à parlamentare molto ſtrettamente, & Auila proponeua ad Aldobrandino, ò uero, che elegeſſe una Creatura della parte Spagnuola, ò veramente acconſentiſſe, che non fuſſe eletta una delle ſue, al qual partito egli per allora non acconſentì conſiderando, che il Papa nuouo haurebbe hauuto tutto l'obligo al Rè, & à Cardinali contrarij, dicendo, che non hauendo egli forſe ſuperiore, non doueua accettare partiti pari, e che non haueua biſogno d'alcuno, e che haurebbe moſtrato quanto era ſeruitore del Rè Cattolico.

Parue in queſto tempo, ò foſſe fintione, che ſi mollificaſſe alquanto, e deſſe ſperanza, di conoſcere, quanto facilmente gli poteua ſuccedere, che alcune creature gli mancaſſero; & già ſi congetturaua, che i Franceſi cominciauano, à rimettere del loro impeto, poiche non era mancato, chi haueua loro meſſo in conſideratione, che queſto inſtare l'eſſaltatione di Baronio poteua dare non minore ſoſpetto al Rè di Spagna, che diſpiacere à loro proprio Rè, il quale in Italia non haueua tanti Intereſſi, che haueſſero pertinacemente à violentare queſto negotio; oltre che non ſi ſapeua di quanta riputatione foſſe à Cardinali Franceſi, l'eſſerſi fatti ſeruitori di un Capo, il quale guidaua con ſuprema auttorità, nè gli ammetteua alle conſolationi, ne daua loro parte intiera di quanto paſſaua negli abboccamenti; ſi vedeuano per tanto ſtare nelle loro Celle più del ſolito, nè il Cardinale di Sordi ſi andaua agirando per il Conclaue, come faceua nelle prime hore, nelle quali fu viſto correre, e ſaltare per talento di natura, ò foſſe per ſouerchia allegrezza, & li Spagnuoli cominciauano, à parlare con maggior auttorità, perche coſi diſmetteſſe queſta odioſa prattica; e ſi laſciauano intendere, di voler fare una Congregatione publica degli eſcludenti per leuar ad Aldobrandino ogni penſiero di queſta impreſa, & farli palpabilmente conoſcere

LEONE XI.

cere le cose sue non esser tali, quali egli si presumeua, e che era calata un poco l'altezza della gloria di quell' Aldobrandino, ch'era stato il più potente Nepote di Papa, che sia stato da molto tempo in quà; mà per non esacerbare gli animi, & per il rispetto, che s'haueua ad alcuni soggetti papabili, della volontà de' quali nondimeno si dubitaua, fu trattenuta questa deliberatione, riserbandola à caso di maggior necessità. Con tutto questo perche Aldobrandino era, come si diceua castrato di fresco, riteneua la ferocità di prima, & era tutta uia indomito, nè conosceua, nè confessaua la diminutione propria; & quando non hauesse potuto hauer Baronio confessore di suo Zio, staua fermo in un'altra delle sue Creature, delle quali il primo genito era tenuto San Clemente, il 2. San Marcello, & il 3. Tosco; & daua orecchie, come si vedeua da gli effetti, à consiglieri, che li ricordauano il beneficio del tempo, del quale si doueua fare gran capitale, e che non era dignità il retirarsi così presto; onde si stette alcuni giorni senza sentirsi mouimenti, ne trattato alcuno, & si staua sù le visite, sù le veglie, e sù l passeggio continuo con molta allegria, & affabilità, per il che un Conclauista hebbe occasione di dire, considerate di gratia, come questi Signori si vogliono male allegramente; lo scrutinio non daua segno di nuoue inclinationi, perche nessuno haueua numero degno di consideratione. Baronio staua sù li 12. & 14. Verona, Fiorenza, e Camerino X. gli altri non arriuauano al X.

Alli 20. di Marzo si diede al solito sportello audienza all' Ambasciatore Cesareo, il quale significò affettuosamente la volontà di Cesare intorno alla promotione di soggetto opportuno alla Chiesa di Dio, & auuisò la perdita di Filech in Vngheria per rebellione di fede, & il pericolo, in che staua il rimanente. Sospettorno dopò li Spagnuoli, che si trattasse di San Marcello, perche Aldobrandino haueua usate queste parole con Auila, d'Oria, & con Madruccio, che conforme alla seruitù, che teneua con la Maestà del Rè Cattolico, pensaua, di proporre un'altro soggetto, e domandaua i loro voti, saluo il scrutinio del Rè, da' quali ne aportò risposta generale, & ancorche sapessero, che in questa tubolenza San Marcello, lo profeſſaua, di non voler eſſer nominato, & minacciaua, ſe altrimente ſi faceſſe, di volere uſcire; nondimeno per liberar ſe ſteſſi dal ſoſpetto, & per priuar Aldobrandino dalla ſperanza, fu paſſata parola per l'eſcluſione di San Marcello, non ſolo come creatura noua, come già ſtato (come alcuni diceuano) conculinario, e come, che habbia da congiungimento illicito hauuti figli, e come adeſſo Miniſtro, & conſegliero dell' acquiſto di ricchezze, che ſotto pretesto di fiſco, ſi erano appropriati li Signori Aldobrandini, e perche ſi credeua tuttauia che contro la forza d'una efficace, e ſalda eſcluſione non s'haueſſe à tentare più per Baronio, ò che fuſſe bene laſciar dormire il ſuo negotio, parue intanto ad alcune creature, troppo offitioſe del Collegio nuouo, mettere in Campo Toſco, mà li Signori Spagnoli s'inteſero ſimilmente frà di loro intorno all' eſcludere anco queſto ſoggetto, del quale diſcorrendoſi innanzi Gioioſa, ſi diſſe, che egli diceſſe, che non era bene permettere, nè trattare, che nella ſedia di Pietro ſedeſſe un biaſtemiatore, oppoſitione, la quale all' integrità, & al ſincero procedere del Lombardeſimo, che riluce in quel Signore, era impropria, che ſi bene per alcune parole virili, ò più toſto volgari, che diſdicono all'età, & all' habito ſuo, poteſſe egli ſteſſo eſſerne imputato legitimamente, aggiunſe ancora San Pietro in Vincola alla preſenza di una dozzena di Cardinali, che ſtauano con lui, per occaſione di viſitarlo nella ſua graue indiſpoſitione, che haurebbe reſtituito Ferrara à gli Eſtenſi, e coſa certa era, che Eſte andaua inſinuando con molto affetto queſta prattica; diceuano ancora certe creature ad Eſte, infin' hora hauete rifiutato un huomo da bene, & adeſſo fauorite un che Dio ſa, ſe è tale; per tanto raffredate, e morte quaſi prima, che nate, queſte prattiche, parue, che li giouani del Collegio nuouo, & per diſſimulare le difficoltà, & perche per l'aſpre paſſioni vaneggiauano, voleſſero dare ſpatio alla maturità degli humori; per il che la Domenica ſera alli 20. di Marzo con le loro buggie andorno in frotta per il Conclaue ridendo, e traſtullandoſi, ſuegliando hor queſto, hor quello Cardinale, di modo che diedero occaſione à Monti, ſuegliato, & importunato, di reprenderli argu-

LEONE XI.

gutamente sotto spetie di distribuire le parti di una Comedia. A Dietristano di Todesco: a Detri di Ninfa: à Pio di Burattino: à Beuilacqua d'Innamorato: à Santo Cesano di Fantesca: à Delfino di Magnifico, & cosi degli altri; il che non passò senza noia di più riposati, & sauij, quali arguiuano, i nuoui, che non si ricordassero, quanto santamente si douesse stare nel luogo presente; e Borromeo, e Gallo, & altri freschi di età, mà ch'erano interuenuti ad altri Conclaui testificorno con bella maniera à quei Signori, che simili strepiti non erano soliti, nè leciti; onde se n'astennero nell' auuenire, & in uece di questa si elessero altre recreationi, frà le quali fu quella, che recaua seco dottissimi ragionamenti, perche faceuano Corona hora in questa, hora in quella Cella, al Cardinal di Perona, che mostraua hauere l'ingegno in contanti, & tanto era pronto, memorioso, e copioso, che stupiuano tutti quelli, che l'ascoltauano.

Non intermetteua intanto il negotio Aldobrandino per Baronio, e parlandone con l'Oria affermaua, d'esser, & voler morire Seruitore del Rè, & con la promotione di Baronio, quando succedesse, sua Maestà non haueria hauuto se non gusto, e ch'egli n'era malleuadore; si vedeua dimenarsi per il Conclaue col suo libretto in mano, & mouersi simile alle persone faccendate. Stando Farnese, Acquauiua, Sforza, & gli altri, & Montalto specialmente col suo graue, & tardo moto ad osseruarlo, & à notare grandemente i suoi andamenti, sdegnandosi non poco, che parlasse con la medesima auttorità di prima, & sempre hauesse in bocca la sua potenza, & le sue forze, & si lasciasse intendere di nuouo, di non volere conditioni uguali, e che à lui essendo superiore di forze, toccaua à fare il Papa, a dunque loro diceuano, che lo facesse à sua posta. Negauano in oltre questa superiorità, allegando, che tanto operaua la loro, quanto la sua esclusione, ancorche più numerosa per adesso; e non hauendo più nè paura, nè bisogno di lui, erano risoluti, di lasciarlo rompere quante Cappelle hauesse voluto, & di procrastinare, tenendo per certo, che quando egli fusse uscito di Baronio, si sarebbono alienati, e Borromeo, e Visconte, & Pa-

Ss rauici-

rauicino, & Spinelli intereſſati per altro con il Rè di Spagna, & che adeſſo ſi laſciauano ſtraſcinare da diuerſi intereſſi; Viſconte della ſperanza, che haueua di gouernare: Borromeo per eſſer ſtato ſuo Scolare: Parauicino per l'uno, & per l'altro: Spinelli per gratitudine, d'eſſer ſtato da lui aiutato al Cardinalato, mà più veramente per ottenere l'Arciueſcouado di Napoli, pretentione, che da Spagnuoli ſi proteſtaua, eſſer vana, mentre cercaua ſenza il riſpetto douuto al ſuo Rè fauorire un nemico, dichiaratoſi nelle ſtampe da ſe ſteſſo; onde Farneſe gl'hebbe à dire, mentre pur era tentato da lui, che con queſto procedere s'ingannaua, douer hauer mai il poſſeſſo dell' Aciueſcouado di Napoli. Auila ſimilmente lo ripreſe, che ſi foſſe dimenticato dell' obligo originale verſo il Rè comune, e che ſua Maeſtà haurebbe trattato lui, & i ſuoi ſecondo il merito con molti particolari in queſta materia, alle quali riſpondendo Spinelli daua principio alle grida, mà Auila, non alzate (diſſe) la voce, che non ſiamo uguali, io rappreſento il voſtro Rè, non violento la conſcienza voſtra, mà vi raccordo ſolo la mente del Rè, che voi non ſapete; Spinelli auuedutoſi dell' honore, ſi acquietò, & ne ringratiò ſua Signoria Illuſtriſſima nè mancò chi di poi più diſtintaméte gli diſſe, che il communicare, e fauorire in altro negotio, che in queſto nemico del Principe ſupremo, era fellonia, mà che in queſto non era ſenza qualche nota; & gli raccordauano à queſto propoſito il teſto dell' Autentica, de nou. fidel. iuram. præſtan. nè ammetteuano le ſcuſe della Conſcienza, la quale diceuano, eſſer un luogo topico, d'onde, come da grauida faretra, ogn' uno à ſuo libito poteua cauare argomenti per qual parte voleſſe; ne di ſimili officij erano quelli, che paſſaua il medeſimo Auila, con gli altri ſudditi del ſuo Rè, fautori di Baronio. Conti parimente era aſſediato, & combuttuto dal Collegio nuouo, e ſentiua rinfacciarſi dall' iſteſſo Aldobrandino il titolo d'ingrato, & ricordarſi in oltre il Cappello, & altri beneficij riceuuti, mà egli diceua, che à priuati beneficij gl' haurebbe corriſpoſto meglio, che haueſſe poſſuto, quanto al Cappello hauergli detto il Papa, che ne teneſſe obligo al Duca di Parma, queſti replicauano, & derogauano al merito de

rito de Farnesiani, li quali haueuano voluto Cardinale ogn'
altro, che lui: mà Conti prestando loro l'orecchie, mà non
fede, non si distornaua dal proposito primiero. Hebbe an-
o ardire Aldobrandino di tentare Doria, & Madruccio,
ome moderne Creature di Papa Clemente, mà niente ope-
aua, anzi ambedue con una bocca si dichiarauano contra-
ij, & Doria aggiungeua, d'esser venuto in Roma con inten-
ione di far tutto il contrario di quanto domandaua sua Si-
noria Illustrissima; ne dissimili, ancorche più modeste, ris-
oste ricevua dalle Creature di Montalto le quali chi per
on abandonar le proprie speranze, chi per honore non vo-
euano lasciar Montalto lor vero Capo, per seguire Aldobran-
ino, li fini del quale sapeuano, regolarsi dal cieco deside-
io, di conseruare questo dominio Ecclesiastico nella pristi-
a forma, cioè dipendente da se, mentre per ragione diuina,
humana deue essere Aristocratico, & commune à gli altri,
he con buon zelo, & carità sono atti à gouernarlo. Procu-
ò ancora una volta disgiungere Farnese, con prefationi del-
a parentela, & d'altri interessi, e tentò d'insinuarsi nella
ratia sua, per dirgli in confidenza cosa, che con altri non
oueua, nè poteua conferire, mà prima, che incominciasse
arnese gli significò la conuentione, che teneua inuiolabile
on altri suoi amoreuoli, di non voler udire, nè trattare
osa senza partecipatione di tutti, & però refutò di sentirlo.
i credeua anco, che di Spagna aspettasse qualche raccomandatione per san Marcello, ò san Clemente, ad effetto di
iegare li Spagnuoli, & farli condescendere alle sue pretensi-
ioni, il che hauendo frà questi Sforza presentito; manco
nale sarebbe (disse) che Aldobrandino si facesse raccoman-
are se medesimo, per farsi Papa, & si prendeuano gioco di
otali disegni, & era troppo difficile (per diril vero) da rom-
ere la Catena dè giouani confederati, li quali minacciauano
a lunghezza del Conclaue, e prima voleuano morire, che
ermettere la continuatione della potenza d'Aldobrandino,
ella quale dispositione di animi similmente si trouaua egli,
arendo, che si ramaricasse fortemente d'esser defraudato
el solito intento dell'honore, & quasi adoratione, che s'e-

Sf 2   ra attrira attribuita per il passato, & tuttauia l'andaua deuorando il concetto vilependio, per la uiua speranza, che haueua di guadagnare voti à sufficienza, & di conseguire il suo intento col mezzo delle sue artificiose maniere, le quali, come, che scoperte, erano niente credute, & non poteuano oprare effetto alcuno, di maniera, che à giuditiosi queste difficoltà pareuano un nodo gordiano, il quale non si speraua altrimente, che dal scrutinio potesse essere sciolto; poiche alli 21. di Marzo Baronio non hebbe più di 13. voti, similmente santo Clemente XI. Serafino 10. & gli altri manco.

Alquanto di differenza hebbe il medesimo scrutinio il dì seguente, hauendone Baronio ottenuto 21. Serafino 13. & gli altri non arriuorono à 10. ò 11. Accade, che fu dato un voto à Monopoli notabilmente barbuto, congiuntamente con tre imberbi, Deti, S. Cesareo, e Pio; cosa della quale, come Monopoli s'arrosì, così diede dispiacere à quelli, che stimauano, che essendo questo negotio di Dio, douesse maneggiarsi più deuotamente di quello si faceua. Si riseppe, che Borromeo, Delphino Vicenza, San Giorgio, & altri seueramente haueuano riuolte le prattiche per Fiorenza, soggetto stimato molto riuscibile per l'opinione, che si teneua per la nobilità de suoi concetti, e della sua innata liberalità, con la quale tal volta era auuezzo, eccedere la misura delle sue non molte entrate; onde ragioneuolmente poteua solleuare ne i Cardinali, especialmente i poueri, speranze grandissime di douerne godere qualche frutto; mà à Gioiosa, il quale bramaua riserbarsi questo soggetto à tempi più opportuni, e temeua, che intempestiua fusse la prattica, per non perderlo, fece offitio secretamente, per adormentare la prattica senza, che i Spagnuoli, gl'animi dè quali erano intenti contro li Sforzi presenti d'Aldobrandino, non potendo badare à più cose, se n'auuedessero più che tanto, ancorche io non dubiti, che parecchi di essi, hauendo la mira di fauorirlo, chiudessero gl'occhi. Si passòrno dunque con somma tranquillità alcuni di questi giorni quadragesimali, quando à 23. di Marzo Baronio hauendo hauuti 17. voti, Serafino 10. & gli altri meno, volse Aldobrandino tentare l'estremo della sua

potenza

potéza per Baronio, per il quale si diede all'armi, & s'inferuorò la prattica, e se n'aspettaua maggior effetto. Vedeuansi gl' escludenti visitarsi, & stabile l'esclusione, dandosi animo à vicenda, & procurando, di guadagnare i voti dubij. Dall' altra parte, Aldobrandino con diligenza estrema con Congregationi, & adulationi, con promesse, e trattati diuersi in questa, & in quella Cella si ajutaua, nè con tutto questo Baronio hebbe più che 23. voti alli 24. di Marzo, nella sera di quel giorno inanzi ad Auila si fece professione di fede contro Baronio, promettendo Montalto per li suoi 10, in tutto erano 23. escludenti, Montalto con 8. Creature, Sforza, Madruccio, Este, Doria, santa Cecilia con Acquauiua, e Platto, e Farnese, & gl'aderenti, santi Quattro, e Conti, di più Como, Monti, e Diatristain, attione, la quale mollificò le speranze d'Aldobrandino, & pareua, che non poco s'attristasse. Ma se preueniua questo stabilimento, se prima, che gl' escludenti si vedessero in faccia tutti insieme, ò si facessero in questa guisa irretrattabili, si arrisicaua, questa adoratione, era dubio, che gli riuscisse; con tutto ciò humanamente parlando, ò per esperienza non seppe, ò per troppa prudenza non ardì, di tentarla, ò non si prometteua intieramente delle sue Creature, ò sperando, ottenere soggetto più grato, si seruiua di questo per metter paura; Mà in tanto Aldobrandino non l'abbandonaua punto, nè si lasciaua cadere dalle mani la briglia di questa prattica, onde fece un Sforzo per honorar Baronio di voti, e fece sì, che nel scrutinio delli 25. di Marzo ne fu fauorito di 27. il quale accrescimento diede sospetto à gl'escludenti; e però si viddero restringere, e riunire indissolubili, non tanto per rispetto di seruire il Rè, & la Republica Christiana, quanto per sodisfatione, esfogar l'odio, che portauano à gl'altieri (così pareua loro) trattamenti d'Aldobrandino; nè parimente il Collegio nuouo mancaua di praticare, & procuraua, frà gl'altri, d'acquistarsi Diatristain, nel che fu adoperata sino la santimonia del Padre frà Pietro Scalzo confessore del Conclaue, nè si rimoueua per sapere, che il Marchese di Vigliena l'hauesse fermato per la parte Spagnuola, perciò che questo Cardinale parlaua così

offi-

officiofamente, che fi moſtraua ambiguo, & porgeua fperanza à nuoui, e dubio à vecchi, di laſciarſi efpugnare, e però gl'uni, & gli altri, auertendo in lui qualche leggierezza, furono frequentatiſſimi, à viſitarlo, & combatterlo à gare, in guiſa tale, che raſſembraua la bella Eleria, per cui guerreggiorno, i Greci, & i Troiani; & qui ſi ſentiua variamente diſcorrere, qual parte foſſe, per cedere? quelli, che fauoriuano Aldobrandino, diceuano, che la ſomma fattione era in Capo unanime, e che dipendeua dalla volontà d'un ſolo, & però più forte, & meno diſſolubile: che fomentauano, & fauoriuano un ſoggetto ſenza eccettione, al quale per delitto s'attribuiua iniquamente, che haueſſe voluto difendere la Chieſa, e teſtificauano largamente l'integrità dell'animo ſuo, acceſo dall'amor di Dio, e che s'haueua à far Papa, ſe non ſi faceua un difenſore della Chieſa? che gli Auuerſarij erano un Capo fantaſtico, à guiſa di quello di Horatio. *Humano Capiti ceruicem pictor equinam iungere ſi velit* onde ſe ne promettenano vittoria, quaſi che certa, di modo, che San Giorgio ordinò, che non ſe gli doueſſe portare quella mattina da definare in Conclaue, & ſi ſentì dopoi la deſtributione dè premij, che li fautori, & Procuratori di Baronio haueuano fatta trà di loro; imperciò à Pamfilio era per toccare la Penitentiaria: Al Duca d'Acquaſparte, fratello di Ceſis, il gouerno di Auignone: à Spinelli, l'Arciueſcouato di Napoli. Et à chi Oruieto, & à chi Auerſa: Aldobrandino ſi contentaua, che non ſi cercaſſero i conti paſſati, & hauer il maneggio Eccleſiaſtico: Bandino una legatione, chi una coſa, e chi un'altra: li Franceſi d'hauere una promotione numeroſa dè ſuoi, & già diſegnaua d'andare à rinfreſcarſi de' patimenti preſenti à Fraſcati, mà gli eſcludenti all'in contro ſi teneuano tanto ſaldi al numero di 23. e con ſanta Cecilia tornato nel Conclaue alli 25. del meſe, che quando il fomento, & il commandamento preciſo del Rè di Spagna, e principalmente il Zelo della Chieſa non gl'haueſſero tenuti coſtanti, ſolamente per non dare quel guſto ad Aldobrandino non ſi farebbono diſgiunti già mai; tanto era poca la beneuolenza, che reputauano hauere occaſione di portare al medeſimo, & tanto

haueua:

haueuano in odio il modo, con che egli haueua ufata la potenza paffata, del quale modo non haueuano più rifpetto alcuno di dolerfi, & fanta Cecilia frà gli altri fe n'era lafciato chiaramente intendere al medefimo, mentre lo vifitò in quefto fuo ritorno nel Conclaue, nel che fi verificaua, che non fempre gl' huomini fi congiungono per beneuolenza, mà ben fpeffo, ò l'inuidia, ò il timore, ò altro hà forza di ridurre in una armoniofa confonanza gl'animi, altre volte del tutto diffonanti, & contrarij, e realmente quanto più ftretta era l'unione, tanto più crefceua la rabbia di Aldobrandino, che pochi mefi prima vanamente, & indarno con lufinghe, & inuiti haueua più volte procurato, di acquiftarfi Montalto, & tenerlo difgionto da Farnefe, hora vedendo il contrario à fine della fua depreffione, non poteua non rifentirfi, che rimaneffero delufe le fue fperanze, & l'arti proprie; ne mancauano di rimprouerare l'inettia di Baronio, congiunta al pericolo delle guerre, & al legitimo difgufto del Rè loro. Allegauano poi S. Thomafo nella 2.2. q. 181. art. 3. doue foftenta, che fimili perfone inette, ancorche per altro innocenti, & virtuofe, quando ne poffono feguire fcandali, & guerre, non debbanfi, promouere alle dignità grandi, tanto meno coftui, che hauendo fcritto contro le raggioni di Sicilia con molta affettatione, haueua meritato, d'effer dichiarato nemico, e rimemorauano gl'altri officij finiftri fatti da lui per occafioni delle giuriditioni di Milano, e fin contro S. Giacomo ftimato Apoftolo della Spagna, & e per tale venerato in Spagna. Ed a chi afferiua, Baronio hauer fempre nel gouerno della propria Cafa dato chiaro faggio qual foffero i fuoi coftumi, fenza dubio agrefti, difficili, iracondi, & quafi, che tirannici, per le quali ragioni faceuano profeffione, che lo Spirito Santo foffe dalla parte loro, & che l'haueffe uniti miracolofamente, poiche effendo giouani, d'intereffi diuifi, & di fattione diuerfa, frà quali anco alcune volte non era ftato amato, adeffo fi vedeuano inopinatamente con indiuifibile, come diceuano effi; e fanta unione, & fi dauano animo à vicenda, à douer perfiftere, affomigliando fe fteffi ad una ben munita fortezza affediata da mal'ordinato effercito, che in poco
tempo

tempo fi rifoluerebbe, poiche miracolo ftimauano troppo grande, che in quelle Creature fuffe ftata fermezza, e fedel confianza le quali per l'addietro erano ftate maliffime trattate, & derelitte, nè haueuano con la participatione delle gratie, & di gouerno haunte alcune di effe benche minima fodisfatione. Aggiungeuano, che combatteua adeffo il valore col numero, & che gli Auuerfarij erano un' effercito di conigli, guidati da una Volpe, l'arti della quale non dimeno erano fcoperte, e che Iddio non gl' haurebbe abbandonati, perche fauoriuano la cofa fua, & la libertà Ecclefiaftica, che confifteua nel gouerno Ariftocratio, e gl' altri tentauano, di mantenerlo foggetto alla dominatione di pochi. Quanto meglio farebbe, che fpogliati dell' intereffe priuato, attendeffero à creare un Papa, buono per il feruitio publico, ne con tanta pertinacia confirmaffero ogn' uno nella fua opinione: Che quà dentro procurino più l'impunità di qualche ecceffo, che il beneficio uniuerfale, mentre tentauano effaltare un' huomo, ufcito hieri dal Chioftro, il quale nel fecolo haueua fatta prima vita, & profeffione pedantefca, e Papa haurebbe bifogno fimilmente di pedante. Oltre le quali ragioni, perche non s'haueua à dar quefta honefta fodisfatione al Rè di Spagna, che in fe fteffo include la maggior parte della Chriftianità?

In quefte fere, come un' altra delle paffate, la giouentù andò girando per il Conclaue, & fu molefto à vecchi di maniera, che la mattina fe ne fece ftrepito; onde fe n'aftennero dell' auuenire, riconofcendo più il commandamento del Cardinale Aldobrandino, il quale li riprefe; con dirgli, che la riuerenza, che doueuano al luogo, al tempo, & al negotio, tutte cofe fante, non richiedeua tanta libertà; oltre che per la ricente morte del Papa lor Creatore non conueniua, che frà Cardinali vecchi, frà quali uno doueua riufcire loro padrone, & al confpetto de' Conclauifti, molti de' quali doueuano effere trombe di quanto haueuano veduto, allentaffero la briglia all' immodeftia, mà, come diffi, il commandamento d'Aldobrandino impofe fine à sì fatti trattenimenti, in vece dè quali fi frequentauano in Camera di

fan Gior-

San Giorgio più spirituale del solito, i sermoni di frà Pietro scalzo; mà non è dubio, che si acquietassero gl' humori anco per alcune Pasquinate, che furono introdotte dentro, & che in Roma si celebrauano, & con li quali bruttamente si mordeua Aldobrandino. In questi trastulli notturni presero catarri alcuni giouani, frà quali Deti s'ammalò di febre continua, ancorche altri intitolassero la sua indispositione ripienezza di reni, o vero humore malinconico, perche non li piacesse il trattato di Baronio per essere egli stato il suo accusatore questi ultimi mesi appresso il Papa, à cui perciò il pouero giouine venne in sinistro concetto, e restò mortificato del continuo.

Monopoli similmente vacillò verso Baronio, mà rimprouerategli il beneficio, d'essere per opera, e conseglio suo stato cauato dalla frataria, non senza ressistenza, e quasi lagrime condescese, à dargli il voto. Mà non era stimato solo, à rifiutare questo soggetto, perche molti altri l'abborriuano; onde veniuano à fare auuisati gli escludenti de' i disegni, che si faceuano; & già Delfino, mà non si sà, se con qualche artificio vennero, ad effetto di scemarsi l'inuidia, mostraua straccarsi del modo, che teneua Aldobrandino, di non communicar seco l'intiero del negotio, & significò questo suo concetto à Cardinali, & à principali Conclauisti.

Altre Creature più pouere erano più particolarmente obligate, à seguitare il Capo, per un donatiuo, che haueua riceuuto ciascuno di esse di 1000. ducati, ancorche per la natura tenace di Aldobrandino à molti paresse ciò impossibile, oltre ch'erano state fatte loro le Celle à spese del medesimo, si erano aggionte promesse, di constituirsi loro perpetuo Pensionario, di parte di quell'entrate, che con maggior decoro della Chiesa Romana, si doueuano da principio assegnare condecentemente à ciascheduno di essi; ne haueria dubio alcuno, che Aldobrandino si facesse dire da ciascuno devotanti il loro moto, che si suol scriuere per contrasegno sopra il voto, non senza occulta noia di molti, a' quali pareua, che questo fusse un tiranneggiare le loro volontà, le quali nondimeno si mostrauano merauigliosamente unanimi, &

tutti drizzauano il penfiero al medefimo Scopo; la metà di loro, perche erano certi, che Baronio non farebbe riufcito, & veniuano à gratificarfi Aldobrandino; l'altra perche fe ne promettcuano larghi premij, & participatione del gouerno; in conformità di che Beuilaqua facile à ridire con Concetti proprij, anco quelli del Capo, difcorreua, che meglio era un Papa, di profeffione Theologo, che legifta; poiche li Signori Theologi non s'intendono di gouerno, & neceffariamente gli partecipano con gli altri, e fono anco zelanti, & amatori del giufto; doue, che i legifti, prefumendofi di fapere gouernare il Mondo, riefcono baftardi, e riducono la dominatione all'unità, il qual concetto, ancorche vero, e buono, & in fe fteffo, fu però applicato al fine, che s'haueua nel negotio prefente, della riufcita del quale, hormai pareua, che il Collegio nuouo dubitaffe alquanto, ftante la infuperabile difficoltà dell'efclufione, la quale, per qualfiuoglia artificio non fi poteua diminuire, non trouando Aldobrandino trà gli efcludenti, chi gli porgeffe orecchia, non che fede.

Nello fcrutinio delli 21. Marzo Baronio hebbe 31. voti, il quale accrefcimento fu creduto, che di mano in mano fi faceffe, perche fi andaua fcemando il numero de gl'acceffi, non però gl'efcludenti fi fgomentauano, fi come Aldobrandino non tralafciando le folite arti, anzi tenne il mezzo d'alcune creature, per fare peruenire à notitia di Montalto, che fe gli efcludenti non fi foffero arrefi, alla fine farebbe andato in Como, foggetto abborrito anticamente dal Gran Duca, e da Montalto; e per colorire quefto difegno, & mettere gelofia, lo vifitò in Camera, & l'imbarcò, per la qual cofa Como, che come vecchio non doueua effer credulo affatto, andò, per efplorare gl'animi de'Francefi, à vifitare Gioiofa, e dopò alcuni parole officiofe, l'interrogò che fondamento poteffe fare di fua Signoria Illuftriffima in cafo, che foffe piaciuto à Dio, d'aprire qualche occafione per lui, al che Gioiofa rifpofe, che effendo ceffate alcune oppofitioni antiche, delle quali fu imputato al tempo della lega, il Rè effendofi dimenticato il tutto, lo teneua per amoreuole, ò almeno per indifferente, onde, non hauendo cofa incontrario, non haurebbe mancato,

di hudi honorare il fuo merito prontamente, quanto qualfiuoglia fuo Amico, per le quali parole il vecchio fe ne ftaua nutrendo viuiffime fperanze; all' incontro Montalto, & altri ftimauano, che quefta foffe una falfità, & ftrattagemma d'Aldobrandino, e che egli l'abborriffe più d'ogn' altro, non tanto per effere mancipio degli Spagnuoli, e partiale degli efcludenti, quanto perche il fuo Zio fempre l'haueua vilipefo, e contriftato ouunque haueua potuto, e fapeua che li Francefi l'odiauano, e ch'erano venuti à bel ftudio alla Corte, per tener lontano dal Pontefice lui, & altri foggetti à loro odiofi; per la qual cofa haueuano fatti degli amici nel facro Collegio, & era opinione, che haueffero ingroffata la fattione con arti infolite alla Natione loro, la quale da non sò, che tempo in qua haueua trafcurata quefta Corte, mà al prefente penetrauano alcuni, che fi haueuano acquiftata la volontà di certi Cardinali con legami molto più ftretti, che non fono le penfioni Spagnuole, le quali d'alcuni giuditiofi pur Francefi erano reputate inftromenti deboli, per tenere gl' animi Cardinalizij legati in guifa, che non habbino da preferire gl' intereffi priuati à quelli del Rè, prouandofi per efperienza, che maggiore è il defiderio, che hanno, di confeguire delle nuoue, che non è il penfiero, di riconofcere lo già confeguito; onde la fattione Spagnuola, al prefente non era creduta da Francefi forte, & gagliarda per lo fomento, che haueua dal Rè, e per la debita gratitudine, mà folamente per gli effetti proprij dell' odio, & dell' inuidia, che portauano alla grandezza d'Aldobrandino, il quale folo li contrapefaua tutti; del refto il nome Spagnuolo effentialmente confifteua folo in 3. ò 4. voti (diceuano effi) cioè Auila, Madruccio, & Oria; e la volontà, & intereffe di Spagna era un mero vocabolo, e nome fenza realtà, & imaginario, che feruiua di mafchera à quelli effetti, che fi vergognaua ciafcuno, di confeffare.

Alli 28. di Marzo Baronio hebbe 30. voti, Afcoli, e Sauli 10. e fi temeua sforzo maggiore per le frequenti Congregationi, & abboccamenti, che teneua Aldobrandino, con molta gelofia de gl' efcludenti, li quali penetrarono, che ad Aldobrandino erano mancati nello fcrutinio 4. voti di quelli, che trouaua per le Celle, cosa, che lo rammaricaua sommamente, e lo teneua essercitato con le lancie spezzate, Sannesio, Valenti, Cesis, Vicenza, Spinelli, & altri, che perciò andauano facendo la rassegna de' voti di continuo, & destramente inuitauano ciascuno Cardinale, à dare il contrasegno, il qual termine, se bene haueua un poco di violenza, bisognaua pure in qualche modo scusarne Aldobrandino, perche, non sapendo doue voltarsi, che non fusse per trouare difficoltà maggiore, & esclusione più numerosa, ad ogni modo in Baronio haueua, à persistere, come in soggetto, nel quale si manteneuano concordi le sue creature; cosa, che non poteua essere in altro, come poi si vidde negl' effetti; oltre che dal tempo poteua prendere, & aspettare accidenti fauoreuoli. Stauano in tanto, i Conclauisti affettionati chi ad una, chi ad' un' altra parte, osseruando le diligenze, e per passare il tempo, ragionauano ironicamente, che si douesse eleggere Baronio, perche essendo egli huomo perfetto, haurebbe osseruato il precetto diuino, *diligite inimicos vestros, & benefacite iis* &c. altri diceuano, che pure si doueua fare Papa Baronio, poiche sapendo meglio di nessuno li difetti, e peccati de' suoi, haurebbe saputo castigarli meglio d'alcun altro, & l'haurebbe fatto come huomo da bene, e conscientiato, & quella sera dissero delle cose assai, intitolando la fattione de' loro Padroni, di santa Vnione, di belua *multorum Capitum*, chi de' Protestanti, & chi Catilinaria; & allegeriuano con simili scherzi la noia di quella prigione fetida, e laboriosa, mentre la maggior parte del giorno haueuano necessità, di portar le cornute, & li scabelloni, & far' altri più humili seruiggi, à quali sogliono i padroni ammettere, i Conclauisti, per fauoritli segnalamente; pazzie de' Corteggiani, che con dispendio ambiscono le fatiche corporali, e si fanno allegramente facchini togati, essercitando un mestiero, che come singolare non è stato anco stampato trà gli altri mestieri, che si vedono per Roma, & pure era inuidiato da quelli di fuora, e particolarmente da Scalchi, li quali presentorno Memoriale d'essere aggregati à partecipare de' priuileggi, che sempre si sogliono promettere, & di rado osseruare à i miseri Conclauisti. Fù

riceuuto

LEONE XI.

riceuuto il memoriale dal Secretario del Conclaue, & iui alla Rota era presente Aldobrandino; eraui anco Montelparo, il quale inteso il tenore della supplica se ne rise, dicendo, ad ogni modo questi Capitoli non si osseruano; Piano, disse l'altro Signore, Adunque Monsignor Illustrissimo questo Conclaue, che hà collocate tutte le speranze in vostra Signoria Illustrissima, hà d'hauer cosi mala Caparra della sua volontà? Noi Conclauisti vi saremo contra. Allora fu osseruato, che Aldobrandino lampeggiò con riso cordialissimo, il quale seruì d'una congettura, ancorche superflua, rispetto alle certissime dimostrationi, che s'haueuano della sua mala inclinatione, verso questo soggetto, sapendo allora, chiaramente, che Aldobrandino schifaua le Creature di Montalto, come scoglio, che à lui minacciaua naufragio, ruina, & destruttione, mà queste erano cose, che si diceuano, & adesso si scriuono per passa tempo.

Visconti secretamente andaua testificando, che Baronio era Santo, e che certo se col voto proprio si potesse fare Papa, non era per farsi, tanto profonda era l'humiltà di lui, il quale concetto Baronio haueua detto prima, à Cosenza, mà non per questo voleuano gli Auuersarij mettersi à questo risico.

In questo giorno delli 28. uscì Deti per guarirsi della sua febre Terzana doppia, ne per questo la seguente mattina si scemò il numero de' voti di Baronio, che furono similmente 30. e di Fiorenza undeci, nel quale scrutinio mentre si leggeuano, i voti da Sforza primo Diacono; Spinelli disse, che non haueua sentito leggere il suo, del quale; disse, n'haggio la Copia, e ridisse, i suoi eletti, affettando con poca opportunità, che si sapesse indubitatamente, che egli seruiua Baronio.

Insino all'hora Aldobrandino non si era piegato punto dalla sua proposta, & era stato sùl generale, e staua sùl Cauallo della sua potenza, & vantaua di continuo le sue forze, trattando con Auila, & con altri Spagnuoli con quella grandezza, che non haueua mai riceuuta vicissitudine alcuna, ne lasciaua, (come dissero alcuni) la sua solita deità, con la quale s'ab-

le s'abboccò finalmente in questo di con Auila, proponendo non esser la sua intentione, di dar dissaggio à tanti Signori con la troppa lunghezza del Conclaue; che però per lo desiderio, che teneua, di mostrarsi seruitore al Rè, vedesse sua Signoria Illustrissima, quale delle sue Creature fosse confidente del suo Rè, e glie l'auuisasse, ch' egli l'haueria accettata, & vi sarebbe concorso con più gente, che hauesse potuto non eccettuando nè Tosco, nè Bellarmino, nè altri. Auila lo ringratiò, e chiedette due giorni di tempo per la risposta, & insieme la licenza, di conferire con Montalto, & con altri Capi della fattione, la quale ottenuta, & conferito il disegno, si trouò frà li Spagnoli, chi entrò in suspetto, che s'eleggesse Bianchetto, e questo fu santi Quattro, il quale come che trà compatrioti. Grandi malageuolmente alligna sincera beneuolenza, si buttò alla campagna, e fattone parola con Arigone, & Panfilio, & questo anco conferito con Borghese, & altri Emuli, & cosi insieme con i Francesi, che lo teneuano per diffidente, li fabricò con facilità, & prestezza mirabile un' esclusione, il quale mouimento risaputosi da Aldobrandino non sapendo come riunire le Creature, & sopire questo ammutinamento nato dalla sospicione, che haueuano presa, d'esser menati à beuere dal loro Capo, & che si facesse il Papa, senza che con essi si facesse parola, prese risolutione, d'andare con Diatristain, con Oria, san Cesario, & con alcune altre sue Creature, à raggionar con Auila repetendo, mà generalmente l'offitio, che il di innanzi haueua fatto, di volere qualsiuoglia Creature sua, che però quando sua Signora Illustrissima gli n'hauesse fatto motto, non haurebbe di consegliarsi con esso, e condescendere col consenso loro ad una elettione, che fosse santa, & di sodisfattione commune, alle quali parole Auila rispose generalmente, & cosi si parti & Aldobrandino andò alle sue Creature ad una ad una con li medesimi testimonij, per disingannarli, che non hauesse data l'elettione à Spagnuoli, n'haue fatta mentione d'alcuna Creatura, mà prima si saria consigliato il tutto con essi, senza li quali non haurebb: ardimento, di proporre, ò disporre cosa alcuna, al qual' officio parue, che

si acfi acquietaffero.

Sforza in tanto, & Acquauiua andorno ad Auila, che staua in letto, e referendogli l'officio, che andaua facendo Aldobrandino, lo ftimolorno, à leuarfi da letto. Venne fubbito Auila adirato verfo Aldobrandino, al quale accompagnato da medefimi fuoi feguaci, diffe altamente.

Non mi dicefti che mi dauate l'elettione d'eleggere frà le voftre Creature, chi à me piaceua, e che farefte venuto con quanta gente haueste potuto, non accettuando alcuno, & nominatamente i tali, & i tali? Aldobrandino rifpofe, non ho detto, se non che vi lafciaste intendere qual Creatura voleuate, e che mi configliarei con quefti miei Signori, fenza li quali non poffo, nè deuo trattare cofa alcuna, e quefta è la verità, non quella, che dite, ne hò paura d'alcuno. Il Vecchio replicò, che quello, che diceua egli era l'isteffa verità, e che parlaua da vecchio, & egli da giouine, foggiungono, e che fiano Chierici; cofi andorno in difpute. Poi diffe Auila, in Camera alla prefenza di molti Cardinali, ftà quali erano otto Creature d'Aldobrandino, pentirfi, di non hauergli rifpofto con la Canna, e che fe foffe foldato vorrebbe caftigarlo, & altre parole fuggeriteli dalla fenile iracundia, la quale deriuando fempre mai fecondo il Filifofo dalla ragione, in quefto tempo à molti pareua impoffibile, che non hauefse real fondamento di verità, ancorche alcuni, per riconciliare la difcordia, affermaffero, che quefti Signori non intendendo ben bene le lingue, con che fi parlauano, non haueffero intefo la fignificanza, ò l'importanza delle parole, la moltitudine prefente credette quello, che gli parue, nicefarrio à credere, e quella fera, che fu alli 29. fu molto turbulenta, perche non fi trouò da Mediatori ftrada, d'acquetare le differenze. Si confideraua, che quefto era un buon principio per fare il Papa, perciò che all'introdutione della forma vi bifognaua, che precedeffe la coruttione, & quefto difordine, e publicatione di fecreti era giudicata opportuna, per confondere i difegni di Aldobrandino, ò almeno per mantenere qualche ombra ò fofpetto trà le fue Creature, onde foffero per diuiderfi. Ma la mattina delli 30. per opera di

Borro-

Borromeo, si riconciliarono nella Camera di Diatristain indisposto al quanto di febre sopra venutali, perche essendo stato la sera precedente citato per testimonio, s'affaticò con la sentezza solita delle sue languide parole, in sostentare quello, che haueua udito, e diceua, d'essere Caualliere di natura, & non di Barratta; iui dunque si salutorono Aldobrandino, & Auila, & disse Diatristain, che l'ire degli amanti rinforzzauano l'Amore, mà ne questi furono trà di loro mai amanti, ne l'ire erano da scherzo, & perche si credette, che se bene le Creature si ragunorno con Aldobrandino, douessero nell'auuenire abbracciare partiti, per alienarsi, e che il sospetto trà di loro douesse lauorare, poiche si credeua variamente del modo di negotiare di Aldobrandino, ne si dubitaua, che egli non fusse Capo, & non communicasse li suoi pensieri con li suoi, per tanto meritamente si stimaua, che se egli non hauesse preuenuto, & accelerato l'accordo con Spagnoli, douesse rimanere abbandonato in qualche parte; per la qual cosa si trouò la mattina sequente un polizino per il Conclaue, nel quale si citaua Aldobrandino, à comparire in termine di tanti giorni, per vendere, & subastare le sue Creature instante Auila, & il Marchese di Vigliena, altrimente, &c.

A 29. di Marzo Baronio hebbe 30. voti e Fiorenza 11. & perche alla caldezza della prattica, & alla continua instanza, d'hauer guadagnato molti, non corrispondeua l'effetto, che confirmaua tuttauia il Conclaue nella sua opinione, che questo fosse il Zimbello d'Aldobrandino, nel quale artificiosamente si trattenesse con ogn'altro pensiero, che di lui, per aspettare l'opportunità, d'esseguire qualche altro suo pensiero più recondito; onde il Conclauista di Baronio con Enigma non molto enigmatico volendo notificare alla Ruota alli suoi corrispondenti, che Baronio haueua hauuto 30. voti, domandò à quei di fuora trenta Candele; il che diede occasione ad un'altro Conclauista, di dire immediatamente, sì di gratia, mandatele perche s'hanno da fare l'essequie al vostro Padrone. Più cominciauano i Cardinali, à dolersi, che in tanti giorni non si vedesse principio di trattato, che stringesse, & erano alcuni giouani, che sospirauano, chi la Dama, altri il giar-

LEONE XI.

tri il giardino, chi la campagna, chi la strada Pia, & Diatrista in era satio, & pentito, di trouarsi quà, mentre vedeua gli animi disposti alla pertinacia, nè sapeua bene fra se stesso, se escludendo Baronio caminaua per la strada buona, e diceua, temere, d'affaticarsi per l'inferno; mà non mancaua santa Cecilia di suellergli quest' affetto, allegando essempij di Cardinali spirituali, & conscientiati, che per rispetto publico haueuano contrastata in altri Conclaui l'essaltatione d'huomini reputati da bene, il che adesso parimente egli faceua per sola conscienza, e per maggior seruitio di Dio, non hauendolo dissimulato, ò taciuto al medesimo Baronio, dal quale anco, disse, d'hauere riportato quei ringratiamenti, (ò veri, ò simulati, che fossero) li quali per quest' opera gli peruenivano di ragione, e che il medesimo l'haueua caldamente pregato à perseuerare nella sua esclusione, confessandosi ineguale à cotanto peso.

In questo giorno non si accostarono i Capi, per trattare insieme alle strette, ò ne fosse caggione qualche reliquia di dispiaceri passati, ò perche giudicassero, douersi concedere qualche spatio di tempo ad Aldobrandino, per auuedersi quanto poco riuscibili fossero le sue imprese. Si sentiuano voci d'alcuni de' suoi, che testificauano la buona volontà di lui, & si doleuano, che nel Conclaue non si trouassero teste salde, & d'auttorità, & spogliate d'interesse, che potessero essere mediatrici frà di loro, & sapessero negotiare, e che se ciò fusse, si concluderebbe facilmente il negotio presente, & s'aprirebbe il Conclaue, conciòsiacosa, che della somma prudenza d'Aldobrandino non sapeuano uscire, se non effetti conformi, sapendo egli quanto perniciosa soglia riuscire la longhezza de' Conclaui a' Nepoti di Papi, & quanto odio si soglia concitare contro di loro per questa cagione, il che era reputato verissimo, atteso che ogn' uno sà per esperienza antica, quanto facilmente le Creature, & le fattioni si smembrino per la diuersità degl' accidenti, che succedino ne i longhi Conclaui, onde haueua ben raggione Aldobrandino di temere non meno gl' Auuersarij, che li suoi.

A di 30. di Marzo Baronio hebbe 32. voti, & Arigone 10.

V u   & l'Am-

& l'Ambasciatore di Spagna venne all'audienza, portando lettere di condoglienza, & d'essortatione al Sacro Collegio, & di più lettere à ciascun Cardinale, eccettuando i Francesi. Auila scusò il Rè con il Cardinale Gioiosa, in colpandone la trascuraggione del Secretario, ancorche il giorno seguente si trouasse anco una lettera simile al medesimo Gioiosa, scusandosi l'Ambasciatore, che fosse restata inauedutaméte sùl tauolino. Si côtinuaua la medesima prattica per Baronio, mà quáto più n'affannauano li Ministri d'Aldobrandino, tanto máco riluceua loro alcuno raggio di speranza, di hauerne à côseguire la vittoria; anzi stante l'esclusione, che non poteua mancare, i Conclauisti se ne prendeuano trattenimento, cosi si dilettauano frà gli altri, in uedere Sordì affettuosa lancia di Baronio, come se hauesse l'ali à piedi, che li alzauano ben spesso da Terra, & dalla velocità sua l'intitolorno (come troppo arditamente diceuano) il Maestro delle poste. Andaua questo buon Signore essortando con gran zelo questo, & quello Cardinale à venire per la buona via, & à non contaminare lo Spirito Santo, disse trà gli altri cosi alla sfugita à Sforza, che se volesse fare secondo la conscienza, andarebbe in Baronio; mà Sforza per altro solito, quando gli è espediente, à coprire qualunque effetto; questa volta se n'alterò, eh sapete assai, rispose, che cosa sia conscienza! & si dolse con Gioiosa dell'impertinenza, attestando, che la medesima conscienza, che ad altri era stimolo per fauorire Baronio, à lui seruiua di freno, per douersene ritirar sempre mai. Montalto diuersamente trattò poche giorni prima la semplicità di Sordì, imperciò che dandogli industriosamente qualche speranza, di volersi conuertire à Baronio, lo lasciò ben dire, & poi gli disse, non sapete, che in Francia è un Prouerbio, che li paperi non hanno da menare à bere l'Oche?

La sera delli 30. fecero Congregatione li Capi Aldobrandineschi in Camera di san Marcello, oue risoluettero, che si douesse tuttauia insistere nella prattica di Baronio, il quale perciò alli 30. di Marzo hebbe li suoi 30. voti, si come Fiorenza 12. & Sauli 11.

Vscì quella mattina Bufalo tormentato infelicemente

due,

LEONE XI.

due, ò trè di prima dalla podagra, la quale uscita non pregiudicò quanto al Collegio nuouo, perche per lui, come anco per Deti si erano accommodate stanze al Vaticano medesimo, onde poteuano ambidue in un momento trouarsi dentro ad ogni bisogno. Verso la sera parue, che si cominciasse prattica soda per Sauli, & che Autore ne fusse stato Visconte suo Parente, mà ancorche questo non si dubitasse, non restò Cesis, (come publicamente si stimaua) di consentimento del suo Capo, di trouargli piena esclusione. Nel maggior feruore di essa Sauli trouò Aldobrandino, & si raccomandò, dicendo; ben sapere, che dalla man sua bisognaua riconoscere il Pontificato, & che priuo affatto di giuditio sarebbe stato, se senza darne parte à sua Signoria Illustrissima hauesso permesso, che si facessero prattiche per se medesima; però si come non haueua questi pensieri, & se ne conosceua indegno, così la supplicaua, à voler ordinare, che non se gli facesse questo affronto, non ostante il quale, ò poco differente officio, si giudicaua, che l'esclusione si fosse trouata abondantemente, essendosi preualuti gl'escludenti, (frà quali concorreuano delle Creature sue) d'alcuni oppositioni, che daua il volgo sciocco à quel Signore, specialmente, ch'egli fusse, come disse Patercolo di Sesto Pompeo, liberto de' suoi liberti; aggionse alcuno, che hauesse figli; nel che però era difeso da molti, che attestauano, che nè anco per pensiero haueua mai meritata questa colpa; fu chi ricordò la scrittura del Brachetta imputando ingiustamente al Padrone quella colpa, che sola era tutta del seruitore, se pure fu vero, che quell'ingegno si lasciasse trasportare à publicare quella compositione, con la quale fingendo d'instituire il Marchese di Vigliena, allora inesperto, & nouissimo Ambasciatore degl'humori della Corte, andò declinando in Carta il poco, & molto valore, & l'intrinseco buono, ò reo de' Cardinali, con offendere molti di questo Innocente, e sacrosanto Senato.

Nell'istessa sera alle 3. hore di notte venne l'Ambasciatore Spagnuolo, & si congregorno li Cardinali, alli quali diede parte d'un' auuiso venuto gli da Milano dal Conte di Fuentes, che significaua l'empio disegno di certi Inglesi, li quali almeno

meno di 800. erano risoluti di venire per terra alla sfilata verso la Madonna di Loreto, per depredare il Thesoro, che è fama, trouarsi ammassato in quel santo luogo; allora Gallo, à cui come Protettore apparteneua il negotio, assicurò il sacro Collegio, che non u' era alcuno pericolo, stante le prouisioni, che egli haueua fatto per simile auuiso venutogli dal Nuntio di Venetia prima, che si entrasse in Conclaue; & si radoppiorono gl' ordini con Corriero espresso, & ne fu comendata non meno la pietà del Marchese, che la prouidenza di Gallo. Subito dopò questo Este andò à torno per l'esclusione di San Clemente, valendosi delle sopra scritte oppositioni. Acquauiua dall' altra parte per escludere San Marcello, & l'uno, e l'altro trouò, chi fino al numero sufficiente, diede loro parola di non volerli; onde quella notte riuscì turbolenta assai, ne riposò il Conclaue, se non molto al tardi.

Al primo di Aprile giorno ultimo del presente negotio Baronio hebbe 28. voti, e Fiorenza 13. Gioiosa il quale non haueua altra mira, che di uscire con honore, e sodisfattione del suo Rè da questo tenebroso Carcere, disperato d'ottenere Baronio, cominciò à tentare il disegno, che faceua sopra Fiorenza, soggetto, nel quale per essere de' terzi non concorreuano gran difficoltà. Haueua insino allora lasciato scapricciare Aldobrandino, & acconsentito, che non abbandonasse le Creature sinche poteua, per non porgere à loro legitima occasione, di dolersi di lui, & di abbandonarlo; parueli hormai tempo, di ricorrere all' ancora, & al refuggio commune del Cardinal di Fiorenza, il quale sperauano, quando si fusse trattato da douero, douesse colpire facilmente; imperò cominciò quel giorno à stare Farnese, Montalto, & Acquauia, & vi trouò ottima dispositione; di Sforza non dubitaua, per esser concreatura, & già spesse volte n'haueuano trattato, e conchiuso insieme, mà non voleuano, per non ruinare il soggetto, scoprirsi, nè ad Auila, ne ad Aldobrandino; all' uno, acciò non facesse strepito; all' altro, acciò fusse il primo à calarci, poiche senza la sua inclinatione spontanea non poteua succedere.

Il prin-

Il principio di questa repentina impresa fu l'abboccamento d'Aldobrandino seguito con Fiorenza nella Cappella di Sisto dopò la Congregatione solita da Capo d'ordini sù le 17. hore, nelle quali Aldobrandino significò l'inclinatione sua, di farlo Papa, quando non potesse ottenere una dell' proprie Creature, alle quali, diceua, non poter mancare per conscienza, per honor proprio, e per loro sodisfatione, & in caso, che sua Signoria Illustrissima potesse riuscire. Anticipò di trattare gl' interessi proprij, raccomandandosi alla benignità del futuro Pontefice contro la malignità di tutti i nemici, de' quai si lamentaua fortemente sì come alcuni dì prima se ne lagnò con d'Oria, dicendo che tanto erano proceduti innanzi, che diceuano, lui non hauerne fede, nè religione, cauandolo forse, come si crede, frà l'altre dell' hauer veduto, che à tutte l'hore, & nelle notturne specialmente parlasse à quei di fuori; onde sospetto, per auentura temerariamente, che quel Signore, il qual diceua la sua Messa ogni mattina, desse auuisi, e facesse fare contro la bolla, ambasciate appartenenti all' elettione del sommo Pontefice. Haueua ancora Aldobrandino visitato Fiorenza, & dimorato buona pezza in Camera del medesimo, il che osseruatosi per gl' officij loro da Signori Conclauisti, si leuò per tutto il Conclaue un gran bisbiglio, che il Cardinal di Fiorenza si facesse in quel giorno Papa, & di repente si leuò in una frequentissima negotiatione tutto il Conclaue, & già si credeua Aldobrandino hauer ammassate le Creature, frà le quali Baronio stesso andaua raccomandando questo soggetto, & ne fece con tutti li suoi & con gli altri gagliardissimo officio, santa Cecilia dimenticatosi, che poco prima haueua bisogno, come conualescente, del Castoncello per caminare, si vedeua velocemente traghettarsi da Farnese, e Montalto, & Auila, & da questo, à quello; che non sapeua il negotio, si persuadeua, che si trattasse l'esclusione, mà come si seppe dopoi, santa Cecilia partialissimo di Fiorenza s'ingegnaua di spauentare Auila, & fingeua dolersi, che le cose fossero disperate ne vi fosse più riparo alcuno più tosto che per attrauersarlo, che non corresse al Pontificato.

Si drizzò subito Auila, che staua riposandosi, e che con la

Canna

Canna venne al rumore, e dandosi ad intendere, che il Papa non si potesse fare senza di lui, ne che le cose fussero mal parate nella guisa, ch'erano, chiamò Borromeo, e protestò, che il Rè non lo voleua in nessuna maniera, e che faceua disseruitio grande al Rè, mà quel Signore qual'era uno de' promotori del negotio, non gli rispose; similmente Monopoli, & Tauerna; in oltre Spinelli, gl'altri Vassalli si scusauano non potergli soli resistere. Il Vecchio à Farnese raccordò gl'antichi, & moderni beneficij, che la Casa & la persona sua haueua riceuuti da sua Maestà, la qual per hora non meritaua esser trattato cosi infidelmente, permettendo, che riesca Papa un suo diffidente, & diceua per ogni Cantone à Vassalli, che questo era disseruitio al suo Rè, & somiglianti parole, le quali si come non erano potenti à raffrenare l'impeto del Conclaue, così maggior prudenza sarebbe stata, che se ne fusse astenuto, già che rimediar non poteua, si come Farnese à punto, che prima se n'era scusato disse, Signore doue è la prudenza? non sete à tempo, anzi non fate il seruigio del Rè con questa tentatiua. Gridò santa Cecilia, che il Marchese di Vigliena gl'haueua detto, che questo soggetto non era odioso quanto sua Signoria Illustrissima lo faceua, al Rè, & che gl'haueua detto, che quando le cose si vedessero mal parate, non ne sarebbe se non contento. Madruccio, come nuouo, & inesperto, & similmente Diatristain aderrirono à Farnese, il quale sendo parente, e seruitore del Rè, tanto più giudicauano douersi seguitare. Doria unitamente restò col vecchio, il quale all'ultimo si mise il Rochetto, & s'acquetò ancorche abandonato, e solo. Frà gl'altri poi le Creature di Montalto quasi tutte andorno in questo soggetto con sincero cuore, & Gallo più d'ogn'altro, si come dimostrò con la prontezza di metterfi in habito, & di mouersi con officij precedenti molto affettuosi, & fedeli, Sforza ne giubilaua. Este u' andaua più che volontieri, per esser parente del Duca di Modena suo fratello; onde non mancaua se non accozzare questi Capi, & metter mano all'opera, nel che Aldobrandino, ancorche benissimo animato, pareua irresoluto, & lento; Nè veramente era per venire da se stesso à questa esecutione

manco

LEONE XI.

manco nel spatio di otto giorni, stando tuttauia con l'imaginatione fissa nel pésiero, d'hauere una delle proprie Creature, quando Gioiosa lo stimolò, auertendolo, che se tardaua punto, perdeua un' occasione, la quale si sarebbe sdegnata di ritornare, & annichilarebbe le speranze ancor di questo soggetto, dopò il quale non haueua ricouero alcuno, anzi gli rimaneua mera necessità, di pigliare una dell'abborrite Creature di Sisto. Sù adunque andiamo presto, ad abbracciare Farnese, qual' io prometto, che sarà prontissimo, & similmente con Montalto, che pur m'hà data parola, & affettuamo questa santa elettione prima, che nasca garbuglio. Inclinaua Aldobrandino adifferire alla mattina seguente, mà tanto ne fu stimolato, & messogli in consideratione i pericoli, che nascono da gl'indugi, che si lasciò, quasi fuor di se, ò tirar verso la Cella di Spagnuoli, & di là con poche parole à gara s'auuiorno alla Cammera di Fiorenza, e salutandolo Pontefice Romano, voleuano condurlo in Cappella Paolina subito, se non che bisognò aspettare al quanto Aldobrandino, che era andato ad aprire come Camerlengo à Deti, & Bufalo, le quali erano da lui stati chiamati; ritornato dunque si auuicinorno, & in sala Regia s'appresentò al Papa, Auila scusandosi, d'hauer fatto officij in contrario per ordine datogli, & in questo fu biasmato; Mà che si rallegraua di cuore, sperando, che haurebbe fatto l'officio suo, & haurebbe trattate amoreuolmente il Rè Cattolico; Rispose il Papa, che era stato sempre huomo da bene, & tale si sarebbe mostrato al Mondo in questo colmo di dignità, che Dio li voleua dare, e che non sapeua d'hauer mai data ombra di mala volontà al Rè Cattolico, & nell'auuenire gli sarebbe stato amoreuolissimo Padre. Doria disse alcune parole cortesi, & entrò in Cappella, doue con aperto scrutinio fu eletto, & adorato Papa, e si chiamò Leone XI. nome bene augurato, & venerando, e che promette al Popolo Romano, & Christiano un secol d'oro. In quest' elettione, la parte Aldobrandinesca, & la parte intitolata la Spagnuola si vedeua ciascuna hauer la maggioranza nel merito; onde comune fu l'allegrezza; mà cosa certa era, che se bene per la moltitudine de' voti andaua Al-

dobran-

dobrandino fuor delle fue Creature ne farebbe feguita la diffunione de' confederati per la diuerfità de' Capi, & de gl' intereffi, nondimeno in quel foggetto confentirono li Spagnuoli per la maggiore parte anticipatamente, & à guifa di Veterani ftettero cheti, & in aquato fin tanto, che Aldobrandino chiaritofi delle fue Chimere vi cafcaffe fpontaneamente, & fubito fenza refiftenza alcuna, eccetto Auila, che ftrepitò anche egli più per giuftificatione propria che per maleuolenza.

Nacque al Mondo da quefto Conclaue fi bello, & gloriofo parto, hauendo voluto Dio in quefta fera dalli primi vefperi di San Francefco di Paula canonizato da Leone Decimo forfe per interceffione del medefimo Santo, certificare al Mondo, che la Cafa de' Medici era un feminario de' fuoi Vicarij; e per dire il vero quefto Cardinale era lo fplendore della Corte, teneua fameglia honoreuole, & ornata di perfone letterate, le quali non è dubio, li fono ftati inftromenti à quefta grandezza, poiche con la nobiltà de' loro coftumi s'acquiftauano la beneuolenza popolare, e faceuano germogliare fperanze, & in confeguenza defiderij de' petti di ogn'uno di douer confeguir beneficio, & fodisfatione da loro, fe per auentura foffero riufciti Miniftri del Pontificato; ne il Cardinale di Fiorenza con gli altri Cardinali mancò mai di fignificare quanto li difpiaceffero la rapine, le venalità, le Tirannie, gl' effeminati verfo li parenti, le doppiezze, e li vilipendio de' Cardinali, & li fuperbi trattaméti del fecolo paffato. S'era acquiftata l'aura populare con le fpefe immoderate, che haueua fatte nella fua Legatione di Francia, e con carichi diuerfi, e che tutta via faceua col fabricare per lo più ne i luoghi facri, etiandio in altri, che fuoi non erano; per le quali ftrade dell' honore, e della fincerità peruenuto à quefto colmo non moftrò alteratione alcuna, & fempre con la medefima fodezza, & Maeftà difcorre palefamente concetti, & parole veramente papali: non voler cofa alcuna: non voler ingrandir parenti più dell' honefto, ancorche per farli feruitio fapeffe, che dentro era ftata portata una lifta d'infiniti parenti, che haueua, quali l'erano lontani, e gl' haurebbe trattati

LEONE XI.

tati secondo che meritassero, non volersi fare il successore: non voler crear Cardinali, che non siano degni, e gl' haurebbe prouisti di modo, che non haurebbono hauuto bisogno del Piatto, per esser vergogna del Papa, hauer d'intorno Cardinali poueri: li pregaua, che di gratia non si vendessero: confermò le prouisioni de' predecessori: confermò le legationi, nelle quali voleua, che hauessero gusto, & auttorità; fece professione di voler' essere di sua parola; promise audienze facilissime; Pregò li Cardinali, che haueuano à cuore l'honor suo, non proponergli cose contro la conscienza; nel resto chiedessero gratie allegramente, che tutto ottenerebbono, volendo egli stimare li fauoreuoli beneficij; anzi quanto poteua. Liberò le Prouincie dall' impositioni, che ultimamente furono messe da Clemente VIII. per li soldati, gratia, che per esser' importante, poteua riserbarla; di farla à tutto il Collegio insieme, ò à Popoli stessi, mà volse operar Gallo lodandolo, che la prima gratia da lui chiesta, fosse stata per il publico, non per priuato beneficio.

In questo bollore di speranze, in questa pioggia di gratie si consumò quella notte. La mattina dopò la seconda adoratione si calò in San Pietro, e posto Leone sù l'Altare degli Apostoli, e di nuouo adorato dal sacro Collegio, fu portato alle stanze Pontificie, e ciaschun Cardinale tornosene à Casa sua, marauigliandosi specialmente lo scrittore della falsità delle massime, dell' intelletto humano il quale da cose probabili, & contingentissime si persuade poter cauare conclusioni certe, poiche per vero dire, troppo affermatiuamente suole la corte discorrere, & inferire intorno à gl' effetti, & amicitie, ò inimicitie de' Cardinali essendosi per esperienza là dentro veduto, che li congiuntissimi si sono disgiunti, & li disgiuntissimi congiunti: che le prattiche di fuori di rado corrispondeua à quelle di dentro; che le fattioni sono durabili quanto durano gl' interessi: che le raccommandationi de' Principi, e di Rè quanto si sia benemerito, quasi niente si preggiano, anzi seruono di Mantello, per coprir le passioni: che non è vero, esser sempre à dominanti in odio quelli, che sono loro destinati successori; perciò che Leone fu gratissimo à Clemenre di modo, che ben spesso gli disse ; Sarete nostro successore sì come è succeduto, non ostante, che Aldobrandino volesse à mal grado del Mondo una Creatura sua, & hauesse precisamente questa mira, essendo alcuni di parere che egli hauesse promesso il Papato à Simoncello morto (come piacque à Dio) due giorni prima di Clemente, acciò che la Chiesa s'abbellisse & illustrasse maggiormente. Così conceda la diuina misericordia à Leone XI. anni lunghi, e felici, ne permetta, che della maluagità de' Ministri, ne dalla forza dell' istessa dominatione resti mai interrotta, e contaminata mai la grandezza, e la purità de' suoi heroici pensieri.

CONCLAVE

NEL QVALE FV CREATO PAPA,
il Cardinale CAMILLO BORGHESE, detto,

PAOLO V.

E mai nelle tenebre delle confuse operationi apparue luminoso, e distinto il Raggio della diuina prouidenza; certo nel Conclaue, doue Camillo Cardinal Borghese fu assonto al Pontificato, si scuopre tanto manifestamente che à si chiaro lume ben si potè comprendere, quanto siano imperfette l'attioni de' mortali, difettuosi li discorsi, quanto fallaci le speranze, interessati li disegni, quanto timide le risolutioni, e le prudenze incerte.

Non haueua ancora Leone XI. fermate le Spalle sotto il graue peso del Pontificato, che cadde oppresso dalla sola consideratione della grauezza di tanta mole; si lamentaua egli ben spesso di hauere la mente distratta da diuerse cure & il Capo ripieno di noiosi pensieri; onde alla fine più presto per la mutatione dello stato, che per l'alteratione de gl' humori, finì la vita nell'anno. 70. della età e nel giorno 25. del suo Pontificato, lasciando altrui documento memorabile, come queste Dignità eminenti, che à guisa di belle fiamme risplendono, & inuitano gl' humini con lo splendore à desiderarle, consumano veramente, & occidono ben tosto chi loro troppo si accosta, e chi si immerge in esse. Fu la sua morte oportuna alla sua fama; alla quale forse non haurebbe corrisposto con la lunghezza della vita sublimata in luogo trop-

Xx 2 po al

po al dorſo humano eccesſo, e formidabile.

Doppo la ſua morte hauẽdo molti Capi di fattioni imparato nel paſſato Conclaue à non ſi fidar molto, & à creder poco in attione di tanto momẽto; ſidiſciolſero tutte le unioni paſſate. Gli Spagnuoli ſi diuiſero da i Collegati, e conſtituirono corpo da ſe. Li Franceſi anco eſſi immitando, & emendandoſi, ſi ritirorno da Aldobrandino per le coſe, che ſi diranno appreſſo, e volſero ſtarſene da ſe; eſſendo di quantità pari; mà di qualità veramente ſuperiori à Spagnuoli. Montalto, Farneſe, Sforza, Eſte, Sfondrato, ſanti Quattro con le loro dependenti, e Viſconti, che ſi retirò da Aldobrandino per le cauſe, che ſi diranno, ſi unirno inſieme in caſa dell' iſteſſo Sfondrato, e formorno un corpo di 21. voti, riſeruando però luogo à Spagnuoli, ſi per ſorte eſſi, perduto affatto il ſenno ſi fuſſero volſuti aggregar di nuouo con loro. Aldobrandino ſtette nella ſolita monachia diminuita por la morte d'Aguchia, e per lo retiramento di Viſconti, mà riſtorata in parte con la venuta di Ginnaſio; onde egli ſi trouaua 26. voti pendenti dall' arbitrio ſuo.

L'oggetto di tutte queſte fattioni era, conforme al paſſato Conclaue, di voler ſtare attenti al loro vantaggio, per promuouere gl' amici, e tener addietro i loro pochi amoreuoli, eccetto che eſſendo al quanto intepidito il feruore de Collegati contro Aldobrandino, non haueuano più la mira paſſata, di voler eſcludere tutte le ſue Creature, trà le quali erano molti Amici loro.

Li Cardinali Papabili neutrali erano Como, e Verona. Le Creature Papabili di Montalto ſi riduceuano à cinque, Pinello, Aſcoli, Saoli, Camerino, e Montalparo. Quelle di Aldobrandino erano da dieci in circa, Baronio, Bianchetto, Arigone, Panfilio, Belarmino, Ginnaſio, ſan Marcello, Forco, ſan Clemente, e Borgheſe; mà Aldobrandino non amaua la promotione di niuno di primi cinque per diuerſi ripetti; temeua della rigida conſcienza di Baronio, fuggiua Arigone, come Farneſiano, Panfilio, come troppo dependente da Montalto, e Bianchetto per l'iſteſſa cauſa, & anco come poco amoreuole di ſuo Zio, e fatto Cardinale da lui

per atti-

PAOLO V.

per artificio di Toledo, e Bellarminio come Giesuita scrupoloso, e che tal volta haueua improuato molte attioni di Clemente suo zio e di lui stesso.

Li Spagnuoli escludeuano Camerino, Baronio, Serafino, Verona, & alcuni aggiungono, anco Pallotta, e Ginnasio. Li Francesi haueuano per loro diffidente Como, & i Cardinali frati, trattone Monopoli. Li collegati escludeuano le Creature di Aldobrandino da Bianchetto, Belarmino, Arigone, e Panfilio infuora, che erano molto loro amoreuoli, e Borghese, Tosco, e San Marcello, che essi non abhorriuano. Aldobrandino, che voleua uno de' suoi, escludeua tacitamente tutti quelli di Montalto, benche professasse amicitia con Camerino, e con Montelpazo, e desse anco speranza à gl' altri in maniera, che non vi era Cardinal vecchio à cui egli non hauesse dato ferma intentione, di farlo Papa; mà ben si dichiarò espressamente contro Saoli, perche scorgendo con quanto ardore li collegati, e tutti gl' altri lo portassero, egli giudicò necessario, di deporre il rispetto, e dichiararsi apertamente contro di lui; le cagioni di quest' odio erano molte; mà trà le altre, perche Sauli procurò già far l'esclusione à Clemente suo zio, perche era creatura diletta di Montalto, perche era huomo politico, d'acuto ingegno, & atto, e disposto, à rivedere cose passate, mà principalmente, perche essendosi lasciati intendere troppo liberamente alcuni de' confederati, di voler far' un Papa, che castigasse Aldobrandino, doppo tal detto haueuano subito proposto Saoli; Questa ragione fu allegata dell' istesso Aldobrandino ad uno, che lo ricercò instantemente della causa di questa sua esclusione contro Saoli, contro il quale egli non solo si mostrò nemico, mà dichiarò anco apertamente, che ciò che si fece contro di lui nel Conclaue passato tutto era stato di sua commissione. Haueua Saoli gran aura, e grand' aiuto, in modo che tutti lo desiderauano, & anco vi erano molte delle stesse Creature di Aldobrandino, acquistate da Visconti la cui madre era cugina di Sauli; onde egli si diuise affatto da Aldobrandino; il quale era tanto implacabile che benche fossero fatti infiniti offitij, & artificij, per addolcirlo, non fu mai possibile; mà

tutto

tutto che Sauli hauesse si duro Auuersario, erano nondimeno le sue speranze cosi ben fondate, che egli, e molti de' suoi amoreuoli sperauano, di condurlo à buon fine, à malgrado di Aldobrandino, à cui fauore non mancò chi andasse seminando zizanie molto graui, per ruinare questo soggetto; fu sparso, che Sauli era stato autore, di far prohibire in stampa li libri di Baronio, col consigliarne l'Ambasciatori; che teneua occulti consigli con Francesi: Che suo Auo fu stipendiato da Carlo VIII. & aggiunsero anco alcuni che egli haueua figli; e perche non si sapeua, di doue fusse uscita questa ciarla, fu subito seminato da un malo spirito, che ella era uscita da casa di Pinello, il che fu inuentato per ruinar Pinello appresso li fautori di Sauli, trà quali si mostrauano ardentissimi Visconti, e Giustiniano; si fecero molte pratiche per Camerino; mà moltissime per Tosco, à cui fauore s'affatigauano particolarmente Beuilacqua, Cesi, Delfino, & Este, e si diceua, che haueuano già per lui 33. voti. Aldobrandino staua sempre à letto aggrauato da Catarro, e da febbre, ma giunta la Domenica mattina alli 11. di maggio; nella quale si doueua entrare in Conclaue, egli volse interuenire alla Messa, & entrar con gl' altri, dubitando di Sauli. Cosi finite le solite funtioni ascesero al Conclaue 59. Cardinali, rimanendo fuora gl' ammalati, cioè San Marcello, e Madruzzo. L'istesso giorno s'accostornò à Sauli alcuni amici suoi, egli s'offersero, di tentare allora un' improuisa adoratione à fauor suo, di che sperauano felice successo per l'intelligenza, che haueuano con molti della Classe stessa d'Aldobrandino, il quale si sarebbe senza dubio sbigottito à si repentino moto, e sarebbe forse anch' esso corso insieme con gl' altri; rifiutò Sauli questa proposta, parendogli piena di troppo tumulto, e pericolo, e tenendo per fermo, che Aldobrandino douesse essere astretto dal male, che tutta via lo molestaua ad uscir del Conclaue, nel qual capo egli teneua la vittoria in mano; mà s'ingannò di gran lunga, perche Aldobrandino s'andò sempre auanzando in sanità, e nell' esclusione contra di lui. Cosi noce spesso il non secondare certi impeti, che hanno fondamento ragioneuole, benche apparono difficili nell' essecutione. Stette bene

PAOLO V.

bene Aldobrandino con molto timore tutto quel giorno; vedendo la grand'aura, che haueua questo soggetto, e sapendo che molte delle sue Creature lo bramauano, e che trà le altre San Marcello tanto suo diletto gl'haueua protestato fuor di Conclaue, di non poterlo escludere; sendo stato fauorito dal fratello di Sauli mentre egl'era Doge di Genoua in maniera che col mezzo di lui egli fu aggregato con tutta casa sua nella nobiltà di quella Republica, e verso le 3. hore di notte sendo Aldobrádino à letto fu fatto leuar da Cesi, per dubio che se egli non andaua attorno non si attentasse, di far colpo; mà leuandosi Aldobrandino, e mantenendo in fede gli suoi, fu deposta per allora questa impresa; anzi per sopirla bene, e per dar all'incontro da masticare alli collegati, fu sparsa voce che quella notte si sarebbe facilmente venuto all'adoratione di Tosco; il quale era entrato in Conclaue ammalato e se ne staua à letto. A questa voce si suegliorno molti Cardinali, e particolarmente Visconti; mà trouando, che non vi era fondamento, si quietorno; se bene congetturando da questo Aldobrandino, che Visconte volesse escludere Tosco, per migliorare la conditione di Sauli, se ne alterò, e si accrebbero di molto, i loro disgusti. Fu poi serrato il Conclaue; Doue si passò il resto della notte con apparente quiete. La mattina seguente Como Decano disse messa, e comunicò tutti li Cardinali, facendo questa attione cosi bene e vigorosamente, che dimostrò benissimo, come anco in età decrepita si possano godere, i frutti della giouentù, mercè della temperanza. Si venne poi allo scrutinio, nel quale Bellarmino fu honorato di 14. voti, datili da quelli della lega, li quali haueuano mira d'esaltarlo, vedendo di non poter colpire in Saoli; Sforza era suo parente per via di sua madre, & Acquauiua l'amaua assai, per rispetto del Generale de'Giesuiti suo zio, e secondauano volentieri tutti gl'altri collegati il desiderio loro, sapendo, che Aldobrandino non lo desideraua; onde la sera del giorno seguente Acquauiua, Sfondrato, e Farnese si risolsero, di muouer pratica per lui, auuisandosi di non poter far se non grand'acquisto; perche se Aldobrandino l'accettaua, essi haueuano il vanto

d'hauerd'hauerlo fatto Papa, e se non l'accettaua, essi pensauano di poter poi alienare Bellarmino da Aldobrandino, per tirarlo in Sauli; Così di subito s'infiammò questa trattatione, e corse Belarmino per le bocche; mà stauano tutti al buio, ne alcuno sapeua, che veramente mouesse la pratica. Baronio amicissimo di Belarmino haueua già parlato à fauor di lui con Borromeo il quale similmente l'approuaua; Onde Sforza, à cui notitia era peruenuto questo loro ragionamento, e che sapeua quanto Baronio fusse ben animato lo spinse alla volta d'Aldobrandino, à significarli come da se, che il negotio di Bellarminio era à tal termine, che se egli si moueua con le sue Creature, senza dubio l'haurebbono condotto à fine. Rispose Aldobrandino, che desideraua saper da lui l'autore, che gli daua tanta sicurezza in questo negotio. Baronio replicò, che non ne dubitasse punto, perche egli ne haueua parola da gentil'huomo, à cui si poteua credere. Sbrigossi Aldobrandino di Baronio, e vedendo crescere questa negotiatione, mandò San Giorgio da Bellarmino; che lo certificasse dell' ottima sua dispositione verso di lui, e che insieme gli scuoprisse, che queste erano tutte arti de i collegati, e che il negotio suo non haueua allora fondamento, e che stesse bene auuertito, di non si lasciar solleuare, e dar la burla e nell' istesso tempo gl' inuiò Deti, e San Cesareo, à dar parte alle creature, che questo mouimento haueua origine dalli Aduersarij, che procurauano disunirli, e che però se ne andassero à letto senza badar punto, ò comparir al rumore, al quale già s'erano solleuati li Cardinali Frati, che mal volentieri vedeano l'esaltatione d'un Giesuita massime per l'interesse della controuersia de auxilij, e per altri rispetti. Sfondrato nel maggiore ardore del negotio, corse da Montalto, che staua per porsi allora à tauola; egli significò, che il Conclaue staua tutto in faccende, e che si pratticaua, per Como, il che egli disse, a fin che ò Montalto corresse, à fare l'esclusione à Como, ò per paura che lui si precipitasse in Bellarmino, trouando già il suo negotio, in piedi; sapendo Sfondrato, che Montalto, e molte delle sue Creature non amauano la promotione di Belarmino; mà che affettaua più quella di Como. Mà

l'arte

l'arte fu vana, perche Montalto con l'oggetto presente delle viuande rispose, trattisi di che si sia, che io voglio cenare: onde Sfondrato si partì, e trouando, che la trattatione era quasi estinta per li rimedij applicatiui dall'accorto Aldobrandino, si andò giustificando, e negaua, d'esser certo autore di cotal pratica, e procurò, di rouersarne la colpa addosso à Spagnuoli, li quali poi si lamentorno grandemente di lui. Haueua Bellarmino grand'amici per esser egli di letteratura, e bontà singolare, mà l'esser Giesuita, e di conscienza delicata lo rendeuano poco amabile, appresso molti, li quali messero ogni pietra, per rouinarlo. Fu ricordato da Aldobrandino, benche fuor di bisogno, la mittra mandatagli da Papa Clemente insino in Francia, doue egli era Legato, composta, e presentatagli da Bellarmino, nella quale egli mostraua, che non era conueniente, di sospendere le resolutioni de' negotij per aspettare la venuta d'Aldobrandino, e che questa era cosa troppo dannosa al publico: Fu rinouata, e sparsa per tutto la memoria del disgresso dato à Bellarmino da Sisto V. che gli fece prohibire l'opera sua de potestate Papæ: furono discorse al viuo tutte le conseguenze, che poteuano deuiare dall'esaltatione di un Giesuita; & insomma s'adoprorno in maniera, che s'aquietò affatto il tutto. Estinta questa pratica, s'accese poco doppo quella di Camerino stato sempre amico di suo zio, e diede occasione à Montalto, di ricercarlo in ciò d'aiuto, à cui egli rispose, che ne hauerebbe trattato, e che presto se gli sarebbe notificato con quante forze egli poteua seruirlo; In tanto Sfondrato dedusse à notitia d'Auila questo negotio, il quale andò subito attorno per l'esclusione, e la fermò. Aldobrandino poi abboccatosi con Montalto, gli significò, che come che hauesse usato ogni diligenza, non poteua però seruirlo in Camerino, se non con 12 voti; di che sdegnossi molto Montalto; e terminò la pratica, della quale Camerino non haueua notitia alcuna, anzi in quel tempo si trattenne passeggiando con alcuni Cardinali, e poi si messe à recitar le hore; ma la sera fu poi fatto consapeuole del seguito, & egli si monstrò intrepido, dolendosi intanto solamente, di non esser potuto uscire da questo secondo Con-

Yy claue

claue come uscì dal primo. Auuedutosi, benche tardi, Montalto dell'arte, con la quale era stato escluso Camerino, e si era veramente procurato di farlo rompere quasi necessariamente con li Spagnuoli, che s'erano messi all'esclusione d'una sua tanto diletta Creatura; staua attendendo occasione oportuna di vendicarsi, e sapendo benissimo che Aldobrandino non miraua ad altro, che all'esaltatione di San Clemente; e che perciò egli faceua saldissimi offitij con Farnese, e con molte delle sue creature, che abhorriuano tal soggetto, aspettaua con molto desiderio questa proposta; la quale finalmente seguì, hauendo Aldobrandino disposto le cose sue in modo, che gli parue di poter concorrere questo arringo senza inciampo alcuno, poiche egli primieramente s'accordò con Francesi, e promise a loro l'esclusione di Bianchetto, d'Ascoli, di Montelparo, & essi all'incontro gli diedero parola d'andare in una delle sue Creature, & in particolare in San Clemente, & in Tosco; s'asicurò appresso, che li Spagnuoli non haueuano ordine alcuno contro San Clemente, e che perciò vi sarebbero concorsi, e per ultimo pareuagli d'hauer bene indrizzate molte delle sue Creature, che caminauano di mal pedi in questo soggetto; confidossi dunque di proporlo e di ottenerlo; mà Montalto, Este, Sfondrato, Visconti, e l'altri collegati gli s'opposero gagliardamente, sendosi già altre volte dichiarati contro di lui nel primo Conclaue, e tentorno, d'alienargli gli Spagnuoli, con metter loro in consideratione la natura collerica di San Clemente atta, e disposta à suscitare turbolenze; ma perche non fecero frutto, voltorno, alli Francesi, & acquistorno Sordi, al quale ad instanza d'Este si volle disunire per questa volta da i compagni, e poi si rimescolorno di sì fatta maniera frà le medesime Creature di Aldobrandino, che gli trouarono l'esclusione compita, scoprendosi trà gl'altri Beuilacqua: apertamente contro di lui. Era San Clemente poco amato da molti, sì per essere di maniere aspre, e tanto intrinseco di Aldobrandino, che haueua fino preso il suo cognome, come anco per gl'altri rispetti, che si sono detti nel primo Conclaue; onde non fu malageuole alli collegati, di riunire l'esclusione; mà perche

che non si fidauano molto dello acquisti fatti nella Classe di Aldobrandino; e voleuano in ogni modo assistere, & assicurarse bene si risolsero, di fargli una solenne & aperta esclusione; il che presentito da Aldobrandino, si adoprò viuacemente per impedirla; trattando con li medemi collegati, e pigliandoli quasi tutti ad uno ad uno; ma Este, che sul canto fermo delle sue preghiere andaua facendo il contrapunto, attrauersò in modo che Aldobrandino non potè ottenere se non dilatione fino al giorno seguente con il mezzo di Visconte, e con promessa che egli in questo mentre non hauerebbe alterato punto lo stato presente di quel negotio, nel quale però premendo egli tuttauia grandemente, e facendo tutti l'offitij possibili, benche segretamente per farlo riuscire, diede voce, di voler trattare per Tosco, e sotto questo pretesto fece entrare in Conclaue San Marcello grauemente indisposto, perche sapendosi da tutti, che egli era amicissimo di Tosco, gli parue anco che ogn'uno douesse credere, che essendo egli così male affetto; no si fusse verisimilmente mosso, se non per lui, & in vero che la tela fu tramata in modo che l'istesso San Marcello pensò, di venir in Conclaue per Tosco, e non per San Clemente; ma questa arte non ingannò punto li Collegati, quali accorgendosi, che sotto il mantello di Tosco s'incaminaua San Clemente al Papato, & essendo già spirata la dilatione, determinorno di escluderlo publicamente; Onde si unirno in Camera di Beuilacqua, anzi di Acquauiua, Montalto, Sfondrato, Farnese, Santiquattro, Este, Sforza, e Visconte, e mentre voleuano eseguire la loro resolutione, giunsero iui Pio, e san Cesareo mandati à bello studio da Aldobrandino, per esplorare, e disturbare quest'attione che già si era peruenuta à notitia; e conforme all'instrutione hauuta, fingendo essi, d'essere quiui per passa tempo, entrorno in burle, e facetie, pensando, che li collegati si risoluessero, di differirla per rispetto loro ad un'altra volta, e che intanto Aldobrandino potesse colpire; ma non riuscì loro il disegno, perche s'appartorno Visconti Sforza, e Sfondrato, e fecero risolutione, di continuare il negotiato mal grado loro; e così tornando quel Triunuirato in cerchio con gli altri, Visconte

vol-

voltatosi à Pio, e san Cesario, manifestò loro chiaramente la causa di quel congresso, & aggiunse, che se essi voleuano fermarsi, haurebbono almeno seruito per testimonij; indi ripigliando il ragionamento publico, promise l'esclusione di san Clemente a nome suo, e di tutti quei signori, da loro dependenti, nominando li Capi ad uno ad uno, e mentre egli la prometteua à nome di Montalto, san Cesareo l'interuppe, e disse, egli è qui presente, lassateglielo dire a lui; nò nò rispose Montalto, sorridendo, dica pur Visconte, che io ratifico il suo detto; Este, quando sentì nominarsi da Visconte, soggiunse, io confermo, e mi rincresce di non hauer à mio commando una dozzina di voti, per poter render tanto più gloriosa questa esclusione.

Finito ch'hebbe Visconti il suo ragionamento, & il negotio insieme, leuossi, dicendo, che era hora di gire à letto e diede a tutti la buona sera; Sfondrato anco egli fece il simile, mà prima voltossi à Pio, & à san Cesareo, e disse loro ridendo, hora andate mò à far il Papa; cosi disciolta quella Congregatione, andorno quei due giouanetti Cardinali à riferire il seguito ad Aldobrandino; il quale se ne dolse amaramente e pensando seco medemo, à farne risentimento notabile, volse anco sentire, il parere de' suoi. Onde raddunati insieme Bandino, Aragona Borghese, & altri col medesimo san Clemente; doppo lungo consiglio presero partito, di far una Congregatione generale de i loro, e di solennizare in essa l'esclusione di Sauli con maggior apparato, che non hauessero fatto li collegati quella di san Clemente; mà perche Aldobrandino dubitaua che molti de' suoi non hauerebbono volsuto comparirui, sendo chiamati sotto questo nome, publicò, e fece loro intendere, di voler consultarsi con essi loro di quello, che s'haueua à fare in tanta confusione; e perche Delfino staua al quanto indisposto e s'era ancora tal volta lamentato, che Aldobrandino non communicaua con lui pienamente, i suoi consigli, e che la parte auuersa, benche debole, faceua ciò, che voleua, doue che essi stauano sempre con le mani alla cintola, Aldobrandino volse darli questo profumo, che l'Assemblea si tenesse in Camera sua. Quiui dunque la sera
do 15.

PAOLO V.

de 15. che fu Domenica concorsero di presenza, 24. Creature d'Aldobrandino, & altre otto in voce, tre inferme, e cinque, che per buon rispetto non si palesorno à tutti, di modo che furno 32. Cardinali, che hebbero parte in quella Congregatione, alla cui fama si commosse tutto il Conclaue concorrendoui ciascuno, per esplorare gl'assedamenti, e per attendere l'esito; staua però custodita la porta della Cella in modo, che nissuno poteua accostarsi per udir ciò, che iui dicesse; mà si seppe poi, che Aldobrandino cominciò con prohemio specioso, riguardante in apparenza al ben publico, all'importanza, del negotio, & alle dificolta presenti; mà indi à non molto si venne alla conclusione & quello, perche si erano adunati, fu primo solennemente stabilita l'esclusione de Sauli, poscia fu concluso, che ciascuno di essi fusse obligato, d'andar' à qual siuoglia di loro, à beneplacito d'Aldobrandino senza che egli desse loro prima parte alcuna della negotiatione, mà che trattandosi d'un terzo, egli douesse prima participare il negotio con essi, & all'ultimo strinsero maggiormente la loro unione con promessa, di non escludersi fra loro; finiti questi Comitij, non però hebbe fine in Aldobrandino il conceputo sdegno, anzi perseuerando à voler risentirsi tutta via piu, e principalmente con Sfondrato, cadde in pensiero di voler anco far l'esclusione à Piatto, & à Parauicino; mà per he ò vi scopriffe qualche difficoltà, sendo ambidue questi Signori assai amati, ò perche conoscesse, che le cose loro non erano in stato, da temerne allora, depose affatto questo pensiero, e si applicò alla promotione di Tosco, volendo quanto prima cauar frutto dalle conclusioni firmate nella passata Congregatione. Era Tosco non solo portato da Aldobrandino; mà dal Gran Duca, dal Duca di Sauoia, e dalla Casa d'Este, di cui è suddito, e per conseguenza anco da Sfondrato, li Spagnuoli, e Franceli lo voleuano, Montalto anco egli non non lo sfuggiua, anzi haueua dato parola al Gran Duca, & al Marchese d'Ariano di fauorirlo doppo le sue Creature, era dal Collegio uniuersalmente ben voluto, mà principalmente da Este e da Cesi, Beuilaqua, e Monti; Pio, che non lo voleua per l'interesse della

della lite di Saſſolo con gl' Eſtenſi, era ſtato placato da Beuilaqua; di maniera che parcua, che egli non haueſſe altro Pianeta retrogrado, che le oppoſitioni, che li veniuano fatto da alcuni ſcrupoloſi, che lo tacciauano di licentioſo nel parlare, e come poco curante l'officio ſuo paſtorale, poiche eſſendo per molti anni ſtato Veſcouo di Tiuoli non s'era mai transferito alla viſita di quel veſcouado; mà queſt' objettione à petto alle forze di tanti, che lo fauoriuano, erano nulle, in modo che trattando di lui auanti dell'ingreſſo al Conclaue l'Ambaſciador di Spagna, e li collegati, alcuni di loro, e Sfondrato fra gl' altri, diſſero liberamente, che quando egli fuſſe ſtato propoſto, non gli vedeua ne ſe gli doueua eſcluſione alcuna. Nel Conclaue egli entrò infermo, e vi ſtette quaſi ſempre à letto e nell' alterationi, che ſeguirno, e che ſi ſono dette, l'opinione, che s'haueua di lui, non ſi turbò mai, di maniera che quando ſi ſentiua correre in vano hor queſto, hor quello, ſi diceua publicamente che altri correuano, che Toſco haurebbe vinto il Pallio, e ſi affermaua da tutti, che non s'aſpettaua altro per farlo Papa, ſe non che egli ſi laſciaſſe vedere compitamente ſano, come finalmente fece la mattina delli 16. ultimo giorno del Conclaue, che egli vène, à dir meſſa nella Cappella di Siſto; mà non ſi trouò allo ſcrutinio, nel quale egl' hebbe più voti, che furno 13. Aldobrandino dunque vedendo diſperata la promotione delle Creature amate, principalmente da lui, s'infiammò gagliardamente in queſta prattica nella quale non ſi ſcorgeua à prima viſta intoppo alcuno, ſe non di Montalto, il quale fomentandoſi tuttauia quella ſperanza dell' elettione d'uno de' ſuoi egli pochi giorni prima s'era conuenuto con li Collegati, e con li Spagnoli ancora, ſecondo alcuni, che per dieci giorni non veniſſero ad altra reſolutione intorno al fatto di Toſco, perche egli non temeua d'altri che di lui, mà non voleua eſcluderlo; deſiderando ſolo d'hauer tempo, d'eſperimentar la fortuna delle ſue Creature. Dormiua egli dunque ſicuro in queſta parte, quando ſi ſentì lo ſtrepito d'Aldobrandino, il quale ſapendo d'hauer li Spagnuoli, e Franceſi, & anco molti de' collegati in fauore di Toſco, fece in un ſubito congregare

PAOLO V.

gregare le sue Creature nel corritore della fontana, & a
perſe loro il ſenſo ſuo, di voler allora guidarlo in Cametris, e
crearlo Papa. Sforza amico di Toſco haueua poco prima
trattato con Montalto d'ordine d'Aldobrandino, per farlo
riſoluere; mà non potè ritrarne preciſa riſpoſta, moſtrandoſi
irreſoluto per la fidanza, che egli haueua nella conuentione
fatta. Inteſa da Aldobrandino l'irreſolutione di Montalto,
diſſe à Sforza, di voler gire à trouarlo; mà Sforza lo diſſua-
ſe, egli diſſe, che teneſſe all' ordine le ſue Creature; onde e-
gli, come ſi è detto, le conuocò nel corritorio; mà non vedendo comparir' auuiſo di reſolutione; s'inuiò egli riſoluto
col ſuo ſtuolo, per far il Papa, ſtauano li Collegati in Camera d'Acquauiua trepidando tutti, e perſuadendo Montalto,
il quale ſi lamentaua alteratamente di loro, che mancaſſero della conuentione fatta; mà eſſi ſi ſcolpauano, e diceuano che le ſue Creature erano eſcluſe, e che il temporeggia-
re non gioueua e che biſognaua riſoluerſi, poiche eſſi ſenza
li Spagnuoli non erano baſtanti allora, di opporſi à caſo coſi repentino, & alla fine Farneſe egli altri non inſtauano altro ſe non che egli ſi riſoluſſe, ò dentro, ò fuora, proteſtan-
doſi, che eſſi harebbono ſecondato ogni ſua riſolutione, e che
non voleuano abbandonarlo; mà egli ſtaua pur irreſoluto;
non volendo dichiararſi nè prò nè contro; mà per perſiſtere
nella neutralità già conuenuta per li dieci giorni. In tanto
udito il rumore di Aldobrandino, che s'auuicinaua, uſciti di
Camera alcuni, di loro, l'incontrorno, e cominciorno à pregarlo, che faceſſe tal' attione più ſedatamente e che s'aſpet-
taſſero gli altri, che ſarebboro ben toſto venuti, e fecero
tanto, che l'induſſero, à fermarſi, & à parlar con Montalto,
che ſtaua tuttauia in Camera di Acquauiua; e doppo alcune
parole ſeguite frà loro, Montalto ſi riſolſe di voler prima parlare con tutte le ſue Creature, quali erano iui la maggior parte, e s'adunorno tutti nella Camera dell' iſteſſo Montalto,
doue furno à caſo chiamate, e come paruero ſubito quelle,
che erano abſenti, & entrate à conſulta la diuerſità degl' affetti produſſe varij pareri. Monti amiciſſimo di Toſco s'af-
fatigaua con l'aiuto anco di Gallo à perſuader' à Montalto,

che

che concorresse prontamente à quest' elettione. Altri, che pretendeuano per se stessi, stauano come aggiacciati fomentando con il loro silentio, la cogitabunda natura di Montalto; e Camerino solo, risoluto, e libero, gli diceua, che non si muouesse punto contro suo genio, ne esseguisse in ciò cosa alcuna senza il suo volere che egli sempre l'harebbe seguito; mà alla fine considerando tutto il termine, in che staua il negotio: e che Aldobrandino il quale, quando con gl' altri si restrinse à conseglio, si era retirato con la promessa delle sue Creature, attendendo il seguito: che haueuano li Francesi, e Spagnuoli con tutti li suoi uniti: ne daua ordine, ne tempo d'ordire trama alcuna: e che hauerebbe egli fatto allora, allora il Papa, mal grado loro, determinorno di cedere all' instante necessità, e di unursi con lui. Vdita questa risolutione da Farnese, e Sfondrato, che stettero sempre di fuora, protestando, che essi hauerebbero seguito qual siuoglia determinatione di Montalto, andorno à significarlo ad Aldobrandino, lo presero in mezzo, e lo condussero in Camera di Montalto, doue Sfondrato fece l'interprete fra loro, e disse, che doueuano ringratiar il signore, d'hauere fatto buona elettione, e che si douessero mandar in obliuione le cose passate; staua Montalto appoggiato al tauolino con viso turbato, e con gl' occhi bassi, ratificò col silentio le parole di Sfondrato, e senza volger mai l'orchio al volto d'Aldobrandino, gli diede la mano. Era Montalto alterato da diuersi pensieri: gli premeua, di non hauer potuto à suo modo esperimētare la fortuna delle sue Creature: gli pareua, che li Collegati gl' hauessero mancato, astringendolo à risoluersi dentro quel termine, che esso preso haueua, per star irresoluto, e conosceua, d'essere tirato à forza, e senza alcun suo merito à questa elettione; onde non fu marauiglia, che da un animo tanto alterato uscisse poi attione tanto impensata, come fu quella, che poscia diremo. Tosco in questo mentre, consapeuole di quanto passaua, staua nella sua Camera con san Giorgio, e Diatristain, quali lo persuadeuano, ad inuiarsi alla Cappella; mà non approuando egli questo consiglio, & affermando, non esser conueniente, che egli partisse

di Camera,

PAOLO V.

di Camera, senza asser leuato da Aldobrandino, e da gl' altri com' è costume; san Giorgio spedì un suo Conclauista ad intendere, perche quei Signori tardauano tanto à venire; andò, e giunse à punto in tempo, che Montalto accordato con Aldobrandino gli daua la mano; come dissemo; onde egli incontinente ritornò correndo al suo Signore à darli la nuoua; quale udita da Tosco, ne diede lode à Dio, e si preparò, di andar in Cappella, mà dall' empito de' Conclauisti, o Facchini, che secondo il solito gli depredauano le robbe, fu astretto, ad uscire dalla sua Camera, e passeggiare auanti quella d'Ascoli, attendendo quiui insieme con quei due Cardinali l'arriuo d'Aldobrandino, e di Montalto, quali datasi la mano, & accompagnati da grossa comitiua di Cardinali, s'inuiorno per leuar Tosco di Camera, e guidarlo in Cappella; mà la diuina Prouidenza, che volle particolarmente mostrarsi in quest' elettione mirabile, non permise, che fussero coloriti, e condotti a fine questi abbozzi, e disegni humani; Baronio, e Tarugio, Professori di conscienza timorata, non approuauano à patto veruno cotal elettione per le ragioni dette di sopra, doue si parlò degl' aiuti; che haueua Tosco; Aldobrandino, à cui non era occulta questa loro opinione, haueua fatto chiamar Baronio da diuersi Cardinali sette volte, & egli haueua sempre costantemente detto, che voleua esser' l'ultimo, à consentire à questa elettione; nè erano state sufficienti le preghiere di Visconte, di Valenti, e di molt' altri à rimouerlo; ma staua egli passeggiando con Tarugio biasimando con cigli astrati quest' attione. Sfondrato tentò, d'acquistar Tarugi, mà lo buon vecchio sensatamente lo repulsò, e rispose, dicendogli, voi, che professate lo spirituale, faceste l'esclusione à Baronio nel passato Conclaue; & hora anco non vi vergognate, di voler, tirare me in Tosco; fu consigliato Aldobrandino, à lasciarli stare, doue erano, & à non far per all'hora altra instanza, per non correr rischio, che questi due mal sodisfatti generassero qualche solleuatione negl' altri, mà il Signore Pio, che dal monte altissimo della sua providenza haueua risoluto, di spiccar la pietra piccola della parola di Baronio, per dar con essa ne' piedi di questa grande statua di Nabuchodonosor, o gettarla à terra, fece perseuerare Aldobrandino nel suo desiderio, di voler anco unir questi due agli altri suoi; onde inuiò Beuilacqua, e san Cesareo da Baronio, à pregarlo, che venisse col compagno, che disegnaua parlar loro d'ogni altra cosa, che di Pontificato. Piegossi Baronio à questa ambasciata; venne, e nella Sala de' Duchi, s'incontrò nella schiera già unita di questi Signori, che tutti d'accordo andauano da Tosco; mà non perciò s'arrese quell' animo intrepido, anzi continuando nelle solite sue doglianze, & alzando più che mai la voce, voltatosi ad Aldobrandino, gli disse, di non voler andar' à quella adoratione, se non in ultimo luogo, e che voleua, che si scriuesse nelli suoi stiuali, che egli era stato l'ultimo, à concorrere à questa elettione; aggiungendo che si doueua eleggere huomo da bene; fu gli risposto, che questa era elettione buona, e fatta in persona di huomo da bene, & egli, dimenando la mano per il petto e crollando il capo, reprouò questa risposta con i gesti, e con sospiri e parole interrotte. A questi così liberi accenti, massimamente Montalto, che era poco ben disposto, si commosse in gran maniera, e dimenticatosi, d'hauer già escluso Baronio nel passato Conclaue, proruppe, e disse, veramente conuiene attendere à quel, che dice Baronio. Sordi che gli staua vicino, soggiunse, l'huomo Santo di Dio ha parlato, e le parole di sì grand' huomo meritano consideratione. Allora Montalto, sentendo questa corrispondenza, s'alterò affatto, e disse; facciamo Baronio, io vò in Baronio, indi voltossi à Giustiniano, che gli veniua appresso, e pregollo, che non l'abbandonasse, onde egli benche poco prima hauesse promesso fermamente à Tosco, cominciò à gridare, Baronio, Baronio, alla cui voce unitasi quella de' Francesi, amicissimi di Baronio, e di molti altri così Cardinal come Conclauisti, si sentì in un tratto altamente risonare il nome di Baronio, Alzorno anco il grido quelli d'Aldobrandino, e della lega, reiterando spesso con più alte, e sonore e reiterato voci il tumore, e nome di Tosco, così tutti gridando, e caminando diuisi di voce, e d'animo, mà uniti con i corpi per

l'angustia

PAOLO V.

l'angustia del luogo, giunsero in sala Regia, doue nel primo ingresso rimbombauano in confuso, & altamente più che mai li nomi di Baronio, di Tosco; mà poi si distinse il Choro delle voci con la diuisione de' Corpi. Montalto con Baronio tirò verso la Cappella Paolina; Aldobrandino fermossi alquanto tutto sospeso, indi prese tempo, vedendo inuiarsi li Baroniani alla Paolina, disse ad alta voce, le mie Creature vengano di quà, additando verso la Cappella di Sisto. Se egli secondaua le voci di Baronio il Papa era fatto. Acquauiua ancor' egli, & alcuni altri Collegati, seguaci di Tosco, gridauano similmente, venga di quà chi uuol Tosco, e fu prudente risolutione, perche se andauano tutti confusi alla Paolina era facilissimo, che seguisse l'adoratione di Baronio, alla quale non haurebbono potuto opporsi in quel mescuglio, e confusione. In tali frangenti, & in quella pressura fu gettato à terra Visconti, e fu offeso Serafino in braccio. Entrorno nella Paolina cinque Francesi; e cinque Clementini, cioè Baronio, Tarugio, Bianchetto, Belarmino, e Panfilio, e Montalto con tutti li suoi, che se bene Pinelli & Ascoli si trouauano casualmente con quelli di Tosco, intesero però sempre d'esser con Montalto, col quale entrò anco Parauicino amicissimo di Baronio; benche poi fusse leuato da Farnese. Si trouorno dunque 22. Cardinali all' esclusione di Tosco nella Paolina; mà li fautori di Tosco si unirno nella parte della Sala Reggia vicino alla Cappella di Sisto, nella quale non poterno entrare allora, perche si trouò serrata; ne fu facile di rinuenire subito la chiaue. Tosco intanto, che come fu detto inanzi, staua passeggiando auanti la Camera di Ascoli, aspettando quei Signori, non vedendo comparire alcuno, e dubitando di tanta tardanza, mandò l'istesso Conclauista di san Giorgio, ad esplorare la causa, il quale corse in Sala Reggia, e trouò il negotio intorbidato, e la scissura seguita: onde subito ritornò da Tosco, egli disse il tutto: Asì strana nouella impallidissi il buon vecchio, e san Giorgio, e Diotristain, che tuttauia dimorauano con lui, lo lasciorno, e si spinsero auanti, per rimediare al mal seguito. Cosi Tosco rimase solo col Conclauista, il quale, lo conduffe pianamente in Sala Reggia, foſtentandolo ſempre à braccio, come conualeſcente; quiui giunto, gridò il Conclauiſta, ecco il Papa, e li Promotori di Toſco, che tuttauia erano fuora della Cappella, l'accolſero frà loro & indi à non molto furno portate le Chiaui, e tutti entrorno dentro in numero di 36. perche ſan Marcello, e Madruzzi ammalati vennero doppo; coſi occupate le Cappelle ſtauano có molto riguardo. Quelli della Paolina haueuano chiuſo la Porta, mà dauano però l'adito libero à chi voleua entrare, à negotiare. Quelli della Siſtina la teneuauo aperta, mà cuſtodita da Deti, e da ſan Ceſareo, e da una mano di Conclauiſti loro; ſi cominciò il parlamento, e paſſauano da una Cappella al' altra Sforza, Sfondrato, Acquauiua, ſanti Quattro; & altri per aiutare Toſco, in fauor del quale non ceſſaua Monti, d'affatigarſi, e fece intendere à Toſco che egli ſtaua nella Paolina, per ſeruitio ſuo; mà che non voleua tradir Montalto; vi fu però chi diſſe, che egli haueua, promeſſo ſegretamente che l'hauerebbe laſciato, quando il negotio di Toſco ſi fuſſe ridotto al mancamento d'un voto ſolo. Viſconte doppo la caduta in terra entrò nella Paolina, e cominciò à riprendere queſto tal mal modo; e diſſe à Baronio, voi volete fare qualche ſciſma; io non voglio fare ſciſma, ne io voglio eſſer Papa, riſpoſe Baronio, mà propongaſi qualche idoneo, e buon ſuggetto; Viſconte doppo alcune altre parole volſe venir fuora; mà fu trattenuto da quei Cardinali, onde egli voltato al Maeſtro di Cerimonie diſſe; mi proteſto di violenza, rogateuene; riſpoſe Montalto, e li miei ancora Pinelli, & Aſcoli ſono trattenuti nella Siſtina, ſi laſci dunque ciaſcuno in ſuo arbitrio; approuò il ſuo detto Viſconte, & uſcì fuora, dicendo, io non voglio hoggi far Papa alcuno: andrò da chi farà leggitimamente eletto: nè anco farei Papa ſan Piero in queſta guiſa, e poſtoſi à ſedere ſù li banchi di Sala Regia, s'accompagnò con lui Acquauiua uſcito dalla Siſtina, e doppo breue ſermone lo menò dentro con li fautori di Toſco. Gioioſa, vedendo di non poter far Baronio e ricordandoſi della parola data a Toſco, procurò più volte, di uſcire dalla Paolina; mà

ſempre

PAOLO V.

sempre in vano; perche Montalto & altri abbracciatolo con violenti preghiere l'arreſtauano; mà dimenandoſi egli tuttauia, Montalto lo ſupplicò, à non l'abbandonare, egli diſſe che d'all' hora lo conſtituiua padrone delle ſue creature, è di ſe ſteſſo, con ferma promeſſa, di ſeruirlo in qual ſiuoglia ſoggetto da Toſco in fuora. Acquietoſſi Gioioſa, mà non tanto, che la parola data à Toſco non lo rimordeſſe di quando in quando; Aldobrandino ſi transferì nella Paolina, e trouando foſſe difficile la recuperatione delle ſue Creature, che iui dimorauano, ò pur penſando di valerſi di quell' occaſione per far Papa ſan Clemente che egli deſideraua in primo luogo, in vece di chiamar Gioioſa all' oſſeruanza della promeſſa, entrò à dire, di non voler creare il Papa in quella mattina, e propoſe una ſoſpenſione ſino alla mattina ſeguente. Onde Gioioſa hebbe Campo, di gratificar Montalto, quale lodò queſta propoſta; mà Aldobrandino replicò, bene ſta; mà voſtra Signoria Illuſtriſſima farà poi quello, che gli tornerà commodo; ſoggiunſe allora Sauli, date ambidue parola à Gioioſa, nato Caualiere; accettorno eſſi il partito, diedero la parola, e Gioioſa la preſe. Quindi Aldobrandino partito communicò il tutto con li ſuoi, quelli pretendo, che li Franceſi, e le Creature fuſſero in obligo d'oſſeruar la parola, e volendo in ogni modo ſpuntar in Toſco, non volſero accettare il partito, e ſpinſero di nuouo Aldobrandino nella Paolina, à recantarſi. Egli dunque moſtrando l'impotēza ſua per la volūtà de' ſuoi, doppo molti contraſti fattigli, Gioioſa li reſtituì la Parola, col Beneplacito di Montalto, quale doppo partito Aldobrandino andò alla Porta della Siſtina doue era poco prima entrato Madruzzi, e diſſe ad alta voce, che laſciaſſero uſcir Pinello, & Aſcoli, che altrimenti egli ſi proteſtaua di violenza, & alla fine entrato dentro parlò con loro, & eſſi l'aſſicurorono del loro voto; e poco appreſſo eſſendo ito Farneſe à menar Parauicino nella Siſtina, eſſi partirno di la, e paſſorno nella Paolina, & indi alle Camere loro. Montalto in tanto volendo bene aſſicurarſi di Toſco, pieno d'anſia, e timore fece intendere ad Aldobrandino che, fuor che Toſco, eleggeſſe

gesse una delle sue Creature, atiandio san Clemente concorsoprontamente. Communicò Aldobrandino questa Proposta con Bandino, quale essendo amicissimo di san Clemente, disse, che se gli riuscisse questo colpo, sarebbe il più glorioso Cardinale del mondo, hauendo ridotto gli Aduersarij in una Creatura sua, tanto diletta, esclusa da loro poco prima in così brutta maniera. Rispose Aldobrandino, di esser pronto; mà che il trattare di questo negotio in presenza di Tosco attorniato da tanti Cardinali, hauerebbe generato senza altro qualche disordine. Bandino allora propose, che egli hauerebbe disposto di Tosco, à girsene in Camera, con dirli, che iui sarebbe stato più agiatamente, e con minor pericolo della santità. Staua Tosco, à giacer in un letto nobilmente addobbatto, e gli faceuano cerchio da 15. ò 20. Cardinali, trà quali si mischiò Bandino, per esseguire il suo proponimento; intanto presentita dalli Collegati, escludenti di San Clemente, la proposita di Montalto, & odorato questo negotio s'ammutinorno; ne sapendo come ripararsi, spinsero Acquauiua, ad auuisar Montalto, che si ricordasse della brutta esclusione fatta à san Clemente, che retrattasse questa sua proposta, ne dubitasse punto di Tosco, perche essi, mentre erano stati nella Sistina, si erano in gratia sua adoperati in maniera, che non bisognaua più dubitare di Tosco, e perche il pericolo era euidentissimo, messero Santiquattro alla volta de i Spagnuoli per chiarirsi, se voleuano in ciò unirsi con loro, poiche poco prima Sfondrato haueua detto à Farnese, d'hauer hauuta qualche speranza che li Spagnuoli non sarebbano condescesi in questo soggetto. Andò Santiquattro da Auila, e ben che come Signore di molta prudenza, gli dicesse più volte alla chiara, di hauer bisogno di risposta precisa, non potè mai ritrarne se non risposte ambigue; onde egli si voltò à Zappata, il quale gli disse liberamente, che essi non erano allora in termine, di potergli promettere cosa alcuna. Hauuta questa risposta corse Santiquattro à riferirla à Farnese, il quale non hauendo più altro refugio per la causa comune, fece intendere à San Giorgio, che il proponere San Clemente non era termine nè di parente, nè d'amico: che Aldobrandino

PAOLO V.

dobrandino lo voleua metter in necessità, d'essergli sempre nemico implacabile: che questa era l'occasione, mediante la quale poteuano stringersi insieme con nodo insolubile, e scancellare li passati disgusti, & abboccatosi poi anco con lui, gli parlò col medesimo senso tanto viuamente, che Aldobrandino, à cui San Giorgio, mescolando anco le sue preghiere, riferì poi il tutto, si fermò, e depose onninamente il pensiero di San Clemente, facendo subito intendere à Bandino, che desistesse dall'impresa cominciata, di voler leuar Tosco dalla Sistina, perche il negotio di San Clemente era suanito affatto. San Clemente dunque fu tenuto Papa di sicuro per lo spatio di 5. ò 6. hore; la onde Pio, che haueua notitia del negotio, s'accostò à Borghese, egli disse che sapendo egli, quanto fusse amico di San Clemente, gl'annunciaua, che trà poco l'hauerebbono hauuto Papa di certo; e veramente haueua 5. ò 6. voti d'auantaggio; mà in questo giorno ultimo del Conclaue paruo, che si raccogliessero tutti gl'accidenti, e strauaganti memorabili, che possono venire in tal genere. Alcuni in questo giorno furno vicinissime al Papato: no vi fu vecchio, ò di mezzana età, che non sperasse: non vi fu Capo di fattione, che non temesse, & errasse notabilmente, & in ultimo non vi fu Cardinale ò altri, à cui riuscissero li suoi disegni, e che non restasse ingannato nelli suoi discorsi. Tosco fu vicinissimo ad esser Papa, e fu escluso da una parola di Baronio: Baronio vi s'acostò come lui; mà fu impedito dalla diuersione, che Aldobrandino fece: San Clemente corse del pari, e forse più; mà fu trattenuto da Farnese: Credeua Tosco che nella Sistina si negotiasse per lui solo, e s'ingannaua, perche appresso seguito il rumore, Aldobrandino, e molti altri entrorno in pensiero di altri soggetti: Baronio pensaua, che si stesse nella Paolina per conto suo; onde ringratiò Ascoli che vi ritornò doppo cena della briga, che prendeua per lui, mà egli non s'apponeua perche vi si staua per escludere Tosco, ne si trattò più di Baronio, finite, che furno quelle acclamationi: San Clemente, si tenne Papa sicuro, non potendo credere, che le parole di che unque che sia douessero hauer forza, di volger altroue Aldobrandino, e

l'euento

l'euento gl'infegnò, quanto fia anco facile à piegarfi gl'animi deboli alla uolontà di chi può giouare, e nuocere: tutti i Cardinali, vecchi, e giouani hebbero fperanza, e con ragione fperorno. In tanta confufione, non c'era fperanza cofi morta, che al fuono di quei rumori non fi rifufcitaffe, e Serafino ifteffo, che è pur nato Francefe, benche del refto fii di meriti eminenti, haueua gran fperanza, e beniffimo fondata; che fe Gioiofa, ò altri lo proponeuano, farebbe riufcito in fallantemente, hauendo egli grandiffima aura nel Collegio: Montalto temeua di Tofco; e di Como: Errò grandemente Aldobrandino; che doueua ò fermar ben prima Baronio, e Tarugio in Tofco, ò non chiamarlo doppo; poteua in oltre moftrarfi più fodo in refiftere à gl'offitij di Farnefe contro San Clemente; maffime che poi gl'harebbe potuto fare tali feruitij à Farnefe col fauore del Papa, che fe l'hauerebbe ben refo amiciffimo: Farnefe all'incontro poteua eleuarfi più col penfiero, & inalzar San Clemente per rifpetto che non gl'erano amici certi Prencipi, che procurauan d'abbatterlo: Montalto moftrò poca prudenza à non proueder la trattatione di Tofco, & à non dichiararfi, e prepararfi per fempre, acciò poteffe ò farli l'efclufione ficura, d'hauer qualche merito nella fua elettione; e dopo efferfi accordato con Aldobrandino, fu molto pericolo il gettarfi con Baronio; come fu poi diuerfione poco fauia il piegar verfo San Clemente, troppo diletto d'Aldobrandino, & efclufo già da lui in modo troppo notabile: Sfondrato hebbe gran colpa nell'alteratione di Montalto, poiche andò da lui à dargli la nuoua, che Aldobrandino moueua la prattica di Tofco, fauorito anco dal medemo Sfondrato, nè s'aftenne di conferirglela alla prefenza di Sauli, che fi trouaua allora con Montalto, fenza confiderare, che quel Signore ingolfato nella pretentione, harebbe tentato, di turbare il negotio, come fi crede che feguiffe, perche partito Sfondrato, è opinione, che fpargeffe nell'animo di Montalto quei femi, che produffero poi quefti frutti: Li Spagnoli anco effi hebbero gran tema di Baronio, e gran parte nell'alteratione di Montalto, perche credendo di farlo rifoluere, andorno da lui quafi nel principio del negotio

egli

egli differo che Tofco era fatto, e che non occorreua penfarui più, e lo ftrinfero tanto con la paura, egli fecero tanta fretta, che egli fi auuidde, che lo voleuano violentare, onde fo gl' aumentò in gran maniera la mala fodisfattione, che haueua in quefto negotio, quefto effetto fu fatto da loro con tanto impeto, che produffero manifeftamente effetto contrario à quello, che effi defiderauano, e che hauerebbero, confeguito, fe haueffero procurato, di difporre Montalto con foauità. Et in quefto errore caddero anco parte de' collegati; Furno moffi à quefto li Spagnuoli dal Conclauifta di Doria, à cui fu detto per burla, che benche poi fuffe per riufcire da vero, che v'era pericolo di Baronio; e che fi trattaua anco per lui fecretamente; Onde egli non faceua altro, che dire alli Spagnuoli, & à tutti, che follecitaffero & eglino perciò fi meffero in furie & in furiorno anco Montalto. Parue che li Francefi foli fi regolaffero prudentemente, nè commetteffero errore alcuno, perche quefto giorno era deftinato à cofe infolite, gl' oppofero però alcuni, che non conofceffero il tempo, di far Papa, Serafino, & ufcir gloriofi di Conclaue con un Papa Francefe, che farebbe loro riufcito, come dicemmo dianzi; quefta opinione fù con tanto fondamento e fi diuulgò di tal maniera, che Gioiofa hebbe per conueniente di paffare lunga fcufa con Serafino: ultimamente in quefto giorno non vi fu chi vedeffe verificare con l'euento li fuoi difegni, benche prudenti, perche li fucceffi furno contrariffimi ad ogni humano difcorfo, nè la prudenza, & efperienza altrui potè preuedere gl' accidenti, che feguirono; & il medemo Borghefe, che fu eletto; come che haueffe qualche ben fondata fperanza, non penfò però mai, che gli riufciffe di far colpo all' hora per la fua frefca età; fe non quando vi fu vicino; poiche anco egli con li altri affifteua à Tofco, e lo feruiua. Paffato quefto giorno, e fopra giunta la notte, perfifteuano conftantemente nelle loro opinioni nella Capella, eccetto alcuni pochi, che s'erano ritirati alle Celle col dare parole, alli fuoi, di ritornar, facendo bifogno, e già fi preparauano letti, e viuande da portar nelle Cappelle per quelli, che non voleuano ufcir di là, fe non vincitori, conofcendo

tutti

tutti che se ciaschuno tornaua alla sua Cella, il negotio si sarebbe disposto, ne sarebbe stato facile, di riunirli all' insegne. Fu proposto da Ginnaseo ad Aldobrandino, che in quei frangenti poteua pensare à Como. Aldobrandino disse d'amare, e di conoscere il merito grande di questo suggetto; mà che li Francesi, e quelli anco, che Como teneua per veri amici non lo voleuano per patto veruno; si doleuano le Creature di Montalto, che egli si fusse precipitato in Baronio: si lamentauano d'Aldobrandino le sue Creature, che egli non fusse sempre stato saldo in Tosco, che à quell' hora sarebbe riuscito Papa: dubitaua Montalto, di non esser alla fine abbandonato ò da Francesi, ò da altri: dubitaua Aldobrandino, che essendo escluso Tosco Creatura sua più riuscibile, la fortuna non piegasse verso le Creature di Montalto, ouero qualche una delle sue proprie, che egli non voleua; onde agitati ambedui da diuersi stimoli, parlamentarono insieme, e conclusero, che bisognaua dare nelli giouani; e doppo d'hauer proposto molti, elessero Borghese amico di Montalto, e Creatura confidente d'Aldobrandino, riserbando però Montalto il beneplacito di Gioiosa, il quale s'era già retirato alla sua Camera, sapendo ambidue, che li Spagnoli lo voleuano, e desiderauano grandemente, e che Sfondrato l'amaua. Era Borghese stato sempre nella Sistina, e uscito poi per andare, à cenare, come fece tumultuariamente in Camera sua, tornò quasi subito in Cappella; doue trouatolo Aldobrandino; che passeggiaua gli disse pianamente, di volerlo far Papa, e che non si mouesse punto; egli ringratiatolo, conntinuò il passeggio, & Aldobrandino andò da Gioiosa, per ottenere il suo consenso conforme all' appuntamento stabilito con Montalto; quiui Aldobrandino cominciò à pregar Gioiosa, à volerlo liberare da questi trauagli, col venir volentieri in Borghese, supplicandolo per l'amore, che la santa memoria di Clemente suo zio portaua al Regno di Francia, e s'infiammò tanto nelle preghiere, che se gl' inginocchiò d'auanti; Rispose Gioiosa, che Borghese era suo amico; ma che voleua sapere la mente di Montalto; Aldobrandino affermaua, che se ne contentaua anco Montalto, il quale sopragiunse appunto in to in questo parlare, e vergognandosi Aldobrandino di esser visto da lui inginocchiato, si leuò allora in piedi, e Montalto interrogato da Gioiosa, diede anco egli il suo consenso. Indi partirno Montalto, & Aldobrandino; e Montalto andò nella Paolina, e significò à quei Signori che Borghese era fatto Papa se fusse loro piaciuto; rispose Baronio; si figlio mio che questo è molto miglior di me, e s'acconsentirno anco gl'altri. Già s'andauano spargendo le uoci per tutto, che il negotio era stato communicato alli Capi di fattioni, e Visconte ne haueua dato notitia à Sfondrato, e Farnese, che erano usciti per andar à cena, & ogn' uno approuaua questa elettione dalli vecchi in poi, che vedeuano troncar le loro aride speranze dalla viuida giouentù di questo Signore; mà non hebbero tempo, di parlare insieme, non che d'unirsi, e di far mouimento alcuno, e stauano buona parte di essi, nelle Camere loro, e molti di loro hebbero prima auuiso dello stabilmento, che odore della trattatione di questo negotio; onde concorsero con gl'altri. Era anco penetrata, benche segretamente questa risolutione nella Sistina, perche Aquauiua fu udito dire ad Arigone, hanno concluso nel vostro socio, e già molti Cardinali cominciauano à far cerchio à Borghese, quando comparue Aldobrandino, il quale voltandosi alle sue Creature, dimandando loro, se voleuano osseruargli la promessa fattali nella Congregatione, di voler concorrere tutti in sua Creatura, risposero essi d'esser pronti; s'inchinò allora Aldobrandino à Bórghese, e disse, ecco il Papa, e tutti à gara, e Tosco con gl'altri si congratulorno con lui. Haueua Borghese grandissima aura acquistata con le sue piaceuoli maniere, e con una modestia mirabile, unita con una rara integrità di vita, e con molta letteratura, e notitia delle cose del Mondo, quindi era amato uniuersalmente da tutti, e destinata da tutti à questa Dignità suprema; mà non cosi presto, arriuando egli appena all' anno 53. della sua età, onde non fu merauiglia, che per soperare tante difficoltà gli fussero donati otto, ò dieci anni, e fusse quasi prima accettato, che proposto. Corse allora un Mastro di Cerimonie alla Paolina con l'auuiso del Papa eletto. Ci piace, disse Montalto, mà vorrei, che s'afpettaſſero queſti Signori Franceſi, Rifpoſe il Maſtro di Cerimonie, che Sfondrato era ito, à follecitarli; con queſta rifpoſta ufcirno quaſi tutti dalla Paolina, e trouorno Borgheze à mezza Sala regia, che veniua accompagnato da quelli, che già ſtauano nella Siſtina, & unitiſi tutti inſieme, lo conduſſero nella Paolina; doue giunti li Franceſi, & alcuni altri, che dimorauano nelle loro Celle, fu con publico ſcrutinio eletto, & adorato ſecondo il ſolito. Indi poi ſendo ſtato mal menata la ſua Cella, ſi transferì ſeruito da tutti alla Camera di Giuſtiniano à ripoſarſi, apparendo egli eminente ſopra gl'altri con l'auguſta procerità del Corpo, come un' altro Saul; e moſtrandoſi con l'eminenza delle ſue virtù ſecondo il core di Dio come un' altro Dauid.

CONCLAVE
FATTO PER LA SEDE VACANTE,
DI
PAOLO QVINTO.
NEL QVALE FV CREATO PONTEFICE,
il Cardinal Aleſſandro Lodouiſio Bologneſe, detto,
GREGORIO XV.

ON dica d'eſſere ſtato in Roma chi non vi s'è trattenuto in tempo di Sede Vacante, perche oue in altro tempo ſi veggono tutte le coſe caminare con quella regola, & ordine, che gli preſcriue l'autorità del viuente Pontefice; tornano all' hora à diſconcertarſi; e mutar faccia in modo, che più non ritengono la ſomiglianza di prima. All'hora l'altezze adorate, & idolatrate dalla corteggiana adulatione tutte s'abbaſſano con gran mortificatione di loro ſteſſe. Si che chi moſtrò ſpirito di dominio, e di orgoglio, e conteſe di maggioranza, à i primi dì ſi vede humiliato, e rimeſſo inchinarſi, & incuruarſi à chi diſprezzò poco dianzi; all'hora ſi depone il faſto dell'antico magiſtrato, e piglia ardimento tal uno, che non ſi tenne in niun conto, di poter pretendere, d'eſſer tale, che poſſa facilitare, e chiudere à voglia ſua le ſtrade alla ſublimità del Pontificato, à chi gli fu in altro tempo amoreuole, e corteſe. Ceſſano all'hora l'autorità de' Tribunali, & è libera à ciaſcuno la facoltà di parlare, e dello ſcriuere, e di dire ſuelatamente quel, che per ogni riſpetto

era da tenerſi in altro tempo celato. Però chi è grande nelle felicità humane è molto accorto, ſe viue in modo, che in ſimili accidenti reſti lontano dall'altre accuſe; oltre che s'aggiunge, che per eſſer queſta Corte una radunanza di perſone diuerſe, che tutte ſeruono per fine d'accreſſere la propria conditione all'hora, che fu eſcluſo dalla conceſſione de' fauori, o delle gratie entra audacemente in fede di poter giouare al ſogetto confidente, dal quale riporti al ſuo ſtato accreſcimento di conſideratione, perche infiniti della Corte, per hauer' veduto Paulo V. di compleſſione coſì vigoroſa, che poteua crederſi, che hauerebbe ſepellito tutti gl' altri Cardinali, che aſpirauano all'iſteſſo grado, andauano cadendo dalle loro ſperanze; molti ſi commoſſero dall' auuiſo inaſpettato dell'accidente ſopra venutoli in ſanta Agneſe, che riſentitoſi grauemente nel giorno della conuerſione di ſan Paulo, fu neceſſitato Borgheſe la notte iſteſſa à richiamare per Corrieri, e ſtaffette li Cardinali, ch'erano lontani dalla Corte. Aiutato il Pontefice dalla diligente cura di chi gl' aſſiſteua, hebbe da Dio, gratia, di prolungarſi la ſua morte ſino al giorno 28. Gennaro 1615. che ſpirò al tocco di 23. hore. Lungo ſarebbe il raccontare tutte le ſolleuationi della Plebbe, di Cittadini, e di foraſtieri, mà noi, che non habbiamo penſiero, ſe non di ſcriuer quello, che ſi fece nel luogo, oue, i Cardinali erano chiuſi, per eleggere il ſucceſſore, laſciaremo, ch' altri ſcriua, i particolari della Città, oltre che quanto auuienne di fuori è ſempre l'iſteſſo, ò poco differente in alcune parti; e quello, che ſi opera di dentro, è tanto diuerſo da una uolta all' altra, quanti ſono gli effetti, & intereſſi, c'hora muouono à prendere una impreſa, & hora perſuadono d'abbandonarla

Finite, che furono l'eſſequie di noue giorni ſolite farſi al ſommo Pontefice, il decimo giorno, che fu li 8. di Febraro lunedì fu cantata la meſſa dello Spirito Santo dal Cardinale Giuſtiniano nella Chieſa di ſan Pietro, & il Signor Agoſtino Maſſarli, ſecretario del Cardinal d'Eſte, fece in fine l'oratione ſolita *de electione Pontificis*. Finito il tutto, ſi diede principio all' entrare in Conclaue proceſſionalmente. Nell'entrare si trouarono in Roma 50. Cardinali, e due ne arriuarono poco doppo, ch' erano saliti di sopra. Erano trà di loro varie fattioni. La prima, cioè più vecchia, era di Montalto, col quale erano Sauli, Giustiniano, Monti, e con loro andaua Peretti. La seconda era quella d'Aldobrandino, cioè Bandino, Cesis, Beuilacqua, Bellarmino, Deti, Ginnasio, Delfino, Sannesio, è Pio. La terza era di Borghese, cioè Barberino, Mellino, Lanti, Geni, Tonti, Verallo, Caraffa, Riuarola, Filonardi, Serra, Araceli, Ascoli, Vbaldino, Muti, Sauelli, Ludouisio, Aquino, Campora, Priuli, Santa Susanna, Valerio, Roma, Ghirardi, Scaglia, Pignatelli, Caponi, & Orsino. La quarta de' Spagnuoli Zapata, Madruzzi, e Borgia. La quinta de' Francesi, & era solo Bonsi, Sforza, Farnese, Medici, & Este ogn' un di loro faceua fattione da sè; se bene Medici, se fosse venuto il caso, sarebbe, per quanto si crede, stato sequitato da molti Fiorentini.

Si erano queste fattioni tutte vnite in due; la prima, e maggiore era di Borghese, seguitato da Montalto, Medici, Farnese, Este, e da Spagnuoli: L'altra era d'Aldobrandino vnita con li Francesi, & à questa s'accostorno vniti con altre Creature Vbaldino, & Orsino, che si dichiararono per Capi di fattione, per escludere Campora, che veniua portato troppo impetuosamente in primo luogo da Borghese, il quale subito morto il zio, riprese con molto ardore le prattiche da lui cominciate due anni prima à fauor del Cardinal Campora con desiderio immoderato, di solleuarlo à questo grado più di tante Creature, che haueuano merito per fatiche fatte in seruitio della santa Sede.

Alcuni diceuano, perche hauendo questo da lui riconosciuto la solleuatione della sua bassezza, con una promotione di Cardinali à suo gusto, fosse per stabilirsi meglio le speranze, di poter succedere nel Ponteficato, nel quale, per esser di fresca, e robusta natura, poteua viuere 15. ò 16. anni, dando tempo à Borghese, di maturarsi con l'età. Altri l'attribuiuano à causa più propinqua, per assicurarsi, acciò non li fosse reuisto conto delle attioni fatte fin' hora, che forse ad altor tro Pontifice dubitaua, non foſſero per piacere.

Correua nell'iſteſſo penſiero il Cardinal d'Eſte, e non ſi sà, come ſi penetraſſe, che li foſſe ſtato promeſſo da Campora, di cedere alla lite di Comacchio, e di riporre la caſa d'Eſte nell'antico Dominio di Ferrara, e queſto per facilitare il negotio, ſi fece obligare li voti da Capponi à fauore di Campora, e doue non era lecito al Cardinal d'Eſte, di laſciarſi vedere, operaua per mezzo del Conte Fontanella ſuo familiare, e del Marcheſe Entio Bentiuogli, al quale aggiungeuano ardore le ſperanze dateli dall'iſteſſo Campora, di reſtituirlo nelle raggioni, dalle quali erano caduti i ſuoi antenati già cacciati da Bologna. Non parcua però ragioneuole, nè veriſimile, che queſte coſe, quando anco foſſero ſtate promeſſe con ſcritture, e giuramento; foſſero per eſſer'oſſeruate, per eſſer troppo diſconuenienti à un Pontefice, à cui appartiene, d'accreſcere, e non diminuire lo ſtato della Chieſa; e ricordauano à queſto propoſito l'eſſempio di molti Pontefici, che con l'iſteſſe arti di promeſſe erano arriuati al Ponteficato, e per non eſſer macchiati di Simonia, fecero tutto l'oppoſito di quanto haueuano promeſſo. E perche Borgheſe vedeua, che Montalto, come prattico di ſimili maneggi, poteua giouare alla ſua intentione, e col mezzo delle ſue Creature, e d'altri Cardinali amoreuoli, e parenti, cercò di guadagnarlo con varie luſinghe, promettendogli concorrere nella ſua elettione, e di ſua Creatura, quando foſſe venuto il caſo della morte di Campora, ò che non ſi foſſe potuta effettuare la prattica à fauor dell'iſteſſo; con queſto venne à guadagnare Medici, c'haueua ordine dal Gran Duca, di fare quanto gl'haueſſe ordinato Montalto, che haueua intentione, di portar Monti, e non concorrere hora in Campora; già che ſapeua, di non poter riuſcire, credeua d'obligarſi Borgheſe di modo, che poi l'haueſſe aiutato à farlo, e ſe bene ne fu data intentione, fu poi gabbato. Con Medici era unito di ordine del Duca ſuo fratello, Farneſe, mà di mala voglia per queſto ſoggetto; però non mancò mai, d'auuiſar Medici, che non era ben fatto, di andare in Campora, mà Medici diceua, non poter far di meno per la cauſa ſudetta.

Furono

GREGORIO XV.

Furono anco da Borghese, con l'ajuto d'Este guadagnati li Spagnoli, con farli promettere tutti gl'ajuti possibili, per suppeditare i Venetiani, e di più far Cardinale il fratello del Duca d'Alburquerque Ambasciatore Cattolico. Mentre li Cardinali s'inuiauano processionalmente da S. Pietro à far nella Cappella Paolina tutti gl'atti, che doueuano precedere nella clausura, & elettione del nuouo Pontefice, da i Cardinali, che sapeuano la volontà di Borghese, furono mandati à chiamare gl'Ambasciatori di Francia, e di Venetia, come quelli, che più alla scoperta poteuano dare spirito, e moto alla esclusiua, e furono sollecitati, acciò fossero in tempo, di reprimere il primo impeto di Borghese, che si sapeua hauer pensiero, di volerlo tentare, lette che fossero le Bolle, prima d'uscire dalla Paolina. Vedendosi Borghese seguito da sì gran numero di Cardinali non dubitaua punto d'hauer à condurre il negotio al suo desiderato fine; e poco conto faceua della parte contraria, presupponendosi, che non fossero potuti venire in cognitione di questo pensiero, mà pigliaua errore, perche due giorni prima d'entrare in Conclaue, scappò detto al Cardinal Pignatello, che s'entraua in Conclaue col Papa fatto, e disse, ch'era Campora: Ciò fu sentito da uno de' seruidori poco amoreuoli di Borghese, e lo fece penetrare ad Orsino, che sapeua essere suo nemico capitale, sì per le cause passate per il parentato, come anco, che in tutte l'altre occasioni haueua tentato, di nocerli. Fù volentieri sentito da Orsino, che per potere escluderlo, andò, à trouare Vbaldino, sapédo, che in questo soggetto non sarebbe mai concorso, e che già da lui erano state fatto le prattiche per l'esclusione, essendosi à questo effetto unito col Card. Aldobrandino i Francesi, & altri Card. concreature, frà li quali Lancellotto, che s'era fatto Capo di questa fattione, seguito anco da Filonardi, e da Crescentio, e morto Lancellotto, questi dui si essibirono, e fecero capi in suo luogo, e poi nel buono piantorno, e si accommodarono con Borghese. Non erano ancora gionti i Cardinali alla Paolina, quando Vbaldino, che già prima della malatia del Pontefice era stato à letto per catarro, giunse per altra via alla sua stan-

Bbb   za del

za del Conclaue, e fu fubbito vifitato dal Prencipe Peretti, che lo pregò, à non abbandonare il Cardinal Orfino; gli rifpofe efler certo, che farà fuo fino alla morte, perche in Campora non farebbe andato fe non l'ultimo, quando non haueffe potuto far di meno, & il Prencipe diffe di voler procurare, di far mutare penfiero al fratello, mà ogni proua fu in vano, folo fi ottenne con le preghiere del Prencipe, e di Don Francefco fuo Nipote, di liberar d'obligo tutte le fue Creature, fuori di Peretti, di concorrere in Campora, e non haueuano gufto per altro. Nell'entrare in Conclaue gl'efclufori fcoperti erano folo Aldobrandino con noue fue Creature, Orfino, Vbaldino, Bonfi, Sforza, vi entrò poco doppo, che afpettaua d'abboccarfi prima con li Cardinali Spagnoli, e Duca d'Aburquerque Ambafciatore Cattolico per poterfi leuar da loro con buona loro fodisfatione, e per la molta deftrezza gli riufcì à punto; come defideraua; con tutto ciò non erano baftanti, ad effettuirla. Borghefe ftaua fermo nel fuo primo propofito di voler farlo, prima d'ufcir dalla Paolina, e tanto più vi s'era confermato, quanto alla Meffa non haueua veduto Aldobrandino, nè Vbaldino, quali teneua, douer efferli contrarij; e credeua, che quefti, perche, come s'è detto, Vbaldino non ftaua troppo bene, come ne anco Aldobrandino, che per il difaggio hauuto, venendo in quattro giorni da Rauenna à Roma in sì afpra ftaggione, la fera del giorno, che s'ufcì dal Conclaue à due hore di notte pafsò d'improuifo à miglior vita, che fi vidde affunto riferbato folo, fin che Dio feruendofi di lui per potente mezzo, deffe fine à fi grand'attione, non fuffero per venire al Conclaue fino al tardi, mà fi trouò gabbato, poiche ambidui erano entrati prima di lui nella Paolina. Da quefto dubitò, che foffe fcoperto il fuo penfiero, e che gli foffe ftato leuato qualche voto delle fue Creature, ò di altre, poiche fapeua, di non poterfi fidare affatto di tutti; Si rifolfe, di non voler cimentare Campora per all'hora, mà prima riuedere in che propofito erano quei, che gl'haueuano promeffo il Voto. Fu anco sforzato à quefto dal Cardinal Sauli pregato da Orfino per confeglio di Cefis, che per sfuggire quefto pericolo, di che fi dubbitaua

GREGORIO XV.

taua; reftaffe feruita fua Signoria Illuftriffima di moftrarfi ftracca, di non lafciar leggere le Bolle, e d'andarfene in Camera, e cofi leuò ogni fperanza à Borghefe, di poter far niente prima che fi ferraffe il Conclaue. Fu poi anche dall' iftesso Borghefe, & altri feguaci dell'iftessa fattione pregato, di voler dare il fuo voto per Campora; rifpofe, che non gli foffe parlato mai d'inclufione, nè di efclufione, perche non fi voleua impegnare di parola, nè per l'una, nè per l'altra. Finita l'attione in Cappella, andarono tutti li Cardinali alle loro Celle à mangiare; Mà Vbaldino, & Orfino, per hauer prima mangiato, hebbero quefto tempo di più di negotiare hauendo trà di loro & il Prencipe Peretti fermato il modo, che doueuano tenere. Orfino andò à vifitar Medici, e pregarlo à non voler andar' in Campora, lafciandofi tirare da Montalto, che con quefto non veniua à feguir l'effempio della gloriofa memoria di fuo Padre, che mentre fu Cardinale potè ciò che volfe ne i Conclaui, doue fi trouò; rifpofe, non poter far di meno, hauendone ordine precifo dal Gran Duca; replicò Orfino; Mi merauiglio, che il Gran Duca in negotio di tanta portata habbi dato fi precifo ordine à V. Signoria Illuftriffima, mà fon certo, che fe haueffe faputo gl' intereffi di cafa mia, non l'hauerebbe dato, e fe hora fi li poteffe far fapere, tengo per certo, che riuocarebbe quefti ordini dati. Di nuouo Medici fi fcusò, ch'hauea le mani ligato, e che non poteua far'altro, mà che non doueua però dubitare di niente, che fe ben foffe per fucceder Papa, il Gran Duca, e tutta la fua cafa n'hauerebbe hauuto tanta auttorità, che l'hauerebbono difefo dà ogni mal' animo. Rifpofe. V. Signoria Illuftriffima è mal' informata della natura di queft'huomo, credo certo, che fe fuccede Papa (il che Dio non voglia) il Gran Duca hauerebbe che fare, à difender fe ftesso, & il fuo ftato; Mà per gratia di Dio la mia cafa hà tanta forza, che fi potrà difendere da fe, & anco con le opere rendere il contra cambio à cafa Medici del buon animo, che tiene verfo di noi, come anco altre volte n'hà fatto la proua. Vbaldino fu anche à trouar Borghefe nella fua ftanza quale al folito con molta cortefia di parole, e compimenti di ceremonie, e con varie ragioni prouò di farli credere, che questo era bene, e saria stato utile commune; e per ultimo moſtrando d'hauer ſaputo, che ſi foſſe buttato co' Franceſi, per far l'eſcluſione, lo pregò, à mutar di penſiero, e volerui in ogni modo concorrere col ſuo voto, dicendogli, ſe lei mi fauoriſce, hò il negotio in ſecuro. Riſpoſe Vbaldino; non mi ſono già buttato con Franceſi, mà è ben' vero, che queſti, per far ſeruitio à me, vengono all' eſcluſione di Campora; mà s' aſſicuri V. Signoria Illuſtriſſima, che, quando haueſſe il mio voto, in ogni modo non farebbono niente, perche vi è l'eſcluſione ferma ſenza me. Riſpoſe Borgheſe, fauoriſcami Voſtra Signoria Illuſtriſſima di concedermi il ſuo voto, che ſon poi ſicuro, di non hauer biſogno d'altro. Quando Vbaldino udì queſto, riſpoſe; hora ſi, ch'è il tempo, di leuarſi la maſchera, e parlar liberamente. E vero, che col mio voto V. Signoria Illuſtriſſima lo potrebbe far Papa; le dico, che non vi concorrerò mai, e mi ſcuſerà, ſe farò quanto potrò, perche non rieſca, e ciò non fò, per non ſecondar Voſtra Signoria Illuſtriſſima nella ſua Creatura, mà ſolo, perche non ſtimo quello, ne lo conoſco degno di tanto grado, e ſe ne vol far la proua muti ſoggetto, & elegga un' altro di tanti, che n'hà delle ſue creature, che per ſeruitij publici, e priuati ne ſono degni, & in queſto propoſito gli nomino Millino, Lanti, Creſcentio, Aracel, e per ultimo, che ſe ſi riſolueua di mettere in queſto grado Lodouiſio, non ſolo gli prometteua, d'andarci col ſuo voto, mà l'aſſicuraua, che ci ſarebbono andati tutti gl' altri Cardinali eſcludenti Campora, e queſto ſoggetto cioè Ludouiſio, non ſi ſapeua, che foſſe ancora in Roma, mà arriuò apunto in Conclaue, mentre Vbaldino lo proponeua à Borgheſe per Papa; Borgheſe riſpoſe, che non eſcludeua niuno de nominati, mà che per all' hora era riſoluto, d' aiutar Campora, e prouò di nuouo con maggior sforzo, di rendere amoreuole Vbaldino per lui, mà indarno, e con queſto propoſito ſi licentiò. Vbaldino tornò alla ſua Camera, doue era aſpettato dal Cardinal Vrſino, e da Don Ferdinando ſuo fratello, che in queſto tempo erano ſtati intorno al Prencipe di Sulmona, per farlo dichiarare contro Campora; queſto ſi faceua

per

per facilitare alle Creature poco ben' affette al Cardinal Borghese, che si potessero scoprire contro Campora, senza dubitare, di taccia d'ingratitudine verso la Casa Borghese, mà non fu mai possibile, di conuertirlo.

Trà l'altre cose, che gl' Orsini dissero, fu; Noi siamo d'una casa, ch'hà hauuto Papi, hà veduto sorgere in grandezza molti nipoti di Papi, e gl' hà veduti anco annichilare, e lei ancorche più volte sia stata da questi perseguitata, s'è in ogni modo mantenuta grande, e potente, e così speriamo, che s'habbia anco à mantenere per auuenire senza l'ajuto di V. Ecc. Nella stanza di Vbaldino di lì à poco arriuò il Prencipe Peretti, e si communicarono quanto ogn' uno di loro haueua negotiato. In questo tempo arriuò dal suo Vescouato in Conclaue il Cardinal Ponti, che con la sua venuta aggiunse speranza à gl' esclusori, rendendosi certo, d'hauerlo dalla loro. A quest' effetto da lì à poco fu visitato dal Cardinal Vbaldino, che lo trouò del pensiero, che desideraua, con tutto, che fosse visitato da altri Cardinali della fattione contraria, & appunto all' arriuò d'Vbaldino, ne voleuano uscire Campora, e Pignatello, il quale, mentre Campora si licentiaua da Ponti, si prouò, di rimouere Vbaldino dall' esclusione, con dirli, che doueua farlo, come creatura di Paolo V. e perciò quando non fosse per altro rispetto, doueua secondare Borghese, al quale premeua, tanto più che vedeua concorrerui tutti gl' altri Cardinali, e per esser fatti Cardinali dall' istesso Papa, dobbiamo farlo volentieri; gli rispose Vbaldino; sò molto bene quanto deuo alla memoria di Paolo V. e non mancherò mai à quanto mi si conuiene, mà la barretta che porto è tinta di sangue di Martiri, e di Christo stesso, l'hò riceuuta da Paolo V. per procurare, etiandio col sangue proprio il ben publico di santa Chiesa, nè mi deue muouere, che vi concorrano molti altri, e lei in particolare; perche son differenti li rispetti, che ci hanno fatto Cardinali, ne io deuo tanto al Cardinal Borghese, quanto lei; sò che sodisfarò à gl' oblighi miei, quanto lei sodisfarà à suoi. Se prouerà il Cardinal Borghese, di proporre soggetto degno, vedrà, se hà meglio seruitor di me. Con questo si partirono, & Vbaldino enno entrò da Tonti, doue si trattennero qualche tempo, e partendosi, incontrò l'Ambasciatore di Francia, che senza mangiare à primo auuiso se n'era venuto volando in Conclaue, e di già haueua negotiato con molti. Si ritirarono insieme nella Camera di Sforza, e poi partirono con appuntamento, di ritrouarsi in Camera di Beuilacqua, alla qual' volta s'auuiò Vbaldino, e l'Ambasciatore andò da Bonsi, che per la podagra non usciua di Camera. Vbaldino s'abboccò con Orsino, e mentre erano insieme, incontrarono Zapata con l'Ambasciatore di Spagna, col quale s'abboccorno, assicurandolo Orsino, che da niun' altro Cardinale era per esser seruita meglio la Maestà del Rè di Spagna, che da Vbaldino, e da lui, e che il non concorrere in Campora non era per non secondar la mente di S. Maestà, che non commandaua questo, mà perche non lo conosceuano degno di tal grado. Scorse questo vario negotiare fino alle 24. hore, senza che gl' Ambasciatori, e Cardinali pigliassero mai fiato. In questo tempo arriuò un Corriere da Venetia spedito dalla Republica all' Ambasciatore con lettere per li Cardinali suoi, che furono dall' Ambasciatori consignate à Prioli, e Valerio, con ordine, che nell' elettione del sommo Pontefice, facessero quanto gli fosse ordinato da Delfino, à cui haueua scritto, quanto era di suo gusto, e seruitio, ambidue risposero, che hauerebbono seruita la Republica, mostrandogli gl' ordini di quella, che se concorreuano in Campora, erano dichiarati per suoi ribelli con le loro famiglie; Con questo all' Ambasciatore paruo hauer' assicurato l'esclusione, però disse à Delfino, di volersene andare à casa, come fece à 3. hore di notte; poco doppo partì l'Ambasciatore di Spagna, hauendo lasciato il pensiero à Zappata, il quale à questo conto teneua il negotio di Campora per tanto fermo, che disse all' Ambasciatore, che l'aspettasse Mercordì à cena, che gli riuscì d'andarui anco à pranzo, mà con lasciare in Palazzo altro Papa di quel che credeua. Il prencipe Sauelli Ambasciatore dell' Imperatore, non s'era ancora sbrigato dalle sue visite, che per ultimo lasciò d'andar da Madruzzi, col quale ad istanza di Borghese, e di zapata prouò, d'hauere il voto suo per Campora, mostrandoli esser

serui-

GREGORIO XV.

seruitio dell'Imperatore, del Rè di Spagna e di tutta la casa d'Austria, & anco della persona stessa di sua Sgnoria Illustrissima; perche facendo questo, hauerebbe fatto conoscere, non esser veri, li sospetti, che questi Principi di lui haueuano, che hauesse intendimento con Venetiani; egli soggiunse. Ne potria dire vostra Signoria Illustrissima, che di questo non li mostro ordini precisi dell'Imperatore, basterà, lei consideri, che gl'Ambasciatori di Francia, e di Venetia inimici di casa d'Austria fanno quanto possono per escludere questo soggetto dal Papato, per farli credere, che non potranno hauer Papa, che sia più à proposito per gli interessi di questa serenissima Casa. Rispose Madruzzi, che per all'hora era risoluto, di andare à dormire, e di voler'aspettare la mattina, auanti, che si risoluesse, e che sapeua molto bene, & anco gli erano à cuore quanto doueua gl'interessi di queste Corone, e che hauerebbe sempre fatto quanto hauesse conosciuto esser di loro utile, e che si ricordaua bene, d'auer nell'altro Conclaue seruito l'Imperatore con la medecina in corpo, e quelli che l'haueuano disseruito, erano stati rimunerati, e quei che l'haueuano seruito bene, erano stati reputati diffidenti; mà che speraua non douer cosi succedere hora. Con questa resolutione partì l'Ambasciator Cesareo da Madruzzi, e dal Conclaue.

In questo tempo si radunarono in Camera di Beuilacqua, Orsino, Vbaldino, Pio, e Sforza, che erano stati da Tonti, per vedere, come si manteneua in proposito dell'esclusione dubitandosi, che con essersi abboccato con Borghese, non si fosse mutato; disse, che n'era stato pregato grandemente, e che gl'haueua risposto, che voleua concorrere all'esclusione di Campora, perche era assicurato esser immeriteuole del Papato per delitti da lui commessi nella sua giouentù di homicidio, e di simonia, e di questi gli veniua presupposto esser li processi in Conclaue, che si poteuano vedere; mà quello più gli daua fastidio, è ch'era tenuto per scoperto nemico di Francia, e della Republica di Venetia, che mentre ciò fosse vero, il farlo Papa, non sarebbo altro, che voler distruggere la Christianità, e che già vi erano essempi di quanto danto danno fosse stato al Christianesmo, l'esser stato il Papa nemico di sol'uno di questi Principi, e maggior deue essere il pericolo di questo, mà che, se gli facessero costare il contrario, sarebbe poi andato all' inclusione. Gli rispose Sforza, che haueua parlato prudentemente, e che queste cose erano pur troppo vere, & aggiunse, che quando ben' anco non fossero vere, così pensaua di fare per interesse proprio, se non voleua aspettare, chi gli leuassero la vita, già che, per quanto haueuano potuto, gl' haueuano leuato l'honore, hauendolo publicato per un furbo, & in pena essiliatolo da Roma. Disse io quáto à me hò molto ben' essaminato la vita vostra, e non trouo, che habbiate fatto altra furbaria, che d'andar' à pigliare il possesso dell' Arciprretato di Santa Maria Maggiore con 50. corrosse di corteggio; se questo, s'hà da battezzare per furbaria, lo lascio considerare ad ogn' uno; con queste raggioni confermò Tonti, di non voler sicuramente concorrere in Campora. Hauuta questa resolutione, Sforza se ne tornò con li sudetti Cardinali alla Camera di Beuilacqua, doue trouarono l'Ambasciatore di Francia, Giò: Antonio, e Don Ferdinando Orsini, Don Francesco Peretti, Monsignor Vulpio, e Monsignor Dunopet, che Ambuidue questi Prelati furono di grandissimo aiuto à gl' escludenti, & in particolare Monsignor Vulpio, à cui, mentre andaua aiutando l'esclusione, il Cardinale Filonardi disse, Aiutateui Monsignor che vi bisogna. Furono portati da Pio, e da altri Cardinali li suddetti Processi, e scritture contro Campora, le quali lette, e considerate, ogn' uno di loro partì per andare à darne parte chi à uno, e chi ad un' altro, e mettere in considerationi, quanto si trouaua contro quest' huomo. Mentre questi si aiutauano per l'esclusione, Borghese non dormiua, per assicurare l'inclusione, che quanto più tardaua più si indeboliua, e per timore, che non se gli scemassero, i voti, che all' hora credeua d'hauer sicuri, si risolse, di voler tentare l'adoratione alle 7. hore di notte; però disse à Monsignor Varese (al quale come Gouernatore di Borgo apparteneua, di far chiudere il Conclaue) che douesse, far' uscir quanto prima l'Ambasciator di Francia. Si penetriò questo pensiero di Borghese,

GREGORIO XV.

Borghese, e per impedirlo, fu risoluto, far trattenere l'Ambasciatore dentro sino à giorno, e fu mandato, ad auuisare tutti li Cardinali fautori, che auuertissero, perche vi era questo sospetto, che forse sarebbono stati chiamati in Cappella, mà che non si mouessero di Camera; molti di questi andarono subito à letto, ordinando a' Conclauisti, che non gli lasciassero suegliare; Monsignor Varese prouò più volte, di far' uscire l'ambasciatore di Francia, e sempre con poche buone parole gli fù risposto, che sarebbe uscito, se gli piacesse, e quando tutti gl' altri fossero usciti; però non s'arrischiò per un pezzo à dirgli niente. Già Vbaldino era stato da Madruzzi à due hore di notte, per vedere, di fermarlo, di non andare in Campora, almeno per quella notte, mà che volesse aspettar la mattina; gli ne diede buona intentione. Vi furono doppo lui li Principi Sauelli, e Medici, che per trouarlo dubio, si partirono con poco gusto. Circa li 5 hore di notte vi andarono Sforza, e Beuilacqua, à quali, per essersi già abboccato con l'Ambasciatore dell' Imperatore promise liberamente, che per quella notte voleua dormire, e non far' altro. Questi stessi furono dal Zapata con varie ragioni pregandolo, che per quella notte facesse l'istesso. Con l'essempio di questi molti altri ad istanza de gl' esclusori si risolsero, à dormire per quella notte, & aspettar la mattina; Mà Borgia promise liberamente il suo voto per l'esclusione, già che non veniua per questo à mancare à quanto doueua al suo Rè, che non gli ordinaua, far questo Papa, mà solo di non far quelli, che dichiaraua per diffidenti della sua Corona, e che andandoui grauarebbe la sua coscienza, per le cause significatoli da gli esclusori.

Mentre da questa parte si faceua questo, Borghese mandò il Cardinale santa Susanna da Bellarmino, per guadagnare il suo voto per Campora, & andar' in Cappella quando fosse chiamato. Rispose Bellarmino, non esser' ancor tempo, di far' il Papa, e che aspettasse la mattina: che secondo i Canoni si dicesse la messa, e tutti communicati pregassero Dio, che aiutasse, à far buona elettione: e ch'hauerebbe dato il voto à chi più l'hauesse inspirato, e che gli piaceua tanto Camto Campora, quanto ogn'un' altro; mi marauiglio ben, che vostra Signoria Illustrissima corra à far tanta prescia; si scusò santa Susanna, e disse, sappia vostra Signoria Illustrissima, che io in questo negotio non fò prescia alcuna, e che non vi hò altra parte, che di dire, e riferire quanto mi vien' ordinato.

Nell'istesso tempo Borghese mandò Filonardi da Aquino, che staua à letto, quasi vicino à morte, à farli sapere la resolutione di metter Campora in Cappella à 7 hore di notte, e ciò fu da Filonardi esseguito con modo indiscreto, dicendo, su leuateui presto Signor Cardinale che il Signor Cardinal Borghese vol far Papa Caporaꓹ e si vol seruire del vostro voto; il che fu di tanta alteratione al buon vecchio, che fino all' hora era stato tenuto dal Cardinal Borghese viuo con speranza del Ponteficato, che abbattuto da sì indiscreta ambasciata, peggiorò poi di salute in modo, che frà pochi giorni si morse. Tornò santa Susanna con la risposta hauuta da Bellarmino, che dispiacque à Borghese, il quale accompagnato da Sauelli, Pignatelli, Filonardi, Roma, e Bentiuogli andò da Valerio, e Priuli, per saper, che resolutione certa dauano del loro voto; ambidui, non stante gl' ordini hauuti dalla Republica, risposero, di voler' andar' in Campora senza alcuna eccettione. Mentre le cose si trouauano in questo termine, si haueua l'esclusione per certa. Vbaldino mandò à dire à Ludouisio, che stesse allegramente, perche l'esclusione di Campora era ferma, e le cose andauano bene per lui. Hora Borghese ancora inquieto dalla passione dell'animo, persuadendosi, che se gli riusciua, di tirar dalla sua Bellarmino, col suo essempio si esseguirebbe da molti altri, e così condurre à fine la cominciata impresa di Campora; si risolse, di volerlo di nuouo tentare; Andò di persona alla sua Camera, e lo suegliò. Il Buon' vecchio vedendosi importunamente molestato, entrò in collera, e disse: Non son già hore queste; di far' il Papa, mà opere di tenebre, ch' lo lasciassero riposare; si scusò Borghese, e gli disse, che desideraua solo, di sapere, che cosa lo riteneua, à non dichiararsi à fauor di Campora; Rispose Bellarmino, non posso adesso dirui ogni cosa, perche

GREGORIO XV.

che desidero dormire, se lo volete sapere, la Camera d'Vbaldino è qui vicina, potrete andar da lui, che ve lo dirà per me; da questo fu chiarito Borghese, che non poteua tirarlo dalla sua; se n'andò con gl'altri Cardinali, ch'erano seco da Madruzzi, per pigliar parola da questo per doppo, che fusse chiuso il Conclaue; gli fu risposto, & si voleua aspettar la matina, ne lo potero mai per grand'arti, che usassero, far mutar di pensiero, di là se n'andorno da Zapata per l'istesso effetto, e lo trouarono del parere di Madruzzi; e nel resto anco hebbero poca sodisfattione, tanto che usciti dalla Stanza, Sauelli accostatosi à Bentiuoglio, disse; Ohime, siamo rouinati, quest'huomo ci scapperà di mano. In questo Vbaldino seppe, che i sudetti erano stati da Madruzzi, vi ritornò anco lui, per vedere, se si manteneua nell'istesso proposito, che promise à Sforza, e Beuilacqua, e di nuouo s'assicurò, trouandolo sì bene disposto: Già s'erano abboccati Este, e Borghese, che gl'haueua riferito il pensiero di Bellarmino, e di Madruzzi, de'quali faceuano più caso per la consequenza. Ciò sentito da Este, à cui molto premeua, andò da Madruzzi, persuadendosi, di farlo risoluere à fauor loro; vi adoprò varie ragioni; & ultimante gli disse, che se non si risolueua, di concorrere con loro in Campora, già Zappata haueua in ordine il corriero contro di lui all'Imperatore, & al Rè di Spagna: Rispose Madruzzi senza alterarsi, che se Zappata hauesse scritto, scriuerebbe anche lui, che gli daua poco fastidio, e gli bastaua non hauer' in questo negotio altro interesse, che quel della propria coscienza, e sapeua che le sue lettere sarebbono lette, come quelle di Zappata. Gli replicò; non hà ella promesso, di voler'andar'à chi anderà Zapata, e Borghese? E verò, disse Madruzzi; che l'hò promesso, mà nuoui accidenti mi liberano da questa promessa. Con tal risolutione partì Este, e n'auuisò Borghese, che considerate le cose andar male, tentorno farlo conuertire dal proprio Conclauista, à cui promisero un Canonicato di san Pietro. Il Conclauista; sentita così indegna proposta, gli si leuò d'auanti con risposta degna d'huomo honorato.

Vdito, che ne meno questo mezzo giouaua à i loro inter-

essi, si risolsero, di non farui altro per quella notte, & andar'
à riposare. Andò Borghese seguitato da Filonardi, che disse
ò Cardinal Borghese mio, non hauete altro soggetto per hora che questo Campora? Volete voi hora con tanto ardore
rouinarlo per sempre? A me comandate pure, che per voi
anderò al fuoco, mà il tutto dico per vostro bene. Rispose
Borghese, hò ben' altri soggetti, mà per li proprij interessi mi conuiene farci arriuar Campora, oltre che non facendolo per essermi dichiarato, vi metterei troppo di reputatione.

Già Vbaldino, quando si partì da Madruzzi, se ne tornò
in Camera di Beuilacqua, doue trouò Pio, che con molta
prudenza maneggiaua il negotio, e poco prima s'era incontrato con Este, che gli haueua detto; Signor Cardinale son
queste le gratitudini, che rendete alla mia Casa? Ricordateui
quanti beni n'hauete riceuuti. Piò rispose; è vero che hò beni da casa d'Este, e spero di mantenermeli, mà quando bene li perdessi, per seruire la Sede Apostolica, riputerei gloriosa la perdita. Replicò Este, lo faremo pure à dispetto vostro. Rispose Pio, Prouate, e vederete con che honore ne riuscirete. L'istesso quasi era occorso frà l'istesso Este, e Beuilacqua, che pregandolo à voler esser seco in Campora, & hauutane la negatiua, gli disse Este, ve ne pentirete. A cui rispose Beuilacqua; li miei pari non si pentono mai di cosa, che
faccino, facendo sempre cose honorate. Radunati gl'esclusori tutti insieme risolsero, per esser già ferma l'esclusione per
la notte, e ben' incaminata per l'auuenire, che gli Ambasciatori, & altri se ne poteuano andar' à casa. In questo Monsignor Varese tornò di nuouo con pretesto di voler pregare
l'Ambasciatore à restar seruito d'andarsene, e lasciar dar fine
alla clausura del Conclaue. Si fermò alla portiera di Beuilacqua; nella cui Camera era l'Ambasciatore con gl'altri sopra nominati negotiando l'esclusione di Campora. Ciò fu
riferito à Beuilacqua, che uscito gli domandò, che cosa faceua? gli rispose, ch'era venuto, per pregar di nuouo l'Ambasciatore ad istanza de' Signori Cardinali Capi d'Ordini,
che si contentasse, di dar luogo, che si chiudesse il Conclaue,
essendo

essendo quasi giorno; Beuilacqua marauigliandosi del termine, gli disse, Monsignore se volete fare il Mastro di Campo, fate prima uscire li priuati, e poi auuisate un' Ambasciatore di sì gran Rè, che stà in questo luogo con zelo del seruitio di Dio, e della Christianità tutta. Si scusò Monsignor Varese, che non vi erano remasi altri. Replicò il Cardinale se faceste le vostre debite diligenze, vi trouareste più d'uno, e particolarmente il Marchese Bentiuoglio nella Cella del Cardinal Borghese; Andate prima, à mandar quello fuori, che l'Ambasciatore se n'anderà poi à suo bell'agio, se gli piacerà. Andò Monsignor Varese, e fece uscir subito il Bentiuogli, e doppo essendo passate le 9 hore à suo commodo se n'andò l'Ambasciatore con tutti gl' altri, e si diede fine alla clausura del Conclaue; & i Cardinali andarono à riposare, facendo stare, i loro Conclauisti vigilanti, per sapere quello, che fosse per succedere: sendo restati in appuntamento con l'Ambasciatore, che la mattina seguente, i Cardinali Capi dell' esclusione, douessero fare in Camera di Beuilacqua una Congregatione, chiamandoui molti di Cardinali, ch' erano reputati dubij, e fossero lette le scritture, e processi, che vi erano contro Campora con protestarli illegitima l'electione di tal soggetto in Pontefice, per quei Capi importanti, che vi si conteneuano. Era tenuto tanto sicuro il Papato per Campora da suoi partiali, che da lui stesso, essendo da molti visitato prima, che si serrasse il Conclaue, con tutti trattò sempre più da Papa, che da quel ch' era, particolarmente con uno de' conseruatori di Roma, che in nome di tutto il popolo Romano visitò il Collegio, à cui, quando fu à visitarlo, e augurarli il Pontificato, com' è solito farsi à Cardinali Vecchi, rispose: sia certa, che come saremo in altro stato, ci ricordaremo di questo buon' affetto, e non mancaremo, di tenere in quel conto, & in quella stima, che si conuienne, il Popolo Romano.

Vi furono anco de gl' altri, che per renderselo maggiormente beneuolo gli baciarono prima del tempo, i piedi, uno de' quali fu il Marchese N. e l'altro il Conte N. Mentre il tutto esteriormente, per esser già il Conclaue chiuso, era quieto,

quieto, non mancauano di quelli, à quali il verme dal rimorso della conscienza trauagliaua la mente, e però mandauano da Capi dell'esclusione, à promettere il loro voto ogni volta, che fosse occorso il caso, che si fosse cominciata l'adoratione di Campora. Ad altri non quello della coscienza, mà quello dell'ambitione non haueua lasciato trouar posa; e trà gl'altri il Cardinal N. mandò à dire prima, che si serrasse il Conclaue all'Ambasciator di Francia, che, se gli prometteua, di non farli l'esclusione à nome del Rè, si sarebbe scoperto, e condotto seco due altri Cardinali all'esclusione di Campora. La mattina poi del martedì appena giorno, tutti furono in piedi, continuandosi, à negotiare dall'una, e l'altra parte nell'istesso proposito di Campora. Da gl'esclusori fu fatta resolutione, di non far la Congregatione stabilita la sera, perche non trouandosi in mano l'esclusione scoperta, e sapendolo Borghese pigliarebbe animo, di far qualche tentatiuo, mà risolsero d'ajutarsi con altri mezi per guadagnar li voti, che mancauano. Però Vbaldino fece intendere à Borgia, esser tempo, di far l'offitio con Madruzzi, acciò si dichiarasse esclusore di Campora, il che successe felicemente: Fù anco nell'istesso tempo guadagnato Crescentis, e con questo si adempirono, i voti necessarij per l'esclusione. Borghese dall'altra banda andò da tutte le sue Creature, e da gl'altri, che l'haueuano promesso il voto per Campora, hauendo pensiero di condurre à fine la prattica nello scruttinio, che si doueua fare dopò la Messa, con l'agiunta dell'accesso, e per tentar questo modo al sicuro, fece, che niuno di questi desse il voto nello scrutinio à Campora, riseruando, di seruirsene, se à sorte guadagnasse nello scrutinio trè voti, quali dubitaua, di mancarli, con andarui poi con tutti gl'altri nell'accesso; mà riuscì altrimente perche venuta l'hora della Messa, detta dal Cardinal Sauelli Decano, che comunicò tutti, i Cardinali, fuor di Montalto, Aldobrandino, Cesi, & Aquino, che per indispositione erano in letto, come anco per altro fine, mà con l'istesso pretesto fecero Farnese, e Capponi, li quali andauano in Campora, solo per esser impegnati di parola, come apertamente si dichiarorno Farnese, con Medici, e Capponi con Este, e con

Borg-

Borghese, dicendogli, vi hò promesso, di venire in Campora, velo manterrò ancora; mà contra mia voglia, e se à sorte riesce, non mi fermarò un' hora in Roma, e per contrario procurerò sempre, che Borghese si risolua portare Lodouisio.

Frà la Communione, si fece l'*extra omnes*, e si diede principio, à legger le Bolle, che non erano state lette il giorno auanti, secondo il solito, per il rispetto che s'è detto, e lette, furono giurate da tutti li Cardinali.

In questo tempo li tre Cardinali Capi d'ordine andarono à pigliar' i voti da Cardinali, ch'erano in letto per lo scrutinio, nel quale fu honorato del maggior numero de' voti il Cardinal Bellarmino, e perche à Campora non toccò voto alcuno, il Cardinal Borghese non potè mettere in essecutione il pensiero di farlo Papa con l'accesso; ciò fatto Orsino non volle aspettar' altro, però se n'andò, ad aprir la Cappella, & uscendo fuori contento dette fine à questa funtione. Altre tanto scontenti uscirono Borghese, e suoi adherenti, e Pignatelli disse, questo colpo già me l'aspettauo; ogn' uno andò à desinare, e poscia stauano gli esclusori riposati, lasciando Borghese, à trouar il modo, di sodisfarsi.

Mentre si desinaua l'Ambasciator di Venetia mandò à domandare audienza, se n'intimò la Congregatione. Fu risoluto, che si douesse sentire, & auuisato l'Ambasciatore, che venisse, mà da li à poco fu riuocato l'ordine.

Questa audienza, per quanto si potè penetrare, non era chiesta per negotio particolare, mà solo per occupar questa giornata, che non si potesse venire all' elettione del Pontefice, e vi fosse tempo, d'arriuar Borromeo, e Sauoia, che si credeua, douessero arriuar la sera, mà arriuarono molti giorni doppo alla creatione del Papa. E con essi vi saria stata l'esclusione d'auantaggio, e l'Ambasciatore che non sapeua, i due voti guadagnati, credeua, esser necessarij. Mà Borghese, che di ciò sospettò, lo fece reuocare, & hauendo subito desinato, fatto chiamare tutte le sue creature, e fattosi di nuouo promettere per Campora, voleua tentare risolutamente l'adoratione, come haueua hauuto più volte pensiero, mà da diuersi accidenti fu impedito, e dal non essersi l'istesso
Cam-

Campora voluto mettere à rischio, d'hauer una esclusione scoperta, publica, e numerosa in faccia, come certo sarebbe seguito, essendoui più d'una dozina di Cardinali, oltre gl' esclusori nominati, che haueuano giurato, di scuoprirsi contro di lui, se fosse venuto il caso, cagionatoli questo sospetto del sapere in conscienza, à quanti haueua fatto dispiacere, & à pochi piacere, per non dire, à niuno. Rispose sempre à Borghese, di non voler' andar in Cappella, se non l'andauano à leuar da Cella tanti Cardinali, quanti bastassero à farlo Papa.

Borghese hauuta di nuouo promessa da tutti, il che fu sentito da Beuilacqua, e sotto pretesto di negotiare con Borghese, l'andò à trouare, & à questo modo si chiarì del tutto, e ne' auuisò Aldobrandino con farlo vestire, acciò che, se fosse bisognato, con la sua presenza hauesse giouato à gl' interessi communi; ne fece anco auuisati gl' altri capi dell'esclusione, li quali andorno, à conformare nella loro dispositione tutti quei, che l'haueuano promesso, e procurar, di guadagnar alcun' altro de' dubij. Borghese si risolse, per ultimar' il negotio, d'andar' à Montalto, e n'andò à dar parte à Zapata, aggiungendoli, che in tanto fermasse l'esclusione contro Monti, acciòche, se à sorte non riuscisse Campora, non gli fosse fatto in barba quest' altro. A questo rispose Zapata: Mas de ciento tiengo yo, para escludir' esto. Da un conclauista, che si trouò presente, gli fu risposto: sì, mà non bastorno mille per escluder Leone. Andò Borghese da Montalto, cominciò à negotiare, poco depò sopragiunse Medici, e disse, Signor Cardinal Borghese, già vediamo la prattica di Campora renderSi ogn'hora più difficile, e tanto scoperta l'esclusione, che non conuiene più pensarui; Io hò seruito V. Signoria Illustrissima sin' hora in questa prattica, quanto hò potuto, spero hora, che lei sia per corrispondermi col venire in Monti con tutti, i suoi voti, conforme m'hà promesso.

Questa proposta non piacque à Borghese, vedendo, che si trouaua quasi ligato. Rispose, esser' vero, d'hauerlo promesso, e volerlo mantenere, mà che teneua per certo, che non l'harebbono condotto à fine, che dubitaua, che li Spagnuoli li facesfaceffero l'efclufione.

Mentre di ciò fi ftaua negotiando, vi fopragionfe Orfino; Borghefe s'auuidde, che, fe quefto haueffe faputo ciò, che fi trattaua era pericolofo, che acconfentendoui, come haurebbe fatto, non foffe per metterfi in negotiato, e facilmente per riufcire, e non farebbono baftanti li cento di Zapata per l'efclufione, preuenne, e diffe ad Orfino, Signor Cardinale, Io hò fin' hora fatto quanto hò potuto per far Papa Campori, giudicando, che foffe per ben publico: A V. Signoria Illuftriffima è parfo il contrario, e però m'hà ottato, e fatto quanto hà potuto, perche non riefca, à lei è toccato vincere; Hora fon quì per far cofa, che piaccia à tutti, però fe è di parere, di voler Ludouifio Papa, come credo, hauendolo hieri propofto Vbaldino, Io gli lo propongo hora di nuouo, e me ne' contento.

Orfino appena fentì nominare il nome di Ludouifio, che fubito rifpofe di fi, e che lo voleua, mà che voleua prima darne parte à Cardinali fuoi Compagni, e cofi d'accordo andò, à trouar' Vbaldino, Beuilacqua, e Pio verfo la Camera d'Aldobrandino. Borghefe arriuò alla Camera di Capponi, doue trouò Vbaldino, che con lui raggionaua, il quale Capponi al rumore, che s'era fparfo, che fi voleua andare in Cappella per Campori, fi veftiua; Borghefe gli prefe ambidui per la mano, e tirandoli in un bifcanto della ftanza, gli diffe, quanto haueua appuntato con Orfino. Vbaldino, che già fapeua, tutti contentarfi di quefto foggetto, fenza afpettar altro diffe, che lo voleua, e che daua parola per tutti: Il che fentito da Borghefe ufcendo fuori diffe, già che cofi vi contentate, il Papa è fatto. Io me ne vò, à dirlo à Montalto. Vbaldino fi partì, per andar da Aldobrandino, incontrò Campori, che negotiaua alle ftrette con Pignatelli, che non fapeua niente di quanto fino all' hora s'era trattato, e conclufo. Ridendo gli dette la nuoua, che il Papa era fatto; Campori à quella voce s'impallidì, mà pur rifpofe, purche ufciamo di quà prefto, e non patiamo più, fi faccia quel che Dio uuole. Rifpofe Vbaldino, cofi farà, però V. S. Illuftriffima ftia allegramente, che Ludouifio è Papa. Seguitò Vbaldino il suo viaggio, e trouò Beuilacqua, che ne anco sapeua di quanto s'era conchiuso per Ludouisio, al sentir, che il Papa era fatto dubitò di Campori, mà Vbaldino con la nuoua di Lodouisio l'assicurò, & insieme seguirono per andare da Aldobrandino, poco lontano trouorno Orsino, al quale mentre cominciaua à dire quanto haueua fatto con Borghese, quest' altri dissero ch'era fatto il Papa; per dubio di Campori disse, com'è possibile? mà dicendoli, esser Ludouisio, restò consolato. Tutti insieme trouarono Borgia, à cui anco dissero, che il Papa era fatto. In questo non si fece minor' effetto di quello, che hauesse fatto negl' altri due, anzi maggiori, e dimostrollo col dire: Ah Signori! sò che sono nati Caualieri, credo che non mancheranno à se stessi di quanto se li conuiene, intendendo, che douessero seguitare l'esclusione di Campori, e non lasciarsi suoltare; Beuilacqua gli rispose, sia pur certa che non habbiamo altro pensiero, e questo è il nostro fine, però si è fatto Papa Ludouisio, e così restò anch'egli sodisfatto, è s'auuiò con gl' altri verso la Camera di Ludouisio.

Vbaldino restato un poco in dietro trouò Medici, e presolo per la mano, gli disse; vostra Signoria Illustrissima venghi da Ludouisio ch'è Papa; Oh! bisogna pur' aspettare, che Montalto il sappia, e si vesta, però Vbaldino gli disse, che Borghese s'era preso pensiero, d'andarglilo à dire. Vbaldino entrò nella Camera d'Aldobrandino, doue erano già Beuilacqua, & Orsino, e dettoli quanto s'era concluso, e l'approuò, dicendo, esser suo particolare amico; e dalla santa memoria di Clemente VIII. suo Zio era stato beneficato, e fatto Auditor di Rota. Fece chiamare tutte le sue creature; & uscito dalla sua Camera, ch'era incontro à quella di Ludouisio, entratoui, gli dette il buon prò; poco dopò arriuò Borghese con le sue Creature, delle quali poche, ò niuna sapeua, doue s'andasse; Et Este sentendo il tutto sossopra, e ch'era fatto il Papa, senza intender, chi fosse, chiamaua ad alta voce, Fontanella, Fontanella doue sei? che cosa è questa? chi è fatto Papa? Arriuò anco Montalto, e tutti gl' altri, e mentre in Cappella si metteua in ordine per l'adoratione, si leuorno anco gl' ammalati in particolare Aldobrandino, & Aquino, il qua-

GREGORIO XV.

quale trà il male, ch' era grande, & hauer perſa la ſperanza del Papato, s'aggrauò in modo, che à pena potè mandare il ſuo voto in ſcriptis; la notte ſteſſa gli fu dato l'olio ſanto, e di là à due giorni paſsò all' altra vita. Saputo d'eſſer' il tutto in ordine, fu preſo Ludouiſio quaſi di peſo, e portato nella Cappella Paolina sù le 23. hore, e 3. quarti, doue da tutti fu eletto Papa, & egli dette il ſuo voto à Sauli Decano. Finita l'Elettione in voce, fu veſtito in Pontificale, & adorato; fu poi aperta la Cappella; e vi ſi laſciò baciar il piede da' Conclauiſti; Finita queſta ceremonia, andò, à ripoſarſi nella ſtanza di Borgheſe, perche la ſua era ſtata al ſolito ſaccheggiata da' Conclauiſti, e Facchini. Mentre ſi accompagnaua il Papa alla ſtanza, Campori per moſtrar coraggio, e di non hauer perſo la fauella, diſſe ad un Conclauiſta d'un' altro Cardinale, E bè lei hà baciato il piede al Papa? Diſſe il Conclauiſta, ſi Signore, (hauendo ſotto il braccio la Cappa del Padrone) Ecco la Cappa, ſe ſi foſſe calato in S. Pietro; Campori, per pungerlo, replicò; ſi, mà l'hauete tenuta ſotto il braccio; Il Conclauiſta ſentendoſi più piccare, gli volſe, render la pariglia, E' vero, diſſe, mà à lei toccarà baciarglilo con la Cappa addoſſo, e non ſe'l credeua. La mattina poi alle 12. hore il Papa, ſi leuò e doppo hauer data audienza à molti Cardinali, andò alla Paolina, doue diſſe meſſa, e nel fine fu fatta la ſeconda adoratione da' Cardinali. In queſto ſi finì d'aprire il Conclaue, e mentre ſi faceua l'adoratione, arriuarono in Cappella l'Ambaſciator di Francia, e Prècipe di Sulmona, con infinito numero di Baroni Romani, e Prelati: Tutti furono accolti con molta humanità, in particolare l'Ambaſciatore di Francia, che dopò baciatogli il piede, ragionò ſeco per mezzo quarto d'hora. Coſì eletto, & adorato in Conclaue il ſommo Pontefice, fu portato in S. Pietro, per l'adoratione publica de' Cardinali; concorreua il popolo, à rallegrarſi, che, eſcluſo ſogetto non grato, lo Spirito ſanto haueſſe eletto queſto, ch' haueua l'amor d'ogn' uno. Tutti gioiuano, per hauerlo tanti anni conoſciuto nella Corte, oue di grado in grado haueua rettamente eſſercitati tutti gl' officij di qualità maggiori, e come era nota la piaceuolezza, & humanità di lui, sempre mostrata indifferentemente, entrauano tutti in speranza, d'hauer, à riceuere dalle sue mani gratie, e fauori. Si confermauano in questo pensiero dall'essersi preso il nome di Gregorio, tanto caro à tutta la Christianità, per cagion dell'altro, che fu dell'istessa Patria, di tanta bontà, e pietà, che degnamente hebbe il nome di Padre Vniuersale. Non era il Pontefice portato da un passo all'altro, che non sentisse voci d'applauso da tutte le genti, che lo riguardauano, e ne gl'occhi di lui, che mostraua di conoscere ogn'uno, si vedeua affetto di paterna tenerezza, & entrato in Chiesa tutti gli augurauano longhissima vita, per ristoro della Christianità.

CONCLAVE
FATTO PER LA SEDE VACANTE,
DI
GREGORIO XV.
NEL QVALE FV CREATO PONTEFICE,
il Cardinal Maffeo Barberino, Fiorentino, detto,
VRBANO VIII.

ATTE secondo il solito l'essequie al morto Pontefice Gregorio XV. li Cardinali la mattina di 19. Luglio, dopò contata la Messa dello Spirito santo nella Basilica di S. Pietro, andarono processionalmente al Conclaue, nel Palazzo Vaticano, e consumato quel giorno in visite, e negotiationi d'Ambasciatori di Principi, si racchiusero dentro alle 5. hore della notte seguente al numero di 52, che tanti sino à quel giorno erano in Roma, e poi sopragiunsero tre altri, che in tutto fecero il numero di 55, mà ito il Cardinale Andrea Peretti à C sì sua per l'infermità, interuennero all'elettione del Pontefice soli 54. de' quali 36. faceuano due terzi, che in virtù de gl'antichi decreti poteuano con i loro voti eligere il Pontefice. Stimaua ciascuno questo Conclaue più de gl'altri passati douer' essere lungo, e pieno di difficoltà, e contentioni, di che tre appariuano le cagioni. La prima il modo dell'elettione stabilito dalla nuoua Bolla di Gregorio XV. per la quale assicuraua la libertà negl'Elettori, mediante la segretezza de' suffra-

gij, si credeua communemente, che guidandosi ciascuno per la sua opinione, e per lo priuato interesse, difficilmente si sarebbe unito insieme il numero de suffragij, bastante per l'elettione. La seconda era la molto disuguaglianza di natura, e la poca unione de gl'animi, che si scorgeua ne i Cardinali Borghese, e Ludouisio Capi dalle due principali fattioni; Questa scoperta sin dal principio del Pontificato di Gregorio, erasi, per occasione de' varij incontri in diuersi tempi succeduti, tanto oltre auanzata, che gl'huomini prudenti temeuano, non douesse con graue danno della Chiesa prorompere nel Conclaue in una scoperta e scandalosa discordia. La terza era il gran numero de' Cardinali per l'età,e per meriti stimati degni del Ponteficato, ciascuno de' quali chi per una via, e chi per altro rispetto alli varij appoggi pareua, che potesse, sperare, d'essere sublimato à quel grado. Mà perche in ogn' uno di essi vi era qualche difficoltà, & in alcuni ue n'erano molte, però tanto più dubioso si rendeua il pronostico, & incerto il giuditio della futura elettione. Il che si vedrà chiaramente se con distintione referiremo le qualità di ciascun Cardinale Papabile, e l'esclusioni, che contro gli veniuano apparecchiate. Li più antichi Cardinali, (accettuato Sforza, che nè dall'opinione del Collegio, nè da quella de gl'altri si poneua nel numero de' Papabili) erano trè di Sisto V. Sauli, Monti, e Borromeo per l'età, e per l'altre parti di che erano dotati, tenuti, communemente in consideratione di meriteuoli di quel grado; Sauli per la lunga esperienza, ajutata da un'esquisita curiosità nelle materie politiche, era salito in gran stima d'huomo sauio, mà opponeuano molti la peritia di lui esser più tosto accommodata al gouerno secolare, che al maneggio Ecclesiastico, nel quale bene spesso con principij superiori conuiene farsi incontro à i dettami della prudenza humana: offendeuansi ancora non pochi della fermezza, che egli, sprezzando le publiche reprensioni, haueua lungo tempo dimostrata in fauorire con modi insoliti, & inalzare un suo seruitore, in cui non appariua parte alcuna, per la quale venisse, ad esser honestato tanto immoderato affetto del Padrone: Nè era per apportarli legiero nocumento l'aliena-

URBANO VIII.

natione della Casa Aldobrandina, la quale dal Cardinal Pietro passata per heredità nel Cardinal Hipolito quanto maggiormente si teneua coperta, tanto più si poteua temere, che à tempo oportuno si palesasse, per ostacolo della sua grandezza.

A Monti era di pregiuditio l'opinione, che correua della vita licentiosa menata di lui, non solo auanti il Cardinalato, mà ancora un pezzo dopò esser Cardinale, la quale, si come non si vedeua contrapesata d'alcuna qualità, come si stimaua, che hauesse in ogni temo impedita la sua esaltatione, mà più di questo noceuagli il sospetto, che di lui rimaneua ne gli Spagnuoli, conceputo, perche si diceua, che la famiglia del Monte trahesse l'origine da quella di Borbone di Francia, & aumentato al tempo del Gran Duca Ferdinando, di cui, mentre si mostrò fauoreuole ad Henrico IV. si credeua, ch' egli ne fusse il più intimo Consigliere. Noceuagli ancora il crescimento, che nel Ponteficato di lui hauerebbe fatto la Casa di Medici, l'emulatione della quale, non che altro, sarebbe stato stimolo al Cardinal di Sauoia, di opporsegli palesemente; ne punto gli giouaua, esser tenuto in concetto, di star souerchiamente su risparmi delle spese, che à un Cardinale della qualità sua pareuano conuenirsi. Borromeo per l'integrità de' costumi sin dalla fanciullezza nota à ciascuno, e per l'essempio, che in lui s'era veduto di buon Ecclesiastico rimaneua libero di somiglianti oppositioni; mà in vece di esse, diceuano gl' intelligenti, scoprirsi ne' suoi concetti, & opinioni singolarità grande, accompagnata da tenacità, e fermezza più, che ordinaria, per ragion della quale, hauendo passati varij incontri in materia di giuriditione con alcuni ministri Regij, era da loro stato posto appresso al Rè in consideratione di poco ben' affetto verso la Corona di Spagna. Frà le Creature di Clemente le Creature Papabili si ristringeuano à trè, Bandino Ginnasio, e Madruzzi; Il primo de quali congiungendo alla prattica del gouerno, e dall' esperienza de negotij una tale viuacità, e prontezza naturale, ch'era appresso à molti, che non cercano più oltre, che la superficie delle cose, tenuto in opinione di profondissimo sapere in ogni

ogni sorte di maneggi. Questa opinione haueua egli, con poco saggio conseglio, studiato continuamente d'aumentare, non s'auuedendo, che le dimostrationi di straordinario merito non meno, che i demeriti hanno forza di tor' altrui il Papato; mà non mancauano contro di lui particolari, e gagliarde oppositioni; perche Borghese adombrato per il ridotto, che nel Pontificato di Gregorio XV. perpetuamente appresso di lui si faceua da Cardinali suoi nemici, e mosso à sdegno per i vanti, che li medesimi si dauano di volerlo Papa, nella prima Sede Vacante, non era mai per concorrerui. Medici ancora, benche copertamente, gli era contrario, non tanto, perche ne tempi à dietro Bernardo Bandino fu de' principali congiurati nella morte di Giuliano de' Medici, quanto perche più d'appresso Giouanni Zio di lui per cagione del poco rispetto portato nel parlare à Donna Leonora, di Toledo, posto prigione di commandamento del Gran Duca Cosmo, marito di lei, e ritenutouelo lunghi anni per varij sospetti che s'haueuano, spettanti allo stato, finalmente ridotto alla vecchiaia vi morì; mà quelche più viueua nella memoria d'ogn'uno era, che Ferdinando Cardinale, che fu poi Gran Duca, haueua dimostrato verso questa casa poca inclinatione, mentre contro Horatio Bandini fratello del Cardinale prese scopertamente la protettione di Nero di Neri, da cui egli in occasione di rissa haueua riceuuto oltraggio. Credeuasi, che ne anco il Cardinal Aldobrandino hauerebbe fauorito l'esaltatione di lui, perche, oltre il sapere, che Papa Clemente era rimasso poco sodisfatto, d'hauerlo promosso al Cardinalato, haueua penetrato, che egli nella causa di Meldola, quando Papa Paolo con intentione di farli la gratia, volle, che il Prencipe Aldobrandino si costituisse prigione, e che contro esso si formasse giuridicamente il processo, diede nella consulta il voto contra, stimando per questo mezzo d'acquistar la gratia di Borghese, e di habitarsi maggiormente al Pontificato. In consequenza di questi andaua Ludouisio, li cui interessi non comportauano, ch'egli in ciò si discostasse dal loro volere; ne il Cardinal Sauelli era per stare otioso, sapendo i disgusti passati frà la Casa sua, e lui, per occasione
del-

VRBANO VIII.

della lite d'Antredoco: e Sauoia non meno degl' altri si sarebbe opposto per la poca sodisfatione passata frà di loro per conto de' frutti dell' Abbadia di Casa noua in Piemonte, renunciata à lui da Bandino. Ginnasio poi come haueua minori oppositioni, così era di minor credito; rendeualo non poco odioso la fama, che correua dell'eccesso della sua parsimonia, e si sospettaua da molti, che li Spagnuoli non fossero con esso lui affatto reconciliati per l'offese riceuute nel tempo della sua Nunciatura; Stimauasi ancora, ch'haurebbe hauuti contrarij Farnese, e Medici per diuersi rispetti. Madruzzo, se bene usaua ogni industria, per esser ammesso frà, i Cardinali Italiani, nondimeno non vi era, chi lo riceuesse, che per Tedesco; e quando bene hauesse ottenuto, di non passare per Oltramontano, voleuano, che in quel caso si contentasse come Cardinale nominato dalla Corona di Spagna, che quanto all' esclusione del Pontificato tornaua l'istesso; oltre che l'opinione, che s'haueua di lui, si com'era auantaggiata per quello, che ricercano le qualità d'un gentil Signore, così era di gran lunga mancheuole per quelle, che richiedono la persona d'un Pontefice. Li Cardinali *Papabili* di Paolo V. non meno eccedeuano il numero di quei de gl' altri Pontefici, di meriti, e virtù. Questi erano Barberino, Mellino, Lanti, Verallo, Carrafa, Araceli, Ascoli, Campora, santa Susanna, Cennino, e Scaglia; non vi era alcuno, che non conoscesse risplendere in Barberino le tre qualità, che principali in un Pontefice si richiedono, bontà di vita, litteratura, e prudenza esperimentata in ogni sorte di negotij, di ciascuna delle quali era egli in tal grado d'eccellenza dotato, che sarebbe stato malageuole il far giuditio qual di esse auanzasse sopra l'altra. Non dimeno stimauano molti, potersi difficilmente superare varij impedimenti, che à loro parere, gli attrauersauano la via del Ponteficato. Queste erano la diffidenza, che di lui hauerebono gli Spagnoli, per esser' egli di natura inclinato al fauor di Francia, e molto più, per esser stato in quel Regno due volte Nuncio cioè Ordinario, e Straordinatio, singolarmente grato, ad Herrico IV. & à quella Corte. Il sospetto, che di lui poteua hauere il Gran Duca, generale

E e e   à tutto

à tutte le famiglie de' Nobili Fiorentini, che già furono al gouerno della Republica, ne poi à tempi seguiti si sono interessati nello seruitio di Casa Medici. La poca inclinatione, che verso la persona di lui haueua di mostrato per il passato il Cardinal Borghese, fondata nelle sinistre informationi, che gl'erano portate, intorno alla costanza, e sincerità della natura di lui; la prima delle quali nelle materie di giustitia che di continuo si pratticauano nella signatura, non si lasciò giamai piegare da i fauori, che da varie parti veniuano procurati: La seconda non mancò mai di fintione, per piacere altrui: l'offesa, che da lui pretendeua hauer riceuuto Paolo Giordano Orsino, Duca di Bracciano, perche, mentre era Legato di Bologna, non volle uscire sino alla porta della Città, per riceuerlo; un' offesa più antica fatta gli dal Cardinal Montalto in ricompensa d'un'altra, ch' egli stimaua, hauer da lui riceuuta. Questa fu, che mentre egli era Chierico di Camera, e Gouernatore di Ripetta, il Giudice posto da lui haueua senza sua saputa fatto dar la corda ad un Carrettiere, il quale era solito seruire la Casa Peretti, perche più volte ammonito non faceua stima degl'editti, mà sendosi recato ad offesa, Montalto la punitione del Carettiere ne fece doglienza con Papa Clemente, & ottenne, ch' il sudetto Giudice per il poco rispetto portatoli, fosse esposto in publico alla medesima pena della corda. Questi due incontri bastauano, à far, che li Cardinali Peretti, & Visino dichiarandosegli nemici, gli procurassero scopertamente l'esclusione. Mellino era in opinione di buono Ecclesiastico accreditato per il lungo esercitio delle materie ciuili, e canoniche, e per la prattica non mediocre in ogni sorte di manegi, se bene la perplessità della sua natura, e la tardanza nel risoluere, aiutata da artificio, quale egli usaua, per fuggir l'occasione di far' altrui dispiacere; che nei negotij alla giornata s'incontrauano, toglieua molto dell' aura, ch' egli per altro, senza queste imperfettioni, si sarebbe acquistata. Frà le difficoltà, che distoglieuano molti Cardinali nel concorrere all' elettione di lui, una era, il numero de' Parenti, i quali con maniere poco piaceuoli, e particolarmente con l'auidità,

dità, che mostrauano, gli haueuano concitato contro l'odio d'una parte della Corte, nè pochi erano quei Cardinali che dimostrandosi à lui amici, e simulando prontezza, quando hauessero veduto stringere la prattica, si sarebbeno ritirati. Erasi ancora poco meno, che alla scoperta dichiarato contrario il Cardinale Leni, perche correndo di bon passo al Cardinalato frà Giacinto Petronio, Maestro del Sacro Palazzo, suo parente, haueua Mellino secretamente operato, che in luogo di lui fosse promesso frà Desiderio Scaglia, Commissario del santo Officio, suo intimo dependente. Della volontà di Borghese molti hanno dubitato, à me par di certo, che quantunque fosse stata buona, non hauerebbe con disgusto d'altri Cardinali suoi diletti procurato, di farlo Papa. Mà l'oppositione più degna di consideratione era quella di Ludouisio. Questo, sapendo, quanto egli per l'adietro fosse stato poco amoreuole del Zio, gli haueua in tutto il Pontificato di lui date varie occasioni di disgusti, dichiarando con palese dimostratione sin da principio d'esso l'auuersione, che portaua ad ogni sua grandezza. Lanti huomo di costumi innocenti, & essercitato negl'officij della Corte dalla giouentù, se bene pareua, che appresso Borghese hauesse, per mezzo del Prencipe di Sulmona suo Nipote, migliorate le cose sue, nondimeno quanto al Pontificato era sul termine di prima, non fidandosi quello, ch'una casa, la quale viuente Papa Paolo si credeua, esser stata lungamente oppressa, douesse scordarsi dell' ingiurie, e sebene il Marchese Lanti fratello del Cardinale fu quello, che manifestando à gli Spagnuoli il matrimonio, che appresso il Pontefice secretamente si trattaua per Madama di Vandomo, figliola naturale d'Errico IV. Rè di Francia, col Prencipe di Sulmona, si tirò addosso lo sdegno di lui, nondimeno la prima origine de disgusti del Papa era Verginia sorella del medesimo Cardinale, moglie di Gio: Battista Borghese, fratello del Papa, la quale si credeua, che ridicesse al Marchese quanto dal marito alla giornata udiua; onde la mala sodisfattione per cagione di lei conceputa contro tutta la Casa, diede occasione à Borghese, d'hauerla per l'auuenire per diffidente; oltre che Papa Paolo, morto che fu Gio; Battista Borghese marito di lei, la fece mettere nel monastero di san Lorenzo in Panisperna, doue stesse finche visse il Pontefice. Nè l'uniuersale de Cardinali gli sarebbe stato fauoreuole, perche, succeduta la morte del Prencipe, di Vrbino, erano entrati in qualche sospetto, che egli, se fosse assonto alla dignità Ponteficia, mancando il Duca, fosse per inuestir di quello un suo nipote, come nato di Madre di Casa della Rouere, sorella della Duchessa, & (eccettuato il Marchese, Fratello di lei che era Sacerdote) più prossimo del Duca. Verallo per l'integrità della vita, & altre sue qualità posto meritamente nella commune opinione nel numero de' Cardinali Papabili, era altre tanto accetto à Borghese, quanto tenuto per inimico di Ludouisio, di che fu la cagione, perche parlando della nuoua Bolla del Conclaue con Papa Cregorio, e con Ludouisio, era uscito in parole troppo libere, dichiarando à tempo poco opportuno, i sensi dell'animo suo intorno alle resolutioni, che all'hora si prendeuano. Oltre ciò quei, che non voleuano Papa Mellino, difficilmente si sarebbono indotti, à contentarsi di Verallo, poiche stante la parentela, e l'amicitia, ch'era frà loro, stimauano, che per la gran parte, che Millino hauerebbe hauuto nel Ponteficato, sarebbe stato quasi una medesima cosa. Carrafa maturo non meno di costumi, che d'anni, esperimentato ne i negotij, e consumato nelle fatighe, haueua contrarij li Spagnoli, non solo per la memoria di Paolo IV. mà anco per gl'incontri, che con lui passarono, mentre fu Nuncio in Spagna. Araceli non sò se per la rettitudine, ò vero per la sincerità delle sue attioni era temuto da Spagnoli, da Borghese, e da Ludouisio, benche alcuno di essi s'infinse, di volerlo Papa. Li Spagnoli segli scoprirono diffidenti, perche diceuano, che visitando egli, mentre era Generale, nè i Regni di Spagna, haueua in alcune occorrenze dato segno di poca inclinatione verso quella Corona, e perche teneuano, ch'egli in materia della Concettione della Beatissima Vergine non facesse qualche decreto di poca sodisfattione; mà quelche più gli haueua insospettiti, fu l'honor grande, ch'egli riceuè in

Francia,

VRBANO VIII.

Francia, quando colà peruenne à lui la nuoua del Cardinalato; Accrebbe maggiormente il loro sospetto l'ardore, col quale venuto à Roma trattò alcuni negotij pij appartinenti à varij luoghi di quel Regno. Mà quel che sopra ogn'altra cosa gli haueua da lui alienati, era la relatione, che contro di lui mandò à Spagna Don Francesco di Castro, mentre essercitaua il Carico di Ambasciator Cattolico appresso Paolo V. l'occasione ch'hebbe per questa relatione fu, ch'essendo fatta di lui istanza al Papa à nome del suo Rè, perche in luogo di Galamino promosso al Cardinalato, si facesse Generale di san Domenico fra Diego Stella Spagnuolo, Maestro del Sacro Palazzo, ne volendo egli scoprirgli la sua resolutione, ch'haueua, di far' un'Italiano, per fuggir l'occasione, di dar disgusto alli Spagnoli, prese espediente di commetter la cura dell'elettione al medesimo Galamino, che dal titolo si chiamaua il Cardinal d'Araceli, à cui segretamente ordinò, che destreggiando con essi loro nel parlare, facesse cadere il Generalato in un soggetto Italiano, & all' Ambasciatore disse, ch'egli non metteua facilmente le mani nell'elettione de' superiori Religiosi, ne stimaua ben fatto, che si eleggesse più uno, che un'altro; trattasse con Araceli, à cui haueua dato la cura, e sopraintendenza del Capitolo; che si rimetteua à quanto egli hauesse fatto. Parlò più volte l'Ambasciatore con Araceli, e non hauendo da lui, se non risposte generali, concernenti li statuti della Religione, e la libertà dell'eleggere, uscì finalmente con qualche alteratione in dirli, che bisognaua in ogni modo eleggere il Padre Stella, perche non eleggendosi à tempo, e luogo se ne sarebbe pentito, alle quali parole, toltasi Araceli da Capo la baretta di Cardinale, tenendola in mano, rispose, che se per cagione della dignità Cardinalitia hauesse creduto, di douer fare cosa alcuna contro la sua conscienza, haurebbe subito lacerata quella baretta in cento pezzi. Di più considerato il disgusto, che haueua l'Ambasciatore, non facendosi il Generale Spagnuolo, pensò un mezo termine, che si elegesse un'Italiano, Vassallo di Spagna, che fu il Padre Serafino Sicco da Pauia; mà di questo ripiego non hebbe sodisfattione Don Francesco di Castro, anzi professò, che la principal mira del Cardinal Araceli in quel Capitolo era stata, d'escludere dal Generalato li Spagnoli, & alla Corte del Rè Cattolico ne fece gran doglienze. Molti, che non si guidauano da somiglianti interessi; opponeuano, mancarli l'esperienza del negotio, la quale, se haueße hauuta, si sarebbe addolcita in lui una certa durezza di natura, che suol rendere i soggetti, in cui si troua, poco habili al Pontificato. Ascoli poco conosciuto dalla Corte nel Cardinalato, e meno auanti, si come nelle qualità esteriori rappresentaua Sisto V. così pensauano molti, che fosse da lui lontano nell'esperienza de' maneggi, e priuo dell'altre parti, che alla sublimità di quel grado si richiedono. Campori già una volta scopertamente escluso dal Ponteficato, era difficilmente per superare l'antiche oppositioni, e se ben morto il Cardinal Pietro Aldobrandino, & assente Orsino, suoi principali contrarij, pareuano tolti in gran parte gl'ostacoli, nondimeno in luogo di quello vi era il Cardinal Hippolito, & in luogo di questo, Ludouisio, li quali per le medesime ragioni, ch'erano nel suo vigore, l'hauerebbono tenuto à dietro. Santa Susanna era in credito di buon' Ecclesiastico, e d'huomo letterato, amico di Ludouisio, & accetto à Spagnoli, e particolarmente per una tanta similitudine di costumi al Cardinal Borgia; mà con la stima, che mostraua far di se stesso, e col portare, i suoi pareri non senza qualche segno di disprezzo altrui, haueua alienato gl'animi di molti, frà quali Borghese insospettato anche maggiormente per la familiarità, ch'egli teneua con suoi nemici, e per la prontezza in censurare con modi coperti, & indiretti, l'attioni di ciascuno. Mà quel che al pari d'ogn'altro ostacolo gli hauerebbe apportato pregiuditio era il nuouo sospetto di Farnese; Questi caminando di buon piede negl'interessi di santa Susanna, non si lasciaua indurre dalle persuasioni di Don Virginio Cesarino, il quale con ogni industria procuraua, che si distogliesse dal fauorirlo; sin che il medesimo Don. Virginio haueua nelle mani la detteta originale dell'istesso Farnese, nella quale come legato del Patrimonio comandaua à suoi Ministri in Viterbo l'essecutione d'una sentenza Capitale in persona d'un

VRBANO VIII. 407

na d'un Notaro, parente di santa Susanna, per delitti fatti in una Commissione; porrolla à lui, e fecelo rauuedere dell'errore, in che staua in volto, volendo far Papa colui, il quale poteua pretendere, da lui hauer nel supplitio del parente riceuuta grande ingiuria; oltre che Borghese, non hauendo hauuto parte nella promotione di lui, non era mai per concorrerui. Di Cennino la maggior notitia, che s'haueua, era d'esser lui stato allo stipendio di Borghese, da cui si crede, che hauerebbe hauuto ogni fauore, quando Pignatello incontrato con assalti per cagione di priuate offese, non l'hauesse impedito; Mà il maggiore ostacolo era Ludouisio, il quale al pari di scoglio, oue si fa naufragio, haueua proposto schiuare li seruitori più intimi, & affettionati di Borghese. A Scaglia apportaua generalmente pregiuditio, ch'essendo egli tanto nuouo nel Cardinalato, mostrasse maggior desiderio, d'esser Papa, che non mostrauano coloro, i quali riguardeuoli per altre qualità haueuano passata la maggior parte della loro vita in quella dignità, il che si scoprì assai per tempo, quando egli à pena fatto Cardinale per tema, che dall'esser da Brescia, Città del Dominio Veneto, non gli apportasse nocumento, si dichiarò Cremonese, mà oltre questo non poteuano lasciare, di recar sospetto le gratie, ch'egli haueua riceuuto nel Ponteficato di Gregorio. Frà le Creature di Ludouisio, tre si diceuano Papabili; Gaetano, Sacrato, e san Seuerino; il primo de' quali adoprato ne i carichi più graui, e reputati dalla Corte, & ornato di lettere, haueua per oppositione l'esser Baron Romano, di casa caduta per altro in qualche diffidenza a Borghese, e l'hauer Papa Paolo mostrato, d'hauer poca sodisfattione di lui nella Nunciatura di Spagna, come se più hauesse procurato l'utile, & honore de' suoi parenti, che quello della Sede Apostolica, e della Casa Borghese, perche tralasciando gl'ordini, ch'haueua di negotiare il Grandato di Spagna per il Prencipe di Sulmone, lo concluse, & ottenne per il Duca di Sermoneta suo Nipote; E sapendo, che il Duca di Lerma era caduto dalla gratia di Filippo III. nondimeno, per corrispondere al benefitio, che stimaua hauer da lui riceuuto, il tenne un pezzo celato al Papa, e fu cagione, ch ne, ch' egli in dotto da falza credenza, lo faceſſe Cardinale. Il 2. cioè Sacrati poco fauorito da Borgheſe nel Pontificato del Zio, per eſſer tenuto fattura d'Aldobrandino, non poteua appreſſo lui acquiſtar nuoua beneuolenza, per eſſer ſtato promoſſo al Cardinalato da Papa Gregorio, huomo per altro di buona vita, e verſato nelli ſtudij di leggi, mà poco habile ad ogni ſorte di negotij; vi era di più l'oſtacolo della freſca età, perche, ſe bene per la canitie pareua matura, ſi ſapeua, paſſar di poco 50. anni. All' ultimo cioè ſan Seuerino, quanto all' età, à i coſtumi maturo per il Ponteficato, s'apponeua l'eſſer di caſa in eſtremo diffidente à gli Spagnoli, alla qual difficoltà s'aggiungeua un' altra forſe non minore il crederſi (benche foſſe falſo) che haueſſe parentela col Cardinal Vbaldino, e che riuſcendo Papa, hauerebbe egli maneggiato il tutto; nel reſtante gl' huomini prattichi nella Corte, ſe bene lo teneuano in opinione di Veſcouo; ad ogni modo ſtimauano, che gli mancaſſero molte conditioni per amminiſtar lodeuolmente carica tanto ſublime. Queſte erano le qualità de' Cardinali Papabili, e le difficoltà, che probabilmente poteua ciaſcuno di eſſi incontrare, mentre foſſe portato al Papato, mà perche l'intelligenza delli negotiati, che in queſto Conclaue ſi trattarono, dipende principalmente dal ſapere, quali fuſſero le forze, che ciaſchedun Capo di fattione haueua, quali, i loro fini tanto particolari, come generali, e quali adherenze, e contrarietà. Riferiremo breuemente quanto in queſto propoſito ci par neceſſario, per far paſſaggio alli trattati, & al dar de' ſuffragij.

Penſauano molti, che la nuoua Bolla foſſe per priuare nell' auuenire, i Cardinali Capi di fattione, d'ogni autorità, e potere ne, i Conclaui, mentre riducendo l'elettione à ſuffragij ſecreti, toglieua dalle loro Creature il pericolo, di poter' eſſere conuinte d'ingratitudine quando non haueſſero dato il voto, ſecondo la volontà di eſſi, ne ſi poteuano dar' ad intendere, che fuſſero già mai per ſtar' inſieme libertà di ſuffragio ſegreto, e ſeguito, e potenza ne Capi delle fattioni: mà gl' huomini accorti, che vedeuano più à dentro, ſtimauano, che ſe bene alcuni tal volta con la ſperanza, di poterſi celare, hauerebbono uebbono votato diuersamente di quello, che al suo Caso dauano, ad intendere, non dimeno, quando egli dalle sue Creature non fusse affatto odiato, quasi da tutte, ò la maggior parte di esse, ciò non doueua da temere; primieramente, perche ciascun Cardinale haurebbe conosciuto per la sua essaltatione esser necessario l'aiuto di molti, e molti non potersi racorre, se non sono uniti sotto l'autorità di alcuno, il quale gl' induca, ad operare; il che altro non è, che farsi un Capo. Secondariamente, perche qualunque si fosse discostato nel dare il voto dal suo Capo, sarebbe stata gran ventura, se non si fosse risaputo; impero, usandosi nel Conclaue secondo l'antica dispositione de' sacri Canonici li trattati per l'elettione, nó vietando la Bolla di Gregorio il dichiarare intorno alla medesima, senza obligo di promessa, la sua intentione, sono tanto ventilati gl' interessi di ciascuno, e tanta notitia si hà delle dipendenze, nature, e costumi che aggiungendoui lo studio, col quale ogn' uno osserua gl' andamenti dell' altro, pare que si impossibile il ricoprire un tal mancamento, quando massime l'uniuersale delle Creature camina d'accordo col suo Capo. E' ben' vero, che per esser li Cardinali Papabili più apparecchiati ad escludere, che ad elegere, non si può il medesimo Capo promettere, d'hauer il loro voto equalmente pronto nell' uno, e l'altro caso; onde rimaria egli più sicuro, e potente per il primo, che per il secondo; nondimeno fatto lo scandaglio di tutte le cose, che ponno esser poste in consideratione, trouo, che li Capi, quando si gouernino con prudenza, e tenghino sodisfatte le Creature, non ostante la libertà, e per così dire, l'impunità, che à gl' Elettori concede la Bolla, non restano priui della sua autorità, e per questa cagione conuiene nel presente Conclaue raggionar d'essi nella medesima maniera; come da coloro, che d'altri Conclaui hanno scritto, si è ragionato. Borghese dunque per lo numero delle Creature di Papa Paolo frà tutti è il più potente senza li Cardinal Borgia, e Trexo promossi ad istanza di Spagna, e senza Clessellio, e Zolleren fatti ad istanza di Francia, anzi dell' Imperatore, i primi de quali seguiuano la volontà del suo Prencipe, & i secondi parte adheriuano à loro, parte an-

Fff   dauano

dauano liberi, doue più li pareua; hauerebbe hauuto in questo Conclaue 26. voti contato il suo, se Capponi & Vbaldino, lasciata alla scoperta la parte Paolina, non si fossero accordati à Ludouisio, rimanendo non dimeno egli con soli 24. superaua di gran lunga ogn'altro di forze. Quelch'egli hauesse nell'animo intorno alla persona da elegersi per il Papato, è difficile, accettarlo, perche se bene i più prattichi teneuano, che sopra gl'altri inclinasse à Campori, Verallo, e Cennino, non dimeno egli non diede mai segno alcuno, d'onde questa volontà si potesse comprendere; anzi mostrando verso le sue Creature uguale, & indifferente affettione, professaua publicamente, di non volersi tirare à dietro dal fauorire, & ajutar l'essaltatione di qualunque di esse, che fosse posta in trattato, lasciando la risolutione in mano di Dio, e quando in alcuna si trouassero oppositioni insuperabili, aiutare indifferentemente l'altre, oue fossero minori difficultà; resolutione, che in lui acquistò non volgar lode di prudenza: stabilì la volontà delle sue Creature, se per sorte ve n'erano alcune titubáti, & indebolì i disegni, e machine de' suoi Auersarij, i quali stauano intenti ad ogni minima occasione di dissentione, che fosse nata frà loro, ò vero col Capo. Dall'altra parte Ludouisio, il quale in tutto il tempo del Ponteficato del Zio, ad altro non haueua atteso, che à trouar modo, di superar Borghese nell'elettione del futuro Pontefice, Erasi in più maniere ingegnato, di supplire il poco numero de' suffragij, che delle otto sue Creature si poteua promettere, perche primieramente, mediante il parentato con la Casa Aldobrandina, e la promotione del Cardinale Hipolito, haueua insieme con lui fatte cinque Creature di Clemente, che per gratitudine il seguiuano: haueua in oltre, col far di molte gratie, e fauori, ottenuto, che Vbaldino, e Capponi Cardinali di Papa Paolo, per altro non sodisfatti di Borghese, si dichiarassero suoi seguaci; ne legiero era l'acquisto, che parte con la propria industria, e sagacità, parte col mezo de gl'Aldobrandini haueua fatto del Cardinal Farnese, il quale, per esser Prencipe & esperimentato ne i negotij de' Conclaui, apportaua alle cose di lui non picciola reputatione; con esso Farnese per antica

con-

URBANO VIII.

congiuntione d'amicitia andaua unito Borromeo. Erano ancora da ſtimarſi aſſai le voci di due Tedeſchi Cleſſellio, e Zolleren, i quali, ancorche foſſero Creature di Paolo V, s'accoſtauano alla parte di eſſo Ludouiſio, quello à titolo di gratitudine, per eſſer ſtato da Gregorio XV. liberato dalla prigione, queſto in riguardo del Duca di Bauiera ſuo ſingolare benefattore, il quale era obligato à Ludouiſio per il fauore riceuuto da Papa Gregorio nel conſeguire l'Elettorato. Queſti inſieme con quel di Medici, di cui diremo più abaſſo, ſi contauano per voti paleſi, e ſicuri, mà ue n'erano de gl'altri celati, li quali egli teneua hauere per fermi trà le Creature di Borgheſe, guadagnati per mezzo de beneficij, mentre era viuo Gregorio, e confidauaſi hauerli pronti nell'eſcluſione de' Cardinali di Paolo, ſuoi nemici, e tal volta ancora nell'elettione d'alcuno del medeſimo Borgheſe, poco accetto. Speraua in oltre d'hauer li Spagnoli più fauoreuoli, che non l'hauerebbe hauuti il ſuo Auerſario, tanto per quello, che ſi ſtimaua meritare appreſſo di loro, quanto per l'auttorità, e perſuaſione di Farneſe, & altri ſuoi adherenti, che ne caſi dubij gli hauerebbono potuti mouere. Dell'intentione di Ludouiſio benſi puo far congettura, qual'ella foſſe, dall'attioni ſue in tutto il concorſo del Conclaue, la quale certo non fu altra, che portare al Papato uno, in cui frà le buone qualità per quel carico fuſſe ancora poco amico di Borgheſe, ò vero, quando ciò non ſi poteſſe ottenere, eleggere uno, in cui per l'nniuerſalità dell'affetto indifferente à tutti non haueſſe cagione, di temere di ſe, nè de' ſuoi ſeguaci. Li Spagnoli, che tanto ſoli in queſto tempo ſi trouauano in Roma, Borgia à cui ſpettaua in Conclaue la dechiaratione de Cardinali confidenti, e diffidenti del ſuo Rè; Doria, e Trexo, e li Due Duchi Ambaſciatori, Alburquerque vecchio che ſi apparecchiaua alla partenza, e Paſtrana venuto poco auanti da Spagna vedendoſi in mezo di dui nepoti di Papa potenti, e capi di fattioni numeroſe incontrati frà loro, e contrarij di genio, i quali ambidui profeſſauano pronta volontà à ſeruigio del Rè, fecero quello, che in tal caſo conueniua à quei, che ſtauano vigilanti sù gl'intereſſi del ſuo Prencipe, perche gradite, & accettate l'offer-

te, che

te, che da loro gli veniuano fatte, & offerendosi scambieuolmente in generale à ciascuno di essi, per concorrere in ciò, che fusse di loro sodisfattione, purche non tornassero in disseruitio del Rè, si dimostrarono indifferentemente amici d'ambedui, senza interessarsi ne i dispiaceri, ch'erano frà loro; E se bene l'Ambasciator Pastrana, stimando più utile alle cose del Rè, l'unirsi magiormente col Capo di fattione più potente, si stringeua più con Borghese, per il contrario Borgia rimasto poco sodisfatto di Papa Paolo, e del medesimo Borghese, perche gl'anni à dietro haueuano tolto à fauorire le cose del Duca d'Ossuna, suo nemico, adheriua più à Ludouisio, non dimeno ciò non faceuano in tal modo, che si discostassero dall'amicitia dell'altra parte, e tanto nell'escludere del Pontificato, i Cardinali sospetti alla Corona, come nel fauorire l'elettione de' confidenti, non passaua frà di loro dissunione alcuna. Oltre li Cardinali compresi nelle trè fattioni sopra nominate, cioè Paolini, Gregoriani, Clementini, e Spagnuoli, ve n'erano degl'altri, i quali per non esser ligati à Capi, ò fattione alcuna chiamaremo liberi. Questi erano primieramente li Cardinali Prencipi, Farnese, Este, Medici, e Sauoia, l'ultimo de' quali era Capo della fattione di Francia, e se bene non haueua alcun voto Francese, per non esser giunti in Roma Valletta, e Sordi, che s'aspettauano, adheriuano non dimeno à lui per quel titolo, Beuilacqua e Bentiuoglio. Erano secondariamente liberi quei, che per esser rimasti soli non haueuano rispetto di gratitudine, che gl'induéesse à dare il voto ad instanza d'alcuno, come Sforza creatura di Gregorio XIII, Sauli, e Monti Creature di Sisto, V. e Peretti Creatura di Clemente.

 Di Farnese qual parte seguisse già s'è detto. Este per la poca inclinatione, ch'haueua à Ludouisio, e per la speranza, che si tornasse à tentare la fortuna di Campori, s'era congionto con Borghese. Medici piegaua à Ludouisio, perche pretendeua, che Borghese nel precedente Conclaue gl'hauesse mancato di parola, mentre, come si diceua, haueua promesso, finita la prattica di Campori, andare, e non volle, à Monti. A questo aggiunti gl'ordini di Firenze, dati per occasione del ne del matrimonio stabilito frà il Duca di Parma, e la sorella del Gran Duca, che caminasse unito con Farnese, si dichiarò per quella parte, Il che principalmente indusse Sauoia, à dichiararsi per opposito à fauor di Borghese. Sforza per lo più adheriua à Spagnoli, e generalmente era à pochi fauoreuole. Sauli, e Monti non fauoriuano altri, che se stessi. Peretti doue lo guidaua la coscienza, e si credeua, che questa non repugnante, facesse à modo di Medici, il quale diceuasi, hauer secreta intelligenza con Crescentio, Creatura di Borghese, com'era voce, che Sauoia l'hauesse con Beuilacqua, Creatura di Clemente. Queste erano le forze delle fattioni, e de loro Capi nel Conclaue: questi gl'interessi, e disegni, per quanto da gl'inditij di fuori si poteua comprendere, mà gl'apparecchi di quanto quiui si doueua trattare, erano cominciati molto prima, & ultimamente nella Sede Vacante eransi rinouati con ogni diligenza. Frà gl'altri Ludouisio desideroso di sapere se li Spagnuoli persistessero nella esclusione, che ad Araceli haueuano data nel precedente Conclaue, ne fece per mezo d'altri, e per se stesso con essi loro qualche tentatiuo, e scoperto, che non erano punto mutati, passò caldi offitij, per distorsi da tal resolutione, allegando non esser reputatione del Rè senza alcun fondamento raggioneuole opporsi ad un'huomo di Santa Vita, e di tanta stima nel colleggio de' Cardinali, rè esser'vero, che egli nodrisse nell'animo auersione alcuna contro le cose di lui. Mà scusatosi il nuouo Ambasciatore Pastrana, d'hauere in ciò ordini precisi, il trattato riuscì vano, quale non l'indrizzaua, à far' Araceli Papa, mà ad oppugnar Borghese, tenendo per fermo, che quando egli hauesse risaputo, che Ludouisio, e li Spagnoli concorressero nell'elettione d'Araceli, hauerebbe fatta dichiaratione in contrario, donde Ludouisio faceua disegno di prendere occasione, di metterlo in discredito alle sue Creature, & al Prencipe, perche senza cagione rifiutasse quel Cardinale di Paolo, che d'anni, e di Santa Vita superaua gl'altri. Quindi presa occasione Borgia fece istanza à i dui Ambasciatori & à Cardinali Spagnoli, perche auanti del serrare il Conclaue, si publicassero à Cardinali l'esclusioni dimandate dal Rè; que-

sto fasto faceua egli per tema, che non gli auuenisse ciò, che dopò la morte di Clemente Ottauo auuenne al Cardinal Auila, quando, per non esser fatte le dichiarationi de' diffidenti à suo tempo, fu eletto Papa il Cardinal di Firenze, tenuto poco affettionato alla corona di Spagna, mà per esser la materia molto odiosa si prese per temperamento, che il giorno, nel quale i Cardinali entrauano in Conclaue, li dui Ambasciatori andassero per le Celle, ricercando gl' amici del Rè per il suffraggio solamente nell' esclusione di Borromeo, e d' Araceli, de' quali maggiormente si temeua, lasciando che per l'esclusione de gl' altri trattasse Borgia in caso, che fosse venuto il bisogno. Mà perche Pastrana per le lodi date ad Araceli da Ludouisio venne in sospetto, ch' egli hauesse l'aura de' Cardinali, richiese per parte del suo Rè, Borghese, e Ludouisio per l'esclusione del medesimo, alla cui richiesta, il primo, cioè quello, che per altro non lo voleua Papa, condescese senza repugnare; il secondo mal contento che non gli fosse riuscito il disegno, à fine di non incorrere in odio de Cardinali Papabili, negò di volerlo escludere, mà in cambio dichiarò, che non hauerebbe mosso la prattica di lui per il Papato, quando Borghese non l'hauesse proposto; il che, per esser equiualente all' esclusione, sodisfece à bastanza all' Ambasciatore.

Frà li medesimi apparecchi vi fu ancora, che gl' Ambasciatori Cesareo, e di Francia, di Venetia, e di Toscana facendo nell' istesso giorno le visite de Cardinali domandarono loro per parte de suoi Prencipi, che s'eleggesse persona degna, la quale portandosi da Padre uniuersale, abbracciasse ugualmente tutti, conforme era il presente bisogno della Christianità. Con tali preparamenti, e con la dispositione già detta, la mattina de 10. li Cardinali riceuuta per mano de Sauli Decano la sacra Communione, e giurate, secondo il solito, le Bolle, e particolarmente la noua del Conclaue, fecero nel modo da essa ordinato il primo scrutinio, nel quale apertamente si conobbero quali fussero in quei principij i dissegni delli dui Capi di fattione Borghese, e Ludouisio, perche non hauendo alcun Cardinale hauuto notabile numero de voti, si vidde, che andando quelli ritenuti in dichiararsi,

voleua

VRBANO VIII.

voleua ciascuno di loro scoprire i pensieri, e motiui dell' altro, cosa che haueua Farnese consigliata à Ludouisio, e Borghese oltre si haueua stabilita, come necessaria all' utile, & alla sua refutatione. Quindi nacque, che per non essersi pratticato à fauore d'alcuno, anzi per non essersi data opera, ch' i voti si diuidessero, nessuno passò il numero di 13. li quali toccorno à Bandino, nel che gl' adherenti di Borghese meglio osseruarono gl' auuertimenti, che quelli di Ludouisio, perche tanto nel primo, come ne i seguenti tre scrutinij, Bandino auanzò gl' altri di voti, sinche la sera delli 22. entrati in Conclaue Borromeo, e Serra, e Scaglia, mentre i Cardinali intenti ad inuestigare l'un dell' altro i più interni sensi, e propensioni, spendeuano il tempo, che dallo scrutinio gl' auanzaua, in iscambieuoli visite. Ludouisio infastidito di tanta quiete, offeso dalla fidanza, ch' à lui pareua hauere Borghese delle proprie forze, ò vero spinto, come si disse, dal conseglio d'Vbaldino, si adoprò perche la mattina seguente delli 22. crescesse il numero de voti à Bandino, non hauendo pensiero, di giunger subito nel prossimo scrutinio al numero, ch' hauesse potuto, maggiore, mà d'andare poco à poco aumentandolo, e questo à fine dichiararsi, se nelle Creature di Borghese era la fede verso di lui, che s'andaua predicando, perche se hauesse creduto, che oltre li voti da se pratticati, alcuno della parte Paolina vi fosse concorso, si sarebbe assicurato di quello, che desideraua trouare, cioè della loro poca fedeltà, & unione col suo Capo; nè per conseguir' egli si poco intento, si curò, di sconciare le cose di questo sogetto, mentre l'espose a i primi incontri dell' Auuersario, perche oltre che all' essaltatione di lui non caminaua di buon piede, teneua per caso disperato, il poter superare le tante oppositioni, che gli erano apparecchiate. Mà come questa deliberatione non fu da lui communicata à Farnese, nè à Borromeo, ne ad altri di quelli, che à Bandino non portauano volontà aliena, auuenne, che vedendo costoro cresciute inaspettatamente nello scrutinio i voti à fauor di lui, darsi ad intendere di far bene, vi concorsero nell' accesso, onde in un subito contro il disegno, & aspettatione di Ludouisio accele-

ro

ro i voti al numero di 21. che quanto fi rallegrò Bandino, tanto s'alterarono i Borghefiani, e più di tutti Borghefe fteffo, il quale veduto, ciò effer fatto ad onta fua fua particolarmente, determinò, di farli una fcoperta efclufiua, per la quale efortò Sauelli à dichiararfi Capo, da cui effendo ciò recufato, richiefe del medefimo molte fue Creature; fe bene dopò qualche tempo fedato l'impeto dello fdegno non fece di ciò altro motiuo, mà tutto fi riuolfe, à vendicarfi di Ludouifio, al quale perche non ftimò, di poter fare ugual difpiacere, come effaltare Mellino al Ponteficato, pofe ogni ftudio, in procurare, ch' haueffe il maggior numero di voti, che frà le fue creature, amici, & adherenti in quella breuità di tempo fi poterono raccorre, e fe bene non mancaua di conofcere le difficoltà, al Papato di Mellino apparecchiate, effer poco meno, che infuperabili, tutta via per fodisfar' alla fua voglia, di tener trauagliato Ludouifio, e di renderli con auantagio la pariglia di Bandini, poco ficurò qual fine per Mellino doueffero hauere fi violenti tentatiui; Onde introdotto in ciò trattato col Cardinal Sforza, Efte, e Beuilacqua, e fignificata la fua intentione alle fue Creature, mentre il dopò definare alli 22. erano per entrare allo fcrutinio, operò, ch' all'improuifo faliffe al numero di 26. voti, cioè 15. nello fcrutinio, & 11. nell' acceffo, cofa, che fi come accrebbe l'animo à Borghefiani, cofi pofe gran fpauento à Ludouifiani, & in particolare à Ludouifio il quale colto all' improuifo niuna cofa in quella confufione tanto temeua, come la negotiatione, la quale ne fuoi principij appariua fi potente, non haueffe le radici tanto profonde, ch' egli non le poteffe fuellere. Veduto Sforza il fucceffo di quefto fcrutinio, fi come quello, che per lunga efperienza de Conclaui fi promettua, di poter dar confeglio, fu di parere, che mentre la difpofitione de Cardinali fi moftraua tanto fauoreuole, non s'interrompeffe tempo in procurare di condurre la prattica incominciata al fuo fine: poterfi comodamente nello fpatio di quella notte aggiuftare il rimanente, fi che la mattina s'entraffe nello fcrutinio con Mellino Papa, e di ciò non poterfi dubitare hauerlo dimoftrato la facilità, che s'era trouata in ottenere per lui con un fimplice

cen-

VRBANO VIII. 417

cenno, e senza alcun trattato li 26. voti; rimanere, Medici, Borromeo, Vbaldino, Capponi, e Pio, i voti de' quali sarebbono pronti ad ogni requisitione; nè Aldobrandino, e Sauoia si ritirarebbono in dietro, quello indotto da Cardinali sudetti, e questo da Este, Bentiuoglio, e Beuilacqua; l'aggiunta di tante voci oprarebbe quello, che ne' Conclaui è solito, cioè che sempre alcuni vedendo il consenso della maggior parte del Colleggio, adherissero al parere di essa. Dall'altro canto Borghese, il quale vedeua benissimo gl'impedimenti di questa impresa, & intendeua li 26. voti con tanta facilità messi insieme non hauer' hauuto la mira, à far Millino Papa, mà solamente à raffrenare la baldanza di Ludouisio, pensò, che se non per altro hauerebbe giouato all'elettione d'alcun' altra sua Creatura, il tener Ludouisio con la continua prattica di Mellino nello stesso timore; onde trasferitosi di notte, mutato habito nella Cella di Medici, cominciò, ad introdurre con lui la trattatione, si come fece il medemo Mellino, andato anch'esso nella Cella d'Vbaldino, & altri à loro nome in altre, in particolare in quella di Borromeo. Ciò che dal negotio di quella notte si riportò fu, che il soggetto proposto era al pari d'ogn' altro meriteuole al Ponteficato: douersi drizzare con molto circospettione la prattica, per condurla sicuramente à buon porto; già che la noua Bolla haueua à bastanza proueduto che all'improuiso, si come aueniua prima per mezzo dell'adoratione, non si potesse fare il Papa: che di tutto hauerebbono dato parte à Ludouisio, e procurato disporlo, à concorrere con essi loro. Risposte chiaramente pregiuditiali à Mellino, mà da suoi amici per il desiderio, ch'haueuano di volerlo Papa, interpretate in senso à lui fauoreuole. Fra tanto Borghese, tenendo per fermo, che Ludouisio hauesse risaputo il tutto, per mostrare, che faceua da douero, e per pungerlo maggiormente inuiò da lui il Cardinal Crescentio, acciò da sua parte l'inuitasse, à concorrere nel prossimo scrutinio col suo voto all'elettione di Mellino, à cui egli disse, non poterli dar risposta prima, che si fosse abboccato con le Creature, & amici suoi, e questo non potersi fare subito, per esser l'hora troppo incommoda, ne per

Ggg   molto

molto che Crescentio lo stringesse ad aperta dichiaratione di ciò che voleua fare, potè mai trarne altra risposta; è però ben' vero, che per altra cagione di questo inuito concepì egli gran sospetto, che Borghese, già che nelle dichiarationi procedeua tant' oltre, non hauesse occultamente stabilito le cose per lo Papato di Mellino; onde sopra preso da gran turbatione d'animo andò incontinente alle celle d'Vbaldino, e Capponi, e fattogli alzar da letto gli ridusse nella sua, oue ancora vennero chiamati di lui Aldobrandino, Pio, e la maggior parte delle sue Creature, le quali cōsultarono frà di loro il presente pericolo, presero resolutione, di andare chi ad uno, e chi ad un' altro Cardinale, procurando con istanza, che non si desse il suffraggio à Mellino; e se bene ciascuno di essi fu in ciò diligente, & accorto, nondimeno niuno di essi si appressò di gran lunga alla celerità, & auuedimento di Ludouisio, il quale in quella notte fu veduto deporre il fasto, e descendere ad ogni sorte di humiliatione, e vili preghiere. Con queste arti andato attorno tutta la notte, finalmente la mattina trouò, che haueua parte tolti à Mellino, parte assicurati, che non sarebbono in lui concorsi 33. voti, che con quello dell' istesso faceuano 34. bastando per la compita esclusione di 19. onde ripigliato spirito, & ardire, mandò prima d'entrare nello scrutinio per Gozzadino à Borghese la risposte, che la sera auanti non haueua data à Crescentio, la quale conteneua scusa, di non poter concorrere all' elettione di Mellino per le molte difficultà, che nelle sue Creature haueua trouato, di che alteratosi Borghese non s'astenne di proronpere in querele e minaccie con particolar dispiacere delle sue Creature, le quali credeuano quei moti ad altro non seruire, che ad alienare l'animo di Ludouisio al concorrere all' essaltatione d'alcun di loro. Per lo scrutinio della mattina Borghese hebbe caggione, d'attristarsi, che si trouò Mellino hauer perduto sei voti di quelli, che la sera auanti gl' erano stati dati, e Ludouisio all' incontro si rallegrò, perche gli era riuscito il conto de gl' escludenti; nondimeno celaua la sua allegrezza, e quello discolpaua la sua troppo credenza con la nuoua Bolla, laqual diceua, hauer ridotte le cose

VRBANO VIII.

cofe al termine, che ne anco, quando li Capi delle fattioni fossero d'accordo, si sarebbe potuto far' il Papa. Di tal cagione la querela era, perche molte Creature di Paolo, lo cui voti Borghese credeua, hauer sicuri per Mellino, erano nello scrutinio andati in altri; Ese bene communemente si credeua, questi esser solamente i vecchi pretendenti del Papato, s'adduceuano nondimeno varie conietture, li quali mostrauano, che frà essi poteuano anche esser de' Giouanni. Non era poco lo scapito della reputatione, che in quello scrutinio haueuano fatto li Borghesiani, & il credito, in che era salito Ludouisio; nondimeno quelli, per mostrare di non ceder niente all' Auuersario, continuarono senz'altra negotiatione à dar le voci à Mellino ne' seguenti scrutinij. Vedeua Ludouisio, che la prattica di Bandino da lui suegliata da principio, non solo non haueua hauuto l'effetto, ch' egli desideraua, mà hauer' essacerbato l'animo di Borghese, e de suoi adherenti, che diede à loro occasione, di stringersi insieme con più saldo legame, il che anche era per succedere in ogn' altra impresa, che tentasse à fauore d'altra persona, che fusse contraria di quella fattione. Però lasciato Bandino da parte, haueua deliberato, d'incaminarsi all' auuenire per altra via coperta, la qual speraua, poterlo condurre à suoi fini. Mà perche frà lui, e Borghese i disgusti erano cresciuti à tal segno, che non solo non trattauano insieme, mà à pena si salutauano, parue à Borgia, Sauoia e Medici, se non fosse loro riuscito di unir gl' animi, e le volontà, procurare almeno, di toglier via lo scandalo, che s'haueua della scoperta discordia; lo faceuano ancora, perche essendo quei frà di loro incontrati, era malageuole il mettere in campo trattato alcuno; che se ne potesse sperare buon successo. Nè fu molto difficile il reconciliarli almeno nell' esteriore, nel che Ludouisio, come più giouine volle preuenire, e l'andò, à trouare nella Cappella alla presenza di tutti i Cardinali nel tempo, che passò lo scrutinio della mattina delli 23. luglio, e la sera de 29. del medemo. Mà vedendosi chiaramente, che i due capi non erano sinceramente uniti, e temendosi per ciò notabil lunghezza di Conclaue, li Cardinali sudetti, che

per Zelo, ò per altri fini s'interponeuano, come mediatori, penſarono, di mettere inanzi alcuni fogetti di tal qualità, che quando i due Emoli foſſero ſtanchi, di contendere, finalmente riuolti alla neceſſità della Chieſa, ſi riſolueſſero da douero, à fare il Papa, e non poteſſe niuno di loro con ragione riſiutare, di concorrere all'eſſaltatione di uno di eſſi. Annoueraronſi per fogetti dl mazzo, e dotati delle qualità già accennate, Sauli, Monti, e Ginnaſio, li quali, ſe ben ſi teneua, che appreſſo Ludouiſio non haueſſero biſogno di fauore alcuno; gli biſognaua nondimeno appreſſo Borgheſe, il quale riſtretto alle ſue Creature, e frà quelle a i confidenti; ancor che di parole, e dimoſtrationi foſſe largo ad ogn'uno, eparticolarmente à Cardinali vecchi, nondimeno di ſuffragij, e reali fauori ſi teneua, che con loro ſarebbe ſtato ſcarſiſſimo. Vſaua egli felicemente l'arteficio, di moſtrarſi in apparenza deſideroſo della grandezza loro, mentre non foſſe ſtato facile, l'hauere una delle ſue Creature, e l'effetto, che ne cauaua era à lui molto utile, perche in tal modo s'impediua, ch'eſſi ſtimolati per altro di continuo da Ludouiſio, non ſi gettaſſero à lui in braccio. Per lo contrario ne anco Ludouiſio mancaua à ſe ſteſſo, perche con le medeſime arti procuraua tenerſi uniti quei Cardinali di Borgheſe, che l'haueuano ſeruito nell'eſcluſione di Mellino, à fine di trouarli di nuouo pronti à ſimile officio, ſe Borgheſe haueſſe tentato l'elettione di qualche ſuo nemico. Per Ginnaſio erano interceſſori appreſſo Borgheſe Riuarola, Sauelli, e Serra, i primi dui per particolare amicitia, & il terzo per il impedire, che Borgheſe non piegaſſe in Sauli ſuo nemico. Per Monti ſi adoprauano il Medico, Cinthio, Clemente, & il Caualiere Gotti Conclauiſta di Medici, & à Borgheſe molto accetto. Mà nel primo non era ſuperabile la difficoltà dell'eſſer la più cara Creatura d'Aldobrandino à Borgheſe non menò odioſo, che Ludouiſio, benche ſi diceua, che ne anco vi ſarebbono concorſi Farneſe, e Medici. Si dubitaua ancora di Gaetano, & ultimamente ſe gl'era ſcoperto contrario Zolleren. Nel 2. era d'impedimento l'alienarſi Sauoia, & in alzare perſona, per la cui eſſaltatione tanto appreſſo

VRBANO VIII.

presso i Cardinali quanto appresso il Mondo hauerebbe hauuto poco applauso. A Saoli, oltre le molte difficoltà, che mai si sarebbono superate, faceua à bastanza ostacolo Aldobrandino, il quale nè Farnese, nè altri, che vi si erano efficacemente adoprati, haueuano potuto remuouere dall'antico proposito; onde vedendosi, che ne anco il proporre, i Cardinali di mezzo seruiua d'abbreuiare il Conclaue; Ludouisio per mostrarsi desideroso della conclusione, e per far' apparire Borghese appresso tutto il Collegio colpeuole d'ogni inconueniente, gli fece proporre, che haurebbe nominato tre delle Creature di lui, una delle quali egli eleggesse per Papa; mà il partito à Borghese non piacque; perche accettandolo, offendeua tutte le sue Creature Papabili, che nella nominatione non fossero comprese, e si poneua in necessità, d'ammettere il Papa proposto da Ludouisio, il che per la reputatione, e per l'interesse abbominaua. Escluso questo partito entrò di mezzo Borgia, indotto, come si crede dal Duca di Pastrana, il quale voleua contra cambiare Borghese per l'esclusione, che ad istanza di Spagna haua dichiarato di fare al Cardinal d'Araceli, e cominciò à nominare alcune Creature di Paolo più grate à Borghese, & accette à Spagna, facendoli istanza di precisa risposta, dal qual officio non meno noioso, che pieno al pari di pericoli, se l'hauesse accettuto, ò escluso, presto si sbrigò con dire, che gli pareua più conueniente, che Borghese medesimo dichiarasse qual Creatura più desideraua, ch'egli secondo la qualità del sogetto, e la possibilità delle sue forze hauerebbe, procurato seruirlo. Risposta che atterrò l'artificio di Pastrana, e forse anco inuentato dall'istesso Borghese; perche non volendosi egli dichiarare partiale d'alcuna sua Creatura, ne bastando ad esse l'animo, di farsi inanzi per l'essempio dell' infelice riuscita di Mellino, restò di trattare più oltre, e come per propria inclinatione era volto à fauore di Ludouisio, lodò la sagacità, con la quale s'era saputo liberare da quei intoppi, e strettosi maggiormente con esso lui, compreso, esser fatica in vano, che altri procurasse, d'indurlo al voler di Borghese con somiglianti proposte; onde fatto ciò sapere all' istesso Borghese, o

se, e Pignatello, che sollecitauano la risposta, li consegliò, che poste da banda quelle pretentioni, si risoluesse, di concorrere in uno, che hauesse minor difficoltà. Questo parue à Borgia, poter' esser Sauli, sì perche Borghese, parlando col medesimo, s'era mostrato disposto, à volerlo fauorire, come perche communemente si stimaua particolar' amico di Ludouisio, e confidente di Spagna. Mà ritiraua Borghese l'opinione poco plausibile, che di lui si haueua, e molto più lo sdegno nuouamente conceputo di Pignatello, per causa d'un memoriale, che si disse, esser stato composto in casa del medesimo, nel quale li offendeua la sua reputatione. Mentre queste cose senza felice successo si trattauano; risaputasi frà i Cardinali di Borghese, la risposta di Ludouisio, à lui riportata da Borgia, sopra le Creature più accette al medesimo Borghese, da proporsi per il Ponteficato, fu interpretata, ch' altro non contenesse, che dichiaratione, che Ludouisio non haurebbe già mai ammesso al Ponteficato Creatura di Paulo; onde alterati contro di lui, esortarono Borghese, che protestasse alla scoperta, di voler più tosto morire in Conclaue con tutte le sue Creature, che permettere fuori di esse farsi il Papa; cosa, che Ludouisio diceua, esser finta da maleuoli per concitarli contro l'inuidia. Mà assai presto fu, non so, se in concambio, contro Borghese solleuata fama di peggior consequenza, e fu, ch' essendo egli la sera delli 27. andato alla cella di Borromeo per visitarlo i suoi nemici, presa quindi occasione, raccolsero per lo scrutinio della mattina seguente con gran segretezza fino à 18. voti à fauore di Borromeo, e sparsero per il Conclaue, esser stata opera di Borghese, accordata la sera auanti, di che alterati li Spagnoli se ne dolsero seco, nè uscirno di sospetto sin tanto, che gli fece toccar con mani l'artificio de' nemici. Eransi in questi infruttuosi trattati, e controuersie consumati XI. giorni in Conclaue, nè ancora s'era udita parola d'alcuno, che introducesse prattica per il Cardinal Barberino; di che altra non era la cagione, se non ch' egli quantunque per ogni qualità meriteuole del Papato, nondimeno in comparatione di tanti vecchi pareua troppo giouine; Mà già s'auuicinaua il tempo,
nel

nel quale lo Spirito Santo haueua disposto, di proueder la sua Chiesa d'un'ottimo Pastore onde la sera delli 29. luglio si scoperse al quanto di luce, mediante la quale cominciossi di lontano la trattatione, che interrotta, e poi di nuouo ripigliata, hebbe felicissimo fine, la mattina di 6 Agosto, giorno della trasfiguratione di Christo Signor nostro.

Per narrare il tutto ordinatamente è da sapere, che per la suprema dignità del Pontificato, se bene pareua, che il Cardinal Barberino hauesse molte oppositioni, in effetto, eccettuatane quella della fresca età, non ne haueua alcuna; perche l'esser di nascita Fiorentino, non poteua appresso à Spagnuoli fare à lui maggior'ostacolo di questo, che fece à Bandino, al quale non vedeua, che nocesse, se bene per un'altro Capo ciò gli poteua apportare pregiuditio, perche hauendo egli quasi tutte le sue facoltà nello stato della Chiesa, passaua più per Romano, che per Fiorentino. Il sospetto dell'esser lui stato, Nuntio in Francia era affatto dileguato, quando per mezzo della relatione di Don Baldassar de Zunica, il quale nell'istesso tempo risedeua in Corte del Rè Christianissimo Ambasciatore del Rè Cattolico vennero à luce gl'officij, ch'egli per compire all'obligo del suo carrico haueua, senza essere richiesto, passati col Rè Herrico IV. acciò per caggione d'alcuni accidenti all'hora auuenuti, non si disciogliesse l'unione poco auanti stabilita fra quelle due Corone; cosa, che ridondò in non picciola utilità, e sodisfattione del Rè Cattolico. Somiglianti officij in virtù del medesimo passò altre volte, secondo che venne l'occasione, donde poi procedè l'honorata istruttione, che sua Maestà diede intorno alla qualità, & essaltatione di lui al Duca di Pastrana suo nuouo Ambasciatore, quando venne in Italia. Nella casa Medici non poteua esser'ombra alcuna, sì perche li fratelli di lui rimasti in Firenze con la modestia, e l'ossequio s'haueuano acquistata la gratia del Gran Duca, come perche egli in Roma erasi sempre dimostrato particolarmente affetto verso le cose del medesimo, nè poco in ciò operò la sua andata in Firenze, métre passaua Legato in Bologna, perche per la sincerità della sua natura con la dolcezza delle maniere, e sincerità di costumi

stumi trasse mirabilmente à se la volontà di quella Altezza. Per discacciare le sospitioni, che da maleuoli erano state impresse nella mente di Borghese, il libero parlare, ch' egli per riputatione di lui, e per l'honore di Papa Paolo in varie occasioni nel tempo del Pontificato di Gregorio haueua fatto, era potentissimo antidoto, sì che in esso non rimaneua dubio della sua sincerità, e fedeltà, anzi correua voce per la Corte, ch' egli con la troppo libertà hauesse concitato lo sdegno di Ludouisio. La Casa Orsina, quando ben fosse stata aliena dalla grandezza di lui, poco poteua nocerli, mentre il Cardinale Alessandro per negotij di essa si trouaua in Germania. Non vi era cagione di timore di Peretti, quale mai segli era dichiarato contrario, e quando al presente si fosse voluto scoprire, non hauerebbe ottenuto l'intento, perche non haueua seguito & il Cardinal Andrea ammalato di febre era uscito di Conclaue: Alcuni altri Cardinali, che ò per emulatione, ò per altri rispetti nell' intrinseco non l'hauerebbero voluta Papa, s'asteneuano dal dichiarare, ò perche non stimauano esser tempo, che potesse colpire al Pontificato, ò vero perche diffidauano, di poterlo impedire, secondo le due diuerse opinioni, che frà gl' Eletttori di lui correuano; perciò che alcuni considerando l'età di 55. anni, e la robustezza della complessione non poteuano darsi à credere, ch' esso portando seco tante difficoltà potesse arriuarui, massime in un Conclaue, nel quale la nuoua Bolla, pareua hauer' indrizzato ogni cosa à fauore de' Vecchi; altri pensando gl' interessi, e fini de Capi di fattione erano di parere, che il Pontificato non sarebbe uscito da lui, frà quali Farnese, che poco auanti d'entrare in Conclaue manifestò ad alcuni questa sua opinione. Diedesi principio al trattato la sera de 29. dopo lo scrutinio, mentre parlando Ludouisio, e Caetano degl' interessi del Conclaue, com' erano soliti, Caetano uscito nelle lodi di Barberino, lo propose à Ludouisio per Papa, che considerato lo stato presente, si vedeua non potersi sperare riuscita d'altro soggetto. Commendò Ludouisio la persona con lodi non ordinarie, e dichiarò il suo senso all' essaltatione di essa, che vi sarebbe concorso volentieri, quando Borghese

ghese si contentasse, benche era da temere della contradittione de' Cardinali Vecchi; la mattina seguente 30. di luglio rientrati Ludouisio, e Caetano nella medema prattica, e fatto conto de' voti che per parte di Ludouisio vi satiano, trouorno, che frà le Creature di Gregorio, e li più Giouani di Clemente con Farnese, Medici, e Borremeo, tre Spagnuoli, e due Tedeschi, aggiunto Capponi, Vbaldino, Este, e Sauoia erano 23. voti, à quali se Borghese hauesse aggiunti solo 13. voti, faceuano li dui terzi per l'elettione, e quando mancasse alcuno de nominati, poteua Borghese supplire senza toccare alcuno de suoi Papabili. Con tal presupposto Ludouisio stabilito, di promouere quanto poteua Barberino al Ponteficato, ne diede incontinente parte à Farnese, Medici, & Aldobrandino, dalli quali riportò il medemo volere; anzi da Farnese fu con molta efficacia confortato, à non stancarsi, sinche hauesse condotto à fine l'elettione di sogetto sì meriteuole. Incontrò bene nell' istesso tempo, che passato Barberino d'auanti la Cella d'un Cardinale amico di Ludouisio, nella quale erano sett' altri di quella fattione, e salutatigli di passaggio, uno di essi disse, se questo sogetto hauesse sei anni più non si douerebbe pensare ad altro Papa. Il che riferito à Farnese, che ben vedeua le cose del Conclaue disposti in maniera, che la fresca età non hauerebbe à Barberino ostato, s'animò maggiormente ad impiegarsi nell' essaltatione di lui. L'istessa mattina Ludouisio conuocata nella sua Cella la maggior parte de suoi confidenti con le Creature di Gregorio, propose la persona di Barberino, e mentre si consultauano le difficultà, che si potrebbero opporre, alcuni, à quali non piaceua questa prattica, metteuano l'ostacolo della fresca età, di che accortosi Caetano, simulando di credere, che questa fusse la maggior raggione, riuolto à Ludouisio, & Aldobrandino, disse, anzi l'unica via di liberarci dal timore, che li Cardinali nostri nemici non giungano al Papato, e il fare un Papa giouine, il quale soprauiuendo à essi, ci assicuri da questo pericolo, e ci tolga la fatica, d'andar frà pochi giorni cercando nuoue esclusione, come auuerebbe, se si elegesse vecchio; fu questa ragione di Caetano udita da suddetti, e dalla maggior parte de gl' altri con applauso, e chiuse la bocca à coloro, che col pretesto della giouentù, cercauano tener' in dietro Barberino. Disciolto il congresso per ordine di Ludouisio andò Caetano da Barberino, e trouatolo per via, che andaua allo scrutinio di quella mattina, gli disse la prattica cominciata à suo fauore, à cui rispose restar' obligatissimo alla loro bontà, mà esser negotio, che ricercaua gran consideratione, e restorno d'accordo, di parlarne con maggior' agio. Dopò lo scrutinio della sera risaputo Barberino, che la prattica si riscaldaua, e considerato, che l'hauer fauoreuole li Spagnoli era uno de fondamenti sostantiali, e che difficilmente sarebbono fauoreuoli, se in essa non se gli daua il luogo principale, andò à trouar Borgia, e narrato gli, che da alcuni Cardinali suoi amoreuoli si era senza sua saputa introdotto trattato, di promouerlo al Papato; Protestò, se ciò non fosse con sodisfattione del Rè Cattolico se gli opporrebbe, per disfare ogni ordinatura; di che compiaciutosi Borgia, gli rispose, che se bene nelle sue istruttioni e gli non era nel numero de papabili, di cui si douesse all' hora trattare, nondimeno era tenuto dal Rè per confidente, & esser di parere, che lasciasse caminare la prattica, ne si opponesse alla volontà di coloro, che procurano la sua grandezza. Soggiunse Barberino, che non hauerebbe acconsentito à prattica alcuna della sua persona, à cui egli, come Capo della fattione di Spagna, non hauesse dato principio, e questa, perche non era cominciata da lui, voleua, che affatto si troncasse. Quindi partito andato da Borghese, à cui senza manifestare l'ābasciata fattali da Caetano, nè la parlata con Borgia, narrò, hauer' udito, che da alcuni della parte auuersa si trattaua della persona sua per il Pontificato, mà temeua, che sotto questo trattato non si celasse alcun' artificio per farli qualche nocumento: ricorrere à lui, per darli conto di quanto haueua risaputo, e pregarlo, che pigliasse la sua protettione, che quanto à se era, risoluto, di non discostarsi in cosa alcuna, ò leggiera, ò importante che fosse, del suo volere. Rispose gli Borghese non hauer minor desiderio dell' essaltatione di lui, che di qualunque altra sua Creatura,

e dal

e dal canto suo esser prontissimo ad abbracciar'ogni occasione, per procurarla: l'hauer udito ciò, che si diceua dell' offerte, che da Ludouisio, e suoi adherenti si faceuano: considerasse bene, se si douessero tenere per reali, estabili, perche gli pareua, di poter con ragione dubitare del contrario; tuttauia non ostante questo sospetto, stimasse per sicuro ogni fauore, che dipédesse dalla sua volótà. Ciò inteso Barberino disse, che per all'hora cóueniua soprasedere alquáto nella trattatione del negotio, finche esso auuisasse ciò, che sarebbe bisogno di fare; à che rispose Borghese, che esso gradisse il tutto, ch'egli senza dimora hauerebbe fatto quáto da lui fosse stato; Barberino chieseli in ultimo licenza d'adboccarsi con Ludouisio à fine, come diceua, di penetrare l'intentione ch'haueua in questo negotio, e quando la scoprisse men che dritta rimouerlo da esso, mà perciò rimase d'accordo col medesimo Borghese, che parlando à Ludouisio hauerebbe simulato, di credere poco alle dimostrationi, ch'esso Borghese gli faceua. Conferitosi da Ludouisio, e detto gli ciò, che gli pareua opportuno, con dimostrare diffidenza della volontà di Borghese, trouò in lui quel che già prima gli era noto, cioè volontà sincera, e pronta, di concorrere ad ogni mezzo, che potesse promouere la sua grandezza, anzi mosso dal desiderio di quella, lo consiglio, che per non dar sospitione à Borghese non tornasse più à trouarlo, mà per terza persona gli facesse di mano in mano intendere il bisogno, che prontamente l'hauerebbe esseguito. Non fu legiero il dubio, che le parole di Barberino, mentre simulò dar poca fede all'offerte di Borghese, generarono nell'animo di Ludouisio, e suoi adherenti; Onde stimando, non douerlo nodrir lungamente, determinarono, chiarirsi per mezzo del Caualier Lotti, e lo mandarono à lui, à notificarli l'intentione di Farnese, de' Medici, di Ludouisio, d'Aldobrandino, e de gl'altri Cardinali suoi confidenti essere, quando però vi hauessero l'ajuto de voti Paolini, di portare il Cardinal Barberino; desiderosi sapere per parte loro il suo gusto, perche da quello dipendeua il proseguire, ò lasciare affatto la trattatione. Mostrò Borghese, di gradire sommamente questa volontà, e doppo

ringra-

ringratiati, disse, che all' essaltatione di Barberino era per concorrere prontamente; mà essi non contenti di questa scoperta, per impegnarlo maggiormente fecero, che Farnese di persona passasse con esso lui il medesimo officio; e se bene quelche ne riportò non fu che fauoreuole al trattato, non dimeno, perche Borghese con gl' amici non dissimulò il sospetto, ch' haueua della poca sincerità di queste dichiarationi, e sino dalla simulatione di Barberino, usata con Ludouisio, s' era diuolgato, che Borghese non lo voleua Papa, Grand' erano le murmurationi, e le querele, che di lui in ogni luogo si faceuano, le quali peruenutegli all' orecchie, lo mossero subito, à chiamar Barberino, con cui fece doglienza, che per cagione delle sue parole era contro di se, insieme con una sinistra opinione, concitata l'inuidia di tutto il Conclaue. Mostrò Barberino turbarsi, egli lo rassereno con dirli, che subito imporrebbe silentio à queste voci. Si offerse di venire alla proua de suffragij nello scrutinio, doue si sarebbe veduto chi fossero coloro, che parlauano in un modo, & oprauano in altro; nel trattare che fece Barberino con Borghese, e con Ludouisio gli haueua chiesto, che si contentassero, di conseruarli le loro buone volontà à tempo più opportuno, soprasedendo di tirare la prattica cominciata auanti; di che egli à chi gli ne domandaua, diceua, esser la cagione, che trouandosi nel colleggio tanti Cardinali vecchi, di singolar merito, egli, che rispetto à loro, era giouine, & inferiore assai nell' altre qualità, non doueua pretendere, di passar loro auanti; cosa, che gli concitò beneuolenza straordinaria appresso à tutti, li quali gli dauano lode d'inaudita modestia, e di gran dominio sopra l'appetito dell' eccellenza, tanto à ciaschuno naturale; mà la vera cagione della sua ritrata fu, che vedendo, che Borgia non si dichiaraua Capo della trattatione, dubitò, che fusse ritenuto da qualche difficoltà non penetrata; mossolo ancora à ciò fare, l'hauere risaputo, che Medici tutto intento, à procurare la fortuna di Monti, non applicaua l'animo alle prattiche d'altri sogetti; pareuagli anche necessario di dar tempo, che alcuni Cardinali Papabili più vecchi facendo tentatiuo, toccassero con mani l'impossibilità loro,

d'a-

VRBANO VIII.

d'arriuarui; perche doppo chiariti essi, & i loro fautori, non si sariano opposti. Fu cosa degna d'ammiratione, ch'essendo egli andato in breuissimo tempo, à trouare nelle loro Celle, Borgia, Ludouisio, e Borghese, non fu veduto da alcuno, benche si può attribuire, d'hauer' egli usata diligenza, di partirsi dalla Cappella incontinente doppo lo scrutinio, mentre i Cardinali trattenendosi alquanto, come si suole, à raggionare frà di loro, non erano usciti; ad ogni modo fu gran ventura, il trouar Borgia così presto ritirato alla Cella & non incontratosi in coloro, i quali più d'ogn'altra cosa attendeuano, ad osseruare gl'andamenti altrui, per riferirli à diuersi interessati, benche dall'accordo, che dissero, essere secretamente passato frà Borghese, e Barberino, cioè che Barberino trattando con Ludouisio fingesse, di dubitare della propensione verso di se di Borghese, à bastanza s'intende da qual principio hebbe origine la querela, che il medesimo Borghese fece, credendo molti, che non hauesse voluto Papa Barberino; non dimeno l'origine che sino al fine lo rese difficile, à prestar fede alle dechiarationi di Ludouisio, fatte à fauor di Barberino, non furono da tutti penetrate. Queste erano ch'egli sapeua, che Medici, se ben si mostraua voler Barberino, non dimeno haueua stabilito, di non dare il voto ad alcuno, se prima non fusse chiarito, Monti esser' affatto escluso. In oltre sapeua, che Aldobrandino, quantunque mostrasse la medema inclinatione, non dimeno per alcune ombre concepute à tempo di Gregorio nella causa del Fiscale di Roma, andaua con esso lui alquanto sospettoso. Non gl'era occulto, che i dui Fiorentini, Capponi, & Vbaldino per antiche cagioni erano al medemo poco affetti; per ultimo non sapeua intendere, come Ludouisio di natura tanto delicata si fosse contro il suo solito si facilmente placato con Barberino, dalla libertà della quale poteua pretendere, d'esser stato più volte offeso. A queste se n'aggiungeuano due altre uniuersali, cioè l'esperienza, ch'haueua dell'animo di Ludouisio poco ben' affetto à se, & alle case sue, la quale l'innduceua à credere difficilmente, ch'egli sinceramente, e senza fine di nocerli proponesse l'essaltatione d'alcuna creatura Paolina,

Hhh 3

che à lui foffe accetta, e di più la propria fua natura, facile à temere in qualunque occafione, non che nello ftringere la conclufione d'un negotio il più arduo, e pericolofo, che poteffe incontrare. Potrebbe alcuno dall'altra parte domandare, quali fuffero le cagioni, che induceuano Ludouifio, à procurare l'effaltatione di Barberino, attefo che, per effer lui Creatura di Borghefe, doueua à lui per ogni conto effer fofpetto.

Non era occulto alla Corte che il Cardinal Barberino fubito ritornato da Francia fu da Papa Paolo per alquanto di tempo tenuto in gran ftima, e riceuè da lui molte dimoftrationi d'honoranza; mà era ancora manifefto, che il medefimo, dopò mutato di parere, non s'era di lui feruito in alcuni negotij di particolar confidenza, ne gl'haueua fatto gratia, che dimoftraffe fingolar' affetto verfo la fua perfona, opera, come fi credeua d'alcuni Cardinali, che per loro priuati commodi teneuano da lui alienati gl'animi del Papa, e di Borghefe. Quel ch'era ftato principio di raffreddare la beneuolenza di Papa Paolo verfo di lui, fu la libertà, con la quale, effendo egli della Congregatione fopra la fabrica di San Pietro, fpiegò i defetti, che feguirebbono, dall'aggiungere qualche cofa nell'antico modello di Bonarota. Credefi ancora, che Papa Paolo haueffe per male il non hauer' egli moftrato gufto, accettando il Vefcouato di Spoleti, dato gli in ricompenfa dell'Arciuefcouato di Nazaret, conferito à Monfignor Conti à fine d'habilitarlo al Cardinalato. Nè punto piacque à Borghefe il rifiuto d'un Abbatia di 2000 fcudi, e della retentione d'una penfione annua di mille, e cinquecento, che il Papa fuol dare à i Cardinali, che de beni Ecclefiaftici non poffedono quelche importa 6000 fcudi d'entrata; offertali, acciò acconfentiffe, di lafciar la Prefettura della fignatura di Giuftitia, la quale alla morte del Cardinal San Giorgio, il Papa era pronto di conferirli, per effer (mentre quello impedito da infermità non la poteua effercitare) ftato deputato in fuo luogo, e quando non la voleffe lafciare, gli fu intimato, che farebbe rimafto priuo della detta prouifione, e dell'Abbadia, reftando colli foli 1500. fcudi, che rende la

Signatura.

Signatura. E se bene oltre all'utile, che n'hauerebbe ritratto, sapeua, che col cedere nella volontà di Borghese, si sarebbe mirabilmente acquistata la sua gratia per il desiderio, che gli mostraua, che fosse conferita la Prefettura à Tonti, pur'all'hora promosso al Cardinalato, tuttauia premendoli più la propria riputatione, la quale mentre quell'officio senza sapersi la cagione fosse stato conferito ad un'altro, hauerebbe fatto gran scapito, liberamente si scusò, di non lo potere acconsentire.

Hebbe ancora nella legatione di Bologna alcune occasioni, di riceuere, e dar disgusto alli medesimi, mà la maggiore fu quella del passo de' soldati del Gran Duca, i quali andauano, per soccorrere contro Sauoia il Duca di Mantoua, perche hauendo quelli, per non essersi da Roma dati à lui gl'ordini opportuni (ancorche fattone più volte istanza) toccata contro le promesse una parte dello stato di Bologna, il Papa, per fuggire d'incontrarsi col Duca di Sauoia, e per non se la pigliare col Gran Duca, pareua, di non hauere à discaro, che potesse attribuire la colpa di questo disordine al Legato, al quale altri per appendice aggiungeuano la poca fede, di compiacere il Gran Duca, mà egli non volendo per rispetto alcuno comportare, che l'honor suo indebitamente riceuesse macchia, publicò lettere, nelle quali messa in saluo la sua riputatione, scusaua, e difendeua con prudenza l'attioni del Papa, mà scrisse à Borghese assai risentito, per esser stato messo in tali strette, con la quale, se bene non potè molto piacere, nondimeno per all'hora dissimulò. Dispiacque ancora à Papa Paolo quando con viue ragioni in scritto gli mostrò il torto, che gli si faceua, mentre in pregiuditio dell'indulto concessoli, egli conferì un beneficio della sua Diocesi. Queste cose molto ben ponderate da Ludouisio gli dauano, à credere, che Barbarino occultasse nell'animo poca propentione verso Borghese; onde Pietro Aldobrandino, presa occasione nel precedente Conclaue di Gregorio, haueua con efficacia procurato d'indurlo à lasciare scopertamente il medesimo Borghese, & aggregarsi alla parte contraria, à cui egli diede una risposta, la quale non meno dimostra la nobiltà dell'animo suo,

suo, che riprende la bassezza di coloro che vinti dalla passione si lasciano trasportare ad anteporre la vendetta d'ogni leggiera offesa all' obligo della gratitudine; Questa si fu, che se in una parte della bilancia si ponessero tutti li disgusti, e mali trattamenti, che si diceua, hauer' egli riceuuto da Papa Paolo, e da Borghese, e dall' altra il Cappello di Cardinale, questo essere beneficio di tale qualità, che in un petto generoso infinitamente preponderaua, non solo à tutti quelli dispiaceri, mà à molti altri, che per maggior proua si fussero cumulati insieme. Nè al medesimo Ludouisio mancauano di molte raggioni, dalle quali veniua assicurato dell' affettione di Barberino verso la sua Casa; Queste erano, che fin dal tempo, ch' egli andò con Papa Gregorio all' hora Auditore di Ruota à Beneuento, per terminare le controuersie de Confini di quello stato, si amorono l'un l'altro sommamente: ch' essendo ambedue in Bologna, cioè Barberino Legato, & egli Arciuescouo sempre continuorono il loro scambieuole amore con officij di vera amicitia: che finalmente in Roma richiesto Barberino da Borghese per parte di Papa Paolo, di fare relatione del medesimo, mentre si deliberaua, di Mandarlo Nuntio in Lombardia, & in Piemonte, carico, à cui per maggior autorità, e reputatione del negotio si teneua, che fosse per venire in conseguenza dal Cardinalato, non solamente diede di esso honorata testimonianza, mà tolse dalla mente dell' istesso Borghese alcune ombre, che à lui sarebbono state non poco pregiuditiali, come il medesimo Gregorio riseppe, doppo d'esser fatto Cardinale. A questi meriti era stata corrispondente la volontà di lui, mentre fu Pontefice, la quale poi Ludouisio dopò, ch' egli fu mosso, haueua fatta sua propria. Fidauasi ancora Aldobrandino assai della sua gratitudine, la quale pensaua, che Barbarino conosciuto da lui huomo di buona legge, haurebbe sempre hauuto alla memoria di Papa Clemente, da cui, se non altro, haueua ottenuto il Chiericato di Camera, Arciuescouato di Nazaret, e la Nuntiatura di Francia, nè punto si era offeso, com'altri credeua, della libertà usata da lui nel parlare, perche oltre l'esser quella congionta con molta prudenza, era sicura, che procedeua,

deua, non da alcuna propensione d'affetto, mà da mera ingenuità di natura, la quale non si sapeua scostare da ciò, ch' haueſſe ſtimato retto ; mà Farneſe con animo più tranquillo nauigaua nel mezzo delle torbolenze del Conclaue, perche oltre le qualità, ch' egli meglio di niuno conoſceua nella perſona di Barberino, ſapeua molto bene, queſto eſſere ſecondo Nipote di quell' Antonio, il quale partito da Fiorenza, fu in Roma da Paolo III. riceuuto con dimoſtratione di ſomma benignità ; e prima in Monſignor Franceſco ſuo Nipote, poi in Maffeo haueua laſciata hereditaria l'affettione, e l'oſſeruanza verſo la Caſa Farneſe ; Per queſto hauendo ſino auanti il Conclaue hauuto l'animo riuolto alla grandezza di lui, non tralaſciaua occaſione alcuna, di promouerla, nè ciò all' iſteſſo Barberino era occulto ; anzi come quello, che ſapeua, quanto dall' auttorità, & officij del medeſimo doueua ſperare, non hauendo potuto il giorno precedente ſubito, dopò hauer parlato à Borgia, Borgheſe, e Ludouiſio andarlo à trouare, andò à viſitarlo dopò il deſinare del giorno ſeguente, che fu alii 31. di Luglio, come infermo delle podagre, e dopò hauerlo ringratiato per quel, ch' in ſuo fauore haueua operato, entrò con eſſo lui in diſcorſo ſopra la prattica, ch' era rimaſta ſoſpeſa, & udito il ſuo ſenſo, che non vi era ſtata raggione alcuna, di trattenerla, giuſtificò ciò, ch' haueua fatto, come addurre la ſoſpettione hauuta delli Spagnoli, e del Cardinal di Medici, la quale Farneſe diſſe, non hauer fondamento, perche quelli erano pronti, e queſto egli medeſimo l'haurebbe condotto. Soggiunſe che non perciò vi era alcuna coſa guaſta, ò ſcompoſta, poterſi ad ogn' hora ripigliare il trattato, con ſperanza di felice riuſcita. Replicò Barberino, non vi eſſere, ſe non una via per condurla à buon fine, la qual' era, ch' egli ſi prendeſſe cura, di far dichiarare li Capi di fattione, e reſtare in appuntamento con gli Spagnoli, perche entrandoui di mezzo l'autorità ſua, ſi poteua credere, che niuno ſi ſarebbe tirato à dietro dalla dichiaratione, che con eſſo lui haueſſe fatta. Riſpoſe Farneſe, che laſciaſſe ſopra di lui il maneggio di queſto negotio, nè di quello ſi prendeſſe altra ſollecitudine. Soggiunſe Barberino tanta eſſer l'autorità di lui appreſſo ad ogn' u no, accompagnata da sì lunga esperienza in materia de' Conclaui, e tale hauer sempre conosciuta l'affettione verso le cose sue, che gli sarebbe parso, di commettere graue mancamento, quando non hauesse posto l'arbitrio d'ogni risolutione in sua mano. Facesse liberamente quello giudicaua più espediente. Rimasegli solamente una gratia di chiederli, la qual' era, che quando la prattica non hauesse il fine, che si desideraua, potesse egli publicare, d'hauer lasciata auuentare la sua riputatione sùl cimento de' suffragij, fidato nel conseglio del Cardinal Farnese; acconsentì esso, e dissegli, che quando lo facesse auuisare non dubitasse di rimetterli alla volontà degl' Elettori; perche qualunque cosa, che fosse succeduta egli era pronto di rendere testimonianza, ch' esso non solo non haueua operato con alcuna colpa di leggierezza, mà facendo il contrario, non fuggiua la nota d'imprudenza.

Ritornato il Conclaue alle perplessità di prima in apparenza, & estinta, sì come i vecchi si credeuano, la prattica di Barberino, ricominciorno Borghese, e Pignatello à far' istanza à Borgia, perche tornasse di nuouo à procurar voti per li soggetti di prima, mà vedendo di chiedere in vano, si risolsero ad altri pensieri, frà tanto il Caualier Lotti spinto da un' amico del Cardinal Scaglia, dimandò à Farnese, che sì come haueua proposto Barberino per Papa à Borghese, così restasse seruita di proporgli Scaglia; mà egli si scusò, di non volersi cimentare di nuouo, doue una volta haueua incontrato poca fortuna. Pareua ogni sorte di pratriche incagliate in maniera, che per nissuno degli sogetti, per cui erano state introdotte, si scopriua prossima speranza di riuscita; onde presa l'occasione gl' amici di santa Susanna, i quali artificiosamente haueuano sin qui celata l'efficace loro volontà, d'inalzarlo al Papato, e scoperto, che le pretentioni di molti per le difficoltà suscitate già languiuano, con presupposto di trouare per questa caggione minori incontri, messero in piedi la trattatione di lui con molto ardore. Questi erano Ludouisio, con quasi tutti li suoi aderenti, egli Spagnoli, alli quali teneua si che occultamente si sarebbe, nel dare il

VRBANO VIII.

re il voto, aggiunta alcuna Creatura di Paolo; mà mentre, che li Spagnoli, tirando inanzi la prattica, procurauano, d'indure Borghese, à concorrerui, il trouarono molto lontano da loro disegni, perche al principio, stimando egli poter leggiermente distornarla mosse varie difficoltà; mà poi, quando s'auuide, quelli essere insieme con Ludouisio stabiliti nella loro deliberatione, dichiarossi alla scoperta, di non lo voler Papa, il che in quelli della parte auuersa caggionò l'effetto ordinario, che fin' hora haueua in altre occorrenze simili cagionato; cioè di concitarli maggiormente à far'ogni opera, e tentar tutte le vie, perche l'impresa da lui oppugnata sortisse buon fine; onde fatto il conto de' voti, che hauerebbono potuto raccorre, credettero frà Ludouisiani, e Spagnoli, & alcuni Paolini, che à santa Susanna erano amici, di mettere insieme fino à 30. voti, à quali se fussero aggiunti Orsino, Valletta, Sordì, e Spinola, che in breue s'aspettauano, sperauano, di ridurre Borghese in grandi angustie; Mentre queste cose si consultauano, il Cardinal Vbaldino, il quale molto bene sapeua la prattica di Barberino non esser tralasciata, se non in apparenza, abbatutosi in lui la mattina dopò lo scrutinio, l'inuitò alla sua Cella, dicendo, che haueua da ragionar seco di cose di molta importanza; non ripugnò all' hora Barberino, mà per esser già tardi, si ritirò à desinare; poi considerando che sotto questo inuito poteua nascondersi qualche intentione, di nocergli, col procurare per questo mezzo, ch'egli fosse veduto andare per le Celle de Cardinali come negotiando il suo Ponteficato, cosa, la quale haueua nociuto non poco à Mellino, in cambio di trasferirsi alla Cella di lui, andò in Sala Regia, e feceli sapere, che per togler l'occasione, di parlare, haueua stimato meglio aspettarlo in detto luogo, oue comodamente hauerebbono potuto raggionare. Andoui Vbaldino, mà appena cominciato il raggionamento Barberino s'auuidde d'alcuni i quali con particolar' osseruatione stauano notando, e riuolto ad Vbaldino, disse, che voleua ritirarsi alla propria Cella, e se egli hauesse hauuta alcuna cosa da dirgli, quiui l'haurebbo udito, massime non essendogli da lui stata resa la visita, ch' egli haueua fatta. Non rimaneua questa sua gita senza coperta di giusto titolo. Seguillo Vbaldino, & entrato fecegli offerta del suo voto, e dell' opera sua; la difficoltà, che tenne Barberino dal non andare, doue era inuitato, fu cagionata da sospetto, che Vbaldino, per altro suo poco amoreuole, di poiche non gli era riuscito il primo disegno, di farlo vedere intorno la sua Cella, non tentasse, il 2. di farne mostra per la Sala Regia, come di persona pretendente del Ponteficato, e dare occasione con questo à gli nemici, di prepararli l'esclusione; tentatiuo del quale doppo la morte di Clemente VIII. riuscì infelicemente à Pietro Aldobrandino col Cardinal di Fiorenza immediatamente eletto Papa. Frà tanto il Cardinal Deti prima, e poi un Papabile di Paolo, diede auuiso, che Borghese, hauendo secretamente ripigliata la prattica di Mellino per lo scrutinio, & accesso di quella mattina, ch' erano li due d'Agosto, li teneua apparecchiati 22. voti; di che alterato sopra modo Ludouisio senza perderci punto di tempo nell'ingresso della Cappella praticò, & ottenne, che à santa Susanna fossero dati 24. voti, hauendone Mellino soli 22. fu ancora opera del medesimo, che la sera Mellino calò à 21. e santa Susanna accrebbe à 25. Onde passaro à vicenda l'alteratione in Borghese, al quale, per non hauer saputo nulla della prattica, il colpo venne all' improuiso. Le doglianze fatte da lui, e da Spagnoli furono grandi, nondimeno la mattina del 3. Mellino non hebbe più, che 19. voti se bene santa Susanna non passò li 22. mancandoli tre di quelli, haueua hauuti prima, i quali si stimò, che fussero Ginnasio, e due altri suoi amici, ritiratisi per tema, di di non incorrere nello sdegno di Borghese, che di già di loro era entrato in sospetto; mà quelche più trauagliaua Ludouisio, era l'hauer scoperto, che gli Spagnoli per paura di Borghese si scostauano da santa Susanna; e se bene ciò egli credeua, che procedesse da particolar' ordine del Duca di Pastrana, ch'hebbe sempre per massima, di star bene con Borghese, nondimeno la vera cagione del loro ritiramento fù l'hauer messo in opra un consiglio di Barberino. Questi vedendolo nella Cappella fuor di modo afflitto dal sentir leggere

VRBANO VIII.

gere i suffraggi à fauor di Santa Susanna, gli disse, che facilmente se si poteua liberare da quell'angustia s'hauesse fatto mouer prattica dal Cardinal di Sauoia, di far' Araceli Papa, perche in tal modo, i Spagnoli sarebbono ricorsi à lui, & egli con riputatione, gl'hauerebbe fatti dichiarare, secondo ch'hauesse voluto. Piacque la proposta à Borghese, & à Mellino, che stando qui appresso haueua udito il tutto, nè l'esito fu differente da quello, che Barberino haueua diuisato; perche appena introdotta la prattica; Borgia per paura andò la notte, à trouar molti Cardinali, pregandoli per l'esclusione, e mentre frà gl'altri si doleua con Barberino del tentatiuo di Borghese, fu da lui consigliato del modo, che doueua tenere, per far, che quella prattica del tutto si distogliesse; questo fu, ch'egli andato à trouar Borghese, dichiarasse, di non voler concorrere per l'auuenire in Santa Susanna, il che fatto dichiarò scambieuolmente Borghese, che hauerebbe procurato, che nel trattato d'Araceli le sue Creature non passassero più oltre. In tanto Ludouisio vedute le cose per Santa Susanna mal'incaminate, non volle più entrare in proua, mà contentatosi, di minacciare per quando fussero giunti li Cardinali, che s'aspettauano, fu disciolto il trattato, come anco da se suanì l'altro di Mellino.

Nelli maneggi fin'hora narrati, eransi dentro il Conclaue consumati dodeci giorni, frà lo spatio de quali non tanto per la staggione di estate, che ordinariamente suol rendere il Vaticano poco salubre, quanto per la conditione del luogo chiuso, e rispetto alla moltitudine delle genti, che conteneua, assai restretta l'aria, senza esito, à guisa d'acqua stagnante dalle cattiue esalationi, e vapori, che continuamente contaminauano, reso infetto, haue a communicato le sue mali qualità à corpi humani; onde fino à quel giorno erano caduti ammalati di febre undeci Cardinali con dubio verisimile, anzi contezza che il restante non ne douesse andare essente. I Cardinali che non haueuano prossime pretentioni al Papato, è particolarmente quelli, che non si erano più che tanto interessati nelle gare, e contentioni delle parti, indotte dal proprio pericolo, e mossi dall'indignità, e scandalo, che si vedeua, riempiuano ogni cofa di querela deteſtando la perniciofa difcordia de Capi di fattione, per caggione della quale con danno grandiſſimo del publico tanto ſi defferiua, à dare alla Chiefa il fuo Capo; e fe bene ſi doleuano di Ludouifio, delli Spagnoli e d'ogn' altro, il quale nel negotio dell' elettione ſtimaſſero guidarſi dal priuato intereſſo, nondimeno le querele principalmente andauano à ferire à Borghefe, come quegli, che da Ludouifiani appreſſo all' uniuerfale era ſtato poſto in concetto di dare buone parole à molti, mà di voler' il Papato folamente per pochi fuoi confidenti; nè era frà gl' altri il più leggier Capo di doglianza il non hauer, come eſſi ſtimauano, voluto Barberino, il quale oltre l'eſſere fua Creatura, diceuano hauer tutte le parti, che in un buon Pontefice ſi poteſſero deſiderare, mà gli Borgheſiani affermando queſta eſſere Calunnia, la quale per macchiare il buon nome del loro Capo da nemici s'inuentaua, procurando, far coſtare ad ogn' uno la prattica di Barberino non eſſer ſtata difmeſſa, fe non per l'efficace iſtanza ch' egli ſteſſo n'hauea fatta, nel che (ſebene toccaua queſto alla credenza uniuerfale) diceuano il vero; s'ingannauano nondimeno nella relatione del fatto; benche Farnefe, & altri amici di lui, ſtimando, ch' in quel Conclaue difficilmente farebbe riufcito Papa, altri, ch' eſſo, non tralafciorno mai la fecreta trattatione, e perche la publica, e libera, quantunque per caggione del fogetto prometteſſe felice riufcita, non dimeno per caggion di quelli, che la doueuano portare, e per altri, che ſi farebbono potuti opporre, haurebbe potuto molte difficoltà trouare, quando non ſi foſſe indrizzata per buona via, per queſto li medeſimi, conſiderato diligentemente il tutto, trouorno, che per guidarla ficura al porto, non ſi poteua tenere modo differente da quello, ch' egli ſteſſo hauea propoſto.

Queſto ſi era, che per fuggire ogni adombramento frà Borghefe, e Ludouifio, il quale poteua nafcere da' contrauerſi, qual di due haueſſe più parte nell' elettione, fcoglio il peggiore, che ſi poteſſe incontrare in queſto negotio, niuno di loro il proponeſſe, mà veniſſe propoſto da tre Cardinali, Farnefe,

VRBANO VIII.

nese, Sauoia, e Medici, alli quali nè Borghese, nè Ludouisio, dopò hauer fatta dichiaratione delle loro volontà, si sarebbono facilmente preso licenza, di mancare; ciò ancora seruiua, à spianare una difficoltà, la quale si credeua, che non poco trauagliasse l'animo di Borghese, che se egli hauesse in altro modo portato Barberino, si sarebbono da lui alienati tanti vecchi, che di speranza haueua continuamente pasciuti. Era conseglio ancora del medesimo Barberino, che in ogni maniera si procurasse indurre Borgia, à dechiararsi Capo della trattatione, il che non si credeua esser difficile, ad ottenere, sì perche egli s'era sempre dimostrato alle cose di lui assai propenso, come perche vedendo concedere al Rè Cattolico l'honoranza di primo motore, non hauerebbe lasciato, d'accettarla succedendo poi, ch' egli si facesse Capo, seruiua d'annodare più strettamente la prattica, e legare maggiormente quei, che vi concorreuano. Per ottenere, che li trè Cardinali Prencipi cominassero d'accordo, conueniua prouedere, che Medici, il quale solo trà essi, per la speranza d'hauer Monti, si mostraua alquanto freddo, e sospeso nel concorrerui, rimanesse sincerato, che li Spagnoli, se bene con esso lui in apparenza dauano segno del contrario, non dimeno haueuano preciso ordine di escluderlo, di che prese l'assunto Sauelli, spiegandogli, che da Borgia fattogli istanza del suo voto per Monti, non riportò altro, che scusa, di non la poterla seruire per gl'ordini di Spagna, al contrario si rese pronto, à fauorire speditamente in compagnia d'altri, Barberino.

Erano le cose in questi termini, quando Borghese la sera delli 8. ammalato di Febre, e rimasto libero la mattina de 4. fu di nuouo da quella l'altra mattina de 5. con più gagliardia assalito, onde temendo dell'infettione dell'aria, perche ammalati di febre parimente erano già usciti di Conclaue, Peretti, e Gherardo, fece risolutione, di chieder licenza, per uscire anch'esso à curarsi; per tanto, dato di ciò la cura à Barberino, come al più antico Cardinale frà le sue Creature, e fattili chiamare à se spiegò loro la sua deliberatione, e caldamente essortolli à conseruare quell'unione, che fin'all'hora l'haueua à ciascuno resi riguardeuoli; si ricordassero di corrispondere con gratitudine alla memoria di Paolo V. il quale haueua promosso al Cardinalato tanti soggetti di singolar' virtù, prudenza, e Santità, che senza fare à quella, & à se stessi manifesto torto, non poteuano dare il Papato ad altri. Rimase in suo luogo il Cardinal Leni, al quale nelle cose dubie poteuano sicuramente ricorrere, ne volersi esso allontanarsi dal Palazzo Vaticano, per essere tanto maggiormente pronto ad ogni loro bisogno, e fauore. Ringratiandolo tutti della volontà, che verso loro dimostraua, e gl' offerirono la medema volontà, e fedeltà, & anco maggiore in assenza, che in più occasioni haueua prouata: andasse pure con l'animo riposato, che non udirebbe giamai, che le Creature di Papa Paolo acconsentissero, di far Papa alcuno, che del loro numero. Si come la Malatia di Borghese, e molto più la risolutione, d'uscire dal Conclaue, haueua solleuati gl' animi della parte auuersa, e de Cardinali vecchi per la speranza, che le Creature di lui senza il capo douessero rimanere deboli, e dissunite, così le dichiarationi tanto scopertamente dalle medesime fatte, turbarono forse, i più Sauij, i quali da esse argomentauano, ch' egli non partisse prima; d'hauer' assicurato l'esclusione: che in ogni inclusione pretendeua quiui far morire di disaggio, e d'infettion d'aere i suoi Auuersarij; onde impauriti dalle malatie, che concorreuano, & infastiditi da molti patimenti, che non si poteuano schifare, parte deliberorono se à Borghese si douesse negare la licenza d'uscire dal Conclaue, e parte stimauano non si douer perdere tempo, d'abbracciar alcuna prattica, auanti ch' egli si assentasse, e nel moto della partenza di lui, e della turbatione di quei, che rimaneuano far' opera, che senza induggio si venisse all' elettione di quel soggetto, in cui l'oppositioni fossero minori; Questa esser la congiuntura del tempo, della quale la somma prouidenza di Dio haueua destinato seruirsi per terminare l'essaltatione del suo Vicario.

 Veduta l'opportunità del tempo Farnese, Ludouisio, gli Spagnoli, e gl' altri amici di Barberino non furono lenti in stringere la prattica, la quale, si come habbiamo detto, da Vecchi si stimaua estinta, e secondo quel ch' egli stesso haueua

VRBANO VIII.

ua diuifato, deliberarono, che fi congregaffero infieme tre Cardinali Prencipi fopranominati, e la cura di congregarli, fi come primo motore di tutto il negotio, fi concedeffe à Borgia, come à Capo della fattione Spagnola, congregati che foffero infieme andaffero col medefimo Borgia, à trouar Borghefe, à cui rappefentate le correnti neceffità proponeffero Papa la perfona di Barberino, la quale dopò ch'egli l'haueffe accettata, chiamato Ludouifio, fimilmente fi proponeffe à lui. Fu nella Cella di Farnefe approuata quefta deliberatione dal medefimo in compagnia di Medici, e d'Aldobrandino, che fi trouauano prefenti, l'ultimo de' quali, che lo difingannarono, già depofte l'ombre, fauoriua alla fcoperta Barberino; e fu da loro ordinato, che Caetano fi prendeffe cura, d'informar Borgia, e procurare, che fi effeguiffe quanto fi era rifoluto. Compì Caetano con diligenza ciò, che gli fu impofto, e trouato negli Spagnoli prontezza, rimafe con effo d'accordo, che in conuocare, i Cardinali Principi, deffero principio à Sauoia.

Mentre Borghefe impedito dall' attuale febre non poteua negotiare, fu in vece di effo dal Cardinal Leni mandato il fuo fegretario à Barberino, acciò da lui intendeffe il modo, che fi douea tenere la mattina feguente, in dar li voti; perche dall' una parte per l'ifquifità intelligenza, ch'egli haueua, era rifoluto per accortare nella di lui elettione che fi offeruaffe efattamente quanto da lui veniua ricordato, e dall' altra parte, fe il cimento non foffe riufcito fecondo l'afpettatione, voleua, che appariffe, ciò non effer proceduto da alcuna diligenza, ch' egli haueffe tralafciata, ò dall' hauer guidato il negotio indifferentemente da quello, che fi douea, per confeguire il fuo fine. Il confeglio di Barberino fu, che li voti Ludouifiani fi deffero nello fcrutinio, e li Borghefiani nell' acceffo, la ragione, che di quefto affegnaua à Borghefe era, che in tal modo fi farebbe veduto nell' offerta de' fuoi voti fe Ludouifio foffe proceduto finceramente, e ch' effendo l'acceffo quello ch'era per compire l'elettione, la gloria d'hauer fatto il Papa rimaneua ne i voti dell' acceffo, e non in quello del fcrutinio; à Ludouifiani poi diceua quefta effer la

Kkk   mag-

maggior loro riputatione: per tal mezzo si chiariua, d'esser falsa l'imputatione datagli più volte da Borghesiani, che in effetto non haueßero l'intentione à Barberino quei voti, ch' hauea dichiarati, e quando non gl'haueße voluti dare, si sarebbe publicato da se stesso al cospetto di tutto il Colleggio, come huomo di poca fede.

Passate queste cose si fece lo scrutinio della sera, nel quale Barberino chiese licenza à nome di Borghese, d'uscire dal Conclaue; e senza difficoltà alcuna l'ottenne. Partendosi li Spagnoli dallo scrutinio, in vece d'andar' à trouar Sauoia, com' era stabilito, si trasferirono da Borghese, pregandolo, à non si ualere della licenza ottenuta, già che la prattica di Barberino era in tal modo introdotta, che si poteua sperare, d'hauerlo la mattina venente Papa. Rispose Borghese, essere necessitato dal male d'uscire, mà non per questo la prattica di Barberino hauerebbe patito alcun detrimento, perche lasciaua in suo luogo Leni, il quale niente meno ch'egli l'haurebbe promossa; dopò li Spagnoli entrò Sauoia, il quale pur pregatolo à trattener l'uscita, riportò per risposta la medesima scusa dell'infermità. Non mancarono de gl'altri, che fecero la medesima addimanda à Borghese, frà quali Valerio, e Pignatelli passarono officio con tanta efficacia, e portorno tali raggioni, ch'egli deposta la paura del male, dalla quale non meno, che da quelli era stato assalito, si determinò, d'aspettare la mattina seguente l'esito della negotiatione. Dicesi, che all' uno, e l'altro conuenne adoprarsi per toglierli dall' animo una sospettione, che contro la persona di Barberino i maleuoli nouamente haueuano procurato d'imprimergli. Questa era, che dall'andare spesso alla Cella di lui Nicolò Tighetti Conclauista di Ludouisio, & i Cardinali Torres, e Ridolfi Creature del medesimo si raccoglieua secreta intelligenza con quello, e che per questa cagione la principal lode, d'hauer fatto il Papa, sarebbe stata di Ludouisio, verso il quale ancora haurebbe egli corrispondenza con maggior gratitudine. Scancellato già dalla mente di Borghese ogni nuuolo di sospettione, venne à lui Barberino, à darli conto della licenza ottenuta, di poter uscire dal Conclaue, à cui Borghese

con

con voce alta diſſe, voglio uſcire, e ſubito accoſtaſegli all'orecchio con voce baſſa, per non eſſer udito, da alcuni, ch'erano preſenti, ſoggiunſe, mà domattina, dopò che hauerò laſciato lei qui Papa. Frà tanto hauendo udito Farneſe, che alcuni Cardinali Vecchi, non conſentiuano all'elettione d'un ſogetto tanto di loro più giouane, per dubio, che dichiarandoſi alcuno loro Ca-Capo, non ſi faceſſe qualche turbatione, giudicò, eſſer coſa neceſſaria il guadagnare Sforza, il quale oltre l'eſſer degl'altri più prattico, & ardito, era anco uno de' più repugnanti, mà non potendo egli andar', à trouarlo per l'impedimento del male, fece opra, che vi andaſſero alcuni altri, e Medici in particolare, i quali con varie raggioni l'induſſero al lor volere. Maggior difficoltà fu in perſuader Deti, il quale conſapeuole, d'hauer trattato in certa occaſione aſpramente Barberino, mentre era Prelato, non lo voleua Papa, mà combattuto da Farneſe, e da Aldobrandino anch'eſſo finalmente s'arreſe. Doppo queſto, eſſendo ſtato riferito al medeſimo Farneſe, che gli Spagnoli non erano andati à dirittura da Sauoia, per tema, ch'egli non ſtimaſſe, d'eſſer fatto di ſe poco conto, gl'inuiò uno de' ſuoi, il quale ſupplendo in tanto à quello, ch'eſſi doueuano fare, auuiſollo, che ſarebbero ſtati à trouarlo; poco dopo dal medeſimo Sauoia venne Borgia, e vedendolo caminare nella prattica di concerto, andò ſeco alla Cella di Farneſe, oue Medici ſi trouaua, mà mentre ſtauano tutti inſieme, per trasferirſi da Borgheſe, veduta l'hora aſſai tarda, & inteſo, ch'egli ancora era trauagliato dalla febre, riſolſero, di ſopra ſedere ſino alla mattina; mà per non parere, di commettere con eſſo lui mancamento per caggione della troppo tardanza, in andarlo, à trouare, mandorno ſubbito, chi per parte loro fece del tutto ſcuſa, e l'informò d'ogni deliberatione loro. Dopò queſto, Farneſe inuiò il Caualier Carandini ſuo Conclauiſta à Barberino, il quale per parte di lui, conforme alla promeſſa poco dianzi narrata, gli diſſe, che poteua la mattina ſeguente correre il riſchio di ſuffragij, perche, ſecondo quello, che ſi vedeua, ſperaua, douer' eſſere felice riuſcita. In tanto riſa-

putaſi

putafi da molti, che la prattica di Barberino fi era di nuouo ripigliata, fi fuegliorno alcuni pretendenti del Papato, & altri loro fautori, e la notte andorno con ogni fuo sforzo pratticandoli contro; frà quefti uno fu Campora, il quale trouato gli Spagnoli rapprefentò loro, ch' effendo nel Conclaue alcuni Cardinali Papibili, i quali erano ftati in Spagna, non pareua riputione del Rè Cattolico, che tralafciati quelli fi faceffe Papa uno, ch' era ftato in Francia. Con più apparenti raggioni fu Barberino appreffo li medefimi oppugnato da Serra, mentre lor diffe, ch' effo riuolto con l'affettione alle cofe di Francia, farebbe ftato fempre da quelle di Spagna alieno. A queft' officio fi era preparato alcuni giorni auanti, fubbito, che in apparenza fu difmeffa la prattica di Barberino, nel qual tempo era egli entrato in Conclaue, e con dimoftrarfi à lui più, ch'ad ogn' altro, defiderofo della fua grandezza, l'haueua indotto, à manifeftargli, quali foffero le fue fperanze per il Ponteficato, e sù che fondamenti s'appoggiaffero. Nè fu gran fatto, che Barberino fi fidaffe di lui, perche, hauendogli per l'addietro conciliata la beneuolenza di Papa Paolo, poco inclinato verfo le fue cofe per alcune cattiue relationi, & in confeguenza effendo ftata caggione, che li fuffe conferito il Teforerato, non doueua raggioneuolmente credere, ch' egli, il quale era confapeuole di quefto benefitio, e che profeffaua à lui particolar' obligo, foffe, per concambiarlo così male; mà non fi fermò quì la poca gratitudine di Serra; poiche, oltre quello, che s'è detto, andato nell' ifteffa notte à trouar Ludouifio con molta efficacia, & ardore trattò, acciò depofto il penfiero di far Barberino Papa, fi riuolgeffe à Mellino, il quale diceua, che da lui folo haurebbe riconofciuto il Ponteficato, e per l'auuenire gli farebbe ftato vero, e cordiale amico. Induftria, la quale non feruì ad altro, che à far conofcere la difpofitione dell' animo fuo verfo di chi meritaua ogn' altro guiderdone; perche offefo Ludouifio da quel trattare, prefto fe ne fbrigò, notandolo di poca graditudine verfo di fe, e verfo di Borghefe. Caminò anco nella medefima notte, procurando à Barberino l'efclufione, l'Abbate Caualcante Conclauifta, e fratello confobrino

VRBANO VIII.

brino del Cardinal Bandino.

Questi hauendo udito un Cardinale, che nella Cella di Valerio, la quale era appresso quella di Bandino, riferì (non si sà se per inauertenza, ò vero à bello studio per suegliare gl' Auuersarij) con voce, che poteua esser' intesa nella prossima Cella, che si stringeua la prattica di Barberino, non tralasciò diligenza alcuna, per impedire, che non passasse auanti, mà tutto fu indarno, perche quello trouati gli Spagnuoli, e li Capi di fattione concordi nell' istesso volere, si perse d'animo, di poter' ottener l'intento, e questo tenuto à bada di Ludouisio, il quale mouendosi, per confermare li suoi adherenti nella deliberatione presa, di far Papa Barberino, fece mostra, di volergli procurare l'esclusione; deposta ogni paura, si ritirò à dormire. Nel medemo tempo fece sapere Borghese à Barberino, ch' auanti lo scrutinio la mattina era necessario, che s'abboccassero insieme. Andoui occultamente verso l'alba, e schernita con felicità la diligenza del Conclauista di Ginnasio, il quale, per osseruare, s'era posto vicino alla Cella di Borghese, entrò dentro senza esser conosciuto; spiegatoli Borghese lo stato delle cose, li disse, d'hauer l'istessa prontezza, che sempre gl' haueua dimostrato; toccaua à lui il vedere, se con questi fondamenti si voleua cimentare, quanto à quello ch'egli poteua discernere, sperar bene dell' esito. Mà, perche gl' euenti delle cose, che dipendono dalla volontà di persone appassionate, e finte, sono incerti, non volle passar più auanti, in stringerlo à farne la proua; acciò, quando per caso non succedesse ciò, che si desideraua, egli non hauesse caggione di dolersi di lui. Vidde Barberino, che questa cautela, di parlare, non procedeua da altro, che dalla naturale timidità di lui; onde con clarità rispose, che col fondamento del fauor suo voleua procurare ciò, che quella mattina era per riuscire: Sperare, che il fine non sarebbe stato discordante dalli mezzi, sì bene incaminati. Frà tanto gli ricordò il medesimo, ch' haueua già detto al Segretario di Leni delli voti nello scrutinio, e nell' accesso; il che hauendo Borghese molto approuato, rallegratosi, ch'egli concorresse seco nel sperar bene; gli augurò compita la vicina felicità, e licentiossi da se, acciò, essendo hormai giorno, non fosse veduto da alcuno. In Passando visitò Pignatello ammalato, dal quale fu mirabilmente confermato, à condurre à fine la prattica, che già si vedeua in porto.

 Venuto il giorno, che fu di Domenica 6. di Agosto, e dedicato alla trasfiguratione del Signore, Borgia con li Cardinali Principi, e poco dopò loro Ludouisio si trasferirono alla Cella di Borghese, doue confermato unitamente con sodisfatione di tutti, ciò, che si era concertato à parte, si rimase d'accordo del modo, di dare i voti. Doppo essersi presi questi partiti, Borghese fece incontinente radunare la maggior parte delle sue Creature, e darogli conto, secondo che successiuamente entrauano, dell' unione di tutto il Colleggio in voler'essaltare al Papato Barberino, persona si meriteuole, e del corpo loro, le ricchiese de suffragij per l'accesso, alche (eccetto alcuni pochi pretendenti di matura età, i quali non dimeno, per vedere le cose già concluse, temerono di scoprirsi per propria inclinatione) esse si dichiarorono prontissime, lodando à gara infinitamente l'elettione. Fatto questo, non ritardò Borghese, à richiamare in Conclaue Gherardo, il quale per caggione della malatia s'era ritirato in disparte nel Palazzo Vaticano. Poco auanti al tempo dello scrutinio s'erano molti Cardinali radunati alla Sala Regia, raggionando chi quà, e chi là in maggior, e minor numero, secondo che ò portaua il caso dell' essersi incontrati, ò vero si era frà loro preso il concerto prima; E vedendo alcuni Giouani amici di Barberino, che quiui si faceuano circoli di Vecchi, li quali hauerebbono forsi machinata alcuna cosa, contra l'instante elettione, compartitosi subito frà di loro il carico, s'andorono sotto varij pretesti mescolando frà essi, e come erano conosciuti fautori di Barberino, non si tosto, salutati gl'altri, si posero in quei circoli, che ogni raggionamento rimase interotto. Con questa industria trattenutegli al quanto à bada, venne l'hora, d'entrare allo scrutinio, mà non per questo impodirono, che Sauli non ritirasse in disparte Campori sù la porta della Cappella di Sisto, e l'interrogasse s'era vero, che quella mattina si douesse far proua nello scrutinio di eleggere

Bar-

VRBANO VIII.   447

Barberino Papa; Vdito esser' vero, proruppe in queste parole. Io mi marauiglio, che Barberino, il quale li giorni à dietro si portò tanto sauiamente in smezzar la prattica suscitata, di farlo Papa, hora sia sì poco auuisato, che vogl'andato, ad incontrare una repulsa, e perdere ogni reputatione; A cui rispose Campori il suo parere essere, ch'egli non sarebbe riuscito Papa. In tanto peruenuti quasi tutti li Cardinali nella Cappella, Barberino s'inuiò de gl'ultimi, per fuggir gl'ossequij, e congratulationi, con cui molti elettori sogliono preuenire l'elettione. Mà la sua modestia, per quanto piegasse in contrario, non puotè far sì, che da Corteggio d'una nobil comitiua non fosse accompagnato; perche mosso Sauoia, e per essempio di lui Medici andorno, ad incontrarlo, e trouatolo nella stanza detta volgarmente, le botteghe oscure, che andaua allo scrutinio, lo presero in mezzo nella guisa, che fanno i dui Cardinali Diaconi il Papa; per strada s'aggionse ad essi una mano de' Cardinali, che seguitandolo con festa, faceuano una bella mostra delle loro volontà, e scemauano à maleuoli l'ardire, di macchiare alcuna cosa contro la concertata elettione. In tanto fu pregato dal Cardinal Pio, che volesse passare per la Cella di Beuilacqua, & usare con esso lui qualche parola cortese, dalla quale esso si sarebbe tenuto per inuitato, à darli il voto; mà non volle acconsentire, acciò giamai potesse dire, ch'egli s'era andato cercando i suffragij. Entrorno quella mattina tutti i Cardinali ancorche fossero infermi, ecettuati solamente Gherardo, Pignatelli, e Santa Seuerina, che attualmente haueuano la febre, e Borghese, il quale rimase in letto, ò per la debolezza cagionata dalla febre precedente, ò vero, perche non fidandosi affatto de voti di Ludouisio, non si voleua trouare allo scorno, che teneua hauere, quando non fossero stati veri. Li tre Scrutatori uscirno à sorte quella mattina, Tolleret, Scaglia, e Buoncompagno, de quali primo, e l'ultimo erano palesemente conosciuti da tutti, partiali di Barberino; fatto lo scrutinio, si trouò l'offerte di Ludouisio esser state, non solamente fedeli, mà soprabondanti, & auuantaggiate; perche Barberino hebbe in esso 26. voti; di che gionta la nuoua à Borghe-

se si

se si leuò dal letto pieno di giubilo, e condottosi in Cappella per interuenire di persona all' accesso, mentre s'auuicinò à Barberino, à cui secondo l'ordine della precedenza era solito sedere à lato, fece tentatiuo, se da lui non fosse stato ritenuto, di inginocchiarsi à piedi, & adorarlo già come Papa. Raccolti li voti dell' accesso, si vidde, che dopò hauer ciascuno dato il suo, non dimeno di tutto il numero ne mancaua uno; ne per diligenza, che s'usasse in cercarlo, & in rincontrargli più volte fu mai trouato. Farnese era di parere, che il voto, che mancaua, si contasse, come un voto contrario, e si proseguisse l'elettione, à cui acconsentiuano alcuni altri, per non essere un tall' accesso di sua natura inualido. Mà Barberino, il quale consideraua, che da questa risolutione poteua nascere qualche turbatione, s'oppose, dicendo, ch' era necessario osseruare la Bolla, la quale commanda; che in tal caso l'accesso si rifaccia di nuouo: Consentirono tutti al parere di lui, & in particolare Farnese, il quale con voce alta disse, rippigliamo l'accesso, che l'elettione si farà con tanta maggior gloria; mà prima di ricominciarlo, si prouidde, che il disordine non potesse più succedere, ordinando, che un sol scrutatore per volta andasse raccogliendo i voti, per i Banchi, acciò si potesse meglio da tutti osseruare il secondo scrutatore, anzi non si mouesse, fin ch' il primo, compito ciò, che doueua fare, non fosse ritornato al suo luogo. Varij furono i discorsi sopra questo nuouo accidente, e giudicandosi il mancamento non poter procedere da Cardinali, ch' al cospetto di tutti auanti gl' occhi di tre scrutatori poneuano il suo voto nel Calice, ne da quelli, ch' erano ammalati per le Celle, i quali in presenza d'altri lo gettauano dentro à Cassette serrate à chiaue, nè da Deputati, che portauano li sudetti voti de gl' infermi, perche le chiaui delle cassette non erano in mano loro; il sospetto si ristringeua à gli tre Scrutatori, i quali si stimaua, che potessero hauer commessa la colpa, ò nel maneggiar le cedole, mentre si contauano, ò vero mentre dalli Banchi, oue le riceueuano da gli Cardinali, che per infermità non si poteuano quindi mouere, le portauano all' Altaro; nel contarle difficilmente
si po-

VRBANO VIII.

si poteua usare inganno, perche ciò si faceua dall' ultimo scrutatore, pigliandole esso da un Calice nel cospetto di tutti ad una, ad una, e trasportandole in un' altro, per questo di commun' opinione era, che il voto fosse stato sotratto da alcun scruttatore, che andò à pigliare le cedole per i banchi dentro la propria Cella, mentre le portaua, e ciò à fine, d'impedire, che per quella mattina non si potesse compire l'elettione. Si narra che nella turbatione di questo successo, vi fu un Cardinale principale, che hauendo veduto Scaglia, secondo scrutatore occultare una delle dette schedole dentro la propria manica, mosso dal zelo volle publicamente palesarlo, acciò alla presenza di tutti fosse cercato, mà che dal Cardinal d'Este, à fin di fuggir lo scandalo, fu ritenuto; mentre finito lo scrutinio, si faceua l'accesso su'l tornare Barberino dall' altare, oue haueua lasciato il suffraggio, Farnese, à cui passaua d'auanti, per modo d'una diretta congratulatione, gli domandò, con qual nome voleua farsi chiamare, essendo Papa; A cui egli rispose, scusandosi, se mentre poteua ritornare à casa sua Cardinale, si come credeua douere all' hora auuenire, non pensaua al nome di Papa; soggionse Farnese, ch' ella ritorni à casa Cardinale non v' è più dubbio, mà riconosco ben la prudenza, che sempre hà mostrato nelle sue attioni, mentre stando le cose in questi termini, ne anco si volle promettere di ciò, che dipende dall' arbitrio altrui.

Finito l'accesso, e veduto il numero delle schedole esser corrispondente à quello delli Elettori, si trouarono in esso 24. voti, fauoreuoli per Barberino, i quali aggionti altri 26. dello scrutinio, faceuano il numero di 50. mancandone solo 4. di tutto il numero de' Cardinali, che erano nel Conclaue, de' quali uno era il suo proprio, e gl' altri si stimaua, che fossero d' alcuni vecchi, à cui auanti non fu data parte di ciò, che si negotiaua. In tal modo fu assonto al Pontificato Maffeo Cardinal Barberino in età di 55. anni finiti. Elettione, la quale non tanto per la circostanza della nuoua Bolla di Gregorio, quanto per il gran numero de Cardinal-

dinal vecchi, e meriteuoli, e per la diffunione de' Capi delle due fattioni oppofte, può meritamente chiamarfi ammirabile; nè meno degna d'ammiratione, e la Diuina Prouidenza, la quale dopò hauer per mezzo de' fegreti fuffragij reftituita la piena libertà à gl' Elettori, gli hà non dimeno faputi con tal viuacità portare in queft' elettione, che la maggior parte di effi, confefsò non fi potere in quefto Conclaue far Papa altri, ch' il Cardinal Barberino. S'alcuno cerca li mezi, con quali è falito à fi alto grado, non fi trouarà, effer ftato altro, che fincera bontà, & innocenza di coftumi, uniuerfalità di letteratura, fingolari gradi, e perpetue fatighe, fin da primi anni della giouentù foftenute in feruitio della Sede Apoftolica; L'hauer con ogni ftudio fuggite l'occafioni, di far' altrui difpiacere, & il non efferfi, mediante la troppa intrinfeca ftrettezza veftito de gl' intereffi de' Cardinali grandi, che tanto vale, com' efferfi tenuto amico di tutti, e lontano dalle gare, & incontri, che frà di fe fogliono hauere i Capi di fattione. Accettata l'elettione, s'inuiaua il nuouo Pontefice all' Altare per raccommandarfi in tante graui occafioni à Dio, mà il Decano, allegando la confuetudine, volle, che prima d'ogn' altra cofa dichiaraffe il Nome, col quale fi doueua chiamare, diffe, quello effer' Vrbano, nè acconfentì, che lo conduceffe in un luogo apparato, doue erano per veftirlo dell' habito Papale prima, ch' egli proftrato auanti l'Altare, fupplicò con caldi prieghi, accompagnati da abbondanti lagrime, la Maeftà di Dio, che fe vedeua, ch' egli non foffe per effer gioueuole alla fua Chiefa, non lo lafciaffe quindi ufcir' viuo. Veftito, & adorato da tutti li prefenti fu condotto alla Cella di Borghefe, oue fi trattenne fino alle 20. hore, nel qual tempo ornato delle vefti Pontificali, fu in Sedia portato nella Bafilica di S. Pietro, e quiui fecondo l'antico coftume, fedendo in mezzo dell' Altare, riceuè l'adoratione de' Cardinali. Non mi pare di tralafciare, che fendo alcuni giorni auanti l'elettione, concorfa nel Palazzo Vaticano dalla parte di Tofcana, quantità grandiffima d'Api, un Sciame fi pofe nella parete della fineftra, dou' era la Cella del futuro Pontefice, il
che

che se fosse fatto à caso si può raccontare per notabil' incontro, che poco auanti l'assontione al Ponteficato d'un Toscano, il quale per Armi fa l'Api, sia venuto di Toscana un sciame, à posarsi nel Conclaue sopra la Cella di lui, mà se fu fatto à particolar dispositione della Prouidenza Diuina, la quale, come vuole S. Giouanni Damasceno, si serue alle volte delle cose naturali per annunziar' alcun' euenti, che quelle per se stesse non sono atte à significare. Diremo, questo segno esser stato inuiato da Dio, per dimostrare, qual fosse la volontà sua intorno alla persona, che si doueua eleggere, e per aprire qualche luce à gl' Elettori, nel mezzo di tanta caligine de' priuati Interessi, e dissentioni.

CONCLAVE
FATTO PER LA SEDE VACANTE,
DI
VRBANO VIII.
NEL QVALE FV CREATO PONTEFICE,
il Cardinale Giouanni Battista Panfilio, detto,
INNOCENTIO X.

VERAMENTE non si trouò mai Conclaue alcuno, che suegliasse tanto la curiosità della Corte, à cercarne con ogni caldezza gli intrighi, come fu quello nel quale fu creato Innocentio X. Quindi è che molti Scrittori, per sodisfare alle reiplicate instanze de' loro amici, si diedero à publicar' al Mondo gli affari di detto Conclaue; e quel ch' è peggio, che mancando à molti di loro le notitie delle cose più necessarie, curiose, e di sostanza, andarono vagando nella spiegatura, di certi racconti, ch' erano bene stati in piazza, mà non già in Conclaue. Questi successi, che sono assai reconditi, e noti à pochissimi Cardinali, che non li vogliono intieramente publicare, si possono malegeuolmente ricauar dal fondo della verità, senza il lume che io medesimo sono andato destramente mendicando da tal' uno, da chi son sicuro d'esserna stato pienamente informato. E per poter dare il suo metodo à i negotiati accaduti nell' esaltatione di N. S. Innocentio X.

fa di

fa di meſtieri ſupporre primieramente, che ſe bene è certiſſimo, che il Cardinal Barberino prima della morte del Zio, anzi potrei dire, prima di entrare in Conclaue, non s'aprì mai affatto con alcuno ſopra i penſieri, che foſſe per hauere nel detto Conclaue; preſagiuano nondimeno le Creature, che eſſendo il Cardinal Pamfilio, & il Cardinale Sacchetti gli Eroi più riguardeuoli della fattione, e quei due ſogetti, à i quali l'aura (come ſi ſuol dire) del Collegio, e della Corte concedeua quaſi che Gerarchia, ſeparata, foſſe il Cardinale Barberino (per quello, che ſi conoſceua da i ſuoi dettami, e ſecondo la prattica, che ſi haueua dell'attioni di lui) ancor' egli intento ad architettare, & à bene ordire l'aſſuntione d'uno di queſti due, e coſi era in effetto. Et è certo, che ſe haueua laſciato fin' allora digiuno il Cardinale Sacchetti d'ogni cenno, che gli additaſſe il deſiderio, che haueua, di eſaltarlo, non haueua fatto coſi à Pamfilio, al quale fino in vita d'Vrbano n'haueua tratto qualche motto in buone congiunture, non che prima di entrar' in Conclaue. E ſe bene poi gli emergenti, e le contingenze del negotio miſero prima in Campo il ſecondo, come appreſſo diremo, tuttauia chi hà hauuta notitia diſtinta del progreſſo, e dell' intime circonſtanze di tutto queſto maneggio, hà ben potuto conoſcere, ch' il medeſimo Cardinal Barberino aſpiraua, per quanto poteua, à quella del primo, nel quale militauano in queſto Conclaue conſiderationi reputate per più rileuanti, ſenza che l'altro ſe ne poteſſe giuſtamente dolere. Haueua il primo quattordeci anni di vantaggio, per li quali il Cardinal Barberino non ſolo potea farſi lecito d'anteporlo à gl' altri ne' ſuoi deſiderij, mà inſieme conſiderarlo per quel ſolo, & unico Cardinale di 70. anni, c'haurebbe potuto dar ſodisfattione à coloro, i quali dopò un Pontificato di 21. anno, haueſſero voluta l'eſaltatione d'un Vecchio; S'aggiungeua forſe anche à queſta conſideratione l'altra, per laquale potea temere, che molte ſue Creature ſecondaſſero l'humore del Volgo, & alcune altre il proprio ſenſo nel ſofferire mal volentieri, che dopò il Pontificato ſì lungo d'Vrbano, ſi penſaſſe d'anteporre al Cardinal Pamfilio un ſoggetto pur Fiorentino, reputato per troppo deſi-

po desiderato da Casa Barberina, d'età molto fresca, e verso il quale si era in vita d'Vrbano osseruato, qualche Cardinale potente nella fattione Spagnola per poco ben disposto, anzi per male intentionato, massime d'allora, che si era subodorato esserui di Francia per lui qualche fauore, poco opportuno, e mal' inteso; oltre che vi fù, chi osseruando la stretta corrispondenza, che passaua trà il Cardinal Pamfilio, & il Cardinal Barberino, giudicò sempre, che se egli riputaua il Cardinale Sacchetti per assai ben' affetto verso la sua Casa, potea però stimare il Cardinal Pamfilio per benissimo affetto verso la sua persona; mà comunque si sia, certo è, ch'il primo, e principale oggetto dell'animo del Cardinal Barberino erano li due Cardinali sudetti: ne vi era alcuno, che lo sapesse, ò lo presumesse, il quale non approuasse simili pensieri, fin gl' istessi Papabili, che si ritrouauano posposti, e riserbati ad altra Gerarchia (eccettuati però quelli, che non solo erano imbarcati, mà s'erano vanamente ingolfati) non ardiuano, di controuertere la giustitia, e professauano (ò per essere, ò per parer discreti, galant'huomini) che non haurebbero mai potuto, nè saputo pretendere cosa veruna dal Cardinale Barberino, si potesse trattare del Cardinal Pamfilio, ò del Cardinale Sacchetti. Può ben'essere, che tal uno, figurandosi le cose di quésti per disperate, facesse quello, che non haurebbe fatto, quando l'hauesse stimate riuscibili, e si mostrasse inclinato, e pronto alla di loro esaltatione, non già perche apprendesse, che così richiedeua il douere, mà perche compliua à suoi fini il far l'huomo da bene, e secondar gl' humori del Cardinal Barberino in cosa, che molti al fine s'imaginauano douesse urtare in molti scogli, e già se ne figurauano il naufragio per le cose, ch' appresso sentirete.

Hò parlato fin quì del Cardinal Barberino nel primo segno, cioè in quanto dispone de i primi moti interni dell'animo suo, e mouendo la propria volontà, regola i suoi desiderij. Mà perche si tratta d'un' attione, la quale non poteua essere così eseguita, come pensata dal Cardinal Barberino consideriamolo perciò hora riuolto, à disporre la negotiatione esterna, in ordine alla quale pensaua à gli humori, & à i pensieri de gli altri, e prouidamente secondandoli faceua, la figura, il giuditio della buona, ò mala riuscita de' suoi voleri, per appigliarsi à i partiti, che gli apparissero più prudenti, & à quelli, i quali, se non si conformauano affatto col più rigoroso douere, almeno erano secondo lui i mezi deformi, e più pratticabili.

Consideraua dunque il Cardinal Barberino, che cominciando dal Cardinal Pamfilio determinaua primieramente nell'animo suo, per seruirlo da buon' amico, di non lo volerlo cimentare, se non era insieme sicuro di poterlo esaltare al Pontificato; non potendosi fuor di questo far altro maggior seruitio ad un Cardinale amato da douero, che il mantenerli la riputatione intiera, e nel precipitar per sempre. Con questa predeterminatione, esaminaua il Cardinal Barberino l'esclusione, ch'alla fine haueano seco dichiarato di fargli i Francesi, cò i quali andaua il Cardinal Antonio: In ordine à che consideraua due cose; la prima, se gli fusse potuto riuscire di far Papa il Cardinal Pamfilio senza guadagnare il fratello, e senza rimouere l'ostacolo de' Francesi, allora che glie ne fosse mai venuta voglia; la seconda, se hauesse mai potuto disporre il Cardinal Antonio, e li Francesi à contentar sene.

In ordine alla prima, pendeua da una parte quello, che potesse promettersi delle sue Creature, e di ciascheduna di loro, qual gionta potessero fare à queste gli Spagnuoli. Consideraua dall'altra, quale adherenza haurebbero potuto dare alla poca numerosa fattione de i Francesi quei soggetti, ch' erano reputati per poco amoreuoli del Cardinal Pamfilio, e poi quegli altri di più, che il Cardinal Antonio con le cortesie, e colle carezze s'haueua in qualche modo resi obligati, e così quei finalmente, che non ancor disimbarcati haurebbero co' suoi partiali fomentata qualunque esclusione, & haurebbero veduto volentieri atterrato il Cardinal Pamfilio prima de gl'altri; nè anco sapeua quanto potesse fondarli sopra i sentimenti de' Cardinali Spagnuoli, sì perche vedea, che à molti di essi non gustaua, che si trattasse dell' esaltatione di ne di Pamfilio ; sì anche perche altre volte era corsa voce, che li Spagnuoli escludessero altre tanto Pamfilio, quanto Sacchetti, e si era sentito dire à Ministro grande di Spagna, che il Rè voleua ben hauerlo per amico, mà non per Papa, in tanto, che si poteua dubitare, che li medesimi si animassero da una parte alla esclusione di Sacchetti, con gusto di vedere dall'altra il Cardinal Antonio, e la fattione Francese occupata, & impegnata nella esclusione di Pamfilio, e simili moriui, reputò il Cardinal Barberino esser almeno materia assai pericolosa, il pensar nel principio del Conclaue alla esaltatione del Cardinal Pamfilio : Consideraua ancora, che quando non fosse riuscita per auuentura la di lui assuntione, scapitaua egli con la sua fattione non poco nel credito, e nella riputatione, che veniua, sempre messa troppo innanzzi, quando si fosse tentata, l'impresa ad onta del Cardinal Antonio, e sempre nell'uno, e l'altro caso di prospera, ò d'infelice riuscita haurebbe fatto brutto spettacolo la contesa di due fratelli; & à portare, il Cardinal Barberino in questa risolutione, cadde in acconcio l'hauer egli saputo da buona parte, che li Spagnuoli presa speranza d'hauer con le scritture, ch'andavano in volta, e con quel più, ch'essi s'industriauano d'andar imprimendo ne gli animi de' Cardinali, messo il sacro Collegio in voglia d'un Papa vecchio, già veramente si persuadeuano, d'hauer ridotto per questa strada tutte le forse della fattione Barberina in necessità di cadere (non in Pamfilio reputato per derelitto, ò per disperato,) mà in qualche altro del Collegio vecchio, che non solo era il loro principale, e sommo desiderio, mà anche la speranza da lei già altamente concepita : cosa, che se bene stimolaua il Cardinal Barberino ad applicar tanto più l'animo, egli effetti, à chi era tenuto per tanto abbandonato, e che considerata l'auersione, e l'odio, che professauano gli Spagnuoli verso la fattione Barberina, gli faceua riconoscere Pamfilio per quel soggetto, di cui fosse meno maleuuole l'esaltatione ; nulla dimeno l'obligaua à caminare in questa prattica con tanta maggior circonspettione e cautela, quanto più à questa vedea poter ridursi la gloria di uscir di Conclaue coll'esaltatione d'una

Mmm   sua

sua Creatura: e tanto più, mentre per altro pareagli, di non douer disperare, che il fratello fusse un giorno per rendersegli; & insieme si assicuraua, che nella bontà del Cardinale Pamfilio e nella schiettezza, e merito della stessa attione fossero per di leguarsi tutte l'ombre, che nell'animo di detto Signore hauessero potuto inserire le voci diuulgate sopra l'auuersione del fratello; l'istesse voci però spesso risentite, & il dubitare, che l'unione del Cardinal Antonio con la Francia hauesse poste alte radici, gli faceua credere, che fosse se non impossibile, almen molto malageuole l'impresa, ò pure che vi bisognasse per lo meno gran longhezza di tempo; ben vedendo, che ciò era un pretendere, che il Cardinal Antonio ò perdesse, ò almeno auuenturasse quel patrocinio, che con tanta costanza professaua di voler conseruarsi, e che senza riguardo delle proprie sodisfationi, non che di quelle de suoi, hauea con tanto tempo, estudio procacciato; per lo che non poteua il Cardinal Barberino fare à meno, di non sentir tal volta anch'esso inserita ne' suoi viui desiderij qualche giusta repugnanza, se consideraua che il fratello hauea troppo impegnata la sua riputatione co' Francesi, e si era troppo obligato con le dichiarationi, e con la mercede di quella protettione, sotto la quale hauea questi disegnato di guadagnare, alla Casa Berberina un sì riguardeuole Protettore.

Trà queste agitationi di mente risolse alla fine il Cardinale Barberino di stimar molto confaceuole, alla propria riputatione, & à quella del Cardinal Pamphilio, il determinare di non trattare di lui prima di vedere spianate à bastanza le sudette difficoltà (se pur mai si fosse potuto;) e così s'appigliò alla seconda strada, e cominciò à tentare di disporre il fratello, il quale, se bene era già stato molto tempo auanti guadagnato in ciò, che vi fosse potuto essere per conto proprio, e già n'hauea dato più d'un segno al medesimo Pamphilio, non che al fratello, si sentiua però far gran forza dal rispetto della Francia. Tutto dunque si riduceua nella consideratione de' Francesi, à quali era necessitato d'aderire, sì per la Protettione da lui accettata, come anche per

INNOCENTIO X.

che per esser ricordeuole, d'hauer egli già tempo fa, mentre in lui feruea qualche ripugnanza, poi come, sopra dileguata, palesati, e raccommandati, i suoi desiderij.

Barberino dunque quanto godeua, di vedere il Cardinal Antonio ispassionato per cōto proprio, altre tanto compatiua à i giusti motiui, c'hauea il medesimo, di far gli ogni più forzoso, & efficace, ostacolo per conto della Francia; & auuedutosi molto bene delle difficoltà, ch'erano per incontrarsi da chiunque si fosse datto à trouar modo di ridurre le cose à tal segno, che paresse al Cardinal Antonio poterne consentire, tornò più d'una fiara à ripensare, se gli poteua sortire, e se li compliua, di far Papa il Cardinal Pamfilio senza il Cardinal Antonio, e risospinto dalle difficoltà, e pericoli prudentemente considerati, non si diede per questo à disperarsene affato, come ragioneuolmente poteua, mà necessitato in tanto à voltarsi altroue, trouò insieme modo di non perder mai di vista il Cardinal Pamfilio, e di non transcurare qualunque occassione, che gli portasse qualche vantaggio per questo soggetto.

Cominciò dunque dal procurare, che il Cardinal Antonio non s'impegnasse, se non era impegnato, ò almeno non passasse con Francesi ad una aperta esclusione, nella quale venisse ad atti, che non si potessero, ò non conuenisse mai ritrattare, e tutto sè acciò che guadagnandosi mai per auuentura ciò che haurebbe potuto indurre il Cardinal Antonio, à consentire, non si trouassero dal impegno di tal esclusione fatti più inestricabili li nodi, che se bene appariuano all'hora indissolubili, à chi tali desiderauali, non erano però di questa conditione à chi sapeua trouarne il capo, e l'intrecciatura. Consentì il Cardinal Antonio alla proposta, con tutto che apprendesse per assai malageuole, se non impossibile, il poter mai conseguir ciò, ch'egli ricercaua prima di acconsentire alla esaltatione del Cardinal Pamfilio, & imaginò, che non tanto l'inducessero à desistere da una aperta esclusione, le speranze di poter un giorno consentire, quanto quello raggioni, le quali, come vedremo à suo luogo, persuassero anche i Francesi, che fosse bene di così fare.

Mmm 2   Era il

Era il Cardinal Barberino à questo segno col Cardinal Antonio, quando (se mal non mi souuiene) tre giorni prima, che si entrasse in Conclaue, Il Cardinal Mattei si dichiarò col Cardinal Rappacciolo, di non voler andare in Sacchetti, mà di voler concorrere con tanti altri, che bastauano escluderlo, e si dolse del Cardinal Antonio per hauer saputo, esserui di Francia l'esclusione del Cardinal Pamfilio suo congionto, onde andando la sera il medesimo Cardinal Rapacciolo nel Palazzo della Cancellaria, disse all'uno, & all'altro de' fratelli Barberino quel, che passaua, e sentitasi da questi la dichiaratione di Matthei contro Sacchetti, hebbero per verissime le voci, che correuano della poca buona intentione degli Spagnuoli verso tal soggetto, e della intelligenza tenuta con essi da alcuni Cardinali Romani, inuogliari d'uscire dal Conclaue con un Papa del Paese, e di più a modo loro; si che stimando i Barberini tanto più necessario astenersi dalla manifesta esclusione di Pamfilio, reputar per molto pernicioso in ordine à questo ponto ciò, che n'hauea detto Matthei, e fu creduto doueruisi rimediare, e far, che Matthei tacesse, o che gl'altri del partito Francese, secondo il concertato, stassero cheti. Non lascierò però qualcuno di dubitare, che le parole, e querele del Cardinal Matthei, non tanto tendessero à rimostrare ch'egli aspiraua all' essaltatione del Cardinal Pamfilio, quanto à publicare l'esclusione del medesimo, per togliersi il beneficio, che gli si procuraua con la soppressione, parendoli di poter forsi così fomentare tanto più li Spagnuoli nell'esclusione di Sacchetti, mentre col publicare l'esclusione di Pamfilio si veniua, secondo essi, à togliere ogni spirito alla fattione Barberina; mà comunque si sia, certo è, che il modo tenuto dal Cardinale Mattei si stimaua di poco buon seruitio al Cardinal Pamfilio, e si credea di qualchuno, che il Cardinal Bichi, diffidando d'Antonio, e temendo di Barberino, hauesse pensato di metter in rotta il Cardinal Matthei, per far, che quei mettesse in piazza l'escluso, che egli mal volentieri vedea riceuuta ne' scritti, nè poter, secondo il concertato publicare.

Per far dunque tacer Matthei parue conueniente al Cardinal

dinal Barberino & al Cardinal Antonio di mandar dal Cardinal Pamphilio, che vi rimediasse, e di fare, che andasse da Matthei il Cardinal Rappacciolo e procurasse di persuaderli, che non era nè seruitio, nè pregiudicio del Cardinal Pamphilio credere, e publicare ciò, che il Cardinal Bichi dicesse, ma perche pretese il Cardinal Barberino d'andar egli stesso dal Pamphilio, fu cagione, che di ciò si alterasse qualche poco il Cardinal Antonio, al quale non poteua piacere, che Barberino s'impegnasse tanto, e pensò forse, che sendosi ciò auuentura risaputo, si sarebbe dato troppo da dubitare, ò che il Cardinal Antonio non fosse tanto saldo, e costante, quanto si dimostraua, & era co' Francesi, ò che il Cardinal Barberino si dasse à credere, di poter far il Papa senza il Cardinal Antonio. Fu per tanto preso il partito di fare, che il Cardinal Rapacciolo andasse dal Cardinal Pamphilio in figura di Partiale, & amoreuole di lui: e li dasse à di vedere, quanto fosse à proposito, di far tacer il Cardinal Matthei nelle cose, che diceua di sua Eminenza.

Andò il Cardinal Rapacciolo questa istessa notte dal Cardinal Pamphilio, à cui però disse di venir dalla Cancellaria dar adito à sua Eminenza di concepir per autoreuole, e per discusso colà ciò, che gli veniua auisato, e ricercato; & essendosi il Cardinal Pamphilio consolato nello scorgere, che le sue speraze non erano tanto cadute, quáto si riputauano communemente prese à parlare con tenerezza delle sue obligationi co' Barberini, e della rassegnatione libera, e totale d'ogni suo auanzamento nelle mani di Dio, e de suoi benefatori, con professione, di non haverli à pregare d'altro, che della saluezza della riputatione, la quale sola recommandaua à quelli, in facoltà de' quali sapeua star tutti gli altri progressi, che da loro doueua riceuere, qualunque fosse stato esaltato.

Pregò in oltre lo stesso Cardinal Rapacciolo à voler esser dal Cardinal Matthei, per mettergli in consideratione, quel che si doueua con concerto, che egli poi la mattina in Cappella haurebbe, bisognando, ratificato al medesimo Matthei tutto ciò, che quella notte gli era stato rappresentato.

Andò dunque il Cardinal Rapacciolo da Matthei, egli disse esser andato dalla Cancellaria al Cardinal Pamphilio, à nome del quale douea pregarlo, che non volesse publicar ciò, che hauea detto, egli fosse per dire il Cardinal Bichi, ò pur altri; e forse conobbe il Cardinal Matthei quella notte, ch'era materia assai problematica, se il publicare così apertamente l'esclusione del Cardinal Pamphilio potesse essere à questi di profitto, ò di danno, e che il supprimerla compliua tanto à quelli, che lo voleuano aiutare, quanto à quelli, che atterrar lo volessero. In proua di che si addussero forse molte ragioni per le quali al fine prommesse il medesimo Cardinal Matthei, che non haurebbe mai più parlato di Pamphilio, che fu la mattina auisato dal Cardinal Rapacciolo, à non far altra ratificatione, e motiuo, forse, perche fu prudentemente considerato, che tal ratificatione fatta dal Cardinal Pamphilio col supporsi, che Matthei fosse suo partiale non era approposito, mentre Matthei hauea per ventura gli occhi altroue, e hauerebbe potuto con essa farsi tanto più accorto, e vedere, che il Cardinal Pamphilio stimaua suo seruitio, che egli tacesse.

Per far poi tacere gli altri della fattione di Francia, & à far apprendere al Cardinal Antonio, & ad essi, che staua bene alla Francia, di non far una publica esclusione al Cardinal Pamfilio, vado sentendo, che valsero l'infrascritte ponderationi, ò per dir meglio vado persuadendomi, che altre più di queste non potessero esser approuate per buone, & efficaci, e tanto più, quando col tacere non si veniua à contra venire, anzi più tosto si adheriua à gli ordini Regi, assai meglio secondati con una tacita, che con una espresa esclusione di tal sogetto.

La prima, e principale, anzi quella, che à mio credere da sè sola bastaua, fu l'essersi i Francesi accertati, che Barberino, il quale teneramente amaua tal soggetto, haurebbe troppo altamente sentito, che se gli facesse una strepitosa, & aperta esclusione, e che per ciò si sarebbe ungiorno potuto infiammare à far come minacciaua, qualche tentatiuo, del quale i Francesi doueano sempre temere, mentre fondauano la lorò esclusione, sù quelle Creature d'Vrbano, che combattute dall'uno, e l'altro fratello non si sapea da qual parte fossero per restare, e da niente più erano assicurati, che dal credere non esser mai Barberino per far Papa chi non volesse il fratello; ogni volta però, che questi si contentasse del douere, e si dasse trattenendo unito, & amoreuole.

La seconda puote essere il considerare, che i Cardinali erano communemente inuogliati d'un Papa vecchio, tanto per se stessi, quanto essere à ciò stimolati dalli Spagnuoli, che ne voleuano cauar consequenza di loro vantaggio; onde era trattato di somma prudenza per li Francesi, il non atterrar con una publica esclusione l'unico vecchio della fattione Barberin, considerando che quantunque non si fosse voluto far Papa, era però bene lasciarlo in vista di quei, che voleuano un vecchio, e sù gli occhi de gli Spagnuoli, i quali, fin tanto, che Pamphilio restaua in piedi haueano in chi trattenersi, e per chi sospendere quelli feruori, e quelle più intense applicationi, con le quali si sarebbero datti à promouere qualch' altro del Colleggio vecchio; & à questo proposito mi souuiene, d'hauer sentito dire, che qualche buona, e grata Creatura di Barberino, riconoscendo per troppo necessario, à chi desiderasse l'esaltatione, del Cardinal Pamphilio l'arriuare à persuadere, ch'era interesse di tutti i soggetti Papabili della fattione Barberina, anzi necessarissimo, per far credere il Pontificato in uno di loro, il mantener in piedi il Cardinal Pamphilio, andaua insinuando à chi bisognaua, esser necessario, ò che si volesse far Papa Pamphilio, ò pure altra Creatura Barberina, lasciar piena la nicchia di lui, il quale essendo l'unico vecchio di 70, e più anni, formaua un indiuiduo Angelico, in cui si conseruaua una specie intiera, & il quale differiua, come Gabriele da gli altri Angioli, e non come Paolo da gli altri huomini, per lo che nell'esclusione di lui si sarebbe perduto non tanto il Cardinal Pamphilio, quanto quella sorte di soggetti, della quale il Colleggio s'era inuaghito, e di lui era bene, tener' al Colleggio medesimo pasciuta in qualche modo la vista, e la speranza di giongerui, senza uscire dalle Creature d'Vrbano.

Le

La Terza è il considerare, ch' essendo i Francesi per altro assicurati dal Cardinal Antonio, che non si sarebbe fatto Papa il Cardinal Pamfilio, poco doueua importare loro l'escluderlo con l'istrepito, e con quella publicità, nella quale, oltre il far perdere alla fattione Vrbana, e con quella à se medesimi tutto ciò, che di sopra si è considerato, veniuano essi à legarsi in modo, che quando mai fosse al Cardinal Antonio, & à loro per auuentura complito di consentir più tosto in Pamphilio, che comportare l'esaltatione d'altri del Collegio vecchio, sarebbe stato tanto più duro il farlo, quanto più si fossero dianzi impegnati, doue all'incontro conseguiuano quel, che bramauano, con far che, il Cardinal Antonio non permettesse il parlarsi di Pamfilio, senza perdere verun'altro arbitrio, che fosse loro conuenuto per auuentura pigliare per sottrarsi à colpo, & à disastro maggiore, pur troppo fin da' principio minacciato, per quando cadesse mai dalla sua Mischia il Cardinal Pamphilio di questo arbitrio non in altro caso, ne con altre circostanze si è il Cardinal Antonio seruito, se vi si fanno le debite reflessioni, come à suo luogo si dirà.

In ordine à questo punto venne in acconcio la poca salute, e molto più poi la morte del Cardinal Bentiuoglio, il qual solo nel Collegio vecchio poteua esser accetto a' Francesi, che forse più volentieri sarebbero usciti dalla fattione Vrbana con Bentiuoglio, che restatiui con Pamfilio.

La quarta è, che douendo esser necessario à Spagnuoli per l'esclusione del Cardinal Sacchetti battere una strada publica, e strepitosa coll'unire da molte parti li voti, e l'adherenze per far un aggregato basteuole di teste eterogenee, e piene de' proprij, e particolari humori, non senza temere, non senza dar da discorrere al Mondo, sarebbero stati à si fatto paragone troppo più gloriosi i Francesi, quando escludeuano chi otteneua prego à tutti per l'età il primo luogo col far solo, che il Cardinal Antonio non lasciasse proporlo, e schiuando così il pericolo d'hauer à diuidere cò Spagnuoli del pari i rimbrotti, e le declamationi di molti, che già correuano al rumore dell'esclusione di Sacchetti, si constituiuano in istato di poter schiamazzare dell'attioni de' medesimi Spagnuoli,

senza

senza che quésti potessero rifarsi con esso loro in altre tanto per Pamphilio, ma bensi con'fare, che hauessero quelli più tosto ad inuidiarli, & à riconoscere, quanto hauessero i Francesi ricauato dall' acquisto del Cardinal Antonio.

Questi à mio credere sono trà gli altri i più principali, e poderosi motiui, per cui forsi si concertò, che mai per conto de' Francesi si venisse ad una aperta, e prátticata esclusione.

E ben vero, che il Cardinal Bichi diffidando sempre, come dissi, d'Antonio, e temendo di Barberino, nè potendo indurli, come procuraua, à manifeste dichiarationi, non lasciaua d'andar destramente publicando che vi era l'esclusione; come è verissimo, ch' il Cardinal Antonio per assicurarsi de i tentatiui, che potesse mai far il fratello senza di lui, haueua impegnati molti, à non v' andare, e nello stesso tempo era andato sagacemente cauando da molti stimati per poco ben affetti al Cardinal Pamphilio, quali fossero per riuscire, quando mai egli Cardinal Antonio si fosse indotto à farlo Papa, facendo due parti cosi contrarie, ma per esso tanto necessarie, cioè l'assicurarsi, che Barberino non lo potesse far senza di lui, o l'accettarsi, che quando mai hauesse egli risoluto di cõsentirui, era per riuscire l'impresa, senza correr risico di non farla, e d'offendere nè più nè, meno la Francia col tentatiuo, & insieme la riputatione, sua col non conseguire l'intento. Con queste notitie sapransi purgare, e rendere alla loro vera intelligenza l'instanze fatte in segreto dal Cardinal Antonio à molti Cardinali, con le quali s'andaua assicurando del fratello, e si mostraua di non voler per all' hora Papa il Cardinal Pamphilio, non si dichiaraua però di non volerlo all' hora, che la Francia se ne fosse potuta, ò se ne douesse compiacere, come poi rammentò à medesimi Cardinali domandandoli il Voto, quando, come vedremo, credette esser venuto quel caso, & esser sortite quelle circostanze, nelle quali sole stimaua poterui consentire con sua riputatione, e senza offendere per suo credere la Francia; poiche in tanto era egli per appagaruisi, in quanto restaua persuaso, che la medesima Francia nelle circostanze sopra tocche fosse per hauer giusto motiuo

tiuo di ſtimarſene ben ſeruito.

Mi perſuado, che ſe ben io non u' addito la porta, per doue, entriamo, vi ſiate auueduto, che già ſiamo in Conclaue, e che poſſiamo dire quelche ci occorre ſopra la prattica del Cardinal Sacchetti, cominciata da i Spagnuoli con l'eſcluſione, che per timore di vederlo Papa, la mattina ſeguente, fu da loro tumultuariamente publicata al Conclaue non ancor chiuſo, e pieno d'ogni ſorte di gente; mà perche ne di queſta, ne d'altra prattica vi vò parlare, ſe non quanto influiſcono in quella di Signore, ò ſi congiongono con la medeſima in qualche modo, perciò d'eſſa vi dirò ſolamente alcune coſe.

E per la prima, eſſer reſolutamente falſo, che il Cardinal Barberino foſſe quella mattina per tentare la prattica di Sacchetti, e ſanno gli Spagnuoli, che hauendo Barberino ſubodorati i loro timori per liberarneli, e per ſottrare il Cardinal Sacchetti à i danni, che per all'hora, e per ſempre poteua apportarli una ſi acre, e ſtrepitoſa eſcluſione, ſi era offerto, di ſtar cinque giorni ſenza tétar coſa alcuna, con che egli ſoſpédeſſero la publicatione de i ſentimenti mà non valſe il partito per aſſicurare gli Spagnuoli ſtimati, e meſſi in iſpauento, e diffidenza da quei Cardinali Romani, à i quali compliua, che gli Spagnuoli s'impegnaſſero per all'hora, e per ſempre nella detta eſcluſione, con publicarla in quelle forme, che quante più erano viue, e ſtrepitoſe, tanto più precludeuano la ſtrada, per cui poteſſero mai ritirarſene, e tanto più ſi conformauano à i fini di quelli, che altro più non temeano, che di veder portato l'affare in modo, che gli Spagnuoli poteſſero, ſe non queſta, un'altra volta ceſſare; e ſe l'eſſempio, che ſi allegaua di Clemente VIII, daua à Barberino occaſione di procurare, che le coſe batteſſero quella ſtrada, e quelle maniere, e ſe in oltre daua motiuo à gli Spagnuoli d'eſibirſi pronti, à procurare al Cardinal Sacchetti l'iſteſſa ſorte per lo compimento, che moſtrauano verſo ſoggetto ſi degno, faceua inſieme lo ſteſſo eſempio, che quelli, che più ſi riſcaldauano in queſta prattica, apprendeſſero neceſſario il procurare, che tutto ſortiſſe in quel modo, che meno ſi confaceſſe all'eſempio

pio allegato, e poneſſe in Iſconico per ſempre le coſe di Sacchetti.

Applaudeuano, e ſecondauano ſimili concetti molti, che pretendeuano d'eſſer Papa, tanto in queſto, quanto nel futuro Conclaue, e principalmente alcuno di quei ſoggetti, che confeſſandoſi più de gl'altri inferiori di merito al Cardinal Pamphilio, & al Cardinal Sacchetti moſtrauano di abborrire, che ſi trattaſſe di loro, prima che ſi foſſero fatti tutti li sforzi l'uno, e per l'altro di queſti, conoſcendo molto bene, quali foſſero li ſuantagi della prima fila, e quanto compliſſe à gl'altri, che queſti, ſotto preteſto di graduatione tolta da i meriti, foſſero i primi à cimentarſi.

Fu dunque portata l'eſcluſione di Sacchetti nella forma ch'è nota. Il Cardinal Barberino con tutto che teneramente compaſſionaſſe Creatura à lui meritamente cara, non però ne per caldo d'affetto verſo ſoggetto ſi amato, nè per caldo di ſdegno verſo quelle Creature d'Vrbano, che ſe gli opponeuano, traſcorſe à penſieri, che non foſſero in tali circoſtanze i più proprij, poiche non ſi diede ſubito à prouar viuamente di farlo Papa ad onta delli eſcluſori, mà deplorando la diſauentura della ſua fattione, nelle rifleſſioni, che faceua ſù le coſe di Pamfilio troppo ancora acerbe, e ſù quelle di Sacchetti, troppo già cadute, laſciò per molti giorni vota la ſcena, & in otio il Conclaue, mentre però non laſciaua egli di penſare, come haueſſe potuto rauuiuar la ſperanza d'uſcir di Conclaue, ò col Cardinal Pamfilio, ò col Cardinal Sacchetti, e di far conſeguire tal' honoreuolezza alla ſua fattione.

Ma ſcorgendo al fine, ch'era già vano lo ſperar bene di Sacchetti, e troppo lontano quel, che ſi potea ſperar di Pamfilio, applicò l'animo, à leuar l'otio à ſcrutinij, & ad' empir la ſcena con qualche ſoggetto, e non potendoſi auuenturar al cimento d'alcuno del Collegio vecchio, ſenza inuitar à nozze il partito Spagnuolo, e qualche d'un' altro, e coſi non ſenza temere di reſtarui colto, gli conuenne cercar contro la buona regola il Perſonagio tra le ſue Creature, e fu propoſto il Cardinal San Clemente, il quale dopo Pamfilio, e Sacchetti era da Barberino tenuto in quache grado d'affetto, e perciò quando anche fosse per auuentura riuscito, non hauerebbero essi hauuta occasione di molto contristarsene, mà il loro principal intento era, d'hauer per qualche giorno empita, come hò detto, la scena, e guadagnato tempo per pensare à qual partito si doueffero appigliare.

Nello stesso tempo continouando gli Spagnuoli nelle gelosie, e nel timor di veder sotto qualche botta finita insorgere la prattica del Cardinal Sacchetti, non tralasciauano, d'andarsi procacciando nuoue adherenze, e di fortificarsi più che poteuano, mà con le loro forse souerchie ansietà, e paura fecero tanto animo alli amici di Sacchetti, che s'indussero à sperar bene dell' isperimento, che se ne facesse, massime che alcuni d'essi stimauano per adesso, e per sempre stabilita l'esclusione de' Spagnuoli, e che perciò non si potea perdere, ma solo guadagnare nel procurar di dar vita ad un capo disperato. Alla sudetta prattica dauano animo con poca buona intentione, ancorche con isquisita apparenza, trè sorti di soggetti; la prima di quei, che professandosi amici del Cardinal Sacchetti, e grati al Cardinal Barberino, non si sarebbero manifestamente opposti, ò ritirati dall' accolorare con gli altri il cimento senza arrossir fine; la seconda di quelli, à quali compliua, che nel cimento tanto più rouinassero, e per all' hora, e per sempre le cose del Cardinal Sacchetti, e questi declamauano più de gli altri sopra il torto, che essi diceuano farsi à soggetto si grande; la terza di quei Papabili, che s'esibiuano prontissimi andar in Sacchetti, figurandosi, che non fosse per riuscire, e che nondimeno con la sudetta prontezza fossero essi per guadagnar l'animo, e l'inclinatione de fratelli Barberini per se medesimi, e tra questi vene furono alcuni del partito Spagnuolo, i quali si diedero in segretto, per guadagnati, e risoluti di dar il loro voto, e tal' uno con professione di farlo per debito di conscienza, e d'obligatione, e con altre espressioni tenerissime.

Animati dunque gli amici del Cardinal Sacchetti da tanti fautori, alcuni di loro si diedero per souerchia credulità à sperar affatto bene, altri s'auuidero solo, che sendoui fin. 46.
Car-

Cardinali, che prommetteuano gran cose, non era douere di cedere alle sinistre opinioni, che ancora si riteneuano di molti, senza farne quello sperimento nel quale se 38. de' 49. corrispondeano aggiustatamente, Sacchetti era Papa; se poi non erano tali, quali si professauano, Sacchetti restaua quello, che già era, cioè Cardinale già pur troppo escluso da Spagnuoli, & al quale poco più danno potea fare, il cimento per infelice che fosse stato.

E qualchuno più zelante de gli altri mostrandosi impressionato, che douesse farsi una bona elettione, senza hauer molto riguardo ad altre considerationi estrinseche, che professaua, che si sarebbe stimata attione magnanima, e gloriosa, se coll' esempio di quelli, che non ostante simili oppositioni, si sono altre volte auanzati à portar soggetti meriteuoli al Pontesicato, si fosse fatto Papa chi n'era così degno, e chi haurebbe resa molto honorata la numerosa fattione d'Vrbano VIII. animata per altro à credere, che il Cardinal Sacchetti haurebbe data occasione al Rè di Spagna, dichiamarsi ben seruito da chi con tale aspettatione hauesse cooperato all' esaltatione di soggetto sì qualificato.

Soggiongeuano altri, che non poteua assere, che sua Maestà si allontanasse punto da quel sentimento di rettitudine, e di bontà, che sono stati sempre proprij de' suoi gloriosi Antecessori, e si sono veduti risplendere nelle sue proprie reali attioni, e però non si potea se non credere, che fosse stata mal' informata; il che diceuano apparire trà l'altre cose dalla scusa, che la maggior parte de fattionarij Spagnuoli focero con l'escluso, necessitati, ò per la forza del merito, ò per qualche particolar obligatione à compatirlo per conto proprio, mentre tutti insieme l'opprimeuano per quello del Rè, il qual meglio informato, sarebbe poi stato di quel senso, che, come hò detto mostrauano d'hauer fin li Cardinali suoi fattionarij.

Nè mancaua chi riflettendo sopra le medesime scuse, era di parere, che riconoscendo forse quei, che si scusauano, la debolezza del loro portito, s'andasse ciaschuno à parte preparando la ritirata, & il coperto per ogni caso, il quale fosse succeduto; onde fattosi tutti li amici di Sacchetti per tanti capi animo, à credere, che foſſe bene auuenturarlo, furono attorno al Cardinal, Barberino, & al Cardinal Antonio, acciò che loro conſentiſſero.

L'uno, e l'altro di queſti applicò l'animo à ponderar l'inſtanza, & il Cardinal Antonio, che non vedea fin'all'hora, nè da' vicino, nè da lontano quel, che li biſognaua per andar in Pamfilio, ſi ſarebbe ſtimato molto fortunato, ſe haueſſe potuto far ſortir il Pontificato in Sacchetti, non tanto per liberarſe, & i Franceſi dal timore, che Barberino ſi prouaſſe di far Papa Pamfilio ſenza di loro, quanto per farli vedere trionfar degli Spagnuoli. Onde diſegnando il Cardidale Antonio d'applicaruiſi à tutto ſuo potere, ſtimò (per quel ne crede tal uno) complir al negotio, il far qualche diligenza, per eſſer ſtimato ogni dì più lontano dall'auanzamento del Cardinal Pamfilio; e diſparendone ancor egli per all'hora l'eſaltatione, tanto più arditamente ſi voltò à Sacchetti, ò per dir, meglio, tanto più ſe diſpoſe à laſciarlo auuenturare, non oſtante, che haueſſe anch'egli dianzi dubitato per molti giorni della buona riuſcita.

Approuarono queſti dunque l'opinione di chi chiedeua il cimento, e quando hebbe quei rincontri, che ſi poteuano hauere della buona diſpoſitione delli ſudetti 46. Cardinali, poco mancò, che non cadeſſe nell'opinione, e giubilo d'alcuni altri, che già ne cantauano per ſicuro il Trionfo, e furono poi cagion, che la mattina del cimento correſſe tutta Roma, per così dire, ad aſpettare, che ſi apriſſe il Conclaue.

Mà già che ſiamo col Cardinal Antonio, prima che veniamo al Cardinal Barberino, ſappiate come un Cardinale degl'imbarcati, temendo forſe, che applicandoſi l'un, e l'altro de Fratelli Barberini da douero all'eſaltatione de' Sacchetti, poteſſe riuſcir loro di conſeguirla per diuertir il Cardinal Antonio, e per acquiſtar inſieme beneuolenza, ſi attentò d'animarlo à tentare la prattica di ſan Onofrio, e procurò figurar gliela tanto riuſcibile, ſe ſi foſſe battuta certa ſtrada da lui forſe ſuggerita, che induſſe il d. Cardinal Antonio à penſarui in qualche modo, ne queſti ſarebbe forſeltato alioto alieno dal farne qualche proua; se Barberino non se ne fosse dichiarato lontanissimo hauerli voluto, che il nostro amico m'hauesse communicato questo fatto, perche so che egli n'è pienamente informato, & io ve ne hauerei potuto dir di vantaggio, mà egli non ama di farlo, dicendomi solo di hauere in questo proposito hauuto occasione, d'edificarsi dè i sentimenti dell' uno, & altro Fratello, e che haueua sentito al fine una mattina parlarne in quella forma, che egli ch'era spassionato stimaua douersene parlare, ne altro di più hò potuto cauarne, se non che stimarono molti, che non potendosi li Fratelli Barberini auuenturare alla proua delle Creature del Collegio Vecchio, nè douendola fare, con l'andare esponendo nel cimento le proprie, si douessero valere di San Onofrio, per caricarlo tal volta di voto, à far mostra dell'arbitrio, che haueano sopra le loro Creature, e per tenere insieme in timore la fattione contraria: nè dispiaceua il partito al Cardinal Barberino, anzi che questi n'haueua fatto parlare al Cardinal San Onofrio, il quale se n'era contentato, con patto però, che non si pensasse mai di farlo dauero; perche in tal caso haurebbe fatto delle risolutioni straua ganti; mà non volse il Cardinal Antonio consentirui, credendo, che ciò non complisse alla riputatione del Zio, quantunque questi sene contentasse, & il disegno complisse, anche secondo lui al buon gouerno, & alla buona direttione di sì gran facenda, e di sì graue interesse.

 Veniamo hora al Cardinal Barberino, il quale con tutto che animato da gli amici del Cardinal Sacchetti, ad auuenturarsi, & à tentare il conseguimento di cosa à lui, & alla sua fattione così gloriosa, se fosse felicemente sortita, e di così poco scapito, quando nò; nulla dimeno non potè senza longa agitatione, e senza molto dibatimento risoluersi in se stesso, à consentirui, benche tanto à gli amici, quanto à gli auuersarij di Sacchetti si rimostrasse sempre in apparenza dispostissimo, animatissimo, e pieno di buona speranza; Nasceua la sudetta agitatione, e dilattimento, non già perche (disperando dell'esaltatione del Cardinal Pamfilio, e sempre più stimolato non tanto dalle attioni, e negotiati di Spagnuoli,

gnuoli, quanto da quelle sue Creature, che à questi adheriuano) non si riputasse constituito nell' appogio della sua fortuna, e della sua honoreuolezza, quando hauesse potuto conseguir l'esaltatione del Cardinal Sacchetti, mà solo perche sapea douersi temere della fede di molti, che non haurebbero poi fatto quel che diceano & assicuratosi già , che gliene sarebbero mancati alcuni, i quali più di tutti doueuano per altro hauer à cuore tanto l'interesse di lui, quanto quello del Cardinal Sacchetti, faceua con proportione geometrica peggior giudicio de gli altri, ò meno obligati, ò più interessati nelle esclusioni altrui, con tutto che si mostrassero in apparenza li più pronti, e disposti, e dimandassero più de gli altri la proua, & isperimentaua il Cardinal Barberino in atto prattico, che la Bolla portaua à i Cardinal l'adito di far mostra di fede, di gratitudine, e di pronta volontà nel di fuori mà daua loro nel di dentro modo d'attendere solo al proprio interesse, rispetto à politici: & alla propria conscienza rispetto à zelanti; e quando la fede d'un amico resiste al paragone di detta Bolla, mentre per accudire à suoi bene fattori, lascia di secondare, i proprij interessi, e le proprie passioni, e di procurare i suoi vantaggi, risoluto di non voler essere e far nel Teatro della sola propria conscienza quel personaggio, che si vergognarebbe d'essere, ò di fare nel Teatro del Mondo, ben si può hauere per buona, & erocia la di lui amicitia.

Mentre il Cardinal Barberino differiua il cimento del Cardinal Sacchetti, s'era per altro riputato risoluto di volerlo fare, e perciò tutto intento à ben disfarne la prattica, gli Spagnuoli, sotto la prottetione del Principe Cardinal de Medici, sotto la condotta del Cardinal Albornoz ch'haueua il seguito già troppo publico del Rè, s'andauano più che poteano prouidamente fortificando, e prudentemente gouernando; e se si vedea chiaramente, che sapeuano giocar bene le loro carte, trasparivano però insieme quelle gelosie, le quali gl' obligauano con loro prò à star sùl gioco e procurare di scoprire le carti del Compagno, & à guadagnarne qualcuna; onde parue loro alfine di saper giuocar così bene,

che

che pigliorono speranza, non solo di vincere nella partita, che si facea per Sacchetti, mà di vincere ancor tutto il resto con portare il Pontificato nel Collegio Vecchio, nel quale haueano essi assai più carte di trionfo, quando mai hauessero hauuto in sorte di credere trionfare la carta della vecchiaia, & hauessero così ridotta la fattione contraria, à non hauere altra buona carta, che quella di Pamfilio, la quale, so bene era migliore, credeuano però essi, che i Barberini non l'hauessero voluta ò saputa giocare, ò che al peggio non haurebbero, i Spagnuoli perduto, senza far correre qualche partito, quando mai i Barberini hauessero hauuto à vincere con questa carta. Così dunque intenti à i loro vantaggi, mentre Barberino era stimato risoluto, di tentar la proua di Sachetti, e differiua, e disponesse l'essecutione, il Cardinal Albornoz non senza perplessità s'andaua maneggiando per lo Conclaue, visitando il Collegio, dicendo à chi le raggioni, à chi la sola volontà del suo Rè, à chi le cause, per le quali non era spediente di fare in questi tempi Papa un, che fosse escluso dà un Monarcha sì considerabile, & un ch'era perciò inhabile à poter render la pace tanto necessaria alla Christianità, non senza recordar trà l'altre cose, quanta parte del Mondo fosse dominata dal suo Rè, il quale haueua anche perciò molta cagione, di desiderare l'esaltatione d'uno, che fosse anche à sua Maestà ben' affetto, come douea ogn' uno per lo stesso capo stimare, che complisse al bon seruitio di Dio di non far Papa, chi non potesse assolutamente piacera ad un Rè Padrone di tanta gran parte della Christianità; e per far breccia ne gl' animi degli altri Papabili della fattione Barberina, e de i loro Partiali, asseriua con sagacità artificiosa, che, toltone Sacchetti, sarebbero gli Spagnuoli andati prontamente in ogni altro, e che si facea à tutti un gran torto, mentre il Cardinal Barberino veniua à dichiarare con la sua pertinacia, che non vi fosse altro soggetto degno del Pontificato, ò pur altri, che egli desiderasse d'esaltare, rouersciando, mentre così parlaua, sopra lo stesso Barberino l'odio della longhezza, & incommodità del Conclaue in istagione sì strana, e sì pericolosa per li Cardinali, & in tempi, ne quali Roma, e lo Stato Ecclesiastico poco auanti ridotto in pace aspettauano per loro bon gouerno le elettione del nuouo Pontefice, e l'uno, e l'altro con tutta la Christianità la Creatione del Papa. Mà tralasciauano bene gli Spagnuoli di dire, come haueano fatto già, e poi frequentemente riueduti, e verificati certi conti, ne' quali supponendosi il Cardinal Pamfilio per lo più disperato, e facendo essi la figura à tutte le altre Creature d'Vrbano, s'eran fatto animo à credere, che se riusciua loro, l'escludere Sacchetti, ne risultaua insieme la sicurezza, e la gloria di portar' il Pontificato fuori della fattione Barberina, ne forsi sapeano, che taluno della loro fattione s'era lasciato sentire, quando hauea participata à qualche altro la pianta di tutto, e quando per farne ad altri dimostratione mathematica dopo hauer data quasi à tutti l'eccettione della giouentù, & à molti quella di soggetto poco plausibile, e priuo dell'aura del Collegio era passato à discorrere specialmente di ciasche d'uno, figurandosi di poter additar gli escludenti d'ognuno, e rinuenir i loro motiui, fermandosi particolarmente à far i conti, sopra i più vecchi e più prouetti; poiche quanto à gli altri (che erano molti) d'età più fresca, ben si potea presupporre, che non fossero per concorrerui volontieri quelli che pensauano à proprij interessi, ò già equalmente maturi, ò che stimassero douersi maturar in breue, e perciò malamente sotto un Pontificato d'un Giouine c'hauerebbe potuto viuere più di quello, che ad altri bisognaua, & il quale, con la diminutione dell'altrui, hauerebbe potuto lasciare à i suoi troppo poderosa fattione per lo futuro, e futuri Conclaui; haueano per tanto gli Spagnuoli nel promouere l'esclusione di Sacchetti, hauuto occasione d'auuedersi di molte cose, & aggregar in segreta intelligenza molti soggetti, che, ò voleano esser Papa, ò mal se l'intendeuano con qualche Papabile, ò dauano il voto etiandio à danni d'un' amico, per guadagnare molti à danno dell' inimico con reciproco proffitto di quei partiti, e di quelle intelligenze, che mal s'andauano formando nella fattione Barberina, e sempre più la diuideuano, con doppio gusto degli Spagnuoli, che così non

solo

solo s'andauano fortificando per escludere Sacchetti, mà ancora per far cadere il Pontificato nel Collegio Vecchio, & & in chi cosi più voleuano, à segno, che fin qualche uno de nationali haueua (direi senza forsi) preso animo à sperar la propria esaltatione, e v'era chi tentaua i Barberini, perche accalorassero, e nutrissero le mal nate speranze di tal sogetto, per renderlo attento più à i proprij interessi, che à quelli della sua fattione.

Li Cardinali Barberini, che già imaginauano, quali fossero li disegni, e le speranze degli Spagnuoli, hebbero caro di sapere, che qualchuno di loro fosse stato sentito farne la pianta, sù la quale per mio credere, si finirono di risoluere, à non voler consentire al grasso partito, che gli Spagnoli pretendeuano di fare, col dimostrarsi pronti, e disposti per qualcunque altro soggetto della fattione Barberina, il quale fosse stato proposto, considerando forse di più trà l'altre, cose, che se fossero mai condescesi à tal partito, vi sarebbe stato, con poca riputatione loro, e d'una fattione sì grande, che direi nel determinare, se la gloria dell' esaltatione, che per auuentura ne fosse seguita, si douesse, ò à chi propose, ò pure à chi accettò la proposta: Problema non mai per ancora deciso, e già sperimentato in altri Conclaui per troppo pericoloso. Certo è, che se non era un diuidere la gloria sudetta per metà, era per lo meno, un farne ad altri tropo gran parte, e quella in fine, che non pareua hauessero ragione di pretendere gli Spagnuoli poiche se bene haueuano aggregati à se ver l'esclusione di Sacchetti molti voti, non ne poteuano però dar altri tanti per l'inclusione di chi fosse stato proposto. Si che ridotti ne pochi loro nationali, si sarebbero scusati per li altri, i quali non erano con esso loro, che per escludere, e non poteuano per conto de i medesimi far altro, che lasciarli fare in altre occasioni à modo loro, in tanto che un partito in apparenza sì grasso, e sì specioso si riduceua, e risolueua finalmente in quello, col quale i soli Spagnuoli nationali si offeriuano pronti, e disposti d'andare in chi fosse stato proposto; ne li nationali medesimi haurebbero potuto unirsi per andare indifferentemente in tutti; prima per esserfi impegnati con qualcheduno de' loro aggregati di non andare in quelli, l'esclufione de' quali era dall' aggregato propofta, e dà chi lo guadagnò, promeffa per cambio di quella di Sacchetti. Secondariamente perche hauendo alcuni di effi qualche particolar repugnanza, chi in uno, chi in un' altro foggetto, haurebbe poi detto il capo della fattione, che non hauendo egli altr' ordine del Rè, che d'efcludere Sacchetti, non poteua à nome di fua Maeftà aftringere, chi non foffe voluto andare nel foggetto propofto, per lo quale non haurebbe perciò potuto far altro, che paffar offitij efficaci, e lafciare, che altri fi prouaffe d'indurli à quelle rifolutioni, per le quali erano dal Rè lafciati in libertà, come apunto fi fentì poi rifpóndere il capo fudetto in buone occafioni, e fi vidde, che fe mai quefto haueffe offerti tutti i voti de i nationali per qualche foggetto, fi potea dubitare lo faceffe folo per quello, che haueffe riputato già per altra ftrada poco riufcibile, come erano (fecondo lui) tutti quelli, ne quali forfi, difegnaua di moftrarfi liberale, ficuro frà tanto di guadagnarne qualche cofa, non tanto per l'efclufione di Sacchetti, quanto per tirare il Pontificato in chi voleua, fempre che foffe ftato propofto qualchuno, non potendo fortire la propofitione d'uno, fenza che altri fene offendeffero contro chi proponeua, e fenza che paffaffero in qualche modo dall' altra parte, alla quale apparteneua l'accettare la propofitione. Onde veduto in che fi rifolueua il graffo, e fpeciofo partito de gli Spagnuoli, cui potete imaginare, quanto intendeffero bene quefta materia i due fratelli Barberini.

Era ben difgratia loro, che fin ben molte Creature d'Vrbano fermatefi, & alloggiate, come fi fuol dire, alla prima Ofteria, s'erano lafciate irretrattabilmente cattiuar l'intelletto dall' apparente fpeciofità del partito, e s'accordauano anch' effe ad hauere i Cardinali fudetti per troppo Capricciofi, infatiabili, & indifcreti, e per troppo pertinaci nell' efaltatione di Sacchetti, ò nel poco preggio d'ogn' altro foggetto, rouerfciando cosi fopra de i loro capi la longhezza del Conclaue in iftagione fi ftrana, con applaufo, e con gufto de

sto de Spagnuoli, che attendeuano à fomentare concetti sì fatti; e se ne approfitauano sempre più con grauissimo rammarico de i Barberini, à i quali era per altro troppo necessario rifiutar il partito proposto, sì come era pericolo per all'hora ogni altra prattica, e risolutione; Si risolsero nondimeno di Secondare in qualche modo gli humori di chi non si facea capace della troppo giusta cagione della loro repugnanza, & irresolutione, e d'andare con qualche sodisfattione de' medesimi impiegando quel tempo, che loro per altro bisognaua, à maturare opportunamente le risolutioni, & à guadagnare il modo di farne, & essequire felicemente qualchuna delle buone, troppo per all'hora perdute di vista, per esser troppo lontane quelle dispositioni, e circonstanze, sù le quali erano state prouidamente intauolate. Pensorono dunque d'attaccar qualche negotiato, e di valerse del Cardinal Facchinetti, Creatura dà loro sperimenta per una delle più grate, e fedeli, e stimata, la più proportionata à trattar con gli Spagnuoli, e lo pregorono à voler dire (se non m'inganno) al Cardinal Albornoz, c'hauendo il Cardinal Barberino sentito dà molti, & in molte maniere, che gli Spagnuoli hauerebbero fatto qualche partito, si era Sua Eminenza risoluta di pregarlo à dire i suoi sensi per saperne il netto, e poterne fare con la più vera intelligenza il giudicio più accertato.

Rispose il Cardinal Albornoz, per quel sento, ch'ogni volta si fosse concertato con sicurezza, che non si sarebbe mai parlato di Sacchetti, egli sarebbe con i suoi andato in qualunque altro soggetto; il quale non fosse irregolare, e fosse in Collo di Corridore.

Questa risposta parue strana per la prima parte concernente l'esclusione di Sacchetti, e per lo restante molto ambigua, e capricciosa, mà per l'una, e l'altra parte portaua à chi n'hauea bisogno il modo d'empir molto tempo. Parea strano per la prima parte, perche non potendo gli Spagnuoli assicurare i Barberini, che si sarebbe fatto Papa chi fosse stato proposto, non parea ragioneuole, che vi volessero guadagnare l'assicuramento dell'esclusione di Sacchetti, quando non l'hauessero, fero, & era dall'altra parte superfluo il ricordarlo, se già l'haueano: Fu per tanto risposto da Barberino, che il proporre un altro, per farlo Papa, era il modo d'assicurarsi di Sacchetti; sopra questa risposta, li partiali di Barberino discorreuano, che sarebbe stato assai, e più del douere il prommetter solo di non parlar di Sacchetti, fin che si fosse veduto, che cosa potesse essere di chi si sarebbe proposto, e cimentato; E se gli Spagnoli si fossero persuasi, che ben s'intendeua la fallacia del partito proposto nella forma già detta, non haurebbero hauuto forse animo, come non haueuano raggione, di voler vender sì cara la loro mercantia, e si sarebbero auueduti, che non doueuano mai dimandare, d'esser assicurati di Sacchetto tanto all'hora, che ne fossero stati per altro sicuri, quanti, quando non ne fossero stati, poiche in questo caso era un discoprire solo la loro debolezza, e timore, senza probabilità d'hauere à conseguire ciò, che domandauano, se pur non si dauano ad intendere che i Barberini fossero per cadere alla cieca in un sì grosso errore. In contrario allegauano i Spagnuoli, che restando solo sospesa la prattica di Sacchetti, quelle forze, che erano unite per l'esclusione, si sarebbono forse potuto diuidere, e sconcertare, quando si fosse messo la mano in altra prattica, nella quale i pareri de' loro adherenti non fossero stati concordi.

In somma vi volse per far la discussione di questa prima parte, del tempo, ma vi si riconobbe, che se di questo haueano bisogno i Barberini, no haueano necessità gli Spagnuoli per assicurarsi bene dell'esclusione di Sacchetti, anzi un Cardinal Vecchio, e sperimentato, da cui tal volta quei del partito Spagnuolo si andauano à Consigliare, auertì ad un di loro, che per accertar un'esclusione, vi voleano molti giorni di Conclaue, & all'hora particolarmente, che si trattaua d'escludere un Soggetto di gran merito, e che hauesse l'aura del Collegio, ricordandosi egli, che nell' esclusione d'Araceli, con tutto che fosse stata trattata, e machinata con ogni studio, e per molto tempo prima del Conclaue, hebbero nondimeno gli Spagnuoli molto che farui nel Conclaue, & hebbero bisogno di tempo per riuscirne all'occasione sicuri: cosa, che

che molto più succedeua in un' esclusione, che dentro il Conclaue haueua preso tumultuariamente vigore, e fomento con le forze, e calore d'adherenti non ancora ben intesi, e ben conosciuti, e perciò non si lamentassero dell'irresolutione de i Barberini, e del tempo, che questi vi consummauano, perche essi n'haueano assai più bisogno de i medesimi Barberini, affermando, che sarebbe stato con mal prò de gli Spagnuoli, se gli altri ancora non n'hauessero hauuta necessità.

Parue poi la seconda parte della risposta assai ambigua, e capriciosa, come dissi, perche sotto il titolo d'irregolari, e di quelli, che non erano in collo di corridore, poteuano cadere tutti quelli, che gli Spagnuoli vi hauessero voluto tirare, e cercandosi, che cosa volesse litteralmente significare, l'esser in collo di corridore, per conseguire con la vera intelligenza della figura quella del figurato, ne furono interrogati molti, che si stimauano i più periti, e di megliori interpreti delle forme, e maniere Spagnuole, sopra di che si sentirono diuerse opinioni, correndo frà tanto quel tempo, che bastò per riconoscere agiatamente & essattamente la risposta, e per concertar la replica. Ella perche questi s'erano lamentati della tardanza, fu fatto saper loro, che volendo i Barberini intender bene da se medesimi la risposta, senza infastidir di vantaggio chi l'haueua data, per cauarne la dichiaratione più sincera, era loro conuenuto logar molto tempo, e poi replicar alla fine: quanto alla prima parte in conformità di ciò, che habbia veduto di sopra, e quanto alla seconda che s'andaua cercando di sapere, che cosa si douesse, e potesse intendere per huomo irregolare, e che non fosse in collo di corridore. Quindi si ricauò, che quanto all'irregolare, il sentimento si restringeua all'irregolarità Canonica d'un Cardinale, e quanto al non essere in Collo di Corridore, s'intendeua di quelli, che non erano in concetto, in aura, ò in Riga de Papabili, il che voleua dir molto, e in sostanza non assicuraua di cosa alcuna, e pure tal replica hebbe chi l'applaudeua, e vi fu chi mormorando de' Barberini, perche non accettauano il partito, per quel che penso, à far dir finalmente à gli Spagnuoli, che se hauessero detto, quanti voti potessero hauer sicuri per

qualun-

qualunque foggetto, che fi proponeſſe, eſſi haurebbero potuto far il conto loro, per trouare qual foggetto fi poteſſe proporre con certezza di farlo Papa, e che all' hora haurebbero veduti d'aſſicurar gli Spagnuoli da Sacchetti, mà non volendo, e non potendo gli Spagnuoli accertar il Cardinal Barberino di coſa alcuna, fi diſciolſero i negotiati, & ogn'uno guardandoli al ſuo lume, e nella ſua veduta al fine, ò poco, ò aſſai inteſe la vanità, e la fallacia, che era in quel partito dianzi da molti applaudito; E gli Spagnuoli all' hora mutata forma, doue prima domádauano, che ſi proponeſſe, ſi laſciorno in qualche modo intendere che haurebbero eſſi propoſto qualche ſoggetto; mà non furono ſentiti da i Biberini, i quali ſtimauano queſto partito aſſai peggiore del primo, per molte ragioni, e per quelle principalmente, che deduſſero coloro già, i quali voleano altre volte perſuadere, che nell' altro primo partito la parte del proporre deſtinata all' hora à i Barberini, era troppo più grande d'un' altra, e quella per la quale non ſi ſarebbe potuto controuertere loro la gloria, e l'honore, d'hauer eſſi fatto il Papa, e ſe bene le medeſime ragioni non furono all' hora baſteuoli, à far riputar tutto per vero, erano però potenti, à far credere, che la parte ſudetta non poteſſe ſtar bene à gli Spagnuoli; & il Cardinal Barberino ne ſtaua coſi altamente impreſſionato, che hauendo alcuni amici d'un Cardinal Papabile, e molto caro all' uno, & all' altro de' Barberini, anzi à tutti tre, propoſto importunamente tal ſoggetto sù il più bello, che feruea il ſecondo negotiato ſudetto de gli Spagnuoli, e l'aſſoluta ripugnanza del Cardinal Barberino, ne videro queſti infuriato, e condotto à far quelle dichiarationi, che ſe furono proportionate alla riſolutione di non voler far Papa chi foſſe propoſto dà altri, furono fatte per altro ripugnantemente, e non ſenza rammarico molto ben proportionato all' affetto, che portaua à tal ſoggetto, & à i diſſegni, ch' era per far più opportunamente, & in altra forma ſopra di lui, al che per maggiore ſuentura di tal ſoggetto s'aggionſe, che gli Spagnuoli applaudendo alla propoſta, ſe l'accommunarono, ne baſtò queſto à i pochi accorti amici di lui, ma ò non volendo, ò non penſandoſi quanto, e come biſogna-

INNOCENTIO X.

sognaua, si studiorono per farla tanto più abominare al Cardinal Barberino, d'indurui il Cardinal Antonio, e far, che questo s'adoprasse col fratello, presso il quale era all'hora atto troppo abborrito il concedere al Cardinal Antonio il vanto, di far il Papa, anzi per accolorare l'abborrimento di Barberino contro si fatta attione, si giuntò di vantaggio il saper sua Eminenza che la proposta era deriuata, e portata da quei soggetti, dà quali poteua egli fin'all'hora stimarsi troppo mal seruito, e non li parea douere, che ne hauessero à trionfare: Nè bastò questo, mà di più uno degli amici di tal soggetto, al solito poco circonspetto, se pur non gli era coperto nemico, si lasciò in una delle rote uscir di bocca, in modo, che Barberino potè risaperlo, che il Papa non si faceua, perche non si voleua fare chi poteua esser fatto in due hore, & haue tutti i requisiti per esser di piena sodisfatione à tutto il Collegio à Roma, & à tutti i Prencipi. Notate qui per vita vostra, quanto male possano fare in Conclaue amici di tal sorte, e quanto stia meglio ad un Cardinal vecchio, che huomini si poco auueduti siano più tosto affacendati tra i loro nemici, che trà gli amici; pur troppo il detto Cardinale procuraua, che tali amici tacessero, perche si era già per auanti constituito in un desiderio irretrattabile, di non esser cimentato in questo Conclaue, nel quale haurebbe potuto molto bene correre la sua lancia, se non fosse stato cosi mal seruito da i sudetti (se gli erano amici) ò mal trattato (se gli erano occulti nemici,)

Vrtò dunque il secondo partito ne scogli, è habbiamo veduto, e fattosi luogho, e tempo à veder se ve ne fosse qualche altro più adequato, si trouò trà i fattionarij di Spagna, chi dimostrando da una parte, di compassionare la disauentura di Sacchetti, e testimoniando qual fosse in ciascuno de i nationali, e de sudditi di Spagna il compatimento, con che pratticauano l'esclusione di soggetto si degno, il desiderio, ch'haueano, d'aggiustar le cose di lui col'desingannare il Rè, e professando dall'altra parte, che non era possibile di farlo per questo Conclaue, propose di fare quasi un deposito del Pontificato in uno de più decrepiti del Collegio vecchio, il

quale

quale probabilmente douesse campare quello, ò poco più tempo, che bisognaua per acquistare il Rè, & aggiustare à Sacchetti il Pontificato per un' altra volta; e se il Cardinal Crescentio era dianzi paruto troppo cadente, e mal in essere, hora parea à qualchuno fatto à posta per lo bisogno.

Applaudeuano quelli, che amici di Sacchetti, e disperati di vederlo Papa questa volta, s'inuaghiuano, senza pensarui molto, d'un partito, che gli prommetteua il Ponteficato per un' altra, non s'auuedendo de i pericoli, che restauano inseriti nell' incertezza, e nell' improbabilità, alle quali soggiaceua quel, che loro si prommetteua, da chi vi volea guadagnare quel, che più potea questa volta desiderare.

Applaudeuano quelle Creature d'Vrbano, che già più inuogliate, di far' un Papa vecchio, che di far' uno della loro fattione, si compiaceuano di quel partito, che portaua il Pontificato nel più decrepito, e facea cosi sperar loro, di tornar presto, ò in risico d'esser Papa, s'erano vecchi; e già per questa volta disimbarcati, ò in prattica di farlo s'erano giouini. Mà trà gli applausi di questi, e d'altri, che se ne contentauano per altri rispetti ammirauano i più accorti, ed i più sagaci l'innocente ingenuità di chi propose il partito, tanto se stimauano, che egli l'hauesse proposto, senza disaminare, & intendere qual fosse, quanto se li persuadeuano, che egli hauesse creduto, che i Barberini, e con esso loro le più auuedute Creature fossero per lasciarsi trasportare, ad accettare si fatto partito, & à dargli un baccio in fronte senza auuederli, ch' era mascherata, e che il bello era tutto nella maschera. Mà questa fu leuata ben tosto, scoprendosi alle prime riflessjoni di chi intendeua il mistèro, qual fosse l'inganno, e l'errore, che prendeua, ò voleua far prendere il proponente il quale attestando il compatimento della fattione Spagnuola, e il desiderio, e la speranza, che quest' hauea, di poter disingannare il Rè, e farlo consentire alla esaltatione di Sacchetti, diede gran gusto, & animo ad alcuni di quelli, che desiderauano d'andar in Sacchetti senza offesa del Rè di Spagna, e si persuadeuano, di poterlo fare per la certezza, ò pure per la probabilità, che pensauano, d'hauere sopra le future sodisfationi

di

INNOCENTIO X. 483

di Sua Maestà, e così senza offesa della propria conscienza, quando non era più vero, che nel far Papa Sacchetti si faceua chi era per riuscire di mala sodifatione d'un Rè sì grande, e di poco buon seruitio alla Christianità; anzi nel sentire, che i fationarij di Spagna si riprommetteuano, di poter disingannare il Rè per lo futuro Conclaue, e si lagnauano, d'esser in necessità d'escludere in questo un' homo sì degno, punse la coscienza di molti, che loro forse accudiuano, quando trà l'altre sentirono questi, che il Rè nell' escludere tal soggetto s'ingannaua, e ne ricauarono, che era perciò meglio seruito da chi lo seruiua coll' esclusione: così in molti restorono dilequati quei scrupoli, che si erano andati disseminando, & aualorando fin coll' autorità del Confessore del Conclaue, che pareua inclinato alla negatiua nella propositione, che si faceua in astratto, se conuenisse di far Papa un Cardinal escluso da un' Rè sì grande nelle circostanze di questi tempi, nelle quali poteua essere di gran pregiudicio un Papa alla Christianità, che fosse per incontrar male le sodisfattioni d'un Monarca sì considerabile, quantunque ancora lo stesso Confessore andasse titubando nel concreto, e nell' indiuiduare la propositione in Sacchetti, & in chi per altro degno del Pontificato, fosse probabilmente per riuscire di sodisfattione anche à chi de' i Prencipi non si prometteua: sopra che con troppo sciocca menzogna altri scrisse quel, che hauerete veduto ne Conclaui fin' hora usciti da penne poco informate, e troppo appassionate, & ardite nell' intrapendere il racconto d'un Conclaue sì operoso mentre non haueano notitia, saluo di quello, che hanno più fauoleggiato, che raccontato, e che hanno così mal scritto, come mal trattato.

In un' intrigo sì vasto godea à mio credere il Cardinal Barberino, di non vederui intrecciati, & inuilupati gl' interessi di Cardinal Pamfilio, le cose del quale, come riputate affatto disperate, e poste da parte per l'esclusione de Francesi, rimaneuano intatte da ogni altra machina, & accidente del Conclaue, ne quei, che oltre i Francesi abborriuano il Cardinal Pamfilio, sicurarono d'aggregarsi ad alcun partito, anzi questi tali non curarono, di stringere alcuna intelligenza cò Francesi, ne questi si studiorono mai di ben' impegnarli, poiche ognuno riposaua, à suo credere, sicuro nel Cardinal Antonio, senza sapere, che questo già rasserenato per conto proprio, haurebbe forse potuto consentire, come poi fece, quando hauesse creduto di poterlo, ò douerlo fare per conto, e con seruitio della Francia. Cosi poi s'è veduto, che il Cardinal Antonio, fin che non volse Papa il Cardinal Pamfilio, lo saluò da ogni macchina altrui, come poco, ò niente necessaria. V'è chi hà creduto, che se qualchuno degli Emoli, ò poco amoreuoli al Cardinal Pamfilio, si fosse esibito à gli altri Spagnuoli d'accuderli all'hora contro Sacchetti, che più temeuano, gli haurebbero prommosso sotto mano qualche cosa etiandio contro Pamfilio, tanto erano impegnati nell' esclusione del primo, e disperati per altro dell'auanzamento del secondo. Io però non voglio ne pur dubitarne, per offender, ne per ombre la molta benemerenza acquistata da gli Spagnuoli con sua Santità, dell'esaltatione di cui mai, per mio credere, finirono, di desperare.

In questo stato di cose non lasciò però il Cardinal Barberino, di ripensare à Pamfilio, & à far i suoi conti, per vedere, se li poteua riuscire, di farlo Papa, ò in un modo, ò nell'altro, e sanno molto bene gli Spagnuoli, quante volte à nome di lui furono ritentati, acciò che dicessero in che forma, ò con che forze haurebbero potuto cooperarui, ma egli poi sempre vi si perdette d'animo, incontrando quelle difficoltà, e quei pericoli, che troppo inuidentemente appariuano, qualunque volta si trattaua, di farlo senza il Cardinal Antonio, e prima d'hauer cimentato Sacchetti, e disimbarcato qualche altro pretendente.

E qui sappiate, che ritornando altre volte il Cardinal Barberino intempestiuamente nel medesimo pensiero, conuenne fin' allo stesso Cardinal Pamfilio farli sapere, che egli non potea approuare d'esser cimentato per all'hora: e che non voleua esser Papa, se non voleua il Cardinal Antonio, facendo sapere anche à questi lo stesso con doppia prudenza, mostrando, per mio credere, al Cardinal Barberino, che egli ancora approuaua, e riconosceua per grande le difficoltà da
lui

lui temute, e per immaturo il desiderio della sua esaltatione, & al Cardinal Antonio, che non approuaua, si trataſſe, di far Papa un ſoggetto, che queſti non poteua all'hora volere; onde dimoſtrando così di ſtimare per grandiſſimo eſcuſabile l'oſtacolo, profeſſaua inſieme, che non poteua eſſer fatto Papa ſe non da chi glie l'haueſſe rimoſſo.

Agitato dunque il Cardinal Barberino da mille penſieri ritornaua con le rifleſſioni, & affetti in Sacchetti, mà ſi ſtimaua inſieme ben conſigliato da chi prommetteua al tetatiuo riuſcita tanto più bona, quanto più ſi differiua, e ſi daua tempo à i Vecchi, di diſimbarcarſi, à queſti con à gli altri più vicini ad inuecchiare, d'auuederſi, che biſognarebbe finalmente loro, far un Papa Giouine, mentre da una parte il Cardinal Antonio non conſentiua in Pamfilio, & eſſi ſapeano, che i Barberini dall'altra non ſarebbero mai andati in alcuno del Collegio Vecchio, e che hauerebbero ſempre hauuti ſeco tanti voti, quanti baſtauano per aſſicurarneli, mà s'auuide ben toſto Barberino, che biſognaua molto tempo, e molte coſe moralmente poco riuſcibili, per giongere al ſegno da lui deſiderato, e che il diſcorſo caminaua bene più sù i termini d'una buona metafiſica, che d'una fiſica pratticabile, maſſime in iſtagione ſi ſtrana, e pericoloſa, nella quale da chi era più fermo in ſeguitarlo s'eſigeua non ſolo che poſponeſſe ogni proprio intereſſe; mà che anche eſponeſſe à così manifeſto pericolo la propria vita: Coſa molto malageuole, e non affatto diſcreta, e perciò pericoloſa, & atta, à far temere di qualche ſtrana riſolutione, particolarmente in una gran careſtia di Soggetti, che poteſſero, ò voleſſero riempir la Scena già vota, & otioſa in caldi, e diſagi ſi graui, mentre il ſacro Collegio era pur troppo tediato, il Conclaue andaua in longo con iſcandolo, e nauſea del Mondo, il quale in tempi, e conſtitutioni di coſe ſì ſtrane, e pernicioſe à tutta la Chriſtianità, hauea troppo biſogno, e ragione di ſollecitar impatientemente l'elettione del nouo Papa.

Perciò diſſegnando Barberino, di conſentire alla proua di Sacchetti, e non ne ſperando affatto bona riuſcita, ſi riſolſe, di prouare prima, ſe haueſſe potuto far breccia ne gli Spagnuoli,

gnuoli, coll' eſſibirſi loro non tanto diſpoſto ad entrare per ſempre nel partito del Rè, mà anche d'andare, ſe così voleuano, ò pure di mandar, i ſuoi nepoti à Napoli, per oſtaggi, e per cautione delle ſodisfationi, che ſua Maeſtà Cattolica haurebbe giuſtamente potuto deſiderare del nuouo Pontificato, e fè ricordar loro l'eſpreſſione altre volte fatta dell'ardente deſiderio, ch'haueua, d'eſaltare Pamfilio, acciò che haueſſero à dubitare, e temere, che non condeſcendendo eſſi al partito, egli n'haurebbe potuto con troppo loro danno, ò pure con troppo acquiſto d'altri proporre un ſimile al Cardinal Antonio per gli Franceſi, ad effetto di ridurli in Pamfilio, come, apunto ſeguì, e diremo à ſuo luogo.

Si valeuano i Barberini con gli Spagnuoli del Cardinal Facchinetti, come altre volte vi diſſi, e ſe i primi ve lo trouorono ſempre ſi grato, ſi fedele, e sì attiuo, come l'ho figurato, e come douea ſperarſi dà un' Cauagliere honorato e dà un Cardinale Sauio, e da bene; fu però al fine neceſſario, che il medeſimo nel maneggio de' negotiati, ò promeſſi, ò non accettati dà Barberino, urtaſſe in qualche mala ſodisfattione degli Spagnuoli, i quali non tanto hanno hauuto à dolerſi in qualche coſa, ò non riuſcita, ò non maneggiata con guſto loro, quanto ſi ſono nel Conclaue auanzati à permettere che altri imputaſſe il medeſimo Cardinale, di trattato introdotto, per hauer mercede di Sua Maeſtà, per publicarlo così non tanto ſaldo, e coſtante nella fede e gratitudine co' Barberini, quanto egli ſi faceua, e quanto era da quelli riputato, non conſiderando; che tal rimprouero era uno ſfreggio di tutte le Creature d'Vrbano, che ſi erano con eſſo lui collegate, e che così veniuano fin da eſſi tacciate d'ingratitudine, e di poca fede. Dileguò ben preſto il Cardinal Facchinetti nebbie sì fatte, col far apparire la varietà de i ſuppoſiti, e neceſſitò le doglianze de i Spagnuoli, à cercar fondamento altroue, e trà l'altre ſù l'antica loro benemerenza nell'eſaltatione d'Innocentio IX. e ſù la propenſione profeſſata del medeſimo Fachinetti verſo i vantaggi de gli affari del Rè, à ſegno che la mattina del cimento di Sacchetti, uno de i fattionarij di Spagna hebbe à dire di lui, *quomodo conuerſa es in*

INNOCENTIO X.

in amaritudinem vinea mea, expettaui, ut faceres vuas, & fecisti lambruscas

Mentre gli Spagnuoli trattauano, come sopra, con il Cardinal Facchinetti, altri era per conto loro attiuo al Cardinal Rapacciolo, il quale con fede, e gratitudine corrispondeua alla molta confidenza, che seco hauea l'uno, e l'altro de' fratelli Barberini. Fù questi un giorno tratto in disparte da un Cardinale che pensò di ritrarlo da ciò, che supponeua farsi per Sacchetti, con affermarli, che si era accertato, non poterfi con buona conscienza far Papa un Cardinale escluso da un Rè, & haurebbe volontieri sentito, come il Cardinal Rapaccioli si sapesse esimere da questo scrupolo; gli fu risposto, che quantunque l'assioma proposto potesse essere vero in alcune circonstanze, & in certi casi qualificati in maniera, che fosse certo, ò probabile il mal seruitio d'un Rè, e con essi il mal prò della Christianità; non sussisteua però ne i termini generali, & assoluti, ne i quali era proposto, e ne i quali non tanto era troppo pregiuditiale all' autorità, e libertà del Sacro Collegio, quanto maggiore delle pretensioni de i Rè medesimi, i quali haueano dimostrato, che non bastaua loro il solo dire, di non voler qualchuno per Papa, quando haueano, come sempre fecero, procurato di far tenere da i loro Ambasciadori, e Ministri ossequiato il Sacro Collegio, & accarezzati, i Cardinali con quel più, che ognuno sà esser loro costume di fare, per cumulare gli adherenti, i quali fin' da diuerse, e lontane parti del mondo s'habbiano à muouere, per accudire in un Conclaue all' esclusioni desiderate, & all' hora mal sicure (come le prouò altre volte il Cardinal d'Auila, & altri) quando s'appoggiano nel solo andar dicendo, e gridando per li Conclaui, che il Rè non lo vole: Poiche se ciò bastasse per obligare le conscienze de' Cardinali à non farlo, e se tal prattica s'introducesse, sarebbe superfluo in auuenire ogni accarezzamento fatto al Collegio, ogni mercede datta à i fattionarij, & adherenti, & ogni viagio, & incommodità di questi, quando fiano lontani. Soggionse il Cardinal Rapacciolo di vantaggio douersi considerare, che tal propositione era, à suo credere, di pochissimo seruitio al Rè di Spadi Spagna, & à quei soggetti, che sua Maestà più de gli altri desideraua, poiche fermandosi per vera, ne risultaua, che la fattione Spagnuola, che supponeua d'hauer 25. voti, si faceua e quale alla Francese che non ne contaua più di cinque, poiche dall'una, e dall'altra parte vi era un Rè, che poteua dire del pari, non voglio il tale. Gionto poi Rapacciolo al medesimo Cardinale, che speraua di vederlo un giorno pratticare il contrario di quel, che dicea, quando si sarebbe parlato di chi era forse altre tanto escluso da un Rè, e per lo quale non haurebbe per altri hauuti quei scrupoli, che così acremente professaua contro Sacchetti, e che speraua, di veder andar altri in tal caso assai meno circonspetto di quel, ch' andaua col Rè di Spagna nella prattica di Sacchetti. Il Cardinal Rapacciolo, il quale non lasciaua di pensare, se nelle correnti circonstanze complisse far Papa sogetto escluso da sì gran Monarca, ne se si fosse per auuentura persuaso, che l'esaltatione di Sacchetti fosse probabilmente per riuscire di mala sodisfatione di sua Maestà, e così di mal prò alla Christianità, haurebbe detto più d'ogni altro, che non si douea tentare, mà non stimaua d'offendere gli Spagnuoli col pensare, se questi hauessero ragione, ò nò di temerne; Prima perche questa gli pareua essere la differenza trà i Cardinali, che non hanno altro capo, che il suo, e perciò deuono con questo pensare quel, che fanno, e quei, che soggettatisi ad un capo di fattione, si sono obligati, à pensarui con la testa d'altri, e d'hauer solo per vero, e per buono quel, che il loro, ò (perdir meglio) il non loro capo reputa per tale. Secondariamente, perche hauendo sentito dire alli Spagnuoli, che il Rè era stato ingannato, e che per solo inganno escludeua un huomo sì degno, e che gli Spagnuoli medesimi compassionandolo, prometteuano, di rimetterlo in gratia di sua Maestà per quest' altro venturo Conclaue, dubitaua anch' egli con molti altri (come fu detto) di rimetter di coscienza più tosto col escludere, che coll' includere chi un Rè non voleua, perche era stato ingannato, con danno d'un huomo degno sì del Pontificato, come della buona Gratia di sua Maestà.

Chi

Chi sentì così parlare il Cardinal Rapacciolo, ò che volesse calunniarlo presso gli Spagnuoli, ò che non sapesse in che altro modo compendiare, e riferire l'esito della sua facenda, se ne riuscì fuori con dire, che il medesimo gli hauea in sostāza risposto; che non si doueabadare à quello, che si dicessero gli Spagnuoli, e che si sarebbe fatto Sacchetti Papa ad onta di Casa d'Austria. Fu ciò cortesemente auuisato al Cardinal Rapacciolo dal Cardinal Matthei, che si sentì ringratiare da chi l'assicurò, di non hauer mai detto tal cosa, mà di hauer sempre parlato della casa d'Austria, con l'ossequio douuto, e lo grego, acciò che volesse testificarlo à'Signori Spagnuoli, ricordando, che col Cardinal Albornoz s'era assai chiaramente auuanzato à dire, che non hauea ancor mai detto, di poter dar più ad altri, che alla Casa d'Austria quel luogho, che un Cardinale Romano, libero, e da bene poteua dare à Principi della Christianità, à i quali desideraua seruire in ogni occasione, che si confacesse col seruitio di Dio, e de suoi Benefattorij; mà perche il Cardinal Rapicciolo si sentì anche da altri auuertito di tal accusa, e so la vidde una volta più rimprouerata, che auuertita, rispose, che egli non era nè pazzo, nè pauroso. Non pazzo, prima perche sapea molto bene con quale riuerenza si doueva parlare della Casa d'Austria, dà chi si professaua, come egli ossequiossissimo à nome sì grande; secondariamente perche sapeua non esser quella la strada di seruir bene il Cardinal Barberino, e il Cardinal Sacchetti. Non pauroso, perche quando mai per auuentura qualchuno hauesse stimato di poterlo spauentare con simili inuentioni; questi s'ingannaua, e troppo mal s'abusaua di nome sì riuerito, se contro l'intentione de' Principi sì pij, e sì discreti, si persuadeua di poterse seruire per esorcismo contro gli huomini di spirito, col farli cadere in cosa, che non douessero, ò per ritrarli da quella fede, e grattitudine, che sarebbe poi alla fine stata sodata fin dà quei, che se n'offendessero, allegando ciò, che in simile proposito scrisse Plinio il 2. nella sua Epistola. 85. la doue dice, *coniectabis ex hoc quantas contentiones, quantas etiam offensas subierimus: sed dum taxat ad tempus, nam fides, licet eos, quibus resistit, offendat ab ijs tamen ipsis suspicitur tandem, laudaturque.* E perche altre volte fu dallo stesso Cardinale tentato à far rifflessione; non tanto à quello, che i Barberini li haueano dato, quanto à quello, che haueano lasciato di dargli, rispose à questi, con un testo di Seneca, che à farla così, era, *Beneficia à deteriori parte spettare, ut non desint causæ quærendi, quærendo autem non efficitur, ut quis maioribus beneficijs dignus appareat, sed ut datis indignus.* Hor qui vedete voi, quanto mal conosca il Cardinal Rappacciolo, e quanto sia poco informato, chi hà toccato le cose sudette nella sciocca, e pazza forma, che hauete veduto.

Nello stesso tempo il Cardinal Monti, e forse anche il Cardinal Spada, e Panzirolo erano attorno al Cardinal de' Medici per indurlo, à cessare da i rigori dell'auuersione fin' all' hora dimostrata al Cardinal Barberino, col quale, ne pur passaua saluto, & alla fine proffessando Monti, d'hauer egli guadagnata l'impresa, si vidde il Cardinal Barberino abboccarsi, e complire con Medici nella Sala Regia; mà essendo Barberino passato da i complimenti, voler parlare di Sacchetti, fu assai presto disciolto l'abboccamento, e conosciuto di quanto poco rilieuo per non dire seruitio, fosse riuscito à Sacchetti, che Barberino vi fosse entrato.

Quindi sendosi trouato Medici duro, e gli Spagnuoli più difficili, più sordi, che mai, sfogò il Cardinal Barberino con gli amici i suoi sentimenti, e fatto col mezzo di essi le debite diligenze per rincontrare, eccitare, e impegnare più, che si poteua, e conueniua la buona dispositione di tanti, consentì finalmente allo sperimento, considerando tra l'altre cose, che riuscendo per auuentura bene, ne risultaua alla sua, fattione gloria, e riputatione singolare, e non riuscendo hauerebbe potuto più liberamente disporsi degli amici di Sacchetti, che erano molti, & i quali malageuolmente gli haurebbero accudito per altro soggetto, finche hauessero potuto sperare bene de gli amici loro, oltre che haurebbe insieme il Cardinal Antonio fatto vedere à chi de i due volea più tosto Sacchetti, che Pamfilio, che cosa alfine si potea sperare del primo e fatto apparire, quanto mal si persuadessero, che si togliesse loro il vedere trionfati gli Spagnuoli col non auuenturarsi.

Si

Si rimife dunque Barberino all' arbitrio del medefimo Cardinal Sacchetti, il quale refe le douute gratie, e rimoftrandofi lontaniffimo dal voler arbitrare in quefto fatto, ne lafciò la cura à Dio, à i fuoi benefattori, & à i fuoi amici, co' quali, come ne meno con i fuoi Auuerfarij, volfe mai paffare, non fenza edificatione, e merauiglia de i buoni, offitio alcuno, profeffando di non hauer fatta, ne di voler fare manifattura alcuna per lo Pontificato, dal quale fi riputaua per fua modeftia troppo lontano co' meriti per acquiftarlo, o con le forze per regerlo, profeffando in oltre, di non voler mai hauer à temere, che Dio, & il Mondo gli rimprouaffero cofe fi fatte; che per ciò non hauerebbe egli fatto altro, che pregar Iddio, acciò che daffe forze bafteuoli alli efcludenti, quando la fua efaltatione non foffe ftata per riufcire di buon feruitio à fua diuina Maeftà, e di falute all' anima fua, e che di quefto folo haurebbe egli fupplicato Dio nella meffa quella mattina, che i fuoi Benefattori, e di fuoi amici l'haueffero cimentato.

Riceuuta il Cardinal Barberino quefta rifpofta, rifolfe confentire agli amici di Sacchetti, mà nella forma, che io dirò, cioè deftinando i voti di quelli, de' quali più dubitaua allo fcrutinio in numero 19. riferbò gli altri tenuti per più ficuri in numero 27. all' acceffo, e d'alcuni fu detto, che all' hora lo fcrutinio non fi ftimarebbe riufcito, quando non foffe gionto XI. voti, & ad altri, che all' hora fi hauerebbe per riufcito, che haueffero veduto il Cardinal Antonio da una parte, & un'altro Cardinal dall' altra farfi vento con la carta dello fcrutinio, trà quefti fi pofero quei dell' acceffo, de' quali fi poteua dubitare, che non haurebbero faputo tacere, che lo fcrutinio era per effere buono, fe giongeua alli XI. e perche rifapendofi il miftero, non poteffe mai alcuno d'effi riconofcerfi per offefo da tal differenza, fu dato lo fteffo fegno ad alcuni de' quali non fi poteua dubitare, e lo fteffo fu fatto, col mettere i più dubbij nello fteffo fcrutinio con qualcuno però de' più ficuri.

Haueua trà tanto il Cardinal di Medici, ò pure qualch' altro fatto intendere à Sacchetti, che non fi lafciaffe cimentare, perché non gli sarebbe questo Conclaue riuscito, & hauerebbe scapitato per l'altro, per lo quale si sarebbero potuto le sue cose ridurre in migliori dispositioni. Parue al Cardinal Sacchetti, che il distornare il cimento per cagione sì fatta, fosse un dichiararsi imbarcato per quest' altra volta; tutta via se instanza à Barberino, che non pensasse più in lui, e nol cimentasse, mà non li volse, perche le cose erano già un pezzo auanti, e gli amici di Sacchetti tanto più visi animorono, quando sentirono, che tutto procedeua dal consiglio de' Medici, e d'altri à questi adherente, e perciò da consiglio sospetto, e da molti tenuto per nuouo inditio della paura, che già si scorgeua per altro nel partito Spagnuolo, il quale hauendo saputo, che molti contati per suoi adherenti haueano prommesso à Barberino il voto, non sapeua à chi questi fossero per osseruare la loro prommessa, con tutto che tanto essi, quanto Barberino gli reputasse in tal esclusione, veramente Spagnuoli.

Si fe dunque come sapete, la proua, & essendo uscita dal Calice del scrutinio la prima schedula per Sacchetti, gli amici con gusto, gli escludenti con ispauento, i concorrenti con passione, e chi hauea mancato di dargli il voto prommesso con rossore, hebbero il medesimo calice per pieno dell'istessa beuanda, che poi si ridusse à cinque soli voti. Il Cardinal Sacchetti senza ponto alterarsi, nè per la gioia sùl principio, ne per l'angoscia sùl fine dello scrutinio, fu sempre lo stesso, e vidde terminata la funtione ne i sudetti pochi voti, tre de quali erano delli tre Cardinali sicuri mescolati, come si è detto con gli altri dubij, gli altri poi furono contesi da i sedici votanti, che dopò il fatto più che prima professauano à gara, d'esser partialissimi del Cardinal Sacchetti, e d'hauerlo seruito.

Mà mi sia lecito quì à confussione di chi n'hà malignamente scritto il contrario, d'accennare quel, che à gloria di tal soggetto vidde con merauiglia il Conclaue, della di lui imperturbabile intrepidezza, in un caso per lui sì grande, sì riguardeuole, quando con ispettacolo degno d'eterno vanto, fu veduto restar eroicamente superiore alla sua disgratia, &
in ma-

in maniera tale, che ogniuno, il quale non l'haueſſe conoſciuto, l'hauerebbe potuto additare quella mattina per lo più contento, dimoſtrandoſi con tutti giouiale, affabile, & allegro al ſuo ſolito, sì nel diſcorrere, come nel complire, fin co ſuoi eſcluſori più acri, anzi facendolo à ſegno, che ſi potea dubitare da ſuoi amici, che poteſſe un giorno rimaner qualchuno troppo mortificato, e ſopra fatto da corteſia coſì poco meritata, lo auuertirono à moderarſi con queſti tali, ò pure à ſchiuar quanto potea l'occaſione.

Vna ſol volta fù ſentito il Cardinal Sacchetti querelarſi del ſuo più acre eſcluſore, & accadde, quando gli fu riferto, che queſti non contento di leuarli il Pontificato, aſpiraua à ferirlo nella riputatione, con dir, che il Cardinal Sacchetti era ſtato una notte à buttarſeli à piedi per placarlo, e non l'hauea conſeguito. Vedete, che coſa fu neceſſario di fare à i ſuoi Auuerſarij, perche haueſſe egli à lamentarſi d'alcuno di loro, & haueſſe neceſſità, di perdonare à queſti la mortificatione, che gli arrecauano i corteſi trattamenti, col moſtrarſi ſeco al fine giuſtamente ſdegnato.

Diſſe però bene ad un' altro Cardinale, che gli s'era ſempre moſtrato partialiſſimo, & hauea qualche volta tentato d'imbarcarlo, e poi hauea nell' occaſione fatto efficacemente il contrario. Diſſe, dico, tutto allegro, e ridente nell' incontrarlo dopo il Scrutinio, Sò, che ſe m'imbarcaua non l'hauereſte Signor Cardinale attaccata; ſoggiongendo; ſapeuo ben io, che erauate huomo da bene, e che all' occaſione hauereſte fatto quel, che Dio v'inſpiraua, e non quel, che vi dettaua l'affetto. E queſto fu il maggior riſentimento, che faceſſe con un amico di tal ſorte.

Andorono nella forma deſcritteui nell' altra parte le coſe del Cardinal Sacchetti, e quantunque molti degli amici di lui s'animaſſero à credere di poterlo un giorno ritentare con meglior fortuna, e ui foſſero animati dal manifeſto timore de gli Spagnuoli, che forſe più temeano del 2. cimento di quel che haueſſero dianzi fatto del primo, fu nondimeno concluſo, che venendo tutto il male da i vecchi, e di più da chi ſtaua, come diſſi, ſù l'invecchiare, era da ſperarne poco bene per questa volta, ò pure era da differirsi per lo meno il tentatiuo, fin che si fossero gli altri disimbarcati, e tutti auueduti di douer dare alla fine in un Giouine, come reputaua Barberino, che douesse seguire, se non si fosse potuto fare apertura alla prattica di Pamfilio, in prò del quale si gionse nel cimento di Sacchetti à poter disporre con maggior arbitrio della volontà degli amici di questi, e insieme restò Barberino sodisfatto d'hauer datto à diuedere à molti, con quanto torto si lamentauano di lui, perche non volendo finire di sperar bene, e di metterli con tutto l'animo all' impresa facea, che per Roma, e da per tutto non si parlasse d'altro, che degli Spagnuoli ad emulatione de quali chiedeuano i Francesi, che si mettresse in piazza l'esclusione di Pamfilio, per far parlare anche di se stessi; Conobbe la forza di tale inuidia il Cardinal Barberino, e per saluar Pamfilio dalla borasca, si esibì di tramare à sodisfattione de' Francesi l'esclusione di qualche altro soggetto, come hauerebbe fatto, se il Cardinal Bichi, che staua accortamente suegliato, non si fosse auueduto della marcantia, che vi voleua far sopra il Cardinal Barberino, in prò del Cardinal Pamphilio, ò pure non hauesse dubitato, che l'esclusione sudetta si facesse cadere sopra qualcuno de' suoi amici.

Sendo dunque non tanto per all' hora acerbe, quanto più che mai pericolose le cose di Pamfilio, stimò Barberino necessario d'applicarsi à trouar modo, di riempire la scena, per dar insieme trattenimento al Conclaue, e ricoprire li disegni, che andaua facendo per maturare ciò, che li bisognaua in vantaggio del medesimo Pamfilio, al quale perche era troppo necessaria la segretezza, accioche tutta la facenda apparisse al fine per già fatta à chi non era bene la penetrasse, mentre gli facea, niuno più giouò, e meglio serui di chi andò tenendo addormentato Bichi, e così mantenne libero Antonio dalli stimoli di lui, che l'hauerebbe troppo combattuto, & accalaroto.

Era però insieme vero, che Barberino non isperaua affatto di poter guadagnare, e superare quanto bisognaua, anzi era più tosto ragione, che ne disponesse, come hauerebbe fatto,

se vise vistosi poco sicuro di ciò, che potesse disegnare per altri, che in qualche modo gli potesse piacere e se finalmente indottosi, à temere di douer cadere, ò in altri de' suoi, che in qualche ragione gli poteuano essere men cari, e parer meno proportionati alle contingenze, e tempi correnti, ò pure in qualchuno del Collegio vecchio, non si fosse ardentemente animato ad odiare, e sprezzare ogni difficoltà, che l'induceua à disperatione, e non si fosse risoluto, di non desistere mai di qualunque sforzo, c'hauesse potuto fare, per mettere al calcolo del Cardinal Pamfilio quel più, c'hauesse potuto cauare in tutte le occasioni.

Con questo pensiero fu sempre Barberino intento à ricauar per Pamfilio qualche benefitio da tutte l'altre prattiche, & hebbe in sorte di guadagnare molto più di quel, che no potea moralmente sperare; poiche potè metter insieme finalmente quanto bastò per la di lui esaltatione; sanno gli informati molto bene quanto à questa giouasse qualche animosa pertinacia, & applicatione, dalla quale non potè mai dificoltà alcuna, per grande, che fosse, diuertir, e far cader lo stesso Barberino, quanto à suo credere giustamente, altre tanto tenacemente persuaso di non poter con la sua fattione uscir dal Conclaue, ne più glorioso, nè più fortunato, che coll' assontione di tal soggetto.

Così dunque Barberino non potendo sperare affatto l'esaltatione d'altre sue desiderate Creature, ne volendo disperare in tutto di quella di Pamfilio, in qualunque trattato, ò prattica, che si facesse per altri, s'adoprò sempre in modo, che quando non sapea sperar bene del medesimo haurebbe voluto esaltar qualch'altro, stimolatosi dall'affetto, che à questi nel suo grado portaua, come dal timore, ch'haueua, d'esser condotto, doue egli non volea; & all'incontro, quando gli pareua per auuentura di veder scintillare qualche lume, che lo animasse, à non disperare del Cardinal Pamfilio, non haurebbe voluto l'altrui esaltatione; e così vicendeuolmente cangiando g'i affetti, e i desiderij, viuea ben spesso agitato nell'animo, e teneua in grandissimo trauaglio se stesso, e chi negotiaua, o lo seruiua, e particolarmente all'hora, che per

qual-

qualche buona speranza da se concepita in prò del Cardinal Pamfilio non tanto sospendeua i negotiati introdotti, e per la disperatione accolorati efficacemente da lui in vantaggio d'altri soggetti, mà desideraua insieme, che tutto seguisse, e caminasse in modo, che suanendo mai per sua disauentura la sudetta speranza, si potesse tornare sopra i trattati sospesi, senza che questi patisseto nella sospensione, e senza che il soggetto, di cui si trattaua, se n'auuedesse, e se ne potesse offendere. Imaginateui voi, quale fosse l'intrigo di chi maneggiaua il negotio, e lo seruiua in questi auuenimenti.

Con queste premesse proseguirò hora il racconto, e comincierò dalla rinouatione della prattica del Cardinal San Clemente, nella quale si ritornò per li mottiui, e nella forma di prima: Auuenne però, che sendosi il Cardinal Barberino, & il Cardinal Antonio per disperatione diuertiti affatto da Sacchetti, ne potendo per la ripugnanza de' Francesi il primo pensare ancora con buona speranza, nè il secondo con totale propensione al Cardinal Pamfilio s'applicorono con qualche feruore, & efficacia all' esaltatione del medesimo San Clemente, egli amici di questi, che per la prima volta, sendo ancora in piedi Sacchetti, non stimorono opportuno comparir in Campo, ad accalorar l'impresa, vi si missero questa volta di buon cuore, e con speranza d'uscirne con honore. Premendo per tanto questi in far prendere all'uno, & all'altro fratello per irreparabilmente atterrare le cose di Sacchetti, e per impratticabili quelle di Pamphilio, attendeuano, à dar loro à diuedere, che dopò i due sudetti, non haueano ragione, di desiderar altri più di San Clemente, annouerando quelle cose, dalle quali stimauano risultar qualche efficace motiuo, & argomento à pienamente persuaderli, e lo faceano, non senza pretendere, che l'uno, e l'altro de fratelli si fossero impegnati à prouarcisi dà douero, se non per altro almeno per hauerlo già messo in ballo, e come si suol dire, su'l tauogliero, dal quale non era giusto ritrarlo, senza farlo far il suo gioco, come pure era ispediente il procurare con ogni efficacia, e con ogni sforzo di fargli fare il megliore, che poteua, poiche non facendosi per auuentura cosi, haurebbero perduto

duto i Barberini lo stesso San Clemente con tutti gli amici di lui, i quali poteuano altrimente dolersi, che contro il costume del Conclaue, si valessero i Capi, di fattione d'una loro Creatura tanto beneficata, e meriteuole per dar solo trattenimento al sacro Collegio, à Roma, & al Mondo; Soggionsero forse ancora, che se il medesimo Cardinale, e tutti gli amici di lui s'erano sempre contentati, di veder anteposto Pamphilio, e Sacchetti, & erano per sempre da côtentarsene, quando mai si fosse potuto tornare nelli medesimi; non poteano però farne altre tanto, quando si fosse trattato d'altri soggetti, poiche non sapeuano persuadersi, che vi fosse, chi potesse più di lui guadagnarsi nell'animo, e nel giudicio de Barberini il 3. luogo.

Apprirono forsi all'uno, e l'altro fratello troppo forzosi, & urgenti i motiui sudetti, e già impegnati nella prattica nel modo, che vederemo, e non ne sapendo uscire, si resero, e vi si impressionarono in modo, che à distornarneli, non valsero mai, nè chi voleua in durli à dubitare, che fosse amico del Duca di Parma, etiandio col far saper loro, che il medesimo Duca di Parma l'haueua in Venetia raccommandato à ministri di Modena, e che in sequela di questo il Cardinal d'Este vi consentiua di molta buona voglia; nè chi ricordaua al Cardinal Barberino, ch'haueua riceuuto tal soggetto portato à forza de' Vrbano VIII. nè chi rammettaua al Cardinal Antonio, ò qualch'altro auuenimento succeduto con poco gusto di sua Eminenza, l'altra volta, che se ne tratto; nè finalmente chi mise in consideratione molte altre cose, con le quali altri caricauano la natura, & il genio del soggetto; e tutto ciò, per cui era anche da loro, e dà altri, che l'amauano, stato l'altra volta reputato per Cardinale, l'esaltatione del quale si potesse poco sperare; nè altri valse mai per diuertirli dalla prattica acramente, e viuamente promessa, se non chi potè giongere à far sperar bene Barberino di Pamfilio, e far vedere al Cardinal Antonio, ch'haurebbe potuto con sua riputatione consentire al fratello nel medesimo soggetto, come vedremmo nel proseguimento.

Mà prima che passiamo più auanti, vi dirò ciò, ch'una notte fuccefse; & è che essendo andato una fera il Cardinal Antonio dal Cardinal Barberino, e non hauendo hauuto gusto delle maniere vsatoli dal Fratello, diede seco in qualche scandefcenza, e reciprocandofi frà di loro le contese, & i rimbrotti, il Cardinal Barberino proruppe in minacciare, che haurebbe fatto Papa senza lui la seguente mattina il Cardinal Pamfilio, di che sdegnatofi fortemente Antonio, non solo si vantò col Cardinal Barberino, che gli haurebbe fatta quella notte una aperta, & irretrattabile efclufione, mà ufcito impetuofamente dalla ftanza, senza punto ricordarfi del Cardinal Rapacciolo, che lo attendeua fuori d'esa, se n'andò à trouare in letto il Cardinal Facchinetti, che era il più vicino, e si fè dar parola, dinon andar in Pamphilio, senza di lui, poi ritornò al Cardinal Rapacciolo, ch' ogn' altra cofa afpettaua, per essere informato de i sèfi, che haueua seco il medefimo Cardinal Antonio dianzi portati; sopra fatto il detto Rapacciolo della nouità, tentò meglio, che potè, di diuertir il Cardinal Antonio dal profeguimento di tal prattica, mà per all' hora in vano; onde andafsone subito al Cardinal Barberino, e rifertoli ciò, che paffaua, hebbe licenza, di poter essere dal Cardinal Antonio, à far qualche nuoua opera, per placarlo, e distornarlo dall' imprefa incominciata. Era il Cardinal Barberino tutto accefo, e trauagliato, quando altri andando, parte fecondando, e parte mitigando, si ottenne, che s'offrisse di sentire, con quali buoni penfieri fosse venuto il Cardinal Antonio, e che non era il seruitio di Dio, il loro, e del negotio, che si trattaua, una tal rottura, e forsi gli fu foggiónto, che il Conclaue non era luogo da far correre per contanti tutte le differenze, e contese, che frà loro fratelli passasfero, mà che, ò douea l'uno fopportare l'altro, ò pur differirfi, e rifoluerfi ad altro tempo le collere, per efercitarle dopo, che haueffero fatto un buon Papa, & un' amico loro, e che à quefto solo si douea attendere, fprezzando tutto il refto, come effi, & ognuno conofceua douerfi fare, e particolarmente in quello, che poteffe dar vantaggio à chi voleua poco bene à i Barberini, e poteffe mettere tanto più in difunione le Creature d'Vrbano, con accrefcere, e cohoneftare la libertà, che

pur

pur troppo s'andauano vſurpando con guſto, e vantaggio delle fattioni contrarie, le quali niente più deſiderauano: ſe n' andò dopo queſto il Cardinal Rapacciolo à metterſi ſù la porta della Sala Ducale, doue fattoſi incontro al Cardinal Antonio, che uſciua dalla Cella di Cornaro, ottenne al fine, che non proſeguiſſe la prattica dall' eſcluſione, & impetrò dal medeſimo, che ſe n'andaſſe alla Cella ricondotto ne' penſieri, che dianzi hauea; mà non già affatto placato verſo il Cardinal Barberino, con tutto che li foſſero repetite molte delle iſteſſe coſe, ch'erano ſtate dette al fratello, ſi procuò però d'ottenere, che almeno in apparenza ſi rimoſtraſſe unito per far mentire, che penetrando per auuentura le coſe paſſate in quella notte foſſe per publicar la rotura, e dar queſto guſto à chi l'aſpettaua; Onde con tutto che il Cardinal Antonio ſi foſſe la notte rimoſtrato pertinace, e poco fleſſibile alle preghiere del Cardinal Rapacciolo, del Cardinal Poli, e del Cardinal Gierio, e coſi poi à quelle del Cardinal Facchinetti; uſcì nondimeno la mattina di Cella non tanto in apparenza, quáto in ſoſtanza tutto placato, e ſcarico d'ogni amarezza; poiche eſſendo andato il Cardinal Barberino (che non laſciaua di far ogni coſa, quando u' era il prò di Pamfilio) à trouarlo à letto, reſtò per tal atto affatto ſereno, e ne riſultò, che la rottura n'andaſſe poco, ò almeno con poco credito diuulgata da quei, che l'haueano ſubodorata, e tanto più francamente taciuta, e negata da quei, che n'erano informati. Ma torniamo al Cardinal Rapacciolo, il quale auuedutoſi, che il Cardinal Antonio nel dar dentro alla prattica dell' Eſcluſione; hauea già parlato al Cardinal Bichi, e queſti veſtitoſi era uſcito in Campagna, hebbe à deſiderare, che il Cardinal Antonio faceſſe ſapere allo ſteſſo Bichi (come fece) che non occorreua far altro, e che per tanto ſi quietaſſe; mà perche Bichi, come niente più deſideraua, che veder Antonio, del quale affatto non ſi fidaua, impegnato in una publica eſcluſione; coſi perche adombratoſi di tal pentimento, reſtaua pur ancora agitato, conuenne al medeſimo Cardinal Rapacciolo fermarlo, & aſſicurarlo, che il Cardinal Barberino non hauerebbe mai parlato di far Papa Pamfilio, ſenza il Cardinal Antonio

tonio, e perche volſe, che il medeſimo Rapacciolo glie ne ſtipulaſſe ſtretta ſicurtà, queſto gli la fece, come fece anche il Cardinal Facchinetti, che, leuatoſi di letto, era ſopragionto; ma con tutto ciò ſtimolato il Cardinale Bichi dà i ſoſpetti altamente concepiti, s'adoprò in maniera, che aſtrinſe il Cardinal Antonio ad aſſicurarſi meglio del Cardinal Barberino, e s'arriuò à fare, che ſi domandaſſe poliza, nella quale Barberino prommetteſſe, à non tentar mai più di Pamfilio, ſenza conſentir del Cardinal Antonio, che l'ottenne, con farne però un'altra al Cardinal Barberino, nella quale eſſo Antonio prommetteua il medeſimo in Altieri (che fu quegli, che come vi diſſi, nella prima parte, fu da gli amici ſuoi coſi mal ſeruito) poiche ſendo reputato per lo più all'hora deſiderato dal Cardinal Antonio; pareua poteſſe reciprocare con giuſta ricompenſa la poliza data al Cardinal Antonio per conto di Pamfilio, e togliere in gran parte il roſſore, e la ripugnanza, c'haueua Barberino, di vederſi ridotto dal fratello à coſi fatta attione; Non laſciò però qualchuno di dubitar, che un Cardinale, il quale accalorò, il Cardinal Antonio à voler poliza ſopra le coſe del Cardinal Pamfilio, e ſtimolò il Cardinal Barberino e dimandarla ſopra l'altro, godeſſe dell'occaſione, di ſtabilir vantaggioſamente il precipitio dell'uno, e l'altro ſoggetto per l'opinione corrente, ch'ei volentieri fomentaſſe ogni vantaggio d'un altro Cardinale graduato ſecondo lui dopo queſti due; tutta via altri s'aſtennero, e s'aſtengono, da farne un tale, e ſimile giudicio, come faccio io, mentre mi baſterà qui per hora ſoggiongere, che non oſtante le retture ſudette, non oſtante le polize, e le machine di chi ſperaua d'approffitarſene, fu mantenuto il Cardinale Antonio ne gli ſteſſi penſieri, e fu ſempre vero, che egli ogni di più s'induceua, à penſare, di guadagnare tempo, e modo di poter far Papa Pamfilio, e con ſodisfattione della Francia, e con ſua giuſtificatione; ſe bene il Cardinal Barberino acciò che non l'appattuiſſe intempeſtiuamente, & al Cardinal Bichi accioche opportunamente nol diuertiſſe, volea apparire per lontaniſſimo, e di affatto diſſapplicato; e per tanto più nodrire nell'uno, e nell'altro ſimili concetti accadendo

INNOCENTIO X.

dendo un giorno, che il Cardinal Pamfilio hebbe tredeci voti, il Cardinal Antonio ne fece fchiamaffo, ma nello fteffo tempo auuertì un Cardinal Amico fuo, e di Barberino, e ch' era confidentemente informato del tutto, acciòche prouedeffe, che egli non foffe aftretto da Bichi, à far in fimili accidenti cofa, che lo impegnaffe à più aperta, & irretrattabile efclufione, foggiongendoli, che à farla cofi, fi volea rouinare Pamfilio, & in foftanza, ch'era bene prouedere, che più non fuccedeffe cofa fimile; e cofi rinuenendofi preffo à poco quelli, ch'haueano dato i voti, furono auifati, à defiftere, & auuertiti molti altri, à non lo fare.

Accolorati & animati frà tanto da un' apparenza tanto (quanto fopra dicemmo) accreditata quefti amici di San Clemente, giontarono noui feruori all'opera loro, e nuouo fomento alla prattica, e fecondati, come qui dicemmo, dall' uno, e l'altro fratello, pofero in qualche timore li Francefi, i quali s'erano per altro dichiarati, di non hauer ordine alcuno di Francia contro tal foggetto, con tutto che fi foffe fubodorato, che il fegrettario del Cardinal Mazzarino l'haueffe loro in qualche modo portato; poiche confidati nella poca aura, che parea loro haueffe tal foggetto, e nella poca probabilità della riufcita felice di tal prattica, s'erano datti francamente à negarlo, anzi à dire, che la Francia lo defideraua. Mà temendo alla fine, che non foffe per ben fortire il difegno per quefta ftrada, fi vidde fortire in campagna il Cardinale Teodofo, il quale, quafi che folamente inftigato dal P. Mazzarini, fi diede à pratticare publicamente l'efclufione, mentre Bichi, e Lione profeffauano, di non hauer ordine alcuno d'accudirli; anzi più tofto di dire, che non oftante l'inftanze reiterate del P. Mazzarini, haueua fempre il Cardinal fuo fratello perfiftito nel defiderare l'efaltatione di tal foggetto, per hauer ftimato, che la di lui natura, l'inclinationi, e profeffioni fi confaceffero al buon feruitio della Francia, e Bichi l'andò facendo in modo, che ogniuno prefto s'auuide, che coll' ufar egli maniere fi fatte, coll' andarfi rimoftrando con gli huomini dà bene fofpefo nella cofcienza, e non ancor rifoluto, fe egli poteffe con ficurezza della medema concorrere in tal foggetto, e coll' appalefare deftramente gli offitij paffati del Duca di Parma in Venetia à fauore del medemo (moftrando di farlo per renderne fecondo il fuò debito auuertiti i Barberini) fi ftudiaua per far abhorrire tal foggetto, per lo primo capo delli Spagnuoli, per lo fecondo da Scrupolofi, e per lo terzo da i medefimi Barberini, e da i loro amici, fperando cofi, di vederlo abbattuto, fenza che i Francefi hauefferò à farli l'efclufione, anzi mentre quefti fecondando in apparenza i feruori del loro protettore, haueffero più degli altri moftrato di defiderare l'efaltatione, e confermato in proua, ch'era vero quanto n'haueano detto al Cardinale Antonio, il quale haurebbe hauuto troppo gran ragione, d'offenderfi, e dolerfi d'effi fe nel più bello della prattica, gli haueffero tanto tardi, e contro il concertato publicata l'efclufione.

Ma non fapendofi Bichi aftenere da qualche prattica, e diligenza, con la quale andaua riuedendo gli Spagnuoli, li Scrupolofi, e i concorrenti, e gli amici de Barberini, diede al fine occafione al Cardinal Antonio di dolerfene e cagione al medefimo di far domandar all'Ambafciator di Francia, fe v'era l'efclufione per lo Cardinal San Clemente, e quando vi foffe ftata, che dichiaraffe, qual delle due volea. La rifpofta fu, che per l'efclufione del Cardinal Pamfilio vi erano ordini precifi di Francia, e per quella di San Clemente non u'era d'vuopo che la Francia vi fi adopraffe, effendo troppo chiaro, che non fe ne douea temere, e che non fi hauea bifogno dell' opra, e dell' autorità del Cardinal Antonio per afficurarfene; da quefta rifpofta hebbe il Cardinal Antonio motiuo di fdegnarfi, e d'accenderfi tanto più nel negotio, e fi mife con ogni maggior feruore, à promouere la prattica del medefimo San Clemente, con ifperanza, ò d'efaltarlo, per far mentire chi gli hauea rifpofto, come fopra, ò di farfi con tal prattica la ftrada, ò poter confentire con ragione, e con riputatione in Pamfilio, quando i Francefi foffero con occafione della medefima prattica proceduti ad altre manifatture, nelle quali fua Eminenza fi foffe potuta approuecciare di nuoue ragioni, e riceuere tanto più animo, & impulfo, à far tale rifolutione, quanto più i torti fattili, e termini ufatili da i Francefi,

l'hal'haueſſero giuſtificato.

Si valſero gli amici del Cardinal Pamphilio della congiontura, e ſi diedero, à far trà l'altre, due coſe, dà loro ſtimate molto neceſſarie, & opportune; la prima il fomentar il giuſto ſdegno del Cardinal Antonio, & animarlo, à promouere la prattica di San Clemente, nella quale per altro poco riuſcibile, era certo, che il medeſimo Cardinal Antonio haurebbe hauuto molte altre nuoue occaſioni, d'offenderſi de i Franceſi; la ſeconda era il ridurre i Cardinali Franceſi, à deporre la ſicurezza, nella quale ſtimauano d'eſſere, ſenza che vi ſi dichiaraſſero, & à farli temere à ſegno, che foſſero neceſſitati à far contramine al loro Prottetore, e di publicarli in faccia l'eſcluſione; in ordine à che alcuni de i ſuddetti amici di Pamfilio s'induſtriarono, di rimoſtrarſi ſotto mano à i medeſimi Cardinali Franceſi auerſi alle coſe di San Clemente, per tanto più accreditarſi à i medeſimi, all'hora, che gli haueſſero un giorno figurato per riuſcibili, e per già condotte à quel ſegno, nel quale non erano reparabili, ſenza che gli Franceſi gli ſi opponeſſero; & eſſendo trà queſti alcuni di quei, che come già più adoprati da fratelli Barberini erano in concetto di ſapere accertatamente la verità, riuſcì al fine di fare che i Franceſi ſgomentati da una parte da queſti tali, e dall'altra aſtretti dal Cardinal Antonio, à dichiararli, riſpondeſſero, d'hauer l'ordini, d'eſcluderlo, e che perciò era neceſſario aggiuſtar tutto coll'Ambaſciadore. E ben vero, che per arriuare à queſto, oltre le coſe ſudette, fu inſieme uuopo di fare, che gli Spagnuoli fatti conſapeuoli del miſtero, laſciaſſero, di ripugnare in apparenza all'eſaltatione di tal ſoggetto, acciò che i Franceſi non prendeſſero dall'altrui ripugnanza animo, come faceuano, à rimoſtrarſi vogliofi di quel, che abborriuano, e coſi s'induceſſero à credere, di non poter più veder eſcluſo il Cardinal San Clemente coll' opra delli Spagnuoli, mà che foſſe loro neceſſario, di farlo col ſuo.

Sarebbe quì venuto molto in acconcio, il raccontarui molti rei tratti uſati da chi volea nelle coſe ſudette guadagnar quel, che al fine vi ſi guadagnò; mà perdoniamola à chi forſi

trop-

troppo vi si offenderebbe, e basti sapere, che Barberino, il quale s'era, come vi dissi tutto applicato à san Clemente, arriuando à vedere, che ne' successi di questa prattica si era fatta monitione, e perciò per quella di Pamfilio, & auisato in confidenza, che il Cardinal Antonio s'era lasciato uscire di bocca, che, se i Francesi fossero gionti ad escludere san Clemente, egli sene sarebbe rifatto in Pamfilio, si pose, à distornare qualche diligenza di esso fatta per altri, & à farne sotto mano qualche altra per far, che solo si andassero destramente fabricando à Pamfilio i vantaggi, e le strade, che per questi si potessero aprire; volea però far seguir tutto, in modo, che restasse insieme intiera, e sempre più viua l'apparenza dell'efficace sua applicatione à san Clemente, e sotto mano ne' suoi confidenti celato il disegno, e la certezza, di non hauer à veder tal prattica giongere alla sua meta, finche si potesse sperare, di sortire in quella di Pamfilio; mà non sò come, apprese qui Barberino per ben fatto, di partecipare à gli Spagnuoli per mezo del Cardinale di Lugo, i suoi disegni, e ciò che gli era stato detto del Cardinale Antonio, acciochè persistessero anch'essi tanto più volentieri nel rimostrarsi inclinati à san Clemente, e così agitassero il giuoco, che vi si facea per Pamfilio; mà n'hebbe à nascere in mal prò di questo un grandissimo disordine; poiche hauendo Albornoz communicato à i suoi parteggiani l'auiso, altri amico di san Clemente n'auuertì il Cardinal d'Antonio, e sene querelò, altri, poco amico di Pamfilio, n'auuertì Bichi, che diede assai che fare prima di quietarsi, come fece all'hora, che trà l'altre manifatture di qualch'altro, Barberino ottenne dal Cardinal de Lugo, di poter tutto rouersciare sopra di lui, condire, che esso l'hauea fatto da sua posta, e che, come Giesuita s'era tal faccenda dato à metter in iscontio l'esaltatione d'un Domenicano, ed un Frate, col quale haueano hauuto che dire i Giesuiti, dichiarati già suoi pocho amoreuoli, negando Barberino, d'hauerli commessa tale Ambasciata; con che fu finito di placare il Cardinal Antonio, el Cardinal Bichi, il primo de quali sen'era offeso, il secondo s'era altamente ingelosito; onde lo stesso Bichi, sì per questo, come perche

che conoscendo nelle cose detto di sopra, d'hauer irritato troppo il Cardinal Antonio, e perche volea scoprire, se vi fosse nouità alcuna, andaua continuamente riconuenendo il Cardinal Rapacciolo, facendoli frequentemente ratificare la sigurtà, come sopra dicemmo, che questi facea, mà sempre destramente, accortasi de i timori, e de i fini di Bichi, & insieme ricordeuole più di lui, che egli non hauea con detta sigurtà proposto altro, se non che il Cardinal Barberino non haurebbe mai più tentata (come disse di voler far quella notte) l'esaltatione di Pamfilio ad onta del Cardinal Antonio, della costanza del quale s'era Bichi, e non Rapaciolo presa la cura. Auisato l'uno, e l'altro de' Barberini da Rapacciolo, delle frequenti riconuentioni di Bichi, fu il medesimo Rapacciolo ricercato da ognuno di loro à parte, e senza che uno sapesse dell' altro che venendoli destramente in acconcio d'insinuare à Bichi le conditioni, che si sarebbero potuto fare à Francesi per ridurli in Pamfilio, non lasciasse di farlo, e scoprire, quali fossero per essere i sensi di lui per conto della Francia, quando mai gli si fossero offerte, e se veramente il medemo Bichi vi hauesse per conto proprio qualche priuata passione: fessi venir la congiontura Rapacciolo, e proffessando con Bichi d'andar pensando, come da se, alle conditioni, che si potessero far a Francesi, si sentì da questi auuertito, à non ripensare, & à credere, che non solo era impossibile, che i Barberini le facessero, (come lo stesso Rapacciolo s'infingeua di reputare, e Bichi veramente stimaua, per essere elleno troppo graui, e scabrose per li Barberini) mà che non v'era conditione per grande che fosse, la quale potesse aprire à i fattionarij di Francia strada, per andar in Pamfilio, e che perciò era negotio disperato, e nel quale poteuano gli amici di Barberino lasciar di pensar à tali, e simili conditioni; dopo di che fu indotto destramente dal medesimo Rapacciolo, à dichiararsi, che egli faceua tutto per conto della Francia, la quale non poteua in altra forma reputarsi ben seruita da lui, mentre per altro egli in se stesso se ne rammaricaua, poiche per conto proprio non hauea riceuuti, che fauori da Pamfilio, & haurebbe voluto perseruirlo al pari d'ogni altro

altro più partiale, poter volare, non che correre in Francia per sottrarlo à quell'esclusione, che colà solo si poteua superare. Auisati à parte li fratelli Barberini del tutto, nè perciò persuasi, che Bichi non potesse hauere qualche priuata passione, hebbero gusto, d'hauer sentito, qual sarebbe stato, se gli si fossero communicati i disegni, l'offerte, alle quali si venne poi coll'Ambasciadore, come vedremo. Antonio frà tanto hauendo hauuto nelle cose, come sopra accadute, più cagione, d'applicarsi à Pamfilio, che speranza di poter far ben riuscire la prattica di san Clemente, come si disanimò per conto di questo, così si risolse non solo di cedere, mia d'accudere à suo tempo all'Esclusione di lui col ritirarsi, per poter poi dire, d'hauer già fatta un esclusione per li Francesi, che d'una sola haueano professato di voler esser contenti, e poter dopo di essa applicarsi in qualche modo à Pamfilio, come fece, mà non senza mostrarsi più che mai accalorato per san Clemente, acciò che restasse à coperto la sua, risolutione, e si facesse diuersione alle applicationi de' Francesi, da gli andamenti de' quali attendeua nuoui mottiui per sua maggior giustificatione: mà perche haurebbe pur voluto tirar in Pamfilio l'Ambasciador, & hauer con li Francesi questa giustificatione di più, come ciò à far gliene parlare destramente dal Martinozzi, e poi pur passò coll'istesso mezo à qualche vigletto; mà l'uno, è l'altro andò senza frutto: onde c'hebbe à far punto sù le cose di Pamfilio, poiche l'importanza, e grauità dell'azzardo rendeua altamente sbigottito il Cardinal Antonio, qualunque volta non gli sortiua bene ciò, che egli tentaua d'acquistare, e di giontare alle sue giustificationi, senza le quali non valea rendersi, nè ad altri, nè à se stesso, e quanto altamente s'imprimeuano nell'animo suo, per sua natura apprentiuo, le riflessioni, che facea, altre tanto fissamente s'innamoraua d'ogni cosa, che appendeua; ò pur necessaria, ò pur confaceuoli al suo bisogno, e se per auuentura ne risperaua l'acquisto, vi pericolauano insieme le risolutioni, per le quali desideraua di farlo, nè mai fu ciò più certo, che quando s'applicò à desiderare d'indurre l'Ambasciadore: poiche riuscendoli infelicemente l'impresa tentata del Martinozzi,

nozzi, farebbero andate in un niente le cose di Pamfilio, se non fosse stato questi soccorso da chi fece attaccare con lo stesso Ambasciadore nuouo negotiato, e se sospendere al Cardinal Antonio la resolutione in che correua, disperando per altra cosa, senza di cui si riputaua troppo mal proueduto, e così troppo lontano dal douersi auuenturare.

Haueua il Cardinal Rapacciolo indotto il Cardinal Teodolo, ad esibirsi pronto, di negotiare coll' Ambasciadore per mezo del Marchese di san Vito suo Fratello, e dopo d'hauer ciò riportato al Cardinal Antonio, e resolo insieme auuisato, che il Cardinal Barberino interrogato, se fosse contentato, di farsi Francese per far Papa il Cardinal Pamfilio haueua risposto, che non solo haurebbe consentito à questo, mà si sarebbe lasciato porre da suo fratello nel fuoco; fu fatta al medesimo Teodolo l'instruttione, per la quale il Marchese offerì all' Ambasciadore, che Barberino sarebbe per sempre entrato nel partito Francese, che lo stesso haurebbe fatto il Prefetto con tutta la sua Casa, e che in sua Conscienza haurebbe mandati in Francia, se così essa hauesse voluto i suoi nipoti in Ostaggio, per assicurarla di quelle buone sodisfattioni, che egli animosamente si riprometteua da chi si sarebbe portato da Padre Vniuersale, e per far apparire la rileuanza dell' acquisto, che haurebbero fatto i Francesi, guadagnando col loro partito il Cardinal Barberino, furono nell' instruttione annouerati, e le qualità, e le conseguenze; si giontò che dà Barberini si sarebbe poi procurata dal Papa con ogni sforzo la promotione del Prencipi Mazzarini, senza altra nomina del Rè, e fuori del conto di sua Maestà la qual promotione, se non si poteua prima dell' esaltatione di Pamfilio stabilire, si potea ben ripromettere per esse affatto probabile, che chi vedea far tanto à i Barberini, per farlo Papa, non fosse per farli rimanere ingannati nelle speranze da essi concepite, e particolarmente sopra le sodisfattioni della Francia, e tanto più, quando per altro era probabilissimo, che egli era per riputar necessario, non che conueniente, di renderseła amoreuole, e di comprouare con queste, & altre dimonstrationi, i pronostici fatti, & accalorati, come sopra, dal Cardinal Barberino, che animosamente tanto alla Francia, quanto al Fratello, & alla Casa sua si offeriua per mallevadore, mentre francamente si riprometteua per chiascuno ogni giusta sodisfattione da chi egli hauea longo tempo pratticato, e per suo credere, meglio d'ogni altro conosciuto, e così più d'ogni altro beneficato come meno, e forsi mai disgustato, e poi nel Conclaue così bene, con tanta forza, con tant' opera, e con resolutioni si graui, e si grandi seruito.

Negotiò in questa conformità il Marchese suddetto, e riportò, che l'Ambasciadore rammaricandosi di non hauer arbitrio, di poter cedere à tali esibitioni, non haurebbe potuto far altro, che spedir in Francia un ben appresato Corriere, il quale stimaua fosse per riportarne felici risposte, pasendoli l'offerte degne d'esser accettate; in tanto che in questo primo passo, che diede il negotio non si potè cauare altro di buono, se non che l'Ambasciadore anch' esso riputaua ben rileuanti l'offerte, e per degne d'esser accettate dalla Corte di Francia, come habili à poter spiccar da essa felici risposte; cosa che se non fu tutto quel che volea il Cardinal Antonio, bastò però per animarlo, e per mantener viuo, & acceso in lui qualche buon lume, col quale si passò à far sapere per lo stesso Marchese all' Ambasciadore, quanto fosse malageuole cosa, il pensare di tirare in istagione sì fatta tanto in longo il Conclaue, quanto bastasse, per hauer la risposta di Francia, e tanto più, quando era così scabroso negotio il trouare soggetti, che empissero la Scena, e cotanto da temere, che il tedio, e gli humori, che correuano colà dentro facessero cadere le cose in chi assai meno di Pamfilio era caro alla Francia, e non potea, che esse di spauento, e vergogna à Barberini, & alla loro fattione, e che perciò fattosi animo sua Eminenza si risoluesse di consentire à chi già egli riputaua per degno, d'esser accettato, & applaudito dalla Corte di Francia, e per tanto più accertarse, che così colà sarebbe seguito, vedesse, che si potesse giontare alle cose esibite per conto della Francia, e che potesse egli per suo conto desiderare.

Rispose il Marchese essersi l'Ambasciadore reso capace, che il che il Conclaue non poteua tirarsi in longo, quanto sarebbe bisognato, e che cominciando à cedere s'era datto à pensare, di giontare qualche cosa per la Francia, e che per conto di lui, già che non haueua taglio di pretendere per la casa sua rendite Ecclesiastiche; era ben à pensar, di fargli qualche buon regalo di contanti; con che prese il Marchese occasione di ricordare al fratello, che vacando la Chiesa d'Imola poteua andarla disponendo, & istradando per se.

Hauuta questa risposta, mentre si aspettaua, che il Marchese (come prometteua) ne dasse altra con la specificatione delle cose desiderate dall' Ambasciadore, fu tornato, à consultare & esaminare più rigorosamente l'articolo, che parea inducesse nell' anima di taluno qualche scrupolo, e fu, se l'indurre l'Ambasciadore à consentire coll' offerte sudette, macchiasse l'elettione, ò per lo meno, la coscienza di chi vi haueua le mani, e particolarmente in quella parte, nella quale si fosse consentito di dare danari al medesimo Ambasciadore, e discussita la materia, fu creduto di nò considerandosi, che non si procuraua il consenso dell' Ambasciadore, perche in sequela di questo si guadagnassero i voti de' Cardinali Francesi, per altro impegnati, e de' quali non si haueua bisogno alcuno, mà semplicemente si procuraua una tale acquiescenza di lui, e vi si speraua con essa quella della Francia, l'una, e l'altra fuori affatto dell' essere, e della sussistenza intrinseca, & intiera dell' elettione del Papa, e nell' quali acquiescenze non si potea mai verificare, che si fosse dato altro, che temporale pro temporali, e tanto più, quando per conto di ciò, che douea dipendere dall' eletto, si esibiuano, e prommetteuano solo gli offitij, da farsi dopo l'elettione dà quei Cardinali che affatto lontani dall' inuilupparsi, se egli altri in simil sorte de Scrupoli, si dichiarauano, di non voler prima dell' elettione farne l'instanze, non che stabilirne i successi, come insieme professauano di far candidamente in altri loro graui interessi, ne' quali ad altro non passauano, che à sperarne dal giusto, e meritato affetto del Papa, felice l'euento. Si giontarono poi di vantaggio alcuni esempi; particolarmente sùl punto del danato da darsi all' Ambasciadore, e trà questi parue calzasse

l'allel'allegato sopra l'elettione di San Gregorio Magno, nel la quale fu con denari procurata non solo l'acquiescenza dell' Ambasciadore dell' Imperatore, mà come all'hora si costumaua, la confirmatione di Mauritio, e mentre il suddetto Articolo era maturato, & eruditamente discusso, insorse l'altro portato dal Cardinale Teodolo, che volea sapere, à quel segno potesse egli promouere con buona conscienza le sue operationi per la Chiesa d'Imola, e trouò, che per sottrarre tale interesse à gli scrupoli da lui fugiti, poteà solo pregare, come fece, il Cardinal Barberiuo, & il Cardinal Antonio, à non voler dopo l'elettione passar' offitio per altri, quando non si volessero impegnare, à passarlo per esso; e perche dubitaua, che il Cardinal Rapacciolo fosse per pregare à suo tempo, & il Papa, & i Barberini per la detta Chiesa, non senza speranza, di veder consolato il merito, e ne gli offitij delli secondi, damandò à questi, che non volesse in ciò concorrere con esso lui, e sentì, che lo stesso Cardinal Rapacciolo gli rispose, che egli non tanto si dichiaraua, di non voleruì concorrere con tutto il suo bisogno, e la tentatione, che potesse hauere d'apprendere quella Chiesa per ottima à solleuarlo, mà si offendeua di chi dubitasso, che egli in Conclaue pensasse d'approuecciarsi, & attendesse con interesse al seruitio di Dio, e de' suoi Benefattori, anzi per accertarnelo tanto più, s'impegnaua, à pregar i Barberini, à parlar à suo tempo per sua Eminenza, con farli nuoua dimostratione di tali suoi sentimenti sì tosto, che fusse seguita l'elettione, con che però, li dasse per all'hora licenza di dirli un concettino, che prima non gli volea dire, e così seguì; Poiche subito, che nel complimento de i voti fu fatto il Papa, il Rapacciolo ricordò al Cardinale Theodolo, che preuenendo gl'amplessi d'ogni altro, chiedesse la Chiesa d'Imola, come fece, & ottenuta tornando questi tutto allegro al suo luogo, ringratiò Rappacciolo, e richiestolo, che li palessasse il concettino, sentì, che questi gli disse, il signor Cardinal Pamfilio nostro è Papa, hora tocca à voi più che ad altri il temere de i Francesi, in ordine à che mi rallegro, che la Chiesa d'Imola sia la vostra, perche per altro à mio credere *Immolatus eras*.

Venne

INNOCENTIO X.

Venne frà tanto la seconda risposta del Marchese; e portò, giontar l'Ambasciadore per conto della Francia, che Merz, Tul, e Verdùn, con le altre Prouincie non comprese, fossero tosto posti à i concardati, e che oltre al Cardinalato del Presente Mazzarino, se ne guadagnasse un' altro per un' Italiano dà nominarsi segretamente dal Rè, senza pregiudicio però della nominatione aperta, che à sua Maestà appertenesse à suo tempo, e luogo. Per conto proprio poi chiedeua per l'Abbate Cadarossa suo congionto il Vescouado d'Auignone, e il regalo, che il Marchese disse douer essere di 10000 doppie.

Riceuuta la risposta, e vedutosi, che sì l'Ambasciadore, come il Marchese poco informati de' Canoni, portauano le loro propositioni con termini improprij, mentre per altro s'erano nondimeno mostrati capaci di quel, che più sperauano intendere, che secondare nelle frasi de loro negotiati; fu replicato, che auuertissero i Barberini poter ben prommetter francamente quel, che dipendeua da essi, mà quel, che dipendeua dalla volontà del Papa, non poter si promettere; che forzosi, & efficaci offitij nella forma altre volte specificata, e nella quale haurebbero à suo tempo procurato alla Francia & à sua Eccellenza anche le sodisfattioni congionte quanto poi alle 10000 doppie, con tutto che paresse cara la mercantia, e tanto più quanto che Teodolo haueua sù le prime volte detto, che, à suo credere, sarebbero bastati 1000. scudi, nulla dimeno, tanto il Cardinal Barberino, quanto il Cardinal Antonio, e ciaschuno di essi à parte si risolse di pagarle; e gareggiarono poi frà loro nel determinar chi ne douesse essere il Pagatore, reputandolo per danaro bene speso, e ben inuestito, quando pensauano, che non solo con esso guadagnauano l'assai meno pregiabile consenso dell'Ambasciadore, ma che anche con questa dimostratione impegnauano tanto più strettamente, l'affetto del Papa, per loro troppo pretioso, e stimabile, e per niuna cosa reso loro più caro, e più desiderabile, che dal non trouarsi mai ben sicuri, di veder sodisfatti li Francesi, e perciò erano sempre più posti in voglia, d'accrescere benemerenza, à benemerenza, con chi in tal caso gli
haue

haurebbe hauuti à proteggere, e vi è chi mi hà detto, d'hauer sentito tanto Barberino, quanto Antonio rassegnare le gioie, e gli argenti della loro guardarobba, per mandare all' Ambasciadore in essi la valuta delle doppie, che non haueuano.

Fu dunque replicato all' Ambasciadore in conformità de suoi desiderij, nella forma però, che sopra dicemmo, e fu detto al Marchese, che con sua Eccellenza concertasse i viglietti, che questa disegnaua scriuere al Cardinal Antonio, e desideraua riceuere da sua Eminenza.

Riportò il Marchese, che tutto rimaneua concertato, e mandò le minute de i viglietti, che doueano reciprocamente passare trà il Cardinal Antonio, e l'Ambasciadore, lasciandosi di più intendere, che egli sarebbe andato in Francia (etiandio con titolo di seruitore di sua Eminenza, per operare colà ciò, che la medesima hauesse reputato suo buon seruitio; mà giontò, che le 10000. doppie erano diuentate 20000. e che tante ne voleua l'Ambasciadore, ò in doppie effettiue, ò in gioie, & argenti dà consegnarsi in mano d'esso Marchese, prima di sotto scriuere il viglietto.

Pareua strana la somma, e più la maniera usata dall' Ambasciadore che forsi si mosse à raddoppiare l'inchiesta, ò per ristornar il negotio, come alcuni pensauano, ò perche hauendo subodorato la gara nata trà li due fratelli sopra lo sborso delle 10000. doppie, pesò di ammazarlo, col dar adito all' uno, e l'altro di sodisfarsi con di lui buon prò; mà ambedue sene stomacorono, & all'hora di tanto più, che fu penetrato, hauer egli disegnato, di far altra grossa mercantia, sopra il Cardinalato, ch' haueua giontato per un Italiano da nominarsi segretamente dal Rè, per lo che restò, in pendenza il negotiato, e la risposta, che n'attendeua il Marchese; fu ben per mezzo di questo procurato di calorire l'indugio, nel quale s'andaua deliberando non tanto ciò, che si stimaua rispondere à cosi impertinente richiesta, quanto ciò, che si potesse fare per chiarire, e mortificare chi la facea.

Copriua tal negotiatione alli ochi del Conclaue la prattica di San Clemente incessante, e sempre più feruidamente

porta-

portata, e nella quale si andauano alla giornata guadagnando nelle male sodisfattioni somministrate da' Francesi nuoui stimoli per agitar il Cardinal Antonio, & incitarlo, ad applicar in Pamfilio; e il Cardinal Teodolo, ch' era, come dicemmo, uscito da una parte in Campagna contro San Clemente, e dall' altra si maneggiaua, come sopra, per Pamfilio, non tanto operaua per questo in ciò, che guadagnaua coll' Ambasciadore, per animare Antonio, quanto in quel, che acquistaua per incitare il medesimo ne' mali trattamenti, che riceueua da Bichi, e da Lione nella prattica di San Clemente, tenendogli nell' uno, e nell' altro acceso il lume à benefitio di Pamfilio, che informato à pieno de' pensieri di Barberino, e d'Antonio, e sapendo il bisogno di prattica si operosa (per non dire scabrosa) sapea farlo, come hauea già saputo farlo altre volte metter tal Barca sù le volte, e l'hauea più d'una saluata da fiere borasche.

 Mentre caminaua in apparenza la prattica di San Clemente, e sotto questa si cauauano i conuenticoli per Pamfilio, cadde Barberino in grauissima indispositione di stomaco, e per collera d'humori imperuersati hebbe à pericolare in una mortale conuulsione: cadde in acconcio questa infermità alle cose di Pamfilio, le quali, com' erano à gran parte del trauaglio, c' hauea, nell' animo Barberino, così indussero il Cardinal Antonio, à compassionarlo, & ad hauer dalla salute del fratello nuouo, e grande incentiuo, à finirsi di rendere, & à risoluersi di sprezare tutti gli scrupoli, e le difficoltà; del che auuedutosi il fratello, e consolatosi da una parte per le esibitioni affetuose del Cardinal Antonio, e d'altra conuenendoli cedere alla forza del male, si contentò, mettere in mano al medesimo Antonio le redini, e il gouerno della facenda, mentre hauea già disposto i suoi amici, e quelli, che haueano il segretto della prattica di Pamfilio, ad animar il fratello come fecero, à proseguirla, dandoli, à diuedere, che senza più curarsi, di comparare cō 60000. scudi un viglietto dell'Ambasciadore, potea sù quelli del Marchese Teodolo ricauare ugual motiuo per risoluersi senza spesa, nè con altra perdita, che di quella sola proua più forzosa, e più chiara, la quale haureb-

Ttt   be

be fatta il viglietto dell' Ambafciadore, quando quefti per auuentura fi foffe attentato, di pregare tutto, e di dar delle mentite al detto Marchefe, mentre del refto era fempre per parere chiaro, e vero, che l'Ambafciadore haueua fatto quel partito, nel quale già concertato le conditioni appartenenti alla Francia, altro non mancaua per iftringerlo che condefcendere à quelle, ch' egli facea per conto proprio, le quali per fua natura difparate dall' altre, e nel fuo effere morale poco honefte, e men ragioneuoli, poteuano effere repudiate, fenza che per quefto fuaniffe nelle altre fue parti il negotiato, per la regola, che fimili conditioni *vitiantur, & non vitiant*, ne poffono far, che non fia vero il dire, che l'Ambafciadore fi perfuafe, di poter confentir all' efaltatione di Pamfilio con li tali, e tali vantaggi, e conditioni per la Francia, la quale, quando mai per auuentura fe ne foffe voluta appagare come fi credeua, non haurebbe lafciato di farlo, perche non fi foffero pagati all' Ambafciadore li 60000 fcudi, che per fe, e non per effa richiedeua, come ne per quefti, quando fi foffero pagati, nè per lo viglietto del fuo Ambafciadore, quando fi foffero hauuto, fi farebbe indotta à moftrarfi contenta di ciò, che per alro li foffe ftato di poca fodisfatione, fe pur non fi foffe côtro ogni douere giudicato valere 60000 fcudi, l'hauer più tofto feco, che contro l'Ambafciadore nel procurare, di rendere appagata la Francia d'una rifolutione, per l'approuatione, ò difaprouatione, della quale, ò non baftaua, ò non bifognaua l'opra, ò propitia, ò pernicofa di Miniftro cofi corrotto, ò mal accorto, il quale fe pagato, farebbe con effo loro ftato à parte nel procurare l'acquiefcenza della Francia, haurebbe non pagato, fugito di far il contrario, perche non fi haueffe à dire quel, che foffe paffato: è ben vero, che il Marchefe Teodoli poi dichiarò, hauer domandate le doble à quefto, ciò, che veniua loro in acconcio per far apprendere al Cardinal Antonio per ottima la congiontura, e l'occafione c'haueua per la malatia del fratello, di fodisfarfi in far egli il Papa, cofa da lui tanto defiderata, e la quale non gli poteua il Cardinal Barberino concedere con fua riputatione in congiontura differente da quella, in che Dio l'haueua portato:

INNOCENTIO X.

tato: Per lo che moſtroſſi il Cardinal Antonio auidiſſimo di queſta gloria, e di moſtrarſi al Cardinal Pamfilio di qual intentione foſſe verſo di lui, ſi riſolſe d'abbracciare l'occaſione, e d'intraprendere l'ultime manifatture ſotto la coperta di San Clemente, le di cui coſe erano ancor in piede, & in apparente vigore; onde moſtrandoſi più che mai applicato à promouerle, per richiamare, con garbo chi di cuore vi ſi affaticaua, da i trattati introdotti da i Spagnuoli, ſi riſolſe d'entrar egli à direttura co i medeſimi, con animo però, quando li trouaſſe (quali ſi ſupponeuano) ſaldi, e ripugnanti, d'inneſtare nel trattato qualche apertura per Pamfilio; mà non hauendo i Spagnuoli parlato, e corriſpoſto, com' haurebbe forſi voluto, ſe n'era fortemente ſdegnato, non ſenza qualche agitatione di mente, quando per una parte apprendeua per ſuo ſuantaggio, che il Cardinal Pamfilio in qualche modo foſſe deſiderato da i medeſimi Spagnuoli, e dall'altra parte fantaſticaua, penſando, che gli Spagnuoli non contenti forſe, d'hauer Pamfilio tentaſſero, à tirarlo in qualche laccio, & à tirare il Papato nel Cardinal San Marcello, c'haueua due mattine prima hauuti 25. voti: onde coſi agitato, e ridotto à temere, di perdere la Francia, e di non dar guſto alla Spagna, haueua ſoſpeſo torbidamente il negotio, ma per liberarlo da i timori di San Marcello, gli fu offerta una publica eſcluſione di 20. e più Cardinali i quali, biſognando ſi ſarebbero poſti in fila in Omezzo della Sala Regia, e ſi ſarebbero dichiarati, etiandio coſi contro il medeſimo Cardinale San Marcello; non volſe però nè Barberino nè Antonio che ſi veniſſe à queſto, e ringratiarono i Cardinali, che ſe gli offerirono; con tutto ciò Antonio rimaneua in apparenza coſi aſtratto, che per vedere ſe le coſe di Pamphilio viueſſero più, fu tra l'altre coſe neceſſario di fare, che il Franfanelli ſegretario del Sagro Collegio, gli diceſſe, eſſerui nuoui viglietti del Marcheſe San Vito, e con eſſi auuiſo, che l'Ambaſciadore haueua ſpedito fin ſotto li ſei il Corriero, e che attendeua riſpoſta dentro al termine de 23. giorni, de quali n'erano già ſcorſi alcuni, e ſi auuertì lo ſteſſo Franfanelli à riconoſcere qual effetto faceſſe l'auiſo nel Cardinal Antonio, & à ſtar pronto per animarlo,

Ttt 2   e per

e per disingannarlo, quando mai apprendeſſe per ben fatto l'aſpettare il Corriero, & à ſecondarlo, quando foſſe ſucceduto in contrario, mettendo in conſideratione à ſua Eminenza, che ſe foſſe venuto nuou'ordine per l'eſcluſione, ſi raddoppiaua l'impegno, e ſi perdeua tutta l'apertura fatta dal negotiato introdotto coll'Ambaſciadore, nel quale s'era guadagnato tanto; là doue ſe veniua buona nuoua, non ſarebbe ſtato grand'errore l'hauerla preuenuta con l'elettione, e che in ſomma per ogni conto era miglior partito il non aſpettar la riſpoſta, e far Papa il Cardinal Pamfilio ne' termini d'all'hora, e prima che à Barberino veniſſe voglia, di ritornare ſul ſuo, e di ripigliare la faccenda. Portò al Franfanelli, ed ad altri il caſo, di poter batter queſto chiodo con ogni miglior fortuna, poiche ponto con eſſo il Cardinal Antonio tornò ardentemente ſu'l negotio, e ſi portò nella Cella del Cardinal Spada, doue fece chiamare il Cardinal Facchinetti, è il Rapacciolo, & iui raccontando i ſuoi trattati, i ſucceſſi, e i concetti, che vi ſapea ſopra conchiuſe, che gli Spagnuoli tendeuano à ſuo credere à far Papa il Cardinal San Marcello, e ſi dichiarò di voler ſtringere la prattica di Pamfilio, ſe ſi foſſe creduta riuſcibile, & hauendo ſua Eminenza detto il modo, che hauea penſato, ſi poteſſe tenere per far tutto in due giorni, fù il modo ſuddetto oppugnato dal Cardinal Spada, che propoſe, di darui dentro ſubito, e ſenza altra manifattura, che dell'auiſo da darſi alle Creature: Non piacque al Cardinal Antonio il partito, e ſe n'andò tutto turbato, e pieno di quell'ombre, ch'era ſolito, d'incontrare ſù i conſiglij, di Spada, parendoli, che un huomo, il quale veramente deſideraſſe, di veder Papa Pamfilio, non poteſſe conſigliarlo, à tentare l'impreſa ſenza gli Spagnuoli, e prima di ſtabilirla in modo, che ſe ne poteſſe hauer per certa la riuſcita. Non fu ſolo, à ſoſpettare di Spada, & à contare il conſiglio ſudetto frà quei colpi, con i quali al giudicio di qualch'uno parea, che queſto altre volte ſi foſſe prouato, di battere, & atteſtare i negotij, che egli per altro moſtraua, di condurre con efficacia, & ottima intentione, accioche cadendo andaſſero facédo breccia alle ſperáze del Cardinal Rocci, che da lui per la

paren-

parentella, e per altri riguardi parea desiderato. Sospeso il Cardinal Antonio da simili sospetti arestò il corso all'impresa, e se ne ritirasse, ò stanco, ò pure annoiato di forma, che Barberino n'hebbe per rammarico, à ricadere più che mai ammalato, com' hebbe per collera à rifarsene con spada col dare in qualche modo orechie, à chi li propose, che per vendicarsene, e farlo al fine operar di cuore per Pamphilio, era necessario disimbarcarlo dal Cardinal Rocci col propor questo con ogni maggior apparenza, e farlo destramente escludere da una ben concertata, e coperta congiura, e poco vi mancò, che la collera non consigliasse Barberino, per lo si; mà chi era chiamato, per far l'esclusione, hauendo ricusato, d'intraprenderla, e dimostrando questo stesso, quanto mal complisse, che Barberino, non ancor sicuro, d'hauer Pamfilio, e già disperato per proua di Sacchetti e di San Clemente, e per discorso di tant'altri, mettesse in terra il Cardinal Rocci, dileguò facilmente sì fatto pensiero, e si vidde, che Barberino amaua veramente nel suo segno il Cardinal Rocci, e gli assegnaua quel caso, che non era gran fatto lontano, come stimaua in effetto Spada per un di quei soggetti da non imitar senza temerli, e del quale parea si potesse anche dubitare, che non tanto tirasse le cose in Rocci, quanto sotto tal mantello in se medesimo, per lo che li sarebbe forsi più piaciuto, che dispiaciuto veder anche Rocci fuor di riga, e di spatio, con tutto che prima del segno, e del tempo alle di lui cadute da esso forse destinato; Soggiunse poi, chi fu inuitato, à far l'esclusione suddetta non hauer egli nè animo, nè cagione di farsi capo d'esclusione, e particolarmente di soggetto, il quale non hauendogli mai fatto dispiacere alcuno, ma sempre cortesie se ne sarebbe con tutta Roma scandalizzato, non che stupito, e tanto più, quanto che si disegnaua di far tal esclusione in figura, & ad'imitatione di quella di Sacheti, e con ogni più studiosa, e ben mentita apparenza si douesse dar ad'intendere al Mondo, che chi escludeua, haueua fatto in Rocci à i Barberini ciò, che Matthei in Sacchetti.

 Mà siasi come si vuole, e passiamo à dire, che non potè ciò, che si trattaua per Pamfilio rimaner più così occolta, che

non

non se ne subodorasse qualche cosa da gli amici di San Clemente, i quali s'auuidero al fine, che tanto Antonio, quanto Barberino continuaua ne i feruori di prima, mà però questi, doue dianzi erano intenti, à promouere la prattica di San Clemente erano poscia solo mantenuti viui, & accessi à coprire altro loro disegno; Onde fattisi insieme certi, che ne i Spagnuoli, ne i Francesi voleano tal soggetto, dopo hauer dissimulato qualche tempo, con isperanza, di vedere in esso naufragare per qualche nuoua borasca le cose di Pamfilio, si auuidero, che queste restauano affidate almeno à buone Anchore, se non haueano ottimi venti, e si risolsero al fine, di far, che San Clemente fattosi accorto della sua poca fortuna, andasse, à pregar, come fece, il Cardinal Barberino, che desistesse, e facesse desistere ciaschuno dalla prattica introdotta, e si risoluesse di far Papa chi trà gli huomini da bene stimaua più à proposito, e più riuscibile; e perche trà gli amici di questo Cardinale la principale, e la più parte, ò voleua, ò si appagaua, che si pensasse, quando si potea, più à Pamfilio, che à San Clemente, riuscì à Barberino, di perder poco nell'abbandonar le cose di questi, per quelle del primo, nè poco restò consolato, quando sentì con quale dispositione vi caminasse il Cardinale d'Este, il quale era successiuamente informato in qualche modo de' disegni di Barberino, poiche questo con particolare diuotione, e confidenza coltiuaua la buona dispositione di sì modesto, e generoso Signore; onde desideroso di corrispondergli in ogni meglior modo, procuraua renderlo sodisfatto, come facea insieme il Cardinal Antonio, con fare l'uno, e l'altro, che il Cardinal Rapacciolo ascoltasse i di lui sentimenti, egli ne riportasse le risposte, con la communicatione di quello, che si andasse disegnando di fare, al che i Cardinali Barberini si andauano maggiormente alla giornata animando, mentre sempre più si scorgea, quanto un Signore di tal carato, e di sì pregiate qualità fosse poco ben trattato da gli Spagnuoli, trà quali, non fece mai figura proportionata alla sua nascita, & al suo valore, se non quando fece conoscere al Conclaue, che egli con altre tanta disinuoltura, quanta ragione,

gione, si sapea sbrigare, e far fuori opportunamente dal torto, che gli faceano.

Passorono tutti questi accidenti in quelle poche hore, che si fraposero trà le cose accadute nella Cella di Spada ed altre la notte medesima successe nella Cella d'Antonio, doue il Cardinal Rapacciolo per assicurare l'intelletto del medesimo Antonio dalle sinistri interpretationi datte da lui alle parole degli Spagnuoli, quando hauer con essi à direttura negotiato, disse poter essere; disse che gli Spagnuoli hauessero l'intentione, che in loro sua Eminenza desideraua, mà che era ancor probabile, che hauessero questi qualche ripugnanza nell'aprirsi à direttura con sua Eminenza da loro considerata più per Protettore di Francia, che per nipote d'Vrbano, e Capo all'hora della fattione Barberina; onde non era merauiglia, se non li poteuano communicare gli arcani loro, soggiongendo Rapacciolo, hauer egli inteso dire da buon'autore, che essi temeua delle maniere grandi, forzose, e franche di sua Eminenza e che non sapeano qual scusa, e qual difesa in Ispagna hauessero potuto fare, quando mai fosse loro succeduto per auuentura quel, che non voleano, cauando il tutto da una dichiaratione assai più aperta fatta da gli Spagnuoli col Cardinal Barberino, con la quale asseriuano, di non voler assolutamente trattare col Protettore di Francia per la causa suddetta. Era però stata soppressa sì fatta dichiaratione, e s'era fatto sapere à gli Spagnuoli, che tacessero, se haueano gusto dell'esaltatione di Pamfilio, e che si sarebbe rimediato à tutto, come seguì; Poiche il Cardinal Rappacciolo ottenne, che il Cardinal Antonio se ne compiacesse, e ne volesse bene à gli Spagnuoli contento di sentire gli encòmij delle sue maniere, e fatto capace, che fosse probabile l'auiso, riportò alle cagioni sudette il ritegno, e le maniere seco usate, e di riprouarsi col mezzo di qualche Cardinale; mà prima di venire all'elettione di questi, diuertissi à pensar, che sendo la prattica di san Clemente, come sopra, cessata, e bisognando à suo credere, qualche, giorno per maturare quella di Pamfilio, era bene trouar prima d'ogni altra cosa soggetto, col cui cimento questa si coprisse, e propose chi riputaua fatto al proposito

posito, mà ne fu diuertito, e messogli in consideratione, che sendosi già subodorata la prattica di Pamfilio, era bene riuscirne con ogni maggiore, e più adeguata celerità, per non dar tempo à chi haurebbe tentato, di sconuolgerla, e per non abusare della buona sorte, con la quale si era felicemente lauorato tanti giorni à coperto, e senza che Bichi n'hauesse subodorato, non che sconcertato i progressi, come non era bene dar ad altri, che già s'accingeuano ad uscire di Conclaue occasione, di fastidirsi, e di dar in istrauaganze, col' mettere fuori una nuoua prattica d'altro soggetto poco riuscibile, quando aspettauano d'esser chiammati, à finire i patimenti già troppo tolerati, con quella di Pamfilio, ricordando di più, che si daua già troppo tempo all' Ambasciadore di renderli accorto del tiro contro lui tramato, e che l'haurebbe potuto mettere in isconcerto, mentre per altro sua Eccellenza supponeua per assai più lontane di quel, che fosse, l'intiera, e l'ultima dispositione dell' esaltatione di Pamfilio, al quale niente mancaua, se non che egli destinasse il Cardinale, che doueua trattare con gli Spagnuoli, e che gli haurebbe potuta render pronta quella parte per il giorno seguente, mentre altri haurebbe nello stesso tempo potuto seruirlo nel rimanente da farsi con la fattione, poiche questa nient' altro attendeua, per esser pronta, che il sì di lui; soggionse quì il Cardinal Antonio à Rapacciolo, che vi mancaua il meglio, & era, che questi cauasse di mano à Theodolo l'originale de' i viglietti del Marchese, co' i quali agli hauesse potuto giustificare in ogni caso i negotiati tenuti coll' Ambasciadore, e l' aperture fatte dal medesimo alla prattica di Pamfilio, poiche senza questo egli non sapea indursi à terminare la medesima prattica, e proferire quel sì, che bisognaua. Rapacciolo, che già haueua preueduto tutto, haueua insieme preuenuto nell' acquisto d'originali, e vedendo già il Cardinal Antonio gionto à metter dà parte ogni altra dificoltà, e ridotto à soli viglietti, dopò i quali haurebbe destinato il Cardinale, che negotiasse co' gli Spagnuoli, e publicasse à questi, & à tutto il Conclaue un libero, e chiaro sì, si cauò dal seno i viglietti, e li consegnò à sua Eminenza, la quale ritenendosi tanto la copia, che

INNOCENTIO X.

pia, che prima ne hauea hauuta, quanto l'originale, sopra fatta della prontezza inaspettata di quelle carte, disse al medesimo Rapacciolo, hora sì che Pamfilio è Papa, poiche non altro più facea pensare ad indugiare, che il credere d'hauer à veder Theodolo poco disposto, à prouederlo di quei viglietti i quali non hauea Rapacciolo detto di hauere, per assergli stati conceduti con conditione, di dargli all'hora solo, che il Cardinale Antonio assolutamente li volesse, e fosse necessario dargli, per venire al fine del negotio oltre che Rapacciolo hebbe per bene d'aspettare, che il Cardinale Antonio si fosse ristretto à tale acquisto, e questo solo mancasse per ultimar la prattica, e il sì di chi sempre qualche poco agitato nó l'haurebbe forse rimesso à questo solo, se hauesse sù le prime saputo, che tutto era già in pronto, e non tanto lontano, quanto esso forse suppose all'hora che vi si restrinse.

Si venne dunque all'elettione del Cardinale che douesse negotiare con gli Spagnuoli, e si parlò di molti, mà fu concluso, che douesse esser uno de' confidenti del Cardinal Barberino per tanto più leuar di mezzo l'ombre concepite da gli Spagnuoli, e per tanto più conseguirlo fu eletto il Cardinal Facchinetti, al quale (per più vantagiosamente assicurar gli Spagnuoli della sincerità del trattato) restò il Cardinal Antonio di mandar (come mandò la mattina) in iscritto il negotiato, che si douea fare, e diede per via del Cardinal Rapacciolo licenza al medesimo Facchinetti, di leggere àgli Spagnuoli la scrittura, la quale conteneua in sostanza, che volessero esprimere chiaramente quel, che intendessero, di fare per conto del Cardinale san Clemente. 2. che cosa haurebbero fatto per lo Cardinale Pamfilio. 3. se in caso, che non potesse sortire à sua Eminenza di rendere appagata, e sodisfatta la Francia, (già seco adombrata per l'uno, e l'altro soggetto) haueano modo di promettere à sua Eminenza, al Cardinal Barberino, & à tutta la Casa la prottetione del Rè Cattolico. Portaua però la scrittura le cose suddette con maniera, e tratti proportionati, e circonspetti.

Mandò, come dissi, la scrittura il Cardinal Antonio al Cardinal Facchinetti, & al Cardinal Rapacciolo, e questo la portò poi tò poi al Cardinal Barberino: mà qui fia lecito di rapprefentare ciò che accaddè in quefta congiontura, e fu, che effendo il Rapacciolo, prima che veniffe la fcrittura, andato à trouar il Cardinal Barberino per rapprefentargli ciò, che hauea la notte conchiufo col Cardinale Antonio (e non hauea prima d'all'ora riportato à fua Eminenza per non deftarla, e lafciarle à quel ripofo, & à quel fonno, ch' era riputato per troppo neceffario, e falutare nella di lui indifpofitione) alzata improuifamente, e mentre Barberino giubilaua la portiera s'introduffe nella Cella un Cardinal, che con animofità affai in apparenza agitata, e frettolofa, diffe in faccia di Rapacciolo à Barberino, c'hauea egli trouata, e fcoperta l'inchiodatura di Pamfilio, e gettata quefta pietra, à fine forfi d'intorbidare il negotiato, che fupponeua farfi all'hora, foggionfe, che anderebbe, à trouarne il netto, e tornarebbe fubito, ò pur trà poco, perche fapea doue, e come prefto chiarirfene. Si auuide il Cardinal Rappacciolo del tratto, e conobbe, che l'hauer à egli prefo per partito l'andare trouarne il netto, fu un dire, che non volea effere fentito, e che gli baftaua; d'hauer meffo sùl più bello del negotiato il ceruello à partito à Barberino, onde rifolfe, di partirfi, come fece e fe n'andò nella Cella del Cardinal Facchinetti, doue lo trouò col' Ferragiolo Conclauifta d'Antonio, che portaua la fuddita fcrittura; Rapacciolo dopò hauerla, letta, poftofela in feno, fe nè tornò al Cardinale Barberino, il quale trà tanto hauea fentito il Cardinale fuddetto, e s'era lafciato perfuadere, che il Cardinale Antonio non caminaffe di buon piede nelle cofe di Pamfilio, mà che foffe per moftrare in apparenza, di farlo, acciò che atterrato che foffe Pamfilio, il Cardinale Barberino fodisfato delle dimoftrationi, benche infelici, d'Antonio, confentiffe, di reederli il contra cambio in Altieri, fperando, come dicea quel Cardinale tale, di poter altre tanto felicemente tentar l'efaltatione di quefto, quando fi perfuadeua di vedere, e forfi di far pericolare l'altro nel cimento: Per lo che prefo occafione Barberino di dire à Rapacciolo, che nelle cofe di Pamfilio hauea il fuddetto Cardinale fcoperto un gran chiodo, mà dandogli all'hora Rappacciolo,

pacciolo la Scrittura gli replicò queste Tenaglie lo levaranno, e soggiongendo quel di più, che doueua della buona intentione d'Antonio, vide Barberino esaltare per l'allegrezza, o scoperta la vanità, e i fini delle nouelle caricate dall'amico hebbe per finito quel negotio, che questi videro forsi andare troppo felicemente al fine.

Parue per auuentura al Cardinale Antonio non ancora informato del successo suddetto, che si mostrasse la Scrittura anche al medesimo Cardinale che in essa riconobbe, à qual segno fossero state condotte la notte quelle cose, che paruero fatte assai lontane per quel, che, come dissi, era passato nella Cella di Spagna, e s'auuide, che vi rimaneuano affato deluse, & annientate le machine mal figurate à Barberino, per farlo temere della fede, e della volontà d'Antonio, il quale restò sommamente contento in sentire, e vedere, che la sua Scrittura fosse intieramente piaciuta, e li consolò, che non vi hauesse alcuno, e particolarmente il Cardinal suddetto trouato, nè che aggiongere. Si sollicitò dunque il Cardinal Fachinetti à parlare col Cardinal Albornoz, & à dirgli per parte d'Antonio ciò che conteneua la Scrittura, e per parte di Barberino, che ogni gusto, e disgusto, e hauesse nella prattica di Pamfilio datto à suo Fratello, sarebbe stato anche di Sua Eminenza, la quale non trouando in ciò la corrispondenza aspettata haurebbe rouersciata sopra di chi doueua la longhezza del Conclaue, mentre per sua parte s'era ridotta à partito di cui ognuno si potea compiacere: Nè si lasciò di ricordare ad Albornoz, che si douesse guardare dal participare troppo per tempo il negotio, à chi altre volte s'era discoperto auuerso, e ne haueua auuisato non tanto Bichi, quanto Antonio, in quel caso d'all'hora, non ancora intieramente guadagnato sentita Albonoz la proposta, e veduta la scritura, rispose, che per conto del Cardinal S. Clemente non haueua che dir di vantaggio del già detto, che per conto di Pamfilio haurebbe parlato cò i suoi, e speraua, di poter dare assai megliori risposte, per le quali si poteua tornare sù le 20 hore, quanto poi alla protettione di Casa d'Austria per lo Cardinal Barberino, e la Casa haueua facoltà di far molto, e che quanto al Cardinal Antonio non v'era cosa veruna, perche sua

Maestà lo haueua supposto per Francese, mà che vi era modo di riceuere anche sua Eminenza sotto la stessa protettione, del resto haurebbe procurato di corrisponder al desiderio del Cardinal Barberino col dare nel trattato ogni gusto al Cardinal Antonio, e si sarebbe ricordato di ben maneggiarsi con chi altre volte gli haueua mal corrisposto.

Tornò il Cardinal Facchinetti per la risposta sù le 22 hore, e ne riportò, ch' haueua trouata buona dispositione per lo soggetto, e che speraua di dar nello scrutinio 15. voti, de' quali già n'haueua assicurati 10. e che gli altri si sarebbero procurati, e che n'haurebbe datta notitia prima delle 2. di notte, come seguì, asserendo che 12. voti erano già certi, e che sperauano d'hauer li trè per andar in 15. e così fu stabilito, che la mattina seguente andassero essi nello scruttinio, e la fattione de Barberini andasse all'accesso, come seguì poi felicemente dopò di che la sera del mercordì, dati i primi moti alla prattica, s'era subito veduto tutto il Conclaue (fuori di Bichi, e Lione, che tardi s'agitauano per l'esclusione) andare alla Cella di Pamfilio à passare offitij di riuerentissima congratulatione. Onde non restò à i Cardinali Barberini, & à i destinati per l'esecutione della prattica altro che fare, che andarui anch' essi, e bastò solo far sapere alle Creature d'Vrbano, che andassero all'accesso.

Mentre quasi tutto il Collegio andaua alla Cella di Pamfilio, e Bichi agitato dalla risolutione d'Antonio, e della acclamatione de Cardinali si portaua tutto ansioso per lo Conclaue, il Cardinale à cui nó era ben sortito ciò, che, come vedemmo, haueua tentato con Barberino, per farlo temere, e sopra sedere nella prattica già tanto auanzata di Pamfilio, volendo pur vedere, se hauesse potuto far differire il cimento destinato per la mattina, diede à rimostrarsi tutto timido, ad opinione, che Bichi potesse conseguir l'intento, e nominando molti, che predicaua per già guadagnati, professaua tal timore, che sarebbe stato basteuole à far diferir lo sperimento se andando il Cardinal Antonio, à ritrouare i nominati non gli hauesse trouati d'humore molto diuerso, e molti non ancor ricercati, non che guadagnati da chi si supponeua, per lo che si rise, e scandalizzò insieme di detto Cardinale, che perseuerando più che mai ne

ri-

rimostrati timori, e disperando, di poter guadagnare cosa alcuna con Barberino, e con Antonio, si pose attorno à Pamfilio, per persuaderli, che si potea, secondo il suo conto, perder l'elettione per un voto, e forse per tanto più altamente imprimere tal timore, lo stimolò, à procurare, che il Cardinal Gabrielli nõ tornasse quella mattina in Conclaue, e lo indusse, à pensare, di pratticar nel proprio voto un certo partito, col quale potea fare l'eletto, che il suo voto non facesse numero tra gli escludenti, dandolo nullo tanto nello scrutinio, quanto nell' accesso per non esser con tutto trà Cardinali presenti nel Conclaue giusta la dispositione del capitolo 2. de elet. Cauandolo non sò come dà un certo conto, altre volte fatto in una conuersatione in tempo, che i Cardinali constituiuano un tal numero dispari, com' erano, se non entraua Gabrieli, cosa però osseruata da un Cardinale più per possibile à pensarsi, che per degna da pratticarsi. Pamfilio, che riputaua tali consigli per sinceri, e'l consigliero per suo partialissimo, haurebbe procurato, che si sopra se desse, se non si fosse fatto animo nell' hauer veduti già fin'all' hora 50. Cardinali nella sua Cella, cosa, che come tolse l'animo à Bichi, così fe disperare ogn'altro, che in qualunque altro modo machinasse la destruttione di cosa, che subito publicata apparue per troppo ben munita, e stabilita; nè fu che tiro di somma prouidenza, indurre la sera i Cardinali, à portarsi appertamente alla Cella di chi non potea esser fatto Papa, che la seguente mattina, come poi felicemente sortì col numero de 48. voti.

 Penso, che hauerete osseruato le machine, e riconosciuti in esse i Cardinali, che visi maneggiorono, mà parmi vederui curioso di sapere le parti, che vi fece il Cardinale Panzirolo; per sodisfarui in parte, e con poche parole vi dirò, che questi si astenne dal dimaneggiarsi ne gli affari del Conclaue, perche così stimò Barberino esser seruitio della prattica, che si fe sempre à coperto per Pamfilio, e tanto più, quanto che Barberino volea così insieme rimostrar, quanto si erano ingannati quei Cardinali, che nel veder il medesimo Panzirolo in Conclaue, haueano hauuto à dire, che entraua lo Spirito Santo, quasi che dà questo douesse Barberino riceuere le inspirationi, e direttioni.

Certo,

Certo,è però,che à Panzirolo toccò il portar deſtramente innanzi,& indietro trà Barberino,e Pamfilio, i complimenti affettuoſi,e come altri ſuppone, qualche ſegretta negotiatione, così al medeſimo ſpettò poi, di fare lo ſteſſo trà il Cardinal, e il medeſimo Pamfilio, ne altri può quanto eſſo ridire, con quali tenerezze,con quali affettoſe dimoſtrationi, e con quali altre coſe (ſe vi furono) foſſe in ſegreto nudrita,& accalorata la prattica dell' eſaltatione di ſua Santità, e fatta ſperare à Signori Barberini ogni più eſatta gratitudine.

Queſto è quanto mi ſouuiene,e ſtimo degno di notitia:laſciando da canto infinite manifatture più minute,& accidentali,che ſe bene furono di molto trauaglio à negotianti, e gli obligorono ad operar con fatiche,con ſofferenze, e con circoſpettioni degne di notitia,& influìrono molto nel negotio, ſarà nondimeno più diſcreto partito il raccontarle puntualmente à chi deſideri ſolo ſaper' il netto della coſe più rileuanti.

CONCLA-

CONCLAVE

FATTO NELLA VACANZA DELLA
Sede Apostolica, per la morte

D'INNOCENTIO X.

NEL QVALE FV ELETTO
FABIO CHIGGI, detto

ALESSANDRO VII.

QVANTO è grande la curiosità per chi legge, tanto è maggiore la dificoltà per chi scriue, gl'auuenimenti d'un Conclaue. E' dificile il rintracciare la verità doue attendono à tenerla nascosta i consigli de gl'huomini. Nel Serraglio del Conclaue non giunge se non alcun barlume del Sole, facendosi apposta oscure le stanze, per impedirlo. Tutto ciò che s'opra trà quelle pareti, è coperto dalla simulatione, e talhora anco dalla menzogna. Ogn'uno vuol esser giudicato d'hauer cooperato alla creatione del nuouo Pontefice, e nega d'essersi almeno da douero impiegato in promouere gl'interessi d'alcun Pretendente. Il nuouo Papa diuenuto già superiore à coloro che l'esaltarno, è riuerito insieme e temuto da tutti, e però vi è alcuno che non si doglia d'essere in concetto, di non hauerlo sempre voluto esaltare, perche già sparita la ricordanza dell' ultimo beneficio in dargli il voto, non facendosi conto d'una cosa à molti commune si va rintracciando l'affetto di chi
sempre

sempre l'hebbe nell'intentione, di chi ſtimò non poterſi terminare con lode il Conclaue, ſe non con la ſua elettione. Quindi è ch'io ſon certo che la mia relatione incontrerà ſubito negli ſcogli delle cenſure, & dagli intereſſati verrà ſubito riprouata, come contraria al vero. Non perciò voglio reſtare di patefare quanto ho veduto, e udito, conſapeuole à me ſteſſo d'hauer le notitie che baſtano, per ſcriuere con fondamento d'eſſer libero dalle paſſioni che poſſano adulterare la verità. Non aſpetti già il Lettore, che ſtia attaccato à tutte le minutie che ſono accadute in Conclaue, le Maſchere ancora continouate di Quareſima, con le quali un Cardinale andaua dall'altro, quelle oſſeruationi di chi era nella Camera di chi negotiaua, e di chi haueua cenno, da me ſi preſuppongono come note ad ogn'uno à cui non ſia nuouo lo ſteſſo nome di Conclaue; quelle coſe ſolamente raccontarò che ſono proprie del preſente Conclaue, e ciò con la breuità maggiore che ſia poſſibile.

Morì Innocentio X. doppo dieci anni, quattro meſi, 22. giorni del ſuo Pontificato, comminciando già l'anno 1655. alli 7 di Gennaro. Era già un pezzo che la ſua ſalute ſi diſperaua, mancando ogni giorno le forze per la vecchiaia, che comminciato l'anno doppo l'ottanteſimo, declinaua indecrepità. Papa veramente fortunatiſſimo, ſe la fortuna ſi miſura con la proſperità de'ſucceſſi di queſta vita, che parue à ſuo talento maneggiare le catene del fato, ſi come maneggiò le Chiaui, che à Pietro e ſuoi ſucceſſori furo conſegnate da Chriſto. L'angonia di dieci giorni diminuì la letitia che ſi ſentì per la ſua morte, come ſuol ſentirſi nella morte de tutti quei Papi, che hanno regnato per lungo tempo, già che *tanto il bene quanto il male ſono maggiori, quando giungono all'improuiſo, e l'uno, e l'altro nella lunga aſpettatione ſi ſcena.* Nella prima Congregatione fatta da SS. Eminentiſſimi al Vaticano, doue era ſtato traſportato la ſera antecedente ſolennemente dal Quirinale il cadauero del morto Pontefice, fu leuato il gouerno di Roma à Monſignor Ariberti, e conferito nella perſona di Monſignor Roſpiglioſi: nel reſto furno confirmati li uffici à tutti gl'altri. Nelle Congregationi che ſi faceuano giornalmente

ALESSANDRO VII.

mente nella fagreſtia di S. Pietro, ſi ſcoprirono i termini della lunghezza del Conclaue futuro, perche apparue ben chiara la diſcordia de' ſentimenti nè' SS. Cardinali, e la coſtanza già determinata nelle fattioni, di fare ogn'una preualere il proprio partito, ſi diuulgò l'unione di molte creature del Collegio nuouo, che voleſſero chiamare col nome di Squadrone Volante, e queſte richieſte dal Principe Pamfilio, à voler riunirſi ſotto un capo, che per conuenienza della naſcita e dell'anzianità nel Collegio nuouo doueua eſſere il Cardinale Gio. Carlo de Medici, creatura prima d'Innocentio, ricuſarono di farlo, riſpondédo che haueuano Capo e Piedi da ſe medeſimi. Doppo le funtioni ordinarie d'ondeci giorni, cantataſi la Meſſa dello Spirito Santo dal Cardinale Sotto-Decano, entrorno in Conclaue proceſſionalmente, ſecondo il coſtume, e fu il giorno l'ottauo di Gennaro, celebre nella Chieſa per la ſolennità della Cathedra di San Pietro, in tal giorno fondata in Roma. Il giorno fu ſpeſo in riceuer viſite da Sign. Titolati Romani, la ſera nella viſita degli Ambaſc. de Prencipi. Era già comminciata la notte quando diede principio alla ſua viſita, l'Ambaſciator di Spagna Duca di Terra-nuoua, intorno alquale fa di meſtieri, che per qualche tempo ci tratteniamo. Paſſaua poco buona corriſpondeza trà queſto Sign. e SS. Cardinali Medici, & in conſequenza non erano uniformi nell'elettione de' mezzi, quantunque nella volontà del fine ch'era lo ſteſſo ſeruitio foſſero concordi. Parue alli Ambaſc. che gli Medici trà gl'intereſſi di Spagna miraſſero ancora il loro proprio, e come quello che giudicaua doueruſi in tutto e per tutto, ſacrificare all'utile del ſuo Principe, s'ingeloſiua inſino all'apparenze, che ſi moſtraſſero negl'altri, qualche riſpetto al proprio intereſſe. Non mancarono de Cardinali che gli ſeminarono nell'animo quei ſoſpetti, & eſſo non informato à ſufficienza de' regiri della Corte Romana, non fu per auuentura ſagace quanto baſtaua, nel diſcernere gli conſigli ſpatioſi da gl'utili, e partiti apparenti da veri e reali. Perciò nella viſita del Cardinal Decano, trouandoſi à quella il Sign. Cardinal Giouan. Carlo, queſto diſſe all'Ambaſc. che non era bene di publicare i diffi-

Xxx denti

denti della Corona, perche cofi fi farebbero facilmente congiunti con i fuoi contrarij, mà che douefse dire l'Ambafciatore che la mente del Rè fuo Signore verrebbe opportunamente fecondo i bifogni fuggerita da i Cardinali Medici, o che à loro faceua meftiere di dar orecchio per feruire alla Spagna. Non confentì à quefto partito l'Ambafc. dicendo, che di ciò non gli veniua ordinato dàl Rè. Doppo un breue contrafto difse al Cardinale Giov. Carlo ch'egli opinaua più per fuoi fini che per quelli della corona. Nelle vifite degli altri Cardinali non fu coftante l'Ambafciatore con alcuno. Difse che il Rè non haueua alcuno per diffidente, altri rimetteua à i Cardinali de Medici. In fomma negotiò con ambiguità tanto grande che i Collegati à fauore del Cardinal Sacchetti prefero fperanza di molto profitto per la loro caufa. Nel Conclaue d'Vrbano era ftato apertamente efclufo da Spagnuoli il Cardinal Sacchetti, le cagioni dell'efclufione perche non fur dichiarate da chi la fece, ha dato materia di fpecolare à Politici. Ne fono ftate afsegnate molte, mà qual fia ftata la vera precifamente, ò da pochi ò da nefsuno s'è penetrata. Fù Nuntio quefto Card. nella Corte di Spagna, ed amminiftrò la Nuntiatura con quella lode, che da tutte le fue cariche ha fempre ottenuta. Creatoui Cardinale da Vrbano, tornò à Roma fempre mantenendofi affettionato all'interefse di quella Corona, come fanno per ordinario tutti gl'altri che vi fono ftati Nuntij, quando per qual che accidente non fia cangiato in fomite di maleuolenza, il fondamento dell'amicitia. Alcuni vogliono ch'egli entrafse in diffidenza del Conte Duca allora primo Miniftro ed unico arbitro di quella Monarchia, e che da lui s'ordinafse la tela dell'efclufione da farfi, doppo fi lungo tempo. Altri, che i Medici defiderofi di tener lontani gli fudditi dal Ponteficato per le male fodisfationi pretefe da Vrbano, hauefsero impetrata queft'efclufione dal Rè di Spagna. Altri che machinandofi in Madrid la perfecutione de Barberini, fi defignafse per poterla efseguire di non lafciar giungere al Ponteficato alcuno de' loro più affettionati Altri che li Spagnoli conofciutolo amicifsimo di Mazarino lo volefsero come tale impedire.

Altri

ALESSANDRO VII.

Altri finalmente, che per hauer esso consegliato à fauore del nuouo Ambasc. di Portogallo, perche si riceuesse, si adossò l'odio di quella Corona, c'hà per diffidente chiunque non si mostra ostinatissimo in promouere il loro interesse, in ogni minima cosa; per nemico, chi mostra di dubbitare se debba da tutti approuarsi, ciò che da loro s'elegge, chi in somma sospetta che nelle loro attioni possa cadere mancamento. Qual si fosse la cagione, egli fu dichiarato scopertamente diffidente dal Cardinale Albernoz, nè la possanza de Barberini, sostenuta da più di 50 creature, fu valeuole ad essaltarlo, se pure non furono simulati i tentatiui di Barberino, come si diuulgò per la Corte, e fu uniuersale per la maniera imperiosa, con cui prometteua le prattiche della sua esaltatione. E costante opinione già dichiarata col detto commune, che *semel exclusus, semper exclusus*, che si come li Spagnuoli s'oppongono all' esaltatione di chi una volta fu da loro impedito che non giungesse al Pontificato. Cosi ogn'uno tenne sin dalla creatione d'Innocentio, che le loro forze si sarebbero in tutti i Conclaui opposte all' esaltatione di Sacchetti; e che ben poteuano mancare i motiui della prima esclusione, mà che sempre sarebbe durato nel suo vigore, quello d'hauerlo escluso una volta. Con tutto ciò questa regola ha hauuta talhora la sua eccettione, e come quando il Cardinale Aldobrandini dichiarato diffidente di Filippo II per la memoria di Siluestro suo Padre, fauorito da Paolo IV in trè Conclaui, prouò l'esclusione, e nel quarto fu esaltato in Clemente VIII, con l'inclusione dello stesso Rè. Da questo esempio animato il Cardinale Sacchetti, subito doppo l'esaltatione d'Innocentio X, mandò alla Corte di Spagna l'Abbate Aldouisi suo Nipote, perche, come dicemmo, era forse cagione d'escluderlo, l'amicitia di Mazzarino, ed esso ò se l'imaginaua, ò l'haueua già penetrato; perciò in questa parte s'ingegnò giustificarsi, in una bella maniera con la Corona di Spagna, confessando ch'egli era amicissimo con Mazzarino, e che in luogo di dissimularlo, ne faceua publicamente proteste. Soggiunse non esser altri per questo, capo più habile à seruire alla Spagna che se medesimo quando diuenisse Pontefice,

tefice. Niſſuna coſa diceua il Cardinal Sacchetti, ſarebbe più utile in queſti tempi alla Spagna della pace col Rè di Francia. Stenteranno à negare queſta propoſitione li Spagnuoli medeſimi. Dalla parte del Rè di Francia, non vi ſarà ſtando le coſe coſi, diſpoſitione veruna alla pace, ſe à queſta non ſi moſtra diſpoſto il Cardinale Mazzarino. Per diſporre queſto niſſuno è altretanto al propoſito, quanto un Papa che gli ſia ſtato amico da Cardinale e per intereſſi priuati, perche nel reſto quel Cardinale hauendo già fondata la ſua fortuna, fuori dello ſtato Eccleſiaſtico farà ſempre de Papi quella ſtima, che ne fanno gl'altri Principi ſtranieri, e non maggiore. Riportò riſpoſta aſſai buona ed in ſegno di confidenza la croce di S. Giacomo per un ſuo nipotino. Nel reſto le prattiche di Sacchetti erano tanto calde e portate con tant'ardore da ſuoi parteggiani, che non mancarono di molti, da quali non ſi giudicaſſero deboli le forze Spagnuole. Haueua grand' amici in ambedue i Collegij vecchio e nuouo, nè v'era alcuno che per intereſſe priuato gli foſſe nemico. Duraua l'amore e l'amore e la cagione d'amarlo ne' Barberini, à i Franceſi oltre il riſpetto del Cardinale Mazzarino, era ſtimolo per portarlo, l'auuerſione già preſuppoſta ne i Spagnuoli. Li Cardinali Lomellino, Chiggi, Imperiale, Corrado, ed Albizzi gl' erano congiunti con ſi grand'amicitia che al di lui intereſſe ogn'altro poſponeuano che poteſſero hauere in Conclaue. La Signora D. Olimpia temendo meno di lui che di molti altri ſoggetti Papalini gl' acquiſtaua il ſeguito d'Azolino, e Gualteri, l'età freſca s'era in X. anni doppo il paſſato Conclaue maturata in tal guiſa, che pareua ch'i vecchi non ſene doueſſero ſpauentare. Il concetto della bontà della vita, dell' eſperienza ne' negotij, e della dottrina li guadagnaua l'applauſo uniuerſale di tutti.

Sei meſi auanti moriſſe Innocentio ſi penetrarono le prattiche di Sacchetti, perche i Cardinali affettionati come io diceua, vedendo da una parte mancare ogni giorno la ſperanza che il Papa foſſe per tirare aſſai inanzi la vita, dall'altra conſiderado che li Spagnuoli nõ haurebbero laſciato diligenza veruna, per tener lontano Sacchetti, ferono un'unione

ne à

ALESSANDRO VII.

ne à fauor di lui, e meſſero in ſicuro come allora ſi ſeppe 33
voti. Fu il primo à ſcoprir queſti negotiati il Cardinale Capponi, che ne diede ſubito parte al Gran Duca di Toſcana ed al Cardinale Giou. Carlo doppo hauerne parlato al Cardinale Decano. Da queſta parte ſi diſſimulò il tutto facendoſi occultamente i Terrapieni, per render vani i colpi de' nemici, lauorandoſi di contramine che doueſſero far ſuanire i loro lauori. Il Cardinale Barberino quantunque non foſſe alieno dal' eſaltare Sacchetti, ſtimò però ſempre difficoltà inſuperabile le ſue prattiche; ad ogni modo, ſcorgendo quanto giouaſſe à i diſegni proprij l'unione già detta, moſtrò d'approuarla, e promiſe di cooperare con ogni efficacia all' eſito da Collegati deſiderato.

Entrò egli in Conclaue con volontà d'eſaltare il Cardinale Corrado, e di far tutti li ſuoi ſforzi per conſeguire il ſuo intento. Nasque Corrado in Ferrara ed in conſequenza ſuddito d'Alfonſo Duca d'Eſte, e benche il Dominio di queſto luogo paſsò alla Chieſa, rimaſe però ſempre nell' affetto de gl' Eſtenſi, ed in non sò quali intereſſi nella ſua giouinezza, furono del Duca di Modena pure in Ferrara. Imparentando queſto co' i Barberini, trà l'altre conditioni che fece, fu che da loro ſi procuraſſero le prattiche di Corrado nel futuro Conclaue. Non fu molto Contrario al genio del Cardinale Barberino il partito, perche toltone il riſpetto che Corrado non è ſua Creatura, nell' altre coſe incontraua ogni ſodisfattione. L'haueua chiamato à Roma e fattolo Auditore di Rota nel Pontificato del Zio, doppo non l'haueua mai diſguſtata, moſtrò di rallegrarſi della ſua promotione al Cardinalato, nè laſciò mai alcuna dimoſtratione che gli poteſſe accreſcere la confidenza. Vedeua però che il porre in piedi le prattiche di Corrado, traheua ſeco molte conſequenze, oppoſte non meno al ſuo utile che al ſuo diſegno. Li Spagnuoli che non erano lontani, dal pigliar queſto ſoggetto, vedendolo da lui propoſto, hauerebbero facilmente penetrato il ſuo motiuo che lo ſpingeua, ed in conſequenza fatto ogni ſforzo per impedire il progreſſo. Sono note le cagioni degli odij, trà il Duca di Modena e l'iſteſſi Spagnuoli, e perche queſti odiaſfero uno, baſtaua ſapere ch' ei foſſe amato da quello. Le Creature d'Vrbano vedendoſi poſpoſto ad una d'Innocentio, da chi doueua proferire ciaſcuna di loro, à qualſiuoglia dello ſteſſo Innocentio, era veriſimile, che ſciolti dal obligo dalla gratitudine laſciaſſerò di ſeguire il loro capo. La giouentù, la poca iſperienza, e la natura aſſai lenta del Cardinal Corrado, non daua alcuna ſperanza, che il Collegio foſſe per abbracciarlo, ſenza veruna repugnanza ò contraſto. Hebbe dunque per bene di tenere naſcoſto queſto ſuo diſegno ad ogn'uno, ed aſpettare la commodità, che dal tempo ſegli poteſſero ſuggerire. Finſe però con gl' affettionati di Sacchetti ch' egli non haueua altro intento che di rinouare le diligenze pratticate nel paſſato Conclaue, e ch' era tanto grande il deſiderio d'eſaltare quel Cardinal ch' egli non ſi curaua d'eſſere in vece di Capo uno de' membri men nobili per ſodisfarlo, e coſi ſi rendette affettionati quei Cardinali penſando poi di tenerli alle ſue parti, quando riuſcite vane le prattiche di Sacchetti. Scriſſe al Duca di Modena, che per fermare qualche ſperanza dell' elettione di Corrado, gl' era d'uopo d'eſporſi al pericolo che foſſe eſaltato Sacchetti; e quell' Altezza non aborrendo da Sacchetti, riſpoſe di reſtarne appagata, eſortandolo di più, à fare ogni sforzo purche un ſi degno ſoggetto giungneſſe alla dignità ſuprema, di cui era capace al pari d'ogn' alttro. Prima d'entrare in Conclaue reſtorno d'accordo i Collegari à fauor di Sacchetti, che le ſue prattiche ſi doueſſero ſoſpendere, fino alla ſtracchezza del Conclaue, e che i primi furori doueſſero conſumarſi nell' eſcluſione degl' altri pretendenti, che giungeuano al numero 22. E certo fu giuditio di tutti eſſere ſtata la pratticha di Sacchetti immatura, che tardata un poco più, potere hauere miglior eſito di quel c'habbia hauuto l'ambiguità dell' Ambaſciatore di Spagna, giudicata diſordine nella fattione Spagnola fece animo à Collegati, che ſi chiamauano lo ſquadrone volante, di porre in campo il loro diſegno, ſperando che in quei tumulti gl'Auuerſarij, ſi potrebbero ſbigottire, ed à loro naſcere la vittoria. Il Cardinale Antonio barberino andato ad un Cardinale amico di Sacchetti, mà non però dello ſquadrone, tiratolo in diſparte

ALESSANDRO VII.

parte, gli diſſe : Allegramente Signor Cardinale, habbiamo Papa già Sacchetti, e la coſa è tanto più grata, quanto che non ci ſouraſta alcun faſtidio ò noia, che ne renderebbe un lungo Conclaue. Non laſciò il Cardinal de Medici di far le diligenze neceſſarie, per contendere à Sacchetti il Pontificato, e perciò parte per ſe ſteſſo, parte per i ſuoi confidenti auuisò i Parteggiani di Spagna à contenerſi in officio ed à ricordarſi dell'obligo loro. Fè confortare i Vecchi a non concorrer in Sacchetti, accertando ciaſcuno in particolare, c'hauerrebe la mira ſolamente ad eſaltare la ſua perſona. E' coſa incredibile quanto ſia facile ogn'uno à laſciarſi ingannare dal proprio intereſſe, queſto è arbitro de gli affetti degli huomini, ne v'e alcuno per ſaggio che ſia che alle ſue vane apparenze non ceda. XXII Cardinali aſpirauano al Pontificato, e per mezzo de loro aderenti la maggior parte faceua le prattiche per arriuarui. Ogn'uno di loro ſi laſciaua imbarcare da capi di fattione ne v'era che non haueſſe ſperanza d'eſſere il più amato da quelli. E' indubitato che il Cardinale Barberino entrò con diſegno d'opporſi all'eſaltatione di tutte le Creature ſue Papabili, toltone Sacchetti, Rapaccioli, e Franciotti, e pure tutti gl'altri particolarmente Ginetti, Carpegna, e San Clemente, preſtando fede alle ſue promeſſe, ſtimauano e poteuano ſtimare di poterlo hauere fauoreuole. Per mezzo del Principe di Paleſtrina fe intendere à ciaſcuno di loro auanti l'ingreſſo del Conclaue, ch'egli non haueua altro intento che di promouere la ſua perſona; ricordaua egli gli oblighi che diceua d'hauere, parlaua della conuenienza. Carpegna poteua temere l'oppoſitione di Barberino perche era troppo noto ad ogn'uno l'affetto de' Medici à lui partiale; mà l'eſſere ſtato da lui promoſſo alla Porpora, e l'hauergli in tutti li tempi ſenza verun interrumpiméto, preſtato ogni oſſequio l'affiſaua dall'altra parte del ſuo fauore. Ginetti e San Clemente furono creature diletti d'Vrbano, ne da' altri che da lui poſſono confeſſare quell'honore, non hauendolo ne con ricchezza di patrimonio, ne con lunghezza di ſeruitio à prò della Chieſa acquiſtato. Ambidue aſſai auanti ne gli anni, di valore aſſai pratticato, c'haueuano l'aura che baſta per andare nel numero de' ro de' candidati ; ogn' altra cosa poteuano temere che l'auuersione del Cardinale Barberino, senza ragione poteuano temere che fossero finte l'offerte fatte loro, come io diceua, per mezzo di Palestrina, mà di loro parlerò à lungo di ciascuno.

La mattina de 19. Genaro, non fu fatto scrutinio, perche non era anchora terminata la clausura. Era sì grande il numero de' Cardinali ed in consequenza di coloro che stauano al loro seruitio, che per il Conclaue, come dalle piante sin dal principio stápate apparisce, fu d'vuopo farlo di recinto più ampio del solito, e così d'un giorno di più, per poterlo conforme alle dispositioni delle Bolle Pontificie ridurre à perfettione. La tardanza si riputò altretanto utile alli Spagnuoli, quanto dannosa à Sacchetti, quelli hebbero tempo d'assodare l'esclusione dal principio vacillante, per l'ambiguità del Duca di Terra-nuoua. Questo perdette assai, languendo l'impeto de' fattionari, come succede d'ordinario col tempo. S'attese tutto quel giorno à negotiare da tutte le parti, aspettandosi come principio di battaglia il primo Scrutinio. Li Cardinali entrorno nella Cappella di Sisto, seruando gl'ordini e solennità ordinarie, delle quali non faremo parola per esser state le medesime degl'altri Conclaui. Per scrutinatori di quella mattina furono cacciati à fortuna li Cardinali Barberino, Ludouisio, & Azzolino; per riconoscitori, Rappaccioli, Retz, ed Antonio Barberino. Furono honorati quella stessa mattina con due voti allo scrutinio e due all'accesso il Cardinal Decano, con 5 allo Scrutinio e due all'accesso il Cardinale Sotto-Decano; con 10 allo scrutinio e 10 all'accesso il Cardinal Sacchetti; d'uno allo scrutinio d'un altro all'accesso il Cardinal Ginetti; di 3 allo scrutinio e d'uno all'accesso il Cardinal Capponi; di due e uno il Cardinale Pallotta; San Clemente, Fachinetti, Grimaldi, Rapaccioli, Giori, Cechini, Cherubino, Imperiale, Caffarelli ed Albezi; 13 nello scrutinio ed 8 all'accesso Caraffa; 11 nello scrutinio e 7 all'accesso Chiggi 3 nello scrutinio e quattro nell'accesso Corrado. Gli altri non hebbero voto alcuno, e nell'accesso furono 23 schedule, che diceuano, *Accedo Nemini*. E così fu terminato il primo scrutinio.

ALESSANDRO VII.

Dal' esserci così dispersi i voti, s'argomentò che li Partiali di Sacchetti volessero dar tempo al tempo, per condurre con speranza di felice successo il loro negotiato. Nello scrutinio della sera non fu notabile alteratione di voti, solo fu dato qualch' uno à chi la mattina non n'hebbe. Il numero degli Accessori al *Nemini* fu lo stesso; nell' altra mattina i voti di Sacchetti tra lo scrutinio e l'accesso furono 22, di Caraffa e Chiggi furono quasi i medesimi, e così fu la sera. Da questi principij si comminciò ad argomentare la lunghezza del Conclaue, ed à far giuditio insieme, quali forze hauessero le fattioni. Quei tanti che nello scrutinio non andauano à nissuno, furono creduti li Spagnoli, ed hauessero il *Nemini* per segno della loro unione. Questi erano già sufficienti ad escludere, sì che le speranze di Sacchetti cadeuano par terra, essendo irremediabile la caduta. Gl' altri con d'altri sparsamente à Caraffa e Chigi, si dichiarauano che ciascuno di loro faceua per la Chiesa, come essi giudicauano ch' erano risoluti di non concorrere in alcun' altro.

Vna mattina occorse una cosa, che alterò alquanto il Conclaue, furono dati al Cardinale Barberino 31 voti trà lo scrutinio ed accesso, del che si spauentorno notabilmanti i Medici. Non poteuano dubitare altrimente, che Barberino fosse Papa, sapendo esser già andato in disuso ciò, che anticamente si pratticaua di solleuare al Pontificato chi fosse stato nipote d'un Papa viuuto per qualche tempo. Così ad Eugenio VI doppo alcuni Pontificati successe Paulo II; à Calisto III con gl'istessi intermedij Alessandro VI, à Pio II, Pio III; à Sisto IV, Giulio II; à Leone X, Clemente VII; doppo qual tempo non si son mai radoppiati in una stessa famiglia i Pontificati. Ne valse à Farnese l'affetto de' Cardinali, la stima de' Principi, e l'interesse principalmente col Rè di Spagna, per mezzo d'Alessandro suo Nipote, per sedere nella sedia occupata da Paolo III suo Zio. Il Cardinal Barberino era amato da' Cardinali, mà non à segno che lo volessero Papa. Era noto che molte delle sue Creature haueuano riceuuti notabili disgusti da lui; molte di quelle d'Innocentio gl' erano sino scopertamente nemiche. Con tutto ciò li Medici s'auuidero, ch'il Papa non poteua farsi senza l'interuento de' Barberini, e che l'esito del Conclaue era quasi disperato, ogni volta che non venissero à parlamento con lui. Questo fine hebbero coloro che diedero i voti in quella mattina ed apunto conseguirno il loro intento. Erano stati costanti li Medici, di ricusare l'abboccamento con questo Cardinale. Il Cardinale Carlo venne à Roma subito doppo la morte d'Vrbano VIII, e rigettò la visita di Do. Taddeo, che fu il primo à volerlo visitare, e chiuse à i due Cardinali Francesco ad Antonio la via di far la stessa visita. Nel Conclaue dello stesso Vrbano non volle mai parlare con alcuno di loro, e doppo l'esaltatione d'Innocentio, perseuerò nello stesso proposito. Così fece il Cardinale Giou. Carlo quando venne à prender il Cappello Cardinalitio. Pochi mesi auanti la morte d'Innocentio, il Cardinale accettò la visita del Cardinale Antonio, e lo fece à richiesta del Rè di Francia, che con l'Ambasciatore di Toscana si dolse in Parigi, ch'il detto Cardinale fattionario, e dipendente della sua Corona, fesse reputato nemico de' Medici, col Cardinale Francesco si continuaua nelle comminciate dimostrationi d'auuersione, ne si daua orecchio, ad alcuno che fauellasse d'accordo. Si piegò l'ostinatione quando apparue come io diceua, ch'il Papa non poteua farsi senza Barberino. E così doppo alcuni giorni s'abboccarono insieme il Cardinal Giou. Carlo si congratulò de' voti conseguiti negli scrutinij passati, e Barberino rispose, che detti voti erano per seruire à S. E. Il ringratiamento non uscì da i termini di complimento, ed intorno al Papa fu detto dall'una parte e l'altra, che bisognaua fare un huomo da bene, proportionato alli bisogni di Santa Chiesa, che uandaua giornalmente perdendo vigore. Trattauano poi insieme à ridire la medesima cosa, ed in somma si connobbe che dal parlarsi non nasceua la confidenza ne s'erano dileguati in tutto i passati rumori.

Tra tanto s'erano già dichiarati li fattionarij volanti, che non voleuano altro Papa che Sacchetti, e doue prima li voti di lui s'erano andato rigirando trà li 25 e 30 hor calando hor alzando comminciarono à prender posto sul 33 ne mai s'alteraua

ALESSANDRO VII.

raua questo numero di Sacchetti, dicevano ò Cataletto ne haueuano altro in bocca che di voler lasciar la vita in Conclaue prima d'uscire con l'esaltatione d'altri che di Sacchetti. Nel principio del Conclaue mancarono di quei Cardinali che vennero poi. L'Arciuescouo di Napoli, quello di Praga, e quello di Genoua, e Landgrauio d'Assia. Incontrò l'Arciuescouo di Napoli, l'Ambasciatore di Spagna, e lo consigliò ò non hauer riguardo à ciò che li Medici dicessero, accennando intorno all'esclusione di Sacchetti, ch' egli mostraua di credere, ò più tosto di sapere, che non da Spagna altrimente, mà da Firenze venisse. Così disse con Landgrauio e con Durazzo, se non che il non esser questo da Spagna dipendente, richiese alcuna mutatione nel dire. Con la venuta del Harach che fu l'ultimo si cangiò affatto il parlare del Duca di Terra-nuoua, perche accompagnato questo Cardinal fino alla porta del Conclaue vidde il Cardinale Acquauiua e Landgrauio, e disse loro che da parte del suo Rè dichiaraua per diffidente della Corona di Spagna il Cardinale Sacchetti, e desideraua che questa sua dichiaratione si notificasse à i Cardinali sudditi della Spagna, ed in particolare al Cardinale Borromeo ed Homodei.

Di questa mutatione tenne celata la vera cagione l'Ambasciatore anzi farà di mestiere per informatione di chi legge di portar ciò che da altri e da lui fu detto intorno à questo negotio. Ne' primi giorni del Conclaue veduta l'ambiguità del Duca già detto., il Cardinale di Medici scrisse al Viceré di Napoli lamentandosi fortemente che la mente del Rè suo Signore venisse così malamente defraudata, e che un Ministro della Spagna il più principale della Corte di Roma, si studiasse di portar pregiuditio tanto grande à quella Monarchia, quale sarebbe stata l'esaltatione d'huomo escluso altreuolte, & interessato con nemici più dichiarati della Corona. Lo preghò d'interporre l'opera sua in affare di tanto rilieuo, e se la sua autorità si stendesse tant'oltre di richiamarlo dell'Ambasciaria. Il Viceré riceuute le lettere, ne diede subito parte al Viceré di Sicilia e Gouuernatore di Milano, dicendo di hauer nelle sue institutioni la diffidenza di Sacchetti, mà non hauendola, ò dicendo di non hauerla l'Ambafciatore, egli non fapeua che ifpediente pigliare, chiedeua però configlio da loro per non efporfi al pericolo d'errare in cofa di fi graue importanza. Tutti li configliorno di fcriuere all' Ambafciadore, ciò ch' egli fapeua della mente del Rè, perche così egli faceua l'ufficio di buon Miniftro, e rendeua inefcufabile l'errore del Duca. Hauute le lettere il Vicerè, l'Ambafciatore pafsò l'ufficio che dicemmo, e tolfe il pretefto del feruitio di Spagna à molti che concorreuano in Sacchetti. Quefto diffe d'hauer fatto con arte l'Ambafciadore non altrimente à perfuafione ò richiefta d'alcun Miniftro della Corona. Non volfi dicea con alcuno, dar principio al Conclaue con l'efclufione d'un foggetto di tanta ftima di quanta è Sacchetti, giudicai che quiui poteffe incontrare odio la noftra fattione in Conclaue, e riceueffe utile in vece di detrimento quella degl' Auuerfarij. Perciò nel principio parlai ambiguamente à bella pofta, per vedere doue andaffero à poggiare le forze de' fattionarij volanti, ed il fauore di coloro che chiamauano affaffinata la Chiefa di Dio impedendofene un Capo fopra tutti gl' altri pretendenti proportionato, per gouernarla. Quando poi s'è veduto, che i primi impeti non fono ftati fi forti, che non habbia potuto rintuzzare la noftra fattione, opportunamente hò publicato la mente del Rè mio Signore. Si doleua di più dello fteffo Sacchetti, dicendo medefimo l'haueua detto più volte d'hauer lettere del Rè, con le quali riuocaua l'efclufione una volta publicata, e per reiterare iftanze che gliene haueffe fatte non haueua potuto vederle. A i Cardinali che gl' addimandauano perche nel principio non parlaffe con tanta rifolutione, rifpofe d'hauer ftimato, ch' effi lo poteffero intendere a i cenni, ne hauer voluto dar quella nota à Sacchetti; Mà hora che non baftauano i cenni effere sforzato di paffare alle più viue dichiarationi che richiedeffe il negotio.

La dichiaratione però in luogo di terminare le prattiche di Sacchetti l'auualorò maggiormente. Ne Borromeo ed Acuiua partirono altrimente dal' unione de' fattionarij volanti; più tofto s'oftinarono nell' intraprefo propefito. Si diuolgò per

per lo Conclaue una scrittura attribuita communemente al Cardinale Albizi, mà da molti stimata fattura dell' Auuocato Lini, in cui l'autore studiò di prouare che nessun Principe secolare potesse senza graue peccato, ed obligo di sodisfare a i danni priuati, e publici, opporsi all' esaltatione d'alcuni Cardinali in Conclaue, che peccassero mortalmente i Cardinali che il riguardo d'alcun Rè ò Potentato in qual si voglia sorte lasciassero di dare il loro voto à chi per altro giudicassero de de gl' altri più meriteuole. Era la scrittura fatta à modi d'allegatione legale, portandosi l'autorità di tutto quello che si diceua. E perche correa fama essere anco uscita un' altra scrittura in cui si mostraua che i Cardinali non deuono ò possono far giustamente un Pontifice che habbia l'esclusione scoperta da un Rè Christiano à cui obbedisca gran parte de' Cattolici, e fu fama che l'Autore di quella fusse il Cardinal D. Lugo, perciò che la maggior parte dell' Autorità per prouare che un Rè ò qual siuoglia Principe, non può senza colpa grauissima, come io diceua, escludere alcuno, nè i Cardinali da quest' esclusione hauer riguardo era presa dalle scritture dello stesso Lugo. La scrittura hebbe la sua risposta, nè fece alcuna impressione ne' Cardinali, se non che li Spagnuoli formarono concetto, che Albizi Autore ò vero ò preteso della scrittura, non pare volesse far à suo modo seguendo il dettame de proprij capricci in Conclaue, mà che di più pretendesse tirar altri doue egli corresse, ò dar loro le leggi in vece di riceuerle.

Di più una mattina il Febei Maestro di Cerimonie parlò con alcuni Conclauisti resentitamente contro coloro che escludeuano Sacchetti, diceuano che impediuano una esaltatione la più degna che potesse farsi in quel tempo, ed in consequenza erano rei di tutti quei danni, che non hauendo un Capo di tanto valore patirebbe la Chiesa Cattolica. Di ciò fatti consapeuoli li Spagnoli nella loro congregatione, diederò l'incumbenza al Cardinal Giou. Carlo ad auuisare il Febei, ad andar più cauto nella censura delle loro attioni. Il Cardinale l'esseguì nel modo che giudicò essere il più à proposito per chiuder la via à tal inuentione. Dal principio di

Quaresima s'ammalò il Cardinale Triuultio, e se bene il male non era si graue che non permettesse il fermarsi in Conclaue, il timore però che non andasse prendendo vigore lo consigliò ad uscire como fece. Di là poco soprafatto d'una apoplessia morì il Cardinale pur Luigi Caraffa, ed il cadauero fu trasferito alla Chiesa del Giesù doue due giorni doppo col honore douuto ad un Cardinale e Principe di tal casa fu sepellito. Molti haueuano fatto disegno su la persona di Caraffa, stimando riuscibile la sua esaltatione. Il concetto della sua bontà era più che ordinario, nella Nuntiatura di Colonia si era diportato egregiamente, l'haueua esaltato nel principio del suo Pontificato Innocentio, stimandosi quasi obligato dal merito à dargli la Porpora. Nell' affabilità de costumi non era superabile d'alcun altro, e perciò haueua pochi ò nesun nemico per rispetto suo proprio. In risguardo della famiglia non gli erano amici li Colonesi, e dal non hauerli conferito la dignità del Cappello al tempo di Vrbano poteua il Cardinale Barberino essere trattenuto à non concorrere nella sua esaltatione. Le Creature d'Innocentio vi sarebbero caminate più che di buon passo. Negli Spagnuoli preualeua il concetto della sua natura, e li seruitij del fratello Principe di Bassignano alla memoria di Paolo IV. I Medici per se stessi l'amauano, forse più d'ogn' altro. Due cose s'opponeuano all' esaltatione di Caraffa; l'uno era l'impedimento de' piedi affatto inutili al caminare, nè pareua conueniente, quando bene non ostasse alla dispositione de Canoni che si facesse un Papa nè pure habile à fare la prima funtione, e celebrar messa una volta; l'altra era, la fresca ricordanza della legatione di Bologna ch' egli fu forzato di lasciare per l'inabilità. Basta egli morì in concerto di poter esser Papa, e con lode molto maggiore appresso i Conclauisti, hauerebbe terminato la vita, se si fosse mostrato men auido d'arriuare al Pontificato. Non s'intepidiuano punto le prattiche di Sacchetti: era più che mai ardente la fattion volante; in volerlo Barberino secondaua l'ardore; li Francesi non si straccauano doppo le prime furie; ed alli Spagnoli era d'vopo di vigilar sempre alla propria difesa. La venuta di Monsieur de Leon in qualità d'Ambasciatore

ALESSANDRO VII.

tore di Francia accrebbe la costanza ne suoi. Non si può tacere una cosa di quest'Ambasciatore, & è la sua lettera presentata al Sacro Collegio; in questa scritta assai elegantemente esponeua il desiderio del suo Rè circa l'elettione d'un huomo per il Pontificato, habile à sostener si graue peso col valore e col merito. Ricordaua i bisogni della Chiesa trauagliata di dentro dalle guerre de' Cattolici trà di loro, di fuora dall'heresie ed il paganesimo, dicendo che il Papa doueua esser lontano dalla corruttione delle simonie, soggiunse, il come il passato Pontifice. In somma non voleua tanto esortare quanto dar biasimo, e fu detto che li Francesi parlassero a bella posta, con si poco rispetto di quel Papa, per dimostrare che non haueuano occasione di pentirsi che Innocentio X. fosse stato à dispetto loro esaltato. Gl'affettionati però di quel Papa non sentirono quella scrittura con gusto, ne la verità potè tanto in loro che non desse luogo all'Amore. Li voti di Sacchetti erano sempre 33. gl'auuersi degli Spagnoli erano al *Nemini*. Nell'uscire una mattina il Cardinale Cesio della Cappella doppo lo scrutinio disse facetamente: Horsù, noi non faremo mai il Papa, se non si accordano il Cardinale *Nemini*, e il Cardinale *trentatrè*. Auueditosi il Cardinale Sacchetti che non ostante il numero de suoi promotori, era poco meno che disperata la sua esaltatione, comminciò à far qualche parola per introdur i negotij di Chigi. Trouò buona dispositione ne suoi aderenti, ne poteua dubitarsi della fattione volante, perche l'essersi dichiarata di voler Papa un'huomo da bene, toglieua ogni sospeto ch'ella non fosse per caminare, in un huomo di si accreditato valore. Ne Francesi non trouò quel ardore che stimò necessario per condurre à fine il negotio, anzi il Cardinale Grimaldi parlò in una maniera, che se bene intendeua un'altra cosa, fu però cagione che si venisse al partito da lui preso. Dissele Grimaldi che stimò difficile il negotio di Chigi, e questo disse egli appoggiato acciò che le disse il Cardinal Barberino di non voler uscire dalle sue creature, mà particolarmente non voler Chigi. Sacchetti giudicò che la difficultà s'attribuisse all'esclusiua di Francia, e senza far altro motto prese occasio-

ne

no di scriuere al Cardinal Mazzarino à fauore di Chigi, dicendoli che doppo d'essere entrato in Conclaue, riflettendo all' obligo c'haueua di seruire alla Chiesa & al osseruanza del giuramento, replicato due volte il giorno, houeua sempre hauuto la mira al Cardinal Chigi, ch'esso haueua l'aura del Collegio per la certezza ch'era in ogn'uno del suo gran merito e delle sue virtù singolari, che parlando di lui con fattionarii di Francia, haueua incontrato difficultà, che riflettendo à ciò che da S. E. gl'era stato scritto, più volte poteua conjetturare che di là le venisse l'esclusione. Che la seruitù professata al Rè Christianissimo ed à S. E. li dauano ardire d'affirmare, che i sospetti nati dal attione del Cardinal Chigi, non poteuano essere se non vani, ripugnando al possibile che habbia hauuto altro interesse, che quello della publica felicità, un huomo di rettitudine si segnalata. Ch'egli assicuraua sua E. che il Cardinale Chigi haueua sentimenti buonissimi dalla Francia, e che rimanendo esaltato haurebbe sempre congionta la causa di quel Regno con la sua propria. Conchiuse finalmente, ch'escludendosi il Cardinal Chigi per parte della Francia, accreditaua il concetto che molti haueuano che la Pace trà le due Corone fusse per parte della Francia impedita, già che in altro non haueua ingelosito la Francia. Il Cardinale Chigi che in mostrarsi ardente in promouerne l'essecutione nel congresso fatto à questo fine à Munster. La lettera fu mandata verso li 13 Febbraro per corriere espresso; oltre i rispetti communi colla Francia, passaua poca intelligenza per altre cagioni trà il Cardinal Mazzarino ed il Card. Chigi, mentre questo era Nuntio in Colonia, quello ricorse iui fugastro dalla Francia, quando determinatasi nel consiglio la scarceratione de' Principi, Condé, Conti, e Duca di Longauilla, gli fu necessitato d'abbandonare quel Regno, frà tanto solleuatosi contro lo stesso Rè i Principi e'l Duca d'Orliens, Mazzarino prese à far leue per ritornare in aiuto del Rè. Di ciò diede auuiso al Papa Innocentio il Nuntio, e hebbe da lui ordini à passare doglianze coll'Elettore, perche permettesse simile leuate di gente nel suo stato, trattandosi non pure di far guerra à i Christiani, mà d'alimentare le

guerre

ALESSANDRO VII.

guerre Ciuili in una Casa Reale. Esseguì il Nuntio gl'ordini del Pontifice, e come che l'Elettore non ne facesse caso, Mazzarino però ne rimase offeso, come dall'altro canto il Pontifice s'animò à fauore di Chigi, e poco doppo morto Panzirola lo chiamò alla Segretaria di stato. Doppo l'inuio di questa lettera, empiendo già la scena il Cardinale Sacchetti, si comminciò à negotiare per qualchedun altro; Il Cardinale Barberino amaua assai il Cardinale Rappaccioli, ed era costante l'opinione che se hauesse potuto, nessuno più di lui sarebbe stato esaltato. Il Cardinale Facchinetti non lasciaua opera alcuna, in beneficio del suo Amico, che se di già fatto un'altro lui per lo scambieuol affetto. Li Spagnoli quantunque non desiderassero Rappaccioli, per esser egli stimato confidentissimo di Barberino, tuttauia non parendo loro bene d'impegnarsi in tante esclusioni, copriuano il suo talento, mostrando in apparenza, di non essere alieni di questo soggetto. Il Cardinale Antonio Barberino haueua cooperato insieme, con il Cardinale Spada l'esclusione di Rapaccioli, & haueua ottenuto l'intento da Mazzarino, il pretesto delle dimande fu la di lui troppo confidenza col suo fratello, al quale egli diceua d'essere obligato d'opporsi, per ragione d'interesse altretanto, quanto era obligato di conuenire con lui per le ragioni del sangue. Non si rese difficile Mazzarino à queste dimande, come quello ch'aueua i medesimi motiui d'Antonio, e di Spagnoli verso Rappaccioli, e desideraua di condescendere à desiderii di Spada. Nel Conclaue però il Cardinale Antonio mutò sentimento, ò fussero ragione delle mutationi le persuasioni del fratello, ò quelle del Cardinale d'Este, che desideraua in capite Rapaccioli. Furono dunque introdotti i trattati, e Facchinetti non prendeua riposo. Este tutto affacendato andaua, hor da questo, hor da quello, non potendo terminare alli trattati, come fu suo costume in tutto il Conclaue, d'affacendarsi senza far nulla. L'Abbate Costa era conclauista del Cardinale Antonio, datoli per instruttione dal Cardinale Mazzarino, e come quello che bene intendeua gl'obblighi del suo padrone, la mente del Cardinal Mazzarino, auuisò quello delle male sodisfattioni ch'aurebbe hauuta la Francia dell' esaltatione di Rappaccioli, mà ben egli perdè la confidenza, perche parlaua più tosto per utile, che per recar più diletto al suo Cardinale. Rimase, & non lasciò di fare i medesimi auuisi, & una sera disse ch'egli protestaua di douer testificare alla Fracia l'assassinamento ch'egli faceua di S. E. e non doueua più seruirle la scusa portata doppo l'esaltatione d'Innocentio, di non hauer hauuto alcuno che gli ricordasse ciò che faceua mestieri di fare, che li lasciò nel tauolino alcune scritture che haueua per fortuna nelle mani, & andò à dormire. Soprauenuto il Conclauista d'un altro Cardinale, trouò il Cardinale Antonio che lagrimò per souerchio dolore, ò rabbia che l'assalisse, è fu poi di bisogno, che lo mettesse à letto un giouane di Paolucci, spetiale del Conclaue.

La mattina che soprauenne determinarono di scriuere in Francia, per riuocare l'esclusione, già che Monsieur di Leone non cessaua di strepitare alle Ruote, per un trattato tanto pregiudiciale al suo Rè. Era in questo mentre soprauenuta una indispositione, che fu tenuta preludio d'una grand' infermità al Cardinale Spada, che pretese colorire il bisogno, che per altro egli haueua d'uscire di Conclaue. Il solo odore delle Pape, disse il Cardinale Montalto faceramente, ha cagionata l'infermità à Spada, che male paterebbe s'egli la mágiasse. Uscì dunque l'Eminentissimo Spada, e scrisse nell'istesso tempo in Francia, per far la contramina alle mani di Rappaccioli, l'indispositione non era sì graue, che non li desse agio di negotiare con chi volesse. Monsù di Leone per stabilirlo contro Rappaccioli, doppo l'Ambasc. di Spagna dal quale scoprì che li Spagnoli ed i Medici non parlauano da douero nelle cose di Rappaccioli, mà che il tutto consisteua nell' apparenza. Quì giudico necessario per hauer la chiarezza che basta di questo fatto, repetere da principio le cagioni d'auuersione di Spada verso Rappaccioli. Questo Cardinale subbito doppo creato Innocentio, scrisse la relatione del Conclaue, come si suole da molti, e noi ancora facciamo al presente. Il racconto però come haueua per fine l'interesse, cosi non poteua conformarsi con la verità de' successi.

ALESSANDRO VII.

cessi. L'odio e l'amore sono il veleno dell'historia, mà è un cadauero senza la verità, come disse un Moderno, l'amore e l'odio togliendo l'istessa virtù, la tolgono di vita. Il fine della relatione fu il mostrare, qualmente il Cardinale Barberino, non haueua hauuto altro fine, che di esaltare Innocentio, e così mitigare il genio di quel Pontifice, già dichiarato à danni de' Barberini; per dimostrare questo fine, nel che nel sentimento commune non s'opponeua al vero, li bisognò mostrare che li trattati degli altri Cardinali erano stati solaméte per apparenza da Barberino, ò intrapresi ò promossi, e che in lui non era stata stimata d'alcun altro che di Pamfilio. Da alcuni faceua giuditio, interpretando ciò, che il mondo era per sentire, della loro esaltatione, quando fossero riusciti Pontefici. Ciò offese molti, perche quei medesimi che non si curauan degli honori, vogliono esser stimati meriteuoli di conseguirli, e si può ben trouare chi ricusi gl'Imperi, mà chi voglia parere incapace d'amministrargli, ne ancho con la lucerna di Diogene si troua. Offeso notabilmente il Cardinale Spada con giuditio d'una scrittura à lui imputata, nella quale disse apparire sentimenti d'ambitione, e disegni di persuadere il Collegio, che niun Cardinale al pari di lui era meriteuole al Ponteficato. Penetrò altamente l'animo del Cardinal Spada questa censura, e fin' all' hora macchinò di far la vendetta solita da farsi da Cardinali, e se il trauersare, quando vi sia speranza il Pontifice, per scoprire l'errore nelle relationi di Rapaccioli scrisse egli l'Historia del Couclaue, non però la mandò fuori prima che Innocentio morisse. Da tutti è stata riceuuta con grand' applauso e di lunga mano del giuditio, nell' eleganza dello stile, nella sincerità del racconto, & in ogn'altra qualità superiore à quella di Rappaccioli L'età assai fresca poteua assicurare il Cardinale Spada che il suo Auuersario non era in questo Conclaue per ottenere il Papato, dall' altra parte ricompensauano il mancamento degl' anni, l'indispositioni continue del male dell' orina, ed il concetto della bontà de' costumi e delle scientie, faceua precorrere à gl'anni la speranza di Rappaccioli, l'affetto di Barberino guadagnato con una gratitudine inalterabile nelle loro calamità, l'acquistaua un partito tanto potente, l'honore egli hauuto da Innocentio, il Vescouo di Terni con dimostratione non mai cessata di molta beneuolenza, li guadagnaua l'affetto di quelle Creature. Spada però poco dopo il primo comminciamento del Conclaue diede fuori una scrittura che si diffuse per le mani de' Cardinali, in cui si studiò abbatere il concetto buono che potesse hauere Rappaccioli particolarmente nella litteratura di renderlo disprezzabile per altri rispetti, che di buona voglia consegnò al silentio. In quel che appartiene al sapere disse di Rappaccioli, ch'egli nella sua Diocese di Terni, haueua fatto preghare il Signore Dio, che volesse perdonare i suoi falli, ad uno spirito maligno che haueua inuaso il corpo d'un suo Diocesano; il caso è degno d'esser raccontato. Era in Terni un Indemoniato, e per tale lo faceua conoscere il fauellare di cose che non poteuano attribuirsi se non al Demonio. Volle per curiosità parlarli il Cardinale e le chiese trà l'altre cose, s'egli patiua assai pene; sono atrocissime le pene ch'io soffro douunque mi trouo, rispose il Demonio. Perche dunque, soggiunse il Cardinale, non hai pentimento di quelle colpe d'onde hanno origine le tue pene? Il pentimento è grandissimo, rispose il Demonio, mà non mi gioua. E se Dio, replicò il Cardinale, ti volesse perdonare accottaresti tu di buona voglia il perdono? All'hora il Cardinale ordinò che si facessero prieghi à Dio per indurlo à perdonare al Demonio. Narra questo fatto in tutto diuersamente il Cardinale Rappaccioli, come si vede da una scrittura in risposta da quella del Cardinal Spada; tuttauia non ho potuto impedire che molti col crederlo nella maniera racconta, non habbino formato concetto di molta ignoranza in lui, e d'una minestra grassa al pari della grassezza del volto, e corpo; non piaceua à molti, che Rapaccioli dicesse ad ogni tratto in Conclaue, ch'egli il *non grauetur* dell'età, come che se nisun altra cosa li ostasse per essere Papa che gl' anni.

Languendo le prattiche di Rappaccioli, si cominciò à far qualche parola del Cardinale Bragadino. Non haueua questo alcuna cosa positiua, che gli facesse ostacolo. Era l'età matura,

ALESSANDRO VII.

tura, li Spagnoli andauano del pari con Francesi, il non hauerlo per diffidente in niun Collegio, haueua alcuno che per interesse priuato gli si opponesse. Era nello squadron volante il Cardinal Ottobuono, che non tralasciaua alcuna diligenza per essaltarlo, ed il Cardinale Pio faceua il medesimo per essere suo parente. L'oppositioni de' Cardinali Genouesi era assai leggiera: gl' impedimenti dunque nasceuano dalla priuatione, perche questo Cardinale si stimaua per mancamento di prattica, e diffetto di sapere, affatto inhabile ad amministrare il Pontificato. E' questione problematica se il rispetto della Republica Veneta li rificasse più utile, ò nocumento, li bisogni di lei nella presente guerra col Turco, animauano un huomo in cui il publicato riguardo aggiungesse il priuato per darli aiuto. Dall' altra parte si temeua questo medesimo, perche non pareua di bene votare l'erario di San Pietro, e sneruare del tutto la possanza Pontificia, per soccorrere all' altrui calamità. La memoria d'Eugenio IV & Paolo II impediua l'aura del Cardinale Bragadino, perche l'uno con la violenza, e con l'uso d'un arbitrio troppo libero, l'altro con la vanità de' pensieri, e con l'odio essercitato contro de' letterati, fece formare concetto, che più tosto à difendere la libertà della Patria, che à gouernare la Greggia di Christo fosse habile. Li Nobili Vinetiani la prattica fu effimera se pure durò non meno di 24. hore. Il Cardinale Barberino come che per essere stato ascritto nuouamente al Rollo della Nobiltà Veneta, e per hauere usate assai cortesie con li Signori Terzi interessati col Cardinale Bragadino, si giudicasse dispostissimo da canto suo à promouerlo, si portò però assai lentamente nel tirare innanzi le prattiche à suo fauore, in oltre essere stato il Cardinale Bragadino quasi sempre fuor di Roma, faceua giudicare s'egli troppo inesperto di ciò che per gouernarla faceua di mestieri se si presupponeua in lui, che un' altezza d'ingegno, che sì chiaro, che si supplisse à i mancamenti della prattica; finalmente da Ottobuono li deriuaua più danno che utile, perche i portamenti suoi in Conclaue operauano che pochi disegnauano di fare un Papa, presso cui egli fosse per hauer parte alcuna non che fare il tutto.

Zzz 3   Tutti

Tutti questi trattati si faceuano priuatamente, che per il publico era quello di Sacchetti, in cui staua fisso il Cardinale Barberino, da lui non si staccaua lo Squadrone volante, 33 voti giongeuano taluolta à 35. Mà il Cardinale di Medici staua constante, nè vi era alcun verso per piegarlo. I Promotori diceuano di non poter giurare, se non *contra conscientiam*, di riputare degno alcuno de' Cardinali, mentre v'era Sacchetti. Gl'Auuersarij si faceuano scudo dell'esclusiua di Spagna: dall'una, e dall'altra parte si minacciaua la lunghezza del Conclaue, da quella se non si concorreua in Sacchetti, da questa se non s'andaua in qualche d'un altro. Sperauano i Promori di Sacchetti, che i Vecchi non concorreuano con loro, vinti dalla stanchezza fossero finalmente per concorrerui. I Medici d'all'altro canto, che negli stessi promotori douesse venire meno l'ardore, di quà, e di là si negotiaua incessamente. I Medici quantunque hauessero de gl'affettionati trà le Creature di Barberino, sempre però inclinauano maggiormente nella voltatione d'una Creatura del Collegio Vecchio, ò del più nuouo. In quello era Capponi; in questo molti da loro desiderati: le prattiche di Capponi furono l'ultime, e però ne parlaremo à suo luogo: bene vero, che non si poteuano imaginare, come il Cardinale Barberino fosse per lasciarsi tirare fuori delle sue Creature; si ricordauano di ciò ch'egli haueua fatto nel passato Conclaue, per non andare in una Creatura di Paolo V, di ciò ch'egli era più volte protestato, stimauano ch'egli hauesse i medesimi sentimenti ch'ebbero il Cardinale Alessandro Montalto Pronepote di Sisto V, il Cardinale Scipione Borghese. Quelli non pago d'hauer esaltato Clemente, ch'era l'unico Cardinale Papabile trà le Creature del Zio, procurò in trè Conclaui di promouere qualchedun'altro, e non per altro escluse Toschi, se non perche non li fu seruata la parola, da tali di lasciarli per dieci giorni cimentare una sua Creatura. Questo poi cioè Borghese non fu contento d'hauer esaltato Gregorio XV. mà nel sequente Conclaue, si protestò di douer più tosto morire che d'uscire d'una sua Creatura. Questi esempi debilitauano a' Medici la speranza che il Cardinale Barberino piegasse mai

dal

ALESSANDRO VII.

dal suo Collegio, e non piegando non vedeuano la via di forzarlo, conoscendolo molto robusto per il numero degl' Adherenti, stimauano che lui fosse una consideratione, laquale era ancora ne gl'animi de' Plebei, ciò che troppo s'offendeua la memoria d'Vrbano, esaltandosi d'alcun altro de' Collegij, che del suo, perche essendo riuscito Innocentio X. di fama tanto sinistra, e non creandosene qualchedun altro, si veniua à concludere che molto infelice fosse stato quel Papa nelle promotioni, e che riesce sempre più all' inclinatione ò de Nepoti, ò suoi, che al merito di chi si doueua promouere haueua hauuto riguardo, ciò che stimauano i Medici, ch'aurebbe ritenuto Barberino, era trà gli altri i loro motiui, perche niuna cosa desiderauano maggiormente che discreditare le attioni d'Vrbano, mà non vedeuano il modo di poterlo ottenere. Trà questi rumori fu fatta qualche parola del Cardinale Ginetti: niuno alimentaua speranza più viua di questo Cardinale. Rifletteua sù la maturità de gl'Anni, che di già passauano 70; sù le cariche essercitate, essendo stato Legato à Latere per la pace uniuersale in Colonia, Legato di Ferrara, e doppo in Roma sempre nell' uffitio di Vicario, che tira seco tutte le Congregationi, e la parte in ogni importante negotio. Sù l'affetto di Barberino, alquale haueua sempre seruito nella distributione de gli Beneficij, e stimaua di gradire più d'ogn' altro, perche più d'ogn' altro era stato caro ad Vrbano. Sù la buona inclinatione delle Corone, presso alle quali era in un buon credito, e finalmente sù l'affettione d'alcuni Cardinali, che lo voleuano, ò diceuano di volerlo portare. Haueua nel partito Spagnolo Colonna, nel Francese Bichi, nello squadrone volante Lomellini. Il primo s'era guadagnato con le promesse d'una parentela, supposto che fosse egli Papa, e di ciò fu constantissima opinione in Conclaue. Il secondo con varie dimostrationi d'affetto, e per auuentura col mezzo dell' Auditore di Ruota, che con Ginnetti per cagione dell'ufficio haueuano hauute molte occasioni di trattare. Il terzo era stato Vicelegato suo in Ferrara: Parlò una sera al Cardinale Barberino, pregandolo ad hauer à cuore il suo interesse, e dimandandoli

Barberino chi haueffe in fuo aiuto, rifpofe che tutte le fue fperanze fi fondauano in lui e Lomellino. Cominciò ad introdurui una fera qualche prattica per Ginetti, trà fuoi Collegati, mà ben prefto fe gl' oppofe Albizi nimico dichiarato di Ginetti, fi che pafsò trà quefte oppofitioni qualche parola di rifentimento. Colonna e Bighi non trouauano oppofitioni ne' Capi delle loro fattioni, mà tutta la difficultà confifteua ne' particolari, perche non era molto fauorevole l'aura che portaua il nome di Ginetti per il Conclaue, lo ftimauano intereffato nella robba è poco meno ch'auaro, la ftima s'appoggiaua all'efperienza, ed alle voci della Germania. Nelli doti dell' intelletto era ftimato di leggiera armatura, la moltitudine delle Congregationi in vece d'acquiftargli nome gli e l'haueua tolto, perche non potendo ftudiare quanto baftaua per portarfi bene in tutte, riufciua debole in ciafcheduna. Si che un Cardinale de' più giouani, doppo d'effere ftato da due volte folamente nella Congregatione de' Vefcoui e Regolare, diffe ad un fuo confidente, non haurei mai giudicato, che Ginetti foffe ftato tanto ignorante, quanto mi fia fcoperto in quefto poco di tempo. I Barberini tanto Francefco come Antonio l'haueuano in qualche maniera difguftato nel Pontificato d'Vrbano, perche vedendolo da quefto ugguagliato nell'affetto à loro fteffi, fi erano ingegnato di leuarlo di Palazzo, e mancando i pretefti, abbracciorno di buona voglia, quella della legatione di Germania, doppo la quale diffe Vrbano al Nepote, che bifognaua d'apparecchiare un apartemento per il Cardinale Ginnetti in Palazzo. Allora egli operò che in vece di ritornare in Roma fi fermaffe legato in Ferrara. Finalmente Ginnetti che intefe il linguaggio di Barberino prefe habitatione perpetua, per non hauer occafione di ftare in Palazzo. In Roma poi maffime trà Cardinal tanto chi offende quanto chi refta offefo, fcriue nel marmo, l'ingiurie da tutte le parti fono indelebili. S'era aggiunta un'altra cofa alle paffate, che diminuì affai l'affetto di Barberin verfo Ginnetti, e l'haueua difpofto à non fare molto sforzo, per efaltarlo. Quando egli trauagliato in tempo d'Innocentio, dimandò impreftito à Ginnetti 37 mill. fcud. egli rifpofe,

fcufan-

ALESSANDRO VII.

fcufandofi di non poterlo feruire, per non hauere nè quella ne altra fomma di denaro. La fcufa non valfe punto, perche ben fapeua Barberino ch'egli haueua commodità di dargli, non folo ciò che gli dimadaua, mà molto più fenza che fi fcommodaffe punto. Quì comminciò ad argomentare, che fe effendo Cardinale, e con fperanze ancora viue di diuenire Papa col fuo aiuto, ufaua con lui un tratto di quefta forte, che cofa hauerebbe fatto diuenuto Papa, quando fi mirano già fotto i piedi le fperanze, e i timori, ne vi ha rifpetto alcuno di beneficare un fuddito, fe non la gratitudine con l'amore che in lui non fi poteuano prefupporre. In fomma in Barberino non apparue alcun defiderio di portare auanti Ginetti, e le prattiche moffe à fauore di lui morirono nella culla, & hebbero Occafo all'Oriente.

Duraua anchora il Cardinale Sacchetti in Ballo, egli fupplicaua i fuoi affettionati, che defifteffero finalmente da un' imprefa già difperata, mà quelli dicendo di non voler pregiudicare le loro confcienze, ftauano più che mai infleffibili nel fuo propofito, nè dauano fegno alcuno di douerfi piegare, Sacchetti però non faceua gran diligenza per rompere quefti trattati, perche vedeua quanto giouaffeto per condurre à fine ciò ch'ei defideraua. Frà tanto il Cardinale Santa Sufanna andò dal Cardinal Giou. Carlo, li parlò di Franciotti procurando d'introdurre qualche Trattato per lui. Il Cardinale de Medici li rifpofe, che negotiaffe per fe medefimo già che la fua fattione, era difpofta à promouere gl'intereffi, e procurarne ogni miglior riufcita. Così fu licentiato Santa Sufanna, non però s'acchetò il Cardinale di Medici, e temendo che le prattiche di Franciotti non andaffero auanti, fi leuò à mezza notte, e girò intorno al Conclaue, confortando i fuoi affettionati à non concorrere in quel foggetto; di più diffe con alcuni, Coftoro mi vogliono porre in neceffità di fare un' altra Sacchettata.

V'era qualche fondamento che Franciotti poteua effer Papa, e riputato di coftumi incorrotti, di fapere fufficiente, e perciò habile quanto bafta à i maneggi. Barberino più per genio che per altro rifpetto, l'haueua trà fuoi diletti. Le

Creature d'Innocentio non erano da lui aliene, perche l'istesso Innocentio haueua più volte di lui parlato con molta stima, e mostrato ancora qualche desiderio d'hauerlo per successore, quando li fosse toccato di morire auanti lui. Nelli Spagnoli non era l'auuersione ch' altri pensaua, per la nascita hauuta in Leone di Francia, perche quando il Cardinale Antonio Barberino ritornò in Italia essendosi fatto amico Montalto, lo dispose à scriuere in Spagna à fauore di Franciotti, e le risposte furono assai conforme al desiderio di chi scrisse. Ad ogni modo non piaceua à' Medici d'esaltare un Luchese. Il Cardinale Bighi era nemico à Franciotti per cagione del Nipote Vicelegato d'Auignone, e perciò l'alienaua la fattione Francese, almeno in qualche parte, e molti altri amici che haueuano trà Cardinali. In somma la prattica di Franciotti non andò molto auuanti, e il Cardinale de Lugo dicea che attribuiua l'esclusione alli Spagnoli, quali parlando in Cifra i Medici. Il Cardinale Cherubino era uscito di Conclaue, soprafatto d'un flusso di sangue, che se temere da principio qualche pericolo della sua vita, mà suanito in breue con la sanità ricuperata il timore, tornò ben presto in Conclaue. Il Cardinale Astalli per tenerlo in fede, accioche per adherire à Barberino, ò allo squadron volante, non concorresse in Sacchetti, li daua buone parole, e lo pasceua di speranza: lo stesso faceua à nome del Cardinale Medici il Cicognini, che haueua già conseguito il nome di Caronte in Conclaue, perche tutti imbarcaua al Papato. Volendo Cherubino pur vedere qualche effetto di tante promesse, disse ch' era tempo di netiare per lui. Il Medici li fe dare al solito buone parole, e fe dire che accommodasse i Barberini e lo squadrone, che in lui era ogni dispositione per seruirlo, non poteua egli persuadersi, che Barberino non lo volesse, perche lo desideraua D. Olimpia, che caminaua con sensi dell' istesso Barberino, l'essere Creatura d'Innocentio e di lui seruitore antico, gli prometteua il fauore dello squadrone. Nudrito di queste speranze, diede occasione di ridere à tutto il Conclaue, perche postosi auuanti ad un Crocifisso diceua, e fu sentito di fuori, *Domine, si populo tuo sum necessarius, non recuso laborem.* Mà
ben

ALESSANDRO VII.

ben presto si vide ch' egli non veniua stimato necessario, nè anco utile al Popolo del Signore. La sufficienza di tant' altri, toglieuano la necessità di lui, la sua poca sperienza, il suo poco talento, la sua prigritia e turpedine effigiata nel volto operauano contro l'utilità. Si sarebbe accorto d'essere burlato, se hauesse hauuto giuditio quanto per discernere da quale delle fattioni fosse deriuata la burla. Soleua il Cardinale Cesi dire sempre che il Cardinale Barberino e lo squadrone volante l'haueuano Sacchettato, si che non poteua più viuere, seruendosi dell' equiuoco per facetia, come s'intende da ogn' uno. Saputosi le prattiche di Cherubino, tali appunto quali elle erano, s'incontrò nel Cardinale Cesi il Cardinale Santa Susanna, e le disse, noi giochiamo à Sacchettate, mà voi giocate di Cherubinate. Perche se vogliamo ponderare i meriti di chi andaua in prattica, e l'oppositione di ciascheduno Candidato, non possiamo stare all'ordine quanto fosse, vorrebbe qualcheduno che leggerà la nostra scrittura, già si sà che questi trattati per esser già la scena occupata, come dicemmo erano priuati, e perciò alcuni di loro si faceuano nel medesimo tempo. Il dire quì si trattaua un negotio, colà un altro, sarebbe un dar luogo alla sconfusione, basti à chi legge l'auuiso. Fu detto qualche cosa all'Arciuescouo di Genoua, di cui d'alcuni si speraua qualche buon esito. Era stato giuditio di molti, che li Spagnoli fossero affatto alieni da questo soggetto, non solamente per l'offese fatte di fresco alla Republica di Genoua, nel sequestro succeduto in tutti li stati d'Italia, sottoposti al Rè Cattolico, mà ancora per ragioni particolari della famiglia de' Durazzi, mà li Spagnoli non voleuano questi rispetti, ò non vollero far mostra d'hauerli, per non impegnarsi nell' esclusione; si comminciò à sperare che dalla parte di Spagna sarebbe venuta più tosto, che oppositione. Anzi era fama ch' il Signore Cesare Durazzo, fratello carnale del Cardinal fosse accetto alla Spagna, e per cagione di lui ella douesse concorrere all'Arciuescouo di cui parliamo. Dall' affetto di Barberino si staua in dubbio, per lo passato s'era tenuto per impossibile, ch'egli desideraua Durazzo più d'ogn' altro per lo Papato, e ch' haurebbe posposti gl' interessi di tutti gl' altri, à quelli di questo solo in Conclaue; poi si diuulgò che Durazzo mentre era legato in Bologna, haueua hauuto qualche differenza col Duca di Modena, e che perciò quell' Altezza, quando sposò D. Lucretia, Nipote del Cardinale Barberino fece instanza al detto Cardinale che in evento d'un Conclaue non volesse ne pure promouere le prattiche di Durazzo, mà ancora impedirle con oppositione positiua, quando si fossero proposte da altri. Erano occulte se pur v'erano quest' oppositioni, il Cardinale Barberino non le publicò, e quando per altro haueua inclinatione, à Durazzo, tutti i rispetti del mondo non gli l'hauerebbero tolta. Vuol secondare il suo genio, anchor che ne vedesse sorgere la ruina della terra e del Cielo. Erano ben palese l'oppositioni ch'à Durazzo si faceuano, dalli due Cardinali Genouesi principali Guerrieri, che quasi non dissi Vfficiali primarij nello squadron volante. Parlo dalli due Cardinali Lomellino ed Imperiale che portauano con l'ardore già noto le prattiche di Sacchetti, ed erano per correre con l'ardore medesimo all' esclusione di Durazzo. Non haueua Lommellino rispetti particolari, che l'oblighasse à ricusar Durazzo, solamente quello di non esaltare uno della Nobilità nuoua, poteua indurlo in questi oblighi, principalmente però s'opponeua à questo Cardinale per seruire à gl' interesse di Imperiale; Questo poi era parente di Durazzo, mà oltre al riguardo della Nobiltà nuoua, ch' era à lui commune con Lommellini, e Grimaldi, ve n'era un altro tauto più potente, quanto non dalla natura delle cose, che si rimira estrinsecamente, mà da cagioni interne acceca. Quando il Cardinale Durazzo fù Legato di Bologna, vi fu suo Vice-Legato Imperiale, allora mosse Odoardo Farnese Duca di Parma, per vendicare con danni dello stato di Castro. Non volle egli però far danno alla Lombardia, ò alla Romagna come più poteua per la vicinanza del luogo, mà incaminò verso Roma con disegno d'assalire nella Regia Pontificale il Nemico, scrisse però al legato di Bologna lamentandosi de' fratelli Barberini, à questi egli imputaua la guerra, ne esso ne i Collegati, che poi li adherirono, faceuano nello

ALESSANDRO VII.

no nelle scritture mentione del Papa. E chiedendo il passo per li paesi sottoposti alla giurisdittione d'll' istesso Legato; Il Cardinale Durazzo, condescese à quanto si faceua instanza dal Duca, e con una lettera in risposta, mostrò di gradire gl' auuisi datigli, come si vede appresso il Mercurio, in cui questa lettera sta registrata, come de sensi si fatti contrarii. Il Vicelegato consigliò che s'uscisse in Campagna, con la gente che poteua raccoglierli nello stato, che in somma il Duca di Parma entrasse come nemico; si facesse argine al suo corso nelle prime mosse, per non dargli commodità d'accrescer con i piccoli fiumi l'inondatione, che sempre mai nel viaggio portano tributo al fiume principale. La discordia de' pareri generò maleuolenza, e questa crebbe poi, quando riprouatasi in Roma l'attione di Durazzo, Imperiale mostrò ch'era succeduta contro sua voglia, contro à suoi consigli, à dispetto delle sue essortationi, e de' suoi dettami. Questo fu il seminario de gl'odii Imperiale contro Durazzo, & una sera si diuolgò la prattica di questo Cardinale promossa da Sforza e Raggi, e da qualchedun altro. Imperiale accordò già sopra 33 voti per l'esclusione, mà le si fermarono di maniera, che non li fu bisogno fare altro, anzi Durazzo caddè ammalato ed uscito per ciò di Conclaue non vi se ritorno, se non negl'ultimi giorni.

Era di già trascorsa la metà della Quaresima, ne si scopriua alcun verso, di venire all'elettione del Papa, anzi le cose erano in tal posto, che hormai si perdeua la speranza di dare un Capo alla Chiesa. La Città di Roma comminciaua à patire, non essercitandosi già doppo lungo tempo le cause de' Tribunali, la Chiesa Cattolica tutta soffriua quegl'incommodi che dalla mancanza del Capo deriuano nel Corpo. Nel Conclaue non si poteua più campare, l'angustia del luogo cagionaua disaggio à tutti i sensi, gl'occhi erano stanchi di sofferir le tenebre, le orechie non erano più habili à tolerare i continui strepiti, che si faceuano per le Celle d'ogn'uno, rompendosi il sonno e la quiete il giorno e la notte: L'odorato patiua più di tutti, perche le viuande e qualche altra cosa mandaua un tanto insofferibile, si che molti principalmente de' Conclauisti, malediceuano l'hora in cui erano entrati in quella prigione; tanto di questi quando di quelli s'erano ogni giorno mutuamente ammalati, tuttauia non si parlaua di fare il Papa, perche le due fattioni principali erano ostinate, l'una in volere Sacchetti, l'altra in escluderlo. Horsù, disse un giorno il Cardinale di Medici, al Cardinale Imperiale, se vogliamo uscire di Conclaue fa di mestieri che ci accordiamo in qualche maniera. Tutto il tempo si consumerà in volere e non volere Sacchetti, in questo modo il negotio non giungerà mai al suo termine, fate tutti i vostri sforzi per includerlo, e noi nell'istesso tempo faremo i nostri per impedirlo. Sperimentato il cimento si passi à qualch'altro soggetto, quando non ne otteniate la vittoria in far Papa Sacchetti. Imperiale rispose, che da loro non si poteuano pretermettere le prattiche di Sacchetti, se non fosse proposto qualchedun'altro, si passasse ad altra propositione, che cosi da loro si potrebbe dar fine al trattato di Sacchetti. Questa risposta hauerebbe potuto ingannare qualcheduno, ma non già il Cardinale Giov. Carlo, che in ogn'altra cosa potrebbe peccare, più che in lasciarsi deludere dall'apparente, in non discernere ciò ch'e buono in sostanza, da quello che non ha di buono se non i colori. Gran giuoco poteua far à Sacchetti, la propositione d'alcun soggetto fatta dal Cardinale Giou. Carlo, perche confortando esso ciascheduno de' Vecchi con la speranza di douerlo portare, la propositione d'uno faceua cadere tutti gl'altri dalle speranze, e cosi si veniua à mettere in pericolo, che si accrescescero i voti à Sacchetti. Egli però rispose con dire che non toccaua à lui di proporre, che dal canto suo si stimauano tutti buoni, ne egli escludeua se non che Sacchetti, e questo solamente per obedire alla Spagna, che per altro l'amaua teneramente, e l'hauerebbe accettato al pari di qualsiuogla altro Cardinale. Il Cardinale Barberino doueua proporre, che haueua delle Creature da proporsi, à lui ed à suoi fattionarij toccaua solamente, di vedere che chi fosse proposto era buono alla Chiesa di Dio, all'utile della quale erano indirizzati tutti i suoi sforzi, cosi fu posto termine al ragionamento, ed il tempo solito di mitigare lo

reso-

ALESSANDRO VII.

resolutioni l'inaspriua maggiormente, ed in vece di rompere l'ostinatione l'induriua. Nissun Cardinale volea esser posto publicamente sul tauoliere, perche ogn'uno sapeua che questo era un far precipitare le sue speranze, ne altro bramauano i Sacchetisti, che di potere escludere hor l'uno hor l'altro, per venire finalmente à mostrare, che bisognaua dar in Sacchetti. Al Cardinale Barberino pareua che non dispiacesse la lunghezza del Conclaue, altri l'attribuiua à costanza di cui egli voleua acquistarsi concetto, altri à speranza che lo lusingasse di far nascere la sua esaltatione dalla stanchezza. Ciò si rese verisimile dal parlare del suo Conclauista Angelo Paracciani. Questo disse tallora à qualche Cardinale conosciuto delli affettionati del suo Pronipote, perche non si pone in piedi qualche prattica per il Signore Cardinale Barberino? Chi più di lui sarebbe à proposito, per il seruitio della Chiesa Cattolica e dello stato Ecclesiastico, ad ogn'altro diuenendo Papa farà di mestieri di fare il nouitiato: Egli è già professo, e ha notitia de gl'interessi de' Principi, e perciò è habile à portarsi con loro conforme al bisogno della carica Pontificia: la sua casa è si ricca, che niente torrebbe ell'entrate Ecclesiastiche, per accrescerne le sostanze, le sue pensioni, le sue Abbatie, e gli suoi officii distribuirebbe trà Cardinali. Si solleuarebbero le necessità di tutto il Collegio. Egli è poi di natura si mite, che ogn'uno gioirebbe, nella bonaccia del suo gouerno. In somma si affanaua il Paracciani in seruitio del suo Pronipote, perche senza dubbio se mirammo esaltati un Pori & un Giori con nostra ammiratione, hora miraressimo trà Porporati il Signore Angelo Paracciani, e goderessimo della bella vita, che farebbe la Porpora maritata nel Candore d'un volto si gratioso e si vago. Merita il Cardinale Barberino chi incontra il suo genio, e il suo amore, fabro di ciò che nella persona amata si doueua presupporre. Egli con la sua vista cangia i Pigmei in Giganti, i Hersisti in Acchilli, gl'Etiopi in Europei. Per questa volta non seppe persuadere il Signore Paracciani, ò pure per mezzo del Signore Paracciani non seppe persuadere il Barberino, già che suoi si giudicauano quei sentimenti. Haueua trà questi giorni somministrato qualche riposo al Conclaue, la mossa d'armi fatta dal Gouernatore di Milano contro al Duca di Modena, del che diedero subito auuiso à Signori Cardinali l'Ambasc. di Spagna, honestando in una scrittura, la mossa con le ragioni, che portaua à Monsù di Leone, che dall'altra parte studiò di farla apparire contraria alla giustitia, e dalla violenza ed animosità consigliata; respirò dissi il Conclaue, perche s'intermessero alquanto le prattiche dell'elettione del Papa, doue ondeggiauano sempre in grand'agitationi di pensieri i fattionarij, come è douere in un negotio di tanta importanza, per dimostrare che trà tante cure non si poneua in dimenticanza la publica quiete, elessero per Nuntio del Conclaue Monsignor Altieri Vescouo di Camerino, e lo spedirono al Duca di Modena & al Gouernatore di Milano, accioche sedasse le nascenti discordie trà quelli stati, e procurasse di soprire quei mali, che non solamente minacciauano la rouin' all' Italia, mà ancora la lunghezza all' elettione del Papa, già che ardendo la guerra cosi vicino allo stato Ecclesiastico, si sarebbero maggiormente ostinate le fattioni, per eleggere un Papa ciascuno il più confidente, il che era sospendere l'elettione per molto tempo. Nella sua scrittura, disse l'Ambasciatore di Spagna, che il suo Rè e primogenito della Chiesa Cattolica. Rispose il Cardinale di Retz che non doueua accettarsi la lettera ò scrittura che fosse pregiudiciale alla Corona di Francia, à cui senza contrasto è per diritto già deciso si deue il titolo di primogenito della Chiesa Cattolica. L'oppositione di questo Cardinale fu notabile, perche pochi mesi auanti fuggito dalle prigioni di Francia, era passato per la Guienna, ricouerato in Spagna, e d'indi poi trasferito à Roma, perseueraua nella disgratia del Rè di Francia, e di tutti i suoi Ministri.

Non si ripigliauano le prattiche dell' elettione in Conclaue, perche bolliuano sempre più le prattiche di Sacchetti come fu di sopra accennato. Nissuno voleua esser proposto, certo di douer esser escluso. Il Cardinale Pallotta Porporato del zelo publico ben comminciaua à persuadere, che si rompesse alla fine l'ostinatione, e passandosi alle prattiche d'altri che di Sacchetti, s'aprisse la via alle speranze d'uscire di Concla-

ALESSANDRO VII.

claue. Io, diſſe, quando altri ricuſauano d'eſſer propoſti, ſarò contento d'eſpormi al cimento, nè curo la vergogna d'una viua eſcluſione, purche da queſta ſi paſſi alli trattati degl'altri, uno de' quali ponga fine à noſtri trauagli. Gradauano i conſigli di Pallotta i Cardinali, perche s'accertauano, che non altro che il publico lo commoueua à proporſi. A niuna era dubbia la ſua bontà, e però non poteua portare ſoſpetto d'ambitione ò di proprio intereſſe la propoſta. Non haueua egli alcun capo di fattione, che lo portaſſe, e perciò fu più toſto imaginazione della moltitudine, che opinione de' Saggi, ch' egli poteſſe eſſere Papa. Alli Spagnoli poteua cagionar ſoſpetto il ſuo zelo, già ch' egli quando Elia ſi giudicaua più ſempre inclinato al rigore che alla clemenza, come haueua fatto fede principalmente nel gouerno di Roma. Barberino non lo voleua, prima perche nel tempo d'Vrbano non li haueua fatto godere gran copia de' ſuoi fauori: ſecondariamente perche volendo ſeruire à gl' intereſſi di D. Olimpia cognata del morto Pontifice, non poteua conſentire in un'Elettione, donde s'aſpettaua infallibilmente il caſtigo di quella Signora che haueua fatte notabile offeſe à Palotta, oltre che un Papa zelante era ſempre per ſacrificare al publico deſiderio del Chriſtianeſimo, riſentimenti verſo una Donna à cui s'attribuiuano tuti i mali del Pontificato Panfilio. Era poi d'età più freſca, la robuſtezza della compleſſione, che la mancanza de gl'anni à Pallotta, e l'eternità de' Pontificati era venuta à noia à Cardinali Vecchi e Giouani, à quelli perche ſi ſeppelliuano le ſperanze, e con la ſperanze la publica ſtima, à queſte perche non reſta hormai altra prerogatiua à Cardinali, che di eleggere il Papa ſolamente con la Sede vacante poſſano goderla ed apparire inutili al Chriſtianeſimo. Pallotta andò da Grimaldi, l'eſortò à porre in piedi qualche trattato per San Clemente, fin da principio haueua voluto il Cardinale Barberino mettere in prattica San Clemente. Mà il Cardinale Grimaldi, à cui ſtaua appoggiata la cauſa di quel Cardinale, auuedutoſi che ciò faceua un diſegno di troncargli fin dal principio ogni ſperanza, riſpoſe che la negotiatione li parcua immatura. Andò poi Barberino ſeminando

Bbbb qual-

qualche speranza nell'animo di Grimaldi, più per mantenere la sua confidenza, che per volontà che hauesse di compiacergli nell'elettione del Papa. Intendeua il tutto Grimaldi, come quello che in ogn' altra cosa può restar superato non già nelle prattiche de' negotij e ne' regiri de' negotianti. S'accorse benissimo che Barberino non diceua da douero, mà finse di non accorgersene, sperando che la dissimulatione li potesse recare qualche frutto, che suol qualche volta recare essercitata ancora con persone scaltre. Perseuerando poi Barberino in dirli che perseuerasse d'introdurre qualche prattica per San Clemente, Grimaldi rispose apertamente, à fauore di quel Card. ch' era bene di non turbare i riposi di quel buon Vecchio, con li strepiti d'una prattica, che fosse certa l'infelicità dell'essito. Il Cardinal Barberino, non si auanzaua mai con le promesse, e la perplessità delle parole faceua sempre più crescere il dubbio de' sentimenti. Sapeua ben che i Medici non erano alieni da San Clemente, che in tutte le fattioni haueua de' Nemici, mà che il numero de gl' Amici era superiore, che la Vecchaia era un potente motiuo à Vecchi per consentirui. In somma gl'era noto ciò che risonaua per tutto il Conclaue, che da Barberino solo restaua che San Clemente non fosse esaltato. Questo mostraua di temere, che mettendo in piedi una tal prattica non fosse per cadere precipitosamente per terra. Erano scopertamente contrarii à San Clemente, Montalto, Lugo, Albizi, Rapaccioli, Fachinetti, Ottobuoni, Gualtieri, & Azzolino, le maleuolenze d'Albizi e Montalto erano antiche, per priuati rispetti, in quello nata l'auuersione nell' oficio dell' Inquisizione, quando l'uno era Commissario e l'altro Assessore. In questo cagionata da sospeti, che doppo la morte d'Vrbano li furono posti in Capo dall' istesso Albizzi all' hora Assessore. Lugo era più contrario di tutti, leuatone Montalto per rispetto della Religione, già che competendo hormai la Religione di San Domenico e la Compagnia del Giesù, per la maggioranza nel sapere e vantaggio nell' altre prerogatiue, ciascheduno di loro procura tutti quei mezzi, che possano assicurare da prerogatiua. Sonò ò si stimano d'essere queste due Religioni

ALESSANDRO VII.

della Chiesa di Dio, quali una volta nel mondo furono le due Republiche, Roma & Cartagine, ogni una di loro aspiraua alla maggioranza, ed al dominio del Sacro Imperio. Vn Papa dell'Ordine de Predicatori ingelosia i Giesuiti più che non animaua i Domenicani. Quelli ò temeuano ò mostrauano di temere che San Clemente non alterasse i loro priuileggi, che non facesse qualche dichiaratione contro le loro dottrine. Questi sapendo che San Clemente ha sempre più potuto l'interesse della coscienza che quello dell'Ordine, non sperauano che fatto Papa ò capo uniuersale della Chiesa di Dio fosse per fare cosa à fauore loro che all'altre membra poteua recare pregiuditio. In Lugo erano *tanquam in capite* i voti de' Giesuiti, egli rappresentaua tutto il corpo della Compagnia, tutta fauellaua nella sua lingua. Rapaccioli e Fachinetti erano contrarii à San Clemente, perche presupponeua ch'egli si fosse lamentato di loro con il già Duca di Parma Odoardo Farnese, dicendogli che non haueua hauuto maggiore ostacolo di loro presso Barberino: Ottobuono si era disgustato in una Congregatione de'Vescoui mentre votando contro il Generale de' Domenicani, San Clemente se gli oppose. Azzolini, Gualtieri, sosteneuano la fattione della Signora Principessa di S. Martino, che più d'ogni altra escludeua San Clemente per le raggioni che si diranno. Il Cardinale Barberino dunque col pretesto di tanti Cardinali ammantaua l'alienatione che haueua verso San Clemente, o per sodisfare apparentemente à tutti gli altri che lo voleuano, procuraua che l'impedimento si credesse deriuare da ogni altro che da lui. Trà quelli che portauano più scopertamente l'interesse di San Clemente, erano nella Fattione Francese Grimaldi, come noi dicemmo, ed egli faceua più d'ogni altro. Nella Spagnuola Triuultio, che si trouaua come dissi fuor del Conclaue per l'indispositione soprauenutagli, quantunque nell'istessa fattione Spagnola il Cardinale Astalli non cedesse ad alcuno nella premura di San Clemente, ed il Cardinale Sforza e Sauelli caminassero di buon piedi. L'unione dello squadron volante pareua tutta riuolta à danni di San Clemente: perche essendo in quello quasi tutti i suoi malevoli, era verisimile che la parte contraria trahesse nella contrarietà tutti li altri. Vi erano però gli Cardinali Genouesi che se non portauano questo soggetto, nè anche se gli opponeuano, perche oltre l'essere egli stato loro raccommandato dalla Republica, non haueuano occasione di fargli ostacolo. Militaua come è detto in fauore di San Clemente la vecchiaia. Il Pontificato d'Vrbano e d'Innocentio haueuano straccato li Cardinali, e trà i più Vecchi non vi era per auentura alcun altro che hauesse meno oppositione. La bontà della vita non si contrastaua, neanco da gli stessi nemici, perche era noto come egli non haueua mai disimparato il rigore della disciplina Claustrale ed era vissuto da Frate ne' palazzi senza mai contaminarsi dalle mense di Babilonia: l'hauer gouernato in diuerse cariche del suo ordine, toglieuano l'oppositione della poca prattica de' maneggi, sapendosi communemente, ne' magistrati fratschi quanto ne' secolari, come ricerca gran sapere, cosi apparisce l'habilità. Trè caggioni principalmente s'adducono dell'alienatione del Cardinale Barberino. La prima è perche nel Conclaue d'Vrbano non lo volesse Papà, ò mostrò di non volerlo, se non doppo molti altri. Viueua all'hora il Duca Odoardo Farnese di cui era uddito San Clemente, e se bene l'hauer hauuta ogni sua esaltatione d'Vrbano lo facesse credere poco grato à Farnese, tuttauia si penetrò ch'egli lo desideraua Papa. Barberino sapeua ch'era ancora fresco l'odio in Farnese contro la sua casa, ed in particolare contro la sua persona, s'intiepidì affatto in portare l'interesse di San Clemente. Questo motiuo è bastante in un capo di fattione à non mai aprire la via à i trattati d'alcuno, che possa persuadersi di non esser stato voluto una volta, chi giunge al soglio di Pietro, stima che l'empito del merito ve l'habbia portato à volo, forma giuditio che non osserui giunto prima d'all'hora sia stato effetto dell'altrui malignità, temendo dunque Barberino, da San Clemente riflettendo al decennio d'Innocentio non credesse che quello gli fosse stato tolto da lui, e questa riflessione prevalse ad ogni benefitio che gli facesse al presente. La seconda caggione s'attribuisce alla volontà che Barberino hebbe di condescen-

ALESSANDRO VII.

defcendere alle inftanze caldiffime che gli furono fatte da Giefuiti, da' quali intendeua quanto bifogno habbia e fia per hauere in quefti tempi per giugnere à i proprij fini: il defiderio di ricuperare le fue entrate Ecclefiaftiche nel regno di Napoli è la maggiore paffione che gli turbò la mente, e ciò veramente non nafce d'auaritia, perche di quefto vitio non è mai ftato tacciato il Cardinale Barberini, mà nafce dal defiderio di promouere una volta quelle fue voglie di ritornare Pontefice colà doue regnò Vrbano Papa tant' anni lo fpronano, mà con la ritentione dell' entrate congiunta l'inimicitia de gli Spagnoli, e quefto bafta per impedirgli ogni diffegno di Pontificato, quando bene haueffe tutte le altre prerogatiue che gli faceffero la ftrada, riceuendo l'entrate poterebbe ufare liberalità con quei Cardinali che tanto delle fue Creature quanto dell' altre, hanno fcarfezza di patrimonio e d'entrate, e coſi poterebbe farfi degli amici de *Mammona iniquitatis*, i quali per motiuo di gratitudine lo poteffero folleuare doue tanto afpirano i fuoi defiderij. La poffanza de' Padri Giefuiti tanto in Spagna appreffo quella Corona e fuoi Miniftri, quando in Italia appreffo il Vice-Rè di Napoli, gli perfuadeua che facendo un feruitio tanto notabile alla Compagnia quale è all' intuito di lei efcludere una propria Creatura ftimata delle più affettionate della fua cafa doueffe tutta impegnarfi in fuo feruitio, con ſicurezza d'ottenere il fuo intento. La terza caggione era la più palefe, perche egli voleua feruire all' intereffe ò alle voglie di Donna Olimpia, nè poteua in altra maniera più opporfegli, che confentendo all'Elettione di S. Clemente. Quefto Cardinale fu fempre di quelli che maggiormente procurarono l'auerfione d'Innocentio, ò foffe quel Papa della propria inclinatione portato, ò lo fpingeffe Panzirola, ò più fofpettaffe che in San Clemente non foffe mai ftata volontà di concorrere alla fua efaltatione ; anzi che egli haueffe perfuafo il Cardinale Antonio di ftare conftante all' efclufione, ne gli fe mai ſegno però d'animo riconciliabile, e certo fi può dire ancora nel fepolcro la maleuolenza. Donna Olimpia fi come godè fempre le parti più principali del Pontificato del cognato, così giudicasi di douere essere herede non meno degli odij à lui douuti che delle richezze da lui lasciate. Temeua dunque che San Clemente diuenendo Pontifice, non sfogasse à' danni suoi la colera conceputa per i mali trattamenti usatigli dal cognato Innocentio. Soleua sempre parlare male di tutti quelli che non amaua, nè si asteneua dalle villanie più sconcie, chiamandonon mai che con sopranomi che denotauano il disprezzo, come gli altri odiati così San Clemente. Donna Olimpia che per altro non haueua molta prattica di San Clemente se lo figuraua una furia humanata, una Tigre vestita con habiti di Cardinale, per tale l'haueua sempre Innocentio predicato. Il motiuo che gli poteua torre gli sospetti l'accresceua maggiormente, questa era la parentela della Principessa di Rossano con el Duca di Parma; non era credibile che un Cardinale suddito di quel Duca ed alla sua casa amato, inscrisse contro quella Principessa tanto à lui congionta con legami del sangue, per non offendere lei era di vuopo di non offendere niuno de Pamphili che consistendo l'offese maggiori intorno alla robba non poteua patir danno la Signora Donna Olimpia che alla Principessa di Rosano non ne risoltasse la maggior parte. Di più dico che cresceua l'abbominatione di Donna Olimpia verso Clemente, perche ha ella portato un' odio così grande alla Principessa sua nuora, che stimarebbesi la maggior miseria del mondo lo schifare per rispetto di lei le miserie. Il figurare che lei poteua esser meno perseguitata in riguardo della Principessa, le destaua le furie nel petto, e la faceua una vipera. Di poche delle Creature d'Innocentio si fidaua, perche le maggiori, e le maggiori parti, erano state esaltate contro sua voglia, ò l'haueuano sperimentata contraria ne' loro interessi e appresso il cognato. Sforza, Sauelli ed Astalli erano nemici di tutta la casa Pamphilia. Lommellino, Imperiale, Borromeo, e Pio erano altretanto per promouere gli interessi di Don Camillo in Conclaue quanto per trascurare quelli di Donna Olimpia, da cui non haueuano hauuto se non oppositioni. Ludouisio ed Aldobrandino, l'uno per caggione del Principe di Piombino, l'altro in riguardo della Principessa di Rosano d'ogni altra cosa si sarebbero curati che

di

ALESSANDRO VII.

di fare à modo di Donna Olimpia. Maldachino era già dichiarato nemico della Zia. In Vidman ed in Raggi non confidaua molto. In somma delle creature d'Innocentio Azzolino e Gualtieri erano à lei solamente fedeli, l'altre ò per santità, ò per proprio interesse si giudicauano aliene da sacrificare al suo genio, à Barberino ella appoggiaua la mole delle sue speranze maggiori, questo doueua essere lo scopo della sua felicità. A Barberino dunque si raccommandaua che non concorresse mai in San Clemente, ed egli ricordandosi che per mezzo di lei era riconciliato con Innocentio, gli promise di fare ogni sforzo per impedire l'esaltatione di questo soggetto. Io credo che tutte l'altre caggioni accennate alienassero Barberino, e che tutte insieme facessero ciò che ciascuno separamente non hauerebbe forse operato. Disse à Grimaldi che tentasse l'animo de i Cardinali Vecchi, perche egli hauerebbe procurato di disporre Fachinetti e Rapaccioli; passando poi un giorno disse all' istesso Grimaldi, che non solamente Fachinetti e Rapaccioli, mà ancora Albizzi s'erano guadagnati. Se così è, disse Grimaldi, habbiamo già il Papa, perche ne' Vecchi hò trouata buonissima dispositione, contentandosi ogni uno più tosto di San Clemente, che di qualsiuoglia altro da sè destinato. Mostrò di rallegrarsene Barberino e partì. All'hora fu auuisato Triuultio ch'era fuori di Conclaue dimorando in casa sua più per non entrare à patire che per altro i trauagli della prigionia, che per impedimento che gli desse la malatia. Entrò dunque Triultio, ed hauendo hauuti alcuni congressi segreti in luogo che non potesse recar sospetto con Grimaldi, ambidue consultarono della maniera da tenersi in un negotio tanto importante e di gestione sì dura. Frà tanto Pallotta condusse Barberino nella cella di Grimaldi, ed iui propose che si mettessero in piedi le prattiche di San Clemente: se io nò son certo del buono esito, rispose Grimaldi, non voglio porre questo buon vecchio in cimento, ed un far prattiche alla scoperta, è un fargli apertamente l'esclusione; mi prometta il Cardinale Barberino, ch'io parli à suo nome con i Cardinali, che così la cosa camina con i suoi piedi. Barberino rispose che egli desideraua San

Clemen-

Clemente al pari d'ogni altra delle fue Creature, mà che però per non perdere i voti loro non poteua negotiare per lui, già che vedutogli quelli foſſe in San Clemente poteuano alienarſi, quando non voleſſero concorrere in queſto ſoggetto. Non tema di queſto V. E. repigliò all'hora Pallotta; le coſe del Conclaue ſon in tal termine che fà di meſtieri cimentare tutti i Cardinali Papabili, la raggione vuole che ſi cominci dal più vecchio, ed in conſequenza da San Clemente, che trapaſſa tutti li altri in età. Moſtrò Barberino di rimanere perſuaſo, e conſultandoſi dal modo, Pallotta conſigliaua, che ſi comminciaſſero à dar de' voti, e di quì haueſſero principio le prattiche. Non piaque à Grimaldi il partito, come ſapeua non piacere à Triuultio, e perche il dar de' voti, è un ſonare la tromba, per chiamare i nemici alla difeſa, e ſapendo queſto quattordici Cardinali che haueuano fatto un altro ſquadron, di ſe medeſimi mandorno à Grimaldi à dirgli che la mattina ſarebbero andati con quattordici voti in Harach, che queſti erano di San Clemente, e che li teneſſe ſicuri: Barberino pigliando tempo à riſpondere, partì, e con lui anco Pallotta. Venuto il tempo della riſpoſta, Barberino moſtrò di trouare difficoltà già creſciute per San Clemente ne ſuoi adherenti, che però hauerebbe procurato di ſopirle. Frà tanto faceua di meſtieri di dar tempo al tempo per non precipitare il negotio. S'alterò Grimaldi per queſta riſpoſta, perche inteſe i motiui d'onde ella naſceua, finſe però di non intendere, e di prendere il tutto in buona parte, approuando il conſiglio di tirare in lungo le coſe, v'erano ſicuri trenta-ſette voti per San Clemente. E perciò conſultarono Grimaldi, e Triuultio ſe foſſe bene una mattina fargli apparire in uno ſcrutinio, per iſpauentar' i maleuoli. Triuultio conſultò che queſto non ſi faceſſe perche ad ogni modo non erano voti à ſufficienza, e gli altri in vece di ſpauentarſi ſi ſarebbero uniti à formare l'eſcluſione. Sperauano d'approfittarſi col tempo, e perciò ambedui ſi laſciorno cadere à queſto propoſito, che ad alcuni loro confidenti non piacque. Per non hauere più à raggionare di San Clemente, dirò ſolamente che ad alcuni diſpiacque aſſai ciò che diſſe Lugo, che parlandoſi

ALESSANDRO VII.

dosi in una radunanza de Cardinali delle sue prattiche, rispose, se ciò fosse, la Chiesa di Dio sarebbe rouinata, volendo significare che da lui si sarebbe deciso à fauore di coloro che tengono la Vergine Madre essere stata nella sua concettione macchiata della colpa di Adamo; ed in fauore ancora de'Gisenisti, le dottrine de quali haueua in alcune propositioni condennato Innocentio. Ciò, dico, dispiacque à Cardinali che sanno essere il sommo Pontifice sicuro di non poter errare quando parla *in catedra*, e che perciò se veramente la Vergine è stata conceputa senza colpa originale, quando bene salisse su'l soglio di Pietro un' Atheista non potrebbe mai decidere il contrario. Tanto più furono scandalose le parole che sapeua la sua dottrina essere grande, e che perciò fauellando per interessi priuati voleua mischiare la causa del cielo per assordargli. Haueua fatto imbeuere questi senzi all' Ambasciatore di Spagna anzi diceua ò accennaua di hauere una lettera credentiale del Rè per escludere San Clemente, mà nè l'Ambasciatore se mostra de'suoi concetti, ne la lettera fu veduta. Non è credibile che volendo gli Spagnoli escludere San Clemente non ne dassero qualche incumbenza al Cardinale de Medici protettore della Corona, mà più tosto al Cardinale Lugo che gli Spagnoli chiamano spia del Cardinale Barberino. In oltre dalle lettere che il Vice-Rè di Napoli scrisse al Cardinale Caraffa si vidde che San Clemente non solamente non era escluso, mà si desideraua dalla Spagna. Barberino pure voleua mostrare confidenza con San Clemente, ed ito una sera da lui gli dimandò, come consiglio, che cosa haueua da fare per uscire di Conclaue con lode, si scusò per un pezzo San Clemente, replicando quello le dimande, rispose alla fine che gli pareua bene, che esso proponesse due sue Creature, giudicate le più riuscibili, che vedendo questo i capi dell' altre fattioni, stracchi già per la lunghezza del Conclaue, si sarebbero lasciati tirare nel partito, quando poi ricusassero di farlo S. E. sarebbe assoluta dal giuditio del mondo quelle accuse che si fanno à coloro per opera de'quali si tira in lungo la Creatione del nuouo Pontifice. Vedendo dunque Grimaldi e Triuultio, che Barberino non voleua San Clemen-

Clemente, sofpefero le prattiche, afpettando qualche opportunità per rinouarle fe loro poteffero fcoprirfi. Trà quei giorni ritornò in Conclaue il Cardinale Spada già rifanato affato della fua indifpofitione, e per moftrare che la fama d'una malatia che s'era fparfa di lui non haueua fondamento, fe non nella malignità de' maleuoli, pafsò publicamente per Roma con la carozza aperta contro l'ufo degl' altri, che durante il Conclaue fe vanno tall' hora per la Città non fi lafciano vedere, andando fempre con la carozza ferrata. Quefto Cardinale tanto per la letteratura quanto per l'habilità e prattica ne' maneggi, è non folamente de' primi trà Cardinali, mà ha pochi che nella Chiefa di Dio l'agguagliano, niuno che lo auanzi, non folo in tempo di Vrbano, di cui fu Creatura, mà ancora nel tempo di Innocentio, ha fempre occupati li primi pofti e gradi negli affari politici, ne fi è mai rifoluta cofa alcuna di gran rilieuo dal Pontefice, ch'egli e col configlio e col voto non fia fempre interuenuto. In ordine del Papato gli pregiudica il concetto del troppo valore, già che i Prencipi vorebbero un Papa, che non fapeffe nè poteffe fouerchiamente. I Cardinali uno di loro haueffe qualche bifogno, e in confequenza faceffe qualche ftima in Spada fe foffe efaltato, rifiederebbe con l'autorità del commando, la pienezza del valore, egli folo baftarebbe à fe fteffo. Il concetto di quefta virtù tanto rara gli follecitò de gli emoli nel Conclaue, i quali volendo acquiftarfi la ftima del valore, giudicauano che faceffe loro à propofito di non dipendere da Spada, anzi d'opporfi à i fuoi tentaui: Furono quefti Lommelino, Imperiale, Alberi, i quali non può negarfi che non fiano valorofi ed habili ad acquiftarfi un gran nome, & a punto portò l'occafione d'opporfi à Spada l'alienatione di quefto da Rappaccioli, o l'inclinatione à Carpegna. Era amato dal fquadron volante Rapaccioli, come fu detto, e doppo alcuni pochi farebbe ftato accettato da alcuni di buona voglia. Spada con hauergli procurata con ardore fi grande l'efclufione, s'acquiftò l'auuerfione di tutti coloro, che lo voleuano, e pure non haueuano bifogno di tanta diligenza, perche i Medici moftrauano di non ricufarlo, fù folamente

ALESSANDRO VII.

mente per dar animo à Barberino di proporlo, e così con un' aperta esclusione troncarli le speranze ancora per l'auuenire. In Carpegna parimente erano stati discordi i predetti Cardinali, e Spada perche questo per interessi di parentela, e per altri rispetti lo voleua *in primo capite*, quelli per le ragioni che si diranno, l'escludeuano apertamente. Concorreuano in Carpegna tutti quelli requisiti, che ordinariamente portano un Cardinale al Papato, l'età più matura, per la complessione assai ragioneuole, che per gl'anni, se non gli militaua in fauore, ne anco gli faceua contrasto, la bontà de' costumi si presupponeua grande, non vi erano maleuoli per priuati rispetti, perche egli ritirato assai di sua natura, non ha hauute mai le competenze, che sogliono nascere trà lo strepito de negotij, mà queste negotiationi, non erano finalmente di gran rilieuo. Ciò che importaua più d'ogni altra cosa, era che tutti i capi di fattione lo voleuano. Il Cardinale de Medici lo voleua in mente prima d'ogni altro, perche un fratello del Cardinale Carpegna, era seruitore attuale in casa del Gran Duca in Firenze, che le eracommandationi hauute dall' Arciduchessa figlia del già Duca d'Vrbino, che non ha mai deposto l'affetto verso i Vasalli de' suoi Antenati. Il Cardinale d'Este lo preferiua ad ogn'altro per la stretta amicitia che haueua da molti anni con il Padre Teatino fratello del Cardinale Carpegna. Lo desideraua il Cardinal Antonio, e per proprio genio, e in riguardo del Conte Ortone suo Coppiere, e parente stretto di Carpegna. Barberino non haueua altra cagione di non volerlo, se non che lo voleuano li Auuersarij, e ciò fu sempre stimato che recasse pregiudicio à Carpegna. Entrò in Conclaue più tosto d'aura di douer essere Papa che da proprij, mà ben presto si scuoprirono li intoppi, perche Pallotta trà gli altri comminciò à strepitare, che un Cardinale inferiore à tanti altri, non solo nell' età, mà ancora nell' esperienza de gl' affari del mondo, non solo non hauesse essercitato alcuna publica carica, se non in due Vescouati, ed ambedue con pochissima lode, douesse come à volo portarsi al Papato. Li Medici formando l'esclusione à Sacchetti, la formarono anche à Carpegna, perche

gl' affetgl'affettionati di Sacchetti vedendo farsi l'argine all'impeto delle loro pretentioni, affaticati longamente per romperlo, e risoluti di stare ostinati per oppugnarlo, si voltorno insieme alla vendetta contro gl'oppositori, e così non vollero mai piegare in Carpegna, ch'era de i medesimi oppositori il diletto, oltre che lo voleua la Politica, che hauendo offeso i Medici con lo stare ostinati in Sacchetti dessero loro poi l'armi in mano, concorrendo nell'esaltatione d'uno, presso ilquale i Medici stessi hauerebbero fatte le prime parti. Stette in piedi per qualche giorno sul comminciamento del Conclaue la prattica di Carpegna, e fu cagione che gl'omici di Sacchetti mutassero propostio intorno à lui, perche come si è detto di sopra haueuano terminato di trattare il Conclaue, prima di far palese il loro sentimento, vedendo poi che i Medici s'apparecchiauano di rauuiuare la prattica di Carpegna, si risoluerno di porre in campo quella di Sacchetti; ed una mattina supposto si che quelli haueuano posto insieme molti voti per Carpegna, questi ne ferono molti più comparire per Sacchetti. Doppo la prattica fu differita à tempo molto più opportuno, con certezza della maggior parte del Conclaue, se non douesse risorgere con speranza di buon essito. Alcuni credettero che Spada negotiasse di fora con l'Ambasciatore di Spagna e con Monsù de Lione e con la Signora Donna Olimpia, perche vedesse ogn'uno di loro disporre i suoi affettionati à fauore di Carpegna, mà gli effetti del negotio non paruero mai. Barberino ò fosse per cagione di Rappaccioli, ò per cagione di Carpegna dal quale era stato per auuentura alieno per l'istesse cagioni che alienauano il squadrone, non mostrò mai niuna confidenza con Spada, anzi il Signore Francesco Cerri Conclauista dell'istesso Barberino, diceua hor ad uno, hor ad altro Cardinale, che non si fidassero di Spada, e ne parlaua ancora con poco rispetto. In tanto le prattiche di Sacchetti, appertamente languiuano, e si era molto scemato il numero de' voti, mà il tutto si faceua con artificio. Vn giorno Alberi parlando col Fiscale del Sant'Officio, alla Rota gli disse, che se bene in Sacchetti non s'era andato più che con 33 voti

ALESSANDRO VII.

ti; nondimeno ve n'erano qualche altri che speravano guadagnare altri pochi per giungere al numero sufficiente. Questo fu riferito à gl' escludenti di Sacchetti, i quali s'accorgerono che Alberi haveva cosi favelato per recare spavento, mostrando essere artificio, dove non era. Travagliava il Cardinale d'Harach, portando innanzi & indietro le propositioni di Barberino. Questo si persuadeva ingannargli, col fare che mettessero in campo le prattiche di qualch' altro soggetto, per le ragioni dette di sopra, ed essi rispondevano, che à lui toccava il proporre, che haveva le Creature e non à loro che dovevano più tosto approvare che nominare un soggetto. Vna sera Barberino andò in collera contra Harach, sì che si giudicò buttato per terra ogni negotio. Doppo andatolo à trovare lo pregò à ripigliare le prattiche. Barberini mostrava di rimettere il negotiato nelle mani di Montalto toltolo ad Harach, mà ricusavano ciò li Medici, de quali era confidentissimo Cesi, altretanto streto di parentela, quanto alieno d'affetto à Montalto: si navigava dunque senza che si facesse camino in Conclave ogni giorno più mancavano le speranze di venire al termine del Conclave, s'avvicinava il fine della Quaresima, ne appariva segno di finire un negotiato di tanta importanza si sarebbe voluto parlare qualche cosa del Cardinale Cecchini, mà erano troppo grandi li ostacoli, che si scuoprivano alle sue pretensioni. Era egli stato creato da Innocentio nella seconda promotione, che fu la prima di quelle che chiamano piene *** nella Dataria in cui era stato posto subito che Innocentio fu esaltato, e si mantenne sempre la confidenza del Papa. Passati poi quei disordini che si tirarono dietro la manaia per Mascambruno Sottodatario, la forca per due altri, la galera e l'esilio per altri, cominciò à vacillare la stima di Cecchini nell' animo del Papa in non haver rimediato à gl' inconvenienti come richiedeva al suo ufficio, se non lo condennava come Complice de delitti, lo communicava come negligente, e trascurato nelle cose appartenenti alla propria carica, si scusava egli col dire, che il Papa haveva posto nelle mani ogni cosa à Mascambruno, e à se lasciato l'ombra sola col puro nome di Datario, mà ciò

Cccc 3 non

non baſtaua doue i diſordini erano paſſati, tant' oltre: dunque Innocentio gli leuò l'ufficio di Datario, lo fece proceſſare, e gli fe commandare, che non veniſſe à niuna funtione in cui interueniua il Papa. In ſomma fu trattato come reo Cecchino. Li Cardinali dello ſquadrone riſoluti di non concorrere in un nemico tant'apperto della caſa Panfilia, ſuſurrauano contro Cecchini. Barberini per riſpetto di Dona Olimpia, e maggiormente per ſuo proprio lo ricuſaua, ſi che non oſtante in Conclaue di Sforza e della Signora Anna d'Eſte fuor del Conclaue ſi parlò pochiſſimo di Cecchino. Era un pezzo che da Spagna erano tornate le lettere in riſpoſta al Cardinale Barberino: queſte furono ſcritte alli 28. di Gennaro, ed in eſſe pregaua à volerlo riceuere in gratia, offerendo à S. M. l'opera ſua in Conclaue, promettendo quando S. M. gli auuiſaſſe di concorrere in un ſoggetto, non hauerebbe egli per niſſun riſpetto laſciato di caminarui, che deſideraua però riceuere i commandamenti della M. ſua, e coſi ancora i fauori che da lui ſe gli facceſſero, che da miniſtri della M. V. in Italia era ſempre ſtato ſtrapazzato, in maniera che non gli reſtaua ſperanza veruna di migliorare preſſo loro la ſua conditione. Le lettere furono inuiate dal Generale de' Domenicani al confeſſore del Rè, dal qual confeſſore ſe pure è Domenicano, li promoueano l'intereſſe del Cardinale. Il Generale tanto per ſeruire à Barberini, quanto per fare coſa grata à Prencipi Giuſtiniani e Paleſtrina, fece grand' opera col confeſſore; e forſe ambedue, l'uno in Roma e l'altro in Madrid con queſti ſeruitii ſperauano di diſporre l'animo di Barberino in fauore di San Clemente; mà molto più in Barberino che in ogn' altro ſeruitio poneuano i proprii talenti, ed il deſiderio di renderſi obligati à Gieſuiti. Le riſpoſte di Spagna, erano ſi piene di buone parole, ed ordinate à generali migliori ſperanze che foſſero poſſibili, mà non ſodisfecerò à Barberino intorno all'elettione del nuouo Papa. S'egli ſcriſſe che il Rè ſarebbe ſtato ſeruito da lui, quando eſſo concorreſſe con i ſentimenti de Cardinali de Medici in riſpoſta. Ciò offeſe molto il Cardinale Barberino, che ſi auuedeua che il fargli bene, ſi rimetteua al' arbitrio de ſuoi maggiori nemici, i

quali

ALESSANDRO VII.

quali continuarebbero ne primi diffegni di ftrappazzarlo, e pure ancora trattandolo bene gli diminuerebbe il gufto del buon trattamento, facendogli ricordare che veniua da fuoi nemici, non haueua egli tralafciato alcun mezzo per confeguire la gratia del Rè di Spagna, e haueua penfato di meritarla maggiormente sù l'ingreffo del Conclaue, che haueua difegnato di fare una cofa, che per la fingolarità, foffe per rendere ammirabile à tutti gli huomini la fua diuotione. Ch' egli voleua far diligenza per efaltare al Pontificato il Cardinale de Lugo di Natione Spagnola, che l'imprefa era riufcibile facilmente, perche concorrendo i Spagnoli in Lugo, come era infallibile, egli col feguito delle fue Creature hauerebbe meffo infieme li voti neceffarii per l'inclufiua, e cofi alla Spagna veniua l'honore d'un Papa non fol meriteuole, oltr'ogni eccettione, mà di più Nationale, il che doppo Aleffandro VI. non ha potuto ottenere. S'addormentò à queft' effibitione l'Ambafciatore, e penfando di hauer ottenuto un cosi gran vantaggio per la Corona, corfe à darne parte à Cardinali adherenti alla Spagna: Non gli fu neceffario di parlar con tutti per effere diffingannato, perche il primo gli tolfe la benda de gl'occhi, fcoprendoli quanto male haueua veduto. Moftrò quefti all'Ambafciatore che Barberino fapeua beniffimo effer quefto negotio lontano dalla poffibilità, e quantunque per auentura inclinaffe, per effer Lugo più confidente di lui che della Spagna, non haueua ne poteua hauere fperanza d'ottenere il fuo intento, che gli Francefi quando non haueffero voti à baftanza per l'efclufione di Lugo, più tofto d'acconfentire alla fua elettione, hauerebbero proteftato la nullità ufciti di Conclaue, il che apriua la porta alle fcifme, tanto perniciofe alla Chiefa, quanto contrarie alla quiete, e che Lugo non haueua ne' pure un Goffio di quel aura che fi ricerca à far vela al Papato, che toltone la mera Theologia fpecolatiua: era del refto inhabile al Gouerno, non pratticato ne pure nel Rettorato di un Collegio. Che quefto farebbe il fare un Papa molti Giefuiti, che lo gouernano à loro talento, priuandolo dell'ufo del proprio arbitrio in qualfiuoglia ben che minima rifolutione. Che i Cardinali

non

non erano tanto pazzi che voleſſero ſottoporſi ad un giogo tanto peſante, quanto ſarebbe il dominio de' PP. Gieſuiti, che dall' innocenza della vita, e dalla letteratura ſi fanno ſtrumento à regnare, non aſpirando ad altro, che à dar le leggi douunque ſono, e maneggiare à loro talento i gouerni Politici de' Principi, non meno Secolari che Eccleſiaſtici. Che finalmente il Cardinale Bellarmino dotato di letteratura di lunga mano più utile alla Chieſa Cattolica, che le ſpeculatiue di Lugo, appoggiato ad una ſantità de' coſtumi ſenza comparatione maggiore, ſperimentato ne' publici affari della Chriſtianità non potè arriuare al Pontificato (egli però non l'ambì mai) quanto meno vi potrebbe arriuare Lugo. Coſi l'Ambſciatore rimaſe appaggato, e l'eſſibitione del Cardinale Barberino, non paſsò più auanti. Si faceua ſtrepito per il Conclaue per la lunghezza reſa intollerabile à tutti. Erano già venute le feſte di Paſqua, ne ſi vedeua modo di venire alla fine del Conclaue: una coſa ſeruì per accelerare il fine, e furono 28. voti una mattina dati al Cardinale Capponi, e più che di buona voglia ſarebbero andati alla ſua eſaltatione. Li Franceſi non erano alieni da lui, tanto per la fama che ſi ha del ſuo valore, quanto per hauer ſaputo egli di maniera trattare con gl'Ambaſciatori, che niuno ſtimatoſi offeſo ſe n'è doluto, li Cardinali Vecchi adheriuano ad un'elettione che à niſſuno toglieua le ſperanze per l'auuenire, li Giouani eſſendoſi dichiarati di voler Papa un huomo di valore, e di merito grande, rimaneuano ſodisfatti, uſcendo con un ſoggetto di ſapere più che ordinario, di prattica per lo ſpatio di 45 anni di Cardinalato affinata, in ſomma di qualità per ogni capo riguardeuole. Alli Medici non poteua giungere coſa più grata che l'elettione d'un Cardinale ſtato ſempre riuerentiſſimo alla caſa loro, e che per eſſer ſuddito acquetaua le voci di coloro, che nell' eſcluſione di Sacchetti mirauano oltraggiata tutta la Toſcana, giudicandoſi forſe à quel Cardinale preciſamente come à ſuddito l'eſcluſiua. Il Cardinale Antonio vì caminaua di buon animo, perche oltre l'hauer hauuta con lui buona corriſpondenza ſotto il Pontificato d'Vrbano, nel fine di quello ſi trattò la raſſegna dell' Arciueſcouato

ALESSANDRO VII.

couato di Rauenna, che Antonio ad imitatione di Pietro Aldobrandini voleua prendere per hauere come quello un luogo di ritirata, presago sin dall'hora di quei trauagli che doueuano torre la stanza di Roma. Queste buone dispositioni vi erano in Capponi, che se il negotio si fosse premuto da qualcheduno, Barberino dalla tema sarebbe passato al danno in vedere esaltato un Cardinale dal cui era affatto alieno. Capponi era stato assai caro à Gregorio XV. e da lui hebbe l'Arciuescouado di Rauenna, il migliore che per auuentura dal Papa si conferisca senza nomina de' Principi secolari, che all'hora vacò per morte d'Aldobrandini. Li disgusti di Ludouisio Nepote di Gregorio furono poi tanto grandi nel Pontificato d'Vrbano, che *per consensum* ne participorno tutti gl' amici di Ludouisio. Perdè appresso Vrbano quello che sogliono perder' i confidenti di chi è perseguitato da un Principe. S'aggiunse à questo, che in una lite passata trà il Cardinale di Bagni, e il Cardinale Capponi, Barberino si mostrò interessato in fauorire quello, e contrariare questo, prouocando di farlo apparire falsario; per questo, e per molti altri capi s'aborriua Capponi da Barberino. I più affettionati à Sacchetti erano anche alieni da Capponi, perche la costanza delli Spagnoli nell' esclusione di quello s'attribuiua in parte alli consigli di questo. Vn giorno il Cardinale Giouan. Carlo stanco del Conclaue, ò pure agittato dal timore, che finalmente Sacchetti non fosse Papa al suo dispetto, trattò con Capponi quelche fosse bene di fare. Questo rispose che non v'era altra via, che star costante, essersi impegnati tant' oltre nell' esclusione di Sacchetti, che tutte le dimostrationi d'affetto, e di beneuolenza non erano bastanti à ricomprare l'offese che da lui si presupponeuano dal Cardinale di Medici, che il concorrere in lui, da qualsiuoglia motiuo cagionato sempre si sarebbe attribuito alla costanza de' fattionarii alla debolezza de gl' escludenti di Sacchetti. Barberino però non durò à sostenere la corrente de' voti di Capponi, stimò però necessario il procurare il termine del Conclaue, liberarsi affatto dal pericolo di sì gran male. Vidde già caduta per terra la speranza per se medesimo, suaniti i concetti ch' aueuano in se formati di douer esser arbitro del Conclaue, quando quello si tirasse in lungo, stimando che stante le loro indispositioni, ambidue li Cardinali de Medici sarebbero sforzati d'uscire di Conclaue, che stando sano il Cardinale Giouan. Carlo, hauerebbe usato maniere tanto imperiose, che finalmente poteua far capitare male i proprii interessi. Vi fu chi disse qualche parola del Cardinale Brancaccio, al quale si giudicà da tal uno si togliesse da chi l'ottenne con la proprietà per dir cosi delle prattiche, che haueua grand'aura questo Cardinale dentro, e fuori del Conclaue, il concetto del sapere, poteua essere appena maggiore, e questo consisteua in voci apparenti principalmente alla Chiesa, che uuol dire de Canoni d'Historie Ecclesiastiche, de Concili, di Controuersie, e di Santi Padri, in queste dottrine s'haueua per eccellente, e per singolare almeno trà Cardinali Brancacci, e la Congregatione d'esame de' Vescoui notificauano l'eccellenza e la singolarità. Il Vescouato di Viterbo per la vicinanza di Roma tramanda facilmente la notitia del suo valore all'orecchie de Cardinali. Si che il concetto del merito non poteua essere maggiore di qualche era. Da principio si dubitaua che gli Spagnoli non l'hauessero per diffidente, il dubio nasceua dalle congietture più che d'alcuno contrasegno che se ne fosse dato all'istessi Spagnoli. Vn Papa Napolitano in questi tempi tanto lubrici per la Spagna si giudicaua dalli più poco appropósito per quella Monarchia, la solleuatione passata, alterò totalmente gl' humori, ne i Napolitani per aggiustargli al douuto temperamento, ed alla costanza perfetta ogni altra cosa riusciua inutile fuor che la longhezza del tempo madre dell' obliuione. I Signori Brancacci particolarmente più congiunti col Cardinale si diportarono tanto fidelmente nel seruitio della Spagna in quei tumulti, che meritarono grandemente appresso quella Corona, come si raccoglie dalle testimonianze delli Ministri Spagnoli, ed in particolare dal Conte d'Ognatto scrisse questo al Rè suo Signore, che trà gl'altri Signori del Regno di Napoli, haueuano fatto mostra della loro fedeltà gli Signori Brancacci, e che à loro

si

ALESSANDRO VII.

si doueua ogni ricompensa all'occasione che si rappresentasse. Dicono pero che s'eccettuasse l'esaltatione del Cardinale stato sempre attaccato all'interesse che sominiſtra la politica, e gelosia del dominio, l'esperienza ha dimostrato che nel Papa (siano stati qualsiuoglia gl'effetti per il passato) preuale à tutti il desiderio d'ampliare il dominio Ecclesiastico, e tramandarlo à suoi successori di quello che à lui sia arriuato. Il Regno di Napoli potrebbe più d'ogni altra cosa accrescere il patrimonio di Pietro, nè di questo accrescimento fomentarà le speranze con fondamento maggiore che con un Papa Napolitano. Queste erano le congietture, che si faceuano ne gl'animi degli Spagnoli, mà si scoprì ch'erano false mentre dalla loro parte non appariua alcuna dichiaratione di diffidenza. I Medici dal canto loro l'amauano ed all'hora solamente se gli sarebbero opposti, mentre gl'ordini di Spagna fossero sodisfatti così. Finalmente l'impegno di Sacchetti era sì grande, che in esso stauano affatto impegnate le forze Spagnole, e quando le prattiche di Chigi non fossero procedute con gran fondamento, si speraua l'esaltatione di Sacchetti. Comminciò dunque Barberino con Sacchetti le prattiche di Corrado, mà essendo già venuta la risposta di Mazzarini à fauore di Chigi, rispose che prima si passasse ad altro soggetto, voleua che si tentasse la fortuna dell'istesso Chigi. Consideraua che i motiui d'escludere un suddito, molto maggiormente contro un Senese, poteuano che contro un Fiorentino. In somma ò stimassero la prattica di Chigi irriuscibile, ò vedesse di non poterla impedire essendo lo squadrone più ch'ad ogn'altro sottordinato à Sacchetti, ò pure godesse ancora del suo buon' esito, disse di douerui consentire, ne parlò con Lugo che più d'ogn'altro bramaua l'esaltatione di quel soggetto, e con Antonio di cui bisognaua bene esplorare i concetti e l'inclinationi in un cimento, che d'ogni oppositione poteua riceuere notabile impedimento daua à questo qualche fastidio che si douesse uscire dalle Creature del Zio, che doue n'era sì grande il numero, e sì segnalato il valore, lo trauagliaua il pensiero di

Dddd 2 vede-

vedere tutte quelle proposte ad un giouane d'anni, e nouitio nel Cardinalato del nuouo Collegio, mostrò però di non esser alieno da Chigi, mà di voler fare l'ultimo sforzo per Rappaccioli, mà molto maggiormente à Sacchetti. Tuttauia la prattica di Rappaccioli non fu poi riproposta, mà apparendo alcuna via di condurla à perfettione, Barberino e lo squadrone consultarono all'hora, di fare le prattiche in modo che non potendo terminare se non nell' esaltione di Chigi ò Sacchetti. Per tirare li Vecchi in Sacchetti pareua à proposito la propositione di Chigi. Per tirare i Medici in Chigi si giudicaua opportuno di mettere in piedi di nuouo le prattiche di Sacchetti. S'appoggiaua à sole congetture il giuditio che i Medici non voleuano Chigi perche nel resto le dimostrationi apparenti non poteuano essere più fauoreuoli per questo Cardinale, l'haueuano sempre honorato con i voti, e primo Barberini quando parlaua di douer loro sodisfare che rimarrebbero sodisfatti con l'esaltatione di Chigi, e questo si era detto da loro in maniera che non era verisimile l'hauer essi voluto dire così per generale sospetti in Barbarino ed alienarlo dall' istesso Chigi. Tuttauia le regole della politica pareua che consigliassero i Medici à non consentirui, e da queste poche volte si portano i Principi grandi. Fatto dunque per mezzo di Lugo l'Ambascerie di Barberino à Medici, e de Medici à Barberino, andò il Cardinale Antonio dal Cardinale Giou. Carlo, e doppo vi andò il Cardinale Francesco, sì che restato già d'accordo lo squadrone, il negotio fu concluso. Barberino mandò Pallotta da Chigi à dirgli che stesse di buon animo, perche il giorno seguente sarebbe stato adorato per sommo Pontefice, di li à poco fece il medesimo il Cardinale Giou. Carlo con un biglietto mandato per il Conte Gaddi suo Conclauista. Bighi per la parantela oltre la prattica commune con Chigi non desideraua cosa alcuna più ardentemente in Conclaue che la sua esaltatione. Durante l'esclusione di Francia non haueua fatto disegno de' suoi desiderij, saputo poi che quella s'era riuocata, s'applicò con ogni ardore à conseguire il fine tanto bramato.

Si

ALESSANDRO VII.

Si temeua che Grimaldi prima impegnato contro Chigi per l'esclusione della Francia, non fosse hora per fermarla per proprio genio, quando ciò fosse seguito, le cose di Chigi non poteuano terminare bene, perche un huomo di testa come Grimaldi poteua, fattosi capo de' Vecchi, tirarsi dietro il seguito di molti giouani ancora, e così fare suanire le prattiche tanto ben maneggiate. Bighi però si prese la cura d'assicurare Grimaldi, e con le sue persuasioni ottenne quanto da lui bramaua, massime che Grimaldi non haueua alcun interesse che l'alienasse da Chigi. Niuna cosa gioua più ad un Cardinale Papabile, che l'esclusione aperta d'una Corona quando quella poi si reuochi, i maleuoli ò poco affettionati s'addormentano nella sicurezza di quella esclusione, ne procurano di fare altra diligenza, giudicandola superflua. Così l'oppositione della Francia procurata e promessa dal Cardinale Antonio, haueua impedita l'esaltatione de' molti Cardinali nemici poco meno che aperti al Cardinale Pamfilio. L'opsiositione pure della Francia hanno hora giouato al Cardinale, Chigi, perche trà gl' altri gl' era nemico il Cardinale Rossetti per differenze passate frà di loro in Colonia, quando vi furono Nuntij ambedue, straordinario Rossetti, & ordinario Chigi. Questo all' hora haueua scritto ad Vrbano contro Rossetti, che capitò due giorni doppo l'esaltatione là al Cardinalato pur di Rossetti giudicaua habile ad impedirla, ogni volta che la lettera fosse arriuata due giorni auanti Rossetti, dunque in ambedue li Conclaui seguitato, il partito delli Spagnoli hauerebbe potuto fare del danno, dimenandosi contro Chigi se non haueua temuto il pericolo, saputosi la resolutione de Capi de fattioni niuno ardì d'opporsi temendo, che il Papa si facesse senza loro ò lui. Disposte dunque le cose, nello spatio di trè ò quattro giorni adoperatosi da Capi di fattione i più confidenti della cappella di Sisto doppo lo scrutinio s'abboccarono i Medici e Barberino con gl' altri fattionarij, e fu concluso, che nella mattina seguente si venisse all' elettione. Vsciti di scrutinio pareuano un sciame d'Api i Cardinali, era uniuersale il suffurro, e stettero poco ad andare alla cella di Chigi à congratularsi con lui. Egli da principio pianse, tenendo agl' occhi la mano, e doppo fattosi animo, ringratiaua tutti del loro buon affetto, usando le dimostrationi che sono più ragioneuoli in un simile auuenimento. La notte parue più lunga del solito, stante il desiderio ch' aueuano tutti di terminare il Conclaue con un' elettione così santa & honorata, che si ricordasse da molto tempo in quà : la bontà de costumi, la dottrina in ogni facoltà, la prattica ne maneggi, faceuano un misto tanto perfetto che difficilmente un altro migliore poteua ritrouarsi. Questo fece contrapeso alle considerationi dell' età fresca negl' amici negl' elettori, sopì i rispetti priuati ne' fattionarij, appagò le voglie di tutti coloro, che bramauano la Chiesa proueduta d'un Capo proportionato à gouernarla in questi tempi tanto pericolosi d'un Nocchiero habile à reggerla dalle tempeste che da ogni parte la moue contro il Paganesmo, l'heresie, le guerre degl' istessi Cattolici. Era il Cardinale Chigi andato sempre nel numero de più meriteuoli, s'accrebbe il conconcetto del suo merito dall' alienatione ch' egli mostrò di continuo all' ambitione d'esser Papa, non staua mai fuori di Cella, se non quando era necessario di uscirne per caggione dello scrutinio, ò di qualche congregatione appartenente al gouerno dello stato Ecclesiastico. Del resto egli non apparue mai Candidato fuori che ne' costumi. Che strauaganze occorrono hoggi (disse un' in Conclaue quella mattina) gli Spagnoli vogliono un Papa senza interesse. I Francesi uno che haueuano escluso. I Catdinali Giouani un huomo da bene. I Vecchi un Giouane. I Medici un Senese. I Barberini uno che non è sua Creatura, má niuna strauaganza puol parere che sia stato esaltato in Chigi, perche alla fine lo Spirito Santo è padrone del tutto, e maneggia à suo talento gl' affari humani, mà più che in ogn' altro luogo ciò succede in Conclaue. Se altre volte ha permesso che siano stati esaltati huomini più tosto atti à discreditare che ad honorare la Sede di San Pietro,

l'ha

ALESSANDRO VII.

l'ha fatto per opera delle nostre colpe. Nel resto hora si può dire che hora sia mitigato lo sdegno Diuino verso la terra, mentre ha dato per Capo della Christianità, che da nemici della Chiesa era riputato per la sua santità meriteuole di reggere il Mondo. Haueua pur tentato Rossetti la notte di fermare la corrente con Barberino, dal quale andato disse che se sospendeua il negotio di Chigi, egli la mattina seguente sarebbe concorso col suo voto e con quei di quattro altri in Sacchetti, mà il Cardinale Barberino haueua già pregate le sue Creature che concorressero in Chigi, e però rispose à Rossetti che non era più tempo. Così la mattina à buonissima hora comminciato lo scrutinio, si trouarono tanti voti trà lo scrutinio e l'accesso à fauore di Chigi quanti erano apunto Cardinali in Conclaue, più *nemine discrepante penitus*, cosa insolita all' altre elettioni de Pontifici fu egli dichiarato Papa. Postosi in oratione auanti l'altare stette alquanto così orando, e poi diede il consenso. Dall' allegrezza del Popolo, e massime da chi ama la virtù, e desidera la felicità della Chiesa, è testimonio ogn' uno à se stesso. Piaccia al Signore Dio che si come si è dimostrato propitio alla sua Sposa in darle un così santo e degno Capo, così voglia continuare nella sua benignità, prosperandoli l'intentione che probabilmente nutrisce nel Cuore.

FINE.

CONCLAVE
FATTO PER LA SEDE VACANTE
d'Alessandro Settimo.

NEL QVALE FV' CREATO PONTEFICE
il Cardinale
GIVLIO ROSPIGLIOSI
Pistoiese, detto
CLEMENTE IX.
Con la
RELATIONE DI QVANTO OCCORSE
dentro, e fuori del Conclave.

Aggiuntoui un Discorso sopra la Rivolutione del Conclave causata dalle trame di Monsignore Ravizza. Con un Compendio della sua Vita.

TAVOLA
DI TVTTI NOMI
Propri, e Cognomi
DELLE FAMIGLIE DEL PRESENTE
CONCLAVE.

A Cquauiua	Pagina 7.
Don Agostino	10.
Acciuoli	12.
Albizi	21.
Alessandro VII.	1.
Amadeo	52.
Antonio Barbarino	1; 2.
Aragona	23.
Arbues	9.
Astorga	5.
Azolini.	21.
Bandinelli	14; 23.
Berenice	10.
Berlinghieri	10.
Bernini	17.
Bichi	21; 23.
Bonacorsi	22.

TAVOLA.

Bonacorsi	Pagina 3.
Bona	10.
Bonelli	14, 47.
Bonpiani	18.
Borromei	5.
Bonaventura da Recanati	16.
Bracciano	7.
Brancaccio	35, 51.
Buoncompagno	17.
Capranica	10.
Caraccioli	28.
Caraffa	14, 28.
Carpegna	39.
Casanata	5.
Padre Cavallo	12.
Celsi	41.
Cibò	36.
Colonna	3.
Conti	12.
Contini	18.
Corsini	22.
Donghi	23.
Duca di Parma	27.
Duca di Crequì	28.
Durazzo	7.
Emerix	30.
Elci	13, 22.
Este	7.

Fauoriti

TAVOLA.

Fauoriti	Pagina 22.
Farnese	27.
Fortunato da Cadoro	16.
Frangipane	12.
Francesco Barbarino.	4.
S. Francesco De Sales.	18.
Gabbadio	53.
Gabriele della Porta	12.
Ginetti	8.
Girolamo Lelij	53.
Gioseppe dell' Aquila	16.
Gradi	22.
Gregorio XIV.	17.
Gualtieri	40.
Harac	14, 31.
Hassia	23.
Horatio Marguti	53.
Imperiale	14.
Landgravio	12.
Don Lelio Orsini	5.
Monsù De-Lione	48.
Litta	28.
Ludouisio	6, 21.
Luigi XIV.	9.
Don Luigi	15.
Marguti	53.

Don

TAVOLA.

	Pagina	
Don Mario		2, 5.
Maſſimi		5.
Montaguti		18.
Monte Marte		1.
Nari		49.
Nini		2, 22.
Odeſcalchi		6.
Orſolara		13.
Oliua		30.
Orſini		7.
Ottobono		40.
Palotta		39.
Pallauicino		10, 14.
Pariſio		12.
Polonia		11.
Piccolomini		23.
Raſponi		22.
Rauizza		43.
Roſſano		7.
Roſſetti		14.
Roſpiglioſi		30.
Saluiati		3.
Santa Croce		22.
Salzburg		14.
Sauelli		7, 8.
Sforza		6.
Siſto V.		23.

Scione

TAVOLA.

Scione	Pagina 9.
Spada	6.
Spinola	14.
Suarez	13.
Tassoni	10.
Tiracorda	12.
S. Tomaso Villanova	30.
Totis	34.
Valuasori	16.
Vandomo	17, 37.
Visconte	14.
Vidoni	21.
Ximenes	10.

FINE *della* TAVOLA.

CONCLAVE
FATTO PER LA SEDE VACANTE
d'ALESSANDRO VII.

NEL QVALE FV' CREATO PONTEFICE
il Cardinale GIVLIO ROSPIGLIOSI,

detto

CLEMENTE IX.

OPPO vna lunga malatia, che potrà raggioneuolmente dirsi continua, accresciuta però in quest'ultimo mese da dolori acerbissimi di ritenimento di orina; accompagnata da varij termini di febbre, e rilassamenti di Spirito da essa cagionati, e da varij profluuij di marciume, e di sangue: Domenica, li 22. di Maggio 1667. sù le 22. hore Alessandro settimo sommo Pontefice circondato da' Parenti; che, oltre l'vso degli altri, corrisposero in quest' vltimo vfficio alla tenerezza da sua Santità loro mostrata; rese lo spirito à Dio.

Appena spirato, il Signor Cardinale Chigi Nepote inuiò al Signor Cardinale Antonio Barbarino Cammerlengo di Santa Chiesa, ch'iui contiguo à Monte Cauallo tratteneuasi à questo fine, con i Chierici di Cammera, nel Collegio di Sant Andrea Nouitiato de' Padri Giesuiti, il Signor

a   Conto

Conte Montemarte suo Cauallarizzo maggiore, con l'auuiso della morte di sua Santità. Fù egli riceuuto con li soliti termini di Cortesia, e licentiato con espressioni di stima, e di cordoglio verso la persona di sua Santità: dopò la partenza del quale spedì il Signor Cardinale Antonio al suo Pallazzo, vicino al Monte della Pietà, genti, che auuisassero le Carozze che stauano in pronto, e con ciò dar tempo alli Parenti di trasportare in tanto qualcuna delle loro suppellettili rimaste, e più agiatamente retirarsi alle loro Case; benche del primo non ve nè fusse necessità, per hauerle essi molto prima in due altre occasioni di pericoli della vita di nostro Signore, transportate anco assai publicamente; e del secondo non ne risultasse alcun giouamento, non potendo perciò sfuggire le maledicenze, e l'Ingiurie della Plebbe insolente, grauamente essacerbata, e massime contro la Persona del Signor Don Mario fratello di sua Santità.

Partiti di Palazzo li Signori Cardinali, & Prencipi Chigi, con il rimanente delli Familiari, e gionte già le Carrozze, il Signor Cardinale Antonio vestito con habito pauuonazzo, accompagnato da tutti li Chierici di Cammera con le Mantellette nere, entrò nel Palazzo Pontificio: e fatte le solite Cerimonie intorno al Cadauero di sua Beatitudine, prese l'vniuersale possesso à nome della Reuerenda Cammera Apostolica. Non potè però terminarsi questa funtione senza disturbo, cagionato da qualche parola passata trà il sudetto Signore Cardinale Nini in occasione di riconoscimento, e sparamento del Corpo di sua Santità; poiche pretendendo il Signor Cardinale Antonio, che à quell'atto non potesse interuenire altro Cardinale, che sua Eminenza, se nè lascio intendere con alta voce al Signor Cardinale Nini, che con il silentio finse ò di non intenderlo, ò di non curarlo; Mà replicando egli più altamente l'istesso, rispose questo, assistere à ciò non in persona di Cardinale, mà ben sì di Magiordomo.

Seguì intanto lo sparamento del Cadauero imbalsamato all'vso degli altri Pontefici, e nell'aprire, che fecero

non

CLEMENTE IX.

non ritrouorono pietra di forte alcuna, dalla quale giudicauala magior parte de' Medici effer originato il male, e la morte di fua Santità, mà folamente frà i Vicoli dell' Orina certe vifcofità, ò pure carnofità di forma rotonda giufto alla groffezza de' Ceci, che cedendo al ftringare che faceuano, manteneuano i Medici nell' opinione probabile, che effe foffero pietre. L'Ala finiftra del Polmone ella era quella, che era qualche poco marcita, benche ciò fi giudicaffe effere di pochi Mefi; e più tofto cagionata dal male, che egli foffe ftato cagione di effo, era ben fi del tutto guafto vno delli Rognoni, per mezzo del quale giudicarono, che poteffe caufarfi quei marciumi, e quel fangue corrotto, che vfciua mefchiato con l'Orina; fù però chi diffe effer ftata ritrouata la Pietra, & in qualche numero; ma effere ftata occultata da i Chirurghi, o da' Medici, che affifteuano all' aprimento del Corpo, effendo effi ftati d'opinione, che ella non vi foffe; e che con ciò habbiano voluto confirmare il loro detto; argomentando anco ciò dall' effer ftati, anche bruttamente rigettati i Medici del contrario parere, benchè richiedeffero inftantemente d'interuenire allo fparamento fopra detto.

Vicino alle 23. hore gionfe à Pallazzo Monfignor Bonacorfi Teforiero; e poco dopò vfcirono Monfignor Saluiati, & altri Chierici di Cammera per prendere il Poffeffo delle Porte della Città, e di Caftello S. Angelo, e de i Luoghi più gelofi, e più contumaci di Roma. Non pafsò mezz' hora ch'vfcì di Palazzo il Signore Cardinale Antonio Cammerlengo fopra vna delle fue magnifiche Carozze, à cui caualcaua innanzi il Capitano delle Guardie Pontificie, e feguiua a i lati della Carrozza la Guardia delli Suizzeri, che altre volte accompagnaua fua Santità. Appena fi fcoperfe vfcire la Carozza, che fù follecitata dalle liete acclamationi del Popolo, & al piano delli fcaloni del Portone, fù coftretto à fermarfi à cagione del tumulto del Popolo, che con voci di giubilo, e batter di palme fi affollaua intorno alle Rote della Carozza. Cofi quello, che alla morte d'Vrbano fù perfeguitato con maledicenze

videfi

videsi con improuisa mutatione alla morte di Allessandro encomiato con applausi, e quel Popolo istesso, che 25. anni prima n'haueua desiderato la fine dela grandezza, n'acclamaua il principio del Dominio, dando à diuedere, che egli non odia il Dominio nè la Persona di chi domina, mà la continuatione del Dominare; e non ama nella mutatione de' Principati altro che la nouità.

Nell' incaminarsi che fece sua Eminenza consimile pompa al suo Pallazzo s'vdì la Campana grande di Campidoglio attesa iui, dalla Curiosità di molti, non vsa à suonare in altra occasione, che nella morte de' Pontefici.

Non seguì nella notte, che successe cosa alcuna di consideratione, come potea temersi in simili occasioni di sede Vacante; fuori che la Cerimonia del transportamento del Cadauero di nostro Signore da Monte-Cauallo alla Chiesa di San Pietro nella Cappella Paolina presso alla sala Regia. Alle trè hore della notte diede à quella principio: Precedeua à tutti vna truppa di dieci, e più Caualli legieri delle solite Guardie Pontificie con la lancia abbassata, con l'auanzamento d'vn Trombetiero, che all' vso militare faceua udire il suono flebile della sordina: seguiuano molte Chinee bardate à nero; e dopò esse circa 20. Pallafrenieri con torcie accese, dopo i quali auanti la lettica caualcaua il Maestro di Cerimonie. A questo succedeua la Lettica di velluto rosso cremesino, doue staua il cadauero di sua Santità, con Stola, e Rochetto rosso, esposto alla vista del Popolo per l'aperture di tutti quattro i lati della lettica; da ogni parte d'essa stauano li Padri Penitentieri di San Pietro, che con candele accese & Hinni cantati, accompagnauano il Corpo, dopò essi seguiuano con le loro torcie altri tanti Pallafrenieri di sua Santità; dopò li quali veniua il restante di tutta la Compagnia di Caualli legieri; e chiudeua l'ordine la Compagnia intiera delle Corazze. Era tutta questa pompa chiusa in mezzo delle Guardie delli Suizzeri, & in fine d'essa seguiuano ordinatamente sette pezzi di Cannoni, che terminauano questa Cerimonia, che più dall'aura, e dal l'uso,

CLEMENTE IX.

l'uso, che d'all'apparato, e domandata semplice, è priuata.

Il Lunedi seguente, sù l'undeci hore tutti i Signori Cardinali si ritrouarono in San Pietro, e saliti nella Sala delli apparati per fare la Congregatione nella quale doueuansi determinare gl'interessi Sacri, e politici, con la Confermatione de gl'Officiali vecchi, e la creatione de i nuoui.

Nelle prime propositioni discorse nella Congregatione, fù la Riforma dell'Officiali; e questa fù fatta nella Persona di Monsignor Federico Borromei, con piena voce di tutti li Signori Cardinali nel Gouerno di Roma; si come anco, se bene con qualche dimora, nella Persona del Signor D. Mario Fratello di sua Santità nel Generalato di Santa Chiesa, non potendosi attendere altro, e dal merito del primo, e dalla gratitudine verso il secondo per il numero delle sue Creature, e la presenza del Cardinale Chigi, al quale niun Cardinale voleua dispiacere per non rouinare gl'interessi suoi nel Conclave futuro; dependendo da esso, che hà certa l'esclusiua, in buona parte l'elettione del nuovo Pontefice. Non è però, che i Cardinali Francesi, e di quella istessa fattione, come alcuno disse, non si adroprassero gagliardamente per il rimuovimento del sudetto Signor D. Mario dal Generalato di Santa Chiesa, deposto adunque entrambi il bastone di Comando in mano delli Signori Cardinali, dopò qualche se bene differente dimora, fù loro dal Sacro Collegio restituito; dal quale fù pure confirmato il Capitano della Sbiraglia, benche communemente fosse disseminata la voce, che egli fosse stato rimosso, e ne accreditaua il concetto la cattura fatta il Carnevale passato, del Cocchiero del Signor Cardinale Savelli nel passaggio del Corso, a richiesta del quale credeuasi essere egli stato rimosso.

Monsignor Casanatta Segretario del Collegio *de Propaganda Fide* fù dichiarato Governatore del Conclave, & in conseguenza di Borgo, in competenza de i Monsignori Colonna, e Massimi; con l'ultimo de quali, mossi dal suo merito, molti de i Signori Cardinali, passarono dopò ufficij di scuse. La difficultà maggiore, nella quale si divisero li Signori Cardinali, fù nell'elettione del luogo, ove dovevasi fare il Conclaue; poi che auvenga che fosse solito farsi à San Pietro, non credevasi per ciò possibile, e per l'accessività del caldo, e per la malignità d'ell'aria, accresciuta dallo smovimento della Terra, e per le Fabbriche delle Collonate, e l'appianamento della Piazza. Il primo à discorrere sopra ciò fù il Signor Cardinale Ludovisio, che spalleggiato dal Cardinale Sforza, & Odescalchi, concorrendovi ancora Chigi, e tutti li Cardinali Giovani, tirò nel suo parere la magior parte dei Cardinali, che à tutta briglia vi concorrevano monstrandosi in ciò più d'ogn'altro ardente il Cardinale Pallavicini, che per la sua poca buona salute, e passata indispositione, desiderava raggionevolmente la salubrità dell'aria de Monte-Cavallo; Contrariavano solo acerbamente li Cardinali Francesco Barbarino Decano, Spada con pochi altri Cardinali più vecchij, e più prudenti concorrendo con essi Pallota nel giudicio, benchè à cagione di non irritare la parte contraria si dichiarasse indifferente nell'essecutione; Prevalse però il contrario parere con quaranta-quattro Ballotte non restando à Barbarino altro che quindici, ò deci-otto voti, à segno che volevano che si decidesse à piena voce; e non ostante moltissime difficoltà proposte raplicavano pertinacemente à Monte-Cavallo; e benche rappresentasse il Cardinale Antonio Cammerlengo la difficoltà della spesa, alla quale non poteva resistere la Camera, risposero li Signori Cardinali Ludovisio, e Compagni, obligandosi Ludovisio sino a due mila scudi, e Sforza sino à novecento scudi del Rotolo, che sarebbero pronti à supplire essi del proprio: e si incallorì talmente il negotio, che volendo anco replicare il Cardinale Barberino, gli rispose assai risentitamente Sforza, e passarono parole di poca sodisfattione, alzando questo la voce assai più che conveniva; è fù chi disse, questo contrasto essere stato procurato prima, e concertato frà Chigi, & i Spagnuoli, acciò che indi s'argomentasse il seguito delli Spagnuoli, e di Barbarino

CLEMENTE IX.

barino che essendovi impegnato, obligava ogni suo adherente à sostenerlo, furono però sopra questo particolare deputati trè Cardinali accio che la seguente matina riferissero al Sacro Collegio, dopò che havessero contemplato con gli Architetti il sito del Palazzo di Monte-Cavallo, se fosse possibile in esso di disporui il Conclave. Questi furono li tre Capi d'ordini Barbarino Decano de i Vescovi; Orsini surrogato in luogo di Durazzo inhabile per l'età, Decano de'Preti;&Este de'Diaconi;e ciò fù pensato da Barbarino, che vedendo essere rigettata la sua opinione, la volle con tutto ciò sostenere con questa deputatione che per l'intervento di se medesimo, e del Cardinale d'Este suo Parente, e di Durazzo che credeva sua Creatura, nè figurava di se voto favorevole; come seguì la Relatione.

Fù poscia proposto dal Cardinale Barbarino, à chi dovessero fermarsi i Signori Cardinali in questo tempo; mà gli fù interrotta la Proposta dal Cardinal Orsino, che presentendo la risolutione, che ne doveva succedere pregiudiciale al Duca di Bracciano suo fratello, cercò d'impedirne con richiami, e con ragioni, e della novità, e della inutilità, della propositione, benche tale non fosse giudicata da Politici; poi che se bene in altre Sede vacanti, non fosse ciò stato proposto, pareva però ciò necessario per il caso pochi mesi avanti succeduto nella persona di D. Lelio Fratello del Cardinale Orsini, che non si fermasse al Cardinale Rasponi; poiche benche nostro Signore Alessandro VII. lo costringesse insieme con tutti gl'altri Baroni Romani à visitare tutti li Cardinali, & à dare Rasponi le dovute sodisfattioni; fù perciò sopra di questo decretato, che in tale tempo li Signori Cardinali non dovessero fermare ad altri, che alli Ambasciatori Regij, & all'Eccellenza del Generale di Santa Chiesa: Al che replicando il Cardinale Orsino, che molti non haverebbero anch'essi fermato (intendendo del Duca suo fratello) gli fù risposto dal Cardinale Acquaviva, che essi haurebbero havuto modo di farli fermare. Mà non per ciò acchetandosi Orsino, gli suggerì opportunamente il Cardinale Savelli non havere sua Eminenza

nenza tant' occasione d'incollerirsi, essendovi ivi tal' vno intendendo di se medesimo) che lo poteva egualmente contrastare, e pure quietavasi alle determinationi del Sacro Collegio: al che rispondendo alterato il Cardinale Orsino, che la Casa di sua Eminenza non godeva la prerogativa della sua; e volendo replicare Savelli forsi con modo, che richiedesse più grandi alterationi, fù troncato il litigio, & ouviato al male dalla partenza del Cardinale Orsino, che non volle in modo alcuno essere presente à questo decreto; benche l'ultima risposta data dal Cardinale Orsini à Savelli in altri tempi fosse stata in parte vera, e per la preeminenza, che gode la di lui Casa, e quella del Contestabile d'assistere alternatamente alle Cappelle su il soglio Pontificio, non pareva però bastante in questi tempi di sede Vacante, ne i quali il Prencipe Savelli fratello del Cardinale Gran Maresciallo del Conclave tenendo egli le Chiavi d'esso, la quale dignità è perpetua à questa Casa.

Cosi terminò sù le 16. hore la prima Congregatione dopo la quale scesero processionalmente i Signori Cardinali nella Chiesa di San Pietro col Cadavero di nostro Signore, in habito Sacerdotale, e postolo in mezzo alla Chiesa, lo circondorono tutti insieme con i Canonici di San Pietro che lo riceverono alla Porta maggiore; e dopò cantate da i Musici di Capella molte Sacre Orationi e preci à ciò singolarmente destinate, fù posto il Cadavero nella Cappella del Santissimo Sacramento con i piedi esposti fuori del Cancello, al bacio del Popolo; al quale effetto doveva trattenersi ivi per lo spatio di tre giorni.

Fù impiegato il rimanente del giorno nelle visite fatte da tutto il sacro Collegio à Signori Cardinali e Prencipi Chigi, passando con essi le doglianze per la morte del Pontefice.

Il Martedi seguente sù l'hora istessa, concorsero i Signori Cardinali à celebrare la prima Messa del primo giorno dell' Essequie solite à collebrarsi per noue giorni per l'anima di Nostro Signore in San Pietro, nella Cappella del Choro, E cantò Messa il Signor Cardinale Ginnetti

dopò

CLEMENTE IX.

dopò la quale si radunorono nella Sagrestia di san Pietro per fare iui la solita Congregatione, in essa riferirono li tre Cardinali deputati l'impossibilità del Conclave à Monte-Cavallo, e per l'angustia del luogo, e per l'incommodo molto maggiore, e per il caldo assai più grave, e per la difficultà delle Cucine, e dell'acque, che come era di vopo non poteuano, condursi sopra il secondo appartamento benchè d'esse nè sorghino in abbondanza nel Giardino, e nell'vltimo piano, che però di consenso commune fù determinato, con l'applauso Vniuersale di Roma, il Conclaue nel luogo vsato di San Pietro. Fù chi in quest'atto notò l'authorità grande del Cardinale Barbarino, e chi la debbolezza del Cardinale Chigi, poi che altri diceua che vna sola voce sparsa, che egli si fosse cangiato d'opinione, e che bramasse il Conclaue à San Pietro, non solo le Creature del zio, mà molti degl'altri Cardinali cangiassero tantosto parere, e concorressero con esso. Altri che la sua mutatione fusse stata causata dalle persuasioni del Cardinale Barbarino, dal che argomentauasi da ciascuno diuersamente circa la Potenza dell'l'uno, e dell'altro nel futuro Conclave, ma benchè fusse possibile, & incomprobabile, che la mutatione di Chigi fosse stato effetto delle Persuasioni di Barbarino, era però assai più credibile e verisimile ancora, che egli si fosse mosso per la sola impossibilità del fatto.

 Entrò poscia nella Congregatione il Signor Duca di Scione Ambasciatore della Maestà Christianissima di Luigi XIV. Rè di Francia, e fatte le genuflessioni come all'istesso Pontefice con bellissima, & efficacissima Oratione, nella sua lingua natiua prestò l'ossequio douuto alli Eminentissimi Signori Cardinali, e ricordò loro la Devotione del suo Rè verso la santa Sede, offerendo le di lui forze in difesa di quella, e del sacro Collegio: à cui con oratione non meno erudita, che piamente rispose il Cardinale Barbarino Decano, si che vniuersalmente fù commendata dalla Corte, el'offerta dell'vno, e le gratie dell'altro.

Entrorono poi i Conseruatori del Senato e Popolo Romano, e prestò come è costume à nome loro la solita obbedienza, Bartolomeo Capranica Gran Cavaliero Romano, altre tanto scarso di concetti, quanto abbondante di nobiltà; furono ammessi all' istesso effetto li Signori Quaranta, Berlinghieri, Hesti, & il Marchese Tassoni Ambasciatori di Bologna e di Ferrara per rassegnare al Sacro Collegio il loro Vassallaggio: Tutte le Dame di Roma furono à passare Officij di condoglienza con le Signore Donna Berenice e Principessa Chigi, e questa con cortesia non vsata da qualch'altra, sedè nell' ultimo luogo dopò tutte l'altre.

Mercordi di buon Matino celebrarono la seconda Messa dell' essequie Ponteficie nella costumata Cappella del Choro, li Signori Cardinali; e la cantò il Signor Cardinale Barbarino Decano. Dopò la quale ritornarono alla solita Congregatione, doue non fù risoluto altro che il Confessore del Conclave, che fù il Padre Ximenes, Fiorentino Giesuita, che assistè alla morte di sua Santità, con tuto che fosse proposto in concorso di esso, il Padre Bona de' Monaci di San Bernardo, sogetto di rarissime virtù, e pietà singolare dal Signore Cardinale Sforza Pallauicino, che in ciò non parteggiano, e forsi ad arte, della sua Religione, vi restò repugnantemente.

Visitò verso la sera la Signora Principessa di Rosano, la figlia moglie di D. Agostino, insieme con Donna Berenice, quali sino con lagrime dolendosi delle Satire continue, e Pasquinate, che contra la Casa, anco con intacco dell' honore della figlia, alla giornata s'udiuano, ella come Donna di gran spirito, non pote ritornare à Casa senza qualche alteratione di febbre.

Mandò nell' istesso giorno il Signor Contestabil Colonna vn suo Gentilhuomo ad offerire al Senato Romano le sue forze (Costume osseruato da Baroni Romani) mà perche entrò egli in tempo che li Conseruatori accompagnauano non sò quale Ambasciata, fu da essi accolto in piedi,

piedi, douendo esser fatto sedere: e per ciò mandando li Conseruatori il giorno seguente un Gentilhuomo à posta per render gratie al Contestabile, egli ne pur volle introdurlo.

Furono in questi giorni publicati da Monsignor Gouernatore di Roma, d'ordine delli Signori Cardinali, Bandi per la publica quiete in tempi così gelosi.

Giouedi dopò la solita terza Messa dell'Essequie, cantata dal Signor Cardinale Chigi, fù fatta la Congregatione; nella quale entrò à riconoscere il Sacro Collegio, & offerirgli le forze del suo Rè in conformità di quello di Francia, il Signor Marchese di San Romano Ambasciatore del Cattolico Rè di Spagna Carlo secondo; protestando frà l'altre cose hauere il suo Rè in buon grado, & in veneratione ogni Cardinale; e però da qualunque di essi attenderne vn degnissimo successore: al quale diè cortese risposta il Signore Cardinale Barbarino.

Presentò poscia il Signor Cardinale Orsino à nome del Rè di Polonia, di cui egli hà la Protettione, vna Lettera d'esso Rè, diretta al sacro Collegio: mà Acqua viua, che nella prima Congregatione se gl'oppose, lo contrastò anco in questa, adducendo l'Improbabilità della lettera che in sì poco tempo non poteua esser gionta; assicurando ella essere stata scritta in Roma, e non in Polonia, mà questa non sarebbe stata oppositione di rilieuo vsando li Rè d'inuiare queste lettere nelle Infermità; acciò che siino pronte dopo la morte de i Papi; se non fosse stata l'altra della mancanza de' Titoli nel soprascritto di essa douuti al Sacro Colleggio: e benche questa ancora fosse superata dal Cardinale Orsino con obligarsi egli di parola di fare nella altre lettere del Rè la douuta Inscrittione, e però si diede principio à leggerla. Appena però fù incominciata che fù subitamente interrotta dalli Cardinali del squadrone volante, del quale è Partegiano Acqua viua, poi che non contenendo essa altro che doglianze contro il defonto Pontefice, e per non hauere egli voluto creare Cardinale à sua nomina come fece con gl'altri Rè, e per

molt'

molt'altre ragioni, differo effi effere fenza profitto il paffare giudicio più oltre, non hauendo poteftà il Collegio de' Cardinali di giudicare l'attioni de' fommi Pontefici, & effendo quefta vna lettera prima incomincianta à Monte Giordano, e poi terminata in Polonia; inculcando la falfità d'effa; à quefto aggiongeuafi l'atteftatione del Cardinale Chigi che proteftaua il contenuto di quella lettera effer molto diuerfo dalle vltime lettere fcritte da fua Maeftà, al Pontefice,effendo effe ripiene di cortefie,e di Riverenze: che per ciò non fù lafciata terminare la lettura d'effa.

Rifoluerono pofcia Chirurgo del Conclaue Gabrielle della Porta, e Medici Parifio, e Tiracorda.

Fù prefentato à Nome de' Padri Oferuanti d'Araceli Memoriale al Sacro Collegio, nel quale pretendeuano nulla la Confirmatione del Padre Cauallo infigne Predicatore nell'Officio di Commiffario Generale, per Breue del morto Pontefice; nel che non potendo, nè volendo rifoluero cofa alcuna circa la Giuftitia, ò l'effecutione d'effa, fù folo commeffo à Monfignor Accioli Auditore della Camera, che vdite le Ragioni, con qualche Decreto prouifionale, e con termini più prudentiali, che giuridici, rimediaffe alli fcandali che poteuano facilmente fuccedere fino alla Creatione del nuono Pontefice.

Gionfero nell'ifteffo giorno in Roma li Signori Cardinali Conti, e Gualtieri, & il Signore Marchefe Frangipani; il primo da Ancona, e l'altro da fermo loro Vefcouati, & il terzo dalli fuoi Stati di Germania.

Sù le 3. hore della notte terminato il terzo de i giorni ne i quali fuole ftare efpofto il Cadauero di Noftro Signore, fù egli fotterrato nell'arca conneffa alla prima Cappella à mano finiftra nella Bafilica di San Pietro, con l'Interuento di 21. Cardinali cioè 20. Creature del Defonto Pontefice, & il Signore Cardinale Landgrauio d'Haffia, che benche nel paffato Pontificato foffe ftato poco ben vifto, volle però affiftere à quefta funtione tiratoui, e dalla Curiofità, e dalla fincera libertà di Principe Alemano. Il Monumento fù deftinato, e per hora fatto à pofticcio nell'ifteffa forma

di

CLEMENTE IX.

di quello d'Innocentio Decimo, douendosene poi errigere altro assai più riguardeuole, e magnifico, al quale effetto dicono hauere sua Santità lasciato dieci in vndici mila scudi. Tutto però l'Interiora furono portate l'istesso giorno della morte, dopò che il Corpo fù inbalsimato, nel sepolcro de gl'Antenati di sua Santità, nella loro Cappella, in Santa Maria del Popolo, nobilmente adornata con il risarcimento di tutta la Chiesa dalla Santità sua. Seguì la benedittione della Cassa per Mano di Monsignor Suarez soggetto de' primi del nostro Secolo, e segnalato nell'eruditione sì Sacra come Profana, e Vicario della Basilica di San Pietro: nel sotterrare che lo fecero, il Signor Cardinale Chigi Nepote, coperse la faccia di sua Santità, con vn taffettano cremesino, da vna parte del quale staua delineata à ricamo d'oro l'arme di Casa Chigi, dall' altra il nome del Pontefice, e l'anno del Pontificato. Indi presso al Cadauero lasciò vna borsa ripiena di Medaglie di sua Santità.

Si sparse da tal vno in questo giorno, che i Signori Prencipi Orsini, e Colonna concordemente armassero per non fermare ancor essi a' Signori Cardinali, in sostentamento delle Parole dette nella prima Congregatione dal Signor Cardinale Orsini; mà l'esito hà dimostrato la falsità del sospetto, passando il tutto con vniuersale quiete, e con somma sodisfattione.

Venerdi Quarto giorno dell' essequie Pontificie, cantata che hebbe la Messa solenne il Signor Cardinale d'Elci, fecero i Signori Cardinali la solita Congregatione, e poiche le cose passauano con Pace vniuersale tanto nella Città di Roma, quanto nell' altre tutte dello Stato Ecclesiastico, non vi fù risoluto cosa alcuna di rilieuo. Deputaronsi bensì li Speciali, & i Barbieri, che douessero seruire alli Signori Cardinali nel Conclaue, sì come successiuamente si andò facendo nelle seguenti Congregationi d'altri Officiali.

Replicò pure il Cardinale Orsini l'Instanze fatte nell' altra, acciò che si leggesse la lettera del Rè di Polonia; il che dopò qualche contrasto alla fine l'ottenne; mà non essendo ella altro che vna Apologia contro l'attioni del morto Pontefice, fù chi per sospetto d'essere ella supposta, giudicò non risponderle, il che dimostrò viuamente il Cardinale Pallauicino douersi, e dal Sacro Collegio per congruenza, e dalle Creature per obligo. Non si penetrò se per cagione di questo, ò per altri motiui passassero alterationi trà esso, & il Cardinale Chigi; à tal segno, che Pallauicino nell'vscire di Congregatione trà se borbottasse, che era morto quello à cui egli haueua obligationi. Cosa quasi incredibile nella Persona di Pallauicino, se non lo persuadesse l'Ira che domina ne' primi Impeti la ragione, & il non essere egli conforme nel giudicare all' eccellenza dell' Intendere.

Furono in questo giorno scoperte, & intercette da i Cardinali Francesi le pratiche fatte per l'assuntione del Cardinale Bonelli già Nuntio in Spagna, e perciò diffidente a' Francesi, al Pontificato; maneggiate con la sua accostumata destrezza e sagacità dal Cardinale Imperiale, il quale dissero hauere già ragunati per questo 40 Voti de' Cardinali fra i Spagnuoli, le Creature del Cardinale Chigi, e gl' altri suoi Squadronisti: che se ciò si fosse effettuato, quattro soli mancauano à farlo Papa; nè il Negotiato, era affatto senza fondamento, e per le qualità di Bonelli Romano di Nascita, Creatura di Alessandro, Spagnuolo per la Nuntiatura, e portato dal Squadrone volante.

Si motiuò poi l'aggionta del Cardinale Spinola, che s'attendea à momenti, come anco quella del Cardinale Caraffa, d'Harac, e di Rossetti, con speranza ancora di Visconti, al quale oltre il Corriero prima inuiato per la morte di sua Santità, spedì Mercordi passato nuouo Corriero il Signor Cardinale Chigi, sollecitandolo instantemente ad accellerare la sua venuta; premendoli troppo la scarsezza de' Voti nel futuro Conclaue, la quale seguirebbe se mancassero tante Creature, come sarebbero Visconti, Salzburgh, Mont'alto, e forsi, per poco buona salute più di spirito, che di Corpo, Bandinelli, aggionto ad essi Aragona.

Sabbato

CLEMENTE IX.

Sabbato feguirono li Signori Cardinali à celebrare l'Effequie, e cantò Meſſa il Signor Cardinale Barbarigo, e fucceſſiuamente nella Congregatione fattaſi dopo feguirono à fcieglicre gl'Officiali che mancauano per il futuro Conclaue: terminando frà gli altri li 20. Facchini, che doueſſero in eſſo feruire.

L'iſteſſa matina feguì la Confermatione del Padre Caualli nel Commiſſariato generale della fua Religione, in vigore del Breve d'Aleſſandro fettimo; poiche dolendoſi, e non fenza ragione il Cardinal Chigi, che quattro giorni appena dopo la Morte del Zio ſi trattaſſe di revocare li di lui Brevi, e con intacchi di nullità, o d'ingiuſtitia impedirne anco può dirſi in faccia dell'iſteſſo Pontefice, l'eſſecutione; il Cardinale Barbarino transferiſſi di buon matino al loro Conuento d'Araceli, dove con la fua autorità die calore talmente al negotio, che poſto in ſedia il Cavalli, fù concordemente da i Padri accettato, e riconoſciuto per Generale: e con ciò troncato ogni altro Decreto, che poteſſe interporſi dall'Auditore della Camera, à cui, come fù detto, dal Sacro Collegio, era ſtata commeſſa la cognitione della cauſa: dalla quale vicendeuole corriſpondenza di Barbarino, e Chigi, aggiontaui la credenza, che dalle di lui ragioni, Chigi pure fuſſe ſtato rimoſſo dal parere di douer farſi il Conclaue à Monte Cauallo, argomentauaſi riuſcibile l'eſſaltatione del primo al Ponteficato; eſſendo per altro fogetto di fingolari qualità, come diraſſi à ſuo luogo, nella particolare Relatione de i fogetti Papabili; non ricufato dalli Spagnuoli, nè eſcluſo dalli Franceſi.

Fù letta indi la lettera fcritta in Rifpoſta al Rè di Polonia la quale toſto in molte parti come aſſai diffettoſo rapprovò il Cardinale Pallavicini: Onde il Sacro Collegio ſtimò bene l'incaricarne fua Eminenza del riagiuſtamento infieme col Cardinale Decano, come feguì, trasferitaſi fua Emminenza alla Cancellaria il dopo pranzo; e fù l'ultima funtione, che egli faceſſe.

Nell'iſteſſo giorno feguì la Creatione di due Generali, l'uno de i Padri di Sant'Agoſtino, nella Perſona del Padre Maeſtro

Maeſtro Girolamo Valvaſori di Milano, già Procuratore Eminente dell'ordine, ſuccedendo in ſuo luogo il Padre Maeſtro Gioſeppe dell'Aquila; e l'altra de' Padri Cappuccini nella Perſona del Padre Fortunato da Cadoro terra de Venetiani, già Procuratore Generale dell'iſteſſo ordine, ſuccedendo in ſuo luogo con univerſale acclamatione il Padre Bonaventura da Recanati inſigne Predicatore.

Scopriſſi in tal giorno la Piramide ſù la Piazza di Santa Maria ſopra Minerva: Fù ella ritrovata Meſi ſono dalli Padri del detto Convento, nello ſcavare che fecero per fondamentare certe fabriche, e d'ordine d'Aleſſandro VII. nè fù principiato l'innalzamento ſopra il dorſo d'un Elefante di Marmo bianco, ad uſo delle Torri che ſoſtenavano nelle Battaglie dell'Indie, e ne' gieroglifici dell'Egitto. Egli è tutto barlato, e da due lati porta ſcolpite l'armi di ſua Santità intrecciate con varij ornamenti; nella Baſe della parte che ſporge in faccia la Chieſa della Minerva, ſtà queſta inſcrittione.

Sapientis Ægyptij,
Inſculptas Obeliſco figuras;
Ab Elephanto
Belluarum fortiſsima
Geſtari, quiſquis hic vides;
Monumentum intellige
Robuſtæ mentis eſſe
Solidam ſapientiam ſuſtinere.

Nella parte contraria leggeſi queſta.

Veterem Obeliſcum
Palladiſo Ægyptæ monumentum,
E Tellure erutum,
Et in Minervæ, olim,
Nunc Deiparæ Genitricis, foro
Erectam,

Divinæ

CLEMENTE IX.

Divinæ Sapientiæ
Alexander septimus dedicavit.
Anno salutis M.D.C.LXII.

Sorge, poscia sopra d'essa, l'arme di sua Santità di Bronzo dorato, e nell'ultima sommità stà vna croce dell'istessa materia retta da quattro, ò sei fili di Rame dorato, e con essi congionti alla radice de i Monti.

Domenica dopo le 12. hore fecesi la solita Congregatione, furono à sorte estratte dall'ultimo Diacono, che fù il Cardinale di Vandomo, le Celle nelle quali dovevano dimorare i Cardinali nel futuro Conclave; e fù osservata la stanza, ove stà dipinta l'imagine dello Spirito Santo, e dove seguì l'Elettione del defonto Pontefice, essere accaduta in Farnese; non senza qualche gran Preludio della sua essaltatione.

Non si celebrò la solita Cappella in quel giorno; perche essendo il primo di Pentecoste, non potevano i Cardinali celebrare l'essequie con Cappe Pavonazze per ragione di quella sollennità, ne senza esse per ragione dell'essequie; che per ciò di commune consenso fù tralasciata: e ne portò alcuno de' Cardinali l'esempio nella morte di Gregorio decimo quarto, che essendo seguito nella Domenica delle Palme, restò similmente impedita la Messa dell'essequie dal giorno susequenti di Pasqua.

Gionsero in Roma li Cardinali Rossetti, e Gabrielli, l'uno da Faenza, e l'altro da Ascoli loro Vescovati.

Lunedi si ripigliarono le solite Cappelle, e cantò la Messa il Signore Cardinale Buoncompagni Arcivescovo di Bologna: Si vidde in quel giorno perfettionato il Magnifico Catafalco, nel quale oltre la solita spesa della Cammera, dissero i Parenti del morto Pontefice havere contribuito sino à due mila scudi, nella seguente forma.

Sorgeva in mezzo della Basilica di San' Pietro una altissima Machina di forma quadrata; nelli quattro angoli della quale riuscivano fuori quattro Risalti in forma di fascie dipinto

pinto d'armi, e d'infegne. A quefta fi faliva da tutto quattro le Parti per undici Gradini di legno, ricoperti di telo dipinte: Erà la fopra detta Machina vagamente adornata dipitture à chiaro, e fcuro; che figuravano l'opere pie più gloriofe di fua Santità. Dal lato primo in faccia, all'entrata, ftava dipinta la Concettione della Vergine, dal morto Pontefice fommamente venerata, e con privata, e con publica devotione; havendone in honore d'efsa publicato conftitutioni con le quali hà fedato li Contrafti delle armi, delle lettere.

Nel 2. Quadro vedévafi l'immagine di San Francefco di Sales da effo fantificato.

Nel 3. Rincontrò al primo, quella del Beato Pietro d'Arbues, a cui pur effo hà decretato l'adorationi.

Nel quarto, rimpetto al fecondo, quello di San Tomafo di Villanuoua, per opera pure di fua Santità prima venerato per Santo. Sopra quefta innalzavafi un'Vrna, che raffembrava d'Ebbano coperta con coltre di velluto nero, fopra cui con Caratteri di Ricamo d'oro ftavano fcritti il nome, & il Pontificato del defonto; ftavafi fopra effo pofato fopra due Origlieri di broccato il Triregno, con fopra la Croce d'oro. A'i quattro Angoli affiftevano in atto di federe appreffo l'Vrna, le quattro Virtù.

Ergevanfi pofcia da Terra quattro fuperbiffime Piramidi, che ftavano all'eftremità de i quattro Angoli delle fcalinate, e più del mezzo foprovanzavano all'Vrna. Erano tutte feminate d'infegne, e d'armi dipinte pure à chiaro fcuro, e tutte fino all'ultima altezza illuftrate da i lumi, che ogni matina fi rinuovavano. Nelle grandiffime loro Bafi moftravano nella parte che s'offre di primo fguardo à i Riguardanti, l'arme di Noftro Signore, e nell'altro tre parti delle Bafi foftenevano gli Elogij delle opere più gloriofe di fua Santità. Il Pennello che li dipinfe fù affai prezzabile per non eccedere il quarto luftro, il fignor Contini Architetto Romano, che lo maneggiò dimoftrando per principio delle fue virtù un'opera, che poteva effere fine degl'al-

CLEMENTE IX.

gl' altri. Mà di lunga affai più ftimabile fù la Penna che li fcriffe, per eccedere ogni maggiore foggetto d'Italia il Padre Ignatio Bonpiani, che la regolò: oftentando in quattro linee vi fi fcorgevano altre tanti termini all' Eloquenza Latina, quali pongo qui fotto per maggiore fodisfattione di chi legge.

Souraftava à quefto dipinta la Cathedra di San Pietro foftenuta dalli quattro Dottori della Chiefa; opera già commandata da fua Santità, e effeguita dal gloriofo fcalpello del Cavaliero Bernini; indii leggevanfi l'infrafcritti verfi.

Ferream Tempeſtatem timente ſeculo, ſapiens Alexander, Cathedram Petri Arbitram Temporum, opere aureo magnificè ornavit; ſic docuit, non niſi per Petri ſedem vigere auream ætatem.

Alla Magnifica Fabrica del Teatro di San Pietro, fottoponevafi l'altro.

Vaticani Templi ſanctitatem, Maximus Alexander Vt Generi humano redderet auguſtiorem, Circumduxit admirandum Porticum, Quem Theatrum dixeris, Vbi geſtum facit cum Majeſtate Religio.

Vedevafi indi l'antico Pantheon reftaurato dal morto Pontefice, & alla prima magnificenza ridotto: leggevafi.

Ædem Agrippæ Superſtitioni ſuperſtitem, Pius Alexander, Depreſſa Platæa, Repoſitis Columnis, Priſtino ſplendori reſtituit: Ne in hoc, olim Ethnicæ impietatis Regno, Chriſtiana Pietas Indecorè triumpharet.

Seguiva il Tempio della Pace abbellico, con l'Elogio.

Apertum

Apertum tot annis Iani Templum Pacificus Alexander, Ingeniosa pietate, Tandem Clausit, Nobilitato Templo, Quod Virgini ac Paci dicatum est. Sola Deipara Bellonam fugat.

Scorgeasi dall'altro lato il Tempio di Santa Maria in Portico, con maestevole, e vaga Architettura fabricato, non meno, che dipinto.

Extincta pestilentia lue, Optimus Alexander, Ex Romani populi voto, A fundamentis extruxit Grande Templum Sanctæ Mariæ in Porticu. Quasi Romanorum Procerum securitas.

Alla Porta del Popolo, termine della strada Flaminia.

Totam ornaturus Romam Beneficus Alexander, Primum Populi Portam, Mox Templum Amplè, ac luculenter exornavit. Sic tantum fausto ingressui tribuit. Quantum studuit ut Roma selectior coleretur.

Alla Fabbrica della Sapienza nobilitata, e con la Chiesa, e con lo studio della Libraria, soggiacevano questi versi.

Romanam Academiam Sapientiæ Sacram, Prudens Alexander, Amabiliorem reddidit atque oportuniorem, Pulcra ædificatione, Insigni Bibliotheca. Romam potentius regit Amore Sapientia, Quàm Potentia.

All'Armaria delle Centocelle.

Centum Cellas, adversus Barbaros, Vetus Ecclesiæ Romana propugnaculum, Invictus Alexander Bellico Armamentario Instruxit. Tunc verè arcentur hostes, dum comparantur vires quibus arcentur.

Erano

CLEMENTE IX.

Erano questi ingegnosamente spartiti per le Basi delle quattro Piramidi angolari del Catafalco, che porgevano à quella fermezza, & insieme ornamento.

Si seguirono le solite funtioni dalli Signori Cardinali per pregare Requie all' anima del Defunto Pontefice; e perciò terminata la Messa fecero la Ceremonia intorno al Catafalco; doue con quattro altri Cardinali Creature del Zio le più Antiane; che furono Chigi, Elci, Bichi, e Vidoni; sedeua sopra il Faldistoro il Cardinale Boncompagni, sopra il piano, che abbracciava il giro del Catafalco, con la faccia ad esso rivolta, e con la schiena alla Cappella del Choro. Alli quattro Angoli appoggiati alle Piramidi, vestiti con Piviali neri, sedevano sopra vn scabbelletto li quattro Cardinali, e cominciando dal Chigi, seguivano gl' altri trè, vno dopo l'altro aspergendo prima tutto il Catafalco con Acqua benedetta, e dopo tornando à girarlo tutto, & incensarlo; fermandosi ad in chinarsi vicendevolmente nel passare che facevano gionti al luogo dove sedevano gli altri. Cantavano in tanto le Preci ordinarie li Musici di Cappella, e dopò il Cardinale Bon-Compagni cantate certe Orationi partivano seguiti dall detti quattro Cardinali, e dal rimanente de' Preti.

Fece si poscia la Congregatione, nella quale furono deputati a sorte però, li Cardinali Albizi, ed Azzolini, per vedere & approvare le note de i Conclavisti, quali non deuono essere più che due con Ciascuno de i Cardinali; che sogliono essere vn' Aiutante di Cammera per servire, & vn Gentil' huomo per negotiare. Trè però nè concedono a' Cardinali ò mal' affetti ed infermi, ed anco a' Cardinali Prencipi: e questo ultimo dissero, non essere prima vsitato.

Si infermarono in questo giorno li Cardinali Ludovisio, e Pallavicino; e fù prouidenza di Dio, che la malitia precedesse l'ingresso del Conclave, acciò che non imputassero la malatia alla malignità del luogo.

Fù ammesso nella Congregatione in questo giorno l'Ambasciabasciatore della Republica di Venetia accompagnato ivi da numeroso Corteggio.

Martedi cantò Messa il Signor Cardinale d'Elci; e fecero le Ceremonie intorno al Catafalco il Cardinale Chigi con gl' altri sudetti tre Cardinali, parimenti Creature del morto Pontefice.

Gionsero in questo giorno li Cardinali Caraffa, e Cibò, e s'infermò Santa Croce con febbre però cattarrale, dalla quale sono state travagliate, e sono dà 12. in 13. mila persone, à cagione dell' estremità del freddo in San Pietro, e caldo in Ponte Sant' Angelo.

Mercordi primo giorno di Giugno, cantò Messa in Cardinale Rasponi, è fecero le solite cerimonie intorno al Catafalco, Chigi con le 3. Creature, Corsini, Conti, e Nini.

Doppò la Messa, e prima dell' accennate cerimonie, con bellissima oratione Latina, rammemorò le lodi di sua Santità il Signor Agostino Favoriti, Segretario del Sacro Collegio, e Canonico di Santa Maria Magiore, egreggio nella letteratura, e confidente di sua Santità, huomo veramente di grande Eruditione; e riuscì quanto abbondante degli ornamenti dell' arte, altretanto priva di quelli della natura; che però sarà ella molto più bella sotto gl' occhi, che non fù sotto l'udito.

Giovedi sù l'undici hore principiò la solenne Messa dello Spirito Santo invocato per l'Elettione del futuro Pontefice, cantata dal Signor Cardinale Barbarino Decano; dopo la quale persuase una dignissima elettione del futuro Pontefice con purgatissima oratione Latina, il Signor Abbate Gradi, huomo di gran Dottrina, e di studio consumato; finita la quale e preceduta dà due l'invocatione dello Spirito santo, e seguita dal Choro di tutti i Musici di Cappella, s'inuiorono li Signori Cardinali, con Corteggio avanti, Processionalmente in Conclaue : gionti sopra, entrorono nella Cappella Paolina; doue si lessero le Bolle spettanti all' Elettione del Pontefice, per la

sua

CLEMENTE IX.

sua santità, e sollecitudine della quale orò giusta il solito il Cardinale Barbarino Decano. Cadè suenato in quel tempo vno Suizzero delle Guardie Pontificie; accidente che cagionò qualche disturbo frà i Gentil'huomini, ch'ivi attendevano l'uscita de i Cardinali. Alla perfine uscirono questi, e molti, come sogliono, incogniti partirono per andarsene à pranzo alle loro Case, con ritornare poscia la sera, benche dalli Maestri di Cerimonie fosse loro replicato, che chi non voleva restare non doueua essere in Conclave, come dispongono apertemente le bolle. Restarono però la magior parte d'essi pranzando nella cella loro assegnata. Alle 18. hore ritornarono quelli che erano andati alle loro Case, alle 20. Hore il Signore Prencipe Savelli Maresciallo del Conclave, andossene con 50. Huomini ad assistere ad esso: nel prendere posto seguì certa Baruffa frà li suoi soldati, e li Alabardieri di Monsignor Governatore del Conclave, con ferite di alcuni de i secondi, havendo voluto impedire, che non prendessero posto i Soldati del Maresciallo, sotto l'Oriuolo della Dataria nel Palazzo di San' Pietro; non essendo loro Officio altro che assistere al Governatore, e non il diffendere il Conclaue. Furono anco rubbati alcuni pezzi d'argento in quell'hora, e verso la sera, alli Cardinali Bichi, e Piccolomini, dalle loro Caselle nella loggia della benedittione, mercè della libertà che vi e sino alle 3. Hore della notte, di entrare Ciascuno in Conclave, e fin à quell'hora entrorono molti de Signori Cardinali, che erano partiti, terminata la funtione della matina, o che non ci erano interuenuti di sorte alcuna; Di settanta che essi sono di numero, che più non possono essere per la Bolla di Sisto quinto, n'entrorono 58. restando esclusi fuori di Roma, per causa della contananza, quattro; cioè Salzburg, Aragona, Mont'alto, e Visconti, & in Roma per poco buona salute sei, cioè Pallavicini, Ludouisio, Landgrauio d'Hassia, Santa Croce, Donghi, e Bandinelli.

E riusci-

È riuscito questa volta l'ordine del Conclave assai più amplo delle altre volte, e vago, cominciando dal principio della loggia della benedittione, che è nel mezzo della facciata di San' Pietro, e ritorando gira à man destra in un piano di stanze che rispondono sù i Cortili, e Giardini Vaticani. Ogni Cardinale hà vna sola Casella, che essendo quadra di Lunghezza, e di Larghezza, non farà più di 10. Palmi: ella è fabricata di ftore coperte con panni verdi, ò Pavonazi; rimpetto à questa, ò pur annessa, stà l'altra colletta anco più picciola, doue stanno li due ò 3. Conclauisti del Cardinale; alcuni de quali haueranno quattro palmi di luogo di più per pranzarui, come sono Piccolomini, e Carpegna. Seguita così l'ordine delle 70. Caselle per li Cardinali & altretante per i Conclauisti, delle quali perche qualcuna ne resta inutile per l'assenza di qualcuno de Cardinali, si communica perciò al contiguo, come è auuenuto à Bonuisi, il quale hà occupato quella d'Aragona. Sono elle tutte ad un' piano, perche così comandano le Constitutioni Apostoliche; Ragione, che impossibilitaua il Conclave à Montecauallo: e sono di tanta angustia & incommodo, acciò che sia più presta l'elettione del Pontefice, quale dovrebbe essere nel primo giorno; dopò il quale comandano le Bolle, che non si dia à i Cardinali altro che un piatto, e sè passa il terzo, altro che Pane e vino, benchè ciò sia mitigato ad un' piatto, nel quale fanno capire un pranzo intiero. E veramente questo Conclave, doveva esser sollecito, e breve, e per l'eccesso del Caldo, che sopra verrà, per il quale vi lasciaranno facilmente alcuni de Cardinali la vita, e per le pratiche, per la tanto anteveduta morte del Pontefice già digerite: benchè l'istessa lunghezza, che hà trovato modi per far le pratiche, n'habbia anche trovati per impedirle, e disciogliere. E per l'antica traditione di qualche secolo, di non haver mai hauuto Conclaue nel giorno augustissimo di San Pietro, che n'impedirebbe la festa, giudicavano però tutti, che ella fosse per esser presta,

CLEMENTE IX.

ſer preſta, e che doueſſe ſuccedere nel Cardinale Farneſe, intorno al quale girauano gl'occhi & i penſieri di tutta la Corte, ò in qualche altro de i già nominati, altrimenti, che l'Elettione foſſe per andar molto longa, e riuſcire ò in qualch'impenſata Creatura di Chigi, ò uſcendo fuori di eſſe, dare in qualcheduno de i Cardinali diſſegnati dalla Corte. E ſtato però ſempre ſtimato il ſecondo difficile, per li ſentimenti del Cardinale Chigi intento ſolo alle ſue Creature, quale egli ugualmente ama tutte, e che però purche eſſi gli ſiano fedeli, egli non era per ſoffrire giamai, che l'ellettione uſciſſe fuori di eſſe, ſe fuſſe d'uuopo di dimorare dieci anni & anco di morire in Conclaue; così dichiaratoſi con i Cardinali più ſuoi Confidenti: e di ciò poteua con fondamentata Ragione vantarſi, mentre contro ogni altro, che non foſſe ſua Creatura, haueua voti ſopra l'abondanti per l'eſcluſiua.

Mà ritorniamo d'onde partimmo intorno alle ſtanze del Conclaue: delle quali ſono ſerrate con Muraglie proviſionali, le Porte, le fineſtre, le loggie, & ogn'altro adito, laſciandoui ſolo qualche ſpiraglio per la luce.

Stanno nel fine della prima loggia due Rote, nelle quali ſi riceue il vitto, e le propoſte e riſpoſte delli Cardinali, e de i Conclaviſti, per le quali con licenza, che ſi concede, è lecito di parlare ad ogn'vno à quelli di dentro. Sù la ſcala che conduce al Conclaue ſtà la Guardia del Prencipe Savelli Mareſciallo; & al fine di eſſa ſtà il di lui appartamento; al primo piano dell'iſteſſa ſcala vi ſtà con le ſue Guardie Monſignor Caſanatta Governatore del Conclaue; e ſcendendo à baſſo vi ſtanno le ſtanze de' Corpi di Guardie; la Piazza tutta, e le Colonnate di San Pietro ſono chiuſe con Raſtelli, e con guardie di Soldati, come anco il Ponte Sant'Angelo, la Strada della Longara, è tutte l'altre della Longara che conducono à San Pietro, non vendendoſi altro dal Principio del Ponte di Caſtel Sant'Angelo, fino allo ſcalone della ſcala del Conclave, che mucchi d'arme, ed armati. Così richiedendo la ſicurezza del Conclave, e la libertà dell'Elettione del Pontefice.

di Venerdì

Venerdì 3. Giorno di Giugno, la matina sù le 13. Hore fù vcciso di stoccatta da vn soldato non mercenario, vn Giouane assai ciuile nella Chiesa della Rotonda, per dissentione all'hora iui nata: e sù l'hora di pranzo, hauendo spiato la Corte, ritrouarsi iui da otto giorni e più, vno stuccatore, che vccise già il loro Capo Mastro verso Monte-Cauallo il giorno della morte di Nostro Signore, attendendo iui con sicurezza al lauoro delle Collonne erette d'ordine di Nostro Signore: Furono per arrestarle: e per esser già la Chiesa polluta, e per esser stato l'homicidio proditorio, hauendol'egli vcciso sotto la fede publica della Pace, mà egli rampicatosi sù l'antichissimo, e diroccato Cornicione della Chiesa, per ogni parte inaccessibile, tanto gli accrescè di forze e d'ardimento il pericolo della morte & il desiderio della vita, sì che gionse entro vna Porticella, che non hà termine; & è stato iui per lo spatio di due giorni in faccia di tutta Roma iui per lo Caso insolito concorsa, essendouisi così trattenuto senza che alcuno de i sbirri ardisse di salirui per tema d'esser risospinto iui capitando: oltre che haueua iui vn'archibugio carico, e quattro Pagnotte da sostentarsi in vita, e difendersi, hauendo gli anco la Madre con Corde mandato sù del vino, & altra roba da mangiare. Monsignor Gallio però Vicegerente, Domenica à notte andò à leuarlo di la in Carozza serrata, asserendo essersi risoluto, che egli doveva godere dell'Immunità Ecclesiastica; prima perche la Pollutione della Chiesa non ascendeua alle Torre, e luoghi conessi, e poi perche il suo homicidio meglio considerate la circostanze non era proditorio: mà principalmente fù la Causa, che di ciò informati li Signori Eminentissimi Capi d'Ordini considerando che se più lungamente dimoraua iui tal huomo, per il gran Concorso del Popolo, si poteua caggionare qualche solleuatione; che per ciò fecero sapere al detto Prelato, che v'accorresse con opportuno rimedio.

Nel sudetto giorno, che fù il primo del Conclaue, cantossi la solita Messa, e Responsorio conforme all'uso, non facendosi lo scrutinio per l'elettione del Pontefice.

CLEMENTE IX.

Le fattioui del presente conclaue sono diuise; nella Chigiana numerosa di voti trenta quattro; nella Barbarina di voti 16. nella Spagnuola di voti noue; nella Francese di voti sette; In quella del Squadrone volante mista, e composta di qualcuno de' Panfiliani, e de i mal contenti delle altre, di voti dieci.

Sabbato 4. Giugno fecesi di buon matino il primo scrutinio, e per il vigore delle fattioni, non seguì principio di Conclusione, variando ciascuno nelle nomine. Li Cardinali Imperiali, & Azzolini Capi Squadronisti volanti, si dichiararono nemici aperti del Cardinale Farnese, col seguito, dissero, di 34. voti, ne' quali credeansi mischiati quelli de i Cardinali Spagnuoli, che perciò stimasi, che questi solo gl' impossibilitassero l'assuntione al Pontificato.

Ciò non ostante principiarono in questo giorno le cose assai prospere per il Cardinale Farnese, imperò che quantunque il Cardinale Chigi si fosse dichiarato, che essendogli care ugualmente le creature del Zio non bramaua singolarità alcuna, purche in esse cadesse l'assuntione al Pontificato; Tuttauia credeuasi dal Sacro Collegio, che egli douesse fissare l'animo in Farnese, sogetto, e nelle Politiche, e nelle Legali & in ogn' altra materia singolarissimo. Che per ciò Barbarino, ricordeuole delle passate sciagure in tempo d'Vrbano suo zio con i Duchi di Parma cugini del Cardinale Farnese, fù egli che per mezzo delli Cardinali Imperiali, & Azzolini, negotiò l'esclusiua, che gli si rese facile per li molti pretendenti al Pontificato, valendosi di molt' eccettioni contro Farnese; e per la memoria poco grata di Paolo quarto; esser d'inclinatione alle delitie, & alle fabbriche per il genio troppo dedito à cose grandi; e perciò non proportionato alle Miserie Correnti dello Stato Ecclesiastico: si che fù fatto, e disfatto Papa prima d'entrare in Conclaue.

A niuno più, che ad Imperiale riuscì grata questa Negotiatione d'esclusiua per Farnese, per le cause sussequenti; della quale ne fù subbito auuisato Barbarino, che l'udì volötieri per esser egli malissimo sodisfatto de i Fracesi, che portauano Farnese nell'occasioni funeste di Crequì Ambasciatore di quella Corona; quando così commandato da D. Mario fratello d'Alessadro settimo, obligò Imperiale con ordini dati a' Corsi, & alli sbirri sì rigorosi, al risentiméto per l'affronto riceuuto dalli seruitori di Crequì, per altro assai baldanzosi, il che cagionò la morte d'un Paggio, lo sconuolgimento di Roma, Guerra meditata di Francia, il Rendimento di Castro, e la fuga, e persecutione d'Imperiale all'hora Governatore di Roma. Punti tutti, che nelle Congregationi tenute, Farnese non volse adulare; mà disse quello, che per verità e conscienza sentiua. Fù adunque quest'esclusione più tosto rinouata, che determinata in Conclaue.

Per questa aperta dichiratione d'Imperiale contra Farnese, il Cardinale d'Este venne à parole assai risentite con quello, à segno, che molti vociferarono esser state con le parole anco congiunte le mani.

Li Cardinali Sauelli, e Caraccioli si dichiararono Spagnuoli, assai più forsi con i fatti, che con i detti; & anco l'hanno quasi che mezzo seguiti Litta, e Carassa.

Che per ciò il Cardinale Chigi computatoui le 4. Creature assenti. Salzburg. Aragona, Mont'alto, e Visconti, le due moribonde, Bandinelli, Pallauicino, le due perdute Sauelli, e Caraccioli, con quelle che temesi sia per perdere, era la sua fattione non poco diminuita, mà non tanto però che non possa giongere ad hauer l'isclusiua.

Domenica giorno 5. Giugno, e secondo giorno dello Scrutinio, passauano con gran quiete, e gl'Interessi priuati del Conclaue, & i publici della Città. Discorreuasi variamente frà Popoli delli due Cardinali Farnese, e Rospigliosi, che sembrauano i Poli di questo Cielo, Adheriua però il Popolo più al primo, e per essere Romano: e per hauere essercitato maneggi, più conosciuto in Roma, doue che l'altro toltane l'vltimamente maneggiata segretaria di Stato, era poco per altro conosciuto alla Corte: susurrauano della stretta vnione del Cardinale Barbarino con Azzolini, e per mezzo d'essa con lo Squadrone volante; argomenti

CLEMENTE IX.

gomenti di gran tentatiui, e che vniti poteuano far gran' tentatiui, mà ogn'vno ne cauaua le Conseguenze più proficue alli suoi Interessi.

Hà il Cardinale Chigi in questo giorno confidato il segreto del negotiato nella Persona del Cardinale Corsino, che però ne sono restati sensibilmente piccati i Cardinali Conti, e Caraffa; i quali, e per le qualità delle Persone, e molto più delle loro Case, aspirauano à questa Confidenza; onde malamente si giudica dal Mondo, che essi saranno per portarsi nel seguito di quella fattione. Roberti ancora si è mostrato di ciò mal sodisfatto; Onde stante la bizzaria del suo genio, e per gl'Interessi bisogneuoli della sua Casa, non è marauiglia se era in stato d'accostarsi alla fattione Francese, inclinato magiormente à quella Natione per la passata Nunciatura fattaui.

Li Squadronisti fecero intendere à Barbarino, che se vedesse qualche bisbiglio, ò Rumore (intendendo di Farnese) che stesse à vedere, e non vi si interponesse in modo alcuno, che sarebbero essi sempre stati vniti con esso lui.

Gionse la noua la Conclaue come sù le 5. Hore della notte, haueua reso l'anima à Dio il Cardinale Sforza Palauicino; sogetto nel quale concorreuano agara per renderlo in ammiratione a tutti, & in imitatione à pochi, la virtù, la Pietà; grand'oppugnatore dell'Eresie, alle quali hà reso magior timore la punta della sua penna, che il Taglio di mille spade: Della sua Pietà, ne sono Teatro prima la sua Religione, Roma, & il Mondo tutto. Della sua virtù, ne sono sinceri Panegirici, e l'Historia del Concilio di Trento, e la sua Theologia, l'arte d'amare Iddio, e molt'altre opere con le quali hà honorato il Concistoro, difeso la Chiesa, & addottrinata la Christianità; e dell'vna, e dell'altra ne sarà Teatro il Cielo, e Panegirico la gloria. Scrisse vna eruditissima e piissima lettera al Sacro Collegio, al quale il suo Ministro di Camera la presentò il giorno dopo il pranzo. Accadè nella sua morte, che ritrouandosi egli molto scarso di denaro, (cuoprendo sotto lo

Porpora la Povertà Religiosa) hauendo già distribuito ciò, che poteua frà suoi famigliari, il Signor D. Agostino Chigi Prencipe di Farnese, gl' inuiò vn donatiuo di mille scudi, quali sua eccellenza consegnò al Padre Oliua della sua Compagnia, acciò che li distribuisse trà suoi seruitori, atto tutto generoso, perchè in quel punto non poteua attendere dà essi contracambio maggiore d'alcun' atto di seruitù.

In detto giorno sù le 22. e mezza passò pure à miglior vita il Cardinale Volunnio Bandinelli Senese, già legato di Romagna, Signore d'esperimentata prudenza, e che in ogni maneggio riuscì maggiore d'ogni aspettatione; alla nobiltà de i natali descendenti da Alessandro terzo aggionse vna generosità sì magnanima & vna affabilità sì amorosa, che rese sudditi li Popoli a i quali presidè assai più con l'amore, che con l'Imperio. Morì nell' Età di 72. anni per viuere eterno nella memoria, degli huomini.

Successe in questo giorno qualche disturbo à Monsignor Orsolara Auditore di Rota Spagnuolo, che assistendo con Monsignor Emerix Auditore Germano alle Rote del Conclaue, dopò hauer letta vna lettera portata da vn Gentil' huomo ad vno de i Signori Cardinali, fè atto di volerla strappare: il che essendo gli stato impedito da quel Gentil' huomo, rispondendogli assai alterato, che poteua ben sì sua Signoria illustrissima, rigettare tale scrittura, mà non già lacerarla; mà l'Interpositione di Monsignor Emerix cagionò che il tutto s'acquitasse.

Li scrutinij di questo giorno non furono di rilieuo, mà solamente si strinsero le pratiche tutte sopra Rospigliosi: & essendosi motiuata la speditione per la notte seguente d'un Corriero in Francia, fù da tutti creduto, che ciò fosse per l'assenso del Rè, di che poteuasi dubitare per la Nunciatura essercitata in Spagna da Rospigliosi.

In vno di questi giorni li Senatori & Antiani del Senato Romano, furono con ogni pompa à visitare il Signore

CLEMENTE IX. 31

Signore Conteſtabile Colonna, coſa per l'innanzi inſolita; e ciò perche erano ſtati prima nell' iſteſſo modo a paſſare Vfficij di condoglienza con i Prencipi Chigi; che per ciò quel Prencipe volſe in ciò non eſſer punto inferiore, e lo ſuperò, diſputataſi la Propoſitione in pieno Conſiglio: e veramente diſſero le viſite de i Nepoti de i Papi ſolerſi ben ſi fare dà i Magiſtrati Romani, mà in forma di Priuati.

Per ritornare alli negotij del Conclaue, erano eſſi da Chigi maneggiati per il Cardinale d'Elci, che per la Parentela, l'obligo della Porpora, la communanza della Patria, e la Confidenza delle Caſe, ſtimaua douergli riuſcire il più fauoreuole. Aggiongeuanſi a queſti riſpetti li ſtimoli del Papa morto, che a ciò l'haueua eſſortato, e con ragione; poiche d'Elci non ſi hauerebbe mai in altro modo, che per Corteſia d'Aleſſandro imaginata non che ſperata la Porpora. Egli per altro non mancaua a ſe ſteſſo in viſitare i Cardinali, e con eſſibitioni, ſommiſſioni, & accoglienze, non ceſſaua di cattiuarſegli; mà aſſai maggiori erano quelle del ſuo primo Conclauiſta, che non parlaua ad alcuno, con il quale di ciò euidentemente non ſi moſtraſſe appaſſionatiſſimo: ſi che giunſe à ſegno d'andare in tempo di notte à far pratiche per il ſuo Padrone; il che fù di conſiderabile detrimento a gl' Intereſſi di quello; che per ciò reſtorono prima morti, che nati.

Succeſſe in queſto giorno qualche riſentimento di parole trà il Cardinale d'Harac Capo fattionario di Spagna, con il Cardinale Chigi: replicando tuttauia il primo, che ſua Eminenza non era ſolita à far i Papi, e che però gl' era d'vuopo, che prima apprendeſſe bene i modi di negotiare.

Lunedì li 6. entrò in Conclaue il Cardinale Ludouiſio trattenuto ſino à quel giorno da Febbri Cattarrali, e ſucceſſiuamente in detto giorno fù ſpedito vn Corriero in Spagna. Succeſſero in queſti giorni molti cattarri, à ſegno, che reſtorono ammalati otto de' Signori Cardinali, e quantità aſſai maggiore de' Conclauiſti. Li ſcrutinij di queſto giorno

giorno seguirono conforme agli altri, non succendoui cosa alcuna di rilieuo nell'includere, ne nell'escludere.

Il giorno di Martedì passò con le solite incertezze, e discrepanze de' voti, non essendosi discorso d'altro fuori che del modo di fare la solenne Processione del Corpus Domini, alla quale soleuano interuenire li Signori Cardinali con l'istesso Pontefice, & era solito a farsi intorno alla Piazza di San Pietro impedita hora dalli Corpi di Guardia.

Mercordi nel giorno si accalorarono le pratiche per Rospigliosi, à segno, à che corse tumultuosamente il Popolo al Vaticano con credenza sicura della sua assuntione, promulgata dalle voci popolari per tutta la Città, e divulgatasi tant' oltre, benche senza alcuna acclamatione de' Popoli, che sforzò ancora i più saggi à credere alla moltitudine, e con essa portarsi al Conclaue per iui attenderne più sicuri riscontri; Iui però udissi tutto appunto il contrario, confirmandosi bensì il principio, mà non il fine del presupposto successo.

Il Caso fù, che il Cardinale Barbarino a nome di tutti li Cardinali Creature d'Vrbano ottauo suo zio, de i Cardinali dello Squadrone Volante, e di molti altri andato a ritrouare il Cardinale Chigi, gl' esponesse la conoscenza che haueuano li Signori Cardinali, non poter giungere all'ellettione del Pontefice senza il Consenso di sua Eminenza: che perciò a nome delli sudetti lo pregaua à dichiararsi in quali delle sue Creature fusse essa per acconsentire; che in quella di buona voglia si offeriuano anche essi di concorrere. Il Cardinale Chigi ciò sentito rese la douuta gratia al Cardinale Barbarino, & a gl' altri Signori Cardinali; replicando che egli amando ugualmente tutte le sue Creature, non doueua con la Nomina d'una d'esse togliere l'uguaglianza di tutte. Alche il Cardinale Barbarino soggiunse, che già che sua Eminenza, non voleua dichiararsi più oltre, essi gli proponeuano il Cardinale Rospigliosi; della proposta del quale Chigi mostrò sodisfarsi: mà poi l'esito nè dimostrò il contrario, poiche

nello

CLEMENTE IX.

nello scrutinio di Giouedi matina, di 34. Voti, che haueua concertati Barbarino, nè mancarono due; vno de i quali nel Calcolo di tutti, si accorsero essere quello dell' istesso Cardinale Chigi.

Vi si aggiunge la gita di D. Mario Padre di sua Eminenza al Conciaue sù le 18. Hore, hora per altro innopportuna, quale non fù per altro fine, che per rimuouere il Cardinale dalla pertinacia dell'esclusione, il che però non haueua sortito il suo intento, mentre si vidde nello Scrutinio, che succesce la diminutione de Voti, non essendo stati più di 15. fauoreuoli a Rospigliosi.

Le Ragioni dell'alienatione del Cardinale Chigi verso questo soggetto furono attribuite alla poca simpatia, anzi antipatia di genio di sua Eminenza con esso; & anco per le poche sodisfattioni date adesso, quando nel passato Pontificato essercitò la Carica di Segretario di stato; mà sopra tutto la poca sodisfattione, e manco inclinatione che vi haueuano molte delle sue Creature, e forsi di quelle, che hanno soprintendenza al genio di sua Eminenza.

Albici anco non mancaua d'opporsegli, essaltando per altro le qualità di Farnese, in cui desideraua, che seguisse l'ellettione: essageraua che il Cardinale Rospigliosi, oltre la debolezza del corpo, haueua congiunta quella dell' animo, cagionata dall'hauere anco la cecità della vista; Onde aggiontaui la grauezza degli anni e la stanchezza per li negotij sin'hora indefessamente addossatiglisi, sarebbe riuscito del tutto inhabile al Pontificato; & inutile alle funtioni si Ecclesiastiche, come Politiche.

Egl' è però vero, & anco al giudicio di i più saggi, che ancora tolti questi ostacoli, e con il consenso di Chigi, non sarebbe con tutto ciò riuscito l'elettione di Rospigliosi, perche il fine del Cardinale Barbarino era che si proponesse, mà che non si eseguisse, per dare à diuedere, che non riuscendo le Creature di Chigi, come Farnese, Rospigliosi legiermente, con tale arte soprafina stancare i Cardinali, si che poi con qualche ragione li constringesse a uscire fuori d'esse,

e conciù

e conciò auventurare l'Elettione, ò nella fua perfona, che è più probabile, ò in qualche altra delle fue Creature, ò de' fuoi confidenti.

Dormì la notte che feguì, la voce dell' affuntione di Rofpigliofi, e nel venerdi che fucceffe morì affatto.

Siche non feguì cofa di memorabile, fuori che l'entrata in Conclaue dopo il pranfo delli Signori Cardinali Donghi, e fanta Croce.

Seguivano in quefti giorni le Proceffioni, e tutta l'Ottiva del Corpus Domini, preceduta da quella di San Pietro, che altre volte riufciva ammirabile per la prefenza delli Cardinali, e dell'ifteffo Pontefice, e del fiore della nobilità Romana.

Domenica 12. Giugno fi celebrarono con la folita Pompa, le Proceffioni folenni, di San Luigi de' Francefi, e di San Giacomo de i Spagnuoli: non mancarono a quella l'accompagnamento dell'Ambafciatore e de i Prelati Francefi: mà quefta riufcì affai più numerofa, e magnifica, e perciò fù differita ful più tardo del matino, al coftumato metodo della Grandezza Spagnuola.

In detto giorno; il Brunelli Giudice del Cardinale Vicario fù affallito da quattro Perfone affiftite da altretante provifte d'armi di fuoco, e fù malamente ferito con Colpi di ftilletto: il quale delitto piacque a molti di dimandarlo miniftro della Giuftitia; e veramente ne fù incolpato il foverchio fuo zelo, che lo rendeva più tofto fifcale, che Giudice; benche egli però fia reftato effente dal pericolo della vita, havendo li Affallitori tagliatoli i nervi della mano per inhabilitarlo allo fcrivere.

Lunedì affiftendo Monsr de Togis alle Rote, fcoperfe su le viuande del Cardinale Acquaviva, la notola delle fpefe giornali che fuole quel Prencipe con economia fingolare rivederla ogni giorno: mà nè difficoltò Monfignore tantofto l'Ingreffo, hauendo vifto che fotto la detta nota vi era, e più, per fei Canne di Panno, dubitando, che fotto di ciò vi fteffe nafcofto il gieroghfico Politico di qualche Cifra. Si refentirono di ciò acerbamente li Signori Gentilhuomini

huomini del Cardinale, sì che obligorono Monsignore à più risentita risposta, la quale fù sdegnosamente interrotta dal Cardinale; che vi sopragionse; e con ripassata mortificò la soverchia essattezza del Prelato.

Martedi, benchè senza credenza de i più savij e senza speranza de i più Idioti, si monstrò in Conclave, che più che alla Creatione del Pontefice si haueua animo di attendere alle Riforme dello stato, e del Pontificato: intendendo molti de i Signori Cardinali ascendenti fino al numero di 47. Congregati, spinti dalla virtù, e Pietà del Cardinale Pallavicino, d'estirpare l'abbusi del Nepotismo, e de i Parenti, che sembrano di non essere di totale giovamento alla Chiesa; e pure paiono se non di necessità, almeno di grandissima congruenza: Costume vsato negl'altri Conclaui, e che hà cagionato gran fatiche nel fare le leggi, mà niun frutto nell'esseguirle nel Governo susseguente: e se bene li Cardinali hanno già fatto venire in Conclave li libri delle dogane, e della Cammera, non perciò n'è riuscita risolutione alcuna.

Passarono con la solita quietezza li Scrutinij del Mercordi nel Conclave, come anco gl'interessi della Città.

Mà il Giovedi seguente vdissi auanzato di voti il Cardinale Barbarino fino al numero di 17.

Nel Venerdi che successe, seguì il solito nelli Scrutinij, accresciutosi solo fino à 19. voti Barbarino, 3. à Farnese, 3. à Brancacci, e sei à Spinola; Dalche poteuasi di primo lancio conjetturare non esserui altra fattione più osseruante di quella di Barbarino, tutta unita nella sua essaltatione: mentre non v'è vn altro, che meglio sour'intenda di un' Barbarino: e tanto è à dire quanto l'esser una delle magiori teste del nostro secolo; in particolare nell'aggitare una fattione e gl'interessi d'un Conclave.

Sabbato 18. di Giugno risorse la voce del Cardinale Rospigliosi, disseminata frà la Plebbe, mà non accettata frà la Nobilità; che, e per la Repugnanza passata di Chigi, che assolutamente per ogni ragione l'obliga à continuarla, se non vuole, che quegli riuscito Papa anco per sua opera forſſiro maltratti, e non mai gli ne tenga una gratitudine d'obligo; e per la poco buona ſalute del Corpo; e molto più per l'origine di Forentino (raggione, che molto magiormente eſcluderò l'Elci Seneſe) non credè in alcun modo poſſibile la ſua eſſaltatione.

Aggiongevaſi à queſto la pratiche non intermeſſe dal Cardinale Chigi per l'Elci in cui ſtava fiſſo tuttavia l'animo del Cardinale, accallorato dalla venuta del Conte Montaguti Reſidente del Gran Duca di Toſcana, dichiaratoſi a nome di ſua Altezza col Cardinale Chigi, eſſer Intentione dell'Altezza ſua, che riuſciſſe l'elettione d'Elci. Fù poi impoſto da ſua Eminen. al Conte che ne parlaſſe uniformemente alli Cardinali Cibbo, e Roſſetti adherenti di quel Prencipe, e con Corſino ſuddito, e confidente del Chigi; con iquali perciò unitoſi, e fondamento le ſperarze nell'aſſiſtenza della fattione Spagnuola della quale ſi promettova, per eſſere ſtato il Padre d'Elci mandato dal Gran Duca in Spagna & iui ottenuta ſopra la Chieſa di Valenza vna penſione di 2. mila ſcu. per il Cardinale ſuo figlivolo; all'hora ancora di tenera età: credevaſi anco che vi poteſſero concorrere li Cardinali Franceſi: mà il tutto riuſci vano per eſſer egli a tal ſegno odioſo al Popolo, che fù che diſſe, che ſè facevano l'Elci Papa, di voler dar fuoco al Conclave.

Ciò non oſtante per accedere alli ſenſi del Gran Duca vi tentò più fiſſamente che mai il Chigi le pratiche per l'Elettione d'Elci, mà tentato il tutto in vano, e viſto alla fine che li Capi di fattione non ne volevano ſentir parola inconto alcuno, comminciò a rimetterſi, e laſciò affatto le Pratiche: con il che die di Campo al Cardinale di parlargli più ſinceramente.

Domenica il Cardinale Corſino dopò molte perſuaſioni fatte alle Creature di Chigi, gli diſſe per ſua parte, & in ſuo nome, che come già ſua Emminenza ſi era dichiarata altre volte, non hauere egli altro fine, che di vedere una ſua Creatura in Pontefice, e perche l'amava tutte del pari era indifferente più ad una, che ad vn' altra.

Era

CLEMENTE IX.

Era però per altro non poco restato timoroso & afflitto, per non haver potuto spuntare d'Elci, di non perderne qualcuna delle sue Creature.

E conoscendo li Signori Cardinali, che la Persona di Rospigliosi era sogetto tanto meriteuole, e Creatura dell' Antiane di sua Emminenza: e che consideraſſe, che ne in Elci ne in altri non farebbero mai concorsi li Cardinali fuori che in questo; e che però farebbe ſtato finalmente conſtretto con poco honore, e reputatione di sua Emminenza a vederſi fatto vn Papa alieno; e forſi contrario alla sua Caſa, e lasciarsi da parte ogn' una delle sue Creature, ò vederſi fatto Papa l'iſteſſo Rospigliosi senza il suo consentimento.

Perciò vendendoſi aſſai raggioneuolmente conuinto il Cardinale Chigi; riſpoſe breuemente, che la sua intentione non era mai ſtata aliena dalle propoſte delle loro Emminente. Che egli concorrerebbe di buona voglia congli acceſſi in Rospigliosi, purche Barbarino, el Eminenze loro lo portaſſero almeno con 25. voti, e con eſſi n'aſſicuraſſero il ſucceſſo; che egli ſommamente deſideraua purche non deriuaſſe dalle sue Propoſte; con le quali non voleua già mai pregiudicare al merito, & alla fortuna delle sue Creature.

Così terminò il Diſcorſo, e così principiò l'eſſaltamento di Rospigliosi, poi che referito il tutto da Azzolino al Cardinale Barbarino, fù concertato più ardentemente il proſeguimento del negotiato.

All' Alba del ſeguente giorno, ſorſero più vigoroſi li trattati per Rospigliosi; che perciò abboccatiſi li Signori Cardinali Barbarino, e Chigi, concordarono la futura elettione: & incaminatiſi di concerto al Cardinale Antonio negotiarono inſieme con la fattione di Francia, che benche con qualche commotione del Cardinale Vandomo, finalmente vi concorſe; & il ſimile ſi eſſercitò con Spagna.

Si determinò per il dopò pranzo la determinata elettione, benche la magior parte, & inparticolare Chigi, la voleſſero differire al giorno ſeguente.

e 3   Mà

Mà quello spirito Celeste, che fè loro accellerare l'Elettione differitasi nell' altro giorno, fè anco che si facesse nel medemo; laonde li Cardinali appena gustata qualche superficie dell viuande, si diedero precipitosamente a correre alla Cappella; doue concordemente fù eletto Papa il Cardinale Rospigliosi, hauendo Barbarino, & Azzolino, ragunnati non solamente li 25. concertati, mà fino 31. dei voti, il che visto de Chigi, accennò tosto alle Creature, che accedessero; con l'accesso delle quali fù terminata l'Elettione sommamente concorde: che di sessanta quattro Cardinali, toltone il suo voto che egli diede al Cardinale Chigi, & altri due che non si seppe che fossero, fù con 61. voti creato Pontefice.

Seguita poscia la solita adoratione de i Cardinali: terminata la quale, affacciosi alla loggia della beneditione il Cardinale d'Este e con voce sonora sù le 22. hore palesò la seguita Elettione con queste parole.

Annuncio vobis gaudium magnum.
Habemus Eminentißimum, & Reverendißimum Dominum Cardinalem Iulium Rospigliosum, in summum Pontificem, qui vocatur Clemens Nonus.

Seguirono intanto à vestirlo de gli habiti, e paramenti Pontificij, nella Cappella Pauolina; finita laquale Cerimonia, scesero processionalmente con il Pontefice in San Pietro tutti li Signori Cardinali.

Fine del CONCLAVE *di* Clemente IX.

NOTA
DE GLI
CARDINALI
Aſſiſtenti nel CONCLAVE
di
CLEMENTE IX.

Creature di URBANO VIII.

FRanceſco Barbarino, *Fiorentino.*
Martio Ginetti, *di Velletri.*
Erneſto Adalberto d'Harach, *Tedeſco.*
Antonio Barbarino, *Fiorentino.*
Gio. Battiſta Palotta, *di Caldarola.*
Franceſco Maria Brancacci, *Napolitano.*
Vlderigo Carpegna, *da Vrbino.*
Stefano Durazzo, *Genoueſe.*
Giulio Gabriele, *Romano.*
Virginio Orſini, *Romano.*
Rinaldo d'Eſte Modaneſe.
Ceſare Facchinetti, *Bologneſe.*
Girolamo Grimaldi, *Genoueſe.*
Carlo Roſſetti, *da Ferrara.*
Gio. Stefano Donghi, *Genoeſe.*
Paolo Emilio Romanini, *Romano.*

Creature

CONCLAVE DI

*Creature d'*INNOCENTIO X.

Nicolò Ludouisi, *Bolognese.*
Aldarano Cibò, *da Massa di Carrara.*
Federico Sforza, *Romano.*
Benedetto Odescalco, *da Como.*
Lorenzo Raggi, *Genoese.*
Francesco Maldachini, *da Viterbo.*
Gio. Francesco Paolo Gondi, *ò sia* De-Retz, *Francese.*
Luigi-Homodei, *Milanese.*
Pietro Ottobuono, *Venetiano.*
Lorenzo Imperiale, *Genoese.*
Giberto Borromei, *Milanese.*
Marcello Santa-Croce, *Romano.*
Federigo d'Hassia, *Tedesco.*
Carlo Barbarini, *Romano.*
Gio. Battista Spada, *Lucchese.*
Francesco Albici, *di Cesena.*
Ottavio Acquauiua, *Napolitano.*
Carlo Pio, *Ferrarese.*
Carlo Gualtieri, *da Oruieto.*
Decio Azzolini, *da Fermo.*

*Creature d'*ALESSANDRO VII.

Flavio Chigi, *Senese.*
Giulio Rospigliosi, *Pistoiese.*
Girolamo Bonuisi, *Lucchese.*
Scipione de' Conti d'Elci, *Senese.*
Girolamo Farnese, *Romano.*

Antonio

CLEMENTE IX.

Antonio Bichi, *Senese*.
Sforza Pallavicino, *Romano*.
Volunnio Bandinelli, *Senese*.
Odoardo Vecchiarelli, *da Riete*.
Giacomo Franzoni, *Genouese*.
Pietro Vidoni, *Cremonese*.
Gregorio Barbarigo, *Venetiano*.
Francesco Maria Mancini, *Romano*.
Girolamo Buoncompagno, *Bolognese*.
Carlo Bonelli, *Romano*.
Celio Piccolomini, *Senese*.
Carlo Caraffa, *Napolitano*.
Angelo Celsi, *Romano*.
Paolo Savelli, *Romano*.
Alphonso Litta, *Milanese*.
Neri Corsini, *Fiorentino*.
Cesare Rasponi, *di Ravenna*.
Paluzzo Paluzzi, *Romano*.
Gio Nicola Conti, *Romano*.
Giacomo Nini, *Senese*.
Carlo Roberti, *Romano*.
Giulio Spinola, *Genovese*.
Innico Caraccioli, *Napolitano*.
Gio: Delfini, *Venetiano*.
Ludovico Vandomo, *Francese*.
Ludovico Moncada, *Siciliano*.

DISCORSO
SOPRA
LA REVOLVTIONE
DEL CONCLAVE,

Caufata dalle trame di Monf. RAVIZZA.

DISCORSO
SOPRA
LA REVOLVTIONE
DEL CONCLAVE,

Caufata dalle trame di Monſ. RAVIZZA.

Iovedi paſſato, che fummo a di due di Giugno entrò il Sacro Collegio nel Conclave, e perche V. S. mi commanda ch' io li racconti quel che ſi diſcorre, ſopra la futura elettione del Pontefice; li dirò che ſono tali, e tante le Fattioni, e gli intereſſi coſì de' Capi di eſſi come de' ſoggetti, che poſſono correre che non sò ſe haverò talento baſtante per potergline dare intiera notitia: mà perche sò che la ſua corteſia è accoſtumata à compatirmi ſodisfarò al deſiderio di ſervirla, con obedirla nella forma megliore che potrò.

Difficiliſſima coſa è ſecondo l'opinione de i più ſenſati il dar giudicio accertato ſopra l'eſito del preſente Conclave; poi che le fattioni in eſſo ſono molte, e di potenza quaſi equale, perche la Chigia ſola paſſa l'altre, mà non di tanto, che con l'unione di un altra ſola fattione poſſa fare il Papa; ſe bene hà queſto d'avantaggio che ſola ſe ſtaria unita, il che non ſi crede per le ſeminate Zizanie di Ravizza trà le Creature di Chigi, come andaremo vedendo nel preſente diſcorſo, ha l'eſcluſione nelle mani: Barberino ſi trova con forze conſiderabili tanto più che ſi crede, che buona parte dello ſquadrone lo ſeguiti; li Spagnoli parc li pare che questa volta fiano più debili del folito non folo per mancarli tre di loro Voti, che fono di doi Spagnoli & un Tedefco, mà per non effere alcuno che rapprefenti la Cafa Medici, che fuol unire i fuoi Amici alla Fattione di Spagna.

Li Francefi, e per numero, e riputatione prefente delle cofe di che poffono far figura gagliarda, e lo Squadrone non folo per effer fcemato di Voce; mà per qualche divifione di pareri non è cofi terribile hora come la volta paffata; fi vede dunque che effendo neceffario per venire alla conclufione di tanto negotio, che almeno tre fattioni fi vnifchino fempre cóprendédoui la Chigia ò tutta ò in parte. Non puol effere di facile riufcita, anzi neceffariaméte lungo e dubiofo fucceffo, tanto più che non potendofi dar fermo giudicio fe fià per ufcire dalle Creature d'Aleffandro, fono in tanta quantità di concorrenti che poffano arrecare infinita divifione, e confufione.

Pare à prima vifta, che tenendo Chigi ben vnite le fue Creature, & havendo però in mano l'efclufione certa, poffa effer ficuro di non lafciare vfcire il Papato da effa trà le quali anco trovandofene alcune che poffono piacere ad altri tanto più fi giudicarebbe facile l'ufcir di Conclave con quefta riputatione.

Mà effendofi da molti fcoperta la fua intentione troppo favorevole di Celfi, fi dubita che le Creature medefime non fiano per ftar falde, e fe bene hà cercato di fmorzar quefta Voce e dar à credere chi' egli per contentarfi di qualfi fia delle fue Creature, ad ogni modo havendo egli da fare con l'auverfarij che fono Maeftri del gioco, e che fanno la fua inclinatione fcoperta tanto a fauore delle fudette e poco bene rivolta all'altre 2. Creature riufcibili, fi crede, che fiano per farli proporre ad una ad una da principio le Creature che egli non defidera: perche da fe trovi modo di atterrarle, e chiarite che fono quefte non temendo di Celfi come fi dirà più à baffo giudicano per neceffità debba venir fuora delle fue: mà già che fiamo in quefta infpettione fi debba vfcire dalle Creature ò no confifte il dubio. Verremo

CLEMENTE IX.

mo eſſaminando prima le Creature. Papabili d'Aleſſandro ad una ad una, e poi paſſaremo ad altri.

Prima di tutti in ordine di precedenza viene l'Elci ſoggetto di età competente, ſtato in cariche principali, e Nuntiature, e dopò Cardinale anco legato di Vrbino, doue per tutto hà dato ſaggio di bona cognitione e di huomo da bene: Non ſi dubita, che ſia trà primi deſiderato da Spagnoli, e che Chigi non foſſe per promouerlo volentieriſſimo; mà l'eſſer egli Seneſe troppo affettionato alle Creature de' Chigi, e quelche più importa tenuto huomo di Mediocre talenti e perciò d'ogni ſorte d'aura, e di ſtima priuo; fa credere che i ſuoi amici poſſino più deſiderarlo che ſperarlo.

Roſpiglioſi, viene ſoggetto pieno d'anni & eſperienza ed amato anco eſſo dalli Spagnoli deſiderato da' Franceſi non aborrito, e da Barbarino ne i primi luoghi conſiderato come primo Autore della ſua fortuna l'eſſer Creatura de' Chigi, lo dourebbe far hauere il favore della fattione; mà ſe ne ſtà in dubio non ſi potendo determinare ſe Chigi ſia per volerlo ſinceramente ò ſia per sfuggire, perchè alla prima pare lo dourebbe inchinare il merito del ſoggetto, l'eſſer Creatura ſua beneficata e la facilità della ſua riuſcita; la ſeconda parte pare che qualche diſguſto ſucceſſo viuente Aleſſandro & il conſeglio preſente di Monſignor Rauizza, che dirige la volontà de' Chigi poſſa ſuolgerlo; la Ragione di queſto conſiglio di Rauizza e fondata non ſolo nella Regola Generale di tenere addietro coloro, che poſſano torre il Papato a Celſi, mà anco nella qualità del Nepote che hora ſtà à Bruſelles per Internuntio, ſoggetto di gran valore e capacità uguale à ſoſtenere la perſona di Nepote Regnante, che per opera di Rauizza e ſtato allontanato da Roma con ſuo poco guſto & hà perſo il frutto delli negotiati da eſſo fatti, e determinati per la ſede Apoſtolica, tanto à S. Quirico con Crequi, quanto nella legatione di Francia con maggior vantaggio, rendono proteſto di nuocere à Roſpiglioſi con la cattiua ſanità del Corpo che quaſi e all'eſtremo di ſua Vita, e ſe bene non hà mancato di aſsistere à tutte le funtioni dopò la morte d'Alessandro non di meno non vogliono assicurarsi, pare ad ogni modo uno de più prossimi al Papato, oue se non giongerà si fa chiara conclusione che Chigi non l'haverà voluto.

Farnese soggetto insigne per nascita e valore e per qualità che possono rendere uno degno del Papato, succede in ordine; mà non in aspetratione, e carico di anni passando li 70. e mal affetto di sanità hà per amici Potenti li Francesi e nello Squadrone molti sono per lui à segno che se Chigi dicesse da douero parrebbe assai facile stante le contraditioni della Spagna, e forze di Barberino accompagnato da qualche duno dello Squadrone, che in questo Soggetto è diviso; ma perche nell' intrinseco di Chigi non si crede ben posto, non tanto in riguardo del successo della Compra e rivendita di Farnese mà anco per l'istessa ragione che milita in Rospigliosi del Consiglio di Ravizza, il quale conoscendo i principij della sua fortuna dell' introduttione d'Alessandro dal Cardinal Farnese, dubita che per il sopradetto accidente della Compra non sia restato il Cardinal mal sodisfatto di lui, e come persona severa e rigorosa ne teme la Vendetta, e così non pare che si riuoch' in dubio che la sua esclusione sia per esser facilissima con correndovi l'oppositioni oltre la gran consideratione che potesse con pregiudicio del governo darsi alla Cura del corpo & per sanità e per delitie.

Bonuisi se bene in quarto luogo non dimeno puol essere considerato per ordine de i riuscibili poi che non è la sua fama di quella più sublime, ad ogni modo accompagnato dalla capacità eccedente l'ordinario dell' Abbate suo Nipote però molto bene uguale al grave peso del Ponteficato si troua sù li 60. Anni afflitto dalle Gotte, beneficato da' Chigi trà le Creature di essa: hà egli de gli affettionati Amici de' Barberini e ben affetto degli Spagnoli, e con amici gagliardi nello Squadrone; per la parte di Francia non sono così care le sue speranze, mà non disperate, sì che se fosse sinceramente desiderato da Chigi e che la sua

pratti-

prattica foſſe maneggiata non deſtrezza & à tempo ſopra di queſto ſoggetto più che altro ſi potrebbe far vedere il giudicio, che hanno creduto però molti che Chigi non ci concorra, non in riguardo di lui medeſimo che è ſempre ſtato affettionatiſſimo del Cardinale; mà in riguardo dell' Abbate, ſuo Nipote. con il quale non hà Chigi moſtrato ſodisfattione, e Ravizza hà cercato l'occaſione di diſguſtarlo; Mà perchè la mala ſodisfattione de' Chigi non hà fondamento di ragione havendo l'Abbate nel tempo che l'hà ſervito fatto l'officio ſuo con ſomma lode di fede, creanza, e deſtrezza puol eſſere che nel Conclave lontano dal continuo aſſedio di Ravizza *Redeat* Chigi ad *ingenium*, e che diſponga da dovero à ſervirlo, che ſe vorrà e farlo ne riuſcirà facilmente con honore, potendoſi di queſto dire come di Roſpiglioſi ſi è detto, che ſe non ſarà, Chigi non l'haverà poſitivamente voluto.

Bonelli ſe bene di freſca età e ſanità felice non deſperarebbe di poter fare il colpo, fidato nella parentela d'Imperiale e nella buona amicitia che Chigi lui hà moſtrato, non però pochi ſono quelli, che faccino in lui fondamento parendo che quelche crede poſſa dargli il Papato quanto ſia per levarglielo, cioè la parentela d'Imperiale, il Dominio del quale che ſarebbe appreſſo di lui potentiſſimo e per lo paſſato coſe reſo ſpaventevole. egli hà i Franceſi aſſai contrarij, oltre à la poca aura e la ſtima debole che hà nell' Vniverſal Concetto non li concilia l'indifferenti.

Vidone, per eſſere caramente veduto da Spagnoli & una delle Creature benefiche di Chigi à lungo andare vi è chi crede che potrebbe eſſere da Chigi cimetato e deſiderato; mà nell' iſteſſo tempo non ſi pone il dubio, che la voglia non li reſtaſſe come ſi ſuol dire addoſſo perchè l'infelicità della ſollevatione di Bologna gli hà tolto la ſtima, e l'aſpetto inclementiſſimo diſſuade l'applauſo, tutte coſe che fortificano l'eſcluſione de Franceſi, che ſe ben vedono di mollificare con i'officij di Barberino che ſi ſono affettionati ſi ſente ſarà gagliarda.

Viene Celſi ſommamente & in primo Capo deſiderato da Chigi

da Chigi e portato da Ravizza appreſſo il medemo Chigi cominciorno le dimoſtrationi di Chigi ad eſſere così paleſi e poco à propoſito, che non ſolo i ſuoi auverſarij; mà le Creature medeſim' ſe ne ſono ſtomacate & hanno hauuto motivo di far l'unione trà eſſe, e contro di lui. Il che conſideratoſi da Ravizza hà perſuaſo il Cardinal Chigi à ſmorzar queſta voce come hà fatto con la lunghezza del Conclave e con l'habilitare le Creature condurlo pian piano al ſuo fine; è Celſo di età piu toſto freſca, di lunga habitatione di Roma, d'ondo non è mai vſcito nè dall'Auditorato di Rota, hà eſercitato carica alcuna; è ſtato calumniato per troppo dedito al ſenſo, ſendoli ſervito di mezzano fedele & accurato Ravizza, quale non hà laſciato di operare con ogni induſtria per ben ſervire ne i ſuoi piaceri, mà forſi l'età e la Dignità & il Sacerdotio fà ſperare che d'auvenire remediarà ſe non in tuto almeno in parte al ſcandalo. Hà de gli Amici e non vi ſarebbe difficoltà per la ſua impreſa, ſe la violenza di Ravizza non l'haueſſe precipitato, (oltre à quelle delle Creature del medeſimo Chigi) ſono i Franceſi e Barberino; ſi luſingono però i ſuoi fautori, che il Cardinal Roberti poſſa haverli tolto via la prima, mentre vogliono che eſſendo Nuntio in Francia habbia perſuaſo Monsù di Lione à ſuo favore, mà con la notitia che ſi hà del boniſſimo concetto, che in quella Corte ſi haveva del Nuntio non par veriſimile che il negotio di tal conſequenza habbia potuto haver motivi di perſuadere quel G. Miniſtro che oltre all'inveterata eſperienza hà gran cognitione delle coſe di Roma per poter eſſer facilmente perſuaſo ò diſſuaſo. La difficoltà de i Barberini con un diſſimile inganno ſia ſegno havere levato perchè ſi danno à credere che con haver dato per moglie al Marcheſe de' Nobili Pronepote di Celſo una figlia del Marcheſe. Nari che è Parente della Caſa Barberina poſſa il Cardinal Barberino darſi ad intendere che Celſo ſia per ſcordarſi delle coſe paſſate frà loro, e di tanti anni di Cardinalato levatiui da Barberino, e non ſi accorgono che un Parentado di parenti privati e lontani
non fà

non fà variar ragioni dall' interessi di vna Casa come quella de' Barbarini. Credono ancora di cavar da questo Parentado altro effetto, e l'amicitia del Cardinal Caraffa, che per Via d'Emilio de' Cavalieri e parente della figlia del Marchese Nari, qual Cardinal Caraffa à conto della lite famosa de Vittorij non era sodisfatto di Celsi, mà anco in questo non si crede di gran mutatione sendo conosciuto troppo sodo Caraffa per passarsi con questa leggierezza di una così graue ingiuria se per tale se n'è recata. A tutte queste ragioni cumulandosi la prima dell' vnione delle sue Creature frà le quali è Pallavicino fierissimo Nemico de' Celsi sè bene stà in grado di disperata salute. Principalmente per la gelosia di Ravizza si hà communemente per disperata la sua prattica, che si dubita come si è detto di sopra sia per portare anco il Pontificato fuora delle Creature d'Alessandro, nel qual Caso prima di ogni altro viene per le ragioni ad essaminarsi Barberino.

Egli è forte di 10. ò 12. Creature, Amico dello Squadrone, e dalli Spagnoli per quel che pare desiderato, e da Este, e da Venetiani vnitamente promosso, si persuadono Chigi facile à guadagnarsi con quella della divisione delle grosse Rendite, che vacarebbero: d'esperienza non si può dirne maggiore, hà con l'elemosine & altre opere pie tolto di Roma l'odio Vniversale concepito nel suo passato governo, e per la grandezza nella quale è la sua Casa pare che sarebbe, sicura la Camera delle solite ferite, che gli danno i Papi per ingrandire i loro Parenti: non di meno si persuade anco il Mondo che Chigi possa accomodarsi l'animo ad vscire con sì poca riputatione delle sue forze, e della sua condotta di Conclave ne la Vicecancellaria promessa avanti: con specie di simonia per che possa essere motiuo, à lui di promouere chi dal Zio Vivente è stato sempre lacerato, è depresso, nè vi è chi sia senza sospetto che da Spagnoli si finga e che i Vecchi Papabili sue Creature siano facilmente per mancare à lui nella disperatione d'essere abandonati mà come non solo egli mà i suoi veri fautori sono persone di molto sapere in tali maneggi non vi è dubio che la prattica sarà condotta

g

dotta con tal finezza, che ò riuſcirà, ò non apparirà punto poco e forſi con pari conſiglio di quello di Chigi per Celſi ſi crede che ſi incaminaranno à chiarire ad uno ad uno li Vecchi, e poi alla ſtraſca quaſi per pura neceſſita farli cadere quì alchè la condotta poco a propoſito che poteſſe per difetto di buon Conſiglio prender Chigi di far chiarire le ſue riuſcibili pratiche.

Ginetti per l'era di 83. anni e per i Maneggi grandi vſcendoſi dalle Creature di Aleſſandro par aſſai probabile coſiderata l'amicitia di Ravizza che vogliono ſia molto qui in Caſo di deſperatione di Celſi, e per il Parentado de' Cavalieri che in qualche maniera attiene alla Caſa Chigi aggiunta l'opinione della breve durata del Pontificato, e che non toglie le ſperanze ad altri mà laſcia di dubitare, che la fama ſordidiſſima d'avaritia, e la Natura de' Nepoti non ſiano per darli molto faſtidio con l'opinione che Barberino non ſia per concorrerui in apparenza non havendo trovato per il paſſato in lui quella corriſpondenza di gratitudine che alla grandezza de' beneficij riceuuti della Caſa Barberina pareua proportionata, oltre che ſi sà ſe i Chigi ſiano per prevalere l'autorità di Ravizza alli danni paſſati in Colonia trà il Papa morto e Ginnetti.

In Carpegna la fama di huomo da bene gioua altri ſi quanto quella di debole pregiudica, con tutto ciò andandoſi in lungo & eſſendo Creatura ben affetto à Barberino non diffidente de' Franceſi nè de' Spagnoli ſi potrebbe anco in Chigi trouar facilità in riguardo di non sò qual parentela antica del Cugino che hà hauuto l'Auditorato dal Papa morto & è perſona di molto garbo, e Capacità, e perchè non è di quelli che di Ravizza ſi sfuggono non havendo hauuto ſeco occaſione di particolari diſpiaceri potrebbe far concorrere Chigi nella ſua eſaltatione, la Cura della ſua ſanità però è in eſſo paſſione fortiſſima & à queſta ſi crede concederebbe parte del tempo con detrimento delle publiche funtioni da queſti motiui fuor della Fatione Chigiana par forſe il più facile.

Di Pallotta con ramarico de' buoni non ſe ne puole ragionare

CLEMENTE IX.

nare fendo coſi mal condotto, & inhabile reſo alle fontioni del Papato. Se bene anco adeſſo non vi mancarebbero oppoſitioni.

Di Durazzo non vi è chi ne parli non oſtante vna eſtrema vecchiezza & eſtremità di coſé; mà l'opinione della ſua poca vita, e la fatale compoſitione di eſſere Genoueſe togliono ſopra di lui ogni sforzo.

Brancaccio, è aſſolutamente in opinione de' primi per merito del Pontificato, che ſe fuori delle conſiderationi ſi doueſſe venire à tal' elettione, pare che conuerrebbe correr la ſua lancia al pari di ogni altro; li Spagnoli poſſono oſtarli mà forſi hauerà da Franceſi più ajuto, che non ſi crede, Creatura di Barberino, ben affetta da Chigi, non hà hauuto ſe non occaſione di lodarſi; in fatti per tutti i conti è ſtimabiliſſimo.

Reſtano Barberino Gabrielli, e Facchinetti: e del primo è coſi fatto il concetto di tutti fuor che nella preſenza, che poco viene in conſideratione. Del ſecondo, ſe foſſe un poco più Vecchio ſi douerebbe dire aſſai; qualcheduno hà creduto che poſſa forſi darſi il Caſo che faccia colpo queſta volta, ſe le coſe pigliaſſero piego di confuſione; egli è deſtro: prudente, dotto, e pio; ſono molti pochi che non l'amano. Creatura di Barberino, intima alli Spagnoli per la memoria d'Innocentio Nono, accetto con li Franceſi; indifferente nello Squadrone: hà buoni amici, e ſi credeua hauer Chigi in pugno per l'amicitia di Nini; mà eſſendo queſto caduto dalla confidenza di Chigi per la machine di Ravizza, che punto non piaceua coſì ſtretta Vnione, reſta partialità di paſſione: ſe haueſſe 5. ò 6. anni di più parrebbe il più Vicino al Papato.

Delle Creature di Innocentio Decimo, Spada è il più gran Campione e forſi il ſolo; l'età è graue a tutti, i maneggi che hà hauuto l' hà trattati, con lode; è grande amico à Barberino, à talchè ſi puol dire ſua Creatura, e di conſideratione di Spagna, & hauendo Chigi ad vſcire delle ſue Creature, forſi non sfuggirebbe queſto ſoggetto, à cui Aleſſandro fece non à lui inſolita liberalità, di raſſegnare alcune

Penſioni

Pensioni nel Nipote à suo arbitrio: si dubita di ostácolo de' Francesi: caminano per però circospetti; nè di ciò si sono dichiarati, non si puole assolutamente determinare; Nello Squadrone poco amico à qualcheduno, mà hà degli Amici ancora. Egli è Lucchese; mà quando non vi fosse altro, questo non li darebbe fastidio. I Poueri domandano Odescalco che ha fama al pari d'ogni altro: è huomo da bene, mà l'età sua ne farà forsi parlar più à lungo un'altra volta; come di Ottobono, che vi altrettanto fama di huomo da bene.

 V. S. vede da questi particolari quanto malageuole sia il poter dire la sua opinione sopra un negotio tanto intricato: la difficoltà delquale si rideua della consideratione; se vscirà o nò dalle Creature di Chigi il quale in questo negotio hà campo di mostrare quello spirito, che non hà mostrato nel governo del Pontificato del Zio; se bene si dubita forsi che i consigli che seguita sin hora di Ravizza non lo portino alla sua ruina; Il che potrà sfuggire facilmente, se nel Conclave vorrà pigliare il parere, e confidare con le sue Creature nelle quali vi sono huomini di Valore, esperienza, e fede, che non lasciaranno assolutamente perdere punto della reputatione di lui, quando operi con un parere e confidenza di tutti; mà per essere tanto acciecato dalle massime soggeriteli da Monsignor Ravizza sudetto, corre rischio di perdere la confidenza de' suoi Voti, trà quali non vi è nè pur uno che non aborrisca il suo nome, non che la persona del medemo Ravizza, che solo hà da essere l'Artefice della poca stima che si farà in Conclaue del Cardinale Chigi.

 Mà acciò che V.S. sappia l'essere di questo Huomo, pieno di tante trame, ed astutie; prima di conchiudere vi ne dirò in brevi parole il ristretto della sua vita, già che tanto di lui si parla al presente nella Corte di Roma.

 Nacque Monsignor Francesco Ravizza nella Città d'Orvieto, circa l'anni del Signore 1615. il Padre si chiamaua Amadeo, che negli anni giouenili comminciò ad esercitare l'arte di Muratore, ma maritatosi con una Donna di Razza non dissimile alla sua, lasciò tal mestiero, e con alcuni pochi

CLEMENTE IX.

chi danari, che la moglie gli haueua portato in dote, seppe fabricar la sua fortuna, in tal modo che se ne andaua vendendo per quei Castelli vicini, e per la Città medesima, con un Botighino portatile sù il dosso, Aghi, Spille, Esca, Focili, ed altre minutie, in che guadagnò tanto che in breue tempo aprì una Bottega in Città, ma però ne acquistò il titolo di Gabbadio, e così da tutti si chiamaua per sopra nome. Tenne seco al seruitio della sua Bottega, per qualche tempo, Francesco suo figliuolo, ch'essendo stato da lui scoperto in fallo, lo discacciò di Casa, non solo scalso; e mal vestito: ma anco colmo d'ingiurie, e maledittioni, onde vedendosi egli esule delle stanze paterne, così disperato se ne venne in Roma, con la speranza di accommodarsi seruidore di qualche Gentil' huomo, pure conoscendo di non hauer talento per tale impiego, si accómodò nella Rogola, con un tal maestro di scola; ma non potendo viuere lungo tempo seco, si accordò al seruitio d'un Procuratore chiamato Horatio Marguti, con il quale si portò in vero con gran sofferenze, non tralasciando per dargli nell' humore di fare tutti gli esercitij di Casa li più bassi; e li più vili.

Si partì poi dal seruitio di questo, e da se stesso si accordò con un certo Procuratore chiamato Girolamo Lelij, persona ciuile; ed affetionato a' suoi domestici, onde sodisfatto da' seruiggi di costui, si diede ad aiutarlo per farlo avanzare: che però l'indrizzò alla Curialità, vedendolo lontano dal pensiero di attendere alla Procura come esso Lelij haurebbe voluto. Egli si scusaua col dire che il suo genio non lo chiamaua in questo: ma però l'inuidiosi, ne incolpauano la sua poca habilità, per non hauer Paragrafi, basta che nella Curialità seppe così bene aprofittarsi che in poco tempo cominciò ad insinuarsi ne' maneggi della Corte.

Diuenuto Pontefice Alessandro VII. e d ascesso al Posto della Padronanza il Cardinal Chigi, si diede ad ossequiarlo, in tal modo, che questo rimase talmente incatturato delle sue fattezze, che lo dichiarò suo fauorito, non facendo cosa senza il suo consiglio, onde questa aura sì fauoreuole seruì à farlo insuperbire, vedendosi molti Prelati obligati di lasciar vo-

lonta

lontariamente la Corte, per non eſſer ſogetti alla petulanza di queſto huomo, di natiuita fiera, e ſopra modo vendicatiuo, che pero hauendogli detto non ſo che di riſentitiuo Monſignor Roſpiglioſi Coppiere del Cardinal Chigi, egli procurò di farlo eſentare di Roma, che ſeguì ſotto preteſto d'honore, fingendoſi di mandarlo Nuntio in Bruſelles, ma in effetto ciò fu per l'inſtanze di eſſo Ravizza.

 Tanto è che col fauore de' Chigi, ſi ſolleuò ad un poſto ſi alto, che non ſolo ſi fe dechiarare Nobile d'Orvieto, col far dare al ſuo Nipote il poſto di Confaloniere, carica per prima eſercetata da' Signori de' Caſtelli, e da lui meritata appunto come da un Baronaccio, ma di più ſi vide due volte in precinto d'hauer tra le mani il Capello roſſo, in che ſi affaticò molto Chigi, il quale riſoluto di menarlo ſeco in Conclaue per ſuo Conclauiſta, ne ſe ſpedir Breue dal Zio, ma li Cardinali non volſero ammetterlo onde gli fu forza reſtar di fuori con ſuo gran crepacuore; fu ſtimato un gran ſegno d'odio concepito dal Sagro Colleggio contro queſto huomo, mentre nella Congregatione nella quale ſi parlò de' Conclauiſt non vi furono de Chigi, Celſi, e Caraffa che difeſero il ſuo partito, eſſendo ſtati tutti gli altri contrari, onde ſi tienne per certo che qualſi ſia de' Cardinali che riſcirà Papa, eccetto uno di queſti tre la ſua fortuna ſe gli voltarà contro, nè gi giouarà la protetione de' Chigi per conſeruarlo, non dico nel ſuo poſto, ma in Roma, e tanto più ſe ſarà Papa Roſpiglioſi, eſſendoſi d'Abbate ſuo Nipote confeſſato mal ſodisfatto Ben'è vero ch'eſſendo egli aſtutiſſimo nel penetrare gli an damenti altrui; ed aſſai ſottile nel ſcoprirne la magagna, ſopra modo fintiuo; procurerà di portarne à tempo debit gli oportuni rimedi. In tanto egli ha ſaputo accommodar bene i fatti ſuoi, che quando anco, foſſe diſcacciato di Rom trouerà in ſua Caſa di che paſſarla allegramente: à queſt però non penſa, perche di Cardinal Chigi gli ha promeſſ di aiutarlo ſino alla morte, ma forſe haurà biſogno di aiuta re ſe ſteſſo. Queſto e' quanto mi occorre dirli ſopra t particolare, con che reſto,

FINE.

CONCLAVE
FATTO PER LA SEDE VACANTE
di CLEMENTE NONO.

NEL QVALE FV' CREATO PONTEFICE
il CARDINAL

EMILIO ALTIERI,
Romano, detto

CLEMENTE X.
Diuiso in
SEI DISCORSI CVRIOSI,
e POLITICI.

PER MAGGIORE INTELLIGENZA DEL LETTORE
Il *contenuto* delli quali si vede nella Pagina seguente.

ARGOMENTO

De' Discorsi che si contengono in questo Conclave.

DISCORSO PRIMO,

Sopra alcuni successi durante il tempo dell' esequie del Pontefice Clemente IX. *il tutto in forma d' Auisi piaceuoli, e grati.*

Discorso II.

Sopra il numero de' Cardinali Pretendenti, *loro virtù, e vitij; e cause dell' Inclusioni, & Esclusioni.*

Discorso III.

Sopra la qualità, & essere de' sogetti Papabili *di ciascuna Fattione.*

Discorso IV.

Fatto dalli Signori Cardinali Buglione, *e* Duca di Scionè, *intorno agli Emergenti bisogni della futura eletione del nuouo Successore.*

Discorso V.

Contiene il Raguaglio de' Conclauisti *alla Maestà Christianissima del Signor Cardinal* d'Este, *nell' anno 1670.*

Discorso VI.

Si conclude la maniera dell' Eletione del Cardinal Emilio Altieri, *e si descriuono le difficoltà incontrate per l'esclusione degli altri sogetti, e d'ogni altra particolarità concernente questo Conclaue.*

GL' AV-

GL' AVVISI
DEL
CONCLAVE

Si sono in questi giorni fatto sentire Venti tanto contrarij c'hanno caggionato ne' Capi di questa adunanza vn Raffreddore così grande, che si teme possano giacere lungo tempo infermi, ed in consequenza lontani da ogni sorte di negotio.

Per la stessa caggione si sono fortemente alterati gl' humori ai più vecchi, e per non rendersi odiosi à gl' altri non escartarrano giorno, e notte quella petuità, che rinchiusa nel petto l'impedisce il rispirare à loro modo, si vanno però di tempo in tempo purgando con li siroppi di Medico speranza.

Com' ogni vn sà si troua alloggiata, e custodita in questo gran Palazzo la Romana Chiesa Vedoua, e perche giornalmente si vedon moltiplicare i pretendenti, ed' infiamarsi ostinatamente del suo amore quelli, ch'hanno il Crine più canuto, si sono rinforzate le guardie della sua habitatione, acciò non succeda scandalosa Violenza.

Essendo sin da primi giorni comparso in questo Conclaue pomposamente vestito di ricco palio, ed' ingioielato Triregno il Signor Cardinal Vidone, hà ecitato l'inuidia di molti, i quali ammutinatisi con i loro seguaci mascherati, ed armati di Terzette, e marra da Satiro l'hanno assaltato, gridando, al ladro, al ladro, e rubbatogli d'adosso quel pretioso habito; sistà però dalla Giustitia formando processo sopra questo fat-

A   to

to per riconoscere il merito della causa, e risoluer quella sarà conueniente.

Il Signor Cardinal Barbarino dà continuamente nell' Impatiente, rompendo quanti occhiali si pone sul naso, perche vede tutti gl' oggetti riuolti in contrario, hauendo però chiamato à consulta, i Medici, Questi gl' hanno detto, che non è bene commouer gl' humori in riguardo alla staggione, mà, che vada sua Eminenza, ingrassando quelli spiriti sotili, che gl' ascendono alla Testa con la flemma, generandola col cibarsi solamente delle gelatine di quei grugni saluatici, ch' hà impieguati nella Caccia riseruata della sua gratia.

Il Signor Cardinal Celso è stato di notte desuiato da alcune sue Camerate à gioccare à Dama, ed hauendo perduto i suoi Contanti, all' vltimo s'incagnò talmente in questo gioco, che per non lasciarsi soffiare vna pedina, impegnò vn feudo legale, per raggione del quale concorreua egli, quant' ogn' altro ai sponsali della Chiesa Romana.

Il Cardinal Facchinetti è stato riconosciuto di notte da passeggiare sotto la gelosia di questa Dama Vedoua, e s'è saputo, ch' vna sera gli fece vna serenata, cantando egli stesso certa compositione di Musica, e parole d'vn frate. Da chi osservò da vicino fù inteso apprire la fenestra, e la Signora li parlò; Non si sà però se gli dicesse di entrare all'hora, ò che facesse vna picciola girata.

Il Signor Cardinal Altieri à persuasione di molti amici si è fatto fare la reuolutione della sua Natiuità, non hanno saputo gl' astrologi s'habbi à preualere, ò la direttione degl' Ottimi suoi costumi, ò quella della pessima sua fortuna. Hanno ben sì detto di certo, ch' à suo tempo hauerà vn transito glorioso. Queste incertezze di giuditij han fissato tanto sua Eminenza nell' applicatione, che l'han reso agl' altri negotij quasi stordito.

Il Caporale Ficanaso, che di notte và in ronda con la sua squariglia per le loggie del Conclaue, essendosi incontrato in vn'huomo trauestito, con lanterna di Carta straccia in mano fermollo, e lo richiese del nome, quell' altro ripose, ch'era il Riformatore della Corte. Il Caporale à questo dire riconos-

CLEMENTE X.

citulo per il Cardinal Buoncompagno, parò via ben presto per timore, che non facesse à lui riformare le palle del Terzarolo.

È stato il Sagrestano di S. Pietro à chiedere audienza, con grandissima Instanza à questo Sacro Collegio rappresentandoli, com'egli era tutto spauentato, per essergli apparso in sogno molti Martiri, i quali si querellauano, che fossero le loro ossa così malamente pistate da Caualli del Signor Cardinal Chigi, che fa essercitare la Cauallerizza sù le scale di quella Basilica, e che perciò à loro nome ne chiedesse, come ne chiedeua giustitia. I Signori Capi d'ordini risposero, che queste appunto erano vane considerationi di chi sogna, e di chi hà gl'occhi chiusi al chiarore delle massime politiche più importanti; In somma, che non deueuano esser intese le suppliche di questi morti, quando erano state rigettate, e lacerate quelle delli Martiri Viui.

Il Signor Cardinal Caracciolo afflitto per la perdita de' denari nel viaggio venendo à Roma patisce ogn'hora di suenimenti; Onde per ricourare le forze tanto indebolite, hà spedito ordine à Frati, Preti, e Monachi di Napoli, che si preparino à mandarli vn distilato d'oro potabile.

Il Cardinal Ginnetti in riguardo della sua età decrepita, e de lunghi seruitij prestati alla santa Sede Apostolica, hà richiesto, che se l'assegni dal Commune il vitto per obligo di Carità fraterna, hanno risoluto questi Eminentissimi (considerato il suo gusto paricolare) di nodrirlo in Reffettorio publico solo di quei Cibi, che produce la terra di Promissione.

Aspirando per merito de suoi natali alle nozze della Vedoua il Signor Cardinal Lantgrauio, ordinò quantita di confetture, mà hauendo sempre incontrato sinistra sorte nei suoi seruitori ne diede l'incumbenza al suo Ministro di Camera, il quale recateli auanti alcune cose rare, e stomacchevoli, che si trouaua in Casa, l'hà ridotto à confettar peggio che Stronzi per parlar con riuerenza.

Il Signor Cardinal Carraffa per conciliarsi la beneuolenza de suoi Colleghi hà mandato à regalare molti di essi d'alcuni fiaschi di vino di lacrima di Napoli, ed hauendone beuuto

A 2   in

in tauola conchiufero tutti, ch'era vino nobile, e generofo, mà non da poterfi bere à tutto pafto, mentre hauerebbe offefo la tefta, effendo troppo fumofo.

Il Signor Cardinal Antonio vedendofi afflitto dal male, attende a purgare d'ogni refiduo d'humor peccante, fenza fperare per fe cofa di momento negl'Intereffi del Mondo, hauendo fperimentato, che doppo tanti impegni, non hà potuto riportare dalla Francia altro di buono, che la manutentione dell'antica Carica, ch'hebbe fin dalle fafcie di primo Delfino d'Italia.

Penfando il Signor Cardinal Orfino far qualche colpo di profitto per la fua cafa è intrato in Conclaue proueduto di molte Pelli di Zebellini di Polonia, e Paftiglie di Portogallo, mà per i fuoi vantaggi non è concorfa molta gente al trafico delle Merci, mentre fanno, che la Paftiglia fi rifolue in fumo, ed'i Zebelini non feruono, che per pochi mefi dell'anno.

S'è querelato alla Rota col Botigliere il Signor Cardinal Sauelli, ch'il vino d'Albano, che fe l'introduce non riceue quelli applaufi di folita ftima; mà il Miniftro s'è fcufato, non effer colpa fua, però, che non puol hauere il vigore di prima quando Albano fi mifchiaua col vino delle Riccia, ed in mancamento di quefto hora i Barilli s'ammezzano con l'acqua.

Il Signor Cardinal Sigifmondo è ftato molte volte rifentito per qualche termine d'alteratione caggionata dal bollore del fangue, e dal poco effercitio; mà effendoli all'improuifo aggrauato l'ardore più d'ogn'altro medicamento gl'hà giouato a fgrauarlo dal male vna poluere purgante, che gl'hà dato il Signor Cardinal Mancino.

Il Signor Cardinal Litta trouandofi in difcorfo con vn Spagnuolo fopra il gioco di Scacchi, s'impegnò à difendere le preheminenze dello fcacchiere, come appartenente alla fua diuifa; sfidatifi però a latto del gioco l'accorto Spagnuolo gli lafciò guadagnar molte pezze; mà oue cognobbe l'Importanza maggiore porgendoli occafione di diuertirlo con difcorfi di poco rilieuo gli diede Scacco matto.

Si fono dolfuti tutti li Signori Cardinali Genouefi, che vacando l'officio di Pilotto alla Nauicella di S. Petro, non fi proueda

CLEMENTE X.

ueda in vno di loro, i quali come esperti nella Nauigatione la mandarebbero ai traffichi di tutto il Mondo; Per non far torto al merito di questi Signori fù subito spedito il Dottor Prudentio à Ciuita vecchia à riconoscer lo Stato del legno; la Relatione è stata, che si troua così sdruscita, e mal in arnese la detta Nauicella, che portarebbe pericolo d'affondare se si caricasse di mercantie, o di ciurma.

I Signori Cardinali Fiorentini studiano vnitamente à comporre salza squisita per aguzzare l'appettito alla futura sposa, acciò si compiaccia degl'altri loro intingoli; mà s'è ella dichiarata, che per hauer troppo gustata ne tempi andati di quella salza, s'è ridotta al verde.

Il Signor Cardinal Nerli però vedendosi eguale per l'età à i sponsali di questa Matrona, mà debole per le forze, è ricorso al Medico, per qualche pretiosa vntione dalla sua fonderia; Non si sà però se vorrà vngerlo della quint'essenza della verità.

Haurà generato qualch'humore hippocondriaco nei Signori Cardinali Ottoboni, ed' Azzolini l'essersi cibati in questi giorni di certe lingue di dura digestione; mà subito ricorsi al Medico di Mocrito gl'hà restituiti alla pristina salute ordinandoli vna Menestra di Risso à tutto Pasto, e che per mantenere la loro complessione vigorosa seguissero ad' vsare quel Magistero d'ingegno, che si vende alla speciaria della Volpe.

Hauendo il Signor Cardinal Corsino hauuta l'incombenza dal Signor Cardinal Chigi di derigere l'intreccio d'vn opera hà fatto instanza, che s'inuigili alle Ruote con maggior Essatezza, acciò non siano introdotte più mascare, essendosi confuso nella cognitione delle Persone, auedutosi, che col beneficio di quelli qualcuno de suoi recitanti hà preso à far più parti in comedia.

Vna persona curiosa hauendo veduto, ch'il Signor Cardinal Imperiale per metter in ballo il Signor Cardinal Bonelli gl'insegnaua à caminar sciancato, e col collo torto, si animò à chiederne la caggione, Imperiale rispose, ch'essendo quella vna adunanza d'huomini acciecati da diuerse Passioni, e douendo elegger vno per loro direttore, speraua, che con quel artificio

artificio poteſſe toccare la ſorte al ſuo Care Bonelli, già, che l'oſſeruationi à bella poſta fatte nell'oſpedale di S. Siſto gl'haueuano inſegnato, che ſempre per guida dei Ciechi ſi dà vn Toppo.

Queſta Dama vedoua fù in queſti giorni à render la Viſita di Condoglianza al Cardinal Roſpiglioſi, s'è raccolto, ch'hà ſeco grandiſſimo genio, e che gl'hà date buoniſſime ſperanze per l'auuenire, in tanto l'hà auuertito con grand'amore, che reformi quella Limarzona non eſſendo decente, che vn'huomo della ſua qualità ſi laſci reggere per le mani, che da tanti teſtimonij d'attorno, per operare da ſè, eſſendo coſa pericoloſa ad'vno, che pretende d'eſſer ſpoſo, l'hauer biſogno dell'aiuto altrui. Paſsò poi ſeco à dolerſi in confidenza di quei Miniſtri, che l'haueuano tolto dal ſuo ripoſtiglio alcuni Bicchieri da frate, ch'erano inuentariati nella ſua dote, e che gl'habbino mercanteggiate con vna ſcudella di Creta, la quale infrantaſi il ſecondo giorno in mille pezzi, eſſa reſta hora priua di queſta, e di quelli, ed'i Miniſtri ſi ſono proueduti per i loro Banchetti di Chriſtalli di Venetia.

Il Signor Cardinal d'Eſte, quando fù à complimentare con detta dama gli eſpreſe i ſuoi amoroſi deſiderij, e li preſentò vn mazetto di gigli del ſuo proprio giardino; ella riſpoſe benignamente dimonſtrando la ſtima di tanto ſoggetto, ed'accettò volontieri quei fiori per ornarſene il ſeno, come fauori d'vn Caualiere, mà non di ſpoſo, poiche voleua, che trà loro quei gigli foſſero veramente ſimbolo di perpetua caſtità.

Nè i giorni paſſati fù dal Signor Cardinal Chigi inuitato à definare il Signor Cardinal Viſconti, e gli fù poſta auanti certa giunta di Carne tutt'oſſo, monſtrando però egli di hauere buoni denti ne ſpolpò quanto potè, e per dare à cognoſcere, ch'egli haueua oue ſatolarſi à ſuo modo, quando s'alzò dalla menſa, andò à drittura dal cuoco della natione Spagnoula, e ſi fè miniſtrare vn piatto reale di macroni Siciliani.

Eſſendo andati i Signori Cardinali Raſponi, e Nini in habito di Gala bizzarra, e con arneſi ſtrauaganti à batter al'Vſcio della Dama Vedoua; Queſta oſſeruatili per vn bucco della geloſia, mandò alla porta la ſua prima Damigella nominata

Religione

CLEMENTE X.

Religione à dirgli; che fi marauigliaua, come haueffero ardire di venirli auanti con quei veftiti da fgherri, ed in vece di ventaglio andaffero (con inuentione tanto impropria) cacciando le mofche dal nafo con vn baftone.

Il Signor Cardinal Acquauiua fi pofe vn di infantafia di gioccare al palone per il corridore di Beluedere. I Romani rifero in vederlo pretender più di quello, che le fue forze comportano, s'offerffero però di tenerli gioco, chi col gonfiarli il palone, chi col mandarglielo à Tauolato, e chi col fignarli le Caccie; Penetrato ciò dal Signor Cardinal de' Medici, e riconofcendoui il gioco poco accurato al negotio della Corona Cattolica gli fcriffe vn Biglietto rifentito, che gl'arriuò quando appunto ftaua sbracciandofi al gioco, letto appena in effo per ordine di fua Maeftà (che Dio guardi) fubito fgonfiò il Palone, e andò à chiederli perdono fcufandofi, che non poteua così facilmente moderare quei penfieri baggiani; Perche ogni fuo Paefano nafce con effi; Mentre i Spagnuoli vogliono, che tutti i Napolitani fi pafchino di cibi ventofi, cioè gl'huomini di Broccoli teneri di quelle palludi, e le Donne dei Rauanelli fodi di Spagna.

Sueglíatofi il Signor Cardinal Pio vna mattina tutto interezzito all'improuifo, e con impedimento di refpiro, che lo ftrangolaua, come veleno de' fonghi, fi fè vifitare dal Medico Francefe del Signor Cardinal Antonio, il quale diffe, ch'il fuo Paefe mai haueua vifto fimil forte di infirmità. Venne poi vn Medico Spagnuolo, e gli fece animo, dichiarandoli, ch'era vn Naturale effetto, ch'à tutti quelli, che la prima volta mangiauano in piatto di porcelana dell'Indie, nafca attorno al Collo vna golilla, e che l'interizzimento delle giunture fi chiamaua el mal della grauedad.

Il Signor Cardinal Conti hà pregato il Signor Cardinal Gualtieri à riconofcere nel fuo orofcoppo, fe in queft'anni vi fiano fignificati di matrimonio con Dama Vedoua; Gl'è ftato dal medemo rifpofto, ch'hauendolo ben confiderato per tutte le Regole di Tolomeo v'hà ritrouato, che fua Eminenza può confolarfi con vn lungo, e buon afpetto.

Si sà, ch'il medefimo Signor Cardinal Gualtieri viue con

B   ftraordinaria

ſtraordinaria fiducia di sè ſteſſo ſtante, che doppo hauerſi ben ſtabilita, ò ratificata con gl' accidenti paſſati la ſua ſutiſtenza della Genitura propria, ſpira per le prerogatiue della ſua belliſſima figura d'eſſer vn giorno eſſaltato alle ſtelle.

Il Signor Cardinal Chigi per far godere perfetta ſalute al Signor Cardinal d'Elci gli và preparando molti Bolettini di poluere ſimpatica, ed' vna preſa di pilole del Gran Duca per preſeruarlo da ogni ſoſpetto di morbo gallico, acciò non habbia occaſione queſta Dama di ricuſarlo per ſuo ſpoſo. Queſta perche abboriſce di congiungerſi con tal' huomo per eſſer d'vn Paeſe, oue tutti patiſcono del male della Lupa.

Eſſendo ſin quà dentro peruenuto à notitia del Signor Cardinal Gabrielli, che ſia paſſato à miglior vita vn Ferravecchio, che teneua bottega sù i muriccioli di Ponte quattro capi, hà dato ordine al ſuo Miniſtro di Caſa, che s'informi ſe nell' heredità v'è qualche mobile da farui induſtrioſo arbitrio.

Il Signor Cardinal Bonuiſi, e Spada hanno concepita buona ſperanza per i loro deſiderij da alcune coſe accadutegli. Il primo hauendo ſentito più volte cantare verſo di lui molti Galli con voce chiara, crede, che ciò ſignifichi douere la Gallina far l'ouo dentro la ſua Camera. Il ſecondo dall' hauer veduto vn ſciamo d'api ſuolazzarli intorno, hà interpretato, che col miele guſterà le dolcezze, che brama, e con la ceca haueua quanti voti biſognano per la gratia di San Pietro. Vn buon ſpirito però hà poſto ad ambi due vn ſcrupulo di conſcienza il preſtar fede à queſte ſuperſtitioni.

Il Signor Cardinal Odeſcalchi, Carpegna, Santa Croce, Barbarigo, Mancino, e Carlo Barberino han diretto vn Oratorio, oue ſi recita giornalmente la dottrina Chriſtiana, ſi fanno diſcipline, ed altre opere pie. In queſt' Oratorio ha fatto inſtanza d'eſſer ammeſſo il Signor Cardinal Bonaccorſi per acquiſtar vna volta concetto d'eſſer huomo di ſpirito, ed' hà volſuto veſtire di ſacco bigio, e di Zoccoli, diſpenſando à tutti certe ſue imagini di Carta peccora.

Haueua moſtrato deſiderio di predicare in quel oratorio il Signor Cardinal Albizi, mà non hebbe poi effetto perche i belli della Compagnia non voleuano, che ſi ricercaſſe l'elemoſina,

CLEMENTE X.

mosina, ed Albizi rispose, ch'era solito da tutte le sue dottrine, ò in voce, ò in scritto di cauar qualch'vtile.

Stando però col suo solito zelo religioso, vn giorno il Signor Cardinal Bona predicando il premio à buoni, ed' il Castigo à gl'empi fù veduto trà l'vdienza il Signor Cardinal Maidalchino, ridere scorrettamente, onde per sospetto di fede fù subito chiamato dall'assessore del Sant'Officio, il quale hauendolo essaminate lo trouò credulo più del bisogno in tutte le cose; Bensi asseriua non poterli accommodare à credere, che per lui douesse in alcun tempo venire il giorno del giuditio, essendo però questo vn punto essentiale per non pregiudicare alla stima, che si deue hauere de' Cardinali hebbero per bene passarlo in silentio, senza farne Caso alcuno.

Il Signor Cardinal Sforza hà spedito lettere risentite al consiglio di Stato di Spagna, rappresentando, come spesso il Cuoco, che gli porta la pila *d'olla podrida* và per la via rubbando del grasso, lecandosi le dita in sua presenza. Per vendicarsi però di tale offesa in auuenire al meno con chi li portaua la detta pietanza sua Eminenza s'è preparata d'vna gran Trippa per battergliela sul grugno.

Il Signor Cardinal Brancaccio per esser in questa congiuntura promosso alle nozze hauendo rappresentato molte sue raggioni, e discolpe alli Spagnuoli, e particolarmente il merito della sua dottrina. Hanno questi risoluto col Consiglio di Stato di farli venire dallo studio di Salamanca vna patente di licenciado.

Finalmente per sollieuo del lungo Tedio, che reca l'otio di questo Conclaue si fecero vna sera poche hore di veglia, oue, comparue in habito lugubre, mà pomposo, la Signora Vedoua laquale doppo hauer danzato con molte persone si riuolse ad vn Cantone, oue stauano attilandosi il Cappello i Signori Cardinali Borromeo, e Paluzzi, vedendola questi venir verso di loro le strinsero la mano, ella però ricusando l'inuitto presso auanti, e per questa caggione essi restorono grandemente mortificati, e con vn palmo di naso.

DISCORSO SECODNO

SOPRA

L'ELETIONE DEL
nuouo PONTEFICE.

Ono 21. i Candidati, che per virtù, e valore, e per età, che poffono giuftamente pretendere al Pontificato, ed effendo probabile, che in vno di quefti cada l'eletione, deue ogn' vno defiderare per beneficio vniuerfale il migliore, non tanto in riguardo della bontà, quanto del fapere, effendo neceffario, che quefte parti vadano congionte infieme, e fpecialmente nel Secolo prefente, che hà neceffità d'vn Paftore atto à conferuare la pace trà le Corone, ed à fouuenire à i bifogni della Chiefa, e dello Stato Ecclefiaftico ridotto all'vltima angonia.

Fù queftione in altri tempi fe fuffe meglio eleggerlo attempato, ò pur giouane, e parue, che la maggior parte de Prencipi lo defideraffero cadente, così in riguardo del Nepotifmo, che fi rendeua più trattabile, come per sfuggire il pericolo d'effaltare vn foggetto, ch'all'opre riufciffe poi diuerfo dal nome, ed era fiffa nella Spagna quefta Maffima, che quando per vltimo non poteuano hauere vna perfona di loro dependenza, e fodisfattione, poco curauano, che fi faceffe elettione d'vn nemico, purche foffe confumato dall'età.

La Francia, che non poffedeua Stati nell'Italia, e che fino al tempo di Mazarino haueua fatto poca ftima delle cofe di Roma per effer altroue occupata, era ftata indifferente circa gl'anni, e purche haueffe anch'ella qualche parte nella Creatione de i Pontefici poco curaua, quali eglino fi foffero, perfuafa, che ogni Papa per lei faria ftato buono, e che quanto meno ricercaffe l'amicitia de i Nepoti; tanto più quefti

doueffero

CLEMENTE X.

doueſſero corrergli dietro per renderſi benemeriti delle ſue ſodisfattioni, ad effetto di poter hauer la ſua aſſiſtenza in caſo di diſpareri co' Prencipi vicini.

Roma ſola era ſtata quella, che in ogni tempo haueua traſcurati i proprij vantaggi, col farſi bene ſpeſſo artefice del proprio danno, mentre con adherire alle altrui paſſioni haueua molte volue contribuito anch' ella alla deſneſſione del merito, All' Inſidie fatte alla virtù, concorrendo à promouere, e l'ignoranza, e ad eſaltare gli abbuſi introdotti dal Nepotiſmo, mà come gl' Autori di ſimili concetti, paſciuti poi da i beneficij, e dalle gratie, erano quelli, che difendeuano, è ſoſteneuano gl' altrui mancamenti, ſi contentaua di hauere hauuta l'Imaginatione, e poche volte doue non interueniua il prezzo, ò la ſperanza d'eſſo eſſaltaua la virtù.

Se vn huomo era ſtimato degno delle ſupreme Dignità, non lo fauoriua per anteporgliene vn altro di minor vaglia. Se haueua Nipoti di merito l'inſidiaſſe, apprendendo di non hauer parte nel ſuo Gouerno, ſe era ſolo vn ſol nemico, ch' egli haueſſe, baſtaua per rouinarlo, e ſino al moſtrarſi grato noceſſe ne' traſcorſi templi, l'eſſer ſuddito d'altro Prencipe foſſe motiuo baſtante per eſſerne eſcluſo; onde à ragione fuſſe detto, ch' vn Papa poteua ben ſi eſſere pieno di vitij, mà non mai ignorante perche à ſaper deluder l'arte d'huomini cotanto artificioſi, biſognaua, che foſſe anch' egli molto deſtro, e ſcaltro, e che in tutto lo ſuperaſſe, quindi non fuſſe poi merauiglia, ſe conſeguito il Papa riuſciſſero poco grati verſo di loro, che l'haueuano eſſaltati, mentre tutto attribuendo al merito, al caſo, ed alla ſorte abborriuano, anzi chi vi ſi era adoprato, come teſtimonio del contrario, e quaſi ſtimaſſero atto d'ingiuſtitia l'eſſer grati fauoriſſero ſolamente quelli, che mai haueuano conoſciuti.

Gratie à Dio non eſſendo più quei tempi, ne i quali ſi rendeuano ſimili motruoſità; l'intereſſe di Roma hora farebbe, che il Pontefice non foſſe tanto auuanzato negli anni, che poteſſe mancare ſul principio del ſuo Regnare, hauendo l'eſperienza dimonſtrato in ogn' età quanto pregiudichi alle Monarchie, ed à Popoli la mancanza de i Prencipi, benche

B 3   ſucceſſiui,

successiui, e che ogni Papa, che non hà vissuto per lo meno dieci anni hà lasciato il dominio impouerito, e defatigati i sudditi, benche ottimo, e santo. Poiche douendo la Camera supplire al souuenimento de i Nipoti. Alle spese de i Conclaui, ed al prouedimento di tutto il resto, le sole innouationi bastano à finir d'opprimerla.

La Constitutione delle cose in oggi è tale, che non è Roma solamente, mà tutto il mondo Christiano, che desidera vn capo grato alle Corone, e che auuezzo à maneggiare l'interessi de' Prencipi, e delle Corti straniere, si renda capace di conseruare la pace trà di loro, essendo più necessaria questa parte, che l'auer notitia del distretto di Roma, e delle materie Legali. Si tratta in oltre d'vn Principato, che hà per lo più la sua giurisditione in Casa d'altri; onde si richiede vn capo, che sappia viuere più con la Cortesia, e con la mansuetudine, che col disprezzo, e con l'orgoglio: Perche finalmente i Reggi sanno farsi amare, e temere così nella guerra, come nella pace, e quando sono violentati à valersi della loro auttorità, ne succedono quei pregiuditij, che si sono veduti, e che per troppo Roma istessa hà prouati.

Hor se è vero, come confessa Roma, che essi siano i veri Cardinali della Chiesa, e qual raggione vuole, che poi ne faccia poca stima, massimamente, quando potendo passare buona corrispondenza con essi, può rendersi arbitre di tutta la Christianità, conforme, è succeduto alla santa memoria di Clemente nono, sommo anche in riguardo di ciò trà i Pontefici, il quale hauerebbe operato ancora diuantaggio à beneficio vniuersale, e de i proprij sudditi, se la morte non hauesse reciso il filo di sua vita, e se tutti quelli, che gli stauano auanti hauessero conspirato ad vn medesimo fine, il che è tanto più da commendarsi in esso, quanto si sà non hauer egli hauuto maggior ostacolo per operare con celerità nel breue tempo, che è vissuto di quelli, che supponeua douessero esser mezzi efficaci per contribuire alla sua gloria.

Se doppo hauer sodisfatto alle Corone si potesse far elettione d'vn soggetto, che per l'età, per li costumi, e per le qualità d e i Parenti corrispondesse à i voti d'ogn' vno, col supplire

à i bisogni

CLEMENTE X.

à i bisogni vniuersali, e dell'impouerito, e più che mendico Stato della Chiesa, forse questo sarà il tempo, che i sudditi di essa potriano sperare di cominciare à goder qualche respiro; mentre nella pace, che gode hoggi il Christianessimo, non essendo d'vopo gabelle per mantenimento d'esserciti, ne tampoco Decime per quelli, che altroue s'impiegauano contro il Commun nemico, tutta l'applicatione del Pontefice potrebbe addattarsi al sollieuo de i Popoli, senza impedimento veruno.

Se il sacro Collegio (spogliandosi d'ogni passione) rifletterà à questi motiui, ne i Prencipi si doleranno, che egli habbia fatta elettione impropria. Nè il Popolo di Roma si lagnarà di veder esposte le sue sostanze al Capriccio, ed alla rapacità de i Nepoti.

A tutti questi motiui s'aggiunge, che benche il Turco hà sopite le sue differenze con la Republica di Venetia, non per ciò hà deposto l'Armi, e che anzi è da temersi hora più, che mai, mentre stà tuttavia col ferro in mano, pronto à ferire la sproueduta Italia, con questa sola differenza che la doue prima la Republica medesima era quella, che col mantenimento della Candia seruiua d'antemurale à questa Prouincia, hora non vorrà muouersi, ne dargli alcun'ajuto, così per non rompere la pace, ch'ella con tanta sua gloria hà stabilito col Turco, come per non esser in stato di cominciare vna nuoua guerra, e che quando anche potesse farlo (essendosi veduta abbandonata da tutti ne' suoi maggiori bisogni) hauerà imparato anch'ella ad esser spettatrice de i successi, che seguono in Casa d'altri.

E ancora da saperi, che spira il termine della parola data al Rè Christianissimo intorno à i trattati d'aggiustamento per le controuersie, dipende variamente, e la Guerra, e la pace, e sopra tutto la salute dell'Italia non essendoui altri, che possa soccorrerla, essendo facile, che mentre le Corone terranno altroue impiegate le loro forze, il Primo Visir (che tuttavia si trattiene in Candia con l'Essercito, prouedendosi di Legni, e di Ciurme) non si vaglia di quest'ottima congiuntura per occcupare la Sicilia, ed altri luoghi, doue è gran tempo, che vien desiderato, e chiamato. Hauendo

pur

pur troppo dato à diuedere la Spagna l'applicatione di quel Conseglio, e che se bene era di sua raggione la difesa della Candia, hà permesso, che cada nelle mani del Turco come fece l'Imperadore di Varadino, e del Principato di Transil-vania, col supposto di scanzare vna guerra, che fù poi astretto di mantenere in Casa propria.

Molt' altre raggioni potriano dirsi intorno alla grauezza del Caso presente, ed à questa importantissima materia; mà come ne appare l'euidenza à gl' occhi più addombrati non è verisimile, che se pur tal' vno si troua trà gl' Elettori, che habbia sentimenti contrarij, non preuaglia il numero di quelli, che per senno, per esperienza, e per zelo sono tenuti per l'eminenza del grado loro à fare vn ottima elettione nè vaglia il dire, che comple più à Roma la guerra, che la pace trà le Corone, perche la constitutione delle vicessitudini del mondo, è tale, che se non si pensa non si osserua, e non si prouede à i bisogni correnti con l'eleuatione d'vn Buon Pastore, non goderà di quella pace, ch'ella si figura nello sconuolgimento d'egl' altrui Paesi, e sarà la prima ad esperimentare quelle miserie, che ella sin hora non hà sofferte, senza speranza di rimedio, ed salute.

Parerà forsi vn Paradosso, che il Papa migliore, e più vtile al Christianismo, ed al seruitio di Dio, saria quello, che fosse più desiderato, e più grato alla Francia, e pure chi essaminerà dissapassionatamente questa propositione trouerà, che l'istessa Spagna doueria volerlo tale, se non per altro, perche seruisse alla medesima di pretesto à facilitare quelle cose, che potessero riuscire insuperabili, quando venissero maneggiate da altro Pontefice; mà purche l'elettione del nuouo Pontefice sia egualmente grata all' vna, ed all' altra Corona sarà sempre ottima.

DISCOR-

DISCORSO TERZO
SOPRA
DIVERSI SOGGETTI
Papabili in numero 21.

Giuditio intorno al primo Candidato.

ACQVE il Cardinal Barberino Decano del sacro Collegio l'anno 1597. à 23. Settembre in Firenze, la bontà di esso,& sapere, l'esperienza, la vigilanza, il zelo, la carità verso de Poueri, e l'essere indefesso nelle fatiche, sono parti così lodeuoli, che alle medesime se non ci fusse il contraposto dell'ostinatione, del Capriccio della volubricità, e della troppa presuntione di se stesso, che lo rende vano, ed irresoluto sarebbe non solo meriteuole del Pontificato, mà necessario in esso, stante i correnti bisogni; mà si come l'istessa notitia, ch'egli hà del gouerno e dell'interessi de' Prencipi, e quella che hà manifestato à i medesimi la tempra della sua natura, così anche nè questi, nè il sacro Collegio lo vorranno per Papa mentre essendo Nipote regnante fù bastante à sconuolgere il mondo; In oltre essendo egli pronto all'Ira si stima, che quando anche si trouasse con la Tiara in testa, e con gl'habiti Pontificij indosso, non fosse per risparmiarlo à tutti coloro, che le stessero à canto, quando stimasse, che le Corone non andassero à modo suo, ò fusse sorpresso conforme à suo solito da vna sregolata Impatienza.

Ginetti Velletrano nacque il 6. d'Aprile del 1585. non hà eccettione espressa. Hà l'inclusiua di Barbarino, l'adherenza de Medici, e tra Chisiardi l'agiuto di Caraffa Zio del Nipote del Cardinal Ginetti, li Spagnuoli lo pigliaranno più che volentieri, e quando il Cardinal Chigi non possa hauere vna

G   delle

delle sue Creature, anderà in questo più, che in ogn' altro, così per non torgli la speranza di poter tra poco rimettere il Pontificato in vna di esse, come per non côtribuire alla gloria di Rospigliosi, andando in vna delle sue. Per queste considerationi si rende riguardeuole più d'ogn' altro vecchio, aggiontoui, anche l'integrità de suoi costumi, ne potergli nocere la decantata sua Parsimonia in vn secolo, che hà bisogno d'vn Pontefice, che ripari le passate liberalità, profuse con grande inauertenza. Il soggetto è meriteuolissimo in oltre per hauer hauuta gran parte ne' maneggi degl' interessi de Prencipi fino al tempo di Vrbano, dal quale fù mandato Legato à Latere all'Imperatore l'anno 1635. doue si trattenne molt' anni. E indefesso nelle fatiche, ed hà vn Nipote, ch'è il maggiore, che si troua in Prelatura. Questo è Chierico di Camera, di ottimi costumi, liberale, e benefico, onde sarebbe in questa parte contraposto al Zio, gl' altri due sono anch' essi d'inclinatione à fare seruitio. Il II. è Prelato, ed hora votante di signatura di Giustitia, el terzo tanto ciuile, ed obligante, che non lascieria, che desiderarsi di lui intorno alla Cortesia.

Brancacci Napolitano nacque à 3. Febraro del 1592. Hà l'eccettione apperta delli Spagnuoli in onta de quali fù creato Cardinale da Vrbano VIII. e mal' animo de Cardinali Compatriotti, che sono Acquauiua, Caraffa, e Caraccioli, i quali mal volentieri sopporteranno di veder inalzato vn loro Pari, Barberino loporta, come sua Creatura, e quando conuenga à Chigi vscire delle sue Creature, vi andarà molto volentieri quando però non lo trattenga il riguardo delli Spagnuoli, che vanno presentemente vniti seco, coll' inclusiua di 4. soggetti, che essi medesimi gl' hanno nominato del Collegio d'Alessandro. Hà molti amici nello squadrone trà quali Azzolino, e Pio. Il soggetto non può dirsi, se non studioso sollecito nelle fatiche, ed i Nepoti, che sono gentili, ed affabili riusciriano grati alla Corte, purche sapesse adulare la loro natural baggiannina. Sono I. compreso il Prelato, che supplir potrebbe alla sufficienza del Zio, circa l'interessi politici i Francesi lo pigliaranno più che volentieri, per hauer hauuto la sua Casa particolar dipendenza da quella Corona. Quando Rospigliosi

CLEMENTE X.

non possa conseguire i suoi fini anch' egli vi concorrerà, se non per altro, che per render la pariglia alli Spagnuoli, che di lui fanno poco caso in questo Conclaue, e pare anzi, che non mostrano molto sodisfatti. Quindi depender possa assolutamente dal Cardinale Chigi l'esaltar questo soggetto.

Carpegna Vrbinese si accosta all'età 70. ed è sempre stato il Papa de Fiorentini; è buon Signore, che non hà molt'aura, e quando le Corone apprendessero d'hauer vn Ceruellaccio, pottriano sicuramente andare in questo soggetto, sicuro, che egli del certo non intraprenderebbe nouità pregiudiciali à i loro interessi: Non gl'ostarebbe l'essergli di già stata fatta la sclusiua nel Conclaue d'Innocentio al qual tempo fù posto sul Tauoliere incontraposto di Facchinetti; Poiche ben sanno Barberino, e lo squadrone (che all'hora vi si impegnarono per riflesso de Medici, che lo portauano) che questo personaggio non vi è molt'habile, che per la sua natural bontà si contentarebbe di viuere, e lasciar viuere ogn'vno in pace; che egli poi fosse sufficiente à mantenerla trà i Prencipi Christiani, non si crede, se il Medico, lo speciale, e il Giesuita confessore non gli ne somministrassero i mezzi: Haueua vn fratello chiamato il Conte Mario, huomo ardito, ed esperimentato nelle Corti, il quale non è molto, che se nè passò all'altra vita; lasciò ben sì vn figlio (ch'è l'vnico Nipote, che habbia questo Cardinale, d'vn Idole così amabile, viuace, e spiritoso, che superando con l'intelletto, e con la prontezza dell'Ingenio, l'età sua di 15. anni in circa, si renderia gli toccasse in sorte d'esser Nipote di Papa. Hà due Nipoti di Marito educate nella Corte di Marito educate nella Corte di Toscana, ed vna Cognata di costumi angelici, generosa, affabile, e di talenti superiori alla sua nascita, benche Dama di altissima conditione, essendo la sua Casa imparentata con le prime d'europa, ed hauendo qualche colleganza con alcune di Francia, questa non si allontanarebbe di pigliarlo per ogni caso douesse concorrere in vno deposito debole, e fiacco.

Facchinetti Bolognese nacque a 27. Settembre dell' 1608. fù mandato Nuntio in Spagna da Barberino, e fù fatto Cardinal per opra sua nell'anno 1643. Questo è il suo Cuore, e non
altri

altri vorrà per quanto farà in fuo potere. Il foggetto hà fempre moftrato viuacità d'ingegno in tutte le fue operationi, e nel tempo della fua Nuntiatura feppe incontrare il gufto di quella Corte, la quale adeffo non può non ricufarlo, in riguardo all'età, non ancora adequata alle maffime principali di quel Configlio. Quando Medici non poffa hauere l'Elci, ò Carpegna, lo fauorirà con lo Sforzo di tutti i fuoi partiali, non oftante che fia Creatura di Barberino, perche in ogni tempo è ftato fuo partialiffimo. Efte anch'egli lo vorrà per la corrifpondenza, ch'è paffata trà di loro, la fquadrone farà diuifo, e fe Chigi farà ben configliato lo rigetterà con tutte le fue forze, ne fi fiderà delle promeffe, che le poteffero effer fatte, perche oltre all'effere di età, e di compleffione capace di fopraviuere à tutte le fue Creature, faria l'ifteffo, che far Papa Barberino da cui conofce vnicamente tutte le fue fortune, e fi fà gloria di publicarlo con i Francefi ancora à i quali complirà fempre (quando non poffino confeguire l'intento) di concorrere, conforme faranno li Spagnuoli, in vn vecchio per le raggioni motiuate poco anzi. Il ribombo delle qualità ambi di quefto Cardinale rifuona in ogni parte, hauendogli fatto particolare ftudio di cattiuarfi l'aura, e la beneuolenza vniuerfale sù l'effempio del Cardinal Giulio Rofpigliofi, il quale con farfi compare di chiunque lo ricercaua, e col non mancare di rifpondere fino alle Lettere delle perfone più ignote, e vili (ripiene dell'ifteffa Cortefia, ch'egli vfaua con le perfone qualificate) feppe guadagnarfi i cuori di ciafcuno, in modo che tutti credeuano effer feco in grado d'altiffima confidenza, ed amicitia; onde Fachinetti hauerebbe poi anch'egli altre tanti amici, quanto habbe Rofpigliofi Commare; mà come fimili tratti fono per lo più d'huomini affai ingegnofi farebbe da temerfi, (quando non fi conofceffe la di lui virtù) che afcefo egli poi al Pontificato non reftaffero ancora i confidenti di quefto, negletti, e delufi.

Grimaldi faria vn ottimo Pontefice, mà l'effer del partito Francefe lo rende diffidente à gl'altri, la Chiefa, lo Stato di effa, e fi può dir il mondo tutto, non hauerebbe che defiderare, fe quefto grand'huomo fuffe efaltato. Solo la Francia potrebbe

CLEMENTE X.   19

potrebbe hauerlo contrario nelle sue imprese, e certamente se gli Spagnuoli potessero arriuare à comprendere questa verità non vorriano altro Papa, che questo. Egli nacque in Genoua nel 1603. à 6. di Gennaro nè potendosi di lui dir tanto, che basti, si tralascia per ciò di farne qui oltre mentione.

Gabrielli Romano hà gran numero di Parenti, e tutti Romaneschi, e se San Paulo fusse stato il Vicario di Christo, egli per hauerne qualche somiglianza nell'aspetto potria pretenderlo di giustitia: la sua origine è Portughese, e lo dimostrano i suoi tratti sordidi al maggior Segno. Nacque in Roma alli 8. di Maggio 1607. è portato da Barberino, come Creatura sua con vna superficiale adherenza de Medici. Il soggetto non hà veruna sperienza delle cose grandi; ed in questo non lo deffrauda il concetto vniuersale, perche non hà nè stima, nè aura veruna, che è quanto in ristretto si può dire in esso.

Odescalchi le qualità sue rare circa la Santità saria vn ottimo Pastore, quando però tutte l'altre parti corrispondessero à i bisogni presenti della Chiesa: è amicissimo dello studio, di buona intentione, ed elemosiniero per quanto comporta la sua possibilità; mà stitico, e scrupuloso al maggior segno, l'età non passa i cinquant'ott'anni, ed è talmente robusto, che potrà moralmente viuere vn pezzo, il che gli può nocere appresso le Corone, e le fattioni, e particolarmente, quelli, che non vorranno sottoporlo ad esser informati in vn Pontificato di lunga durata, nel quale si fariano più discipline, e digiuni, che consulte, li Spagnuoli non lo piglieranno per diuersi riguardi, ed i Francesi non vorranno concorrere in vn soggetto tanto austero, e nell'opre, e nel sembiante. Il Cardinal Imperiale è suo capital nemico, e questa consideratione in vece di nocergli potria giouargli. Hà vn fratello di santa vita, e così amatore de Poueri, che si compiace di seruirli, & assisterli del continuo con vna Carità esemplare, mantenendo à sue spese vn Ospitio in Roma, onde hauendosi à rimouere la virtù, questi dui fratelli correranno rischio d'esser essaltati, massimamente se valeranno li voti del Popolo.

Albici all'incontro è vn ceruello assai gagliardo e non molto partiale della Casa Chigi, e nato in Cesena, e la sua

C 3   natura

natura è così impetuosa, che non vi è alcuno nel sacro Collegio, che non lo tema, e non desideri hauerlo per amico, li Spagnuoli assolutamente non lo vorranno per diuersi riguardi, ed i Francesi all'incontro lo piglieranno sempre volentieri non hauendo, che perdere nell'Italia. Barberino gl' è amico hauendo contribuito alla sua essaltatione. Se i Fiorentini non ne haueffero tanta paura, anch' essi ci concorrebbero, mà il partito Chisiano con quello di Rospigliosi, sempre lo rigetterà, come huomo troppo terribile e sommamente dotto.

Il Cardinal Cibo fratello del Prencipe di Massa sarebbe tutto diuerso, così nelle massime, come nella suauità de Costumi; Questo è vn soggetto degno d'ogni maggior essaltatione, e possedendo virtù Eminenti, riuscirà accettissimo à i Prencipi, e vtilissimo alla Chiesa. Supplirebbero all' età sua non ancora Sessagenaria le proue, ch'egli hà date del suo sommo valore in diuersi maneggi, sì che farà vno di quei Pontefici; che ciascuno desiderarebbe, che viuesse lungamente, Barberino doueria volerlo per essere vn Signore da bene, e senza veruna dipendenza, lo squadrone, che riceue gran splendore dalle virtù di questo suo Collega potria egli pregiarsi di vederlo esaltato.

I Medici non li sariano contrarij, e le Corone potrebbero in lui non esser tanto rigorose nella massima del settuagenario; non hà verun Capo di fattione, che lo porti, e perciò bisognerà, che raccommandi allo Spirito Santo, che l'aggiuti pioche essendo egli alieno da i patti simoniaci, non cercherà d'acquistarsi voti col prezzo.

D'Otthoboni Venetiano parlano tanto le scritture, che si legono per Roma, ch'è superfluo il dare altro raguaglio, ed essendosi manifestato in tutto il tempo, che hà gouernato la Dataria, auuerso à i Prencipi, ed agl' huomini di merito, sarà difficile, non ostante il suo Ghignetto che arriui mai per alcun tempo à conseguire il Papato.

Spada Luchese nacque à 25. Agosto 1597. Questo soggetto è desideratissimo dello squadrone, e Barberino doppo Facchinetti lo desidera sommamente, essendo fatto Cardinale da Innocenzo ad instanza sua, gia che non lo potè fare per

mancanza

CLEMENTE X.

mancanza di vita d'Vrbano VIII. suo Zio; Lo squadrone è tutto vnito in volerlo, così per i proprij suoi meriti, come per non leuar la speranza à tutti gl' altri protetti da esso, e quando non gli ostino i Francesi, ed i Medici riuscità malageuole à Chigi l'impedire la sua esaltatione, poiche sarà cura d'Azzolino di tirarsi Rospigliosi.

 Bonuisi Luchese nacque à gl' 8. di Maggio del 1607. è di natura candida, facile à piegarsi liberale, amoreuole, e sincero; Possiede vna piena Notitia delle Corti, e dell' Interessi de Prencipi, ancorche la sua particolar applicatione sia stata intorno alle materie Legali, come Chierico di Camera, ed essendo natto auuezzo à commandare, e ben instrutto del modo di trattare con i Prencipi per la particolar premura, che ne hanno i Lucchesi; che da ogni banda sono benissimo auuisati di ciò, che passò altroue. Et essendo in oltre questa Natione, industriosa affabile, e cortese riuscirà di sommo profitto allo Stato, ed alla Città di Roma per tutti quei riflessi che concernono il gouerno politico, e spirituale; l'eccettione ne maggiore, che danno alcuni à questo degnissimo soggetto, e la troppo habilità di Francesco suo Nepote; tanto è deprauata l'humana conditione; egli saria ottimo per far contraposto al Zio, che per la sua incerta salute potria riuscir Lento, e troppo facile nell' operare, essendo Francesco di genio pronto, ardito grato, schietto, auersato in ogni studio, e massimamente nelle materie politiche, e negl' affari di i Prencipi, de i quali requisiti si doueria desiderare, che fussero proueduti i nuoui Nipoti. Sarebbe Francesco in oltre indefesso nel negotio, e speditiuo nelle faciende, sì che congionta inseme la soauità del Zio, con l'autorità del Nipote, faria tal composto, che piacerebbe à tutti, eccettuato quelli, che desiderano gente nuoua, e di poco valore, per poterla instruire à modo loro. Chigi non lo vorrà: se non doppo d'Elci, e Celsi, li Spagnuoli, & i Francesi non l'oppugnaranno, e lo squadrone sarà verso di lui diuiso, ma questa medema consideratione potrà giouarle appresso tutti coloro, i quali nauseati de i recenti auuenimenti desiderano di riparargli con la prouista di persone capaci del gouerno, senza l'altrui Ministerio.

Vidon

Vidoni al contrario non hà Nepoti di fratello, mà benſi trè di ſorella, e ſi può dire, ch'egli ſolo poſſieda tutte quelle parti, che ſono neceſſarie ad vn Gran Pontefice. L'auſterità dell'aſpetto non gli toglie, che egli non ſia ſommamente affabile, e corteſe con tutti, e chi lo prattica, e lo tratta lo troua molto diuerſo da quello vien ſoppoſto di chi non lo conoſce, ò non l'ama, la ſua celebrata parſimonia, ſaria vna porta lodeuole della ſua virtù, quando pur fuſſe tale, non hauendo lo Stato della Chieſa biſognod'vn Pontefice tanto liberale, che finiſca di diſtruggerla, hauendo l'eſperienza dato à diuidere quanto l'altrui prodigalità pregiudichi à Popoli. Riuſciria vigilantiſſimo, e zelante nelle coſe Eccleſiaſtiche ed indefeſſo nel negotio, non crudele, come vien diuulgato, mà troppo facile nel condonare i delitti conforme fece nella Legatione di Bologna, onde gli faccino rimprouero anche adeſſo i ſuoi contrarij, quando altro aſſeriſce il medemo tempo, ch' egli ſaria crudele, e ſanguinario; Queſto ſoggetto è auuezzo à maneggi grandi, nè i quali s'è gouernato con grand' attentione, e prudenza, e ſpecialmente nella Nuntiatura di Polonia, doue diede ſaggio d'vn zelo, e di vn ſaper profondo, conforme ſi può vedere tuttauia da i regiſtri della Segretaria di Stato Pontificia, operaria per ciò coſe grandi à beneficio di tutto il Chriſtianeſimo, e Barberino non douria eſſergli contrario, hauendo gia beneficato la ſua Caſa con dar il Cappello ad vn Zio ſuo, l'eſſer ſtato mandato in Polonia da Innocentio non doueria nocerli appreſſo lo ſquadronel'hauer contratta grand' amiſtà nella Corte di Ceſare in tal occaſione potria forſe eſſergli dauantaggio con li Spagnuoli, e l'eſſer' ſtato fatto Cardinal' ad inſtanza del Rè di Polonia, ſenza che egli meno ne ricercaſſe la nomina, potria eſſergli ancora di gran profitto con i Franceſi, trouandoſi hora quella Maeſtà in Francia. ne i preſenti biſogni riuſciria ottimo, e circa l'età ſi può dire, ch' egli nacque in Cremona li 18. Nouembre del 1610.

Il Cardinal d'Elci nacque in Madrid nel 1600. a 28. Giugno. Fù Nuntio à Venetia, & à Vienna e riportò aura coſì grande da per tutto, ſtante la ſua ſingolar bontà, che meritò fin dall' hora d'eſſer compreſo trà quelli che aſceſi vn giorno alla

Porpora,

CLEMENTE X.

Porpora, poteuano, aspirare degnamente al Ponteficato. I Nepoti sono quattro compreso il maggiore Arciuescouo di Pisa cognito in Roma, e perciò stimato austero, critico, e difficile nel contrattarlo, ch'è l'elettione maggiore, che habbia. Il Gouerno di essi riusciria ottimo essendo tutti dissinteressati, e molto cortesi, mà non adeguato alle presenti Congionture, & à i bisogni della Chiesa, che ricerca vn capo indefesso, vigilante, grato, à i Prencipi, e à tutte le Corone, e non tanto fiacco nell' operare. L'essere nato in Madrid, e l'hauer la sua Casa riceuuto molte mercedi da quella Corona che sono state poi continuate in lui fà che sia il Prediletto di quella Natione. E che Chigi lo voglia sopra ogn' altro per essergli amico, Creatura, e Parente, e che anche i Medici lo fauorischino sommamente come benefattori delle prosperità della sua Casa, che gli hà sempre seruiti con grande attentione, e fedeltà. Quindi viene celebrata tuttauia nella Toscana la memoria del Conte Orso Padre del Cardinale, e perciò fosse facile che ella tutta si spopolasse per applaudire, e seruire in Roma questo dignissimo soggetto, quando fusse esaltato al Pontificato. Mà si come gl'accennati riguardi lo rendono degno di riflesso, così anche i medesimi hanno tali controposti, che il Cardinale Chigi non l'esporrà mai al Cimento senza l'euidenza del successo.

Celsi Romano è nato à 18. Nouembre del 1600. questo soggetto potria correre vna bella lancia, se hauesse meno notitia de i Paragrafi della Ruota, e più sperienza degl' affari del mondo. La fama de suoi poco ritenuti costumi gli pregiudica non poco appresso li scrupulosi, mà niuna cosa lo dannifica tanto quanto l'amicitia di Rauizza. Li Spagnuoli sono quelli che nel presente Conclaue lo desiderano con anzietà ad Instanza di Sauelli, Visconti, e Roberti, che sarebbero le trè teste, che gouernariano il Mondo, Barberino per questi, e per altri rispetti gli sarà contrario, molti dello squadrone non lo vorranno, e l'istessa fattione di Chigi sarà quella, che gli farà l'esclusiua, si che di esso non occorrerà parlarne, se non in termini di disperata salute.

Litta Milanese, fù fatto Cardinal sul modello di Brancaccio, e perche li Spagnuoli per l'apprenfione, che hauranno del fuo indifcretto zelo, fi ftima fuperfluo lo fperare, che permettino adeffo la fua efaltatione.

Bonelli à nato in Roma il 28. Giugno del 1613. ed al certo fe il Ponteficato fi confeguiffe con l'andare à Caccia, egli faria vicino à confeguir la Preda. Mà fe dà eccettione à Bonufi il riguardo di Francefco fuo Nipote, quanto più fi dourà temere il gennio torbido, & impetuofo del Cardinal Imperiale, che faria il Nipote dominante, e che già hà dato à conofcere quanto poco ftimi i Prencipi, e di fconuolgere la Chiefa. Barberino con tutto ciò lo piglierà col fuppofto di far cofa poco grata à Francefi. I Cardinali Genouefi vi andaranno per effer in Parentato con tutti loro. Lo fquadrone gli farà fauoreuole, e per effer Creatura di Chigi farà portato ancora da quefta fattione, e quanto alli Spagnuoli, effendo ftato Nuntio à Madrid, diranno di defiderarlo per hauer fauoreuole Imperiale ne' loro premeditati diffegni.

Altieri è Romano, e fi accofta à gl' 80. Il fuo tratto è nobile, e di coftumi Angelici: tutto benigno, tutto affabile, generofo, & integerrimo al maggior fegno, fù Nuntio à Napoli, & hauerebbe prima confeguito la Dignità Cardinalitia, fe la Diuina prouidenza non haueffe riferbato à Clemente IX. fommo trà i Pontefici di riconofcere, e premiare la virtù fua l'elettione, che fua Santità ne hà fatta nell' ingreffo del fuo Pontificato, tutta auida di gloria, e defiderofa di dar faggio del fuo alto intelletto, nel faper fciegliere homini di merito, e di valore, bafta per Canonizare quefto buon vecchio, benche trafcurato ne paffati tempi, à confufione di tutti coloro, i quali portati dall' inuidia, dall' ambitione, e dall' intereffe per fauorire i loro partiali, lacerano, e colpeftrano tutti gl' altri. L'eccettione maggiore che habbia fi riduce all' età, mà egli è così fano, robufto, e gagliardo, che potria viuere moralmente mezza dozzina d'anni, fenza che i Prencipi dubitaffero, che egli intraprendeffe nouità pregiudiciali alla publica quiete. I Romani anch' effi, e tutti gl' altri Cardinali fubditi della Chiefa farebbero certi d'Innalzare la virtù, el merito, e finalmente di rendere à Roma l'antico fplendore, moftrando

ch'ella

CLEMENTE X.

ch'ella tuttavia produce soggetti capaci, e degni d'esser successori di Pietro, questo saria vno di quelli, appresso del quale la fraude, e l'interesse non haueria luogo, le Corone non le saranno contrarie. Medici lo fauorirà. Barberino anch'egli doueria torlo, hauendo egli finalmente fatto Cardinale vn suo fratello. Este non se ne allontanarà, e se nella fattione del Cardinal Chigi vi saranno malcontenti, anderanno tutti in questo.

Nerli Arciuescouo di Fiorenze, è huomo Integerrimo, e di santa vita, e benche habbia quattr'anni meno d'Altieri, sembra più attempato di esso. Fù Segretario del Cardinal Carlo de' Medici, ad Instanza del quale Papa Innocentio lo fece Prelato, e luogotenente del Tesauriere, e fù fatto dal medesimo Papa Segretario de Breui à Prencipi doue sempre s'è mantenuto. Il soggetto è buon Canonista, mà quanto all'interessi politici, e del mondo, non hauendo hauuto maneggi grandi, e per la sua età, e debil complessione, terria sommo bisogno d'vn buon Consiglio. Hà tre Nipoti, mà il Prelato, che è il maggiore di essi è così hippocondriaco, e testardo, e difficile nel negotio, che non riusciria molto grato, al contrario di Filippo, che è ben veduto dà ogn'vno, onde se la gentilezza gouernasse il mondo, egli saria raro.

Nel Padre Bona hoggi Cardinal concorrono virtù tali, che chi volesse biasimarlo, ò non lo conoscerebbe, ò saria peggiore di vn Momo, la sua Santità, i suoi integerrimi costumi, l'hauere vna profonda cognitione de Sacri Canoni, e l'essere vn gran Theologo lo fà desiderare da tutti quelli, i quali desiderosi di riparare l'imminenti danni della Chiesa, conoscono esserui più che necessaria l'assistenza d'vn Capo, che ne scacci gl'abusi, e proueda all'Ateismo, introdottoui, prima che più oltre si auanzi, non essendoui empietà, che non si adopri per mancare alla Carità verso del Prossimo, e per manifestare all'interessi heretici, che quella Roma, che fù già Santa, è diuenuta hora l'asilo dell'Eresia, mentre più non si temono le Censure de sommi Pontefici. Il Culto Diuino non si osserua; laceransi santi, e si calpestrano l'Immagini, fino al termine di ridurre à Pasquinate, e Canzoni l'Inni, & i Salmi con i quali in

D 2 altri

altri tempi si lodaua, e si ringratiaua Dio, e la sua Santa, & Immaculata Madre.

E qual merauiglia sia poi, che si perdano i Regni, che il Turco si auanzi, l'Eresia si accrediti, e che Christo flagelli il mondo con la peste, con la guerra, e con la fame, ed in somma si preuaglia de' Turchi suoi più implacabili nemici per castigare, chi di nuouo torna à metterlo in necessità di purgarlo dal Popolo Christiano, diuenuto peggiore dell' istessi Hebrei, che lo messero in Croce se à questo centro tendessero le linee de i pensieri de i sacri Candidati, senza riflettere, se più compla sodisfare à i loro priuati Interessi, ò pure à quelli della Chiesa, facciano elettione di vn Capo proportionato à i bisogni di essa. Precede con tutto ciò ogn'vno, ch' si come il Gouerno de i Frati fù sempre odioso à Preti, così anche non vorranno esaltare vno adesso, che sappia loro riuedere i Conti, e correggere i difetti doue sono. I Prencipi ne saranno anch' essi alieni per la sua grande austerità, essendo probabile, che riuscisse troppo seuero, & inflessibile nel mantenere l'Immunità Ecclesiastica, al che aggiungendosi l'età robusta, e facile à durar tanto, che tornasse di nuouo il Sacro Collegio à reimpirsi di frati. Quindi sia d'vopo il raccommandarsi di Cuore allo Spirito Santo, che inspiri nelle menti Cardinalizie di far elettione di vn Papa, che riesca migliore.

DISCOR-

DSICORSO POLITICO

Fatto dalli Signori Cardinali Buglione, e Duca di Scione, intorno agli emergenti bisogni della futura elettione del nuouo Successore.

Buglione. LI disaggi patiti per questa inoltrata stagione in cosi lungo viaggio, mi hanno di tal maniera confusa la mente, che non saprei punto render conto à V. E. di vn minimo discorso fatto trà di noi per gl'affari di tanto rilieuo, ed appartenenti, non solo alla Corona di Francia; mà à tutta la Christianità. Sia dunque di mestiere, che l'E. V. acciò io rimanga à pieno instrutto auanti la nostra entrata in Roma, che non può prolongarsi, che à vn giorno mi honori della sua assistenza, e più distintamente parliamo intorno alla futura elettione del nuouo successore, e gl'ordini che tiene V. E. da sua Maestà.

Scionè. Poiche V. E. m'impone al seruirla, non trasgredirò punto l'occasione, che ella mi porge de'suoi commandi, mentre in prima rammemorarò il Cordoglio sentito dà sua Maestà per il funesto auuiso che hebbe della morte del Papa Clemente nono, mentre prese a dirmi vn giorno, che meco discorreua per certi Interessi spettanti l'Ambasciata al Sacro Collegio, che se saria più tosto contentato di hauer perso vn Regno, che la persona di Papa Clemente IX. con dirmi che haueua hauuto più confidenza con questo Pastore, che con la Regina sua Moglie, e che era per ciò necessario far buone pratiche in vn altro soggetto, che potesse esser simile al Predecessore per non hauer poi ad incontrare disgusti, come fece con Papa Alessandro VII. per il suo mal gouerno, e cattiua amministratione de suoi Ministri.

Bugl. Non senza occasione sua Maestà concepì con Clemente affetto non ordinario, e particolar corrispondenza,

poiche

poiche hà conofciuto, che nel corfo del fuo Pontificato hà dato ad intendere al Mondo, che la fua fortuna deriuata da altro che per mezzo d'aiuto foprabondante fomminiftratole dal Rè di Francia, con hauer à confufione di molti Potenti, ed in fpecie di Spagna per mezzo della fua deftrezza, ed efficaci trattati pacificato l'animo del mio Signore in quell'iftante che minacciaua la total rouina di Spagna con tutti quelli vantaggi però, che erano neceffarij ad ingrandire la Francia, e fminuire la Spagna, effendo à quefta conuenuto per minor danno ceder à quella le Piazze conquiftate, che erano le megliori della Fiandra con altre particolarità notabili, che non permettendomi la breuità del tempo, le tralafcio, mentre folo mi refta di fapere da V. E. come fe la pafsò nella fua Ambaffiata in Roma con Clemente, e fuoi Nepoti.

Scionè. Dopò che hò hauuto l'honore di feruire à fua Maeftà in varie Cariche, non è ftata per me la più felice con mia particolare fodisfatione efercitata quanto è ftato la mia Ambaffaria paffata fotto il Pontificato di Clemente IX. non hauendo mai hauuto contraditione alcuna alle mie propofitioni, ma benfi ottenuto col timore di apportargli tedio, egli impatiente mi attendeua con la brama di faper qualche nuoua di Sua Maeftà nelle funtioni della Chiefa, doue fi richiedeua la mia affiftenza, non ha mai trafgrediti, ne mai mi è ftata negata quella precedenza, che mi fi conueniua, mentre rapprefentauo la perfona del mio Rè, ben è vero, che l'Ambafciadore di Spagna alle volte mancaua d'interuenirui per la maffima che hà d'effer il fuo Rè il primo Protettore della Chiefa. In quanto alli Nipoti gl'hò trouati tutti di mio particolar genio, maffime il Cardinale hauendone fempre riportato alle fue vdienze fodisfattione immaginarie, mentre per lo più mi tratteneua con difcorfi domeftici à conofcere per politico, e pattico del fuo maneggio, del refto mi promerteua più che non gli chiedeua, e m'amaua come fe fteffo. Il Bali Camillo fuo Padre non era troppo abondante di difcorfi, mà di quefto non mi feruiuo fe non per complimentarlo ben che non mi corrifpondeffe fe non con gefti quali mi dauano à conofcere la fua femplicità, e bontà. Fra Vincenzo fuo figlio ho sempre conosciuto in lui tratti da Cauallière riguardeuole nel discorso, nelle sue attioni, & corrispondente a' miei genij, con vna disinuoltura troppo viuace, mà tutto affetto verso di mè. Degl'altri trè Nipoti Tomaso, Giouanni Battista, e Felice non ho hauuto occasione per la quale ne douessi ritrarre consideratione alcuna per esser questi sempre stati sotto l'obedienza del Padre, e poco da lui discosti per il Zelo che haueua d'alleuarli nel timor di Dio, mà per quello hò potuto dal discernere gl'hò trouati priui di quelle vanità, che sogliono regnare ne Nepoti de' Papi Predecessori, mà bensi amici della conuersatione, e gusteuoli nel discorrere.

Bugl. Assai mi spiace non esser stato partecipe di quella fortuna, che s'è mostrata cosi fauoreuole all' E. V. e cosi facile incontro di questi personaggi, ma forse che la breuità del tempo non hà permesso a quelli farsi conoscere come fecero li Nipoti di Alessandro VII. i quali si vantauano di poco curarsi dell' Ira del Rè di Francia, che gli minacciaua per gl' accidenti occorsi al suo Ambasciatore Duca di Crequy.

Scionè. Mi perdoni V.E., che tutto fù il contrario perche Alessandro dubitando di qualche inuasione nello Stato della Chiesa, e castigo alli Nipoti, li conuenne mandare il Cardinale Nipote à Parigi per chieder sommissione à sua Maestà de suoi misfatti, e credo se seco non hauesse portato la Croce non gl'haueriano li Francesi saluata la Chirica.

Bugl. Come potè questo hauer fronte d'appresentarsi auanti sua Maestà, conoscendosi tanto Reo, e che scusa ne ha apportato.

Scionè. Per mostrarsi questo Innocente, gettò la broda, come suol dirsi sul Capo al Cardinale Imperiale, che era in quel tempo Gouernatore di Roma, e credo, che se il detto Imperiale non fuggiua in vn Conuento di frati si haueria riportato il castigo adequato alla colpa calunniataui da Chigi.

Bugl. Dunque non occorre far fondamento ne' voti di Chigi, e Creature per il mal affetto che deuono portare à Luigi.

Scionè. Anzi ne riportò da quello cortesi dimostrationi, e seppe tanto beneficarsi l'animo di sua Maestà, che li promise
perpetua

perpetua corrispondenza alla sua Casa, oltre li regali, che ne riportò, che stimo ascenderanno alla somma di 50000. scudi, e perciò non dubito di ridurlo a concorrere con l'altre sue Creature nel soggetto, che più inclinarà sua Maestà.

Bugl. Desiderarei anco (se à V.E. non serue à tedio) sapere in che stima era questo Cardinale Chigi appresso il Defonto Pontefice, e suo Nipote Cardinale?

Scionè. Stimerò sempre mia fortuna l'accrescimento de suoi Commandi, e l'occasioni, che mi porgerà di seruirla, e dirò che essendo stato Clemente huomo pesante nelle risolutioni, ed amoroso con tutti non seppe mai ritrouar occasione per laquale lo necessitasse à priuar il Cardinale Chigi di quelli maneggi che gli erano stati da Papa Alessandro suo Zio conferiti, benche ne sia più volte stato stimolato dal Sacro Collegio, ed à viua voce da tutta la Città, à causa dell'angarie pratticate nel tempo del suo Gouerno. Adunque Clemente in vece di farsegli conoscere seuero, e persecutore della sua Casa, chiuse li occhi allo sdegno, e tutto amoroso concorse volontiere nella di lui prima Promotione alla nomina del Cardinale Sigismondo Chigi suo Cugino, e non contento sua Beatitudine di questa dimostratione hauendo conosciuto il Cardinale Nipote non esser habile à sostener quel peso senza l'aiuto di vn Politicone, ordinò al sudetto Nipote, che non terminasse alcun Negotio senza l'interuento, e participatione di Chigi, mentre però questi vniti douessero conferire tutto ad Azzolino, ed attenderne il suo Decreto, essendo, che questo era in concetto di sua Santità del più prattico, ed esperimentato Vuolpone della Corte, e lucerna sufficiente ad illuminar tutta la Città

Bugl. Questo se non m'inganno era Secretario di Stato, e come tale per consequenza doueuano per le sue mani passare tutti gl'interessi spettanti allo Stato Ecclesiastico, e farne quelle speditioni che gli erano ordinare da sua Santità.

Scionè. Mà qui non batte il punto ò mio Signore Cardinale, poiche Rospigliosi, e Chigi erano dependenti d'Azzolini vi si aggiunge anco Azzolino dependente di Ottobono come Datario, e fra questi due non vi fragongo le preeminenze per
le

le Cariche, eſſendo, che in commune mangiauano à tauola rotonda, eſſeruando quel Prouerbio che dice. *Qui poteſt capere capiat, & ſine nobis nihil fiat.*

Bugl. Sì che à queſto detto vado congetturando, che Chigi, Azzolini, Ottoboni con loro adherenti, formaranno vn Papa di ſua ſodisfattione al loro genio per ritornare ne i loro poſti di prima, eſſendo queſta, com' intendo la più numeroſa fattione, che ſi ritroua hoggidi ne i' Cardinali, e ſe noi vorremo creare vn Papa, che partiale di Francia, biſognerà per ogni riſpetto ricorrere al loro aiuto, altrimenti vedo diſperato il caſo, e rouinoſi i noſtri diſegni, in guiſa tale, che Dio sà, ſe mai più haueremo voto in Capitolo.

Scionè. Non biſogna Signor Cardinale, laſciarſi coſi facilmente vincere della prima, penſarne più al fondo, e cauarne dalle congiunture gl' accidenti, che ne poſſono auuenire, per che ſe bene la fattione Chigiana è la più numeroſa di tutte l'altre, come credo io, ſi deue anche auuertire, che in quella vi ſiano Perſonaggi inchinati alla diuotione di Francia, e che quelli di gran longa ſoprauanzino alli meriti degl' altri, **le prerogatiue de quali poſſono neceſſitare Chigi,** *etiam* non voglia concorrere con le ſue Creature alla loro nomina, come ſtimo per appunto non poſſa ſuccedere in altra maniera, e ſuccedendo queſto ſtimarei, che à prò del mio Rè foſſe rinato vn altro Clemente nono, e che Chigi, Azzolini, ed Otthoboni reſtaſſero deluſi di quelle ſperanze, che ſi vanno nudrendo di viuere *vſque in æternum dominatori* de ſuoi Padroni, e ſucceſſori.

Bugl. Il ſcieglere dunque in queſte vna perſona che ſia di voſtro genio, lo ſtimo facile, mà io come nouitio in queſto Collegio, fà di biſogno auanti entrare in Conclaue faccia vna buona prattica, e m'impoſſeſſi di ciò, deuo trattare per non parer trà gl' altri vn quondam huomo, ſe bene vi ſono coſà dentro molti Cardinali miei Amici, trà l'altri d'eſſi, che lo ſtimo più eſperto di tutti, e più deuoto alla Corona di Francia d'ogn' altro, e queſto quando vedeſſe le coſe incaminate à mal partito, ſaria huomo di metter ſotto ſopra il Conclaue, mentre par altre occaſioni ſi è fatto conoſcere di gran ſpirito,

E   hauendo

hauendo prese risse con li primi Potenti dell' Europa, e riportatone sempre vittoria & accrescimento di gloria alla sua Casa.

Sionè. Il Caualiere d'Este mi è sempre stato il più caro amico, che habbia hauuto, e l'hò sempre tenuto in concetto d'huomo prudente, e delli primi soggetti che in questi giorni siano nella Corte di Roma, e questo senza fintione, m'ha sempre suelato il suo interno, & è douere farne gran stima, e non scostarsi punto del suo parere per la gran politica, e destrezza, che hà nel maneggiare qualsiuoglia interesse, e son certo, che mediante il suo aiuto, e quello d'Antonio Barberino non potremo che restar consolati d'ottenere quanto desideriamo. Potrà anche V.E. far altre prattiche con diuersi Cardinali che saranno li più Capabili, cioè Bonuisi, Delci, Bona, Celsi, Bonelli, Albici, Gabrielli, Altieri, e Francesco Barberino, e questi per ciascheduno à parte complimentarli, ed esibirli in cifra il suo voto per seruarselo poi à quello, che più incliniamo.

Bugl. Doppo tanti discorsi fatti in questo particolare, desiderarei che V.E. mi honorasse con celerità di suelarmi il suo interno, e più non tenermi in speranza, perche già siamo alla vista della vista della Città, e non hauemo tempo di dar fine all'incominciato. Però in tanto di questi nominati farei desideroso sapere chi corse più veloce, e chi sarà il Vincitore di questo Palio.

Sionè. Io per verità non saprei dire à V.E. di questi nuoue Piatti, che hò posti in Tauola, quale mi debba seruare per questa sera, mà maneggiando tra l'Eminenza Vostra & io parte di questi ben tosto potrà venirne alla cognitione del più riguardeuole, e proportionato al nostro appetito. Per il primo io non mi scosteria da Bonelli, essendo di sangue nobile nudrito frà buoni costumi, e copioso di molte qualità, che lo rendono atto al maneggio di vn gran Regno, e se la prattica d'Imperiale suo Zio non li nuoce, sarà delli primi, se non nominato, almeno considerato, mà stimarei meglio di questo farne la riserua per vn altro pasto poiche col tempo si renderà più staggionato, e masticabile à proportione del nostro genio, mentre si anderanno in tanto liquefacendo quell'eccettioni,

che

CLEMENTE X.

che se gl' ostano all' assuntione.

Bugl. Resto molto confuso nel sentire V.E. dare l'esclusiua à questo Personaggio, hauendo più volte à dire, che egli sia diuoto all' vltimo segno. Indisposto 10. mesi dell' anno, riseruandosi l'altri due per la Caccia, e quello, che deue considerarsi, è che Chigi lo porta più d'ogn' altro, se non in fatti, almeno in apparenza, e forsi fermarei qui il mio pensiero, se non in fatti, almeno in apparenza, se non mi dasse qualche rimordimento di conscienza in far qualche riflessione nella persona di Albici, qual dal mio credere sperarei ritraherne buon frutto, e ben che sia Romagnuolo, nulla dimeno si mostra affettionato alla Corona di Francia.

Scionè. Ancor io sarei dell' istesso parere, e concorrerei al di lei genio, tutta volta, che le sue qualità, e dimonstrationi non fussero in erba, mà solo la voce di Romagnuolo mi spauenta perche non sono mai fedeli, ed in vece di farci del bene, ci faria del male, in somma per quello tocca à me l'escludo, anzi prego V.E. in qualsivoglia altro discorso non mene motiuare, mà più tosto applicare à Bona, perche essendo Piemontese natione tirante alla Francia, huomo vecchio, e sapiente non potria, che riuscirci di gran sodisfattione, ed vtile al mio Rè, e se l'esser frate, & vtile al mio Rè e se l'esser frate non lo pregiudica, correrà vna buonissima Lancia, e quando non potremo spontarla per altro, batteremo il Chiodo, e ci faremo forti.

Bugl. Hò sempre inteso dire per prouerbio, de frati *Libera nos Domine*, perche questi hanno vna boccia, più dura delle muraglie, e quando si piegano in vna parte, non li volgeria 100. para di Bufali, e però è meglio scortarlo, e gioccare più al sicuro, e fondarsi in vno di miglior grado, e conditione, quale stimarei Bonuisi per esser in vn concetto buono alli Francesi, ed in particolare al Rè, tenendolo per huomo sincero, e dominatore di se stesso mentre per altro non saprei à chi volgermi per trouar vn che possieda tante habilità, come questo Cardinale, e lo prefererei sempre à tutti quando però non mi trattenesse la consideratione del Nipote.

E 2 *Scionè*

Scionè. Questo sì, questo sì.
Bugl. E immutabile questo detto?
Scionè. I Commandi Regij mel permettono.
Bugl. Due affermatiue formano vn esclusiua.
Scionè. Sono effetti del Cuore.
Bugl. Vostra Eminenza mi piglia à scherzo.
Scionè. Pregiudicarei al mio essere se cadessi in tali eccessi.
Bugl. Come amico lo puol fare.
Scionè. Come seruitore la verità lo suela.
Bugl. Stimarò dunque fortunati i miei detti.
Scione. Più saggio di V.E. non hò trouato.
Bugl. La supplico della dichiaratione.
Scione. Sarà mio debito il seruirla, e dirò, che Bonuisi il mio Messia, il mio diletto, la pupilla di quest'occhi, la tromba risonante di tutt'il mondo, e per fine vn Dio in terra, acclamato dal mio Rè, & adorato sarà da tutti l'vniuerso, mentre direi di vantaggio, se l'incontro della Nobilità Romana che veggio appressarsi mel permetterebbe, mà deponendo il silentio, darà Campo al cuore che esaggeri quelle particolarità più riguardeuoli non espresse, e che potriano apportar maggior gloria à questo **Campione**, & à me, e finita il debito narrarle.

DISCOR-

DISCORSO QVINTO

Ragualio de' Conclavisti alla Maestà Christianissima di Francia, del Signor Cardinal d'Este nell' anno 1670.

SACRA

Christianissima Maestà

NELL' Elettione del nuouo Pontefice l'interesse è commune, mà per Vostra Maestà, ch'attende à sublimi, e bellicosi disegni, sarebbe conuenientissimo, che fosse questo ben affetto alla Francia, ò almeno poco interessato alla Monarchia di Spagna. Il Ius però troppo antico, che tiene Vostra Maestà sopra il Ducato di Milano, e le pretensioni nella Fiandra non mai sodisfatte hanno sempre nodrito nel suo petto sentimenti guerrieri, onde à ridurre à capo l'Importanti negotij si conuiene mantenere i Prencipi dissuniti, e priui d'ogni Trattato di Lega; Che se sortisse alla Santa Chiesa vn Pontefice di natura non dissimile à quella del non ancora à bastanza deplorato Clemente potria Vostra Maestà promettersi essito felicissimo à i suoi desiri, e se bene le collegationi scansar si deuono, non potendosi per l'ordinario gustare vn Prencipe senza dispiacere à due, l'indifferenza non dimeno sodisfà à tutto; Vengo à inferire, che quantunque vn Papa nel mostrarsi affettionato à gl'interessi di Vostra Maestà susciti nella Spagna non sò, che timore di passioni segrete, puole con tutto ciò palesandosi da i detrimenti di quella sbarbicare i sospetti da questi Monachi gelosi.

Dunque *à primo ad vltimum* conuien dire esser più, che necessario l'hauer vn Pontefice geniale, affabile, cortese, ed in particolare

particolare non depende in alcuna cosa dalla Potenza Spagnuola, sì per obligo di Vasallaggio, come anco per necessità d'honori per mezzo di quella acquistati. E perche da i Commandanti di Vostra Maestà sono astretto à ragguagliarla di quanto si opera nel presente Conclaue, sono con la presente à sodisfare i suoi ordini. E per dilucidare con sincerità ogni seguito discorso, mi sforzerò rappresentare à Vostra Maestà i medesimi Personaggi che in esso interuenero.

Giouedì adunque passato giorno dedicato appunto alla solenne festiuità di S. Stefano, mi ritrouai non sò come con i Capi Fattionarij vniti assieme per discorrere sopra la malatia del Signore Cardinal Visconti, che ritrouandosi aggrauato in letto da febre con non poca abbondanza di Catarro, daua che pensare, e dubitare alli più vecchi, e più mal sani di lui.

Saranno ben noti à Vostr. Maestà essere sei li Capi Fattionarij, Barberino, il Cardinale Flauio Chigi, il Cardinal Rospigliosi, il Cardinal Imperiale, il Cardinal de Medici, ed Io vnito al Cardinal Antonio, che del Cardinal Sauelli, eletto Capo dello squadrone Romano, per anco non ne posso discorrere, auuenga che la sua fattione prima di venire alla luce si è risoluta in fumo.

Se bene pare, che hoggì mai cominci à prender piede, ed à far sospirare più d'vn Capo, nel mirarsi priuo di molti voti, salutatesi cortesemente doppo alcune cerimonie dissi.

Este. L'inquietudine dell'Animo, che ci trauaglia, la strettezza del luogo, che ci angustia, l'intemperie della Staggione che ci affligge, sono tutte occasioni di nostro male, come si è veduto accadere nella persona del Signor Cardinal Visconti, e di molti altri, che digià incominciano à lamentarsi, ed ad suspirare, come languenti.

Imper. Quest'è arte insegnata dall'ingordigia di comandare, non di difetto netto da naturali indispositioni.

Imp. Sia come si voglia, parmi bene per tutti i Capi vscirne presto da questi intrighi.

Barb. Ed io per me vorrei vedermene suilupato, e per dirla troppo nausea mi cagionano queste communelle affettate e malitiose.

Resp.

CLEMENTE X.

Resp. Se stesse à maneggiarsi il negotio al Signor Cardinal Azzolino, di già goderessimo il Papa, ed io volontieri mi starei alla sua elettione, essendo questo accorto, intendente nelle materie Politiche, avveduto nelli affari di Stato; in somma atto à portar à capo ogni negotio, benche difficile.

Chigi. Signor Cardinale idolatrate troppo questo vostro Politico, non è quale vel prefiggete, il genio vi supera, la passione quasi dissi vi accieca, & in quanto à me parmi, che sia huomo di parlare fecondo, accorto, e lusinghiero, d'ingegno vario, accorto all'ingannare, pronto al fingere, onde parmi, che appunto egli si convenga quella descrittione, che fà il Tasso di Aleto.

Aleto è vn, che da principio indegno trà le brutture della Plebe, è sotto, mà inabrarlo à i primi honori del Regno, parlare fecondo, lusinghiero, e accorto, pieghevole di costumi & vario ingegno al fingere, pronto all'ingannare, accorto, gran fabro di Calunnie, adorna in modi nuovi, che sono accuse, e paion lodi.

Imp. Si digratia, che l'Imperiali non possono avverarsi le medeme prerogative, questo mi sembra vn di quelli, che con stratagemme segreti, con ascosi consigli, con mezzi doppij, e mezzi furbeschi si mandano ben presto in precipitio, poscia che vsano ogn'arte acciò, che il rivale teme il nemico, vada in rovina, non mostrano sempre vn'istesso volto, mà cangiando à tempo atto, e sembiante più, che scimia, immitando i suoi affetti con le parole, con i fatti infamamente si tradiscono, e parmi bene che in lui rissieda quella fraude dall'Ariosto descritta.

Haverà piacevol vrto, habito honesto, vn humil volger d'occhi, vn andare grave, vn parlare si benigno, e si modesto, che pareal Gabriel, che dicesse *Ave*, era brutto, e deforme in tutto il resto, mà nascondea queste fattezze prave con lungo habito, e largo, e sotto quello, attonicato havea sempre il cortello.

Resp. Io non sò scorgere in nessuno di questi tali qualità destatibile, e l'esser questi mal trattato, è solo perche son poco rispettati nel discorrere nelle Congregationi contro di chi
sia.

fia. *Teneras si quidem aures habent Principes, nec quid ipsum audire possunt, nisi quæ placent*, dice vn certo.

Chigi. Io non sò tante cose, posso ben dire con quel Poeta, che *Regum vultus Imagine Regnorum legitur*, onde nel mirare il Popolo tutto intento à dirne male, à segno molto probabile, se non euidente, ch'essi non habbino costumi meriteuoli di lodi.

Rosp. More Populum non Natio trahit: onde perche in Roma si costuma dir male di tutti vogliono ancor mettere la bocca in quelli, che furono eletti dallo Spirito Santo per Cardinali della Chiesa, e luminarij del Mondo.

Ed è impossibile il chiuder la bocca costoro, poiche *vbi omnes delinquerunt, nemo plectitur*, e perche *exemplis exemplis trahimur, & trahimus retro*, veggendo, che per l'addietro è detto mal di costoro, ogn' vno anche par, che non possa stare se non fà il simile.

Este. Le cose non deuono per vso, mà per vtilità, l'vso non è da accettarsi quando sia nongioueuole errore, nel quale molti inciampano conformandosi più tosto adesso, che alla raggione, credendo d'hauer ben fatto anco rouinando, che vtile mai hanno costoro nel dir male de Personaggi? Se non che sforzandosi di parer virtuosi, acquistano il titulo di Maledici, e poi *vigilant in omnes fulmina culpas*, potrebbe essere, che con simili discorsi si pregiudicassero in gran parte à i loro proprij interessi, scriuono per piacere ad altri l'effetto di mente corrotta precipitar la propria fortuna per appagar gl' altrui Capricci.

Imp. Tutto bene, mà il Cardinal Azzolino merita questo, peggio, non sapete, come à poco osseruante nel discorrere de i Personaggi? Vi ricordate di ciò, che disse il Signor Cardinal Ginnetti nel Conclaue d'Innocentio Decimo, all'hora quando si consultaua sopra il numero dei Facchini, ed hauendo Ginnetti raccommandato vno senza riceuerne la gratia si vdì intuonare da Azzolini queste sconcertate parole, Hor vedete Signor Cardinal, se vi vogliono per Papa, mentre non vi vogliono ne meno per Facchino.

Rosp. Eh questo fù in scherzo giocoso.

Chigi.

CLEMENTE X.

Chigi. La riputatione non deue offenderſi nè meno per ſcherno, ma voi Signor Cardinal Barberino ve ne ſtate malenconico ſenza diſcorrere?

Barb. Vn catiuo Filoſofo ritrouandoſi in vn conuito non proferì parola con ſtupore de i conuitati, ed interrogato di ciò riſpoſe, Molto meglio è all' huomo il ſapere à che tempo egli deue parlare, che non è ſolamente il ſaper parlare, perche nel buon raggionare la medeſima natura loda, mà il ſapere conoſcere in che tempo ſi deue parlare procede dalla ſauiezza, lei diſcorre di Satire, ed io non hò genio alle maledicenze, faremo aſſai meglio à diſcorrere della Creatione del ſommo Pontefice, che perdere il tempo nel ſcruttinare l'attrui diffetti.

Chigi. Per me tanto vorrei già adorarlo.

Eſte. Mà chi à da eſſere l'eletto? non vi è neſſun, che ci garbugli.

Chigi. Non vi è veruno? eleggiamo Elci.

Eſte. Oh queſto nò, ſe vi acconſentiſſi troppo pregiudicarei à gl' intereſſi reali.

Chigi. Come à dire?

Eſte. Il Signor Cardinal d'Elci, come parente d'Aleſſandro, è conſequentemente partecipe d'ogni dishonore prouenuto alla voſtra Caſa dal rigore di ſua Maeſtà Chriſtianiſſima ſdegnata per l'accidente occorſo al ſuo Ambaſciatore qui in Roma, e per ciò aſſunto à quel ſoglio non tralaſcieria occaſione di vendicar l'offeſa. Il deſiderio di vendicar l'offeſa l'odio verſo gl' offenſori ſono paſſioni nate con noi compatibili, anzi ne i debiti tempi neceſſarie, forſi non vorrà irritare il mio Rè? mà ſi vede ſi frequente la reſolutione tanto al cuore repugnante diuentata ſi facile, come l'eſſecutione.

Chigi. E Signor Cardinal ſe bene egli hauerà penſiero di vendicarſi, il che non credo, non vorrà farlo, perche repugna tropo à i ſuoi proprij intereſſi. Neſſuno ſi laſcia vincere dall' opinione, quando ci ſono argomenti per l'vtile, non è laudabile attaccarſi à vn male per ripararſi l'altro, E non è prudenza incontrarne moti di sfuggire, e non tollerare vn ſolo.

Eſte. E certo, che col lume della ſapienza queſti mali ſi

F   poſſono

possono preuedere, e preueduti scansarli, mà la verità è, che non si scansano, non perche non preueggono, mà per che non si stimano. Adesso mi persuado, che mantenga supiti i dissegni, mà se vien posto in quel soglio *frangit virtutis stimulos*, ed in poco tempo *tacitus vindictæ perstitit vias*.

Chigi. Lei suppone, che il Signor Cardinal d'Elci voglia dar di mano ad vna vendetta di gran rilievo per il personnaggio in cui deue esseguirsi. *Concilio Arma temperanda*, dice quel Politico, e perciò etiamdio ch'egli desideri di vendicarsi, non vi sono contingenze, che gli porgano occasione proportionata à i suoi desiderij.

Este. Se prima di operare si pensassero tutte le cose contingenti, credo, che per il timore, il Mondo morirebbe nell' otio, spesse volte le molte considerationi ingombrano in vece d'illuminare, e le cose fatte con ogni regola non rieschino, come per il contrario le subitanie, e spesso sortiscano buon fine. egli nell'assuntione d'Alessandro fù affrontato e danneggiato in maniera che eccitano non solo, mà prouocano alla vendetta, la quale non può vn grande trascurare ed obliar molto meno, essendo l'offesa fin che giace inuendicata.

La Pontenza del Rè Christianissimo, il suo Animo risoluto faranno simulare al Cardinale ogni liuore concepito verso quella Corona, per tema di non riceuere nuoui affronti da quella mano, che mai seppe viuere inuendicata.

Chigi. E viltà indegna di Cauaiiero, molto più d'vn Prencipe il tacere affronto, ed il simulare per tema di nuoui affronti. Parmi inconueniente il voler offendere quella Maestà, che inuigila al bene della Chiesa, come si è visto nell'agiuti di Candia, e saria di gran danno à i Nepoti del Signor Cardinal per tirarsi adosso odij di si gran rilieuo.

Este. Io deuo considerare la vendetta non dannosa, mà conueniente vtile, ed honorata, questo desio e congiunto alla natura, e per così dire inseparabile.

Chigi. Mi creda però, che in molti discorsi fatti tanto con me, con altri Prencipi, egli sempre hà giouato, e promesso di non volere molestare nessun grande molto meno la Maestà di Francia, mà di solo attendere al benefitio ed vtile de sudditi.

Este. Oh

CLEMENTE X.

Este. Oh nulli iactantius fidem suam obligant, quam qui maxime violant, anche lui farà, come gl' altri asceso al soglio, non si ramentaria delle promesse, ed interuerrebbe al mio Rè, come successe à Filippo Rè di Francia il quale pose, come per forza, e per astutia Rimondo Vescouo di Bordeos nella Dignità Pontificia, che fù poi Clemente quinto, mà Filippo per la morte di Alberto Primo essere eletto Imperatore, Clemente scordatosi d'ogni beneficio, fù il primo, che indusse gl' Elettori ad eleggere Enrico Conte di Lacemburgo, vi sono tanti esempij simili, che mi persuadono à non concorrere nella elettione d'Elci, per non pregiudicare all' Interessi del mio Rè, in oltre non sapete, come cantò quel Poeta, *Concursus motus, ordo positura figura cum permutantur mutari., Rex quoque debet.* Cangiato, che hauerà la sua Beretta in quel Triregno desiderato, mutarà anco pensiero, ed intuonando spesso quel *Rex est quo metius nihil*, vorrà operare à suo modo.

Chigi. Lei dunque vorrebbe vn Papa à suo gusto, è meglio, che facciamo Buglione per far in questa maniera il vostro Rè Vicepapa.

Este. Io non dico questo, dico però che nell' elettione d'vn grande, ogn' vno riguarda alli suoi interessi, le raggioni di Stato così insegnano, la prudenza così ci detta.

Chigi. Dunque il nostro d'Elci è gito in fumo?

Barb. Li Francesi non vi concorrono, io l'escludo, li Volanti non lo vogliono à nessun conto non sò, che dir altro.

Chigi. Sì di gratia, che vogliamo fare il vostro Spada?

Barb. E perche no? egli hà gran qualità meriteuoli di questo grado.

Ross. *Regere, e pascere, non tirannidem exercere in Populum Christi item solicitudinem gerere, vt qui praest in solicitudine defendere præsertim in Pupillos, vt viduas præcavere pericula, hæ sunt conditiones Principis boni;* osseruiamo se nell' otiosa natura di Spada vi siano queste conditioni, egli è lodato per soggetto degno di tal Carica.

Barb. E che otio riconosce Vostra Eminenza nel Cardinal Spada, perche tall' hora si fà vedere giocare à boccette, questo è vn picciolo solleuo, che egli si prende ne i suoi graui negotij,

negotij, e ſtudij continui; l'otio vitioſo naſce da viltà d'Animo, e fà ritrare l'huomo dalle fatighe, e da tutte le lodeuoli operationi, e proprio di coloro che ſono inutili al Mondo, e temono il Sole, e la pioggia, ne ad altro ſono riuolti, * che alli penſieri occidioſi, ed al ſacrificio di Venere, e Bacco; S. E. à queſt' otio ſi foſſe ſoggettato il Cardinal Spada, hauerebbe raggione chiunque lo taccia per otioſo, mà in folleuarſi con leciti paſſatempi è otio honorato proprio delli huomini valoroſi, e dico, che tutti i negotij apportano ſeco fattiga, e ſtanchezza; onde biſogna vſare à luogo, e tempo per medicina il ripoſo, & il piaccere, quali ſono tanto neceſſarij alla vita noſtra che ſenza eſſi non potrebbe lungamente durare, e per ciò è coſa giuſta, e ſopramodo neceſſaria il darſi alcuna volta ripoſo, e richiamare l'Animo da i grandi, e continui piaceri, immitando in ciò l'inuitto Ercole, il quale per riſtoro delle ſue fattiche ſi meſcolaua, e tratteneua alcuna volta con fanciulli, e ſcherzaua con eſſi come Fanciullo, ed anco il Rè Ageſilao, il quale non ſi recaua à vergogna doppo le ſue noioſe cure di caluacare vna Canna in Compagnia del ſuo figliolino. Dunque il Cardinal Spada ſe tal volta gioca per iſpaſſo à boccetta, non deue per ciò tacciarſi d'otioſo, e coſtoro, che ne dicono male ſono di quelli, che *dant veniant Coruis, vexant cenſura Columbas*, quanti ne i loro Palagij ritengono le mercedi alli operarij, e poi ſpendono ſenza termine attorno alle loro lardi, rubbando à più d'vn Vria l'amate Berſabee, à quanti quei medeſimi paggi, * che gli ſono ſeruitori di giorno, ſeruono per Concubina di notte? ne ſi fanno ſcrupulo de i loro misfatti, e poi vogliono cenſurare i galant'huomini in coſe di poco momento.

Med. Siaui conceſſo ciò, che voi dite, e Luccheſe Signore Cardinale tanto vi baſti, troppo nuoce al Gran Duca mio fratello l'hauer vn Pontefice à ſe contrario, l'auuerſione naturale, che conſerua quella gente contro i noſtri Vaſſalli ci ammaeſtra, e fà penſarci à caſi noſtri, l'ingrandire vn proprio nemico, ſarebbe vn eſporſi volontariamente à mille inſulti, e

* *S'intendi di Ludouiſio, e Chigi.*
* *S'intende Chigi.*

nouità,

CLEMENTE X.

nouità, cosa sfuggite ad ogn' huomo raggioneuole, noncheda sagace Politico. Alcune Città non sò per qual causa Idolatrando quel publico detto, *non bene pro toto Libertas, venditur auro*, veggendo vn Pontefice Primo grande d'Italia figlio di quella Republica, che è malnodrice della Libertà con nuoui dissordini, e ribellioni, ò impegnaranno mio fratello à guerre intestine, e sanguinose od ostinate, e lo necessitaranno alla diuisione del Dominio con li Lucchesi, ch'è l'ordinaria raggione delle rouine delli Stati, perche di giganti fatti Corpicciuoli deboli con quell'istessa mano che vnita poteuano raggirare vna Spada, dissuniti non possono lanciare vna freccia; Io credo, ch'ogni Pontefice aspiri all' vtil de' suoi Concittadini ed à quello del Prencipe di cui fù suddito, senza curasi d'irritare li sdegni di qualche grande. E bene tenersi lontana la guerra di fuori, mà fà di mestiere hauer inconsideratione i Vicini Potentati, quelli etiamdio lontani, che stendendo vna mano, e dilungando vn piede si possono appressare all' arbitrio, stando in petto d'vn Prencipe martiale il portar la guerra ouunque l'indrizzano li serini appetiti, e la nascente libidine dell' Imperio, onde per mantenersi totalmente sicuri, non è douere ch'io acconsenta all' esaltatione di Lucchesi, ne deue presuposto, che la Sede di Pietro sia già occupata da Spada, ò da qualch'altro Lucchese, mio fratello per conseruarsi pacifico, tenere in Arme i Vassalli, e ben guardati i Confini, poiche chiama la pace non bisogna dar sospetto di Guerra, nè in Terra, nè in Mare con apparecchi superflui d'Armate, li Prencipi troppo gelosi delli Stati loro, e in consequenza insospettiti non staranno con le mani alla cintola, mà si eleggeranno, come deuono di morir più tosto in Battaglia, che di vincere in vna tormentosa pace, & in continui timori.

Imp. Sia lodato il Cielo, che nella persona del Signor Cardinal Bonelli non vi sono quelli rispetti, è amico à tutte le Corone, vnito con tutti li Prencipi, affettuoso verso li Popoli, amatore della Giustitia, conseruatore della Pace, e dell' vtile di Santa Chiesa.

Este. Dunque al suo parere à lui deue prestarsi il Triregno.

Barb.

Barb. Ohibò, ohibò, pare che sij tutto fragido, ftruppiato, e cadente, mà affunto al folio diuerrebbe forfi vigorofo, e forfi chiuderebbe gl' occhi di più d'vno di noi. Habbiamo per veduto il Cardinal Panfilio, che fù Innocentio Decimo fpacciarfi per vn Cadauere, e poi appena hauuta la prima adoratione caminar lefto, e baldanzofo, come foffe vn Giouinotto di primo pelo, mà quefto farebbe nulla, fe l'ambitione, che in lui regna haueffe fatto qualche poco di Tregua.

Med. A quel, che io veggio voi volete che l'ambitione partorifca mali effetti.

Barb. E chi nol sà?

Med. Il non fo vedere, che ella operi altro, che bene, poiche rifueglia i Cuori addormentati, fcaccia l'otio, e la viltà, infonde alti, e generofi penfieri, li chiama all' intelligenza delle cofe lodeuoli, ed alle magnanime imprefe.

Barb. Mentre che l'huomo fia fofpinto, olte quefti termini non meriterà il fregio dell' ambitiofo, mà più tofto il titolo di magnanimo, con ciòfia che, quefti fon tutti effetti lodevoli e virtuofi, mà non fi potrà già dire cofi di quelli, che nafcono nella mente dell' Ambitione, la quale à quelli, che non pongono termini alli loro infatiabili defiderij de quali vno e Bonelli, vota il petto di quiete, lo riempie di follecitudine, gl' accieca l'Intelletto, li leua in alto, e finalmente rompe loro il collo, e miferamente li confuma.

Rofp. Tutto è vero, *ambitio Peftis Republicæ*, il Regno per il più vien fatto, e fodisfatto da chi lo comanda, fe egli & pio, Religiofo, forte, giufto, liberale, e magnanimo, non hauerà mai picciolo ftato, contentandofi del fuo, & egli piegha à genio totalmente contrario alla fopranominata virtù, per quanto habbia grande l'Imperio, come confiderabile rifchio d'impicciolirlo, e per alienatione de i fudditi, e per l'inuafioni de i Stranieri. Non è grande chi nell' Amore di pochi commanda Innumerabili, mà chi nella beneuolenza di tutti, benche in molti fi vede preuenuti i commandi dall' vbedienza. Per l'ambitione, *fanguine gloriam vnimus pares obimus*; Perche l'ambitione toglie il lume alla raggione medema, onde fe

Bonelli.

CLEMENTE X.

Bonelli è ambitioso, non è douere à nessun conto, che si crei successore di Pietro.

Imp. Il Sole Ecclissato serue d'ammaestramento à i Grandi, che come non vi sia chi rimiri questo gran Pianeta, quando nel supremo, mà solo all'hora, che nel declinare vibra languenti, e quasi sponti i suoi raggi, così i suoi raggi, così il grande, tutto, che ottimo per l'attioni, e lucidissimo per l'esempio, non è pero guardato d'alcuno affine d'immitatione, mà quando come soggetto alle debolezze naturali, scema per qualche fragilità il suo splendore, tutti si rivolgono alle censure, e ne discorrono con indiscetto Liuore, e con presuntione loquace, e pure altri à tempo de Pontefici, melensi, scordati, ed insensati, operano in maniera col loro Prencipe, e superiore, che puol dirsi con raggione.

Quæ noua corrumpit nostros clementia mores.

Ross. Il consiglio di quel Poeta che dice.

Vindex reponas verba calumniis
Erit loquacis Pulchra proteruis
Vindicta risisse, & Tereno.
Magnanimum tacuisse vultum

Mi chiude la bocca per non risponderui, nel resto sò anche io, che vi sono de i Prencipi, che di lettere poco si curano, e freddamente le fauoriscano ricercando l'apparenza facile, e non la fatticosa profondità di sapere, & si pongono spesso il Capello rosso in testa per tema forsi, che non si siano scoperte l'orecchie d'Asino, quali cercano di coprire, come disse Ouidio per bocca dell'Anguillara.

Così mostrò che al Rè si conuenia,
D'ornar la testa di Corona, e d'oro.
Per ricoprir con qualche leggiadria
Tal hor l'asinità d'alcun di loro.

Fù Melenso il mio Pontefice e vero, mà se altri nel Gouerno di vna sola Città si palesorono auueduti, si mostrono solamente accorti per sottrare le Puttane dalle mani de i Padroni, sdegnati, e tanto vi basti; mà Signor Cardinal Chigi di Vidoni non ne habbiamo parlato? e pure è soggetto di gran estimatione.

Chigi

Chigi. Anzi di poca. L'auaritia lo rouina, e vn gran diffetto in vn Prencipe l'auaritia, laquale, come vna volta è entrata nell'animo del Prencipe, non vi è alcuna indignità, crudeltà, impietà, ò altra sceleratezza, che non persuada insino à vendere i Magistrati, & la giustitia, ed a fargli imbrattare le mani nel vil guadagno d'alcune cose, le quali sarebbono vergognose in qual si sia priuato.

Este. Ah, il Signor Cardinal Vidoni e prudente, saprà superare il suo genio.

Chigi. Oh, che *auaritia excæcat oculos prudentium*, non sapete come cantò Virgilio? *Quid non mortalia pectora cogis auri sacra fames*; Non stà bene ad vn Prencipe hauere ogni picciola cosa sul naso col mostrarsi fantastico, e bestiale, e se vno gli rompesse qualche piatto, ò bichiere volergli ritenere il prezzo sopra la paga, e trattarlo, come vna bestia, mà dissimulare molti mancamenti de' Corteggiani, e particolarmente quando sono sopportabili.

Barb. Di Gabrielli nessuno ne parla che vuol dir questo?

Imp. Oh questo si, che è succido, tien così stretta la borsa, che è prodigo quando si vede vscirne vn quattrino.

Barb. Se volete, che le ricchezze aiutino la nobiltà, bisognerà bene anco andare ristretti per poterla lungamente mantenere, perche secondo il detto di vn Poëta.

*Non è minor virtù
Il conseruare che acquistar ricchezze.*

Imp. Io non biasimo la consideratione della conseruatione della facoltà, per che si suol dire, che ricchezza mal disposta à pouertà si accosta, mà biasmo l'auaritia nemica della Nobiltà, e degno di virtù, e qui riuolgeteui per la mente Gabrielli, il quale possedendo molte ricchezze, non lascia vscire di Casa se non il fumo, e come se fosse stretto da necessità se ne và con la cappa senza pelo, con la berretta smaltata da succidume, con le calze bisunte, e rippezzate, ne vi sò dire altro, che tutti siamo conosciuti. E che hauendo Caualli in stalla puole con commodo andare à piedi. Dunque è meglio di non discorrerne.

Barb. Rasponi veramente sarebbe al Caso.

Med.

CLEMENTE X.

Med. Ne meno se vogliamo credere à quel Politico. *Ad parendum iuuenialis, ad imperandum serulis etas accommota est, si maxime soluta est Ciuitas, vbi consilia senium, & iuuenum arma obtinent*, la troppa giouentù lo danneggia.

Rosp. Che vuol dire, che de Cibo non se ne discorre?

Este. E troppo riggido, *nullum Clementia ex omnibus magis quā Regē, aut Principē docet*, haueressimo vn Prencipe troppo seuero.

Chigi. Credesi dunque egli d'acquistarsi la piaceuolezza col dispreggio? L'amore con seuerita? ed'vbedienza con l'orgoglio? gran confusione sarebbe la sua, se nel riceuere vna mano che lo tributi nel vedere, vn ginocchio, che gli si pieghi, e nell'vdire vna lingua, che lo sublimi, fosse consapeuole à se medesimo, che il vassalaggio è violente, l'adoratione mentita, e la lode bugiarda.

Este. Poco si curarebbe di questa confusione, quando fosse intronizzato sul Vaticano, vero è che hauerebbe che temere de Sudditi, perche *in tutus est qui timet, & qui timeri vult*. e perciò è folia à pensarci, non che à discorrerne.

Barb. Sin hora habbiamo passato il tempo senza alcun frutto, il giorno ci lascia, sarà meglio, che ci ritiriamo. Vorrei solamente se Iddio vuole l'esaltatione d'vn huomo buono, che per dirla frà di noi in confidenza non ve n'è pur vno.

Rosp. Io me ne starò à tacito, *sanctius, ac Reuerentius visum de actis Deorum credere, quam scire.* Crediamo, che l'Altissimo voglia dare alla Chiesa vn Pastore Zelante, e non vogliamo inuestigare i di lui segreti, vero è che noi altri Cardinali nell'elettione d'vn Papa non riguardiamo l'vtile della Chiesa, mà il proprio e quello de i Nepoti, ogn'vno tira à suoi interessi per ingrassarsi con le rendite Ecclesiastiche, chi hà da pensarci pensi à riuederci.

E quì terminato il discorso ci ritiriamo alle proprie stanze.

Ecco sodisfatto il mio debito, ed vbedita la Maestà Vostra ne si recchi marauiglia, che se del Cardinal Pio Capo Fattionario della Spagnuola non nè hò discorso nè meno per imaginatione, si perche non vi interuenne, come per non entrare nelli fatti di quella Fattione gelosa, e per hora non mi conuiene parlare de segretti, e conuentioni. Riuerisco V. M.

G DISCOR-

DISCORSO SESTO

Del Conclave per la morte della felice memoria di Clemente IX. sommo Pontefice.

QVANTO ſij difficile penetrar de' grandi gli affari di molto rilievo, ogn' vno, che non è privo di ſenno ne potrà dar giuditio ſufficiente. Mà particolarmente coloro che ſi trovano rinchiuſi dentro queſta ſtruttura del Conclave dell'anno 1669. per la morte della felice memoria di Clemente nono ſommo Pontefice della famiglia Roſpiglioſa da Piſtoia, per ſervire a' Cardinali, nell' elettione d'vn nuovo Papa eſſendo la più difficile, & importante, coſa che ſi faccia della Corte Eccleſiaſtica, di cui molte volte le Parti medeſime ne reſtano ingannate, poiche ſono pochi quelli, c'hanno la viva confidenza in ſimil facenda.

Traſcorrono due meſi, & non ſi fà principio d'alcun negotiato ſodo, e riuſcibile, le Fattioni ſono molte benche riducano à due Capi vniti, che vanno quaſi del pari; ed in ciaſcuna di loro ſi trouano ſoggetti Papabili, e talenti di molto valore, e ſagacità, con attitudine per maneggiare vn' affare di molta importanza.

Si vedrà in queſta ſcena far da Franceſe lo Spagnuolo, e lo Spagnuolo da Franceſe. E quelli che vi aderiſcono devono haver qualche ſodisfattione, poiche ſe non potrebbono rouinarla, potrebbono almeno doppo qualche ſtretta pratica impedirla, con preteſti di diſpacci, e di riſpoſte, ed eſſer neceſſitati di cominciar da capo, che ſarebbe vn' andar in infinito

Tutti pretendono, che Chigi accalorato dalla voce, che corre di gran Politico, e dalla ſuperfluità dell' Azienda, debba tenere il bacile alla barba, non ſolo all' altre Fattioni,
mà

CLEMENTE X.

mà superar tutti. E se non fosse stato, chi ha pratica del gran valore di Barberino si sarebbe fatto il Papa senza replica, cadendo in questo errore anche alcuni Cardinali, sì che à questo sommo ardire si oppose Barberino, *con principal riguardo*, (eccone le parole precise) *del servigio di Dio*: e con battere quelle strade solite, particolarmente nel secolo presente, di far Papa vna creatura del defunto prossimo Pontefice: come anche di tanta gratia ne pregò Luigi Rè di Francia: il Pontefice Clemente nel fine di sua vita, che con espressiva di vero amico lo pregò di havere alla sua Casa doppò la sua morte, l'affetto solito.

Laonde prese in nota il detto Cardinale la scielta delle Creature Rospigliose, havendo riguardo frà queste anche ad vna che non havesse niun ostacolo. Havendo ben' esaminato, che opponendosi à Chigi, come ogn' vno sà che haveva concertato di far Papa vna sua Creatura, ò di morir dentro, si darà principio à quella sostanza di racconto sopra questa materia che posso penetrare con l'ajuto anche de' più confidenti, quanto si potrà raccogliere dagli andamenti, dalle parole tronche, dalle relationi, e da diverse congiunture che mi potrà insinuare la longhezza della Corte, e l'essermi trovato più volte in simili rinserramenti.

Si trovava il Cardinal Chigi in Firenze, quando vi giunse l'auviso dell'accidente mortale del sommo Pontefice Clemente IX. e come in quel viaggio haveva havuto il disegno di stringersi col Gran Duca, ed il Cardinal di Medici nella congiuntura di vn Conclave, cosi sentitosi auvicinar il tempo si posero à far vn nuovo Papa su'l tavolino, e formarono il concetto, che fosse totalmente in loro arbitrio, connumerando Chigi le sue Creature, Medici i suoi dependenti con gli Spagnuoli: E tanto presumette Chigi di questa vnione, che volse espressamente ne venisse escluso Barberino, tutto che nel passato Conclave servisse, e caminasse bene con li Spagnuoli; Ed in questo l'Ambasciatore è vscito dall'istrutione, c'haveva, e quale doveva osservare, benche ella fusse del passato Conclave, già che altra di nuovo non gli era capitata, e non doveva attendere in vna alteratione si grande, quanto portava la volontà di Chigi, per far ſtar per vno di più Barberino e riderſi de Squadroniſti : Alle quali due coſe facilmente inclinarono li Medici per le raggioni vecchie, fatte piaghe incurabili. Al tavolino dunque in Firenze fecero i conti ſenza l'oſte, che riuſcirono à lor modo, e fermarono, che la ſorte foſſe per Elci in primo luogo, Celſi in ſecondo, Bonviſi in caſo di forza, Vidoni per empitura.

Si che Chigi nominò queſti quattro ſoggetti al ritorno di Firenze all' Ambaſciadore di Spagna, che per complimento, e gala approvogli con la mira più in Bonviſi, ch' in tutti gl' altri.

Chigi haveva negotiato con belle parole, e buone intentioni con li Franceſi, i quali gli hebbero credenza, e che ſia il vero lo moſtrano l'inſtruttioni portate all' Ambaſciator Duca di Scione quale gionto in Roma, anzi prima di arrivarvi, s'auvide non potergli ſervire per la nouità di haver trovato Chigi collegato colli Spagnuoli, e queſto è ſtato il maggior errore di Chigi, che ſe entrava in Conclave ſvolto, almeno in apparenza, ogni fattione haverebbe cercato di ſervirlo, & egli' arbitrio ſarebbe ſtato di far Papa chi haveſſe voluto. Grand' auvertimento per l'auvenire à quei, che haveranno vna ſimile fortuna di haver Cardinali, danari, talento, e huomini, che poſſano guidarli, à non mai legarſi per godere la potenza, e l'arbitrio.

Il troppo confidarſi fè, che diſprezzò ancora l'offerta dello Squadrone, che ſi eſſibì di caminar' vnito, come fece nel paſſato Conclave, ſi che tutto queſto fecero Chigi, e Medici co'l concetto di haver in Papa Elci.

Preſume ancora Chigi, che Roſpiglioſi doueſſe haver per gratia d'vnirſi ſeco, e tal' opinione, maſſime le haveva, prima che ſeguiſſe l'vltima promotione, la quale diede grand' alteratione. Mà non fù paventata dà Chigi, facendo vn rifleſſo, che alla fine tra eſſa promotione, vi erano Acciaioli, e Buonacorſi à lui tanto obligati, e ſi fondava nella bontà iſteſſa di Roſpiglioſi, ſi che nè fù paventata, come ho detto da Chigi la ſudetta promotione, nê calcolata in Firenze, perche ella non era ancor ſeguita, la gran voce però eccitata d'Elci con ſi varij diſcorſi ſtimarono veniſſe vn poco depreſſa, onde in quei
nove

CLEMENTE X.

nove giorni d'Esequie fecero parlare assai di Celsi, e che poi Elci restasse fuori à causa di malatia, acciò poi entrasse à cose più digerite. Entrò dunque Elci in Conclave pochi giorni prima dell'arrivo de' Francesi, che seguì alli 14. di Gennaro; Credendo sempre Chigi haverli legati con le belle lettere scritte à Parigi, onde egli medesimo acconsentì all'aspettatione delli medesimi Cardinali Francesi.

Entrati questi in Conclave; furono scoperti à pieno li pensieri di Chigi, e Medici mutati, non circa il soggetto, mà circa il modo di portarlo, il primo era à drittura portarlo in sedia, e veduto qualche ondeggiamento mutarono il modo, cioè di tenerlo in riserba, lasciare, chi haveva pretensione si facesse avanti & essi di mira gettar tutti à terra, quindi seguì, ch'erano scorsi cinquanta giorni ociosissimi, e si pretendeva *vincere alla stacca*, conforme furono le parole di Chigi e Barberino, *l'vno voleva mangiar dentro cerage; l'altro fichi.*

Questa poca stima del prossimo, fece stringer lega tra Barberino, Rospigliosi, e Squadronisti. Restavano independenti i Francesi, mà conoscendo impedito il proseguire alcuna prattica, per l'unica opinione d'haver Elci Papa, essi che sapevano non vi poter concorrere, e che sin dal passato Conclave lo fecero vedere à Chigi, tentorono à molti segni di confermarglielo; mà fù sordo fino al parlare, che gli fece, con arte di gran politica e con nuova foggia Francese il Cardinal di Buglion, in congiuntura di visitar Chigi in quei giorni, che stava risentito dà infiammagione di gola e tocco da leggieri termini di febre. Buglione, come nuovo Cardinale entrò sopra i soggetti Papabili, e toccandosi Elci disse, *già si sà gl'impedimenti medesimi dell'altro Conclave.* Dispiacque à Chigi, e si dolse di questo parlare, acciecato dalla passione, e lusingandosi con una responsiva del Duca di Scione sopra questo Sogetto, *che haverebbe cercato servire sua Eminenza*, e quando vi fosse parola, conveniva l'osservarsi nelle debite maniere, e circostanze, che altresì Chigi non si fosse allargato con li Spagnuoli, nè so di Prete fare senza gli altri, oltre che in matiere si gelose come di gare un Papa bisogna pigliar risposte categoriche; massime la dove era preceduta qualche ombra alle belle parole si rispondè

rispondè con altre simili, e così appunto fattosi dal Duca di Scione, ed' altri Ministri di Francia in proposito di Elci, Chigi disse poi à più d'vno suo Amico, che *Buglione era giovane, e novitio ; mà che lo scorgeua per vn miracolo della Francia, volendo dir non esser soliti negotiar con flemma.*

Vedutosi per tanto dà Francesi, che non si voleva intendere, à scarico ancora delle loro conscienze risolverono, come essi dicono, *di spicciare il Corso*, acciò si desse principio al Conclave.

Tanto segui à capo di cinquanta giorni, che essi, cioè Este à Chigi, Rets à Medici andarono à dichiarare apertamente l'esclusiva, che il Rè faceva al Cardinal Elci.

Tale sentenza giunse al vivo, & eccitò singolarmente in Medici tanto sentimento, che proruppe in rispondere à Retz con gran calore : *Se dunque escludono li Francesi Elci ; Spagna escluderà Vidoni*, vendetta molto transversale, conoscendosi vn grand' errore, e animo appassionato non meno, che vn conto di farlo Papa, senza riguardo d'altra Creatura. Che per facilitar à vidoni la Strada al Papato si fosse concertata l'esclusiva d'Elci in Roma, era noto alle pietre medesime delle pareti Vaticane, non che à gli huomini di qualche discorso, i quali si assicurarono non aggiustata questa partita dall' essersi detto, che in passare, che haverebbono fatto l'Ambasciatore di Francia, e li due Cardinali Francesi da Pisa si sarebbono abboccati co'l Gran Duca, che l'haveria aggiustata, e ciò si credeva stante già il fresco ritorno del Gran Prencipe da Parigi che si diceva, ne havesse parlato à quella Maestà con qualche affettione ; ma che l'Ambasciatore, e li due Cardinalj Retz, e Buglione non vollero ne anche entrar in Pisa, e si scuorono à titolo di sollecitudine, per non abboccarsi co'l Gran Duca, qual segno dunque maggiore di dubitare d'Elci ? Ogn' vno sà benissimo, che va anche nelle publiche Gazette, che è troppo servidore della Casa d'Austria, e Pensionario del Rè Catolico. Quanto à quello, che si può giudicare fin' ora.

Quanto à ciò, che proruppe Medici contro Vidoni, tentorono esso Pio, e Medici d'impegnar l'Ambasciatore di Spagna à rifarsi con l'esclusione di questo, benche suddito di Spagna, ne potendolo fare l'Abasciatore senza espressi Ordini
della

CLEMENTE X.

della Corte, volse che Medici si ritrattasse come fece, con Retz, che non altrimente nè à Vidoni, nè ad altri si dava l'esclusiva; Quindi poi a replicate impulse de medesimi Cardinali ordinò l'Ambasciatore vn Viglietto, che Vidone si lasciasse à parte per le difficoltà che s'incontrauano, nulla parlando di esclusiva, benche la fama fusse, che il Biglietto fosse vn'esclusiva persa, e per tale la publicarono.

Dell' esclusiva di Elci si diede subito parte al Gran Duca dà Medici, che à nome anco de gli Aderenti fù richiesto di far speditione di Corriero in Francia per ritirarlo col supposto, che dà Parigi non sia venuta; mà non bastando le sudette evidenze, si legeva à pochi giorni doppo nella Gazetta stampata in Amsterdam sotto li 30. Genn. 1670. che l'Ambasciatore, e Cardinali di Retz, e Buglione portauano l'esclusione di Elci in Roma.

Cresciuta per tanto la picca de Francesi, questi si sono veduti auanzare all'vnione con triplice Lega, Barberino, Rospigliosi, e Squadronisti, tanto più che le loro instrutioni, e volontà Regia portino di assister particolarmente à Rospigliosi, per la gratitudine, che deve alla felice memoria di Clemente IX. la Corona di Francia, che si generoso è stato con essa di tutte le maggiori gratie, che ha desiderate, e obligati li Francesi à maggiormente assisterli, quanto che Chigi ha parlato apertamente, contra Rospigliosi, e di lui dolutosi, quanto più dello Squadrone; Mà tutto questo con pochissima prudenza, senza fondamento, e ingannato dal credersi quello non è in questo Conclave; Poiche è vero che è riguardevolissima la Fattione Spagnuola; Ma hoggi primieramente è divisa trà loro; Medici è il capo; mà novitio ne Conclavi, e non ha altra prattica che dalle letture d'altri Conclavi, e che in primo longo rimira il servitio della sua Casa, e vorrebbe rifarsi dello squadrone, che se bene seppe stare à fronte di vn Zio, e di vn Fratello, ambi Cardinali, vn' hereditata politica vole, che gli servino li Spagnuoli, e li Medici. Esso Medici ha per diffidenti Lantgravio, Acquaviva, e Raggi, benche del partito di Spagna; nè questi trè sono mai chiamati alle Congregationi, che si tengono nella Cella di Sforza; Mà solo raggianato Medici,

Pio,

Pio, Sforza, ed alcune volte è chiamato Visconti.

Sforza poi, che non può digerire, che Medici le habbia levato il Segreto, ch'egli maneggiò nel passato Conclave, non si auanza molto, e si tratta dicendo, *io sono Officiale rifarmato*, con gran passione esprimendo tale anvenimento; sì che Medici, e Pio fanno questa mala vendetta. In questo gode Raggi per la mala corrispondenza, che passa tra esso, e Sforza.

Con l'ordinario vltimo di Spagna, partito Sabbato passato di Marzo è convenuto tanto all'Ambasciatore, quanto à Cardinali dell'impegni, presi per Elci non bene intesi à Madrid, & in conseguenza non piaciuta la Lega con Chigi; e lasciato Barberino, che ha tanto merito con la Corona di Spagna.

E vaglia dire il vero, è gran merauiglia volersi per così dire il Cardinal Barberino sotto i piedi?

Iddio lo fà stare in questo Conclave con tanta riputatione, con sì valida assistenza, sì rispettato, sì ammirata la di lui essemplar Bontà, che rende confusione à chi pensò opprimerlo, e consolatione à gli amatori del giusto. Egli viene stimato in maggior vantaggio ora, che di Vrbano non sono, che vndeci Creature, compreso egli medesimo, che quando nel primo Conclave entrò con quaranta quattro Cardinali creati dal Zio. Ma ritornando allo stato del presente Conclave ed al seguito à capo di settanta sei giorni, e doppo la detta esclusiva dichiarata à Elci si cominciò à mouersi qualche negotiato per sentire le inclinationi à fauore di Celsi; mà più insuperabili le difficultà sue delle medesime Concreature, alcune si scusano à carico di loro coscienza, essendo fresca la Casa, dove Postra la Porpora, che non douerebbesi far pompa che della Spada; mà di questo soggetto hor si è lasciato il discorrere, benche viue restano le sue speranze.

La maggior applicatione è stata in Bonuisi, che è il terzo soggetto nominato da Chigi in caso di forza, cioè Medici, e Chigi non lo desideravano; mà il tenersi Bonuisi trà i più cari à i Francesi, e così in caso mancassero li due primi in questo per forza si fermasse la fortuna, concorrendo con Chigi, & Medici, che vuol dire li Spagnuoli, e ancora li Francesi; dunque non può mancare d'esser Papa.

Mà

CLEMENTE X.

Mà strauaganti sono l'humane deliberationi. Il gran vanto di far Papa Elci à dispetto di tutti, e le longhezze con le quali han creduto giungere à tal fine con mille altre mal consigliate maniere hanno obligato, non tanto à maggior attentatione, quanto à più collegarsi insieme Barberino, Rospigliosi, e Squadronisti, & in quest' vltima li Francesi, che hanno dato l'vltimo spauento à Chigi, e fortuna à Rospigliosi, sì che seruiti questi in assecurare l'esclusione di Elci, si sono vie più obligati à non far sforzo in favor Bonvisi, quantunque dà loro desiderato, e con prudenza se ne sono astenuti poiche Rospigliosi dichiaratosi non concorrere in Bonvisi, memore de disgusti sofferti da Francesco, hoggi Monsignor Bonvisi nel viaggio di Francia fatto dal Cardinal Chigi, all'hora, che andonne Legato à Latere nel Pontificato d'Alessandro settimo. Monsignor Bonvisi lo seruiua di Maestro di Camera, e Giacomo hoggi Cardinale Rospigliosi di Coppiere. Non era ragione, che li Francesi tanto obligati al Zio, ed à lui medesimo gli facessero partito contro, tanto più, che non haverebbono vantaggiato Bonvisi, mà bensì screditate le loro forze, quando alle sue esclusioni bastavano le trè Fattioni, e amici di Barberino, Rospigliosi, e Squadronisti.

Si scusarono dunque li Francesi, dicendo, *che per loro desiderauano Bonvisi, mà l'esclusione che haueuano per l'altra parte ben sicura, e forte non voleua, che s'impegnasse la riputatione del Rè, e di loro medesimi in vn' impossibile, e con questo si desse maggior longhezza al Conclaue in pregiuditio della Christianità, ed in fomento dello scandalo, che si daua in tante dilationi à tutto il mondo.*

Trà gli amici di Bonvisi euvi il Cardinal Caraffa, il quale s'intende col Cardinal Delfini, e lo move à total suo arbitrio effetto lodevole di gratitudine, che la deve à Caraffa, come quello, che lo insinuò à Papa Alessandro, acciò trà Prelati Veneti lo scegliesse, come il migliore, più dotto, e di maggior parentado in Venetia; il tutto verissimo; mà non corrispondente al di lui sembiante, onde Alessandro in vederlo restò sorpreso dicendo, *che se hauesse saputo la diformità di quel volto, certo non l'hauerebbe fatto Cardinale.* Delfino dunque, messo da Caraffa sù i salti, è quello che è andato auanti, e in dietro, e che ha indotto l'Ambasciatore di Venetia ad intromettersi per fare, che assieme si abbocchino li due Ambasciatori di Francia, e di Spagna. Questi lo desideraua, quegli datane qualche intentione, con più giuditio si è astenuto dall' atto, co'l quale certamente non si poteua, che togliere al Sacro Collegio quel solo Ius rimastole, di far esso i Papi, là doue questa volta il negotiato tutto vedesi raggirarsi trà Secolari fuori del Conclaue ne' banchetti, e conuersationi di Dame, il che accresce fuor di misura lo scandalo.

Quanto poi all' Ambasciatore di Venetia sarà il primo, che siasi mosso, così apertamente, per entrar in questa facenda, nella quale si sono sempre mantenuti neutrali li suoi Antecessori, ne tal'vno ha mancato di fargli insinuare, che dalla Republica potrebbe non essere ben' intesa tal novità. Tendeua dunque tal' abboccamento à fauor di Bonuisi; Quel di Spagna essendo guadagnato dà Monsignor Bonuisi, ben' insinuatosi trà allegre conuersationi coll' Eccellenza sua.

Con quello di Francia haueua negotiato per parte di Chigi Monsignor Rauizza, il quale diede calore alle speranze di Bonuisi con la relatione, che fece alla Rota al suo Padrone.

Che l'Ambasciatore di Francia haueua mutata frase di parlare, diceua prima *d'impossibilità*, & hora, che vi erano delle *difficultà*, sì che queste, e non quelle poteano superarsi, ed esso Rauizza consigliò farne i sforzi, e questa relatione successe la mattina delli 3. Marzo. Appresso però quelli, che ben conoscono questo Personaggio di Rauizza, e che sono spassionati; è ferma opinione, ch' egli più degli altri habbia desiderato il tracollo di Bonuisi, e gli habbia data questa vltima spinta col speranzarlo sopra il parlare dell' Ambasciatore di Francia, il quale è per mostrarne sentimento contro Rauizza, che ha alterato, e aggiunto molte cose, per le quali anche i Cardinali Retz, e Buglione sono seco non ben posti, e di ciò attendiamone il fine.

Allegri dunque li partiali di Bonuisi, che pure sù i fallaci conti del tavolino nella Cella di Caraffa crederono d'haverlo Papa, si accreditò l'opinione per qualche detto del Cardinal Pio, e per l'intrigo della notte, ed in vltimo per essersi veduto

per

CLEMENTE X.

per tempo Monsignor Sagrista far portare la cassa de gli habiti Ponteficij dentro la Capella dello Scrutinio, cosa non fattasi in settantasei giorni di Conclave, che tanti sono al giorno di cinque Marzo, si che in tal maniera si eccitò bisbiglio nelli più non però informati, e uscì per Roma la voce di esser fatto il Papa Bonuisi, mà suanita non è più per ripigliarsi con buon fondamento. Son tra tanto avanzati l'impegni, strette le unioni, riconfermate le esclusioni per Elci, Celsi e Bonuisi.

Medici Condutore de Chigi lo riduce al fosso di saltar fuori delle sue Creature; la risolutione è grande non la farà Chigi, se apre gli occhi per la sua riputatione, esser entrato col Papa fatto, e poi necessitato uscire dalle due Creature, la peggiore delle quali riuscirà sempre la migliore d'ogn'altra, fuori della sua, e quando ciò accada un Papa non sua creatura lo mirerà come sforzato ad esservi concorso, e tutte le obligationi satanno verso coloro che lo astringono à saltar questo fosso.

In capo dunque di settantasette giorni, come sono alli 6. Marzo; stanno le cose più che mai in confusione, e lunghezze, non vi è chi possa fare da mediatore, ogn'uno è interessato, li Papabili sono molti in ogni fattione, e nella diuisione puol sperar tal'uno più giovine di preferirsi à vecchi, si che ancora si stà fuori strada.

Si aggiunge toccante li fondamenti delle speranze di Bonuisi, come un tal'Abbate Melani, di professione Musico, castrato, huomo, che in pratticare la Corte di Francia vi si auuanzò, e per la professione del suo Mestiero, e per il buon giuditio, che daua anche nelli affari potè prender di essi qualche informatione, e facendo poscia pompa della farinatura, ha saputo sostenerla, come quasi per tal rispetto, e non per il canto si trouasse rimunerato di un'annua pensione dal Rè di duecento doble, seguita l'esaltatione di Clemente Comparve dà Parigi in Roma quest'Abbate, con pretensione di far da qualche Personaggio sù le scene del nuovo Pontificato, quasi non di poco egli vi hauesse contribuito nella Corte Christianissima; se non hebbe dalli Rospigliosi, quanto desideraua, ed ambiua fuor della sua sfera, fù trattato meglio, che non richideua il

H 2 di

di lui mancante Capitale, e s'è vota per fempre vna borfa, lo providdero generofamente di contanti, e lo trattarono, come fervitore attuale del Cardinale nipote ; morto Clemente per le dependenze della Francia entrò in Conclave , condottovi dal novello Cardinal di Buglion, preffo di cui però euvi l'Abbate Bigorre, prattico di quefta Corte perche vi ftette Secretario del Duca di Scionne, per il tempo della di lui Ambafciata ordinaria, partì col medefimo Duca, e nuouo rimandato in Roma ad affiftere per folle citare il Capello di detto Buglione, onde per il felice efito de fuoi prudenti negotiati, ne riportò dal Rè mercede, fi che quefto ha il vero fecreto del negotio della Corona.

Tuttavia il fudetto Abbate era ftimato qualche cofa, vedendofi fuor di bifogno entrato in Conclave, egli partialiffimo di Bonvifi non ha faputo contenerfi, e apprender gli auvertimenti datigli, e offeruare le conditioni , con le quali fù condotto di non ingerirfi in nulla. Nelle pratiche di Bonvifi diede tanto calore fegretamente, che accertò gli amici di effo à progredirne viuamente la prattica, e perche ridotta à buon fegno egli afficurava, che l'Ambafciator di Francia haverebbe dato precifi ordini per il concerto de' Cardinali dependenti, che non volea farlo, che per vltimo; mà farebbe ftato certo, non volendo moftrar la fua prontezza, acciò gli altri Collegati non voltaffero la loro per vendicarfi à favor di Elci.

Credendofi in fatti con facilità ciò, che fi brama, crederono i Bonvifiani al buon Caftrato ; la machina era quefta. Fecero precorrer voce di arriuo di Corriero di Francia , che portaffe ordine di accudire Bonvifi. Che le Creature di Rofpigliofi fi foffero dichiarate voler da lor concorrere in quefto foggetto, quando egli non vi foffe andato, e che Capo di dette Creature fuffe Acciaioli, il quale haueffe fatta l'efpofitione di tal rifolutione al medefimo Rofpigliofi, la mattina delli 3. rimafti effi, come in effetto fù à difcorrer fi lungamente in fala Regia, che appena ritornarono à pranzare, e che finito fù tempo d'effer di nuovo al fcrutinio del doppo pranzo, fparfero ancora grido, che molti de feguaci di Barberino già fi erano, offertipe Bonvifi, ed à fi alto fegno fi tennero certi dell'efaltatione,

CLEMENTE X.

tione, che Pio Capitan de Principali di questa Condotta la mattina delli 5. fu le 12. hore mandò per il suo Conclavista Signor Pier Carlo Capezzetti à far intendere à Monsignor de Massimi Governatore del Conclave, che si portasse alla rota di Belvedere, come la meno osservata, ed ivi comunicolli il gran secreto ch'era fatto il Papa, che prevenisse con mandare à rallegrarsi con Monsignor Bonvisi.

Il tutto fece il buon Prelato Massimi, compatibile in vero, non meno per il giusto credito, ch'egli prestava à tal Ambasciata; mà più credibile, perche in estremo la desiderava, per sottrarsi dalle grandi spese, come Governatore del Conclave e poterne sperare douuta rimuneratione.

A corrispondenza del concerto di dentro operò di fuori Monsignor Bonvisi, che in detta mattina delli 5. tutto brillante se n'andò dall'Ambasciatore di Francia, ed esponendoli, che tutto il Sacro Collegio era disposto per l'esaltatione del Zio, valendosi delli due concetti, che le Creature di Rospigliosi si erano dichiarate, e buona parte de Barberinisti offerti, solo restava, che S.E. con due righe desse ordini alli Cardinali Francesi di dar l'vltima mano, che altro non mancando, da questo haverebbe riconosciuto le sue fortune.

L'Ambasciatore lasciò, che pienamente esponesse tutto il suo Capitale, poi rispose gli, *che i suoi pari non potevano ingannarlo, come ben facevano quelli, che li supponevano queste facilità, e dispositioni buone, mentre l'assicurava, che suo Zio si staua in vn profondo di precipitio, non altrimente vacillare, non che essersi dichiarate le Creature di Rospigliosi che vno, ò due non tirauano gli altri; che degnamente seguirebbono il loro Benefattore. Che quanto à Barberinisti lo assicurava che ne pur vno si era sognato essergli favorevole, senza il loro Capo, de Squadronisti non glie ne diceva niente, perche esso medesimo sapeua a loro costanza in non volerlo: Si che questi trè partiti gli auanzauano per escluderlo, che però non volena cimentar li Cardinali Francesi, e che di questo ne stesse sicurissimo.*

Durò tal discorso di Monsignor Bonvisi con l'Ambasciadore per due hore, e ne vscì cosi diverso in sembiante, e tanto in esso come nell'animo turbato, quanto altri può figurarsi.

Dà qui poi si scoprirono le intelligenze dell'Abbate Melani, ni,contro il quale erano per farsi de risentimenti, e come ostano le Bolle vscir di Conclaue per altra cagione,che di male,non potendosi far balzar fuori, l'Ambasciator introdusse dentro vn Viglietto, acciò contro di lui si publicasse, come falso spacciator di Carote.

Ebenche le di lui operationi sinistre, più d'ogn'altro interessato offendano il Cardinal Rospigliosi, che è il discoperto contro Bonvisi, che per sostener lui operano li Francesi contro la loro volontà,& il Rospigliosi con li soliti effetti di benignità,hà trattenuto,e fa differire vn publico stracco, con che l'Atto di questa Commedia, in questa si stanchi.

Quello poi tocca al negotiato di Ravizza non è men curioso,e và del pari con soggetti di sì basse conditioni, e proportionate al concetto, che di lui Ravizza ha il mondo; può ben Chigi farlo comparir ricco; Mà nonche siano veri sià persone, che si siano acquistato estimatione presso i buoni, e che habbia caminato per lodevole strada e servitiosi di convenevoli mezzi nella Christiana politica, e pure mirasi caratterizzato di Arciuescouo. Mà fermiamoci, ne passiamo più oltre,perche troppo vi sarebbe à dire.

Stiamo sul negotiato per Bonvisi. Il detto Ravizza nel negotiare coll' Ambasciatore di Francia,per seminare Zizzanie (mestier suo naturalissimo) trà esso,e li Cardinali Francesi,gli disse,*che Retz con Spinola hauesse detto,che la Francia non voleua più Bonvisi.* Col nominare Spinola hebbe mira di porre questo degno soggetto,e grand'huomo,dà bene à cimento,e rouinarlo,non nel presente stato; mà in ogn'altro, che fusse più maturo degli anni.

Seguì da questo parlar di Ravizza, che l'Ambasciatore ne diede parte à Retz,il quale con quel spirito grande, noto al mondo,portossi da Chigi la matina delli 8.Marzo,gli ridusse à memoria il discorso da lui fattogli sopra Bonvisi, che si riduceua esser ben sì desiderato dalla Francia; mà che per la forte oppositione de gli altri Cardinali connoscendosi insuperabile,non volevano essi intraprendere vna impossibilità,nè pregiudicare al ben publico,con vn'infruttuosa ostentatione, e impegnare il Rè ed il suo nome.

Confes-

CLEMENTE X. 61

Confessando Chigi, che tale era stato il parlar di Retz questo ripigliò à dirle, come Ravizza haveva ardito parlare all' Ambasciatore, che la Francia escludeva Bonvisi. Chigi in difesa del suo Privato cadde nel medemo detto, esser così stato riferito da Spinola. Retz sentitosi della natura Francese per la mano Chigi, ed altro non replicò, senon andiamo dal Cardinale Spinola, che lo trouarono in cella, e soprafatto dall'istanza di Retz disse ginngerli nuova tal materia, non haverne l'E. S. seco discorso, ne egli parlatone con alcuno, s'arrossì Chigi, ed ammasticando l'errore, se da Spinola, ò S. Croce, Retz tenendolo saldo per la mano le disse andiamo da da Santa Croce.

Questi hà la cella nella penultima Stanza dell' appartamento di Borgia, ove sogliono li Cardinali pranzare la Settimana Santa, Spinola hà la sua cella nella sala Ducale, che il tratto è lungo, caminarono due terzi di strada così per la mano, mà senza parlare e pensando Chigi al cimento fermossi, e pregò Retz non volerlo sporre à tal paragone, Retz con tutto lo spirito le rispose: Son contento, e mi sodisfo, che V. E. medema, creda esser bugia quanto ha detto Ravizza.

Questo gran Raggiratore più mire ha havuto, non meno quella che si è accennata, di pregiudicar sempre à gli huomini da bene, come Spinola è trà i primi; mà per caricare li Francesi di vn'odio generalissimo, che essi faccino tutte le esclusioni, di che, e l'Ambasciatore, e li Cardinali sono piccati, ed è da credere, che Ravizza haverà terminato il negotiare più con loro.

L'esclusion di Bonvisi è fatta dà Rospigliosi con li suoi Collegati Barberino, e Squadrone, ne euvi bisogno de' Francesi: Il Prencipe di Palestrina sà bene le lusinghe fattegli dall' Ambasciatore di Spagna, che si impegnava stringer parentado di vna sua figlia con Bonvisi, e perche replicò esser tropo tenera l'età della figlia, ne trovarsi danari per la dote, sà anco il detto Prencipe, se habbia patito qualche violenza, acciò egli disponesse Barberino suo Zio. Per disporre gli huomini, in questo mondo ad acconsentire in alcuna cosa pare che vi siano due strade, l'amore, ò il timore.

Il Cardinal Chigi con le aperte dichiarationi contro lo Squadrone, da questo ha fatto allontanare l'amore col quale se ben l'hanno servito, che essi portarono Alessandro al Trono, esse lo seguirono nel passato Conclave, & in tutte le occasioni, sì che obligo di gratitudine trovarsi per parte, di Chigi nel più alto segno, non havendo dunque à suo favore l'amor di esso meno essercitar può tanta autorità che quelle s'inducessero per timor alcuno della sua Potenza: Egli Chigi se la figurò grande con unirsi cò Spagnuoli, e Medici entrò col Papa fatto in Conclave, e piaccia à Dio non esca senza alcuna sua creatura; se tale, e si cattiva è la vendetta che di esse egli fa ed il fine del negotio lo dimostrarà evidentemente.

Intanto, abborrendo i Squadronisti hà tentato guadagnarli col mezzo della Principessa di Rossano, & intorno à ciò fatto ogni imaginabile sforzo à pro di Bonvisi il quale fù tenuto Papa da suoi in quella matina delli 5. Marzo à tal segno, che Bichi cominciò à sparare la cella, e Nini à dar ordini corrispondenti à tal'aspettativa, perilche questi due Cardinali si sono stabiliti nel concetto, nel quale sono tenuti di esser poco informati e pratichi.

Compirono del Conclave ottanta giorni li 9. Marzo, che fu di tanto tempo ricordeuole quello di Alessandro, parue all'hora gran cosa, e pure di presente, à pena puo dirsi cominciato, mentre dal primo giorno si disse l'esclusione di Elci dalla Francia, darli l'oppositione di Bonvisi e Cardinali medesimi.

Per render più ricordevole l'ottantesimo giorno del Conclave alli 9. Marzo, come, si è detto devesi sapere, che trà Retz, e Sforza, passorono in tal mattina parole, non poco pungenti nella medesima Capella dello scrutinio, & in occasione di passare in mezzo à sottoscriuere le Cedole.

Sforza è del partito Spagnuolo, ed appassionatissimo per le Fortune di Bonvisi, egli dà se medesimo dice, io sono Officiale riformato, perche il segreto, che hebbe da Spagnuoli nel passato Conclave, in questo l'hà ricevuto Medici, come sempre è solito quando vi siano Cardinali di questa Casa, ciò non ostante non può digerirlo, massime che in simili casi di Cardinali

CLEMENTE X.

nali di Firenze, gli Ambafciatori hanno praticato di dar' il medefimo fecreto à qualche altro Cardinale, fe vi è Nationale di Spagna, ò altro più confidente, il quale vien fodisfatto con tal' honore, e li Spagnuoli lo fanno per loro intereſſe, acciò che questo fij oſſervante degli andamenti del Cardinal di Medici; mentre l'eſperienza hà ſempre loro moſtrato, che in primo luogo procurano gl' intereſſi della propria Caſa. Ora, Sforza non ha ne anche in ſecondo luogo il ſecreto, ch'è diſpaccio del Rè, di quelli ſoggetti, che deſidera, ò eſclude, già è chiaro, che Pio ne ſia ſtato honorato, per moſtrarſi tanto faccendone; pare che ne meno gli ſi conviene per eſſerſi di pochi giorni prima dichiarato Spagnuolo dalla Sede Vacante, trà quali vuol fare da Capitano, e non da Moſchettiero; mà tutto con gran diſcapito per ogni conto di detto Pio, il quale di maggior voglia non ſi moſtra, che andar raccogliendo tutte le Ciarle del Conclave, e ſopra eſſe, conſultare con Medici; Onde non è maraviglia, che le loro operationi corriſpondono alla baſe che hanno.

Trovavaſi Sforza particolarmente appaſſionato per Bonviſi, e ben ſapeva, il diſcorſo, paſſato trà Monſignor Bonviſi, e l'Ambaſciator di Francia la matina medeſima, che s'aſpettava l'eſaltatione del Cardinale li 5. Marzo. Il diſcorſo di Monſignor fù queſto; fece doglianze grandiſſima, quaſi che ſe li mancaſſe della fede, ch' egli pretende eſſerſi à lui ſolennemente impegnata dalla Francia per mezzo dell' Abbate Melani: mà l'Ambaſciatore con gran quiete, e raſſegna le replicò, *che conveniua, ſi leuaſſe dall' animo la ſperanza di acquiſtar li Franceſi, ogni qual volta nõ guadagnaſſe prima il conſenſo di Roſpiglioſi.* Riſpoſe Monſignor Bonviſi in queſto luogo, che S. E. voleſſe far queſta parte, & fù gli negato, che in ſecondo gli propoſe, che l'E. S. voleſſe far queſta parte, & fù gli negato, che in ſecondo gli propoſe, che l'E. S. voleſſe aderire almeno, ſe non andando Roſpiglioſi, haveſſero voluto ſtaccarſi da lui per aderire à Bonviſi alcune Creature di Clemente, con le quali Monſignor Bonviſi ſtimava d'haver tanto in mano, che le baſtaſſe; ma à queſto invito s'alterò notabilmente l'Ambaſciatore ſe lo levò d'avanti con brutte parole.

Ritornando dunque alla paſſione di Sforza, queſto nell'
ordine

ordine di federe, hà fotto fe Odefcalchi e Raggi, poi feguita Retz. Portò il cafo, che la mattina delli 9. Marzo Raggi fi trovava in letto con la Podagra, che Odefcalchi foffe eftratto infermiere, fi che Sforza veniva effer vicino à Retz. Difcorreva Retz con altri delle prefenti lunghezze; Sforza entrò da fe e diffe. *Io non fo vedere, quando i duo Rè fono concordi in vn foggetto, li Cardinali Fationarii poi vogliono fare diverfamente*, Retz rifpofe gli. *Il mio Rè non è di quelli, che prætendino dar regole à far i Papi, vuol benfi la libertà del Collegio Apoftolico, & per il che egli farà difenfore, come Primogenito della Chiefa.* Sforza *V. E. è capo della fua fattione.* Retz, *nò, perche è il Signor Cardinal d'Efte; mà parlo però con li fentimenti del Rè, perche lo poffo fare.* Sforza *ch' io fono ftato ottanni in Francia, fo come fono li Francefi.* Retz *Saprà dunque, che quello dicono, lo fanno mantenere, e cofi io replicò, ch' il mio Re non vuole, che la libertà del Sacro Collegio; ne come Cardinale adherirò à diuerfo fentimento, fi proponga foggetto di commune fodisfattione, che vederanno ogni facilità.* Sforza *fo quello dourebbe fare il Rè di Spagna.* Retz *feguì vi riufcirà, fo quello ha fatto, e può fare il Rè di Francia con le vittorie fopra i Spagnuoli in altre parti.* Qui altri Cardinali troncarono il difcorfo, e in tempo, che appunto finiva l'acceffo. Retz fubito andò à darne parte à Barberino, come Decano, acciò il Sacro Collegio fapeffe il feguito, e per non reftare in quefto fcandalo, e troncare il difcorfi, che variavano. Retz con la naturale diffinvoltura al giorno ifteffo nella Sala Regia, quando i Cardinali ftavano per entrare in Scrutinio, prefe Sforza, per la mano, e diffe gli, *Signor Cardinale il voftro humore qual'è:*

Nel feguente giorno 10. Marzo allo Scrutinio del doppo pranzo fi cótarono voti trentatrè à favore di Rofpigliofi, cioè otto allo Scrutinio, e venticinque all' acceffo, dichiarandofi li Francefi non efferviconcorfi, e li loro cinque voti fi viddero andati nel Cardinale Antonio, e Cardinal Grimaldi, anzi Buglione con gran deftrezza fi accoftò à Rofpigliofi, finito il fcrutinio, à rallegrarfene, e auuicinatofi ancor Medici, e Sigifmondo fi dolfero, che non lo haveffero faputo, perche con li fuoi voti l'haverebbono feruito, voltatofi à Medici, e Sigifmondo, Rofpigliofi, diffe *che la gratitudine era vn Stimolo comune.*

Medici

CLEMENTE X.

Medici le rispose, *è vero, e non solo io ; mà con due altri Compagni l'haverei seruito.*

Restò però attonito Medici, e più d'ogn' altro Chigi. Condotta di negotio migliore di questa, ne più segreta poteva farsi, è pure tra trentatrè persone passato l'affare non vedutosene il maneggio, ne havutone Fumo di contezza da Medici, e Chigi, è stato vn gran fatto al maggior segno glorioso à Rospigliosi, allorche creduto, che dovesse supplice raccomandarsi, e quando gli publicavano rivoltate le Creature, e se ne vantavano i Bonvisiani, all' hora le medesime Creature, e più li amici scoperti in numero sì forte & informa sì segreta, che con vna poca più arte, o vero con qualche doppio rigiro di suo pugno, si poteva dà dovero alzare al Trono, irridendo Barberino, che con sagacità singolare haueua presa giusta la misura, le sue Creature, quelle di Rospigliosi, e li Francesi, che ogn' altra cosa haveriano creduto, poschiache aggiunti li cinque Cardinali del partito Francese, * che si trovavano in Conclave, sì come Pallavicino, suo novello Parente, e Spada pure Fuor di Conclave infermo formavano l'inclusione di quarantadue voci.

Quanto di spicco habbia fatto la prudenza del Cardinal Rospigliosi è impossibile di dirlo, sì contrario al concetto, col quale invidiosamente era stato caricato nell' ingresso, e nel governo di trentatrè mesi, regnati dal Zio. In occasione di queste voci molti de gli amici le si rallegrorono. Rispose tutto giulivo *dispiacerli non fossero stati quaranta, non per lui, che non ne meritava vno, mà per impiegarli à fauore di chi haueua merito.*

Non concorsero i Francesi benche consapevoli del negotiato, per fare apparire appunto, ch'essi n'erano distaccati, con questa prova hanno giustificato i loro prudenti sentimenti quando si sono scusati non poter concorrere in Bonvisi, per altro à loro accertissimo; mà per non impegnarsi in vna impossibilità à loro ben nota, e visibile dà chi non havesse havuto passione.

Con ragione per tanto l'Ambasciator di Francia, e con fondamento rispose à Monsignor Bonvisi, la doue questi, e Monsignor Ravizza spacciavano haver il Sacro Collegio in pugno,

* *Richiamati Orsino ed Antonio Barberino in Roma infermi.*

hanno

hanno veduto con nota indelebile le machine loro atterrate con biasimo ben grande, come è notorio à Roma.

Medici per tal mostta di voti se ne dolse con Barberino, anco in forma troppo impropria, quasi che si trovasse à Firenze; mà Barberino con maniera diuersa, e secondo la moderatione del suo animo, e buon essempio, ch' egli rende, disse à Medici, *che tutto si faceua, non per disprezzare alcuno, mà ridurre tutti alla conuenienza, ed ad' eleggere vn Padre commune, nel qual' ogn' uno hauesse la sua parte, e sodisfattione, che il tempo era scorso più del conueneuole, ed erasi in stato di videre ciascuno la propria coscienza.* Si rauuidde Medici, ed in migliore, e più placido suono parlò doppo ad Agabito Colossi Segretario di Barberino, collaudando il di lui Zelo.

Ciò non ostante hanno di più consultato e Chigi, e Medici di rivalersi con altra mostra di voti del loro partito ; mà dissuasi ne furono dà Sforza, perche disse loro, non gli pareva possibile arrivare, e che perle cose pari non vi era tanpoco, alcun loro risarcimento ; e che grande la fatica sarebbe poi stata inutilissima, riprovò anche il partito, altre volte promossa da Medici di minacciar li Cardinali Sudditi di Spagna , perche recedessero dà contribuire li loro voti ad altra instanza , che nell'Ambasciatore ; mà ancora questo non approvato, di qui chiaramente si vede il valore, e la disinvoltura di Barberino.

Nel giorno poi delli 12. si viddero Chigi, e Medici più rasserenati, e nell'estrinseco allegri, ordiscono di porre in speranza tutti i Papabili acciò non siano per ragion di proprio interesse si facili à concorrere in altri co loro voti, benche fosse per mostra , trà gli altri Carpegna viene speranzato , anzi desideratissimo dà Medici non tanto per la dependenza, e servitù del Conte di Carpegna, vno dè quali fratello dal Cardinale morì pochi mesi sono attual servitore del Gran Duca; mà l'altro pur fratello vive al medesimo Servigio. Medici considera in tal Soggetto fabricarsi vn gran trionfo contro li Squadronisti, i quali non per altro, che per Carpegna violentemente portato dalli detti Cardinali de Medici defonti si stabilirono sotto il nome di Squadrone nel Conclave d'Assandro, in cui poscia s'impegnarono per Sacchetti , con quel più che all' ora seguì, e li Medici furono astretti venire in Alessandro,

CLEMENTE X.

dro, e questo buon effetto seguì, perche, vi era all' ora il Cardinal della Cueva Spagnuolo il quale haveva à parte il Secreto di Spagna, e quando li Medici pensarono opporsi anche ad Alessandro, Cueva si scoprì informato del Segreto di Spagna, che includeva trà i confidenti Chigi. Quindi è poi il disordine del presente Conclave, che vnicamente il Segreto resta al Cardinale Leopoldo Medici, ne alcun altro può stare osservando i di lui andamenti, i quali in primo luogo tendono à favor della Casa sua.

L'altro, che è posto à leva è il Cardinal Odescalchi, nel quale saranno forsi minori difficoltà; Medici e Chigi separatamente vi furono la notte delli 12. Marzo. Credono che li Squadronisti, benche Concreature non vi concorrino, ne tanpoco li Francesi, che siano per tenerlo troppo Spagnuolo possono però ingannarsi in qualsi sia Soggetto, in cui cada il Pontificato, perche l'obligationi possono solo haversi à chi sà vsare la forza, e non à quelli, che si lasciano forzare ad vscire dalle proprie Creature; Onde come il principio delli conti da Chigi, e Medici non è stato buono, cosi corrisponderà il fine con effetti contrarij alla loro intentione.

Lo Squadrone non può, che facilitare sempre, che Chigi si lasci tirare, in questo primo fatto, risultandone à loro vn' immortal nome, metre à quello habbia à venire è incerto si, mà probabilmente, e per giustitia à loro merito, che sono huomini, e per gratitudine, che gli si dovrà da chiunque sia Papa non si può, che credere lo Squadrone in perpetua Stima.

Il fatto di Odescalchi fù di gran fama; mà in ristretto non era, che fumo, e nel mediocre calore degli altri giocati, la publicatione, che diede moto à questa voce seguì, mentre, che Raggi si faceva la Barba parlando co'l suo Conclavista si lasciò vscir di bocca, mezzo intrigato, che Spinola era per esser Papa fù risaputo subito, e detto Spinola volò verso di lui, dicendo *per amor di Dio V. E. non facci ch'io perdi di credito, mentre non posso, ne deuo hauer tal pretentione*, egli, che non sapeua che dire, replicò, *io dissi, che Odeschalchi occuperà il posto*, parlando come se havesse il segreto di Spagna, rispose lo Spinola *Io le resto sempre Seruidore, tanto più, che nell' altro Conclaue lo giudicai degno del Papato, già che più volte le diedi il voto*; vna

mezza

mezza parola pone in bisbiglio Odescalchi, e Spinola, che per altro erano soggetti degni di tal' honore.

Per essere' escluse le Creature di Chigi, e si và pensando in ogni Papabile, viene di nuovo ad oscurarsi il Cielo, per osservare il corso di qualche Stella fauorevole; Se Barberino non cede, contrario alla sua natura, non s'vscirà dalle Creature di Rospigliosi. Odescalchi inspirato dalla Divina bontà, qual presago, che per ora non era per toccarle il Pallio, pregò Chigi quasi in ginocchioni, che desistesse dall' operare à suo favore.

Fù inteso Sforza dà vna fenestra dire al Conclavista di Raggi; *il vostro Padrone haueuagià fatto il Papa*.

Le cose di Vidoni non si pongono, distese, poiche in compendio corre maligna voce, che sia creduto vn Soggetto di qualità, contrarie à quelle, che deve havere vn Pastore: Si auerà, che in Roma si fà de gli huomini, quello, che si fa del oro nelle Zecche, dirò solo, che quà si crede, che si procuri de haverlo Papa per intimorir Chigi, per farle vn Papa di fattion cōtraria, ò che sia necessitato cadere in Scilla fuggēdo Cariddi

Corre vna voce, che il Popolo di Roma esclami ogni dì, più contro questo Soggetto, per altro, e di molta disinvoltura.

Hoggi mentre à caso fù visto vicino alla Cella di Pio girne il Cardinal Decano, e che doppo vn breve, mà sustantiale discorso, parlando delle elettione disse *Già Signor Cardinal Pio ogn' vno sà, che il Papa debba vscire dà quasivoglia fattione purche si dia in Soggetto degno V. E. consideri vn poco questo Soggetto, se paresse à proposito, per terminare il Conclaue con applauso di tutti*, e li fece leggere in vna piccola Carta il nome del Cardinale Altieri, Soggetto qualificato in tante cariche; non diede tempo Pio, che rispose, *che con questo vi haueua litigato longo tempo per vna Causa di consideratione in Rota, e che l'haueua persa, ed' egli l'haueua fatto pagare che per tal cagione S. E. lo scusasse*; all' ora Barberino rispose *V. E. hà ragione non me ne ricordavo non ne parlo più*. Dicono alcuni Confidenti di Barberino, che quella medesima nota le fù vista più volte in mano, argomentando, che il suo pensiere fisso in questo Sogetto.

Non mancò più volte esporre per bisogno della S. Sede vn Soggetto inoltrato nell'età, quanto più fosse possibile; mà
robusto,

CLEMENTE X.

robusto, e di grand'esperienza, che non si fosse mostrato prodigo d'avantaggio dell'honesto; mà che hauesse havuto amore allo sgrauio de Sudditi, ed informano in queste facende.

Non mancò co'l Medesimo fervore accostarsi à diuersi Cardinali, che poteuano giovare, in questo trattato di conferirli il servitio, e li trovò di tanta buona inclinatione, che eccetto Pio, haveva tutti della sua.

Il Priuato di Chigi havendo penetrato questo Soggetto, che Barberini andava predicando frà le Creature di Rospigliosi, persuase al suo Padrone di doverne incontrare la congiuntura di penetrar meglio, e più al vivo, qual fusse frà queste il Soggotto, che pretendevano esaltare. Intanto Chigi pativa non sola della perduta speranza d'alcuna delle sue Creature: mà di dover haver gran fortuna frà le Aduersarie haverne la migliore. Vi fù vn Cardinale, che ne parlò con Gualtieri di tal tratto, che perciò ne poteva auuisare la Rossana, che non volle non potendo credere solo per l'età.

Mentre si aspettava vn Corriero di Francia per fauorire Odescalchi pareva già gravido il Conclave, fuor di patienza ogn'vno. Alcuni credevano l'esaltatione d'Odescalchi, fondati sopra la bontà propria, de' suoi Parenti *che volendo vna volta lo Spirito Santo doppo tanta longhezza risoluere questa lo faccia contra ogni politica humana*; In questo tenore parlava il Cardinal Bona parlando di questo Sogetto.

Alcuni lo stimavano troppo Giovane, molto più austero di quello, che si credessero le genti, alcuni lo voleuano, come li Spagnuoli: Chigi in confidenza con Celsi lo tacciarono di poco pratico delle cose spettanti al Gouerno, e che dalle Speculative l'humore veniua troppo rigido che sarebbe stato il Cardinal Nepote l'Abbate Marc'Antonio suo fratello, huomo d'intiera bontà, e che in quel posto havrebbe riformato il Clero, e quelli, che veniuano sospetti di troppo lusso, si che formavano queste voci vn esclusiva aperta. In questo mentre ogn'vno applicava l'animo ad aspetrare, dove poteva cadere il colpo, dato dal gran valore di Barberino.

Chigi haveva già sodisfatto alle sue Creature più d'vna volta, à suoi amici, ed aderenti in non potergli sortire vna sua Creatura, e che si vedeua per terra quell'autorità, con laquale
entrò.

entrò. Medici parue fodisfatto, quádo intefe, che frà le Creature di Rofpigliofi fi efcludeua Nerli, e fi daua la voce ad Altieri.

Buglioni volle tentare di nuovo la patienza di Chigi, trouandolo vn giorno, con ponergli auanti l'inclufione di Vidoni, animandolo à penfar di nuovo ad' vna fua Creatura, moftrandoli prontamente Chigi l'efclufione di 33. voti, che erano pronti ad ogni cenno e proponimento di S.E. e con quella medifima nota fù vifto Chigi più d'vna volta, che fi fcorge chiaro haverlo per fofpetto, benche alcuni credano, che ne meno li Francefi haveffero fatto quefto paffo, come ne parlauano.

Barberino facilmente havrebbe concorfo ricordandofi haver fatto Cardinale l'altro Vidoni, e fempre favorito il medefimo nelli primi ingreffi alla Prelatura.

Intanto fi vedeuano li Vecchi far li Zelofi, predicando continuamente la longhezza del Conclave, lo fcandalo, che veniua, le querele, che mandaua il Popolo per tal lunghezza, che cagionaua vna penuria di Commercio.

Cauandofi di quefti che nel monte della pietà di Roma s'eftraeuano con pegni di perfone bifognofe quattro volte più di quello fi faceua quando viueua il Papa.

Si rifoluè l'Abafciator di Spagna nell' vltima odienza con zelo Santo, & in nome del Rè fuo Signore che pofpofti l'EE. loro tutti gl'intereffi particolari, e priuati, attendeffero all' elettione d'vn S. Paftore conforme al loro inftituto, havendo i Cardinali piena auttorità, independenti dà qualfiuoglia Corona, e che reftaua fcandalizzato di tal tardanza cagionata dà vna voce, ch' egli fentiua, che vna certa parte de Cardinali, chiamata lo Squadrone non trouaua Sogetto per fodisfattione de gl' intereffi privati.

Ecco il Conclave fatto in vn fubito vn giuoco di muto, neffuno parla di Papa, ogn'vno penfa, che operi il Compagno. I vecchi vorrebbono liberarfi dà quefte Carceri; i Giouani fono guidati da loro Precettori.

Bell'occafione di fare vn Papa, alla ftracca che non ci fia mai penfato, ogn'vno fauio, e l'efperienza infegna, che non fi creda più à trattati, fe non fi concordano fenza difcorrere de meriti del Soggetto.

Hoggi à 20. hore, entrando il Cardinale Altieri nella Cella di

CLEMENTE X. 71

di Raggi à beuere li rinfreschi, e replicando la terza giara, fù auuertito dal Conclauista, che l'E.S. si guardasse, che quell'acqua era gelata, egli rispose, *che la sua natura era robusta, e che il beuer fresco, se le confaceua*, indi il detto Conclauista gli augurò il Papato, pregando S.E. à scusarlo, e con vn Sorriso ne partì il detto Cardinale tutto allegro.

Per sodisfare ad' vn amico, che impugnaua, come il Cardinal di Retz portaua la maschera di notte per il Conclaue, con poca sodisfattione de gli altri Cardinali che ormai era publico, finalmente douendosi giustificare, fù alcuno, che osseruollo bene dà vicino più d'vna notte, e reuerillo, e ben considerò non esser maschera; mà bensì vn par d'occhiali con guarnitura d'intorno, che haueua qualche figura con la maschera.

Quelli, che pretendono, che Buglione portasse di notte le scarpe alla Spagnuola, non l'hanno in nessun modò visto, poiche non poteua mai vscire dalla sua Cella, ch'io non lo vedessi: portaua egli continuamente le scarpe alte nel calcagno alla Francese, con le rose alla moda. Queste particolarità parráno à qualch'vno superflue; mà le pongo per intermedio, già che siamo all'vltimo atto, e sapendo io, che fuori di Conclaue saráno molti, che racconteráno queste minutie per gran Segreti.

Ritorno alla terminatione di questa Relatione, poiche hiersera vsciuano voci, che Chigi abboccatosi finalmente con Barberini, con intentione di fare il Papa, hauendo Medici discorso alla longa prima con Chigi, per disporlo à parlar chiaro, e con Barberini, il quale era per hauer consideratione anche all' E.S. nel promouere vna Creatura di Rospigliosi.

L'abboccamento di questi due Capi dalla longhezza del Conclaue digeriti, e confederati tutti i rispetti proprij, si venne solo ad vna consideratione di ringratiar Barberini, che più con mente Diuina, che humana gli propose la Creatura, che continuamente hebbe in petto per sodisfare in primo luogo all' obligo di Cardinale, che è di cercare l'vtile vniuersale, e questo non si puol dare, se non in soggetto, che non habbia hauuto mai torbidezza alcuna, nè con Corone, ne da quelle dependenti, nè con Prencipi Italiani, nè tanpoco con'alcuna delle Famiglie Romane, pretendendo Barberino haver in

K questo

questo fauorito più Chigi e li suoi interessi, che la Casa propria Barberina, quando Chigi considera che questa Creatura di Rospigliosi, cioè il Cardinale Altieri hà per stretto parente il Cardinale Paluzzi, il quale è Creatura di Chigi, e molto obligato per haverle dato nel suo gouerno la carica dell'Auditorato della Camera, e preferito ad' altri Prelati, e poscia fatto Cardinale, benche Barberino prima, che fusse Chierico di Camera, più volte l'animasse à comprarsi il Chiericato, conoscendo il di lui valore, e benche per la spesa del Chiericato restasse alcun tempo, tuttavia arrivò. Chigi pare, che sia ambiguo in queste strette, non potendosi assicurare, se fatto Papa Altieri, potrà servirsi di Paluzzi; essendo questa Casa nobilissima Romana, intrecciata in Parentela con diuersi, e fin ora non si và cercando veramente qual sia il più prossimo, benche Barberino habbi detto, che Gabrielli sua Creatura possa hauer qualche parte nel Governo, credendosi Cugino d'Altieri; mà si spera, che i Parenti chiamati al Governo saranno i Paluzzi, Caualieri Romani, di spiriti modesti, e d'honorati, quali non andranno cercando scissure, ne si vedranno Scialacqui, tendendo la loro natura più tosto à conseruare, che à dissipare.

Chi non crede, che Chigi rihavuto l'animo, oppresso dalla variatione del Conclave, immediatamente, che si assicurò della certa esaltatione di Altieri? Operaua qual Atlante Barberino per la presta esaltatione della mattina, non volendo, che pendendosi troppo alle particolorità d'ogni Soggetto, venisse anche questo ad esser rifutato, ouero prolongato: già che i Promototi di Odescalchi segretamente pretendeuano eleggere Odescalchi per accesso, e non per pratiche, e trattati.

Chigi, che pensò haver gran parte in questa esaltatione, e forsi più di quello, che si crede, s'abboccò con Paluzzij, la sera delli 27. col quale discorse à pieno, che l'esaltatione d'Altieri era vicina, e sicura, molto più di quello, che si credeua S. E. e presolo per la mano lo condusse prima da Medici, poi voleuano à drittura andar da Altieri: ma considerarono, che fosse meglio, che prima parlasse il medesimo Paluzzij, per ricevere in primo luogo qualche obligatione di questo trattato. Instrutto però Paluzzij da Chigi, che douesse in ogni maniera hauer parola dà S. E. d'esser Cardinal Nepote, conforme era il
giusto

CLEMENTE X.

giusto, e richiedeua il suo valore, à bastanza in questa Corte esercitato. Che non si douessero discorrere delli disgusti con la Casa Pamfilij, accioche fosse più pacifico il suo Governo, di gloria, e di honore al Sommo Pontefice, e d'vtile alla propria Casa.

Barberino haueua fatto tutto quello, ch'era necessario per conchiuder la mattina seguente l'adoratione, e furono tenuti segreti tutti gli Aderenti à questo trattato, à fine, che giungesse nuovo. Alcuni credeuano, che questi moti fossero indrizzati à fauore d'Odescalchi, e certo che non s'ingannauano da quello, che si raccoglie dal vigesimo settimo giorno d'Aprile, che si parlò di questo Sogetto più scopertamente, che mai, e di Altieri non si sentiuano voci, che si potesse conchiudere l'esaltatione così vicina.

Mentre si mirauano d'accordo le fattioni la sera del Lunedi 28. Aprile si diede qualche auuiso non sicuro à gl'Ambasciadori, che per la mattina si doveva far' il Papa con la proua d'vn nuouo Soggetto nel quale non vi era alcuna difficoltà, non potrei dire, quanto fusse il giubilo d'alcuni suoi Amici, la notte medesima furono auuisati li Parenti, che douessero pregar la Maestà Diuina per l'esaltatione d'Altieri. La mattina dunque con quiete straordinaria, senza alteratione; nè meno d'vna voce si aspettava l'ora solita dello Scrutinio, quando Barberino impatientito, vnitosi con Chigi, Medici, Paluzzi, e Buglione andarono alla Cella d'Altieri, e lo cominciarono à riuerire più del solito con grandissima espressione, ed il Decano incominciò à far i complimenti soliti al nuouo Papa, che à quelle voci il Signor Cardinal Altieri restò soprafatto, e già dava l'esclusiva per non accettar questo peso, e con lagrime diceua, *che ciaschedun dell' EE. loro poteva essercitar tal Carica*, voltatosi verso Barberino, mostrandogli à dito il Cardinale Brancacci, *che l'EE. loro hauerebbono fatto vna degna elettione, conoscendogli quanto il suo merito*, e doppo essere ripiena la Cella de i Cardinali, eccetto due voti, che furono chiesti in gratia dà quel Sacro Collegio fù ad vna voce esclamato per Papa, ed adorato per tale, co'l seguire le solite Ceremonie dà farsi in tal fattione.

I Cardinali infermi, non hebbero auuiso, che la mattina medesima,

desima, scusandosi il Sacro Collegio non hauerne altra notitia per auuisarne prima, i quali giousero tardi, poiche già n'erano auuisati gl'Ambasciatori, e li Parenti di sua Santità, i quali riceuevano uisite con titolo di Nipote di Papa, volendo la Santità Sua esser chiamato co'l nome di Clemente suo Antecessore. Donando alli Signori Paluzzi la Casa con le Cariche di Generale, e al Cardinal Paluzzi la Carica di Caridnal Nepote.

Nacque questo Pontefice l'vltimo anno del Ponteficato di Sisto V. & in quello di Paolo V. prese l'Abito Eclesiastico Gregorio XV. se gli mostrò affettionato, e lo racomandò al suo Nipote. Vrbano VIII. lo spedì in Polonia per Auditore della Nuntiatura, di doue ritornato lo dechiarò Gouernatore della Santa Casa di Loreto, poi di tutta la Marca, e finalmente di Ravenna, e non contento di ciò volse ancora parteciparli il Vescouado di Camerino. Innocentio X. lo mandò Nuntio in Napoli, e vi si trouò nel tempo di Mas' Anello. Nella Sede vacante fu dal Sagro Colleggio inuiato al Duca di Modona, e Gouernatore di Milano, per trattar qualche accordo. Alesandro VII. subito assonto Pontefice lo dechiarò Segretario della Sagra Congregatione de Vescovi, e Regolari, e l'havrebbe promosso al Cardinalato, se d'alcuni invidiosi non gli fosse stata impedita l'esaltatione. Con tutto ciò se Alesandro hauesse vissuto ancora per vn'altra Promotione certo che l'havrebbe promosso, hauendo non ordinario concetto de' seruiggi dell'Altieri prestati alla Chiesa, per vn sì lungo corso d'anni, e sempre con buona stima, e concetto di huomo di vaglia. Clemente nono lo dechiarò suo Maestro di Camera, e ne' suoi vltimi giorni cioè li 26. Novembre del 1669. lo promosse al Cardinalato.

Li Romani sentirono giubilo grande di questa eletione, per esser' egli loro Patritio, di genio placido, e d'inclinatione quieta, e pacifica, e però grato sommamente a' Prencipi. Certo è ch'essendo stato Emilio Altieri il più degno Prelato della Corte Romana, che non mancherà hora divenuto Clemente Decimo di farsi conoscere con la Santità dell' Opere, il più degno Pontefice del Vaticano.

FINE

Innocent XI Odeschalchi mort le 12 aoust 1689.

Alexandre VIII Ottoboni mort le 1 fevr. 1691.

Innocent XII Pignatelli mort le 27 sept. 1700.

Clement XI Albani élû le 23 novembre 1700. né le 22 juillet 1649.
né le 22 juillet 1649. mort le 19. mars 1721.
agé de 71. ans. 8 mois. moins 3 jours. il avoit esté
élevé au Pontificat le 23. Novembre. 1700.

www.ingramcontent.com/pod-product-compliance
Lightning Source LLC
Chambersburg PA
CBHW071705300426
44115CB00010B/1313